KB188565

예술계

예술계

Art Worlds

25th Anniversary Edition

하워드 베커Howard S. Becker 지음 | 하홍규 옮김

한울
아카데미

ART WORLDS (25th Anniversary Edition)
by Howard S. Becker

Copyright © 2008, 1982 by The Regents of the University of California
Korean Translation Copyright © 2025 by HanulMPlus Inc.

All rights reserved.
This edition is published by arrangement with University of California Press

이 책의 한국어판 저작권은 University of California Press와의 독점계약으로 한울엠플러스(주)에 있습니다. 저작권법에 의해 보호를 받는 저작물이므로 무단 전재와 무단 복제를 금합니다.

차 례

그림 목록

즉흥 연주: 나는 어떻게 『예술계』를 썼는가

『예술계』는 여러 해 동안의 구상과 독서와 탐색을 거친 끝에 1982년에 출판되었다. 이 책은 통상적인 의미의 '프로젝트'가 아니었다. 나는 특정 예술가 집단(시카고의 재즈 연주자들)이나 예술 공동체(샌프란시스코의 연극계) 또는 그러한 환경에서 실행되는 어떤 특정한 형태의 예술을 조사하지 않았다. 대신, 이 책은 우리가 그러한 현상에 대한 연구에 착수할 때 어떤 종류의 질문을 던질 수 있고 또한 어떤 종류의 작업을 수행할 수 있는지에 대한 경험적 고찰이었다. 따라서 『예술계』는 연구 조사 문제를 만들어내기 위해 의도된, 예술을 바라보는 하나의 방식이라고 말할 수 있다. 나의 멘토인 에버렛 휴즈(Everett Hughes)는 항상 내게 무거운 이론화로부터 멀리하라고 경고했다. 그는 그런 이론화는 활동 경력의 마지막에 해야 할 일이라고 말했으며, 나는 그를 믿었다. 그러나 나는 단일 사례를 면밀하게 관찰하는 것보다 비교 접근에 더 적합한 아이디어가 많았고, 일단 그 아이디어에 대해 진지하게 생각하기 시작하면 그 아이디어가 나를 어디로 이끌고 가는지 지켜볼 수밖에 없었다.

다른 관점에서 볼 때, 『예술계』는 당연히 경험적인 연구이다. 비록 많은 경험 자료가 다른 사람들이 자신의 목적에 따라 수집하거나 만든 것이었으며, 내가 그 자료들을 그대로 사용했다 하더라도 말이다. 나는 또한 내 삶의 많은 부분을 원자료로 사용했다. 다른 사람의 경험과 내 삶 둘 다 어떤 연구를 위해서도 좋은 자료와 아이디어의 원천이다.

어쨌든, 작업의 경위는 다음과 같다.

1960년대 말에, 나는 동료들과 함께 "학생 문화" ─ 선생들과 학교 관리자들 등이 학생들에게 초래한 어려움을 학생들이 극복할 수 있도록 도왔던 공유된 이해 ─ 라고 불렀던 것에 초점을 맞추어 교육 문제에 대한 몇 개의 큰 프로젝트를 수행했었다. 우리는 의과 대학(Becker et al., 1961), 학부 대학(Becker et al., 1968), 그리고 여러 종류의 직업 교육(실업학교와 견습 제도)(Becker, 1972)에서 학생 문화를 연구했었다. 나는 그러한 연구를 매우 잘하게 되었다. 나는 새로운 교육 환경에 들어간 지 며칠 만에 3년 동안의 현지 조사 결과가 어떠할지 알 수 있다는 생각이 들었다. 물론 정확하지는 않았지만 그게 내가 느낀 바였다. 그래서 나는 지루해졌다.

1970년에 나는 이 막다른 골목에서 벗어날 기회를 얻었다. 그때 나는 노스웨스턴 대학교로부터 받은 1년간의 연구년을 캘리포니아 팔로 알토(Palo Alto)에 있는 행동과학 고등연구센터(Center for Advanced Study in the Behavioral Sciences)에서 보냈다. 내가 의식적으로 『예술계』에 대한 작업을 시작했던 것이 바로 그때였다. 나는 뭔가 다른 일을 하기를 원했고, 새로운 분야의 일을 시작하고 싶었다. 나는 예술 사회학이 낙후된 분야라고 생각했었다. 그 분야에서 이루어진 연구는 그리 많지 않았고, 있는 연구들도 나의 오만했던 미숙한 견해로는 그다지 훌륭하지 않았다. 당시 이 주제에 대해 이용 가능한 대부분을 쓴 유럽 사상가들의 저서들은(예를 들어 Goldmann[1965]) 대체로 매우 철학적이었고, 고전적인 미학 문제에 몰두했으며, 예술적 가치의 판단에 관심을 두었었다. 다른 한편 미국에서 이루어진 적은 양의 연구는 대개 매우 정량적이었고, 예술 활동 조직에 대해서는 정말로 손도 대지 않았다(예를 들어 Mueller[1951]).

하나의 조사 연구가 실제로 언제 시작되는가 하는 것은 흥미로운 질문이다. 『예술계』의 경우에 그것은 내가 사회학자가 되기 전, 피아노 연주자가 되었을 때(또는 11~12살에 피아노 연주자가 되기 시작했을 때) 시작되었다고 말할 수 있다. 피아노를 치는 것은 사회학자로서의 나의 삶과 일에 영향을 주었고, 계속해서 영향을 주고 있는 경험이다. 피아노 연주 경험은 우리가 마땅히 '데이터'라고 부를 수 있는 많은 것들, 사건들의 관찰, 그리고 대화의 기억을 제공해 주었는데, 나는 그것들을 나의 사고 과정에 사용할 수 있다는 것을 알았다.

나는 연구 조사를 하고 그 결과에 대해 생각하는 것과 관련하여 휴즈의 방식을 따랐는데, 휴즈의 방식은 매우 직관적이었다. 그는 어떻게 일을 해야 하는지 알고 있었고, 일을 추진해 가면서 그 일을 어떻게 했는지 설명하는 것이 가능했다(Hughes[1984]에 실린 그의 글들을 보라). 나는 방법론적 자의식*의 시대에 성장했으며, 따라서 내가 진행하고 있는 작업 방식에 대해 휴즈가 했던 것보다 더 많이 성찰하도록 압박을 받았다.

나는 항상 『예술계』의 경우처럼 내가 무엇을 모르는지에 대해 분명하게 자각하면서 프로젝트를 시작한다. 주제에 대한 나의 감각은 모호하며, 나는 내가 올바른 질문을 하고 있지 않다고 확신한다. 그리고 최종적으로 어떤 질문이나 문제가 떠오르더라도 그것을 연구하기 위한 올바른 방법을 모른다고 똑같이 확신한다. 그리고 나는 항상 내가 연구하려고 하는 것에 대해 사람들이 이미 쓴 대부분의 내용을 무시할 정도로 오만하다. 나는 이것에 대해 자랑하는 것이 아니다. 이것은 단순히 내가 하는 일을 인정하는 것이다.

이것은 내가 전혀 모른다고 말하는 것이 아니다. 나는 사람들이 백지상태로

---

* 방법론적 자의식은 질적 연구에 만연한 당연하게 여겨지는 방법론적 개인주의에 질문을 제기함으로써 연구자가 깊이 성찰적인 태도를 취하게 되는 것을 말한다. 방법론적 자의식을 갖는다는 것은 데이터가 연구 참여자와 함께 구성한 것임을 인정하는 것이며, 연구자가 연구를 진행하는 동안 자신의 데이터, 초기 분석, 연구자의 행위에 대해 질문함으로써 깊이 자리 잡은 방법론적 선입견을 중단한다는 것을 의미한다._옮긴이

현장에 뛰어들어서 무언가 '떠오르기를' 기다리는 자신을 상상하는 방식이 싫다. 그것은 문법적으로 잘못된 것이다. 연구 주제와 문제, 그리고 테마는 '떠오르지' 않는다. 좀 어색한 표현이기는 하지만, 우리가 그것들을 '떠오르게' 한다고, 즉 우리가 작업을 시작하고 나면 우리가 배운 것을 바탕으로 그것들을 발명한다고 말하는 것이 더 낫다. 이것은 우리가 가진 모든 이론을 매일의 발견에 적용하고, 그에 기초하여 새로운 문제와 질문을 생성하면서, 매일 우리가 알게 된 것을 사용한다는 것을 의미한다. 우리는 허버트 블루머(Herbert Blumer, 1969: 147~152)가 '감지적 개념(sensitizing concepts)'이라고 불렀던 작업 개념의 도움을 받아 그렇게 한다. 이론과 조사 사이의 관계를 단순하게 그리고 추상적으로 말하자면, 이론은 질문을 제기하고, 살펴보아야 할 것을 제안하고, 우리가 아직 모르는 것을 지적한다. 그리고 조사는 질문에 답할 뿐만 아니라 우리가 미처 생각하지 못했던 것을 인식하게 하여 이론적 가능성을 제시한다. 나중에 이렇게 이론과 데이터를 오가는 작업의 예를 들어보겠다.

일단 무언가 조사를 시작할 때에는 나를 인도하는 작업 개념 가운데 세 가지가 가장 중요하다.

1. 첫째는 사회학이 연구하는 것은 사람들이 무언가를 함께하는 방식이라는 개념으로, 이것은 내가 블루머(Blumer, 1969: 70~77)로부터 배운 '연합 행위(joint action)'라는 개념이다. [나는 '집합 행위(collective action)'라고 부르는 것을 선호하지만, 같은 것을 의미한다.] 이것은 내가 무엇을 연구하고 있다고 생각하든지 간에 그 주제에 관여되어 있는 모든 사람, 특히 전통적으로 그다지 중요하지 않다고 여겨졌던 사람들도 항상 찾아본다는 것을 의미한다. 그리고 나아가서 내가 발전시키고 있는 연구 주제와 관련된 모든 것 — 특히 모든 물리적 인공물까지도 — 을 사람이 함께 행위한 결과물로 취급한다. 가장 중요한 연구 질문은 사람들이 어떤 결과를 만들어내기 위해 어떻게 자

신들의 활동을 조율하는가 하는 것이다.

2. 둘째는 비교의 개념으로, 우리는 여러 면에서 비슷해 보이지만 완전히 같지는 않은 다른 사례를 살펴봄으로써 하나의 사례에 대한 새로운 것을 발견할 수 있다. 둘 이상의 그러한 사례를 나란히 배치하면, 동일한 현상 — 동일한 형태의 집합 활동, 동일한 과정 — 이 서로 다른 장소에서 어떻게 다른 형태로 나타나는지, 그 차이는 무엇에 의존하는지, 그 결과는 어떻게 다른지 확인할 수 있다.

3. 셋째는 과정의 개념인데, 즉 어떤 일도 한꺼번에 일어나지 않고, 모든 일은 처음에는 이것, 그다음에는 저것으로 단계적으로 일어나며, 그리고 이것은 절대 멈추지 않는다. 따라서 우리가 설명해야 할 최종 상태로 간주하는 것은 우리가 작업을 멈추기로 선택한 지점일 뿐이지, 본질적으로 주어진 어떤 것이 아니다(Becker, Faulkner, and Kirshenblatt-Gimblett[2005]을 보라). 사회학적 분석은 누가 무엇을 했는지, 그들의 활동에 필요한 조정을 어떻게 달성했는지, 그리고 그들의 집합 활동의 결과가 무엇인지 단계별로 찾는 것으로 구성된다.

나는 팔로 알토에서 보낸 1년간의 자유 시간을 활용하여, 『예술계』를 위한 대부분의 기초 조사를 수행했다. 이 조사는 집중적인 독서와 개인적인 경험이라는 두 가지 형태를 취했으며, 예술 작품이 어떻게 만들어지는지에 대해 배운 것과 이러한 관찰이 의미하는 바에 대해 내가 가진 생각들(그것이 내가 이론이라고 생각하는 것이다) 사이를 오가는 것으로 이루어졌다. 다시 말해 가장 중요한 일반적인 지침은, 예술은 내가 발견할 수 있는 어떤 방식으로든 집합적이라는 것, 예술 작품은 하나의 과정에서 비롯된다는 것, 그리고 비교가 항상 내 조사 연구에 핵심적일 것이라는 것이다. 나는 항상 이 예술 형식과 저 예술 형식을 비교할 것이며, 그리고 비교가 내가 연구하는 것의 중요한 특징을 보여줄 것으로 기대한다.

나는 십대 때부터 바, 나이트클럽, 스트립쇼장에서 피아노를 연주했으며, 그 밖의 예술 쪽에서 이런저런 경험들을 겪으면서 예술 작품은 다양한 사람들에 의해 수행되는 협력 활동 네트워크를 통해 탄생한다는 것을 깨달았다. 나의 직관은 이러한 경험을 통해 그러한 네트워크와 활동을 연구하는 것이 예술에 접근하는 유익한 방법이 될 것이라고 말해주었다. 하지만 나는 성찰할 새로운 경험이 필요하다고 생각했다. 초등학교 시절부터 그림을 잘 그리지 못해 그것이 트라우마로 남아 있던 나는 경험적으로 시각 예술이 내가 가장 적게 아는 영역이었으며(Becker, 1998: 132~138 참조), 그래서 샌프란시스코 예술 학교(San Francisco Art Institute)에서 그림을 그리지 않아도 되는 시각 예술인 사진 수업을 들었다. 나는 사진을 찍는 일에 매우 열심이었고, 학교가 내게 소개해 준 샌프란시스코만(灣) 지역의 당시 매우 활발한 사진계에도 발을 들여놓게 되었다. 사진은 예술계에 대한 나의 생각을 탐구할 수 있는 실험실이 되었다. 매일 내가 거주하고 있는 세계에 대해 배운 것은 내가 이미 정식화한 질문들에 대한 해답뿐만 아니라 말하자면 의문을 품지 않았던 것들에 대한 해답도 주었다.

그래서 구체적으로 들어가서, 나는 암실에서 사진작가들이 (그리고 내가) 사진용품점에서 구입한 재료에 어떻게 의존하는지 독학했다. 나는 처음에 아그파(Agfa)에서 제조한 '레코드 래피드(Record Rapid)'라는 아주 멋진 인화지에 사진을 인화하는 방법을 배웠다. 이 인화지로 인화의 기초를 배운 지 몇 달 만에 아그파는 그 인화지의 생산을 중단했고, 듀퐁(DuPont)에서 만든 바릴로어(Varilour)로 인화지를 바꿨을 때, 다른 인화지에 인화하려면 다른 노출과 현상 시간에 따라 그 인화지가 어떻게 반응하는지 다시 배워야 한다는 것을 곧 알게 되었다. 내가 그것을 완벽하게 배우지 못한 상태였을 때, 듀퐁은 곧 바릴로어의 생산을 중단했고, 나는 다시 인화지를 바꾸어야 했다. (디지털 사진의 등장으로 어렵게 얻은 이 모든 지식은 금방 낡은 것이 되어버렸지만, 그것은 또 다른 이야기이다.) 물론 이 회사들이 제품을 단종했을 때 불편을 겪은 것은 나 혼자만이 아니었다. 나에게보다 이 문제가 더 중요했던 많은 전문가가 비슷한 곤경을 겪었다. 실제 내가 알기로 많은 사진작가가 일상적으로 사용하던 플래티넘 기반의 인화지가 더 이상 생산되지 않았을 때에도 몇몇 고집쟁이는 계속해서 그 인화지로 인화를 했다. 그런데 이제는 직접 플래티넘 용액으로 감광하여 인화지를 만들어야 했다.

나는 또한 예술계 지인들이 생산한 여러 '데이터'를 활용하기도 했다. 친구인 수잔 리(Susan Lee)는 내가 가르쳤던 노스웨스턴 대학교의 무용과 학과장이었다. 그녀는 무대 담당자들이 무대를 제대로 청소하지 않고 주변에 잔해물을 방치하는 바람에 넘어져 다친 무용수들에 대한 이야기를 들려주었다. 안면이 있는 한 미술 중개상은 '그녀의' 예술가들 중 한 명에 대한 이야기를 들려주었다. 그 예술가가 미술관에 작품 하나를 보냈는데, 그 작품은 너무 커서 미술관 문을 통과할 수 없었고, 또한 바닥이 지탱하기에 너무 무거웠다는 것이다.

이러한 발견들(나는 유사한 발견을 많이 했다)을 이론적으로 활용하는 방식은 내가 관찰했던 것을 일반화하는 것이다. 자, 그럼 내가 사진 인화 경험에서 관찰한 것은 무엇이었는가? 그것은 특정 재료로 작업하는 데 익숙한 예술가들은 그 재료에 의존하게 된다는 것이다. 제조업체가 그 재료를 더 이상 생산하지 않는 경우처럼 해당 재료를 사용할 수 없게 되었을 때, 그들은 익숙하지 않은 다른 재료를 사용하기 시작하거나 더 이상 구입할 수 없는 것을 직접 제조할 것이다. 결과는 달라지겠지만, 사진작가들은 작업을 멈추지 않을 것이고, 그리고 변화를 받아들이며 살아갈 것이다. 어느 쪽이든, 내가 보고 경험한 바에 비추어 볼 때, 견지할 수 **없는** 이론적 입장은 단순한 기능주의이다. 이것은 이를테면 Y유형의 예술 작품을 만들기 위해서는 재료 X가 필수적이므로 X를 구할 수 없게 되면 Y도 더 이상 존재할 수 없게 된다는 것이다. 이론적인 수정은 표현상으로는 작은 변화이지만, 심각한 결과를 초래하는 변화이다. 재료 X를 구할 수 없을 때 예술가는 (a) 직접 재료를 만들거나, (b) 그 재료를 만들 수 있는 새로운 사람을 찾거나, 또는 (c) 그 재료 없이 작업한다. 예술가가 그 재료 없이 작업한다면, 작품이 더 이상 예전과 같지 않을 것이다. 그렇지만 그렇다고 해서 그것이 작품이 존재하지 않게 될 것이라는 것을 의미하지는 않는다. 다시 말해, 전부냐 아니면 아무것도 아니냐의 문제가 아니다.

이러한 이론적 결과는 가장 큰 범위에서 작동한다. 그것은 사진이 인화되는 인화지와 같이 구체적이고 어쨌든 사소한 것에만 해당되는 것이 아니다. 원칙적으로, 이 결과는 가장 일반적인 수준에서 적용되며, 심지어 기능주의가 항상 정말로 일반화하기 원했던 현상인 전체 사회에 대해서도 적용된다. 그렇다면 사회의 다른 요소들이 의존하는 것으로 여겨지는 가족 형태가 붕괴되거나 완전히 바뀌면 어떻게 될까? 그 사회는 더 이상 존재하지 않게 될까? 이것이 바로 진지한 기능주의의 암묵적 또는 명시적 예측이다. 나는 플래티넘 인화지에 인화된 사진에 대해 참인 것이 여기서도 참이라고 말할 것이다. 즉, 사회는 **그 사회가 필요로 했던 가족 형태로는** 존재하지 않겠지만, 그 사회가 사라지지는 않을 것이라고 말할 수 있다. 사회는 달라지겠지만 달라진다는 것이 사라진다는 것과 같지는 않다.

나는 이런 종류의 자연스러운 참여 관찰을 한 것 외에도 많은 책을 읽었다. 예술에 대한 나의 첫 번째 이론적 사고는 사회학 이외의 분야들에서 발견한 것들로부터 비롯되었다. 나는 내게 가장 많은 배움을 선사하는 무작위적이고 방향성 없는 독서를 통하여, 음악, 문학, 그리고 시각 예술에 관한 여러 책이 나의 고유한 이론적 성향과 맞닿아 있는 아이디어들을 담고 있다는 것을 발견했다. 레너드 마이어(Leonard Meyer)의 저서 『음악의 감정과 의미(Emotion and Meaning in Music』(1956)에서는 작곡가들과 연주자들이 멜로디, 화음, 리듬의 전통적인 유형을 사용하여 감정적인 긴장과 이완을 창조하고 그리하여 음악적 의미를 창조하는 방식을 분석하기 위해 '관례(convention)' — 무언가를 하는 데 있어 인공적이지만 합의된(나중에 "사회적으로 구성된"이라고 부르게 된) 방식 — 라는 개념을 사용했다. 마이어의 동료인 바버라 헤른스틴 스미스(Barbara Herrnstein Smith, 1968)는 시인들이 시가 언제 끝났는지를 지시하기 위해 이와 유사하게 관례적인 장치를 사용하는 방식을 보여주었다. 그리고 저명한 미술사학자인 에른스트 곰브리치(Ernst Gombrich, 1960)는 화가들이 관례적인 기법을 사용하여, '실제의' 나무, 사람, 그리고 다른 대상을 표현하는 방식을 분석했다(윌리엄 아이빈스[William Ivins, 1953]도 동판화[eching]와 조각[engraving] 기법을 분석하면서 비슷한 작업을 수행했으며, 나는 그 책도 알고 있었다).

이 학자들이 사용하는 '관례' 개념은 예술을 창작하는 사람들과 예술을 읽거나 듣거나 또는 보는 사람들이 공유하는 것, 즉 관련된 모든 이가 알고 있고 그래서 그들의 집합 행위의 기초를 형성하는 보고 듣는 방식을 가리켰다. 그리고 이 학자들이 내가 말하는 바와 동일한 내용 — "집합 행위"와 "관례"는 같은 것이다 — 을 말하고 있다는 것을 알게 되었을 때, 나는 그들이 수행한 모든 세부적인 연구를 내 작업의 원재료로 사용할 수 있겠다고 생각했다. 그래서 나는 계속 작업할 용기를 낼 수 있었다.

나는 — 그런 방식으로 품위 있게 표현하자면 — 내 독서의 길잡이가 된 한 가지 이론을 가지고 있었다. 현지 조사자들은 특히 불만이 조직 활동에 대한 좋은 데이터라는 것을 알고 있다. 왜 그럴까? 조직은(여기가 바로 그 이론이다) 규칙화된 상호행위 방식 — 참여하는 모든 사람에게 업무 수행 방식으로 알려져 있는 방식 — 으로 구성되어 있기 때문이다. 참여자들은 이러한 방식 — 내가 예술 연구에서 '관례'라고 불렀던 것 — 을 당연한 것으로 받아들이고, 다른 사람들이 예상대로 행동하지 않으면 당황한다. 그리고 그들은 불만을 토로하는데, 그들의 불만은 "이곳의 업무 수행 방식"으로서 당연하게 받아들여져 왔던 것이 무엇인지 명확하게 드러내며, 그것이 바로 사회학자가 알고 싶어 하는 것이다.

이 작은 이론의 안내에 따라 나의 독서는 다른 방향으로 전환되어, 일종의 현지 조사가 되었다. 나는 원초적인(또는 더 원초적인) 데이터를 찾기 시작했다. 사회적 삶은 집합 행위라는 나의 공리를 따라, 나는 예술 작품을 만들기 위해 어떤 식으로든 도움을 준 모든 사람이 어떤 사람인지 알려주는 자료를 찾았다. 나는 특별히 자전적(自傳的)인 자료들, 예술 참여자들이 쓴 예술에 대한 책들, 특히 조직과 동료들에 대한 불만으로 가득 찬 책들을 찾았다. 이런 책들은 쉽게 찾을 수 있었다. 예술에 대한 거의 모든 책이 그러한 자료로 가득 차 있다. 할리우드 작곡가들은 영화 음악을 의뢰하는 프로듀서들이 음악에 대해서 전혀 알지 못하고 이행할 수 없는 무리한 요구를 한다고 불평한다(Faulkner, 1983). 화가들은 자신이 원하는 재료를 찾는 데 따르는 어려움에 대해 또는 예술가들이 자신의 작품에 적합하다고 여기는 금액을 대가로 치르지 않는 수집가나 갤러리 소유자들에 대해 불평한다(Moulin, 1967). 출판인들은 저자들이 그들의 책을 끝없이 수정한다고 불평하고, 저자들은 출판사들이 자신의 책을 적절히 홍보하지 않는다고 불평한다.

다른 책들은 '실제의' 예술 작업에 대개 부수적이라고 여겨지는 사람들의 활동을 연구했다. 그래서 문학 분석가인 서덜랜드(Sutherland, 1976)는 출판인들이 빅토리아 시대의 영국 소설의 형성에 어떻게 중요한 역할을 했는지 보여주었고, 영화 저널리스트인 하메츠(Harmetz, 1977)는 오즈의 마법사를 제작하는 데 조금이라도 관련된 모든 사람의 공헌을 체계적으로 탐구했다. 그러한 공헌자에 포함된 사람으로는 의상을 만든 재봉사들, 먼치킨(Munchkins)을 연기한 작은 사람들, 특히 그녀가 알고 있듯이 그 영화가 보여주는 것과 같은 지속성과 일관성(이 작업을 수행했을 수도 있는 감독은 여러 차례 교체되었다)을 제공했을 뿐만 아니라 캔자스에서 진행되는 영화의 초기 시퀀스를 흑백으로 촬영하고 도로시가 오즈의 나라에 도착하면 총천연색으로 변경하는 중요한 아이디어에 책임을 지고 있었던 영화 음악의 작곡자들과 같은 주요 인력을 들 수 있다.

내가 나의 재미없는 이론을 '더 흥미롭게' 만들기 위해 재미난 일화들, 즉 귀여운 이야기들을 수집한 것일까? 전혀 아니다. 나는 여기서 이와 같은 경험 사례들에 힘입어 나의 아이디어를 발전시키기 위해 그때도 사용했고 지금도 사용하고 있는 기본 방법을 설명할 것이다.

예술의 경우(하지만 이것은 내가 생각하고 싶은 모든 것에서 동일하게 적용된다), 나는 먼저 에버렛 휴즈가 관계자들(the cast of characters)이라고 묘사했던 것의 목록, 즉 마땅히 (또는 심지어 터무니없게도) 내가 분석하고자 하는 사건이나 대상(영화, 소설, 뮤지컬이나 연극 또는 댄스 공연)에 기여하고 있다고 말할 수 있는 모든 사람의 목록을 작성한다. 여기서는 관례에 얽매이지 않는 것이 특히 중요하다. 무대 담당자들(stagehands)은 발레를 창작하는 집합적 노력의 일부인가? 티켓 판매원과 주차 관리인도 마찬가지인가? 내가 생각하기로, 대부분의 사람들은 이런 사람들을 주요 참여자의 목록에 추가하는 것이 마땅치 않다고 생각할 것이다. 그러나 이들이 없으면 공연은 진행되지 않을 것이다. 그래서 나는 그들을 포함시킨다. (일반적으로 가장 포괄적인 목록은 장편 영화의 마지막에 나오는 영화 크레디트 목록이다.)

목록을 작성한 후에는 앞서 기술한 대로 말썽거리를 찾는다. 이러한 접근법 역시 파격적이다. 대부분의 분석가들은 말썽거리와 어려움이 아마도 불가피하지만 예술 작품을 이해하는 데서 핵심은 아니며, 그뿐만 아니라 이것들을 들여다보는 것이 그리 좋지도 않다고 여긴다. 나는 그것들을 중심에 두며, 그렇게 함으로써 예술을 가능하게 하는 기본적인 협력의 형태를 발견할 수 있다고 가정한다.

그 후 나는 핵심이라고 기술했던 다른 두 개념, 곧 **과정**과 **비교**를 따른다. 나는 팔로 알토에서 지내는 동안 사진을 배우면서 내가 했던 경험, 즉 시각 예술 작품의 본질, 나아가 모든 종류의 예술 작품의 본질에 대한 나의 이해를 형성했던 경험을 어떻게 활용했는지 설명함으로써 이 두 가지를 결합해 보겠다.

사진작가들은 대개 실제로 사용하는 것보다 훨씬 더 많은 사진을 찍는다. 디지털 사진이 발명되기 전 내가 사진을 배우던 시절에는, 여러 통의 필름을 촬영했고, 대부분의 사진작가가 사용했던 35mm 카메라의 경우 전형적으로 필름 한 통에 36장 분량이었다. 그들은 대개 같은 대상, 장소, 사람, 또는 사건을 여러 번 촬영했다. 극단적인 경우(특히 스포츠 이벤트를 촬영할 때) 모터 드라이버가 장착된 카메라를 사용하여 같은 이벤트에 대해 연속으로 수십 장의 노출 사진을 찍기도 했다. 그들은 필름을 현상한 후에는 '밀착 인화지(contact sheet)'* 또는 '검토 인화지(proof sheet)'라는 것을 만들어 36장의 노출 사진 각각을 보여주었다. 이렇게 하면 자신이 촬영한 사진을 편리하게 검토할 수 있었다.

대부분의 사진작가들은 동일하거나 유사한 사물들을 찍은 노출 사진 중에서 선택할 때 바로 이 검사 단계를 중요하게 여겼다. 그들은 수많은 유사한 이미지 중에서 자신이 원하는 이미지를, 즉 빛이나 프레이밍 또는 인물들과 그들의 표정 또는 사물들의 배치가 사진작가가 지금 전달하고자 하는 내용을 가장 잘 전달할 수 있는 이미지를 결정할 것이다. 사진작가들이 "편집"이라고 부르는 이 의사결정 과정을 통해 다음 단계를 위한, 즉 선택된 네거티브 필름을 인화하는 인화 작업을 위한 원재료가 만들어진다.

사진에 대해 더 많이 배우면서, 나는 인화하려고 선택한 용지의 대비 정도, 확대기의 빛에 용지를 노출하는 시간, 용지를 현상액에 담가놓는 시간 등의 많은 유사한 작은 결정이 인화 과정에 포함되며, 그 결정들이 최종 사진의 차이

---

* 한 통의 필름에 담겨 있는 여러 장의 사진을 한 장의 인화지에 순서대로 인화해 놓은 것으로, 네거티브와 인화지를 밀착시켜 네거티브 크기 그대로 출력한다. 밀착 인화는 한 통의 필름 내에서 확대 인화해서 사용할 만한 사진을 분별하는 데 유용하다._옮긴이

에 영향을 미친다는 사실도 알게 되었다. 결국 이러한 차이가 실질적이었고, 이 차이는 상당히 다른 의미와 감정적 효과를 가진 전혀 다른 이미지를 창조했다. 그래서 내가 처음부터 얼마나 과정 이론에 충실했는가는 사진작가들의 작업에서 이렇게 명백한 방식으로 드러남으로써 입증되었다.

과정의 역할에 도달하기 위해 내가 배워야 했던 것이 사진에 관한 이 한 가지뿐이라고 생각하면 안 된다. 대신, 내가 모든 종류의 예술에 대하여 배운 수백 가지 유사한 것이 축적된 데 대한 은유로 묘사했던 것을 생각해 보라. 여기가 비교 작업이 시작되는 지점이다.

사진작가들이 관여하는 편집과정의 핵심 요소는 **선택**이었다. 수많은 노출 중에서 어떤 것을 골라야 할지를 결정해야 하는 중요한 순간에 사진작가는 선택을 했고, 그 선택은 결과물에 영향을 미쳤다. 그리고 이러한 선택의 과정은 계속되었다. 최종 이미지에 영향을 미치는 것은 하나의 선택이 아니라 계속되는 일련의 선택이다. 나는 유사한 선택 과정이 다른 예술 작품과 예술 이벤트에도 유사한 방식으로 영향을 미치는 것으로 가정하자고 스스로에게 요청할 수 있었고 또한 그렇게 했다. 그래서 문헌 연구와 비공식적인 조사를 계속하면서 나의 연구 질문은 누가 작품에 대해 어떤 선택을 하고 어떤 결과를 낳는가 하는 것이 되었다.

또 다른 책 하나가 나의 사고에 중대한 영향을 끼쳤다. 19세기와 20세기 초 영국 문학에서 출판업자들과 작가들 간의 관계, 즉 찰스 디킨스(Charles Dickens), 윌리엄 메이크피스 태커리(William Makepeace Thackeray), 조지 엘리엇(George Eliot), 그리고 토머스 하디(Thomas Hardy)와 같은 저명한 소설가들과 그들의 책을 출판한 사람들 사이의 관계에 대한 서덜랜드(J. A. Sutherland)의 설명(1976)이 그것이다. 출판사들의 기록보관소들을 광범위하게 조사한 서덜랜드는 출판업자들이 출판된 작품들에 광범위하게 그리고 결과적으로 간섭했다는 사실을 밝혀냈다. 출판업자들은 줄거리와 표현을 변경할 것을 제안했고,

당시 도처에 있던 대출 도서관들에 판매해서 수익을 극대화할 수 있는 판형을 강요했으며, 그 밖에도 여러 가지 방식으로 자신들이 출판하는 책들의 내용과 스타일에 영향을 미쳤다.

서덜랜드의 사례를 통해 나는 이른바 예술가 외에 다른 사람들도 결과적으로 편집과정에 참여하여 최종 작품을 만드는 데 도움이 되는 선택을 한다는 것을 알게 되었다. 그리고 나는 이 점을 염두에 두고 비교 작업을 진행했다. 영화 편집자들, 영화 음악 작곡가들, 갤러리 소유자들과 미술관 큐레이터들, 문학 편집자들 등 추가 사례는 어렵지 않게 찾을 수 있었다. 마지막으로 나는 할리우드 대작 영화의 마지막에 나오는 크레디트 목록에서 내가 말하던 예술을 만들어낸 협력 네트워크의 궁극적인 상징을 볼 수 있었다.

비교는 둘 사이의 공통점을 찾은 다음 그 둘이 어떻게 다른지 찾는 작업으로 구성된다. 두 작업 모두 분석적으로 중요하다. 편집과정의 경우 유사성은 선택이라는 개념에 있다. 이것은 예술 작품들이 단순히 불쑥 나타나는 것이 아니라 매 작품을 제작하고 배치함으로써 한 번에 하나의 작품이 구성된다는 점에서 그러하다. 그러나 유사성의 발견은 곧바로 근본적인 차이를 찾는 작업으로 이어졌다. 두 사례 사이 — 예를 들어 사진과 소설 쓰기 사이 — 의 차이점을 살펴보는 것은 편집과정의 다른 형태를 드러내고, 다른 행위자들을 등장시키며, 다른 단계들을 강조한다. 사진작가에게는 작품을 만드는 물리적 과정이 더 많이 존재하고 관련된 모든 선택이 사진작가의 손에 달려 있는 것처럼 보이지만, 소설가는 일반적으로 다른 종류의 기계와 다른 생산 과정을 사용하여 다른 사람들에 의해 만들어진 복사본의 원본을 생산한다(작가가 물리적 결과물에 대해 불평하지 않는다는 것은 아니다). 그 비교의 두 가지 측면은 연구를 위한 새로운 질문, 이후 작업에서 따라야 할 새로운 길을 열어준다.

『예술계』와 같은 책을 쓰는 것 자체가 하나의 과정이다. 나는 처음부터 예술에 관한 책을 쓰려고 한 것이 아니었다. 나는 예술이 집합적 활동이라는 나의 직관을 탐색하고 그 직관이 어디로 이어지는지 보고 싶었을 뿐이다. 이 주제에 관심을 갖게 된 후, 나는 예술 사회학 수업을 가르치기 시작했는데, 당시에는 이 주제가 지금처럼 흔한 주제가 아니었다. 책을 읽고 나의 고유한 경험을 성찰하는 가운데 관심을 가졌던 것의 이런저런 측면을 매주 강의하면서, 나는 하나의 틀, 즉 주제들의 개요를 만들 수 있었다. 또한 나는 학생들의 흥미를 끌기 위해 수업 시간에 사용할 수 있는 정형화된 소품들(set pieces)*을 만들었는데, 로스앤젤레스의 「와츠 타워(Watts Towers)」를 만든 사람의 이야기는 학생들을 매료시켰고 이단자들(mavericks)과 그들의 예술에 대한 장(章)의 핵심이 되었다.

사례들을 축적하고 비교하고 그 사례들에 대해 가르치고 또한 그 사례들을 일관된 순서로 정리할 수 있는 틀을 만들면서, 나는 그 과정의 이러저러한 측면에 대한 논문들을 구상하기 시작했다. 내가 그 논문들을 쓴 이유는 부분적으로는 그 내용 자체가 논문으로 작성되어야 할 필요성을 갖고 있기 때문이지만, 여기저기서 글을 발표하라거나 학회에 참여하라거나 책이나 저널에 기고를 하라는 초대들에 대한 응답이기도 했다. 각각의 요청은 내가 해야 할 일을 하라는 소환장처럼 보였다. 물론 내가 그것을 해야 할 의무는 없었지만 말이다.

몇 년이 지난 후, 나는 이제는 일종의 통합 이론으로 여기는 것의 다양한 측면에 대해 7~8개의 논문을 축적하게 되었다. 나는 그 논문들을 바닥에 펼쳐놓고 어디에 구멍이 있는지 그리고 그 구멍을 메우기 위해 무엇을 써야 하는지 보았다. 그것은 합리적 사고의 산물인 만큼이나 시각적인 발견이었다.

나는 마침내 어떠한 작가도 대답하기 가장 어려운 질문에 직면해야만 했다. 언제 끝난 것인가? 이 조사는 끝났는가? 이 책은 완성되었는가? 나는 그것을 어떻게 알 수 있는가? 항상 해야 할 일이 하나 더 있지 않은가? (Becker, Faulkner,

* 연극, 영화, 음악 작품 등에서 특정한 효과를 유발하기 위해 쓰이는 잘 알려진 패턴이나 스타일._옮긴이

and Kirshenblatt-Gimblett[2005]을 다시 참조하라.)

『예술계』에 관해서는 내가 인터뷰나 관찰을 충분히 했는지에 대해 염려할 필요가 없었다. 나의 데이터와 사례는 충분히 다양한 상황과 예술 형태를 포괄하기만 하면 되었기 때문에 나의 분석틀을 더 복잡하게 만들 수 있는 것은 어느 것도 놓치지 않았다고 느낄 수 있었다. 나의 목적은 복잡성이지, 일반화 가능성이 아니었다. 오히려 나의 일반화는 예술 활동에 대한 연구에서 무엇이 가능한지, 무엇이 탐구할 가치가 있는지에 관한 것이었다. 그래서 본질적으로 나는 어느 정도면 충분한지를 결정하기만 하면 되었다.

나는 집합 활동으로서의 예술의 문제에 대한 나의 작업을 하나의 과정으로, 즉 책을 쓰는 것을 마지막 단계가 아닌 하나의 단계로 생각하기 시작하면서 그 문제를 해결했다. 이 책은 오히려 미래로 확장되는 일련의 작업에 대한 진행 보고서였다. 나의 일반화는 틀리거나 불완전할 수 있지만, 모든 과학적 결론이 필연적으로 그렇듯이 결국 잠정적인 것이었다(Latour, 1987을 참조하라).

그래서 나는 통일성, 완전성, 확정성을 의미하는 대문자로 된 포괄적인 **예술 이론**(Theory of Art)을 제시할 생각은 전혀 없었다. 그것은 결코 내가 생각하는 이론이 아니었다. 나에게 이론이란 하나의 주제에 대해 조사를 계속할 때 무엇을 찾아야 하는지 알려주는 다소 일관된 아이디어의 집합이다. 그리고 이것이 바로 나와 이 책을 읽고 그 아이디어가 추구할 가치가 있다고 생각하는 모든 이에게 『예술계』가 제공할 것으로 기대했던 것이다. 가장 쿤적인 의미에서(Kuhn, 1970), 이 책의 목적은 연구 가능한 아이디어를 지속적으로 생성할 수 있는 틀을 제공하는 것이었다.

이 프로젝트는 오늘날까지도 계속되고 있으며, 나는 이러한 연구 가능한 아이디어 중 일부를 계속 탐구하고 있다. 하지만 책에 있는 아이디어에서 알 수 있듯이, 이 프로젝트는 다른 사람들도 포함한다. 이 책은 영웅적인 사상가 한 사람이 혼자서 새로운 비전을 만들고 그 비전을 실현하기 위해 노력하는 이야기가 아니다. 그러한 낭만적인 사건은 전혀 관련되어 있지 않다. 나는 『예술계』를 집필할 때 함께 생각할 사람들을 발견했는데, 그들은 바로 여기 언급된 몇몇을 포함하여 내가 자문을 구했던 모든 작가, 학생 또는 동료로서 함께 협력했던 이들, 그리고 예술 작업에 적극적으로 참여했던 사람들이다.

나는 그런 식으로 계속 동료들을 찾다가, 특정 프로젝트에서 실제로 협력할 사람을 만나기도 했다. 나는 이 책이 출간된 이후 탄생한 그러한 노선의 작업을 소개하고자 한다.

이 책의 초기 작업을 통해 나는 프랑스의 예술 사회학자들의 작업에 관심을 가지게 되었다. 그 당시 미국에 알려진 유일한 학자는 피에르 부르디외(Pierre Bourdieu)였지만, 나는 보다 문화기술지적이고 흥미로운 레이몽 물랭(Raymonde Moulin)의 저작에 훨씬 더 관심이 있었다. 그녀는 20세기 중반 프랑스의 미술 시장에 대한 책을 썼다. 나는 그 책을 갖고 있었지만 읽을 수는 없었다. 왜냐하면 당시 나는 박사학위 자격시험을 통과하기는 했어도 프랑스어를 읽지는 못했기 때문이다. 나는 물랭의 연구를 읽기 위해 프랑스어를 독학했고, 이로 인해 국립과학연구센터(Centre National de la Recherche Scientifique: CNRS)에 있는 그녀의 센터에서 한 달 동안 지낼 수 있도록 초대되어 그녀를 만날 수 있었으며, 피에르-미셸 멩거(Pierre-Michel Menger), 도미니크 파스퀴어(Dominique Pasquier), 사비느 샬봉-데머세이(Sabine Chalvon-Demersay)를 비롯하여 다른 예술 사회학자들도 만날 수 있었다. 그들 중 많은 학자가 나에게 프랑스어로 된 책과 논문을 주었다. 읽으면 읽을수록 읽기가 더 쉬워졌다.

그러고 나서 알랭 페싱(Alain Pessin)은 나를 그르노블(Grenoble)로 초대해 "작품의 사회학(sociologie des oeuvres)"(Majastre and Pessin, 2001)에 관한 학회에 참여하도록 했다. 나는 이 모임을 위해 예술 작품은 안정적인 존재 양식을 갖는 것이 아니라 끊임없이 변화한다는, 『예술계』에서 주장하는 내용의 함의를 탐구하는 논문("L'oeuvre elle-même")을 썼다. 이 주제는 계속해서 나를 사로잡았고, 뉴욕 사회과학연구위원회(Social Science Research Council)에서 예술사회학에 대한 학회를 조직할 기회가 있었을 때 이 주제를 우리 모임의 초점으로 삼았다. 많은 사회과학자와 인문학자가 이 모험적 시도에 함께 참여하여 그 문제의 다양한 측면을 탐구하는 논문집을 만들었다(이 학회의 기반이 된 논문 중 두 편, 즉 나의 논문과 멩거의 논문이 그르노블 학회에서 발표된 것이었다). 그리고 로버트 포크너(Robert Faulkner)와 나는 그르노블 학회에서 포크너가 발표한 재즈 연주자의 연습 방식을 다룬 논문에 대해 논쟁하던 중에 우리 둘 다 작업하고 싶었던 하나의 주제를 발견했다. 그 주제는 재즈 레퍼토리는 어떻게 생겨나는가, 그리고 음악가의 일상적인 작업 생활에서 어떻게 유지되고 활용되는가 하는 것이었다. 우리는 이제 이 프로젝트를 시작하게 되었다.

나는 언제 연구를 마쳐야 할지 알고자 하는 연구자들에게 새로운 언어를 배우고, 새로운 동료를 찾고, 또한 더 많은 연구를 하라고 권하고 싶지는 않다. 오히려 내가 나의 경험에서 배운 교훈은, 우리가 결코 완전할 수는 없지만 때때로 우리가 배운 것을 동료들에게 말하기 위해 멈춰야 한다는 것이다.

첫째 판 서문

아마도 시카고와 다른 지역의 선술집에서 피아노를 치며 보냈던 몇 년 동안 나는 평범한 일을 하는 사람들도 널리 알려진 재즈 클래식을 만들어낸 유명한 연주자들만큼이나 예술을 이해하는 데 중요하다고 믿게 된 것 같다. 시카고는 내가 자주 돌아다니던 시내의 고층빌딩에 루이스 설리번(Louis Sullivan)* 의 민주주의 철학이 구현되어 있는 곳이자 망명한 바우하우스(Bauhaus)가 공예에 대한 관심을 펼칠 수 있도록 중서부의 보금자리를 제공한 모홀리-나기(Moholy-Nagy) 디자인 연구소가 있었던 곳인데, 이런 시카고에서 자라면서 나는 예술 작품을 구상하는 사람만큼이나 그 작품을 만드는 장인들도 중요하다고 생각하게 되었을 것이다. 나의 반항적인 기질은 내가 선천적으로 반엘리트주의를 갖게 된 원인일 수도 있다. 에버렛 휴즈와 허버트 블루머로부터 "시카고 전통"의 사회학을 배우면서 사회학 연구 대상에 대한 기존의 정의에 회의적인 시각을 갖게 된 것은 분명한 사실이다.

이 모든 것이 이 책의 태도를 형성하는 데 영향을 미쳤는데, 이는 사회학자

---

* 루이스 설리번(1856~1924)은 미국 근대 건축의 중심에 있었던 건축가로, 상업주의 건축을 추구한 시카고학파의 핵심 인물이다. "형태는 기능을 따른다"는 그의 명언은 그의 건축 미학을 잘 표현한다. 설리번은 미국 시카고의 '마천루' 스카이라인을 처음으로 그렸는데, 건물 고층화는 당시의 사회문화적 필요와 상업적 필요를 반영하는 것이었다._옮긴이

들이 일반적으로 예술에 접근하는 태도와는 상당히 다르다. 나는 예술을 사람들이 하는 작업으로 취급해 왔고, 작품 자체나 관례적으로 작품의 창작자로 정의되는 사람들보다 작품을 만드는 사람들 사이의 협력 유형에 더 많은 관심을 기울여왔다. 그러다 보니 나는 나와 다른 많은 이들이 다른 종류의 작업과 작업 환경을 분석할 때 사용했던 분석 스타일을 자연스럽게 사용하게 되었다. 이는 필연적으로 예술을 다른 종류의 작업과 크게 다르지 않은 것으로 취급하고, 예술가로 정의되는 사람들을 다른 종류의 작업자, 특히 작품을 만드는 데 참여하는 다른 작업자들과 크게 다르지 않은 것으로 취급한다는 것을 의미했다.

예술계(art world)라는 개념은 내 분석의 중추를 이룬다. "예술계"는 통상적으로 예술에 관해 글을 쓰는 이들이 느슨하고 은유적인 방식으로 사용하는데, 주로 천문학적인 가격이 책정되는 뉴스거리의 대상이나 이벤트와 연관된 사교계의 사람들을 일컫는다. 나는 이 용어를 좀 더 기술적인(technical) 방식으로 사용했는데, 이는 전통적인 작업 수단에 대한 공동 지식(joint knowledge)을 바탕으로 조직된 협력 활동을 통해 특정 예술계를 규정하는 종류의 예술 작품을 생산하는 사람들의 네트워크를 의미한다. 이 동어반복적인 정의는 논리적으로 정리된 사회학적 예술 이론으로서의 분석을 반영하기보다는 사람들이 예술 작품을 생산하고 소비하는 방식에 대한 우리의 이해를 높이기 위한 예술계 개념의 잠재력을 탐구하는 분석을 반영한다. 각 장은 예술계의 중요한 특징을 제시하고, 예술계가 어떻게 생겨나고 지속되는지 보여주며, 예술계의 작동이 예술 작품의 형식과 내용에 어떤 영향을 미치는지 주목하고, 앞선 언급에서 제안된 방식으로 예술 분석의 기본 질문들을 재해석하는 등 약간 다른 관점에서 그 개념에 접근한다.

나는 사회학이 이전에 아무도 몰랐던 것을 발견하지는 않는다는 점에서 자연과학과는 다르다는 것이 일반적으로 참이라고 생각한다. 오히려 좋은 사회과학은 많은 사람이 이미 잘 알고 있는 것들에 대해 더 깊이 이해할 수 있게 해준다. 여기는 그런 주장을 펼칠 자리는 아니다. 하지만 나는 이 분석의 미덕이 지금까지 알려지지 않은 사실이나 관계를 발견하는 데서 나오는 것이 아니라는 점을 말하고 싶다. 대신에 이 분석의 미덕은 예술계 개념의 함의를 체계적으로 탐구하는 데서 나온다. 기본적인 아이디어는 평범해 보이지만, 그 개념이 가지는 함의 중 상당수는 평범하지 않다. 따라서 완성된 예술 작품에 기여하는 모든 사람이 자신의 역할을 다하지 않으면 작품이 다르게 나올 것이라고 말하는 것은 맞는 이야기일 것이다. 그러나 이것이 이 모든 사람 중에 다른 사람들은 보조 인력에 불과할 뿐이고 누가 **유일한** 예술가인지를 규정하는 문제가 된다는 함의를 추구하는 것은 그렇게 자명한 일이 아니다.

나는 사회 조직의 형태에 초점을 맞춰왔기 때문에, 예술로서의 평판이 서로 상당히 다른 예술 형식과 작품을 자주 비교해 왔다. 나는 티치아노(Titian)*와 연재만화를 같은 맥락에서 이야기하기도 했고, 할리우드 영화 음악이나 로큰롤 음악을 베토벤이나 모차르트의 작품만큼이나 진지하게 논의한 적도 있다. 사실상 평판의 문제가 분석의 핵심이기 때문에 그러한 비교는 흔히 이루어진다. 이러한 비교에 대해 불쾌감을 느끼는 독자들에게는 분석의 원칙은 미학이 아니라 사회 조직이라는 점을 상기시키고 싶다.

이러한 접근방식은 예술사회학의 지배적인 전통, 즉 예술을 무언가 더 특별한 것으로 정의하는, 특히 천재의 위대한 작품에서는 창조성이 겉으로 드러나고 사회의 본질적인 특성이 표현된다는 전통과 정면으로 모순되는 것처럼 보인다. 지배적인 전통은 예술을 사회 현상으로 분석할 때 협력 네트워크보다 예술가와 예술 작품을 중심에 놓는다. 이러한 차이에 비추어 볼 때, 내가 여기서

---

* 본명은 티치아노 베첼리오(Tiziano Vecellio; 1488~1490년경~1576)이며, 이탈리아의 전성기 르네상스 시대의 화가이다. 영어로는 Titian으로 알려져 있으며, 당대에 '작은 별들 가운데 있는 태양'이라고 인정받았다. 「성스러운 사랑과 세속의 사랑」, 「성모 승천」, 「바쿠스의 축제」 등 646점의 작품을 제작했다._옮긴이

수행한 작업은 예술의 사회학이 아니라 오히려 예술 작업에 적용되는 직업들의 사회학이라고 말하는 것이 합당할 수 있다. 나는 그렇게 표현하는 것에 대해 이의를 제기하지 않겠다.

나는 마지막 장을 제외하고는 보다 전통적인 관점에 대해 직접적으로 논박하지 않았으며, 그 관점의 가장 중요한 선입견 일부를 피상적으로만 다루었다. 여기서 제안한 용어로 그 관심사들을 다룰 수 없는 것은 아니지만, 그 관심사들은 내가 취한 접근방식의 핵심이 아니기 때문에 나의 논의에서 부차적인 위치를 차지한다. 게다가 나는 그 관심사들을 내가 말하고자 하는 것과 관련되게 만들어서 그 관심사들을 그 자체로는 다루지 않는 방식으로 그러한 질문들을 던져왔다. 나는 두 가지 분석 스타일이 서로 갈등하거나 모순되는지는 잘 모르겠다. 두 가지 분석 스타일은 단지 동일한 경험 재료들에 대해 던지는 서로 다른 질문의 집합일 수도 있다.

물론 내가 이런 방식으로 예술에 대해 생각한 최초의 학자는 아니었다. 예술에 대해 상대주의적이고 회의적이며 '민주적인' 글쓰기를 하는 왕성한 전통이 있다. 찰스 시거(Charles Seeger)*와 특히 클라우스 바흐만(Klaus Wachsmann)**과 같은 민족 음악학자들의 사례는 많은 것을 생각하고 본받을 수 있게 해주었다. 윌리엄 아이빈스의 『판화와 시각 소통(Prints and Visual Communication)』은 내가 나중에 다룬 많은 문제에 대해 생각하도록 촉발했고, 그 문제를 해결하는 데 필요한 몇 가지 도구를 제공했다. 19세기 프랑스 회화 세계에 대한 해리슨 화이트(Harrison White)와 신시아 화이트(Cynthia White)의 분석은 유명한 인물들만 연구하는 것보다 한 시대의 모든 예술가를 연구하는 것의 이점을

* 찰스 시거(1886~1979)는 미국의 음악가, 작곡가 및 민속학자이며, 미국에서 처음으로 음악학 과목을 가르친 음악학자였다. 1934년에 설립된 미국음악학회(American Musicological Society)의 창립회원 가운데 한 명이다._옮긴이

** 클라우스 바흐만(1907~1984)은 독일의 민족 음악학자로, 특히 아프리카 전통 음악 연구의 선구자이다._옮긴이

제시했다. 이러한 책들 그리고 내가 텍스트에서 자유롭게 사용한 다른 자료들은 내가 했던 작업의 배경이 되는 전통을 나타낸다. 모든 전통과 마찬가지로, 그 전통을 만든 사람은 후발 주자들이 그 전통의 이름으로 한 일에 대해 책임을 지지 않는다.

감사의 글

이 책은 작업이 이루어지는 협력과 지원의 네트워크에 초점을 맞추고 있기 때문에, 나는 내가 해온 일들이 수많은 사람 및 조직이 나를 위해 해준 일에 의존하고 있다는 것을 다른 어떤 저자보다 훨씬 더 잘 알고 있다. 감사한 마음을 상세하고 구체적으로 다 적으려면 너무나 많은 시간이 걸릴 것이다. 그래서 알파벳 순서로 이름을 나열해 놓았는데, 그렇다고 해서 내가 진정으로 감사해 하지 않는다는 뜻은 아니다.

나는 1969~1970년 행동과학 고등연구센터(Center for Advanced Study in the Behavioral Sciences) — 국립정신건강연구소(National Institute of Mental Health)의 펠로십으로 일부 지원받는 — 연구원으로 있을 때, 이 책의 기초가 되는 연구를 시작했다. 그 해 동안 내가 준비했던 목적 없는 탐사 연구를 하기에 그보다 더 좋은 곳은 없었다. 나는 1978~1979년에 존 사이먼 구겐하임 기념 재단(John Simon Guggenheim Memorial Foundation)의 연구원으로 활동하면서 전체 원고의 첫 번째 초고를 완성했다. 두 기관의 지원에 감사한다. 또한 나는 1965년부터 노스웨스턴 대학교 사회학과의 교수로 재직하고 있는데, 이곳은 나에게 훌륭한 곳이자 힘을 북돋아주는 지적 고향이다.

이 책의 일부는 다음 저널과 책에 다소 다른 형태로 실렸으며, 원출판사의 허락 아래 여기에 맞추어 수정했다.

"Art as Collective Action," reprinted from *American Sociological Review* 39 (December 1974): 767~776, with the permission of the American Sociological Association.

"Art Photography in America," reprinted from *Journal of Communication* 25 (Winter 1975): 74~78, with their permission.

"Art Worlds and Social Types," reprinted from *American Behavioral Scientist* 19 (July 1976): 703~718, with the permission of Sage Publications.

"Arts and Crafts," reprinted from *American Journal of Sociology* 83 (January 1978): 862~889, with the permission of the University of Chicago Press.

"Stereographs: Local, National and International Art Worlds," reprinted from Edward W. Earle, ed., *Points of View: The Stereograph in America-A Cultural History* (Rochester, N.Y.: Visual Studies Workshop Press, 1979), pp. 88~96, with their permission.

"Aesthetics, Aestheticians, and Critics," reprinted from Studies in *Visual Communication* 6 (Spring 1980): 56~68, with their permission.

출판사들은 다음 저작들로부터 인용할 수 있도록 허락해 주었다.

Anthony Trollope, *An Autobiography*, University of California Press.

William Culp Darrah, *The World of Stereographs*, Land Yacht Press.

Patricia Cooper and Norma Bradley Buferd, *The Quitters: Women and Domestic Art*, Doubleday & Company, Inc.

Raymonde Moulin, *Le Marc he de Ia peinture en France*, Les Editions de

Minuit.

Françoise Gilot and Carlton Lake, *Life with Picasso*, McGraw-Hill Book Company.

Michael Baxandall, *Painting and Experience in Fifteenth Century Italy*, Oxford University Press.

Barbara Herrnstein Smith, "Fixed Marks and Variable Constancies: A Parable of Literary Value," by permission of the author.

Vivian Perlis, *Charles Ives Remembered: An Oral History*, Yale University Press.

다음의 친구들과 동료들은 다양한 방식으로 도움을 주었다.

버나드 벡(Bernard Beck), 낸 베커(Nan Becker), 스티스 베넷(H. Stith Bennett), 베넷 버거(Bennett Berger), 윌리엄 블리젝(William Blizek), 필립 브리크먼(Philip Brickman), 데럴 치트우드(Derral Cheatwood), 케네스 도노(Kenneth Donow), 에드워드 얼(Edward Earle), 필립 에니스(Philip Ennis), 캐럴린 에반스(Carolyn Evans), 로버트 포크너(Robert Faulkner), 엘리엇 프리드슨(Eliot Freidson), 제인 풀처(Jane Fulcher), 블랑시 기어(Blanche Geer), 배리 글래스너(Barry Glassner), 한스 하케(Hans Haacke), 카렌 허프스토트(Karen Huffstodt), 어빙 루이스 호로위츠(Irving Louis Horowitz), 에버렛 휴즈(Everett C. Hughes), 브루스 잭슨(Bruce Jackson), 에드워드 킬리(Edward Kealy), 로버트 레이닝거(Robert Leighninger), 레오 리트웍(Leo Litwak), 엘리노 리온(Eleanor Lyon), 알린 메이어(Arline Meyer), 레너드 메이어(Leonard Meyer), 댄 모건스턴(Dan Morganstern), 챈드라 무커지(Chandra Mukerji), 찰스 낸리(Charles Nanry), 수전 리 넬슨(Susan Lee Nelson), 리처드 피터슨(Richard Peterson), 엘렌 풀(Ellen Poole), 바버라 로젠블럼(Barbara Rosenblum), 클린턴

샌더스(Clinton Sanders), 그레이스 세이버링(Grace Seiberling), 바버라 헌스틴 스미스(Barbara Herrnstein Smith), 칼 스미스(Carl Smith), 맬컴 스펙터(Malcolm Spector), 안셀름 스트라우스(Anselm Strauss), 헬렌 타르타(Helen Tartar), 수전 비로(Susan Vehlow), 지우베르투 벨류(Gilberto Velho), 클라우스 바크스만(Klaus Wachsman), 브렌다 웨이(Brenda Way), 그리고 낸시 와이스(Nancy Weiss).

≪예술 사회학(Sociologie de l'art)≫ 제8호는 이 25주년 기념판에 알랭 페싱과의 인터뷰를 실을 수 있도록 흔쾌히 허락해 주었다. "나는 어떻게 『예술계』를 썼는가"라는 이 인터뷰는 라발 대학교 출판부(Presses de l'Université Laval)의 허락하에 실었다.

제1장

예술계와 집합 활동

> 매일 아침 5시 30분에 책상에 앉는 것은 나의 관행이었으며, 예외를 두지 않는 것도 나의 관행이었다. 나를 깨우는 것이 자신의 일이었던 늙은 하인에게 나는 그 임무에 대해 1년에 5파운드씩 추가로 지불했는데, 그도 예외 없이 자신의 직무를 수행했다. 월섬 크로스(Waltham Cross)에서 지냈던 수년 동안 그는 나에게 커피를 가져다주는 임무 수행에 단 한 번도 늦은 적이 없다. 나는 내가 이룬 성공에 대해 다른 누구보다 그에게 더 많은 빚을 지고 있다고 생각해서는 안 되는 이유를 잘 모르겠다. 그 시간에 시작했기에, 나는 아침 식사를 위해 옷을 입기 전에 나의 문필 작업을 마칠 수 있었다.
>
> 앤서니 트롤럽(Anthony Trollope), 1947[1883]: 227

이 영국 소설가는 이 이야기를 우스갯소리로 했을지 모르지만, 깨어나서 커피를 마시는 것은 그의 작업 방식에 없어서는 안 될 필수 요소였다. 물론 불가피하면 커피 없이도 일을 할 수 있었겠지만, 그는 그럴 필요가 없었다. 의심할 여지없이 누구라도 그 서비스를 수행할 수 있었을 것이다. 그러나 트롤럽의 작업 방식을 고려해 볼 때, 그 서비스는 반드시 수행되어야 했다.

모든 예술 작업은 모든 인간 활동과 마찬가지로 여러 명의, 때로는 상당히 많은 수의 사람들의 연합 활동(joint activity)을 수반한다. 이들의 협력을 통하여 마침내 우리가 보거나 듣는 예술 작품이 탄생하고 계속 존재한다. 작품에는 항상 이러한 협력의 흔적이 남아 있다. 협력의 형태는 일시적일 수도 있지만, 종종 어느 정도 일상화되어 우리가 예술계라고 부를 수 있는 집합 활동의 유형을 만들어낸다. 예술계의 존재뿐만 아니라 그 존재가 예술 작품의 생산과 소비 모두에 영향을 주는 방식도 예술에 대한 사회학적 접근방식을 제안한다. 많은 예술 사회학자가 미학적 판단을 자신들의 과제로 설정하고 있지만, 예술에 대한 사회학적 접근은 미학적 판단을 내리는 것이 아니다. 대신, 예술에 대한 사회학적 접근은 예술이 이루어지는 협력 네트워크의 복잡성, 즉 트롤럽과 그의 하인 둘 다의 활동이 빅토리아 문학 세계의 인쇄업자, 출판사, 비평가, 사서, 독자의 활동과 맞물린 방식의 복잡성에 대한 이해를 제공하고, 모든 예술에 관련된 유사한 네트워크와 결과들에 대한 이해를 제공한다.

활동으로서의 예술

어떤 예술 작품이든지 최종적인 모습으로 나타나기 위해 수행되어야 하는 모든 활동을 생각해 보라. 예를 들어, 오케스트라가 콘서트를 열기 위해서는 악기들이 발명, 제조 및 관리되었어야 하고, 기보(記譜)법이 고안되고 그 기보법을 사용한 음악이 작곡되었어야 하고, 사람들은 악보에 적힌 음을 악기로 연주하는 법을 배웠어야 하고, 리허설을 위한 시간과 장소가 제공되었어야 하고, 연주회 광고가 게재되었어야 하고, 홍보가 이루어지고 티켓이 팔렸어야 하고, 연주를 듣고 어떤 식으로든 이해하고 반응할 수 있는 관객이 모집되었어야 한다. 모든 공연 예술에 대해 유사한 목록을 작성할 수 있다. 이 목록은 약간의 변형을 통해 (악기를 소재로 대체하고 공연을 전시로 대체하면) 시각 예술과 (소재를 언어와 인쇄로 대체하고 전시를 출판으로 대체하면) 문학예술에도 적용된다.

해야 할 일의 목록은 당연히 표현 매체마다 다르지만, 수행해야 할 활동의 종류를 잠정적으로는 나열할 수 있다. 먼저 어떤 종류의 작품을 만들 것인지 그리고 그 작품의 구체적인 형태는 어떤 것인지에 대한 아이디어가 있어야 한다. 창작자는 실제로 작품을 만들기 훨씬 전에 그 아이디어를 가질 수도 있고, 또는 작업 과정에서 그 아이디어가 떠오를 수도 있다. 그 아이디어는 기발하고 독창적일 수도 있고, 심오하고 감동적일 수도 있으며, 또는 재능이 없거나 관심이 없는 사람들이 만들어낸 수천 개의 다른 아이디어와 구별할 수 없을 만큼 사소하고 진부한 것일 수도 있다. 아이디어를 생산하려면 엄청난 노력과 집중이 필요할 수도 있다. 아이디어가 갑자기 선물처럼 다가올 수도 있고, 잘 알려진 공식(formulas)의 조작에 의해 일상적으로 생산될 수도 있다. 작품이 생산되는 방식은 작품의 질과는 아무런 필연적인 관계가 없다. 예술 작품을 생산하는 모든 방식은 어떤 사람에게는 적합하고 어떤 사람에게는 적합하지 않다. 예술 작품을 생산하는 모든 방식은, 예술이 어떻게 정의되든 상관없이, 상상할 수 있는 모든 질적 수준의 작품을 생산한다.

일단 구상이 되면, 아이디어는 실행되어야 한다. 대부분의 예술적인 아이디어는 영화, 그림 또는 조각, 책, 춤, 보고 듣고 잡을 수 있는 **그 무엇**처럼 일정한 물리적 형태를 취한다. 심지어 개념 예술(conceptual art)도 원고, 말, 사진, 또는 이들을 조합한 형태를 취한다.

일부 예술 작업을 실행하는 수단은 손쉽게 일상적으로 사용할 수 있을 것이므로 예술 작품을 만드는 데 특별한 노력이나 걱정을 하지 않아도 된다. 예를 들어, 책을 인쇄하거나 복사하는 데에는 비교적 큰 어려움이 없을 수 있다. 다른 예술 작품은 숙련된 실행이 필요하다. 악보 형태의 음악적 아이디어는 연주되어야 하며, 음악 연주는 훈련, 스킬, 판단력을 요구한다. 희곡이 쓰이면 그것은 연기되어야 하며, 역시 스킬, 훈련, 판단력을 필요로 한다. (사실 책을 인쇄하는 것도 마찬가지이지만, 우리는 이를 잘 인식하지 못한다.)

예술 작품을 제작하는 데서의 또 다른 중요한 활동은 대부분의 예술 활동에 필요한 재료 및 장비를 생산하고 유통하는 것으로 이루어져 있다. 악기, 그림물감과 캔버스, 무용수의 신발과 의상, 카메라와 필름 등, 이 모든 것은 만들어져야 하며, 예술 작품을 생산하기 위해 이를 사용하는 사람들이 이 모든 것을 구할 수 있어야 한다.

예술 작품을 만드는 데는 시간이 걸리며, 장비와 재료를 만드는 데도 시간이 걸린다. 그 시간은 다른 활동들로부터 전용되어야 한다. 예술가들은 대개 어떤 식으로든 돈을 마련하고 그 돈으로 필요한 것을 구입함으로써 시간과 장비를 확보한다. 항상 그런 것은 아니지만, 그들은 특정한 지불 형식에 대한 대가로 관객에게 작품을 공급함으로써 돈을 마련한다. 물론 일부 사회, 일부 예술 활동은 화폐 경제 내에서 작동하지 않는다. 대신 중앙 정부 기관이 예술 프로젝트를 위한 자원들을 할당할 수도 있다. 다른 종류의 사회에서는, 예술을 생산하는 사람들이 자신이 필요로 하는 것과 자신의 작품을 교환할 수도 있고, 다른 의무를 다한 후 남는 시간에 작품을 만들 수도 있다. 여성들이 가족을 위해 퀼트를 만들 때처럼, 그들은 일반적으로 예술이라고 부르지 않더라도 우리 또는 그들이 예술로 인정할 수 있는 것을 생산하는 방식으로 일상적인 활동을 수행할 수도 있다. 작품이 어떻게 만들어지든 그 작품은 유통되며, 유통은 또 다른 작품을 만들기 위한 자원을 모을 수 있는 수단을 만들어낸다.

'지원'으로 묶을 수 있는 다른 활동들도 함께 이루어져야 한다. 무대 청소하기, 커피 가져오기, 캔버스 펼쳐서 밑칠하기, 완성된 그림을 액자에 넣기, 원고 검수와 교정하기 등 표현 매체에 따라 다양한 활동이 있다. 여기에는 사람들이 작업을 실행하는 데 사용하는 기계를 조작하는 모든 종류의 기술적 활동뿐만 아니라 단순히 실행자를 일반적인 집안일에서 해방시키는 활동도 포함된다.

지원은 다른 범주에서 쉽게 분류할 수 없는 모든 것을 담을 수 있도록 고안된 잔여 범주로 생각하면 된다.

작품이 완성되면 누군가는 그 작품에 반응해야 하고, 감정적이거나 지적인 반응을 보여야 하며, "그 안에서 무언가를 보고" 감상해야 한다. '숲에서 나무가 쓰러지는데 아무도 듣지 못한다면 과연 소리가 난 것일까?'라는 오래된 수수께끼는 여기서 간단한 정의로 풀 수 있다. 우리는 만들어지고 **또한** 감상되는 작품으로 이루어진 사건에 관심이 있으며, 이를 위해서는 반응과 감상이라는 활동이 일어나야 한다.

또 다른 활동은 이 모든 다른 활동이 타당하며 수행할 가치가 있다는 근거를 만들고 유지하는 것으로 구성된다. 근거는 전형적으로, 아무리 소박할지라도, 일종의 미학적 논증의 형태, 즉 만들어지고 있는 것을 예술로 또는 좋은 예술로 규정하고 예술이 사람과 사회를 위해 해야 할 일을 어떻게 수행하는지 설명하는 철학적 정당화의 형태를 취한다. 모든 사회 활동에는 그러한 근거가 수반되는데, 이것은 그 활동에 참여하지 않는 사람들이 그것이 도대체 무슨 쓸모가 있는지 묻는 순간들을 위해 필요하다. 그 활동에 참여하는 사람들이 있기만 하면, 누군가는 항상 그러한 질문을 한다. 이에 대한 부수적인 조치는 개별 작품에 대한 구체적인 평가로, 이 평가를 통해 그 작품들이 해당 작품 유형을 위한 보다 일반적인 정당성에 포함된 기준을 충족하는지 또는 어쩌면 그 근거에 수정이 필요한지 여부를 결정한다. 예술 작품 제작에 참여하는 사람들은 지금까지 해온 일과 현재 진행 중인 일에 대한 이러한 비판적 검토를 거쳐야만 다음 작업으로 넘어갈 때 무엇을 해야 할지를 결정할 수 있다.

이러한 일들의 대부분은 즉흥적으로 이루어질 수 없다. 그것들은 일정한 훈련이 필요하다. 사람들은 아이디어 창출이든, 실행이든, 여러 지원 활동 중 하나이든, 아니면 감상, 반응, 비평이든 간에 자신이 수행할 작업의 특성에 맞는 테크닉을 배워야 한다. 따라서 누군가는 이러한 학습이 일어나는 교육과 훈련을 계속해야 한다.

마지막으로, 이 모든 일을 하려면 예술 창작에 참여하는 사람들이 일정한 안정성을 믿을 수 있는, 자신이 하는 게임에 규칙이 있다는 것을 느낄 수 있는 시민적 질서의 조건이 전제되어야 한다. 지원과 유통의 시스템이 사적 소유 개념에 의존한다면, 그 소유물에 대한 권리는 어떤 식으로든 보장되어야 한다. 사람들이 집합 행위에 동원되는 목적에 대해 관심을 쏟는 국가는 예술이라는 대상과 이벤트의 생산을 허용해야 하며 일부 지원을 제공할 수 있어야 한다.

나는 반복해서 명령형으로 사람들은 이것을 해야 하며, 국가는 그것을 해서는 안 된다고 말해왔다. 누가 그렇게 말하는가? 왜 이 사람들 중 누군가는 이런 일을 해야만 하는가? 이러한 활동이 수행되지 않은 경우를 상상하거나 기억하는 것은 매우 쉽다. 내가 어떻게 시작했는지 상기해 보라. "**어떤 예술 작품이든지 최종적인 모습으로 나타나기 위해** 수행되어야 하는 모든 활동을 생각해 보라." 즉, 이벤트가 특정한 방식으로만 발생하고 다른 방식으로는 발생하지 않는다면 모든 필수 요소가 작동한 것이다. 그러나 그 작업이 반드시 그런 식으로 또는 다른 특정한 방식으로 일어날 필요는 없다. 이러한 활동 중 어떤 것이 수행되지 않으면, 작업은 다른 방식으로 이루어질 것이다. 아무도 그 작업을 인정하지 않으면, 그 작업은 인정받지 못한 채 넘어갈 것이다. 아무도 그 일을 지원하지 않으면, 그 일은 지원받지 못한 채 넘어갈 것이다. 특정한 장비를 구할 수 없으면, 작업은 그 장비 없이 이루어질 것이다. 당연히 이런 것들 없이 일을 하는 것은 생산되는 작품에 영향을 미친다. 그것은 동일한 작품이지 않을 것이다. 그러나 그것은 이러한 활동이 수행되지 않으면 그 작품이 전혀 존재할 수 없다고 말하는 것과는 매우 다르다. 이 모든 활동은 다양한 방식으로 수행될 수 있으며, 그 결과 또한 똑같이 다양하다.

예를 들어, 시인은 자신의 작품을 알리기 위하여 인쇄업자, 편집자, 그리고 출판사에 의존한다. 그러나 정치적 이유나 경제적 이유로 그러한 수단들을 이용할 수 없는 경우 다른 배포 수단을 찾을 수도 있다. 러시아 시인들은 정부 인쇄소들이 공식적인 인쇄 또는 유통을 허용하지 않을 경우 사적으로 타이핑한 원고로 자신들의 작품을 배포하고, 독자들은 그 작품을 다시 타이핑하여 추가 배포본을 만든다. 자본주의 국가의 상업적인 출판사들이 책을 출판하지 않는다면, 시인은, 미국 시인들이 종종 그러하듯이, 자신이 근무하는 학교나 사무실의 장비를 비공식적으로 사용하여 자신의 작품을 등사 인쇄하거나 복사할 수 있다. 만일 그렇게 했는데도 아무도 작품을 유통하지 않는다면, 시인이 친구나 친지에게 복사본을 나눠주거나 길거리에서 낯선 사람에게 나눠주면서 직접 유통할 수도 있다. 또는 단순히 작품을 유통하지 않고 혼자 보관할 수도 있다. 에밀리 디킨슨(Emily Dickinson)은 '알아보기 힘든' 구두점을 고친 편집자들과 몇 번의 불행한 경험을 한 후 자신이 원하는 형태로 작품을 출판할 수 없을 것이라고 결정했을 때, 그렇게 했다(Johnson, 1955).

물론 종래의 유통 수단이 아닌 다른 방법을 사용하거나 유통 통로를 전혀 사용하지 않는 경우, 예술가들은 불이익을 겪게 되고 작품은 정규적인 유통이 가능했을 때와는 다른 형태를 취하게 된다. 예술가들은 대개 이러한 상황을 완전한 저주로 여기고 정규적인 유통 통로나 자신들이 이용할 수 없는 다른 기존 수단에 접근할 수 있기를 희망한다. 그러나, 앞으로 살펴보겠지만, 지원 활동을 수행하는 정규적인 수단은 할 수 있는 일을 상당히 제한하기 때문에 가용한 수단을 갖지 않는 것은, 불편하거나 더 나쁠 수도 있지만, 가용한 수단을 가졌다면 얻을 수 없었던 가능성을 열어주기도 한다. 모든 정규적인 수단을 이용할 수 있다는 것이 순수한 은총인 것만은 아니다.

따라서 이것은 활동이 특정한 방식으로 이루어지지 않으면 사회 체계가 생존하지 못한다는 기능주의 이론이 아니다. 예술을 생산하는 사회 체계는 과거와 똑같은 방식은 아니지만 다양한 방식으로 생존한다. 기능주의적인 제안은 생존에 필수적인 모든 것이 계속해서 도움을 주지 않는다면 일을 하는 방식이 정확하게 현재의 모습대로 존속하지 못할 것이라는 사소한 의미에서만 진실이다. 그러한 방식이 정확하게 현재의 모습대로 존속해야 할 어떤 필연성이 있다고 제안하는 것은 오해의 소지가 있다.

분업

하나의 예술 작품이 실제로 존재하기 위해서는 이 모든 일이 이루어져야 하는데, 누가 이 모든 일을 할 것인가? 극단적인 예로서, 한 사람이 다른 사람의 원조나 도움 없이 모든 것을 하는 상황, 즉 한 사람이 모든 것을 만들고, 모든 것을 발명하고, 모든 아이디어를 내고, 그 작업을 수행하거나 실행하고, 그것을 감상하는 상황을 상상해 보라. 우리가 알고 있는 모든 예술은 우리가 알고 있는 모든 인간 활동과 마찬가지로 다른 사람의 협력을 수반하기 때문에 우리는 그러한 상황을 거의 상상할 수 없다.

다른 사람들이 이러한 활동 중 일부를 수행하는 경우, 참여자들은 그 일들을 어떻게 분담하는가? 반대의 극단적인 상황, 즉 산업 조립라인에서 이루어지는 작업 분할과 마찬가지로 각 활동을 개별적인 사람이, 즉 한 가지 작업만 하는 전문가가 수행하는 상황을 생각해 보라. 일부 예술 분야는 실제로 이와 비슷하지만, 이 역시 가상의 경우이다. 전형적인 할리우드 장편 영화의 끝을 장식하는 크레디트 목록은 이렇게 세밀하게 구분된 활동을 명시적으로 인정하고 있다. 세밀한 분업은 대규모 예산의 영화 제작에서 관례적이며, 부분적으로는 노동조합의 법적 계약에 의해 시행되고 부분적으로는 영화 산업에서 경력의 기반이 되는 전통적인 공적 크레디트 보상체계에 의해 시행된다. (포크너[Faulkner, 1983]는 할리우드 작곡가들의 경력에서 크레디트가 담당하는 역할을 논의한다.)

분업의 세밀함에는 한계가 없어 보인다. 1978년 영화 <허리케인>의 기술 크레디트 목록을 살펴보라(표 1 참조). 그 영화에는 촬영 감독이 고용되었지만, 실제로 카메라를 작동한 사람은 스벤 닉비스트(Sven Nykvist)*가 아니라 에드워드 라크먼(Edward Lachman)**이었다. 그러나 라크먼이 카메라 작동과 관련된 모든 일을 한 것도 아니었다. 단 미흐르만(Dan Myhrman)이 카메라에 필름을 넣었고, 장면을 촬영하는 과정에서 초점을 이동해야 할 경우에는 라스 칼슨(Lars Karlsson)이 초점을 "끌어당겼다." 카메라에 문제가 생기면, 카메라 정비사인 게하르트 헨첼(Gerhard Hentschel)이 고쳤다. 배우들의 의상과 분장, 대본 준비 및 관리, 배경과 소품 준비, 대사의 연속성과 영화의 시각적 외양 처리, 심지어 촬영 기간 중 재정 관리까지, 이 모든 작업이 화면에 이름이 나타나는 수많은 사람들 사이에 유사하게 나뉘어 있다. 이 크레디트는 여전히 관련된 분업의 세밀함을 충분히 표현하지 못한다. 누군가는 대본을 타이핑하고 복사했음에 틀림없고, 다른 누군가는 니노 로타(Nino Rota)***의 악보에서 파트들을 복사했고, 여기에 이름이 없는 지휘자와 음악가는 그 음악을 연주했다.

사실상 예술 제작 상황은 한 사람이 모든 것을 다 하는 것과 각각의 사람이 모든 작은 활동을 하는 두 극단 사이의 어딘가에 있다. 다양한 종류의 작업자들은 전통적인 '작업 묶음'을 개발한다(Hughes, 1971: 311~316). 예술계를 분석하기 위해 우리는 예술계에 있는 특징적인 종류의 작업자와 각 작업자가 수행하는 작업의 묶음을 찾는다.

일부 분업은 전통적이어서 우리는 종종 표현 매체의 성질에 따라 주어진 것

---

* 스벤 닉비스트(1922~2006)는 스웨덴 출신 촬영 감독으로, 120편 이상의 영화를 촬영했다. 특히 스웨덴 출신의 전설적인 영화감독 잉마르 베리만(Ingmar Bergman)과 함께 30년간 작업한 것으로 유명하다. 빛을 다루는 테크닉과 독특한 카메라 워크로 유명하며, 아카데미 촬영상을 두 차례나 수상했다._옮긴이

** 에드워드 라크먼(1948~)은 미국의 영화 촬영 기사이다._옮긴이

*** 니노 로타(1911~1979)는 이탈리아의 작곡가, 피아니스트, 지휘자이며, 영화 음악으로 가장 잘 알려져 있다._옮긴이

표 1 〈허리케인〉의 기술 제작진 크레디트(technical credits)

감독	얀 트로엘(Jan Troell)
제작	디노 드 로렌티스(Dino de Laurentiis)
시나리오	로렌조 셈플(Lorenzo Semple, Jr.)
허리케인 원작 소설	찰스 노드호프(Charles Nordhoff)
	제임스 노먼 홀(James Norman Hall)
책임 프로듀서	로렌조 셈플(Lorenzo Semple, Jr.)
촬영 감독	스벤 닉비스트(Sven Nykvist), A.S.C.*
작곡	니노 로타(Nino Rota)
영화 편집	샘 오스틴(Sam O'Steen)
미술, 의상, 세트 디자인	대닐로 도나티(Danilo Donati)
제2제작진 감독	프랭크 클락(Frank Clark)
제1조감독	호세 로페즈 로데로(Jose Lopez Rodero)
제2조감독	프레드 비넬리스(Fred Viannellis)
제3조감독	지네트 앙고세 로페즈(Ginette Angosse Lopez)
감독 보조	조지 오드너(George Oddner)
제2제작진 조감독	지오바니 솔다티(Giovanni Soldati)
제2제작진 보조 매니저	고란 세터베르(Goran Setterberg)
촬영 기사	에드워드 라크먼(Edward Lachman)
제2제작진과 수중 카메라 기사	세르지오 마티넬리(Sergio Martinelli)
촬영 조수	라스 칼슨(Lars Karlsson)
제2제작진 촬영 조수	세르지오 멜라란치(Sergio Melaranci)
로더(Loader)**	단 미흐르만(Dan Myhrman)
카메라 기사	게하르트 헨첼(Gerhard Hentschel)
조명 담당	알피오 암브로기(Alfio Ambrogi)
특수 효과	글렌 로빈슨(Glen Robinson)
	앨도 푸치니(Aldo Puccini)
	조 데이(Joe Day)
특수 효과팀	잭 샘슨(Jack Sampson)
	레이먼드 로빈슨(Raymond Robinson)
	조 버나디(Joe Bernardi)
	웨인 로즈(Wayne Rose)
건설 매니저	앨도 푸치니(Aldo Puccini)

건설 기술 지원: 탱크(Tank)와 빌라 라리크(Villa Lalique)
알스톰(C.G.E.E. ALSTHOM)-파페에테(PATEETE)
감독관리: 미셸 스트레벨(Michel Strebel)

안무	코코(Coco)
기술 자문	밀턴 포먼(Milton Forman)
미술 감독	조르지오 포스티글리오네(Giorgio Postiglione)
삽화	멘토르 휴브너(Mentor Huebner)
분장	마시모 드 로시(Massimo de Rossi)
분장 보조	아도넬레이드 로시(Adonellade Rossi)
각본 감독	니키 클랩(Nikki Clapp)
헤어 디자이너	엔니오 마로니(Ennio Marroni)
소품	조지 해밀턴(George Hamilton)
의상	프랑코 안토넬리(Franco Antonelli)
음향	로리 클락슨(Laurie Clarkson)
음향 보조(Boom men)***	존 스티븐슨(John Stevenson)
	존 피트(John Pitt)
카메라 장비 담당	마리오 스텔라(Mario Stella)
스턴트 감독	미구엘 페드레고사(Miguel Pedregosa)
스턴트맨	파블로 가르시아(Pablo Garcia)
	로만 아리즈나바레타(Roman Ariznavarreta)
스틸 포토그래퍼****	프랭크 코너(Frank Conner)
스페셜 스틸	알폰소 아빈콜라(Alfonso Avincola)
홍보	탐 그레이(Tom Gray)
억양 훈련	노먼 슈워츠(Norman Schwartz)
보조 필름 편집인	바비 디(Bobbie Di)
제작 감사	브라이언 깁스(Brian Gibbs)
보조 감사	렉스 살루즈(Rex Saluz)
크레인 기사	댄 호그(Dan Hoge)
캐스팅	매클린/에빈스/맨소(McLean/Ebbins/Mansou)
현지 캐스팅과 억양 훈련	존 알라리모(John Alarimo)
자동차	피아트(Fiat)

* A.S.C.: 미국영화촬영협회(American Society of Cinematographers)._옮긴이

** 로더: 촬영 기사의 보조로서 특히 필름을 장전하는 사람._옮긴이

*** 음향 보조: 굵은 낚싯대 모양의 활대에 매단 이동형 마이크를 붐 마이크라고 하며, 이 붐 마이크를 조작하는 사람을 붐맨 또는 붐 스윙어(Boom Swinger)라고 한다._옮긴이

**** 스틸 포토그래퍼: 영화 제작이 이루어지는 동안 필요한 사진을 찍는 사진작가. 연기자의 연기 장면, 스태프의 작업 장면, 촬영장의 모습, 제작 발표회, 영화 이벤트 등을 촬영한다. 찍은 사진은 영화 포스터를 제작하기 위한 사진 원고가 되기도 하고 영화 홍보를 위한 원고가 되기도 한다._옮긴이

으로 여길 수 있지만, 어떤 예술 테크놀로지에서도 하나의 분업 방식이 다른 분업 방식보다 더 '당연한' 것은 아니다. 음악의 작곡과 연주 사이의 관계를 고려해 보라. 20세기 중반의 전통적인 교향곡과 실내악에서는 두 가지 활동이 별개로 일어나며, 이 둘은 매우 전문화된 두 가지 다른 작업으로 간주된다. 항상 그런 것은 아니었다. 베토벤은 당시 대부분의 작곡가들과 마찬가지로 자신의 음악과 다른 사람들의 음악을 모두 연주했다. 그뿐만 아니라 피아노 위에서 지휘도 하고 즉흥연주도 했다. 피아노의 거장 라흐마니노프(Rachmaninoff)와 파데레프스키(Paderewski)가 했던 것처럼, 지금도 연주자가 작곡을 하는 경우가 있다. 연주가 작곡보다 훨씬 더 많은 돈을 벌기 때문에 작곡가들이 연주를 하기도 한다. 예를 들어, 스트라빈스키(Stravinsky)는 피아노를 위한 세 곡의 작품과 오케스트라 반주가 포함된 두 곡의 작품을 썼는데, 이 곡들은 자신보다 스킬이 뛰어나지 않은 피아니스트도 연주할 수 있도록 의도되었다[오케스트라가 없는 곡은 두 대의 피아노로 연주할 수 있도록 작곡되었기 때문에, 스트라빈스키와 그의 아들 솔리마(Soulima)는 오케스트라를 갖기에는 너무 작은 마을에서도 그 곡을 연주할 수 있었다]. 스트라빈스키는 이 곡들을 연주하고(그는 수년 동안 연주권을 자신에게만 부여했다) 자신의 작품을 지휘함으로써 그가 원래 디아길레프(Diaghilev)*와 발레 뤼스(Ballets Russe)**와의 전문적인 관계를 바탕으로 높여놓았던 생활수준을 유지할 수 있었다(White, 1966: 65~66; 279~280; 350을 보라).

클래식 음악가들을 양성하는 과정은 이러한 분업을 강화한다. 현대 작곡가인 필립 글래스(Philip Glass)는 줄리아드 음대에 작곡을 공부하기 위해 입학하

---

* 세르게이 디아길레프(1872~1929)는 러시아의 미술 평론가, 후원자, 발레 흥행주이며, 발레 뤼스의 설립자이다._옮긴이

** 1909년 디아길레프가 세운 발레단이다. 발레 뤼스라는 이름은 프랑스어로 '러시아 발레단'이라는 뜻이다. 여흥거리로 전락한 발레를 다른 예술 장르와 어깨를 나란히 하는 종합 예술로 자리매김하는 데 큰 역할을 했다. 그래서 발레 뤼스를 '발레의 구원자'라고 불렀다._옮긴이

는 사람들은 대개 입학 당시에는 능숙한 악기 연주자라고 설명했다. 그러나 일단 입학하고 나면 그들은 작곡에 더 많은 시간을 할애하고 악기를 연주하는 시간이 줄어드는 반면, 악기 연주 전공자들은 풀타임으로 연습을 계속한다. 이내 악기 전공자들이 작곡가 지망생들보다 훨씬 더 연주를 잘하게 되기 때문에 작곡가 지망생들은 연주를 중단한다. 그들은 악기 연주자에게는 쉽지만 자신들은 연주할 수 없는 곡을 작곡할 수 있게 되는 것이다(Ashley, 1978).

재즈에서 작곡은 연주보다 훨씬 덜 중요하다. 음악가들이 연주하는 스탠더드 곡들(블루스와 오랜 인기곡들)은 실제 공연을 위한 틀을 제공할 뿐이다. 음악가들이 즉흥연주를 할 때, 곡의 원재료를 사용하지만 많은 연주자와 듣는 이들은 「서니 사이드 오브 더 스트리트(Sunny Side of the Street)」나 「이그잭틀리 라이크 유(Exactly Like You)」를 실제로 누가 작곡했는지 모를 것이다. 블루스와 같이 가장 중요한 즉흥연주의 틀 중 일부는 아예 작곡가가 없다. 즉흥연주를 작곡이라고 생각하면 작곡가가 곧 연주자라고 말할 수도 있다.

록 음악에서는 이상적으로 이 두 활동이 동일한 사람에 의해 수행된다. 완전히 능숙한 연주자는 자신만의 음악을 작곡한다. 실제로 다른 사람의 음악을 연주하는 록 그룹은 '카피 그룹'이라는 경멸적인 꼬리표가 붙게 되며, 어린 그룹은 자작곡을 연주하기 시작하는 날 성년이 된다. 작곡 활동과 연주 활동은 별개이지만 — 재즈에서처럼 연주와 작곡이 동시에 일어나지는 않는다 — 모두 한 사람의 작업 묶음에 속한다(Bennett, 1980).

모든 예술에서 작업분담에 대한 동일한 변형을 찾을 수 있다. 에드워드 웨스턴(Edward Weston)* 같은 일부 예술 사진작가는 인화를 사진 제작의 필수 요소

* 에드워드 웨스턴(1886~1958)은 미국의 사진작가로, 1937년 사진작가로는 처음으로 구겐하임상을 수상했다. 웨스턴은 사진계의 피카소라고 불릴 만큼 근대 사진계에 큰 영향을 끼쳤으며, F64그룹의 공동 창설자이다. F64그룹이란 사진을 아주 선명하게 촬영하기 위해 가장 작은 조리개 64를 사용했던 데서 유래된 그룹으로, 결성 이후 당시 전위적인 그룹으로 모더니즘 사진의 확고한 개념을 완성했다는 평가를 받았다._옮긴이

로 간주해 항상 직접 인화했다. 앙리 카르티에-브레송(Henri Cartier-Bresson)* 과 같은 다른 사진작가들은 절대로 직접 인화하지 않고 자신이 원하는 방식을 알고 있는 기술자에게 맡겼다. 서양 전통에서 글을 쓰는 시인들은 일반적으로 자신들의 필체를 완성된 작품에 포함시키지 않고 인쇄업자에게 맡겨 내용을 읽을 수 있는 형태로 표현한다. 우리가 시의 자필본을 볼 수 있는 것은 우리가 그들이 원고에 직접 손으로 교열한 수정본에 관심이 있을 경우(예를 들어 Elliot[1971]을 참조) 또는 윌리엄 블레이크(William Blake)**와 같이 드물게 자신의 손으로 시가 나타나는 동판을 조각하고 직접 인쇄하여 자신의 손이 작품의 일부가 된 경우뿐이다. 그러나 많은 동양 시에서는 서체가 시의 내용만큼이나 중요하기 때문에(그림 1을 보라), 시를 기계 활자로 인쇄하는 것은 중요한 무언가를 파괴하는 것이다. 보다 일상적인 사례를 들자면, 색소폰과 클라리넷 연주자는 악기점에서 리드(reed)***를 구입하지만 오보에와 바순 연주자는 갈대 줄기를 사서 직접 리드를 제작한다.

따라서 예술 작품 제작에 참여하는 각 유형의 사람은 수행해야 할 특정한 작업 묶음을 가지고 있다. 중요한 의미에서, 사람들에게 작업을 할당하는 것은 임의적이지만 — 작업은 다른 방식으로 할당할 수도 있는데, 다른 참여자 전원 또는 대부분의 동의가 있어야만 지지를 받는다 —, 그렇기 때문에 그것을 변경하는 것은 쉽지 않다. 관련된 사람들은 대체로 작업분담을 신성한 것으로, "자연스러

* 앙리 카르티에-브레송(1908~2004)은 프랑스의 세계적인 사진작가로, 현대 사진에 큰 영향을 준 작가로 평가받는다. 1952년에 출간한 사진집 『결정적 순간(The Decisive Moment)』은 그의 작업을 대표하는 미학적 개념이 되었다._옮긴이

** 윌리엄 블레이크(1757~1827)는 영국의 화가, 판화가이자 시인이다. 블레이크는 자신의 시에 개인적인 신화를 묘사함으로써 우주의 에너지에 대한 신비스러운 감각을 표현했다. 전통적인 종교와 예술이 지닌 위선과 제약에 저항했으며, 계몽주의 시대를 거부하고 낭만주의의 도래를 찬양했다. 특히 그는 자신의 글과 그림을 동판화로 제작했다._옮긴이

*** 목관 악기는 악기 입구에 공기 흐름에 따라 진동하는 얇고 작은 나무 조각이 없으면 소리가 나지 않는다. 그 나무 조각을 리드라고 한다. 플루트와 하모니카는 금속 리드를 사용하지만, 오보에, 클라리넷, 색소폰, 그리고 바순은 아룬도 도낙스라는 이름의 커다란 갈대를 쓴다. 이름은 갈대이지만 대나무처럼 속이 빈 원통형의 나무이다._옮긴이

그림 1. 일본 에도 시대(1615~1868) 쇼쿠닌[일본의 장인, 직인(職人), 공예가_옮긴이]의 그림 세트의 한 페이지(「다양한 직업의 묘사」). 서양 문학에서는 시의 글귀만 중요하지만, 많은 동양 문학에서는 서예가 똑같이 중요하며, 서예가도 시인만큼 중요한 예술가이다. 종이 위의 수묵화이고, 화가, 시인, 서예가는 미상이다. 시는 "망치질 소리는 계속되고/ 밝은 달은 떠 있고/ 듣는 사람들은 궁금해 하네"라는 뜻이다.(샌프란시스코 아시아 미술관, 에이버리 브런디지[Avery Brundage] 컬렉션)

운" 일이고 장비와 표현 매체에 내재된 것으로 간주한다. 그들은 에버렛 휴즈(Hughes, 1971: 311~15)가 간호사들 사이에서 묘사한 것과 동일한 작업 정치(work politics) — 지루하고 지저분하고 품위를 떨어뜨린다고 생각하는 업무는 없애려 시도하고, 더 흥미롭고 보상이 있고 명예로운 업무는 추구하는 — 에 참여한다.

모든 예술은 광범위한 분업에 기반을 두고 있다. 그것은 공연 예술의 경우 명백하게 그러하다. 영화, 콘서트, 연극, 그리고 오페라에서는 한 사람이 필요한 모든 것을 직접 다 해낼 수 없다. 하지만 훨씬 더 고독한 직업으로 보이는 회화를 이해하기 위해서도 이 모든 분업 장치가 필요할까? 그렇다. 분업은 예술 대상을 생산하는 데 관여하는 모든 사람이 조립라인 노동자들처럼 한 지붕 아래 있을 것을 또는 심지어 그들이 동시에 살아있을 것을 요구하지 않는다. 예술품을 만드는 일이나 공연은 적절한 시간에 해당 활동을 수행하는 사람에게 의존할 것을 요구할 뿐이다. 따라서 화가는 캔버스, 캔버스 틀(stretchers), 물감, 그리고 붓을 위해서는 제조업자에게 의존하고, 전시 공간과 재정적 지원을 위해서는 딜러, 컬렉터, 그리고 미술관 큐레이터에게 의존하고, 그들이 한 작업에 대한 이론적 설명을 위해서는 비평가와 미학자들에게 의존하고, 후원자 또는 수집가들에게 작품을 구입해서 공공에 기증하도록 설득하는 유리한 세법(稅法)을 위해서는 국가에 의존하고, 그 작품에 감정적으로 반응하는 것은 대중에게 의존한다. 그리고 작품을 이해하는 배경이 되는 전통을 창조한 현대와 과거의 다른 화가들에게 의존한다(전통에 대해서는 Kubler, 1962; Danto, 1964; 1973; 1974를 참조하라).

회화보다 더 고립되어 보이는 시 또한 마찬가지이다. 시인들은 자신들의 일을 하기 위해 일반 사회 구성원이 관례적으로 사용하는 것 외에 어떠한 장비도 필요로 하지 않는다. 연필, 펜, 타자기, 종이만 있으면 충분하며, 이것들을 구할 수 없다 하더라도 시는 구전 전통으로 시작되었고, 많은 현대 민속 시는 (잭슨, [Jackson, 1972; 1974] 또는 에이브러햄스[Abrahams, 1970]와 같은 민속학자들이 받아쓰고 출판할 때까지) 여전히 구전 형태로만 존재한다. 그러나 이러한 자율성의 모습도 마찬가지로 피상적이다. 화가가 유통업자에게 의존하듯이, 시인은 인쇄업자와 출판업자에게 의존하며, 그들의 작품을 이해하는 배경과 작업의 원재료를 위해 공유된 전통을 사용한다. 에밀리 디킨슨처럼 비순응적인 시인조차도 미국 청중이 알아보고 호응할 수 있는 찬송가 리듬에 의존했다.

따라서 자폐증적인 사람의 완전히 개인주의적이고 따라서 이해할 수 없는 작품을 제외한 모든 예술 작품은 많은 사람들 사이에서 어느 정도의 분업을 수반한다(Freidson[1976]의 분업에 대한 논의 참조).

예술과 예술가들

예술 작품 창조에 참여하는 사람들과 사회 구성원은 모두 일반적으로 예술을 만드는 일은 소수만이 가지고 있는 특별한 재능, 재주 또는 능력을 필요로 한다고 믿는다. 어떤 사람들은 다른 사람들보다 재능을 더 많이 가지고 있으며, 극소수의 사람은 "예술가"라는 명예로운 칭호를 받기에 충분한 재능을 가지고 있다. 톰 스토파드(Tom Stoppard)의 희곡 『트래비스티스(Travesties)』의 한 등장인물은 이러한 아이디어를 간결하게 표현한다. "예술가란 재능이 없는 사람은 형편없이 하거나 전혀 할 수 없는 일을 다소 잘할 수 있도록 어떤 방식으로 재능을 부여받은 사람이다"(Stoppard, 1975: 38). 우리는 사람들이 하는 작업을 통해 누가 이러한 재능을 가지고 있는지 안다. 왜냐하면 이러한 공통된 신념에 따르면, 예술 작품은 이러한 특별하고 희귀한 능력을 표현하고 구현하기 때문이다. 우리는 작품을 살펴봄으로써 그 작품을 만든 특별한 사람을 알게 된다.

우리는 재능을 가진 사람에게 특별한 권리와 특전을 부여하기 때문에 누가 재능을 가지고 있고 누가 그렇지 않은지 아는 것이 중요하다고 생각한다. 극단적으로 예술가의 낭만적인 신화는 그러한 재능을 가진 사람들은 다른 사회구성원에게 부과되는 제약을 받을 수 없다고 제안한다. 즉, 우리는 그들이 다른 모든 사람이 따라야 하는 또는 어길 경우 처벌받을 위험이 있는 예법, 예의범절, 그리고 상식을 위반할 수 있게 허용해야 한다고 제안하는 것이다. 그 신화는 그 대가로 사회가 독특한 개성과 값을 헤아릴 수 없는 양질의 작품을 제공받는다고 시사한다. 그러한 믿음이 모든 사회 또는 대부분의 사회에서 나타나는 것은 아니다. 그것은 르네상스 이후의 서유럽 사회와 그 영향을 받은 사회에 고유한 것일 수 있다.

마이클 백샌들(Michael Baxandall, 1972)은 이 점에 대한 유럽인의 사고 전환이 15세기에 일어났으며, 화가와 작품 구매자 사이에 맺어지는 계약의 변화에서 그 증거를 찾았다고 지적한다. 당시 계약은 회화의 성격, 지불 방식, 그리고 특히 사용되는 색상의 품질을 명시했는데, 금과 더 비싼 종류의 파란색(어떤 색상은 다른 색상보다 상당히 저렴했다)을 사용해야 한다고 강요했다. 따라서 1485년에 도메니코 기를란다요(Domenico Ghirlandaio)와 한 고객 간에 맺은 계약에는 다른 무엇보다도 다음과 같은 사항을 명시했다. 화가는

> 자신의 비용으로 금이 필요한 장식품에 좋은 색상과 가루로 된 금으로 패널을 채색해야 하며 …… 파란 색은 온스당 약 4플로린(florins)의 가치가 있는 군청색이어야 한다. …… ([Baxandall, 1972: 6]에서 인용)

이는 사용될 강철과 콘크리트의 품질을 명시하는 건축업자와 체결하는 계약서와 유사하다.

그와 동시에 또는 그보다 더 일찍 일부 고객은 재료는 덜 쓰고 스킬을 더 많이 쓰도록 명시하고 있었다. 따라서 1445년 피에로 델라 프란체스카(Piero della Francesca)와 다른 교회 고객 간에 맺은 계약에서는 금과 군청색을 명시하지는 않았지만, 화가의 스킬이 지닌 가치를 더 강조하면서 "피에로 외에는 어떤 화가도 붓에 손을 댈 수 없다"([Baxandall, 1972: 20]에서 인용)고 요구했다. 다른 계약은 더 상세했다.

> 상술한 화가 루카(Luca)는 (1) 상기 회랑에 작업될 모든 인물을 그려야 하고, (2) 특히 **각 인물의 중간부터 위로 인물들의 얼굴과 모든 부분을** 그려야 하며, (3) 루카 자신이 재석하지 않은 상태에서는 그 위에 어떤 그림도 그려서는 안 된다. …… 그리고 (4) 모든 색상의 혼합은 상술한 화가 루카가 직접 수행해야 한다. …… ([Baxandall, 1972: 23]에서 인용)

이것은 매우 다른 종류의 계약이다. 여기서 고객은 4플로린의 군청색보다 더 희귀한 것, 즉 예술가의 스킬에서 자신의 돈의 가치를 얻고 있는지 확인하기를 원한다. "15세기 고객은 눈에 띄는 스킬의 구매자가 됨으로써 점점 더 호화로운 제스처를 취한 듯 보인다"(Baxandall, 1972: 23).

이러한 변화는 예술 작품이 주로 위대한 예술가의 스킬과 시각의 표현으로 이루어진다는 오늘날 완전히 발전된 믿음으로 나아가는 길의 한 부분에 불과하다. 그것은 예술가를 특별한 사람으로 인정하지만, 예술가에게 특별한 권리를 부여하지는 않는다. 그러한 믿음은 나중에 생겨난 것이었다.

그럼에도 불구하고 예술가는 특별한 재능을 가지고 있기 때문에, 사회에 매우 중요하다고 여겨지는 작품을 생산하기 때문에, 그리하여 특별한 권리를 누리기 때문에, 사람들은 실제로 재능, 재주, 그리고 스킬을 가진 사람만이 그 지위를 차지하기를 원한다. 특별한 메커니즘이 예술가를 비예술가로부터 구별해 낸다. 사회들과 사회 내 매체들은 이러한 구분을 하는 방식이 각기 다르다. 한 극단적인 예로, 길드나 아카데미(Pevsner, 1940)는 장기간의 견습 기간을 요구하고 면허가 없는 사람들의 영업을 금지할 수 있다. 예술에 많은 자율성을 허용하지 않고 예술가들이 훈련과 작업을 하는 기관을 통제하는 국가에서는 스킬에 대한 접근도 유사하게 제한될 수 있다. 미국과 같은 국가에서 볼 수 있는 또 다른 극단적인 사례에서는 누구나 배울 수 있지만 예술 제작에 참여하는 사람들이 재능 있는 사람과 그렇지 않은 사람을 걸러내는 시장 메커니즘에 의존한다. 그러한 시스템에서 사람들은 예술가에게 특별한 재능이 있다는 생각을 유지하지만, 모든 사람이 시도해 본 다음 그 결과를 검사하는 것 외에는 누가 재능이 있는지 알 수 있는 방법이 없다고 믿는다.

예술 작품 제작에 참여하는 사람들과 사회구성원들은 일반적으로 특별한 재능이나 예술가의 감성을 요구하면서, 예술의 한 형태를 생산하는 데 필수적인 활동들을 "예술적인" 것으로 간주한다. 나아가 이러한 활동은 작품을 공산품, 공예품 또는 자연물이 아닌 예술로 만드는 데 필수적인 예술의 핵심 활동으로 간주된다. 그들에게 나머지 활동은 공예, 사업 감각의 문제로 또는 덜 희귀하고 덜 예술적이고 작품의 성공에 덜 필수적이며 존경받을 가치가 덜한 다른 능력의 문제로 보인다. 그들은 이러한 다른 활동을 수행하는 사람들을 (군사 용어를 빌려) 지원 인력이라고 정의하며, "예술가"라는 칭호는 핵심 활동을 수행하는 사람들의 몫으로 남겨둔다.

어떤 특정한 활동의 지위 — 특별한 예술적 재능이 요구되는 핵심 활동으로서의 또는 단지 지원 활동으로서의 — 는 바뀔 수 있다. 앞서 살펴본 것처럼, 그림을 그리는 것은 한때 숙련된 작업으로 여겨졌었지만 그 이상은 아니었고, 그리고 르네상스 시대에는 좀 더 특별한 어떤 것으로 정의되게 되었다. 이후의 장에서 우리는 공예 활동이 예술로 재정의되는 방식을, 그리고 그 반대의 경우를 살펴볼 것이다. 여기서는 음악을 녹음하고 상업적 재생산 및 판매를 위한 결과물을 준비하는 기술적인 부문을 담당하는 사람인 레코딩 엔지니어와 사운드 믹서의 예를 인용하는 것으로 충분할 것이다. 에드워드 킬리(Edward Kealy, 1979)

는 기술적 활동의 지위 변화를 기록한다. 1940년대 중반까지

> 사운드 믹서의 스킬은 스튜디오의 음향 설계를 활용하고, 여러 개의 마이크 설치에 대한 결정을 내리고, 음악 연주가 녹음될 때 마이크 출력을 믹싱하거나 밸런싱하는 데 있었다. 연주가 디스크나 싱글 트랙 테이프에 직접 녹음되었기 때문에 편집은 거의 불가능했다. 가장 중요한 미학적 질문은 녹음이 연주 사운드를 얼마나 잘 포착하는가 하는 실용적인 측면이었다.(9)

제2차 세계대전 이후 기술적 발전으로 "고음질(high fidelity)"과 "콘서트홀 리얼리즘(concert hall realism)"이 가능해졌다.

> 좋은 믹서 장인은 원치 않는 소리는 녹음되지 않도록 또는 적어도 최소화되도록 할 것이고, 원하는 소리는 왜곡되지 않게 녹음하고 소리가 균형을 이루도록 할 것이다. 녹음 기술 자체, 따라서 사운드 믹서의 작업은 청취자가 자신의 거실이 아니라 필하모닉 홀에 앉아 있다는 환상을 파괴하지 않도록 신중해야 한다.(11)

록 음악의 출현과 함께, 전자 기술이 구현된 악기를 연주하는 음악가들은 음악 작업의 일부로서 녹음 기술을 실험하기 시작했다. 그들은 종종 고도로 엔지니어링된 레코딩을 모방하면서 연주하는 법을 배웠기 때문에(Bennett, 1980), 자연스럽게 그러한 효과를 자신의 작업에 통합하고자 했다. 멀티트랙 레코더와 같은 장비들은 개별적으로 녹음된 요소들을 편집 및 결합하는 것과 음악가들이 만든 소리를 전자적으로 조작하는 것을 가능하게 했다. 기업의 규율에서 상대적으로 독립적이었던 록스타들은 공연의 녹음과 믹싱에 대한 통제권을 주장하기 시작했다. 두 가지 일이 일어났다. 한편으로는, 레코드 앨범에서 눈에 띄게 믹서에게 주어지는 크레디트에서 알 수 있듯이, 사운드 믹싱이 특별한

예술적 재능을 필요로 하는 예술 활동으로 인식되기 시작했다. 다른 한편으로는, 음악 예술가로 입지를 다진 사람들이 직접 믹싱을 맡거나 그 일을 할 수 있는 전직 음악가를 영입하기 시작했다. 단순한 기술 전문 분야였던 사운드 믹싱은 예술 과정의 필수적인 요소가 되었고 그렇게 인식되었다(Kealy, 1979: 15~25).

이 이데올로기는 핵심 활동을 하는 것과 예술가가 되는 것 사이의 완벽한 상관관계를 상정한다. 핵심 활동을 한다면 반드시 예술가여야 한다. 반대로, 예술가라면 자신이 하는 일이 바로 예술이어야 한다. 상식적인 관점이나 그 예술의 전통의 관점에서 볼 때 이러한 상관관계가 성립하지 않을 때 혼란이 야기된다. 예를 들어, 재능이나 재주의 개념이 (많은 사람들에게 그렇듯이) 즉각적인 표현이나 숭고한 영감의 관념을 의미한다면 많은 예술가들의 사무적인 작업 습관은 부조화를 일으킨다. '원하든 원하지 않든' 하루에 수많은 마디의 음악을 작곡하는 작곡가들, 하루에 많은 시간 동안 그림을 그리는 화가들은 자신들이 과연 초인적인 재능을 발휘하고 있는 것인지에 대해 의구심을 갖는다. 일찍 일어나서 영국 우체국의 공무원으로 일하러 가기 전에 3시간 동안 글을 썼던 트롤럽은 이러한 사무적이고 "비예술적인" 접근의 캐리커처였다고 할 수 있다.

> 내가 생각하기에 매일 문학 노동자로 일하면서 문학인으로 살았던 모든 사람은 하루에 세 시간이면 한 사람이 써야 할 만큼의 글을 쓸 수 있다는 데 동의할 것이다. 그러나 그는 그 세 시간 동안 지속적으로 일할 수 있도록 자신을 훈련시켰어야 하며, 자신의 생각을 표현하고 싶은 단어를 찾을 때까지 펜을 깨물며 앉아서 앞에 있는 벽을 응시할 필요가 없도록 자신의 마음을 길들였어야 했다. 나는 내 앞에 시계를 두고 글을 쓰면서 15분마다 250개의 단어를 나 스스로에게 요구하는 것이 — 비록 최근에는 나 자신에게 조금 관대해졌지만 — 습관이 되었다. 나는 250개의 단어가 내 시계가 가는 대로 규칙적으로 나오는 것을 발견했다.(Trollope, 1947:

227~228)

또 다른 어려움은 예술가라고 주장하는 사람이 예술가가 해야 하는 일 가운데 바꿀 수 없는 핵심으로 여겨지는 일을 하지 않을 때 발생한다. 핵심 활동에 대한 정의가 시간이 지남에 따라 변하기 때문에 예술가와 지원 인력 사이의 분업도 달라져 어려움을 겪게 된다. 한 사람은 얼마나 적은 핵심 활동을 하면서도 여전히 예술가라고 주장할 수 있을까? 작곡가가 최종 작품에 포함된 자료에 기여하는 양은 크게 다르다. 르네상스 시대부터 19세기까지 거장 연주자들은 작곡가가 제공한 악보를 꾸미기도 하고 즉흥적으로 연주하기도 했기 때문에(Dart, 1967; Reese, 1959), 현대 작곡가들이 연주자에게 가장 개략적인 지시 사항만 제공하는 악보를 준비하는 것은 선례가 없는 것이 아니다(작곡가가 점점 더 상세한 지시 사항을 제시함으로써 연주자의 해석적 자유를 제한하는 반대 경향이 최근까지는 더 두드러지고 있다). 존 케이지(John Cage)와 카를하인츠 슈토크하우젠(Karlheinz Stockhausen)(Wormer, 1973)은 현대 음악 세계에서 작곡가로 간주되지만, 그들 악보의 상당수는 연주할 내용 대부분을 연주자의 결정에 맡긴다. 예술가가 예술가로 남기 위해 예술 작품이 만들어지는 재료를 다룰 필요는 없다. 건축가들은 자신이 설계한 것을 직접 건설하는 경우가 거의 없다. 그러나 조각가가 일련의 사양을 기계 공장에 보내 작품을 제작할 때는 동일한 관행에 대해 의문을 제기하며, 많은 사람들이 실제로 조각 작품에 구현되지 않은 사양으로 이루어진 개념적인 작품을 만든 작가에게 예술가라는 칭호를 부여하는 것을 주저한다. 마르셀 뒤샹(Marcel Duchamp)은 상업적으로 생산된 '눈삽(snowshovel)'이나 자신이 콧수염을 그려 넣은 모나리자의 재현 작품(그림 2를 보라)에 서명했을 때, 자신은 유효한 예술 작품을 창조했다고 주장함으로써 그러한 이데올로기를 위반했으며, 이로써 레오나르도를 눈삽의 디자이너와 제작자와 함께 지원 인력으로 분류해 버렸다. 그 아이디어는 터무니없어

그림 2. 마르셀 뒤샹, 「L.H.O.O.Q」. 마르셀 뒤샹이 모나리자의 상업적 복제품에 콧수염을 그리고 서명했을 때, 그는 레오나르도를 자신의 지원 인력 중 한 명으로 만들었다.(개인 소장, 사진 제공: 필라델피아 미술관)

보일 수 있지만, 그와 같은 것은 다른 사람들의 작품으로만 구성된 콜라주를 만드는 데서 일반적이다.

또 다른 혼란은 작품 제작에 관여한 여러 사람 중 누가 특별한 재능을 가지고 있는지 따라서 작품의 궁극적인 특성에 대한 크레디트를 받을 권리와 다른 사람들의 활동을 지시할 권리 모두를 누가 가지고 있는지 아무도 말할 수 없을 때 발생한다. 엘리엇 프리드슨(Eliot Freidson, 1970)은 의료계의 협력 활동에서 참여자들은 의사가 특별한 재능과 그러한 특별한 권리를 가지고 있다는 데 동의한다고 지적했다. 하지만 영화 제작에서는 몇 가지 주요한 종류의 참여자들 중 어느 쪽이 이와 유사하게 확실한 주도적인 역할을 차지하는가? 감독지상주의 이론가들은 영화는 스튜디오의 윗사람이나 배우들의 비협조로 인한 제약으로 방해를 받더라도 감독이 지배적인 비전을 표현한 것으로 이해되어야 한다고 주장한다. 다른 이들은 허용되는 경우 작가가 실제로 영화를 통제한다고 생각하며, 또 다른 이들은 영화는 배우의 표현 매체라고 생각한다. 프로덕션 감사(auditor)나 포커스 풀러(focus puller)*가 영화에 영향을 미치는 비전을 가지고 있다고 주장할 사람은 없을 것 같지만, 알진 하메츠(Aljean Harmetz, 1977)는 영화 <오즈의 마법사>의 음악을 담당한 입 하부르크(E. Y. Harburg)와 해럴드 알렌(Harold Arlen)이 그 영화의 연속성을 제공했다고 훌륭하게 증명하고 있다.

이 문제는 예술 작품에 반응할 때 우리가 제작자의 의도에 특별한 비중을 두어야 하는지, 또는 제작자가 따로 특권을 갖지 않는 한 다양한 해석이 가능한지에 대해 제기되는 질문에서 특별한 형식을 취한다(Hirsch, 1979). 우리는 이렇게 바꿔 질문할 수 있다. 우리는 관례적으로 작가가 작품을 만드는 데 있어서 무언가 특별한 것, 다른 누구도 제공할 수 없는 것을 제공한다고 인식하는

---

* 촬영팀을 구성하고 관리하며 촬영감독을 보조하는 사람으로, 촬영 중인 피사체 또는 액션에 카메라 렌즈의 광학 초점을 유지하는 것이 주된 임무이다._옮긴이

가? 관객 성원들이 작가가 그렇게 했다고 믿는다면, 관객들은 자연스럽게 그 또는 그녀의 의도에 따라 반응할 것이다. 그러나 그렇게 생각하지 않을 수도 있다. 재즈의 연주자들과 재즈를 듣는 사람들은 분명히 재즈 스탠더드의 작곡가들이 자신들의 곡이 어떻게 연주되어야 하는지와 관련하여 특별한 존중을 받을 자격이 있다고 생각하지 않는다. 예술 작품 제작에 참여하는 사람들은 누구의 의도 — 작가의, 해석자의, 관객의 — 가 우선시되는지에 대해 동의할 수 있으며, 그러한 경우 그 이슈는 이론적 또는 실제적 어려움을 야기하지 않는다. 이러한 문제들은 참여자들이 동의하지 않을 때 그리고 표준 관행이 해결할 수 없는 갈등을 일으킬 때 발생한다. 따라서 철학적이고 미학적인 문제는 사회학적 분석에 의해 해결되지만, 그러한 해결책이 당연히 그 문제를 해결하는 것은 아니다. 그것은 단지 그 문제를 연구의 대상으로 만들 뿐이다.

마지막으로, 예술가가 예술가로서 지니는 지위는 그의 특별한 재능과 재주를 구현하는 예술 작품의 생산에 의존하기 때문에 예술계의 참여자들은 예술 작품의 진정성에 대해 염려한다. 이 작업을 하기로 한 예술가가 정말로 작업했는가? 다른 사람이 원본 작업을 방해하거나 어떤 식으로 변경 또는 편집함으로써 예술가가 의도하고 창조했던 것이 지금 우리 앞에 있는 것과 달라지지는 않았는가? 작품이 완성된 후 예술가가 이후의 경험이나 비평에 비추어 작품을 변경했는가? 만약 그렇다면 이것은 작가의 능력과 관련하여 무엇을 의미하는가? 작품을 기준으로 예술가를 판단한다면, 우리는 누가 실제로 그 작품을 만들었는지 알아야 하며, 따라서 우리가 작품의 가치와 제작자의 가치에 대해 내리는 판단을 그 예술가가 받을 만한 가치가 있는지 알아야 한다. 그것은 마치 예술 작품을 만드는 것은 학교 시험과 같은 경쟁이고 우리는 모든 사실을 바탕으로 공정한 판단을 내려야 한다는 것처럼 보인다. 이러한 작품-사람 등식에 대한 강조 때문에 모든 학문 분야에서는 누가 실제로 어떤 그림을 그렸는지, 현재 X라는 이름으로 전시된 그림이 실제로 X의 작품인지, 우리가 듣고 있는 연주 악보가 그 악보를 썼다고 하는 사람에 의해 쓰인 것인지, 소설 속 단어들이 제목 페이지에 이름이 적힌 사람이 쓴 것인지 아니면 인정이나 비난을 받아야 할 다른 누군가로부터 표절한 것인지를 규명하는 데 전념한다.

이런 것들이 왜 중요할까? 다른 사람이 작업했다는 사실을 알게 되더라도 작품은 어쨌든 바뀌지 않는다. 셰익스피어가 썼든 베이컨이 썼든 그 희곡을 이루는 단어들은 동일하다. 그렇지 않은가? 그렇기도 하고 그렇지 않기도 하다. 보르헤스(Borges)가 피에르 메나르(Pierre Menard)에 대해 쓴 이야기는 이러한 모호성을 강조한다. 보르헤스에 따르면, 피에르 메나르는 많은 전통 소설과 책을 썼던 프랑스 작가로 돈키호테 이야기를 개작하는 것이 아니라 세르반테스의 실제 돈키호테를 쓰기로 결심했다고 한다. 많은 작업 끝에 메나르는 두 개의 장과 셋째 장의 일부를 쓸 수 있었다. 단어들은 세르반테스의 것과 동일하다. 그러나 보르헤스는 세르반테스가 당시의 언어로 글을 쓴 반면 메나르는 자신의 모국어가 아닌 고어로 글을 썼다고 지적한다. 그런 예는 더 있다. 누가 그 단어들을 썼는지 그리고 언제 그 단어들이 쓰였는지는 작품이 무엇으로 구성되어 있는지에 대한, 따라서 그것이 작품을 만든 사람에 대해서 무엇을 드러내는지에 대한 우리의 판단에 영향을 미친다. (보르헤스의 이야기에 대한 자세한 내용은 Danto[1973]: 6~7을 보라.)

이것이 중요한 이유는 우리가 작품을 서로 다르게 평가하고 판단하기 때문이기도 하지만, 예술가에 대한 평판은 그들이 만들어 온 작품들에 우리가 부여하는 가치의 총합이기 때문이기도 하다. 확실히 티치아노의 작품이라고 할 수 있는 개별 작품은 티치아노가 얼마나 위대한 예술가였는지 결정하는 기준이 되는 총합에 가산되거나 차감된다. 그것이 표절이 그토록 맹렬한 반응을 불러일으키는 이유이다. 이것은 단지 소유물만 도둑맞는 것이 아니라 평판의 기초도 도둑맞는 것이다.

예술가와 작품의 평판은 서로를 강화한다. 우리는 우리가 높이 평가하는 작품의 작가를 더 존경하듯이, 우리가 존경하는 예술가의 작품을 더 가치 있게 여긴다. 예술의 유통에 금전이 수반될 때, 평판 가치는 금전 가치로 전환될 수 있으며, 따라서 유명하고 존경받는 예술가가 그에게 귀속되었던 그림을 그리지 않았다는 결정은 그 그림이 가치를 잃는다는 것을 의미한다. 미술관들과 수집가들은 그러한 귀속의 변화로 인해 심각한 금전적 손실을 겪어왔고, 학자들은 중대한 투자가 이루어졌다는 이유로 귀속을 철회하지 않도록 상당한 압력을 받는 경우가 많다(Wollheim, 1975).

트롤럽은 작품을 판단하는 데서 예술가의 이름이 얼마나 중요한지의 문제가 실험을 진행할 만큼 충분히 흥미롭다고 생각했다.

> 작가로서 성공하기 시작한 이래로…… 나는 내가 성공하지 못했을 때 나를 괴롭히거나 나에게 떠오르지 않았던 문학적인 문제들에 대해 항상 불공평하다고 느꼈다. 한번 얻은 명성이 나에게 너무 큰 인기를 가져다주는 것 같았다. …… 내 밑으로 들어오는 지망생들도 나만큼 일했고 어쩌면 더 훌륭한 일을 했지만 아직 인정받지 못했을 수도 있다고 느꼈다. 이를 시험하기 위해, 나는 나 자신이 그런 지망생이 되어서 익명으로 소설 경력을 시작하기로 결심했다. 그것은 내가 가진 그러한 문학적 능력으로 하나의 족적을 남겼듯이 내가 두 번째 정체성을 얻을 수 있는지, 내가 그렇게 다시 성공할 수 있는지 알아보기 위해서였다.(Trollope, 1947: 169~170)

그는 두 개의 이야기를 써서 익명으로 출판했으며, 자신의 스타일과 이야기하는 방식을 감추려고 시도했다.

> 한두 번은 내가 저자인지 모르는 독자들이 언급한 [이야기]를 들었고, 항상 칭찬을 받았다. 그러나 진정한 성공은 아니었다. …… 물론 저자를 알고 있는 블랙우

드[출판업자]는 경험 있는 작가의 작품들이 작가의 이름 없이도 성공하리라 믿고 기꺼이 출판하고자 했다. …… 그러나 그는 그 투기에 대한 답을 얻지 못했고, 세 번째 이야기는 그를 위해 썼음에도 그는 세 번째 시도를 거절했다. …… 물론 만일 내가 똑같이 끈질긴 인내심을 가지고 계속했더라도 두 번째에 내가 이전에 성공했던 것과 같은 성공을 거두지 못했을 것이라는 증거는 여기에 없다. …… 또 다른 10년 동안의 지칠 줄 모르는 무급 노동이 두 번째 명성을 쌓았을지도 모른다. 그러나 어쨌든 나의 예술에서의 실천이 나에게 주었을 이점들이 쌓여감에도 불구하고, 내 이름과 함께 제공되지 않는 한 영국 독자들이 내가 그들에게 제공한 것을 즉시 읽도록 유도할 수 없다는 것이 분명해 보였다.(Trollope, 1947: 171~172)

트롤럽은 다음과 같이 결론 내렸다.

모든 일에 있어 대중이 확립된 평판을 신뢰해야 한다는 것은 당연한 일이다. 파이를 먹고 싶은 여성은 포트넘 앤 메이슨(Fortnum and Mason)에 가야 하는 것처럼 소설을 원하는 소설 독자는 조지 엘리엇이나 윌키 콜린스(Wilkie Collins)의 소설들을 위해 도서관으로 가야 하는 것이 자연스럽다. 포트넘 앤 메이슨은 시간과 좋은 파이가 합쳐져야만 포트넘 앤 메이슨이 될 수 있다. 티치아노가 저승에서 우리에게 초상화를 보내더라도 …… ≪더 타임스(The Times)≫의 미술 평론가가 그 가치를 발견하기까지는 시간이 좀 걸릴 것이다. 우리는 그렇게 드러난 판단의 부족을 비웃을 수도 있지만, 그러한 판단의 더딤은 인간적이며 항상 존재해 왔다. 이 모든 것을 여기서 말하는 이유는, 이 문제에 대한 나의 생각은 나에게 대부분의 고려사항은 실망한 저자들의 씁쓸한 감정에 기인한다는 확신을 갖게 했기 때문이다.(Trollope, 1947: 172)

협력 관계

예술가—작품을 예술로 만드는 데 필수적인 핵심 활동을 수행하는 사람으로 정의되는—가 하지 않는 일은 다른 누군가가 해야 한다. 따라서 예술가는 협력하는 사람들로 구성된 네트워크의 중심에서 작업하며, 협력하는 사람들의 모든 작업은 최종 결과물에 필수적이다. 그가 다른 사람들에게 의존하는 곳이라면 어디에서나 협력 관계가 존재한다. 이러한 합의는 관련된 모든 사람이 필요한 활동을 수행할 수 있을 때 가능하며, 따라서 분업은 존재하지만 전문화된 기능 집단이 발전하지는 않는다. 이것은 스퀘어 댄스와 같은 공동체적으로 공유되는 단순한 예술 형식에서 또는 일반적인 구성원들이 예술 활동 훈련을 받은 사회의 일부에서 발생할 수 있다. 예를 들어, 19세기 교육을 잘 받은 미국인들은, 교육을 잘 받은 르네상스 시대의 사람들이 마드리갈(madrigals)*을 연주할 수 있었던 것처럼, 스티븐 포스터(Stephen Foster)의 응접실 노래(parlor songs)**를 연주할 수 있을 만큼 음악을 충분히 알고 있었다. 그러한 경우 협력은 단순하고 쉽게 이루어진다.

그러나 분화된 전문가 집단이 예술 작품의 생산에 필수적인 활동의 수행을 맡게 되면, 그 구성원들은 예술가와는 상당히 다른 전문화된 미적, 금전적, 직업적 관심을 발전시킨다. 예를 들어, 오케스트라 음악가들은 특정한 작품의 성공 여부보다 연주에서 어떤 소리를 내는지에 더 관심이 많은 것으로 악명 높다. 이는 당연히 그들의 성공이 부분적으로 자신을 고용한 사람들에게 자신의 능력을 각인시키는 데 달려 있기 때문이다(Faulkner, 1973a; 1973b). 그들은 난이

---

* 르네상스 시대와 바로크 시대 초기에 이탈리아에서 발전한 자유로운 형식의 세속 성악곡._옮긴이

** 아마추어 가수와 피아니스트들이 중류층 가정의 응접실에서 연주한 음악. 19세기에 전성기를 누렸는데, 이는 이 시기에 악기와 음악 교육을 살 수 있을 만큼 충분한 자금을 지니고 음악 제작에 참여할 정도로 여가 시간과 문화적인 동기를 갖춘 가구의 수가 증가한 결과였다._옮긴이

도가 높고 작곡가와 직업적 이해관계가 상충되어 자신들을 어렵게 만들 수 있는 새로운 작품은 사보타주할 수도 있다.

지원 인력과 예술가 사이에 미학적 갈등도 발생한다. 내가 아는 한 조각가는 석판 인쇄 장인 그룹의 서비스를 이용하도록 초대받았다. 석판 인쇄 기술에 대해 거의 알지 못했던 그는 이 장인들이 실제 인쇄를 담당하게 되어 기뻤는데, 이러한 분업은 관례적이었으며 고도로 전문화된 인쇄 기술을 탄생시켰다. 그는 인쇄자의 작업을 단순화하기 위해 단색의 넓은 면적을 포함하는 디자인을 그렸다. 그러나 그는 일을 더 어렵게 만들었다. 석판 위 넓은 면적에 잉크가 완전히 스며들게 하려면 프린터가 잉크를 굴릴 때 두 번 이상 굴려야 하므로 롤러 자국이 나타날 수 있다. 자신의 숙련 기술에 자부심을 갖고 있던 인쇄 장인들은 그의 디자인을 인쇄할 수 있다고 설명했지만, 단색 영역은 롤러 자국으로 인해 문제가 발생할 수 있었다. 그 조각가는 롤러 자국에 대해 알지 못했었고, 롤러 자국을 자기 디자인의 일부로 사용하는 것에 대해 이야기했다. 하지만 인쇄 장인들은 안 된다고 말했고, 조각가는 롤러 자국을 디자인의 일부로 사용할 수 없었다. 왜냐하면 롤러 자국은 (다른 인쇄 장인들에게) 장인 정신이 부족하다는 명백한 신호였으므로 그들은 롤러 자국이 있는 인쇄물이 인쇄소를 떠나는 것을 허용할 수 없었기 때문이다. 그 조각가의 예술적 호기심은 인쇄 장인들의 기술 표준에 의해 희생되었으며, 이는 전문화된 지원 그룹이 어떻게 자신들만의 표준과 관심사를 발전시키는지 보여주는 좋은 예이다(Kase, 1973 참조).

그 예술가는 석판화를 직접 인쇄하는 방법을 몰랐기 때문에 인쇄 장인의 자비에 의존해야 했다. 그의 경험은 모든 협력 관계에서 예술가가 직면하는 선택의 문제를 잘 보여준다. 그는 기존의 지원 인력 그룹이 준비한 대로 일을 하도록 할 수도 있고, 그 사람들이 그의 방식으로 일을 하도록 할 수도 있고, 다른 사람들이 그의 방식으로 일을 하도록 훈련시킬 수도 있다. 아니면 그가 직접 할 수도 있다. 첫 번째 선택을 제외한 모든 선택은 표준 방식으로 했다면 더 적은 비용으로 할 수 있었을 일을 하기 위해 시간과 에너지를 추가로 투자할 것을 요구한다. 예술가가 협력 관계에 관여하고 그 관계에 의존하는 것은 그가 생산할 수 있는 예술의 종류를 제한한다.

비슷한 예는 모든 예술 분야에서 찾을 수 있다. 커밍스(e. e. cummings)는 그의 첫 번째 시집을 출판하는 데 어려움을 겪었다. 왜냐하면 인쇄업자들이 그의 기괴한 레이아웃을 조판하는 것을 꺼렸기 때문이었다(Norman, 1958; 그림 3 참조). 영화 제작은 여러 가지 어려움을 수반한다. 배우는 자신을 더 돋보이게 하는 모습만 찍으려고 하고, 작가는 한 글자도 바꾸지 않으려고 하고, 카메라맨은 익숙하지 않은 프로세스를 사용하지 않으려고 한다.

예술가들은 종종 기존의 제작 시설이나 전시 시설이 수용할 수 없는 작품을 제작한다. 이 사고실험을 시도해 보라. 당신이 미술관의 조각 큐레이터로서 저명한 조각가를 초청하여 새로운 작품을 전시한다고 상상해 보라. 그 조각가는 평상형 트럭(flatbed truck)을 몰고 도착하는데, 그 트럭에는 여러 대의 크고 무거운 산업 기계가 흥미롭고 매력적인 모양으로 결합된 거대한 구조물이 실려 있다. 당신은 그 모습이 감동적이고 흥미진진하다. 당신은 조각가에게 트럭을 미술관 하역장으로 몰고 가 달라고 요청하는데, 두 사람은 하역장의 문이 15피트 이상은 들어올 수 없다는 사실을 발견한다. 그 조각품은 그보다 훨씬 크다. 조각가는 벽을 제거하자고 제안하지만, 당신은 이미 그 조각품을 미술관 안으로 들여오더라도 조각품이 바닥을 뚫고 지하로 떨어질 것이라는 사실을 깨달았을 것이다. 왜냐하면 미술관은 공장이 아니므로 건물이 많은 무게를 지탱하지 못할 것이기 때문이다. 마침내 기분이 상한 조각가는 조각품을 다시 가져갈 것이다.

마찬가지로 작곡가는 기존 조직이 지불할 수 있는 것보다 더 많은 연주자가 필요한 음악을 작곡한다. 극작가는 관객이 끝까지 앉아서 볼 수 없을 정도로 긴 분량의 희곡을 쓴다. 소설가는 능숙한 독자도 이해하기 힘든 책 또는 출판

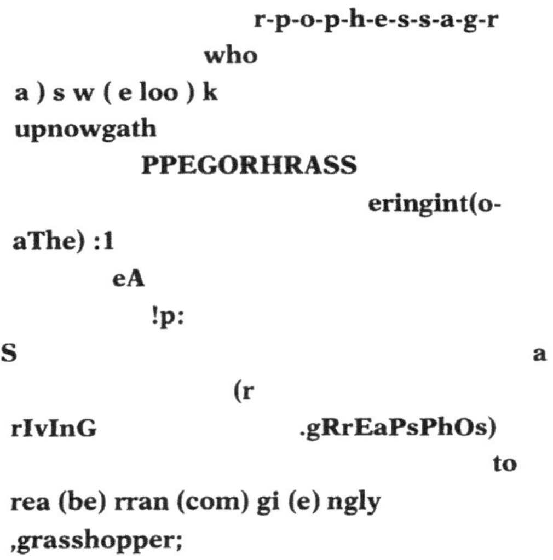

그림 3. 에드워드 에스틀린 커밍스, 「r-p-o-p-h-e-s-s-a-g-r」. 커밍스의 시는 독자와 인쇄업자 모두에게 익숙하지 않은 방식을 요구했기 때문에 그들 모두와 문제가 있었다.(라이브라이트[Liveright] 출판사의 허가를 받아 커밍스의 시 「NO THANKS」로부터 전재. Copyright 1935 by E. E. Cummings. Copyright ⓒ 1968 by Marion Morehouse Cummings. Copyright ⓒ 1973, 1978 by Nancy T. Andrews. Copyright ⓒ 1973, 1978 by George James Firmage.)

업자가 갖추지 못한 혁신적인 인쇄 기술이 필요한 책을 쓴다. 이러한 예술가들은 반항적인 미치광이가 아니다. 그게 중요한 게 아니다. 오히려 중요한 것은 미술관 안에 있는 조각들은 하역장의 문을 통과했고 바닥을 뚫고 떨어지지 않았다는 것이다. 조각가들은 미술관 작품의 적절한 무게와 크기를 알고 있으며, 그에 따라 작업을 한다. 브로드웨이 연극은 관객들이 끝까지 앉아서 볼 수 있는 길이로 공연되며, 오케스트라가 연주하는 곡은 조직이 지불할 수 있는 것보다 더 많은 음악가를 필요로 하지 않는다.

예술가들이 기존 제도가 소화할 수 없는 것을 만들면, 그 한계가 물리적이든 관례적이든(조각의 무게 대 연극의 길이) 간에, 그들의 작품은 전시되거나 공연되지 않는다. 이는 그 조직의 관리자가 보수적인 꼰대라서가 아니라 조직은 표준 형식을 처리할 수 있도록 갖추어져 있고 조직의 자원은 비표준 항목을 수용하는 데 필요한 또는 관객들이 지지하지 않을 작품을 보일 때 유발되는 손실을 감당하는 데 필요한 실질적인 지출을 허용하지 않을 것이기 때문이다.

비표준 작품은 어떻게 전시, 공연, 또는 유통되는가? 이 질문은 나중에 자세히 설명하겠지만, 여기서는 보조적인 비표준 유통 채널과 모험적인 기업가 및 관객이 존재한다는 점만 언급하겠다. 전자는 유통의 방법을 제공하고, 후자는 그 결과를 운에 맡긴다. 학교는 종종 그러한 기회를 제공한다. 학교는 공간을 갖고 있고 학생들은 다소간 자유로운 인력이기 때문에, 군중 장면을 위한 실제 군중, 음악적 실험을 위한 이색적인 악기 연주자 및 보컬리스트의 모음 등 보다 상업적인 공연에서는 감당할 수 없는 인력을 소집할 수 있다.

더 많은 예술가는 기존 제도들이 처리할 수 있는 것에 적응한다. 관례적인 예술가들은 자신의 개념을 가용한 자원에 맞게 조정함으로써 기존 협력 네트워크 구성원들의 협력에 의존하는 데서 발생하는 제약을 받아들인다. 예술가가 어떤 필수 구성 요소를 위해 다른 사람에게 의존하는 곳이라면 어디에서나 예술가는 다른 사람들이 부과하는 제약을 받아들여야 하거나 그 필수 구성요소를 다른 방식으로 제공하는 데 필요한 시간과 에너지를 소비해야 한다.

관례

예술 작품을 제작하려면 전문화된 인력 간의 정교한 협력이 필요하다. 그들은 어떻게 협력할 수 있는 조건에 도달하는가? 물론 모든 것을 그때그때 새롭게 결정할 수 있다. 음악가 집단은 어떤 소리를 조성(調聲) 자원으로 사용할지, 어떤 악기들을 구성하여 그 소리를 낼지, 그 소리를 어떻게 결합하여 음악적 언어를 창조할지, 특정한 수의 악기를 필요로 하고 특정 방식으로 모집된 특정 규모의 청중을 위해 연주할 수 있는 특정한 길이의 작품을 창조하기 위해 그 음악적 언어를 어떻게 사용할지에 대해 논의하고 합의할 수 있다. 대부분의 경우 결정되어야 할 질문들 중 실제로 새롭게 고려되는 것은 소수에 불과하지만, 예를 들어 새로운 극단을 창단할 때도 그와 같은 일이 종종 발생한다.

예술 작품을 만들기 위해 협력하는 사람들은 대개 여러 가지 일을 새롭게 결정하지는 않는다. 대신, 그들은 현재는 관례가 된 이전의 합의, 즉 해당 예술 분야에서 작업을 수행하는 관례적인 방식의 일부가 된 합의에 의존한다. 어떤 특정한 관례가 특정한 작품을 위해서 수정될 수 있다 할지라도, 예술적 관례는 제작되는 작품들과 관련하여 이루어져야 하는 모든 의사결정을 포괄한다. 음악가들이 연관된 화음과 함께 일련의 음계에 포함된 음들, 즉 온음계, 5음계, 또는 반음계를 기반으로 자신의 음악을 만들기로 합의할 때와 같이, 관례는 사용할 소재를 지정한다. 화가들이 원근법을 사용하여 3차원의 착시를 전달하려고 할 때나 사진작가들이 흑백 및 회색 음영을 사용하여 빛과 질량의 상호작용을 전달하려고 할 때와 같이, 관례는 특정한 아이디어나 경험을 전달하기 위해 사용되는 추상성을 좌우한다. 음악의 소나타 형식이나 시의 소네트에서처럼 관례는 소재와 추상이 결합되는 형태를 결정한다. 관례는 작품의 적절한 크기, 공연의 적절한 길이, 그림이나 조각의 적절한 크기 및 모양을 제시한다. 관례는 예술가와 관객의 권리와 의무를 규정함으로써 둘 사이의 관계를 규제한다.

미술 사학자, 음악학자, 문학 비평가 등의 인문학자들은 예술적 관례의 개념이 관객의 감정적 반응을 불러일으키는 예술 작품을 만드는 예술가의 능력을 설명하는 데 유용하다는 사실을 발견했다. 작곡가는 관례적인 음색 구성을 음계로 사용하여 어떤 소리가 뒤따를지에 대해 듣는 사람의 기대를 창출하고 조종할 수 있다. 그런 다음 기대가 궁극적으로 충족될 때 긴장과 이완을 일으키면서, 그러한 기대의 충족을 지연시키고 좌절시킬 수 있다(Meyer, 1956; 1973; Cooper and Meyer, 1960). 예술가와 관객은 적용된 관례에 대한 지식과 경험을 공유하기 때문에 그 예술 작품은 감정적 효과를 만들어낸다. 바바라 스미스(Barbara H. Smith, 1968)는 시인들이 시적 형식과 어법에 구현된 관례적인 수단을 조종하여 어떻게 시를 명확하고 만족스러운 결론에 도달하게 하는지, 이를 통해 시의 초반에 생성된 기대가 어떻게 동시에 그리고 만족스럽게 해소되는지 보여주었다. 곰브리치(E. H. Gombrich, 1960)는 보는 사람들에게 세계의 어떤 측면을 사실적으로 묘사하고 있다는 착각을 불러일으키기 위해 예술가들이 사용하는 시각적인 관례를 분석했다(그림 4를 보라). 이러한 모든 경우에(그리고 무대 디자인, 춤, 영화 같은 다른 경우에서도) 예술적 경험의 가능성은 예술가와 관객이 작품을 이해하는 데 참조할 수 있는 일련의 관례가 존재하는 데서 비롯된다.

관례는 또 다른 의미에서 예술을 가능하게 한다. 관례적인 작업 방식을 참조함으로써 신속하게 의사결정을 하고 단순하게 계획을 세울 수 있기 때문에 예술가들은 실제 작업에 더 많은 시간을 바칠 수 있다. 관례는 예술가와 지원 인력 간의 활동을 쉽고 효율적으로 조율할 수 있게 해준다. 예를 들어, 윌리엄 아이빈스(William Ivins, 1953)는 여러 그래픽 아티스트가 그림자, 모델링, 그리고 기타 효과들을 표현하는 관례적인 도식을 사용함으로써 하나의 판(plate)을 제작하기 위해 협력할 수 있다는 것을 보여준다. 동일한 관례를 통해 보는 사람들은 본래 임의적인 표시를 그림자와 모델링으로 읽을 수 있다. 이렇게 볼 때, 관례라는 개념은 인문학자와 사회학자 사이의 접점을 제공한다. 관례 개념은 사람들이 공통적으로 가지고 있고 이를 통해 협력 활동을 성취하는 아이디어와 이해를 가리키는 친숙한 사회학적 개념들, 예를 들어 규범, 규칙, 공유된 이해, 관습, 또는 습속과 같은 개념과 호환성이 있기 때문이다. 익살스러운 코미디언들은 리허설 없이도 정교한 3인 촌극을 무대에 올릴 수 있다. 그들 모두

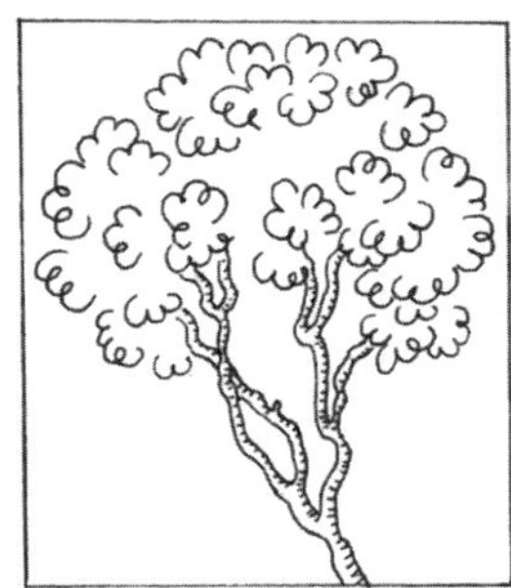 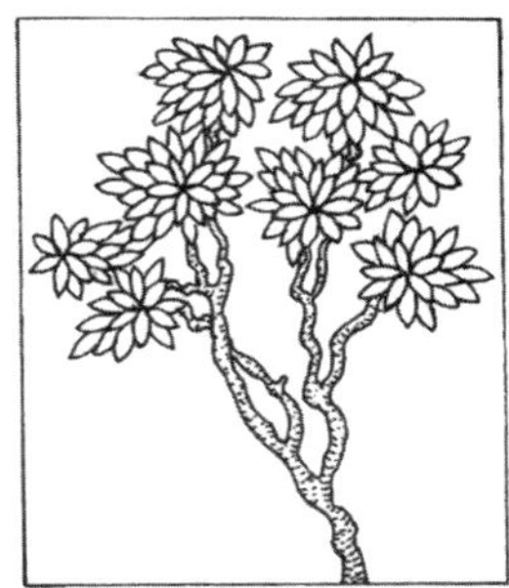 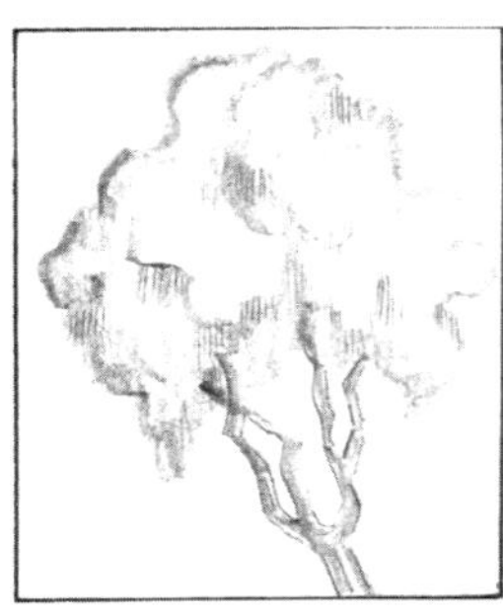

그림 4. 하나의 나무를 사실적으로 그린 세 개의 그림. 시각 예술의 관례를 통해 예술가들은 관객들이 익숙한 대상을 사실적으로 읽을 수 있도록 약식으로 표현할 수 있다. (16세기 유럽의 관례, 20세기 초 유럽의 관례, 인도 고전 회화의 관례를 사용하여) 동일한 나무를 그린 이 세 가지 방법은 모두 나무로 쉽게 이해할 수 있다.(낸 베커[Nan Becker]의 그림)

가 알고 있는 관례적인 촌극들을 참조하여 하나를 골라 배역을 할당하기만 하면 되기 때문이다. 서로 완전히 낯선 댄스 음악가들은 제목(C장조 「Sunny Side of the Street」)을 언급하고 4박자를 세어 템포를 알려주는 것 외에 다른 사전 준비 없이도 밤새도록 공연할 수 있다. 제목은 멜로디, 그에 수반하는 화음, 그리고 어쩌면 관례적인 배경 인물까지도 나타낸다. 어떤 경우에는 등장인물과 극적 구조의 관례가, 다른 경우에는 멜로디, 화음, 템포의 관례가 관객들이 적절하게 반응하는 데 어려움이 없을 정도로 충분히 친숙하다.

관례는 표준화되어 있기는 하지만 고정되고 불변하는 경우는 드물다. 관례는 무엇을 해야 할지에 대한 문제를 해결할 때 모두가 참조해야 하는 불가침의 규칙을 명시하고 있지는 않다. 지침이 꽤 구체적으로 보이는 경우에도, 한편으로는 통상적인 해석 방식을 통해 해결해야 하는 부분과 다른 한편으로는 협상을 통해 해결해야 하는 부분이 많이 남아 있다. 공연 관행의 전통은 종종 책의 형태로 성문화되어 공연자들에게 공연하는 악보나 드라마 대본을 해석하는 방법을 알려준다. 예를 들어, 17세기 악보에는 상대적으로 정보가 별로 없었지만, 현대의 책들은 악보에는 답이 없는 기악 편성, 음표 길이, 즉흥연주, 장식음 및 꾸밈음의 구현과 같은 질문들을 다루는 방법을 설명한다. 연주자들은 이러한 모든 통상적인 해석 스타일에 비추어 자신들의 음악을 읽었고, 그리하여 자신들의 활동을 조정할 수 있었다(Dart, 1967). 시각 예술에서도 같은 일이 일어난다. 이탈리아 르네상스 종교화의 내용, 상징, 그리고 채색의 대부분은 관례적으로 주어졌지만, 심지어 그러한 엄격한 관례 내에서도 다양한 작품이 제작될 수 있도록 예술가에게 수많은 결정권이 남아 있었다. 그러나 전통적인 재료를 고수함으로써 그림을 보는 사람들은 그림에서 많은 감정과 의미를 읽을 수 있었다. 관례에 대한 통상적인 해석이 존재하고 그 자체가 관례가 되어버린 경우에도 예술가들은 다른 방식으로 작업하는 데 동의할 수 있고, 협상을 통해 변화가 가능하다.

관례는 예술가에게 강한 제약을 가한다. 관례는 독립적으로 존재하는 것이 아니라 복잡하게 상호의존적인 체계로 이루어져 있기 때문에 구속력이 있으며, 따라서 하나의 작은 변화가 다양한 다른 변화를 요구할 수도 있다. 관례 체계는 장비, 재료, 훈련, 가용 시설 및 장소, 표기법 등에 구체화되어 있으며, 어떤 하나의 구성 요소가 변경되면 이 모든 것이 변경되어야 한다(Danto, 1980 참조).

12개의 음으로 구성된 서양의 전통적인 반음계를 옥타브 사이에 42개의 음을 포함하는 음계로 변경하는 것이 어떤 변화를 수반하는지 생각해 보라. 이러한 변화는 해리 파치(Harry Partch, 1949)가 작곡한 작품들을 특징짓는 요소이다. 서양 악기들은 이러한 미분음(微分音)을 쉽게 내지 못하며, 어떤 악기는 그러한 음을 전혀 내지 못하기 때문에 기존 악기들을 개량하거나 새로운 악기를 발명하여 제작해야 한다. 새로운 악기이기 때문에 연주 방법을 아는 사람이 없고, 연주자는 스스로 훈련해야 한다. 전통적인 서양 기보법은 42음 음악을 작곡하기에는 부적절하기 때문에 새로운 기보법을 고안해야 하며 연주자들은 그 기보법을 읽는 법을 배워야 한다. (기존의 12반음계로 작곡하는 사람이라면 누구나 해당 자원들을 당연하게 여길 수 있다.) 결과적으로, 12음계로 작곡된 음악은 비교적 짧은 리허설만으로 충분히 연주할 수 있지만, 42음계의 음악은 훨씬 더 많은 작업, 시간, 노력, 자원을 요구한다. 파치의 음악은 종종 다음과 같은 방식으로 공연되었다. 한 대학에서 파치를 초청하여 1년을 보내도록 한다. 가을이 되면 파치는 관심 있는 학생들을 모집하고, 그 학생들은 그의 지시에 따라 (그가 이미 발명한) 악기를 제작한다. 겨울에 학생들은 파치가 고안해 낸 악기 연주법과 악보 읽는 법을 배운다. 봄이 되면 학생들은 여러 작품을 연습하고 마침내 공연을 선보인다. 7~8개월의 작업 끝에 마침내 두 시간 분량의 음악으로 결실을 맺는데, 이 두 시간은 표준적인 레퍼토리를 연주하는 훈련된 오케스트라 연주자들이 8~9시간의 리허설만 거치면 전통적인 음악으로 채울 수 있었을 시간이다. 필요한 자원의 차이는 관례적인 체계에 의해 부과되는 제약의 강도를 측정한다.

마찬가지로, 좋은 사진은 어떻게 보이는 것이어야 하는지를 규정하는 관례는 예술 사진 제작에 관여하는 사람들 사이에서 어느 정도 받아들여지는 미학만 포함하는 것이 아니라(Rosenblum, 1978) 주요 제조업자들이 만든 표준화된 장비와 재료에 내장된 제약도 포함한다. 사용 가능한 렌즈, 카메라 본체, 셔터 속도, 조리개, 필름, 인화지는 모두 제작될 수 있는 것들의 아주 작은 부분을 이루며, 만족스러운 사진을 만들기 위해 함께 사용될 수 있는 선택지이다. 창의력을 발휘하면 이것들은 또한 공급업자들은 생각하지 못했던 결과를 만들어내는 데 사용될 수도 있다. 제약의 반대는 사진작가들이 소중히 여기는 대량 생산된 재료들의 표준화와 신뢰성이다. 전 세계 어디에서 구입하든지 간에 코닥 트라이 엑스(Kodak Tri-X) 필름 롤은 거의 동일한 특성을 가지며 다른 어떤 롤과도 동일한 결과물을 만들어낸다.

기존 관행의 제약은 절대적이지 않다. 더 많이 노력하거나 작품 유통이 감소하는 대가를 치를 준비가 되어 있다면 언제든지 다른 방식으로 작업할 수 있다. 작곡가 찰스 아이브스(Charles Ives)는 후자의 가능성을 잘 보여준다. 그는 1900년대 초에 다조성(多調性)과 폴리리듬(polyrhythms)*이 일반 연주자의 능력의 일부가 되기 전에 이것들을 실험했었다. 그의 실내악과 오케스트라 음악 연주를 시도해 본 뉴욕의 연주자들은 아이브스에게 그 곡은 연주 불가능하다고, 즉 자신들의 악기는 그러한 소리를 낼 수 없으며 악보는 어떠한 실제적인 방법으로도 연주될 수 없다고 말했다. 아이브스는 결국 연주자들의 판단을 받아들였지만, 그러한 음악을 계속 작곡했다. 아이브스의 사례가 흥미로운 이유는 그 역시도 그러한 음악에 대해 냉소적이었지만 그가 이를 큰 해방으로 경험했다는 점 때문이다(Cowell and Cowell, 1954). 아무도 그의 음악을 연주할 수 없다면, 그는 음악가들이 연주할 수 없는 곡을 더 이상 작곡할 필요가 없었고, 현대 작곡가와 연주자 간의 협력을 규제하는 관례가 부과하는 제약을 받아들일 필요도 없었다. 그의 음악은 연주되지 않을 것이기 때문에 그는 그 음악을 완성할 필요가 없었다. 아이브스는 「콩코드 소나타(Concord Sonata)」에 대한 존 커크패트릭(John Kirkpatrick)의 선구적인 독해를 올바른 것으로 승인하려고 하지 않았다. 왜냐하면 그것은 그가 더 이상 그 곡을 바꿀 수 없다는 것을 의미할 것이기 때문이다. 또한 아이브스는 관례적인 방법으로 자금이 조달될 수 있는 것의 실제적인 제약에 자신의 작곡을 맞추려고 할 필요도 없었기 때문에 세 개의 오케스트라를 위한 제4번 교향곡을 썼다. (이러한 비실제성은 시간이 지남에 따라 감소되었다. 1958년에 레너드 번스타인[Leonard Bernstein]이 그 작품을 초연했고, 그 곡은 그 후 여러 차례 연주되었다.)

일반적으로 기존의 관례와 그 관례가 사회 구조 및 물질적 인공물에 나타나는 것을 거부하는 것은 예술가의 어려움을 가중시키고 그들 작품의 유통을 감

---

* 2개 이상의 대조되는 리듬을 하나로 합친 것._옮긴이

소시키지만, 동시에 비관례적인 대안을 선택하고 기존 관행으로부터 실질적으로 벗어날 수 있는 자유를 증가시킨다. 그것이 맞다면, 우리는 모든 작품을 관례적인 용이성 및 성공과 비관례적인 어려움 및 인정 결여 사이에서 이루어진 선택의 산물로 이해할 수 있다.

예술계

예술계는 그 세계에서 그리고 다른 세계들에서도 예술이라고 정의하는 특징적인 작품들을 제작하는 데 필수적인 활동을 하는 모든 사람으로 구성된다. 예술계의 구성원들은 공통의 관행과 자주 사용되는 인공물들에 구현된 일단의 관례적 이해를 참조하여 작품을 생산하는 활동들을 조정한다. 흔히 동일한 사람들이 비슷한 방식으로 반복적으로, 심지어는 일상적으로 협력하여 비슷한 작품을 제작하는 경우가 많기 때문에 예술계를 참여자들 사이에 존재하는 협력 관계들이 지닌 확립된 네트워크라고 생각할 수 있다. 동일한 사람들이 실제로 모든 경우에 함께 행위하지 않을지라도, 그들의 대체자들도 그러한 관례를 잘 알고 능숙하게 사용할 수 있으므로 협력은 어려움 없이 진행될 수 있다. 관례는 집합 활동을 더 단순하게 만들고 시간과 에너지와 기타 자원들의 낭비를 줄여주지만, 비관례적인 작업을 불가능하게 만드는 것은 아니다. 다만 더 큰 비용과 어려움을 초래할 뿐이다. 누군가가 필요한 자원을 더 많이 모을 수 있는 방법을 고안할 때마다 또는 구할 수 없는 것은 요구하지 않도록 작업을 재개념화할 때마다 변화는 일어날 수 있고 또 실제로 일어난다.

이러한 관점에서 볼 때, 예술 작품은 개별 제작자들, 즉 보기 드문 특별한 재능을 가진 "예술가들"의 산물이 아니다. 오히려 예술 작품은 그와 같은 작품이 존재할 수 있도록 예술계의 특징적인 관례들을 통해 협력하는 모든 사람의 합

작품이다. 예술가들은 그 세계의 참여자들 가운데 공통의 합의에 따라 특별한 재능을 소유하고 있는 일부 하위 그룹으로, 작품에 독특하고 없어서는 안 될 기여를 함으로써 작품을 예술로 만드는 이들이다.

예술계는 주위에 경계가 없다. 그렇기 때문에 우리는 어떤 사람들은 특정 예술계에 속하지만 어떤 사람들은 그렇지 않다고 말할 수 있다. 나는 예술계와 사회의 다른 부분을 구분하는 선을 긋는 데는 관심이 없다. 대신 우리는 적어도 스스로 예술이라고 부르는 것을 생산하기 위해 협력하는 사람들의 집단을 찾는다. 그들을 찾고 나면 그 생산에 필요한 다른 사람들을 찾고, 문제의 작업으로부터 퍼지는 전체 협력 네트워크에 대해 점진적으로 가능한 하나의 완전한 그림을 완성해 간다. 세계는 구조나 조직으로서 존재하는 것이 아니라 사람들의 협력 활동 안에 존재하며, 우리는 협력하는 사람들의 네트워크라는 개념을 줄여서 표현할 때만 구조나 조직이라는 단어를 사용한다. 실제적인 목적을 위해 우리는 대개 많은 사람의 협력이 너무 주변적이고 상대적으로 중요하지 않아서 고려할 필요가 없다고 인식한다. 하지만 갑자기 어떤 사건으로 인해 그런 종류의 협력을 얻기 어려워지면 그러한 상황은 변한다는 것 그리고 오늘 중요하지 않았던 것이 내일은 중요해질 수 있다는 것을 염두에 두어야 한다.

예술계는 또 다른 의미에서 명확한 경계가 없다. 예술계를 연구하는 사회학자들에게는 특정 대상이나 이벤트가 "정말로 예술"인지, 공예품이나 상업적 제작품인지, 어쩌면 민속 문화의 표현인지, 아니면 아마도 그저 미치광이의 구체화된 증상인지가 예술계의 참여자들에게 분명한 만큼이나 분명하지만, 그보다 더 분명한 것은 아니다. 그러나 사회학자들은 이 문제를 예술계 참여자들보다 더 쉽게 풀 수 있다. 모든 사회 세계에 대한 사회학적 분석에서 중요한 한 가지 측면은 참여자들이 언제, 어디서, 그리고 어떻게 특징적인 것으로 받아들이고 싶은 것과 그렇지 않은 것을 구분하는 선을 긋는지 살펴보는 것이다. 예술계는 전형적으로 무엇이 예술인지 아닌지, 무엇이 그 예술계의 예술인지 아닌지, 누가 예술가인지 아닌지를 결정하는 데 상당한 관심을 기울인다. 우리는 직접 그러한 구분을 하려고 시도하기보다 한 예술계가 어떻게 그러한 구분을 하는지 관찰함으로써 그 세계에서 일어나는 일의 많은 부분을 이해할 수 있다. (예술 사진에서 이러한 과정의 예는 Christopherson, 1974a; 1974b를 보라.)

게다가 예술계는 일반적으로 예술계가 자신들과 구분하려고 노력하는 세계와 친밀하고 광범위한 관계를 맺고 있다. 예술계는 다른 세계와 공급원을 공유하고, 다른 세계로부터 인력을 모집하고, 다른 세계에서 비롯된 아이디어를 채택하고, 관객과 재정적 지원을 위해 다른 세계와 경쟁한다. 어떤 의미에서 예술계와 상업계, 공예계, 민속예술계는 더 큰 사회 조직의 부분들이다. 따라서 관련된 모든 사람이 자신들을 분리시키는 구분을 이해하고 존중한다 하더라도, 사회학적 분석은 그들이 결국에는 어떻게 그렇게까지 분리되지는 않는지를 고려해야 한다.

게다가 예술계는 그 구성원들 중 일부를 자극하여 그들이 받아들이지 않을 혁신을 만들어낸다. 이러한 혁신 중 일부는 독자적인 작은 세계를 발전시키기도 하고, 일부는 휴면 상태로 있다가 몇 년 또는 몇 세대 후에 더 큰 예술계에서 받아들여지기도 하며, 일부는 골동품에 대한 관심과 다를 바 없는 격조 있는 호기심으로 남기도 한다. 이러한 운명들은 현대 예술계가 내린 예술적 질에 대한 평가와 다른 다양한 요인의 우연한 작동 모두를 반영한다.

따라서 분석의 기본 단위는 하나의 예술계이다. "예술성"과 "세계성"은 둘 다 문제적이다. 왜냐하면 연구의 출발점을 제공하는 작품이 다양한 협력 네트워크와 다양한 정의에 따라 생산될 수 있기 때문이다. 어떤 네트워크는 크고, 복잡하며, 우리가 조사하고 있는 종류의 작품 생산을 그들의 주요 활동으로 삼아 전념한다. 더 작은 네트워크에는 규모가 크고 더 정교한 네트워크의 특징인 전문화된 인력이 소수에 불과할 수도 있다. 극단적인 경우, 그 세계는 작품을 제작하는 사람으로만 구성되며, 그 사람은 그 작품의 생산에 협력할 의도도 없고 작품 제작 사실을 알지도 못하는 다른 사람들이 제공하는 재료와 기타 자원들에 의존한다. 타자기 제조업체는 보다 관례적으로 정의된 문학계와 관련이 없는 많은 소설가 지망생의 작은 세계에 참여한다.

이와 같은 방식으로, 협력 활동은 예술의 이름으로 수행될 수도 있고 어떤 다른 정의에 따라 수행될 수도 있다. 후자의 경우 결과물이 예술로 만들어진 결과물과 유사하게 보일 수 있지만 말이다. "예술"은 명예로운 칭호이며 자신이 하는 일을 그 이름으로 부를 수 있다는 것은 몇 가지 장점이 있기 때문에 사람들은 종종 자신이 하는 일이 그렇게 이름 붙여지길 원한다. 또한 사람들은 종종 (예를 들어 케이크 장식, 자수, 또는 민속춤 등 많은 가정 예술이나 민속 예술의 경우처럼) 자신이 하는 일이 예술인지 아닌지 신경 쓰지 않으며, 그러한 것들에 관심이 있는 사람들이 자신의 활동을 예술로 인정하지 않는 것에 대해 모욕적으로 여기지도 않고 흥미롭게 여기지도 않는다. 사회의 일부 구성원만 명예로운 호칭인 **예술**을 적용하는 것을 통제할 수 있으므로, 모든 사람이 원한다고 해서 예술과 관련된 이점을 누릴 수 있는 것은 아니다.

이러한 모든 이유로 인해, 예술계를 분석할 때 무엇을 포함하고 무엇을 제외해야 하는지가 명확하지 않다. 분석을 현재 사회에서 예술로 정의하는 것으로 제한하면 흥미로운 것들 — 사람들이 추구하고 있으나 예술이라는 이름을 거부당하는 모든 주변적인 사례뿐만 아니라 외부 관찰자가 볼 수 있는 작업을 사람들이 수행하여 예술이라는 정의에 부합할 수 있지만 정작 제작자는 그 가능성에 관심이 없는 사례들 — 이 너무 많이 제외된다. 그것은 사회구성원들로 하여금 정의의 과정 — 우리 연구의 주제가 되어야 하는 것 — 을 통해 그 용어를 정할 수 있게 해줄 것이다. 반면에, 한 사회의 예술에 대한 정의를 충족할 수 있는 모든 것을 연구하는 것은 너무 많은 것을 포함한다. 우리가 충분히 독창적으로 적용한다면 거의 모든 것이 그러한 정의를 충족시킬 수 있을 것이다. 나는 이후의 분석에서 예술에 대한 표준 정의를 받아들이지 않았다. 또한 나는 모든 것을 포함하지 않고 예술 호칭이 논쟁 중인 경우 또는 사람들이 "예술"이라고 불리는 것과 상당히 유사한 것으로 보이는 무언가를 하는 경우에만 한정해서 정의의 과정이 주요한 문제로 부각되도록 했다.

그 결과 나는 관례적으로 예술적 가치나 중요성이 있다고 생각되지 않는 작품에 많은 관심을 기울여왔다. 나는 관례적으로 인정받는 순수 미술 화가나 조각가뿐만 아니라 "일요일 화가*"와 "퀼트 제작자"에게도, 콘서트 연주자뿐만 아니라 로큰롤 음악가에게도, 전문적인 예술가뿐만 아니라 그 어느 쪽도 되기에는 부족한 아마추어에게도 관심을 가져왔다. 이를 통해 나는 "예술성"과 "세계성"의 문제적 성격이 분석에 스며들게 하고, 한 사회의 예술에 대한 관례적 정의를 만드는 사람들의 표준을 너무 심각하게 받아들이지 않게 하고자 한다.

예술계들은 뚜렷한 경계를 갖고 있지 않지만, 그 사회의 다른 조직화된 집단들에 의한 간섭으로부터 상대적으로 자유롭게 활동하는 독립성의 정도에서는 차이가 있다. 다시 말해, 연구되고 있는 작업에 협력하는 사람들은 현대의 많은 서구 사회의 경우처럼 예술의 이름으로 자신의 활동을 자유롭게 조직할 수 있다. 그러한 가능성을 활용하든 활용하지 않든 상관은 없지만 말이다. 그러나 그들은 다른 정의를 중심으로 조직된 그룹이 대표하는 다른 이해관계를 고려해야 한다는 것을 알게 될 수도 있다. 국가는 사회의 다른 영역에 대한 통제권을 행사하여, 예술 작품 제작에 참여하는 주요 참여자들이 예술에 관심이 있다고 스스로 정의하는 사람들의 관심사보다 주로 국가의 관심사를 지향하도록 할 수 있다. 신정(神政) 사회에서는 우리 사회의 관점에서 볼 때 우리가 예술 작품으로 인정하는 것을 만드는 일을 종교적인 용어로 정의된 활동의 부속 활동으로 조직할 수 있다. 개척 사회에서는 생계가 너무 어려워서 음식이나 기

* 평일에는 생업에 종사하다가 휴일에 그림을 그리는 사람으로, 아마추어 화가라는 뜻이다._옮긴이

타 필수품에 직접적으로 기여하지 않는 활동은 감당할 수 없는 사치품으로 여겨질 수 있으므로, 현대적 관점에서 볼 때 우리가 예술로 정의할 수 있는 작품이 가사 필수품이라는 이름으로 이루어진다. 그런 식으로 정당화될 수 없는 것은 수행되지 않는다. 사람들이 대상이나 사건을 예술로 정의함으로써 자신들을 명시적으로 정당화된 하나의 세계로 조직하기 위해서는 이 일을 위한 충분한 정치적 및 경제적 자유가 필요하다. 하지만 모든 사회가 이러한 자유를 제공하는 것은 아니다.

일반적으로 예술 사회학으로 묘사되는 분야의 저술가들은 예술을 상대적으로 자율적인 것으로, 즉 다른 형태의 집합 활동을 둘러싼 조직적 제약으로부터 자유로운 것으로 취급하기 때문에 이 점을 강조할 필요가 있다. 이러한 이론들은 본질적으로 내가 관심을 가지고 있는 일상적인 사회 조직적 문제들과는 전혀 다른 철학적 질문을 다루고 있기 때문에 여기서는 고려하지 않았다(Donow, 1979 참조). 내가 말하고자 하는 바가 경제적, 정치적, 조직적 제약으로부터의 자유라는 가정에 의문을 제기하는 한, 그 가정은 그러한 가정에 기반하고 있는 분석 스타일에 대한 비판을 내포할 수밖에 없다.

예술계는 작품을 생산하며, 그 작품에 미학적 가치를 부여한다. 앞에서 언급한 내용들이 시사하듯이, 이 책은 직접 미학적 판단을 내리지 않는다. 대신 이 책은 미학적 판단을 집합 활동의 특징적인 현상으로 취급한다. 이러한 관점에서 볼 때, 모든 관련 당사자의 상호 행위는 그들이 집합적으로 생산하는 것의 가치에 대한 공유된 감각을 만들어낸다. 그들이 공유하는 관례에 대한 상호 이해와 서로에게 제공하는 지원은 그들이 하는 일이 할 만한 가치가 있는 일이라는 확신을 심어준다. 그들이 '예술'의 정의에 따라 행위하는 경우, 그들의 상호 행위는 그들이 생산하는 것이 정당한 예술 작품임을 확신시켜 준다.

제2장

관례

이 음을 생각해 보라.  [악보], 중간 C, '도'. 이것은 내가 마음에 두고 있는 멜로디의 첫째 음이다. 이 문제를 풀어보라. 둘째 음은 무엇인가?

어떤 사람은 [악보], 중간 C 위의 '레'라고 추측할 것이다. 다른 사람은 [악보], 중간 C 위의 '미'라고 말할 것이다. 내가 더 까다로운 것을 마음에 두고 있다고 생각하여 의심하는 사람은 C#을 시도하거나 내 멜로디가 위로 올라갈 필요가 없다고 보고 보표 아래 B를 시도할 것이다. 사실상 이 문제는 충분한 정보가 없기 때문에 당연히 해결할 수 없다. 답은 반음계의 어떤 다른 음도 될 수 있다.

내가 또 다른 단서, 즉 멜로디의 둘째 음을 제공한다고 가정해 보자. 둘째 음은 가장 먼저 추측했던 음, 즉 중간 C 위의 D이다. 그렇다면 셋째 음은 무엇일까? 대부분의 사람은 이제 훨씬 더 확신을 가지고 E '미'를 추측할 것이다. 또는 둘째 음이 D가 아니라 E라고 가정해 보자. 그러면 대부분의 사람들은 셋째 음이 G '솔'이라는 것을 알 것이다. 두 경우 모두 100퍼센트 확신할 수는 없지만, 그들은 첫째 경우보다 맞을 확률이 훨씬 더 높다고 느낄 것이다.

처음의 질문이 그렇게 어려운 이유는 무엇인가? 하나가 아닌 두 개의 음을 알면 대답하기가 훨씬 더 쉬운 이유는 무엇인가? 답이 흥미로운 이유는 그 답을 얻기 어렵기 때문이 아니라 그 답이 예술계의 사회적 조직에 대한 이해로 이어지기 때문이다.

일단 두 개의 음을 알면 하나의 음만으로 알기는 불가능한 패턴을 추측할 수 있기 때문에 처음 두 음을 알면 셋째 음을 더 쉽게 말할 수 있다. 처음 두 음이  , C-D인 경우, 제안된 패턴은 온음계 '도-레-미-파' 등이며, 셋째 음의 유력한 후보는 "논리적으로" 처음 두 음에 이어지는 음계의 셋째 음인 '미'이다. 마찬가지로 처음 두 음이  , C-E, '도-미'인 경우, 제안된 패턴은 장조3화음인 C-E-G, '도-미-솔'이며, 셋째 음의 유력한 후보는 동일한 "논리"로 처음 두 음에 이어지는 3화음의 셋째 음인 '솔'이다. 우리가 이 문제에 답할 수 있는 이유는 계속될 경우 누락된 음을 알려주는 패턴을 확인했기 때문이다(Meyer, 1973 참조).

우리는 패턴을 어떻게 알 수 있는가? 그것은 우리를 게슈탈트 심리학의 영역에서 벗어나게 해서 예술계들과 사회 세계들의 전반적인 작동으로 이끈다. 왜냐하면 이는 지식의 분배에 대한 질문이고, 그것은 사회 조직의 사실이기 때문이다. 우리는 이러한 패턴, 즉 온음계와 장3화음을 알고 있다. 왜냐하면 서구 국가에서 성장한 사람이라면, 즉 거기서 어린 시절을 보냈고 특히 학교를 다닌 사람이라면 누구나 이러한 패턴을 알 것이기 때문이다. 그러한 음계와 화음을 사용하는 문화에서는 어린 시절부터 자장가, 동요, 그리고 나중에는 모든 종류의 팝송 등 서양 음악의 어디에나 있는 전통적인 구성 요소를 기반으로 한 노래들을 듣는다. 학교에 입학하면, 우리는 (C, D, E 등의 문자 이름을 가진 관례적인 도-레-미 기보법과 관례적으로 오선지 위에 표기하는 방법에서) 그러한 음들의 이름을 배우고, 그 음에 맞춰 노래하는 법을 배운다.

그렇다면 우리는 그 질문에 답할 수 있다. 왜냐하면 우리는 오래 전에 그 문제를 해결하는 데 필요한 자료들을 배웠기 때문이다. 서구 사회의 유능한 구성원이라면 누구나 어렸을 때 동일한 자료들을 배웠으므로 그 질문에 답할 수 있을 것이다. (이것이 내가 감히 음악가가 아닌 사람들을 위한 이 책에서 음악적 예를 사용하는 이유이다.) 완전히 다른 음악 전통에서 자란 사람들은 그 질문을 이해하지 못할 수도 있고, 이해하더라도 문제 해결을 위해 필요한 관례를 배운 적이 없기 때문에 답을 모를 수도 있다.

우리는 관례가 어떻게 예술계 참여자들이 그 세계를 특징짓는 작품을 생산하는 데서 효율적으로 함께 행위할 수 있는 기반을 제공하는지 이미 살펴보았다. 서로 다른 참여자 집단들은 예술계에 의해 사용되는 전체 관례의 서로 다른 부분들, 즉 일반적으로 그들이 참여하는 집합 행위의 부분을 용이하게 하기 위해 알아야 할 것들을 알고 있다.

모든 예술계는 일부 참여자들 사이의 협력을 조직하기 위해 모두에게 알려진 또는 그 예술계가 존재하는 사회에서 사회화가 잘된 거의 모든 구성원에게 알려진 관례를 사용한다. 클래식 발레가 남자가 여자를 지지하고 여자에게 구애하고 거절당하고 결국에는 여자를 쟁취하는 일련의 춤을 구성하는 남자와 여자의 역할에 그리고 그들 사이의 낭만적인 애착의 성격에 대한 우리의 관례화된 이해에 의존하는 것처럼, 예술계는 때때로 그 예술 표현 매체의 역사와는 상당히 동떨어진 문화에 깊이 배태된 재료들을 사용한다(그림 5 참조). 춤은 내용이 무엇이든 간에 약간의 플롯을 포함하고 있는데, 왜냐하면 우리는 도-레-미를 배웠던 것만큼 많이 습득해서 이미 거의 모든 이야기를 알고 있으며, 가장 기본적인 신호만 있으면 그 드라마의 나머지를 우리의 보는 행위로 도입할 수 있기 때문이다.

때때로 예술계는 예술 자체의 관례에 의존하지만, 모든 사람이 너무나 일찍이 그리고 자주 경험했던 그 관례는 발레가 의미적으로 의존하는 성역할처럼 그 문화의 일부이다. 당신이 90분 동안 장편 영화 한 편을 보고 있는데, 주인공 중 한 명이 카메라에서 천천히 멀어지는 동시에 카메라가 점점 더 뒤로 당겨진다고 상상해 보라. 무슨 일이 벌어지고 있는 것일까? 영화는 끝나고 극장에 있

그림 5. 샌프란시스코 발레단이 연출한 프로코피에프(Prokofiev)의 〈로미오와 줄리엣〉에서 짐 솜(Jim Sohm)과 다이애나 웨버(Diana Weber). 클래식 발레는 남자와 여자의 역할에 그리고 그들 사이의 낭만적 애착에 대한 우리의 관례화된 이해에 의존하여 춤의 대략적인 이야기의 많은 부분을 제공한다.(사진 제공: 샌프란시스코 발레단)

그림 6. 관례적인 남녀 화장실의 상징. 인체 해부학, 의복, 그리고 막대 도형 그림을 관례적으로 이해함으로써 아무도 실수하지 않도록 남자 화장실과 여자 화장실을 표시하는 데 이러한 기호를 사용할 수 있다.

던 사람들은 일어나서 팝콘 상자를 버리고 떠날 준비를 하면서 외투를 걸친다. 정지된 화면과 커지는 음악은 마찬가지로 관례적인 방식으로 영화가 종료되었음을 나타낸다.

막대 도형 그림의 관례는 그림의 목적을 위해 우리 모두가 인체 해부학의 필수적인 부분을 구성하는 것에 대해 가지고 있는 상식을 사용한다. 우리는, 예를 들어 공공장소에 남녀 화장실 표지판을 만들 때, 누구나 잘못된 공간에 들어가지 않을 만큼 충분히 잘 이해할 것이라고 가정하면서 남자의 의복과 여자의 의복에 대한 관례적인 이해를 첨가한다(그림 6 참조).

언어 예술 형식은 예술 표현 매체 자체와는 상관없는 그 문화의 부분인 관례들과 사회화가 잘된 모든 사람이 아는 문화의 부분이기도 한 잘 알려진 예술의 관례들을 혼합하여 사용한다. 시와 기타 언어 예술은 문학뿐만 아니라 일상적인 대화에서 사용되는 언어에도 내재된 연상적 재료와 환기적 재료에 크게 의존한다. 음소는 언어의 발달 과정에서 음소의 소리가 나타내는 의미를 갖게 되는데, 이는 특정 의미군에 속하는 많은 단어가 이미 해당 음소의 소리를 사용하기 때문이다. 따라서 영어의 첫소리 gl-은 빛의 현상을 내포하고 있으며, 그러한 현상을 묘사하는 많은 단어, 예를 들어 gleam, glow, glitter, glint, glare 등이 그런 식으로 시작한다. (이런 식으로 시작하는 모든 단어가 그런 함의를 가질 필요는 없다. glide와 gland는 gl로 시작하지만, 빛의 함의는 없다. 그럼에도 불구하고 영어 사용자들은 보통 이런 초성 계열에서 빛이라는 개념을 듣는다.) 비슷하게 -ump로 끝나는 단어들, 예를 들어 dump, bump, rump, lump, stump, grump 등은 어색함과 무거움을 의미한다(Bollinger, 1950). 시인들은 더 명시적으로 표현된 의미를 추가하거나 수정하는 등 이러한 "의미 있는" 소리가 시구 안으로 들어가는 방식을 통제하여 부분적으로 시구의 느낌을 통제한다. 우리는 발명된 단어들에서 이 점을 명확하게 알 수 있다("Twas brillig, and the slithy toves"* — brillig과 slithy, 그리고 이 두 단어에 의해 우리가 무엇을 이해하는지 생각해 보라). 우리는 모순된 의미를 가진 소리들을 결합하여 유머러스한 효과를 만들 수 있다. 예를 들어, 'glump'는 무겁고 어색한 빛의 현상을 시사한다. 컴퓨터 속어인 'glitch'는 이런 식으로 효과를 얻는다.

시 그리고 문학의 다른 형태들 또한 표현 매체의 발달을 통해 그 효과를 늘리는 장치를 사용한다. 스미스(Smith, 1968)는 시에서 완결과 종결의 느낌을 만

* 루이스 캐럴(Lewis Carroll)의 『거울 나라의 앨리스(Through the Looking Glass)』에 포함된 넌센스 시 「재버워키(Jabberwocky)」의 첫 구절이다. 앨리스는 붉은 여왕을 방문하는 도중에 테이블에 있는 책에서 이 시를 발견하는데, 이 시는 전통적인 시적 구조를 가지고 있지만, 앨리스가 읽을 수 없는 언어로 쓰여 있었다. 앨리스는 이 책이 거울 나라의 책이므로 거울에 비춰보면 글자들이 똑바로 보일 거라고 여기면서 거울에 비추어 읽어본다. 루이스 캐럴은 이 언어 유희적 시를 위해 몇 개의 단어를 창안하기도 했고, 기존 단어를 합성해 만들기도 했다. 'brillig'은 오후 4시경 저녁거리를 끓이기(broiling) 시작할 시간을 의미하며, 'slithy'는 'lithe'(나긋나긋한)와 'slimy'(끈적끈적한)의 합성어이다._옮긴이

들어내는 매우 다양한 장치를 분석했다. 일부 형식은 특징적인 방식으로 끝나는데, 특정 방식으로 운율을 맞추어 14행으로 끝나면 우리는 소네트(sonnet)가 끝났다는 것을 안다. 덜 형식적인 관례적 절차도 동일한 종결 효과를 만들어 낸다. 시가 다루는 주제는 최종적인 것으로 보이는 방식으로 다루어질 수 있다. 마지막 한두 줄은 어떤 주장이나 경구를 완성할 수 있다. 마지막 행은 대부분 또는 전체가 단음절일 수도 있고, 어떤 형태로든 그 자체로 종결을 나타내는 단어들, 예를 들어 마지막(last), 끝냈다(finished), 마치다(end), 쉬다(rest), 침묵(peace), 이것뿐(no more)을 사용할 수도 있고, 또는 잠, 죽음, 겨울처럼 종결과 관련된 사건들을 사용할 수도 있다. 경험이 풍부한 시의 독자는 이러한 요소들을 의식적으로 식별하지 못할 수 있지만, 그 요소들에 종결로서 반응한다.

음악은 사회화가 잘된 모든 사회구성원에게 충분히 잘 알려진 많은 기술적 장치를 예술가에게 유용한 자원으로 사용한다. 예를 들어, 작곡가는 청중이 예상대로 단조는 "슬픈" 것으로, 특정 리듬 패턴은 "라틴 아메리카의" 것으로 이해하고 반응할 것이라는 점을 당연하게 여길 수 있다.

사회화가 잘된 사회구성원이라면 누구나 알고 있는 관례는 예술계에 특징적인 가장 기본적이고 중요한 협력 형태의 일부를 가능하게 한다. 가장 중요한 것은, 예술에 대한 공식적인 지식이나 훈련을 거의 또는 전혀 갖추지 못한 사람도 관례를 통해 관객 성원으로서 음악을 듣고 책을 읽고 영화나 연극을 관람할 수 있으며, 그리고 그것들로부터 무언가를 얻을 수 있다는 점이다. 이러한 관례에 대한 지식은 특별한 지식을 기대할 수 없는 잠재적인 관객 성원을 가리키는 예술계의 외부 경계를 한정한다. 한 사회에서 최대한 많은 사람에게 도달하도록 설계된 예술 형식은 이러한 자원들을 최대한 활용한다. 예를 들어, 인기 있는 텔레비전 쇼는 이미 확립된 방식으로 그렇게 한다. 다른 형식들은 정치적인 길거리 연극처럼 많은 사람에게 다가가기 위해 이러한 자원들을 보다 파격적인 방식으로 사용한다. 베트남전 반대 운동의 전형적인 길거리 연극 중 하나는 미군 복장을 하고 소총을 든 한 무리의 남성이 붐비는 뉴욕 거리에서 베트남 민간인 여성으로 분장한 사람을 쫓아가서 붙잡아 총을 쏜 후, 예상대로 군중이 모이자 전쟁의 정치적 의미에 대해 토론을 시작하는 것이었다. 군중이 모인 이유는 그들이 본 것을 즉시 이해할 수 있었기 때문인데, 이것은 당시 미국에 살고 있는 성인이라면 누구나 알고 있는 재료를 사용했기 때문이었다.

인구의 일부만 이용할 수 있는 비예술적 지식은 그 일부를 대상으로 하는 예술 작품의 기초가 될 수 있다. 성인을 대상으로 하는 책과 영화는 아이들은 모르는 문제들에 대한 지식을 전제로 할 수 있다. 그러면 아이들은 성인은 즉시 이해하는 작품에 반응하는 데 어려움을 겪는다. 백샌들은 사업을 위한 훈련으로 상품의 양을 측정하는 기하학적 방법과 비율 및 규모를 조작하는 공식을 배웠던 15세기 이탈리아 상인들의 예를 드는데, 그들이 배웠던 것은 화가가 그림으로 입체 형태를 분석하는 데 사용한 것과 동일한 장치이다. 따라서 그림에 돈을 지불한 사람들 중 사업가들은 화가들이 시각적으로 하는 일을 어떻게 감상하는지 알고 있었다. 그들은 수학을 알고 있었으며,

> 우리보다 더 자주 중요한 문제에 수학을 이용했고, 수학으로 게임을 하고 농담을 했으며, 수학에 관한 고급 서적을 구입했고, 수학에 대한 자신의 뛰어난 능력에 자부심을 가졌다. …… 이러한 전문화는 그림 안팎의 시각적 경험을 특별한 방식으로 다루는 성향이 되었고, 복잡한 형태들의 구조를 규칙적인 기하학적 몸체들의 결합과 연속으로 이해할 수 있는 간격들로 주목하여 볼 수 있는 성향이 되었다. 그들은 비율을 조정하고 복합체들의 용량이나 표면을 분석하는 데 훈련되어 있었기 때문에 유사한 과정의 흔적이 담긴 그림에 민감했다. …… 화가가 속한 사회에서 이러한 스킬의 지위는 화가가 자신의 그림에서 그 스킬을 장난스럽게 발휘하도록 부추겼으며 …… 화가는 그렇게 했다.(Baxandall, 1972: 101~102)

모든 사람에게 공통된 일부 지식은 예술 작업의 기초로 사용되기에는 너무 저속하다고 여겨진다. 미하일 바흐친(Mikail Bakhtin, 1968)에 따르면 라블레(Rabelais)는 추잡하고 저속하고 불경한 시장의 언어를 예술로 끌어들여서 봉건제의 사회 구조와 함께 억압적인 사고방식을 무너뜨렸다는 점에서 문학에 크게 기여했다. 라블레는 대부분의 예술은 사회를 지배하는 사람들의 후원 덕분에 필연적으로 권위에 대한 공식적인 주장을 액면 그대로 받아들이는 엄숙하고 공식적인 언어로 표현된다고 주장한다. 그러나 그 이면에는 공식적으로 진지한 것을 조롱하고, 외설, 모독, 그리고 에로틱한 유머로 그것을 비하하는 불경스럽고 상스러운 민속 문화가 흐르고 있다. 시장과 대중적 축제일의 대화와 관행에 구현되어 있는 그 민속 문화는 당시의 공식적인 종교 예술에서 거의 자리를 찾지 못했지만, 중세 시대까지 지속되었다. 봉건 질서가 종식되면서, 민속 문화의 이미지와 언어는 점점 더 문학에서 자리를 잡았고, 라블레의 외설스러운 책에서 절정에 이르렀다.

다른 관례는 예술계 자체에서 생겨나며 그 관례를 다루는 사람들에게만 알려진다. 우리는 일반적으로 흄이 취향의 기준에 대해 논의한 구분(Hume, 1854 [1752]), 즉 예술을 위대하게 만드는 것은 의견의 문제이지만 어떤 의견은 작품의 소유주가 해당 작품과 장르에 대한 경험이 더 많아서 더 세밀하고 정당화 가능한 구별을 할 수 있기 때문에 다른 의견보다 낫다고 언급했던 구분을 인정한다. 그들은 자신들의 작품 제작에 영향을 미치는 관례에 대해 더 잘 알고 있었다. 그 관례는 그들이 지속적으로 작품의 관객으로 존재함으로써 얻은 것이다. 동일한 연극이 서로 다른 회사에서 제작되고 서로 다른 의상과 무대장치와 조명으로 다르게 연출되고 서로 다른 해석으로 구현되어 서로 다른 극장에서 공연되는 것을 보아온 사람은 대본에 있는 관례적인 지시 사항이 무엇을 가능하게 하는지를 인식할 뿐만 아니라 그와 같은 대본이 무엇을 가능하게 하는지도 완벽하게 인식한다.

진지한 독자는 예술가들이 작품에 쏟아 넣은 것을 가장 완벽하게 이해할 것이기 때문에 이러한 지식은 예술가들이 관심받기를 바라는 꾸준한 후원자, 진지한 청중 또는 독자와 비정기적인 관객 성원을 구별한다. 형식의 관례를 아는 진지한 관객은 작품을 경험할 때마다 작품을 제작하는 공동의 노력 속에서 예술가들과 더욱 완벽하게 협력할 수 있다. 또한 공연과 전시에 참석하거나 진지한 문학을 읽는 사람들과 같은 예술 이벤트의 꾸준한 후원자는 그러한 이벤트 및 대상 그리고 그것들을 만들어내는 활동의 탄탄한 지지 기반을 제공한다. 이처럼 진지하고 경험 많은 관객은 예술계에 속하며, 예술계를 구성하는 협력 활동의 거의 영구적인 당사자들이다.

이 사람들은 무엇이 자신들을 단순히 사회화가 잘된 사회구성원으로서 반응하는 사람들과 구별하는지 알고 있는가? 이 목록에는 그 표현 매체 또는 장르에서 유사한 작품을 만들려는 시도들의 역사, 예술의 역사에서 여러 다른 스타일 및 시대의 특징적인 성격, 예술의 역사와 발전과 관행에서 주요 이슈에 대한 다양한 입장의 장점, 동일한 작품의 다양한 버전에 대한 지식, 그리고 그 표현 매체의 어휘에서 표준적인 요소들에 감정적으로 그리고 인지적으로 반응하는 능력 등이 포함된다. 또한 예술계의 뒷말들, 그들의 작품과 무관한 세계에 참여하는 사람들의 개인사에 대한 현재와 과거의 관심 항목도 포함할 수 있다. 한편 그러한 내용이 그 작품을 이해하는 것과 관련이 있는지 여부는 끊임없이 논의되고 있다.

진지한 관객 성원들이 예술에 대해 아는 것은 혁신적인 변화 때문에 그 사회에서 사회화가 잘된 구성원들이 아는 것과 종종 충돌한다. 많은 예술 분야에는 사용하는 재료를 양식화하고 그 재료를 사람들이 사용하는 것들과 사람들이 "실제 생활"에서 만드는 대상들로부터 분리하는 오랜 형식화의 전통이 있다. 예술 혁신가들은 일상생활의 행위와 대상을 활용함으로써 그들이 표현 매체의 지나친 형식주의, 무미건조함 및 폐쇄성이라고 간주하는 것을 피하려고 노

그림 7. 「포맷 III」를 공연하는 오벌린 댄스 컬렉티브(Oberlin Dance Collective). 현대 무용은 클래식 발레(와 클래식 발레의 관객)가 실수라고 정의하는 동작들, 예를 들어 비틀거리거나 넘어지는 동작들을 사용한다.(사진 제공: 오벌린 댄스 컬렉티브)

력한다. 폴 테일러(Paul Taylor)와 브렌다 웨이(Brenda Way)와 같은 안무가들은 클래식 발레나 심지어 전통적인 현대 무용의 보다 정형화된 동작 대신에 달리기, 높이 뛰기, 넘어지기를 관례화된 춤 동작으로 사용한다(그림 7 참조). 사진작가인 로버트 프랭크(Robert Frank), 리 프리드랜더(Lee Friedlander), 그리고 개리 위노그랜드(Gary Winogrand)는 잘린 머리, 기울어진 프레임, 그리고 아마추어 스냅사진의 진부한 일상적 주제를 사용하여 기존 예술 사진의 형식주의를 대체한다. 작곡가인 테리 라일리(Terry Riley)와 필립 글래스(Philip Glass)는 어린이 음악의 단순한 반복을 사용하여 보다 전통적인 진지한 음악의 복잡한 멜로디와 화음 전개를 대체한다. 그러나 이 모든 경우에, 덜 능동적인 관객들은 정확하게 혁신가들이 예술을 비예술로부터 구분하기 위해서 대체한 관례적인 형식 요소들을 추구한다. 그들은 사람들이 달리고 높이 뛰고 넘어지는 것을 보려고 발레 공연에 가는 것이 아니다. 그들은 어디에서나 그런 동작을 볼 수 있다. 대신에 그들은 사람들이 '진정한 무용(real dancing)'을 의미하는 어렵고 난해한 형식적인 동작을 하는 것을 보기 위해 발레 공연에 간다. 따라서 평범한 소재를 예술 재료로 보는 능력 — 달리고 높이 뛰고 넘어지는 것이 단순히 그런 것이 아니라 그 표현 매체를 표현하는 다른 언어의 요소라고 보는 능력 — 은 진지한 관객 성원과 사회화가 잘된 그 문화의 구성원을 구별한다. 아이러니한 점은 후자가 이러한 소재들을, 예술 재료로서는 아니지만, 완벽하게 잘 알고 있다는 것이다.

그러나 진지한 관객 성원들은 예술계에서 더 전문화된 참여자들이 알고 있는 모든 것을 알지는 못한다. 그들은 그 세계에서 예술가라고 불리는 사람들의 활동을 이해하고 감상하고 지원하는 협력 활동에서 자신의 역할을 수행하기 위해 알아야 할 것 이상을 알지는 못한다.

관례적인 지식의 분포는 변화한다. 한때 모든 사람이 알고 있던 것이 그 사회의 평범하고 사회화가 잘된 구성원의 능력의 일부이기를 그치고, 더 잘 준비되고 더 진지한 예술 활동 참여자들만 알고 있는 것이 될 수도 있다. 백샌들(Baxandall, 1972)은 르네상스 이탈리아 회화들에 텍스트를 제공한 종교적인 이야기들의 세부사항이 그 그림들이 그려질 당시 일반 시민과 교회 신자들에게 얼마나 상식적인 지식이었는지를 보여준다. 화가들은 관객들이 작은 관례적인 기호들을 통해 그림에서 수태고지 이야기의 어떤 단계가 묘사되었는지 이해할 수 있고(그림 8 참조) 그에 따라 그 이야기를 경험할 수 있다고 확신할 수 있었다. 그런 종류의 기독교 지식은 이제 그 표현 매체의 진지한 연구자들에게 국한된다. 바흐친(Bakhtin, 1968)의 지적에 따르면, 오늘날 라블레를 읽는 사람은 거의 없으며, 한편으로는 그를 역겹다고 생각하고 다른 한편으로는 그를

그림 8. 바르베리니(Barberini) 패널화의 원판 「수태고지: 숙고(Reflection)」. 이탈리아 르네상스 시대의 화가들은 수태고지 이야기의 어느 단계를 그리고 있는지 나타내기 위해 관례적인 기호를 사용했다. 이 그림은 천사 가브리엘의 인사말("여자들 가운데 복이 있도다")에 불안해하는 성모 마리아가 천사가 하는 말이 무슨 뜻인지 마음속으로 생각하는 "숙고(Cogitatio)"의 순간을 보여준다.(사진 제공: 워싱턴 D.C. 국립 미술관, 새뮤얼 크레스[Samuel H. Kress] 컬렉션)(Baxandall, 1972: 49~56 참조)

지루하다고 생각하는데, 이는 우리가 그 작품의 유머(따라서 정치적 메시지)를 느끼고 볼 수 있게 해주는 민속 문화와의 접점을 잃어버렸기 때문이다. 반대로, 처음에는 소수의 혁신가와 애호가 서클에만 알려진 것이, 무조(無調) 음악을 경험할 수 있는 능력과 같이, 시간이 지남에 따라 점점 더 넓은 범위로 퍼질 수도 있다.

진지한 관객 성원과 겹치는 또 다른 그룹은 예술 전공 학생들이다. 어느 정도 공식적인 훈련 프로그램을 가진 직업은 훈련 기간 동안 훈련생 중 일정 비율을 잃을 수 있으며, 초보자들이 실습을 시작한 후에는 일부를 더 잃을 수도 있다. 훈련받은 의사 모두가 의료 행위를 하는 것은 아니며, 법률 훈련을 받은 미국인 중 개업을 하지 않는 비율은 더 많다. 실습을 전혀 하지 않는 훈련생의 비율은 직종과 국가에 따라 크게 다르다.

현재 미국에서는 엄청나게 많은 사람이 진지하게 예술을 공부하는데, 이 과정에서 과목을 이수하고, 어려운 예술 분야에서 훈련을 받고, 많은 시간과 기타 자원을 투자하고, 종종 자신의 가족과 친구들에게도 희생을 요구한다. 이들 중 풀타임 전문 예술가가 되는 경우는 거의 없다. 어떤 예술 분야도 훈련이 이루어지고 있는 예술계에서 통상적인 방식으로 훈련생 전체 또는 상당수를 경제적으로 지원할 수 있는 또는 공감적인 관심을 기울일 수 있는 충분한 자원을 가지고 있지 않다. 이것은 중요한 단서조항이다. 예술이 다른 방식으로, 즉 덜 전문적이고 덜 스타지향적이고 덜 중앙 집중적으로 조직되었다면, 그러한 지원은 가능할 수 있었을 것이다. 문제는 수천 명의 학생이 브로드웨이의 스타가 되기를, 메이저 발레단의 수석 발레리나가 되기를, 문학에서 노벨상 수상자가 되기를 희망할 때 발생한다. 그러나 예술은 이러한 것들을 목표로 삼기에 불가능하거나 합당치 않도록 조직되어 있을 수도 있고, 때로는 그렇게 조직되기도 했다.

그럼에도 불구하고 많은 사람이 예술 분야에서 경력을 쌓기 위해 훈련을 받고 있으며, 그런 훈련을 시작하고서 끝맺지 못하는 사람은 훨씬 더 많다. 이는 반드시 그들이 그러한 경력을 원하지 않기 때문이 아니라 그러한 경력에 공식적인 훈련이 필요하지도 않고 바람직하지도 않다고 믿기 때문이다. 그들이 맞을 수도 있다. 시어도어 호프만(Theodore Hoffman, 1973)은 매년 드라마 프로그램을 졸업하는 수많은 학생 중에서 성공하는 상업적 배우는 거의 없다고 주장한다. 그는 또한 이러한 숙련된 또는 반숙련된 사람들이 뉴욕에서 상업적인 극장(과 특히 아방가르드 부문)을 지원하는 중추를 제공하면서 예술계의 경제에서 중요한 역할을 한다고 시사한다. 뉴욕에서 판매되는 모든 극장 티켓의 15퍼센트가 당시 연극을 공부하는 사람들에게 팔렸다. 그들은 특히 새로운 작품의 관례에 덜 적응된 일반 대중을 끌어들이는 데 어려움을 지닌 실험적인 작품을 지원할 가능성이 높다.

훈련을 받았지만 이제는 다른 일을 하는 사람들은 모든 예술 형식에서 추가적인 팬층을 상당 부분 이룰 수 있다. 발레의 관객, 특히 현대 무용의 관객은 아마도 대부분의 무용수, 무용 훈련생, 그리고 한때 무용을 공부했던 사람들로 구성될 것이다. 어떤 무용 이벤트이든 그 관객을 보라. 극장에 가는 사람들 또는 콘서트에 가는 사람들 중에 그토록 직립한 자세, 그렇게 자의식적인 발과 다리의 배치, 그렇게 잘 관리된 몸매를 보여주는 비슷한 표본을 찾아볼 수 없다.

마찬가지로 매년 사진을 공부하는 수천 명의 사람들 중에서 사진으로 생계를 유지하는 전문 사진작가는 거의 배출되지 않는다. 또한 예술 사진작가도 많이 배출하지 못한다(사진 예술계에서 진지하고 기여도가 높은 많은 구성원은 사진으로 생계를 유지하지 않으며, 사진으로 생계를 유지하는 사람들도 사진 판매보다 교육과 강의로 살아가기 때문에 구분이 필요하다). 하지만 이 사람들은 사진집을 구매하고, 수업과 워크숍을 수강하며, 강연에 참여하는 등 사진 예술계의 경제적 기반 대부분을 제공한다. 또한 사진 예술가들이 이해를 바라며 자신의 작품을 설명할 수 있는 교육받은 관객의 상당 부분이 이들이다. 한스 하케(Hans Haacke)가 현대 갤러리 관람객을 대상으로 실시한 설문조사에 따르면, 40~60퍼센트가 예술가 또는 미술학도이며, 학생은 10~15퍼센트를 차지한다(Haacke, 1976: 17, 42).

이 사람들은 어떤 관례를 알고 이에 반응하는가? 그렇다면 이들은 예술계를 구성하는 유형화된 협력에서 어떤 역할을 할 수 있는가? 사회화가 잘된 사회 구성원들과 진지한 관객 성원들이 알고 있는 것 외에, 이 관객의 내부 서클은 기교의 문제를 알고 있으며, 테크닉 및 기교의 문제와 별개로 관객으로부터 감정적이고 심미적인 반응을 불러일으키기 위해 기술적인 수단과 능력을 활용하는 어려운 문제를 알고 있다. 공연자와 창작자를 소비자와 구분하는 선의 반대편에 서 있는 이들은 그 역할이 관례적으로 구별되어 있기 때문에 어떤 시도가 이루어졌는지 그리고 심지어 실패도 어떻게 흥미로울 수 있는지에 대해 더 깊이 이해하고 작품에 반응할 수 있다. 그들은 가장 위험한 실험을 시도해 볼 수 있는 가장 이해심 있고 관대한 관객이다.

지금까지 살펴본 세 그룹은 모두 일차적으로는 예술 작품의 소비자, 대상과 서적의 구매자, 공연의 관객으로 예술계에 참여하며, 이차적으로는 다양한 수준의 진지함을 가진 학생과 훈련생으로 예술계에 참여한다. 그들은 지출된 돈이라는 물질적 지원과 이해와 반응이라는 심미적 지원을 제공한다. 그 세 그룹은 서로 연관되어 있다. 가장 내부의 그룹인 현재 및 이전의 학생들은 덜 성숙한 관객층을 위한 원격 조기 경보 시스템 역할을 한다. 이들은 더 많은 위험을 감수할 것이고, 혁신가들이 제안한 새로운 관례를 배우기 위해 더 많이 노력할 것이고, 더 많은 실패와 망작을 경험할 것이고, 결국에는 흥미를 잃는 경험을 하는 데 더 많은 시간을 낭비할 것이다. 이들은 예술계가 하는 엄청나게 다양한 시도를 위한 모든 종류의 지원을 제공함으로써 실험을 고무한다. 또한 가장 중대하고 명백한 실패를 제거함으로써, 즉 그들 자신의 기준에서도 성공하지 못한 시도를 제거함으로써 모험심이 덜한 관객층이 더 새로운 발전을 따라잡을 수 있도록 도와준다. 따라서 그들은 다른 사람들에게 이러한 예비 분류를 통과한 것들은 한번 볼만한 가치가 있다고 확신시킨다. 그러한 확신이 바로 다른 사람들이 원하는 것이다. 이런 식으로, 참여도가 낮은 참여자들은 감상하는 법을 배울 가치가 있는 것으로 보이게 만드는 방식으로 보증된, 신중하게 선택된 소수의 혁신과 새로운 관례들을 보게 된다.

우리는 예술에 대한 비판적 평가가 다양한 관객층 사이에서 어떻게 전달되는지에 대해 거의 알지 못한다. 엘리후 카츠와 폴 라자스펠드(Elihu Katz and Paul Lazarsfeld, 1955)는 매스미디어 메시지 유통 연구를 바탕으로 영향에 대한 일반적인 2단계 모델을 제안했다. 영향력 있는 특정 사람들은 미디어에 더 많은 주의를 기울여서 더 확고한 의견을 형성하며, 공동체의 다른 사람들은 이러한 더 식견 있는 유형을 통해 걸러진 미디어로부터의 메시지 또는 미디어에 대한 메시지를 받아들이고 그 메시지에 주의를 기울인다. 신약 처방을 배우는 의사들에게도 동일한 모델이 적용된다. 커뮤니티의 영향력 있는 몇몇 의사가 약을 시험해 보고, 별다른 문제가 없고 유용하다고 판단하면 그 의사들의 영향을 받은 다른 의사들이 그 약을 사용하기 시작한다(Coleman, Katz, and Menzel, 1966). 우리는 특정 예술계에서 스타일, 장르, 혁신, 예술가, 그리고 특정 작품에 대한 평가가 어떻게 유포되는지 알려주는 연구가 필요하다. 누가 먼저 시도하는가? 누가 그들의 의견을 듣고 행동에 옮기는가? 그들의 의견이 존중받는 이유는 무엇인가? 구체적으로, 주목할 만한 가치가 있는 새로운 것을 본 사람들로부터 말이 어떻게 퍼지는가? 사람들은 왜 그들을 믿는가?

완전히 다른 일련의 관례는 예술 작품을 창조하는 사람들과 그들의 지원 인력이 협력해서 활동하는 기반을 만든다. 협력을 가능하게 하는 많은 제작 관례는 데이비드 루이스(David K. Lewis, 1969)에 의해 분석된 철학적 관례 개념을 예시하는 표준화의 단순한 형태이다. 루이스는 여기서 정말 필요치 않은 기술적(technical) 언어를 사용한다. 그의 분석이 추구할 만한 가치가 있다고 여기는 독자는 원문을 참조하기 바란다. 간단히 말해, 루이스는 사람들이 어떻게 자신들의 활동을 조정하는지, (모든 행위자가 공통 관심사를 가지고 있지만 그 관심사를 달성하기 위해 어떤 가능한 방법을 사용해야 하는지 명확하지 않은 상황에서) 어떻게 동일한 것을 선택하는지, 그리하여 어떻게 낭비되는 행동을 최소화하면서 원하는 것을 얻을 수 있는지 이해하고자 한다. 가장 쉬운 방법은 관련된 사람들이 문제를 논의하고 사용할 절차에 동의하는 것이다. 우리는 종종 그렇게 한다. 하지만 우리는 "무엇을 해야 할지 명백해", 또는 "가장 자연스럽게 해야 할 일은 X야", 또는 "모두가 가장 쉬워 보이는 것을 하면 일이 모두 잘될 거야"라고 말하거나 이와 유사한 공식을 말할 수 있기 때문에 그것이 불필요하다고 생각하는 경우가 훨씬 더 많다. 우리는 의사소통 없이도 원하는 조율을 할 수 있다는 것을 알게 된다. 어떻게 알 수 있을까? 모든 참여자에게 잘 알려져 있고 그들이 다른 모든 사람에게 잘 알려져 있다고 알고 있는, 그 문제에 대한 과거의 해결책을 참조함으로써 가능하다. 그러한 조건과 모든 사람이 자신의 활동을 조정하려는 욕구를 감안할 때, 가장 쉽고 따라서 가장 가능성이 높은 것은 모든 사람이 아는 것을 모든 사람이 이미 알고 있는 방식으로 모든 사람이 하는 것이다. 모든 사람이 이것을 알 것이라는 것을 누구나 알고 있기 때문에 이것은 하기 쉬운 일이다. 모든 사람이 그것이 자신이 해야 하는 일이라고 스스로 확신하는 데 필요한 그러한 중첩된 기대의 위계(일반적으로 그리 길지 않은 위계)는 이런 식으로 만들어진다.

관련된 사람들이 모두 가장 가능성이 높은 것을 한다면, 그들은 원하는 결과를 얻을 것이며, 따라서 다음에 그들이 유사한 문제라고 정의하는 것이 발생할 때 같은 해결책을 사용할 가능성이 높아질 것이고, 그렇게 되면 미래에도 그 해결책을 사용할 가능성이 더욱 높아질 것이다. 조정의 문제를 해결하기 위해 모든 사람이 채택했던 수단이 바로 루이스가 말하는 '관례'이며, 이는 모든 예술에 특징적인 일을 하는 표준화된 수단을 적절하게 묘사한다. 예술가들과 지원 인력이 자신들의 활동을 조정할 때 하는 많은 일들은 동일한 일을 성취할 수 있는 다양한 가능한 방법들 중에서 선택되며, 그중 어느 것이든 모든 사람이 그 방법을 사용하는 한 받아들여질 만한 것일 것이다.

예를 들어, 악기를 초당 440번 진동하는 A음에 조율해야 할 논리적인 이유는 없고, 그 음을 Z 대신에 A라고 불러야 할 이유도 없으며, 4줄, 6줄, 또는 7줄이 아닌 5줄의 보표에 음을 써야 할 이유도 없다. 그러나 모든 사람이 그렇게 하며, 따라서 어떤 참여자라도 자신이 그렇게 하는 것이 이해 가능하며 조정하기 쉽다는 것을 확신할 수 있다. 이유는 그것으로 충분하다.

예술가들과 지원 인력 사이에서 활동을 조정하는 일부 관례는 그러한 단순한 표준화로 구성되어 있다. 특정 관례가 당연한 것으로 여겨질 때, 관련된 거의 모든 사람이 거의 항상 그렇게 일을 할 때, 그 관례를 형성하는 이해는 영구적인 장비에 구현될 수 있다. 그러한 영구적인 장비가 존재하면(여기에 비용이 많이 드는 것은 말할 필요도 없다) 관례적인 작업 방식이 계속 유지될 가능성이 높아진다. 왜냐하면 어떤 변화도 비용이 많이 들기 때문이다.

이런 식으로 관례가 표준화되고 완전히 당연하게 여겨지는 관행과 장비에 관례가 구현되면, 예술에 경험이 있는 사람이라면 누구나 그 기본적인 최소한의 사항을 알고 있다고 간주될 수 있다. 그것은 관례적인 방식으로 일을 하지 않으려고 전념하는 사람들 사이에서도 예술 작품 생산이 진행될 수 있는 자동적인 기반이 된다. 따라서 관례적인 발레와는 같지 **않게** 고안된 대부분의 현대 무용은 신입 무용수들이 어느 정도 발레 훈련을 받고 그러한 훈련에 따른 근육, 습관, 이해를 획득했다는 것을 전제하는 상황에 처하게 된다. 관례적인 것을 하고 싶지 않을 때도 자신이 하고 싶은 것은 관례에서 나오는 언어로 가장 잘 묘사될 수 있다. 왜냐하면 그것이 모두가 아는 하나의 언어이기 때문이다.

특히 장비는 이런 종류의 보편적인 지식을 생산한다. 장비가 관례를 구현할 때, 예를 들면 통상적인 35mm 카메라가 현대 사진의 관례를 구현할 때, 당신은 기계 작동법을 배우면서 그 관례의 방식을 배운다. 따라서 그 기계를 다룰 수 있는 사람은 누구나 조정된 활동에 필요한 작업을 수행하는 방법을 알게 될 것이다. 통상적인 음악과 연관된 많은 이해도 마찬가지이다. 우리는 악기를 조작하는 법을 배우면서 그 관례를 배운다.

많은 관례는 기술적인 고려사항과 기타 고려사항 간의 상호작용을 통해 생겨난다. 오랜 세월 동안(대략 알렉 와일더[Alec Wilder]의 『미국 대중가요: 1900~1950(American Popular Song: 1900~1950)』에서 다루는 기간 동안) 미국의 대중가요는 거의 전적으로 A-A-B-A로 배열된 주제와 함께 8마디 악구로 조직된 32마디 형식과 온음계 및 온음계와 관련된 화음에 포함된 것들에 한정된 음정을 가지고 있었고 10도 또는 그 이하의 음역으로 한정된 멜로디를 사용했다. 이러한 노래들의 공연은 대부분 2~3개의 코러스로 이루어졌다. 8마디 악구와 32마디 형식은 자의적이었다. 사용된 음역과 음정은 그 노래들을 부르는 보컬리스트들과 그 노래들을 부를 수도 있다고 여겨지는 일반 대중의 제한된 훈련에 맞추어졌다. 코러스의 수는 표준 10인치 78rpm 레코드에 포함될 수 있는 만큼만 반영했다.

예술가들은 극도로 표준화된 관례를 사용함으로써, 가장 어려운 상황에서도 자신의 활동을 조정할 수 있다. 내가 1940년대에 시카고 나이트클럽에서 피아노를 연주했을 때, 우리는 보통 하룻밤에 7~8시간씩 연주했다. 밤이 끝나갈 무렵이면 연주자들은 상당히 지쳤고 졸음이 왔다. 나는 우리가 연주했던 대중적인 곡들이 극단적으로 관례화되어 있어서 절반 이상은 잠든 상태에서도 연주할 수 있다는 것을 알게 되었다. 나는 종종 잠이 들어서 결과적으로 내가 어디에 있는지 모른다는 것을 깨달았을 때야 비로소 곡의 방향을 잃은 채 곡의 중간에 깨곤 했다. 그때까지 나는 그 곡의 모든 악구가 8마디이고, 사용 가능한 많은 코드 중에서 몇 가지 코드만 사용하며, 몇 가지 표준화된 방식으로 편곡되었다는 나의 지식을 활용했음이 틀림없다. 데이비드 서드노(David Sudnow, 1978)는 이러한 이해가 연주자의 인지 능력뿐만 아니라 신체적 반응에도 구축되는 방식을 묘사했다. 그래서 잠든 상태에서도 연주한다는 것이 이해할 수 있고 그리 놀랍지 않은 일이 된다.

장비는 일단의 관례를 그러한 강제적인 방식으로 구현하게 되기 때문에 예술가는 장비와 재료를 가지고 그 제작자들이 결코 의도하지 않았던 것들을 하려고 시도함으로써 자신의 창의력을 발휘하는 경우가 많다. 산업이 소수 기업의 손에 집중됨에 따라 사진 장비는 점점 더 표준화되었고, 예술 사진작가들은 아직 구할 수 있는 재료(생산될 수 있는 유일한 종류의 재료가 아니라 관련 기업이 쉽게 접근할 수 있고 상대적으로 저렴한 형태로 판매하는 재료)를 가지고 재료의 원래 목적과 다른 일을 할 수 있는 방법을 고안하는 데 점점 더 많은 시간과 독창성을 투자한다. 그들은 필름 — 통상의 기법으로 쉽게 인화될 수 있는 표준 네거티브를 만드는 데 사용되도록 표준 노출로 고안된 — 을 조작하는데 이것은 실험적인 암실 기법을 사용해야만 인화할 수 있는 상당히 다른 네거티브를 만들어내기 위해서이다. 음악가들은 악기 발명가들과 선생들이 상상하지 못했던 소리를 낸다. 한 예는 피아노 건반을 치지 않고 피아노 현 위에서 직접 연주하는 것이다.

장비에 내장된 표준화된 관례는 장비 및 재료와 관련된 예술계 각 부분의 협력을 중재한다. 누구나 사용 가능한 재료와 장비의 종류를 알고 있기 때문에 카탈로그 번호를 간단히 참조하면 원하는 결과를 얻을 수 있다. 제조업체, 공급업체 및 수리하는 사람들은 예술가의 지시에 따라 장비를 조작하는 사람들 — (건축가의 지시에 따르는) 벽돌공, (무대 감독 및 영화감독의 지시에 따르는) 전기 기술자, 또는 (작가의 지시에 따르는) 인쇄업자 — 과 마찬가지로 모든 예술계에서 안정적이고 상당히 보수적인 부문을 구성한다.

예술가들은 훈련 과정에서 그리고 예술계의 일상적인 활동에 참여하면서 다른 관례, 즉 전문가 문화를 배운다. 그러한 활동에 정기적으로 참여하는 사람들, 즉 활동하는 전문가들(특정 세계가 그 그룹의 경계를 어떻게 정하든지 간에)만이 그 문화를 알고 있다. 관례는 협력 당사자들이 그들이 활동하는 조건의 변화에 끊임없이 적응한다는 것을 나타낸다. 조건이 변하면 관례도 변한다. 학교에서는 일단 통용되었던 적응의 형태를 가르친다. 훈련 기관이 예술계의 필수적인 부분을 이루는 경우를 제외하고는 그 적응의 형태가 완전히 최신인 경우는 드물다(일부 음악 학교 및 대학교 음악학과의 혁신적인 현대 음악의 경우는 완전히 최신일 수 있다). 따라서 진행되고 있는 일에 참여해야만 현재의 관례를 배울 수 있다.

세계는 예술가들 사이에서 얼마나 많은 협력이 필요한지에 따라 달라진다. 시는 거의 아무것도 필요치 않다. 시인은 주로 비평가, 동료 실험가, 그리고 청중으로서의 다른 시인들에게 의존한다. 시인은 다른 시인의 도움 없이도 작품을 생산할 수 있으며, 그들이 필요로 하는 도움을 얻기 위해서는 인쇄업자와 유통업자와 같은 기술인력에게 주로 의존한다. 반면에 오케스트라 음악, 발레, 드라마, 그리고 기타 단체 예술은 다양한 예술가들의 협력이 필수적으로 필요하며, 이러한 작업 그룹은 새로운 관례를 신속하게 발전시키고 전달할 수 있는 가장 완벽하게 발전된 시스템을 가지고 있다.

관례는 한 번에 바뀌지 않기 때문에, 예술가들이 초기 훈련에서 배운 것의 대부분은 다른 사람들과의 활동을 조정하는 데 계속 유용할 것이다. 젊은 재즈 음악가들이 (대체로 비공식적인) 훈련 초기에 배우는 것은 많은 재즈 곡목의 기반이 되는 표준 팝송들에는 두 가지 화음 형식 중 하나를 취하는 8마디 중간 부분("브리지")이 있으며, 이것의 이름은 각각 이 부분이 등장하는 잘 알려진 곡의 이름을 따서 명명된다는 것이다. "아이 갓 리듬(I Got Rhythm)" 브리지는 두 마디 각각에 III7(B♭ 키에 D7코드), VI7(G7), II7(C7), V7(F7)의 코드들로 구성되어 있으며, "허니서클 로즈(Honeysuckle Rose)" 브리지는 I7(F 키에 F7),

IV(B♭), II7(G7), V7(C7)로 구성되어 있다. 이를 알기 때문에 익숙하지 않은 곡을 연주하는 누구라도, 그 곡이 표준 유형 중 하나라면, 어떤 종류의 브리지가 있는지 알려주기만 하면 8개의 마디를 빠르게 배울 수 있다. 일반적으로 댄스 음악가는 잘 알려진 수많은 곡을 어느 정도 외워서 익히기 때문에 악보 없이도 요청이 있을 때 즉시 무난한 앙상블 버전으로 만들어낼 수 있다. 결혼식, 바르 미츠바(bar mitzvahs)*, 슈퍼마켓 직원들의 크리스마스 파티, 그리고 댄스 음악가가 공연하는 기타 행사에서 피아니스트로서 더 이상 곡을 아는 것만으로는 부족하다는 것을 알게 되었을 때 나는 내가 구식이라는 것을 깨달았다. 어느 날 밤 밴드 리더가 불렀을 때 나는 그저 하나의 곡이 아니라 "마이 페어 레이디(My Fair Lady)"를 배웠다. 나는 현재 브로드웨이에서 공연 중인 조바꿈을 포함해 모든 뮤지컬 코미디의 악보 전체를 알아야 했다. 한동안 업계에서 떨어져 있었기 때문에 당시 관례적인 지식이었던 것에 뒤처져 있었고, 더 이상 그 지식이 필요한 일을 감당할 수 없었다. 내가 젊었을 때 충분한 곡들을 배워 비축할 수 있었듯이, 나중에 업계에 들어온 젊은 연주자들도 그 모든 것을 배웠을 것이다.

특정 공연을 제작하고 준비하는 과정에서 조율해야 할 사항들이 명확하게 정해져 있는 경우는 드물다. 상당히 표준화된 공연도 작업을 수행하는 임의적인 방법들을 허용한다. 바이올리니스트들은 함께 연주하는 악구를 어떻게 보잉(bowing)**해야 하는지 그리고 어떤 종류의 어택(attack)***을 사용해야 하는지 결정해야 한다. 댄스 밴드와 콘서트 그룹 모두에서 연주하는 금관악기 연주자들은 연결된 8분음표 그룹을 어떻게 연주할지, 즉 통상적인 콘서트 공연에

* 유대교에서 13세가 된 소년의 성인식._옮긴이

** 바이올린 활을 켜는 것._옮긴이

*** 바이올린을 연주할 때 음을 시작하는 방식을 말한다. 부드럽게 모음처럼 시작할 수도 있고, 분명하고 자음 같은 보 어택도 있고, 악센트가 있는 보 어택도 있다._옮긴이

서처럼 동일한 길이로(♫♫ ♫♫) 할지, 또는 재즈에서처럼 각 쌍의 첫 음을 약간 길게 할지(♪♪ ♪♪ ♪♪ ♪♪) 정해야 한다. 관례적인 언어는 이러한 문제들을 신속하게 논의하고 해결할 수 있게 해준다.

전형적인 대본의 경우 전형적인 악보보다 해야 할 일이 훨씬 적게 명시되어 있기 때문에, 해석의 문제 — 한 가지 이상의 공연 방식을 허용하는 문제 — 는 음악에서보다 연극에서 훨씬 더 큰 비중을 차지한다. 해석을 확정할 때 연기자들과 연출가들은 주로 방법론적인 관례적 언어를 사용하는데, 이를 통해 배우가 어디로 움직여야 하는지, 다음 대사나 연기를 진행하기 전에 얼마나 기다려야 하는지, 다른 배우들이 말하거나 움직이는 동안 어디를 바라봐야 하는지 등의 문제를 논의하고 해결할 수 있는 용어들을 제공한다(관련 용어에는 **블로킹**[Blocking]*, **비트**[beats]**, **포커스**[focus]***가 있다[Lyon, 1975]).

예술계는 때때로 분열되어 상대적으로 자율적인 하위그룹들로 나뉜다. 그러한 경우, 각 분파의 참여자들은 서로 다른 일련의 관례를 알고 있으며, 그 앎에 책임을 갖게 된다. "새로운 음악"이라고 불리는 것을 연주하는 사람들은 작곡가들이 자신의 악기로 기존과는 다른 소리를 내기 원한다는 것을 알게 된다. 대부분의 연주자는 처음에는 개인적으로 친분이 있는 작곡가나 누군가에게서 그러한 소리를 배우거나 그들과 상의하여 해결한다. 그러나 음악 공연이 널리 보급됨에 따라 작곡가들과 개인적으로 접촉할 기회가 없었던 연주자들은 일반적으로 표기되지 않았거나 이전에는 사용하지 않았지만 알고 있는 효과를 지시하기 위해 낯설고 색다른 기보법을 사용하는 악보(그림 9 참조)를 접한

* 무대 위 동선을 의미하는 용어. 연극에서 배우들이 주어진 장면 안에서 취해야 할 위치나 움직임을 설정해 주는 연출을 위해 사용하는 용어이다._옮긴이

** 인물이 어떠한 사건에 대해 보이는 행동 또는 반응을 뜻하는 이야기의 최소 단위로, 인물의 행동이 변화하는 지점을 가리키는 용어이다. 배우는 하나의 장면을 비트별로 분석하여 연기한다. 비트가 모이면 장면(scene)을 이루고, 장면이 모이면 시작, 중간, 끝을 이루는 하나의 완결성을 갖춘 시퀀스가 된다._옮긴이

*** 무대 위 배우들이 어느 한 배우에게 주목하는 행위._옮긴이

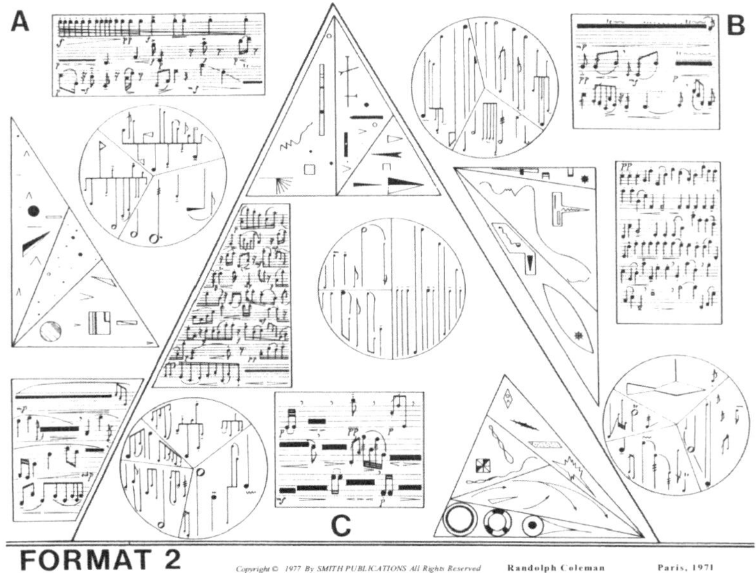

그림 9. 랜돌프 콜먼(Randolph Coleman)의 「포맷 II」의 악보. 기존 기보법으로 쓰인 작품을 문제없이 연주할 수 있는 연주자들이라 하더라도 이러한 "새로운 음악"을 연주하기 위해서는 특별한 설명과 훈련이 필요하다.(악보 제공: 작곡가와 스미스 출판사[Smith Publications]. Copyright ⓒ 1977 by Smith Publications, 모든 저작권 보유)

다. 따라서 클라리넷 연주자는 자신의 파트에서 (♩ 또는 𝅘𝅥와 같이) 4분음표를 표기하면서 '반만 열기'라고 표시되고 '원의 반만 검게' 칠해져 있는, 또는 슬랩텅(slap tongue) 효과*를 지시하는 쐐기 모양(▼)이나 다른 방법들로 표기된 음표들을 찾을 수 있다. 그들은 그러한 소리를 낼 수 있지만, 연주자들은 기보법을 서로 이해할 수 있도록 원하는 소리가 무엇인지 알고 있거나 배워야 한다. 그래야 작곡가들은 기보법을 사용해 자신들이 원하는 소리를 얻을 수 있고, 연

* 취구와 입술에 의해 발생하는 소음과 함께 음고가 명확하지 않은 짧고 약한 소리로 타악기적인 효과를 얻을 수 있는 기술._옮긴이

주자들은 자신이 요구되는 소리를 내고 있다는 것을 알 수 있으며, 연주의 두 당사자는 자신들의 활동을 조정할 수 있다. (악기 연주자들을 위한 새로운 기보법과 효과를 정리하려고 시도한 핸드북인 Rehfeldt[1977]를 보라.)

전문가 문화를 생산하고 유지하는 메커니즘은 무너질 수 있으며, 그렇게 되면 전문가들의 협력 능력도 무너진다. 로버트 러너(Robert Lerner)는 문학이 실천적인 활동이 되기 전이었던 중세 시대에는 서체나 철자법과 같은 단순한 문제도 어떻게 표준화가 필요했는지 보여준다.

> 로마가 멸망한 후, 필체의 지역적 다양성이 극심해졌다. 어떤 지역의 필경사들은 어려운 기호와 소용돌이 모양을 사용하여 매우 난해하게 쓰는 것을 선호했고, 어떤 지역에서는 부주의하고 엉성해졌기 때문에 글을 읽기가 어려워졌다. 이러한 경향이 역전되기 전까지는 소통과 교육이 확산될 수 없었다. …… 당시의 필기체 서체는 글자 사이에 연결선을 사용하여 쓰기 속도를 높였지만 거의 읽을 수 없었고, 8세기 후반에 점차적으로 작고 분리되고 가독성이 높은 글자로 특징지어지는 카롤링거 소문자(Carolingian minuscule)로 대체되었다. …… 곧 모든 서유럽이 동일한 문자를 사용하게 되었고, 새로운 문자는 매우 읽기 쉬웠을 뿐만 아니라 공백과 구두점을 생략하던 로마의 오래된 관행과 달리 대문자로 공백과 문구를 사용하기 시작했기 때문에 원고를 더 쉽게 읽을 수 있게 되었다.(Lerner, 1974: 182~184)

이러한 단순한 표준화가 없었다면 문학예술은 불가능했을 것이다. 이러한 표준화의 확산이 예술계의 경계를 어떻게 만드는지는 나중에 살펴보겠다.

따라서 전문가 문화의 지식은 특정 관례를 사용하여 예술 비즈니스를 하는 현역 전문가들의 그룹을 한정한다. 그들이 알고 있는 대부분은 그들의 일상적인 실천 과정에서 배운다. 그리고 일반적으로 예술계의 다른 참여자들은 자신의 역할을 수행하기 위해 그러한 것을 알 필요는 없다. 그러한 지식을 이해하면 작업 수행이 수월해지지만, 작품 자체를 이해하기 위해 그러한 지식을 알 필요는 없는 것이다. 이러한 작업 관례에 대한 지식에 의해 한정되는 그룹은 마땅히 예술계의 내부 서클이라고 여겨질 수 있다.

예술계라는 큰 틀 안에서는 소규모 그룹들이 형성된다. 모든 예술 작품은 방대한 양의 관례적인 재료와 일부 혁신적인 재료를 조합함으로써 어떤 면에서 독특한 세계를 창조한다. 전자가 없으면 예술 작품은 이해할 수 없는 것이 되며, 후자가 없으면 예술 작품은 지루하고 특징 없는 것이 되어 슈퍼마켓의 음악이나 모텔 벽에 걸린 그림처럼 배경 속으로 사라질 것이다. 변형이 너무 작아서 애호가만 알아차릴 수도 있고, 또는 변형이 너무 명백해서 아무도 무시할 수 없을 수도 있다. 어떤 경우이든, 작품이 만들어지는 세계와 그 작품이 공개되는 대상인 관객을 고려할 때, 배워야 하는 작품 자체에는 특화된 다소간의 — 대개는 약간의 — 새로운 재료가 있을 것이다.

예술가들은 대개 오랜 기간에 걸쳐 자신만의 혁신적인 재료를 개발함으로써 자신의 작품에 특유한 일단의 관례를 만들어낸다. (예술가들의 그룹은 종종 혁신을 발전시키는 데 협력하며, 그에 따라 학교와 예술 분파도 특징적인 관례를 발전시킨다.) 예술가들과 협력하는 사람들, 특히 관객들은 개별적인 작품과 많은 양의 작품을 경험하는 과정에서 이러한 보다 특별하고 독특하며 색다른 관례를 배운다. 예술가는 이러한 관례를 하나의 작품이나 많은 작품을 제작하는 과정에서 동일한 방식으로 배웠을 수도 있고 공개되지 않은 실험을 통해 발전시켰을 수도 있다.

따라서 각 작품과 각 예술가의 작품은 부분적으로 지금까지 알려지지 않은 재료를 사용하여 정의된 세계로 우리를 초대한다. 따라서 처음에는 완전히 이해할 수 없다. 처음에는 이해가 되지 않더라도 새로운 작품에 계속 관심을 기울이는 사람들은 그 작품을 해석할 수 있는 만큼 충분히 배울 수 있다. 그러면 새로운 재료는 위에서 사용한 기술적 의미에서 관례적인 것이 되어 관련 당사자들에 의해 상호적으로 이해되며, 그리하여 관련 당사자들은 관련된 모든 사람이 문제의 작품을 해석하고 그에 반응할 때 이를 알고 사용할 것이라고 가정할 수 있다. 이것은 앞서 논의한 더 일반적인 경우보다 더 적은 수의 사람들, 즉 작품의 생산자와 그 작품이나 예술가의 작품 전체에 특유한 관례를 배우기 위해 노력하고 필요한 시간을 투자하는 관객 성원에 한정된 참여자들을 포함한다. 모차르트 애호가나 찰리 파커(Charlie Parker)의 팬이 된다는 것이 바로 이런 의미이다.

관객들은 작품들을 경험함으로써, 작품 및 그 작품과 관련된 다른 사람들과 상호작용함으로써 낯선 습관을 배운다. 그들은 다양한 맥락에서 새로운 요소를 보고 듣는다. 예술가는 관객들에게 그것이 무엇을 의미하는지, 그것이 무엇을 할 수 있는지, 그리고 그들이 그러한 맥락들을 창조함으로써 어떻게 그것을 경험할 수 있는지를 가르친다. 그래서 로버트 프랭크(Robert Frank)는 현대 사진에 새로운 도상학을 도입하여, 깃발, 십자가, 자동차, 그리고 기타 도시 풍경의 평범한 요소들에 새로운 상징적 가치를 부여한 것으로 널리 인정받고 있다(그림 10 참조). 그는 성조기가 책상 위에 발을 올려놓은 직원이 담당하는 해군 모병소의 장식으로서 또는 상업용 간판 장치의 일부로서 아무렇지도 않게, 심지어 경멸적으로 취급되는 모습을 일관되게 보여줌으로써, 우리가 성조기를 볼 때 성조기가 일반적으로 불러일으키는 애국적인 정서가 아닌 다른 것을 경험하도록 가르친다. 프랭크에게는 다소 독창적이었고 관객들에게는 처음에는 낯설었던 깃발 및 이와 유사한 세속적·종교적 상징을 사용하는 것은 이제 현대의 "사회적으로 의식 있는" 사진이 지니는 표준 언어의 일부가 되었다. 원래 프랭크의 작품을 해석하고 이해하기 위해 배워야 했던 프랭크의 언어는 이제 일반적인 용어가 되었다.

각 작품은 그 자체로 다른 모든 작품과의 (아무리 작든 크든) 차이점에 따라

그림 10. 로버트 프랭크, 「해군 모병소, 우체국-뷰트(Butte), 몬태나주」. 예술가는 관객에게 새로운 언어를 가르친다. 로버트 프랭크는 한 세대의 사진작가와 관객으로 하여금 그가 자신의 사진집 『미국인들(The Americans)』의 맥락에서 자동차, 깃발, 그리고 십자가와 같은 대상들에 부여한 특별한 상징주의를 볼 수 있도록 가르쳤다.(*The Americans* [1959[에서, 날짜 미상의 흑백 사진, 작가 제공)

관객에게 새로운 상징, 새로운 형식, 새로운 표현 방식 등 새로운 무언가를 가르친다. 더 중요한 것은, 혁신이 발전함에 따라 한 예술가 또는 그룹의 작품 전체가 점차적으로 정말 많은 사람에게 새로운 재료를 가르치기 때문에 우리는 관객의 훈련에 대해 말할 수 있다는 것이다. 사소한 예로, 인기 있는 라디오와 텔레비전 프로그램의 시청자들은 각 공연 중에 언젠가 나올 것이라고 배워온 발언과 농담을 예상하는 법을 배운다. 피버 맥기(Fibber McGee)가 마침내 옷장 문을 열었을 때 그 안에 있던 모든 것이 떨어지고, 또 떨어지고, 또 떨어지고. …… 바로 그 가능성을 보고 웃는 것을 배웠던 시청자는 옷장 문이 열리고 그 안에 있던 것이 떨어지기 훨씬 전부터 웃기 시작했다. 좀 더 진지한 예를 들자면, 드뷔시(Debussy)가 청중들에게 온음 음계*의 "오리엔탈리즘"을 듣고 그에 반응하는 법을 가르쳤듯이, 그리고 베베른(Webern)이 한 악기가 전체를 연주하는 대신 악기군 사이에서 음별로 분산된 멜로디 단편들을 듣는 법을 가르쳤듯이, 진지한 작곡가들은 청중에게 새로운 화음 사용법과 새로운 형식을 가르친다.

이러한 예술가 특유의 관례를 이해하는 그룹은 매우 수명이 짧을 수 있으며, 그룹이라고 불릴 자격이 없을 수도 있다. 디킨스를 읽는 법을 배운 모든 사람을 하나의 그룹이라고 부를 수는 없으며, 그들은 결코 함께 행동하지도 않는다. 그들은 쉽게 구할 수 있는 문학 자료에서 동일한 선택을 했을 뿐이다. 그들은 디킨스의 소설이 지닌 관례를 명확하게 설명하지 못할 수 있지만 – 디킨스가 어떻게 인물들을 희화화했다가 다시 복귀시키는지 설명하지 못할 수 있지만 – 그러한 잘 알려진 관례에 어떻게 반응해야 하는지는 잘 알고 있다.

반면에 하나의 작품 또는 작품 전체의 관례가 정말로 혁신적이고 널리 알려지지 않았거나 전혀 알려지지 않은 경우, 새로운 작품에 관심을 갖게 된 사람

---

* whole-tone scale. 6개의 온음으로 이루어진 음계._옮긴이

들은 단순히 알려진 평판들 사이에서 선택하고 있는 것이 아니라 그들에게 더 많은 것을 요구하는 행위에 참여하고 있는 것이다. 그들은 종종 단순히 충동을 따르거나 호기심을 충족시킬 수 없으며 관심을 공유하는 다른 사람들과 함께 행동해야 한다. 그렇지 않으면 그들에게 흥미를 주는 작품을 전혀 이용할 수 없을 것이다. 그들은 현대 무용에 대한 관심을 촉진하는 단체에 가입하거나 실험 소설 전문 계간지를 구독하거나 새로운 영화를 볼 수 있는 행사에 참석하는 등의 활동을 하는 것이 필요하거나 바람직하거나 유용하다고 생각할 수 있다. 이런 활동을 하는 사람들이 일상적으로 함께 행동하는 그룹을 구성한다고 말하는 것은 과장된 표현일 수 있지만, 그들은 전혀 연결되지 않은 개인들의 집합체는 아니다. 어떤 의미에서, 그들은 자신들의 흥미를 끈 혁신적인 성격의 관례를 보다 널리 알리는 또는 적어도 예술 자원 중 하나로 활용할 수 있게 만드는 공동의 노력에 참여하고 있다.

요약하면, 다양한 그룹과 하위 그룹은 다양한 방식으로 획득한, 하나의 표현 매체에 통용되는 관례에 대한 지식을 공유한다. 그러한 지식을 공유하는 사람들은, 상황이 요구하거나 허용하는 경우, 그 세계를 가능하게 하고 그 세계의 존재를 특징짓는 협력적 활동 망의 일부인 방식으로 함께 행동할 수 있다. 다양한 종류의 관객과 다양한 종류의 제작자 및 지원 인력으로 구분되는 예술계의 조직에 대해 이야기하는 것은 누가 무엇을 아는지에 대해 그리고 누가 그것을 사용하여 함께 행동하는지에 대해 말하는 또 다른 방식이다.

제3장

자원 동원하기

파블로(피카소) 작품의 인쇄를 항상 맡은 사람은 투탱(Tuttin)* 씨였다. 파블로는 전통적인 석판 인쇄 공정을 무시해 인쇄업자들에게 온갖 문제를 일으켰기 때문이다. 문제는 투탱 씨가 파블로의 작품을 좋아하지 않았다는 것이다. 사실, 투탱 씨는 파블로의 작품을 몹시 싫어했다.

파블로는 매우 파격적인 방법으로 자신의 비둘기 중 한 마리를 석판으로 인쇄했다. 배경은 검은색 석판화 잉크로 칠했고, 비둘기 자체는 그 위에 흰색 구아슈(gouache)** 로 그렸다. 석판화 잉크에는 왁스가 포함되어 있기 때문에 구아슈는 일반적으로 잘 "흡수되지" 않지만, 그러한 사실에도 불구하고 파블로는 석판화 용지에 훌륭하게 표현해 냈다. [석판 인쇄소 주인] 무를로(Mourlot)가 그랑-오귀스탱 가(Rue des Grands-Augustins)에 와서 파블로가 한 작업을 보았을 때, "어떻게 우리가 저걸 인쇄하길 바라십니까? 그건 불가능해요"라고 말했다. 무를로는 파블로에게 이론상으로 그림을 종이에서 돌로 옮길 때 구아슈가 돌을 보호할 것이고 잉크는 구아슈가 없는 부분에만 흐르겠지만 반면에 액체 잉크와 접촉하면

* 페레 투탱[Père Tutin]. 원문의 철자 오류이다._옮긴이

** 불투명 수채물감. 고무를 수채화 그림물감에 섞어 그려 불투명한 효과를 내는 회화 기법을 가리키기도 한다._옮긴이

구아슈 자체가 확실히 적어도 부분적으로는 녹아서 흐를 것이라고 지적했다.

"투탱 씨에게 맡기세요. 그는 어떻게 처리할지 알 겁니다"라고 파블로가 무를로에게 말했다.

우리가 다음에 무를로의 가게에 갔을 때, 투탱 씨는 여전히 비둘기 때문에 수선을 떨고 있었다. 투탱 씨는 "전에는 아무도 이런 걸 한 적이 없었어요"라고 씩씩댔다. "도저히 못하겠어요. 그건 절대로 안 나올 거예요."

파블로는 "난 당신이 그걸 감당할 수 있다고 확신합니다"라고 말했다. "게다가 투탱 부인이 비둘기의 시험쇄(刷)를 받으면 매우 기뻐할 겁니다. 그녀에게 그걸 증정할게요."

투탱은 "절대로 안 돼요"라고 역겨운 표정으로 대답했다. "게다가 당신이 칠한 구아슈로는 절대 효과가 없을 거예요."

"그럼 알았어요." 파블로가 말했다. "언젠가 저녁 식사에 당신의 딸을 데리고 나가서 아버지가 어떤 인쇄 장인인지 말해줄게요." 투탱 씨는 깜짝 놀란 표정이었다. 파블로는 말을 이었다. "물론, 그런 작업은 여기 주위에 있는 대부분의 사람에게는 좀 어려울 수도 있지만, 나는, 지금 보니 실수인데, 아마도 당신이 그 일을 할 수 있는 유일한 사람일 거라는 생각했었어요." 마침내 직업적 자존심이 위태로워진 투탱 씨는 마지못해 굴복했다.(Gilot and Lake, 1964: 86)[1)]

어떤 종류의 예술 작품이든 간에 제작하려면 자원이 필요하다. 어떤 자원이 필요한지는 표현 매체와 그 표현 매체로 만들어지는 작품의 종류에 달려 있다. 누구나 실행하듯이, 석판화에는 석판돌, 잉크, 그리고 크레용이 필요하다. 피카소가 석판화 작업을 할 때에는 투탱 씨가 가진 거장의 스킬도 필요했다. 시는 연필과 종이만 있으면 된다. 구술로 보존되는 극단적인 경우에는 그것조차

1) Françoise Gilot and Carlton Lake, *Life with Picasso*에서 인용. Copyright © 1964 by Françoise Gilot and Carlton Lake. McGraw-Hill Book Company의 허가를 받아 사용함.

필요치 않고 그저 좋은 기억력만 있으면 된다. 일반적으로 공연되는 그랜드 오페라는 음악가, 성악가, 제작 기술자, 그리고 재정 담당자 등의 인적 자원과 함께 의상, 무대 세트, 조명, 악보, 파트 복사본, 정교한 기술적 장치를 갖춘 극장 등의 방대한 물적 자원을 필요로 한다. 모든 예술 형식에는 단순하거나 복잡한, 크거나 작은, 대부분 오페라와 시의 두 극단 사이 어딘가에 떨어지는 혼합이 필요하다.

예술가들은 작품 제작에 대해 숙고할 때, 어디서 어떻게 그러한 자원을 구할 수 있을지에 대해 생각한다. 그러한 자원을 구할 수 있는가? 그 재료를 만드는 사람이 있는가? 내가 원하는 작업을 할 수 있도록 훈련된 사람이 있는가? 그 자원이 존재한다면 내가 그 자원을 구할 수 있는가? 비용은 얼마나 드는가? 그 사람들이 나와 함께 일할 것인가? 그들이 원하는 것을 내가 가지고 있는가, 아니면 그들이 원하는 것을 내가 얻을 수 있는가? 예술가들이 자신이 하고 싶은 일을 하는 데 필요한 자원을 상례적으로 찾을 수 있도록 예술계는 어떻게 구성되어 있는가?

예술가들이 자원을 어떻게 얻든 간에, 유통 시스템은 어떤 종류의 재료와 인력은 사용할 수 있게 하고 그와 다른 종류의 재료와 인력은 사용할 수 없게 함으로써 구하기 어려운 자원을 필요로 하는 작품보다 더 쉽게 구할 수 있는 자원에 의존하는 작품을 더 가능성 있게 만든다. 더욱이 이러한 시스템은 반드시 예술가가 필요로 하는 것만 제공하지는 않는다. 왜냐하면 그 시스템을 운영하는 사람들은 그들만의 필요, 야망, 그리고 조직적 필요를 가지고 있기 때문이다. 예술가의 요구사항은 반드시 결과가 확정되지 않더라도 그들의 계산에 반영된다. 물적·인적 자원을 제공하는 사람들과의 협력적인 관계는 모든 예술계의 특징적인 모습이다.

일리노어 리옹(Eleanor Lyon, 1974)은 이러한 과정에 대해 생각하는 방식의 하나로 자원 풀(pool)이라는 개념을 제안했다. 특정한 표현 매체에서 작업하는 사람들은 물감, 악기, 또는 인화지, 또는 배우, 음악가, 카메라맨, 또는 무용수가 필요한 경우 다소 가용한 그러한 재료 또는 사람들의 풀을 찾을 것이며, 그 풀로부터 자신들이 원하는 것을 선택할 수 있다. 그 풀이 제공하는 선택의 폭, 구성원의 수준, 그리고 이용 가능한 조건은 모두 다양하다. 자원 풀은 해당 자원에 대한 실제적인 또는 상상된 수요에 따라 성장한다. 공장들이 물감을 제조하고 상인들이 물감을 비축하는 것이 물감이 팔릴 수 있다는 믿음에 기인한 것처럼, 젊은이들이 튜바 연주법 또는 발끝으로 춤추는 법을 배우는 것은 누군가가 전문적으로 자신들의 스킬을 발휘하길 원할 것이라는 믿음에 기인한다. 두 경우 모두 그러한 믿음이 근거가 없을 수 있어, 물감은 팔리지 않을 수도 있고 젊은 예술가들의 야망은 좌절될 수도 있다.

재료들의 제조업체와 유통업체, 그리고 인재 풀의 인력은 단순히 예술가들의 요구사항을 충족시키기 위해 행동하지 않는다. 그들은 각자 고유한 선호와 요구사항을 가지고 있다. 이자율 상승으로 상인의 재고 유지 비용이 증가하면, 전체 색상을 쉽게 찾지 못하거나 아예 찾지 못할 수도 있다. 젊은 사람들이 기타와 드럼에 대해 관심을 갖는 것은 오케스트라가 선택할 수 있는 현악기 연주자가 원하는 만큼 많지 않다는 것을 의미할 수도 있다. 보다 일반적으로, 자원 풀의 내용을 통제하는 사람들은 그들 자신의 제약 및 긴급 상황과 싸워야 하는데, 이는 예술가가 작업해야 하는 것에 영향을 준다. 인력 풀을 형성하는 데는 시간이 더 오래 걸리고 다양한 투자가 수반되기 때문에 나는 인력 풀을 물적 자원과 별도로 고려할 것이다.

물적 자원

예술가들에게 아무도 사용하지 않는 특수 재료가 필요한지, 또는 이미 쉽게 구할 수 있는 표준 재료를 사용할 수 있는지는 그들이 하는 작업에 영향을 미친다. 어떤 재료를 어떤 조건에 구할 수 있는가 하는 문제는 사회가 생산적인 경제 활동을 조직하는 방식에 의존한다. 다음에서는 많은 현대 사회에 특징적인 시장에 대해 주로 이야기하고자 한다.

작은 튜브에 담긴 유화 물감, 악기 및 악기의 액세서리, 발레 슈즈 등 일부 표현 매체는 그 표현 매체를 위해 특별히 고안되고 제조된 물품을 필요로 한다. 그러한 품목의 제조는 기술적으로 매우 전문적이어서 그 물품을 사용하는 예술가가 직접 만들 수 없는 경우가 많다. (하지만 일부는 직접 만드는 것을 자신의 비즈니스로 삼는다. 그리고 바순의 리드와 같은 품목은 일반적으로 사용자가 직접 만든다.) 다른 표현 매체는 귀찮음을 감내할 사람이라면 누구라도 자연에서 쉽게 구할 수 있는 원재료를 필요로 한다. 예를 들어 나무 조각가는 사람들이 가져가도록 내버려둔 쓰러진 나무를 찾는다. 또 다른 표현 매체는 누구나 쉽게 구할 수 있는 재료, 다른 용도로 일상적으로 사용되는 평범한 물건만 있으면 된다. 그래서 시인은 일상적인 업무와 개인 용도의 타자기와 종이를 사용하고, 조각가는 일상적인 제조 목적의 용접 장비와 금속을 사용하며, 시각 예술가는 때때로 평범한 가정용 가구와 식료품을 작품에 활용한다.

예술가가 예술적 목적이 아닌 용도로 제조된 그리고 비예술가들이 널리 이용하는 재료를 사용할 때는 예술계의 관례에 의한 제약을 가장 덜 받는다. 반면에 그들은 다른 사람들이 다른 용도로 필요로 하기 때문에 쉽게 구할 수 있는 것에 집착하게 된다. 일반적으로 이것은 작품 재료를 구할 수 있는 가장 저렴한 방법이므로 돈이 별로 없거나 전혀 없는 예술가들은 이 방법을 흔히 사용한다. 그런 재료는 어디에나 있어서 구걸하거나 빌리거나 훔칠 수 있기 때문이다. 필립 브릭먼(Philip Brickman)과 내가 노스웨스턴에서 새로운 예술 형식을 발명하기 위해 주도한 세미나인 촉각 예술 그룹(Tactile Art Group)이 첫 작품을 만들었을 때, 거의 모든 촉각 예술가는 평범한 대학원생 아파트에서 볼 수 있는 것, 특히 일반 주방 용기에 담아 관객 성원들이 느낄 수 있도록 디자인된 다양한 조합의 밀가루, 디저트용 젤리, 콩, 과일과 야채를 사용했다. 다른 작품들은 조금 더 벗어나서 사포와 기타 지하실 및 차고에 있는 용품들을 사용했다.

예술 작품에 이러한 재료들을 제공하기 위해 특별한 기구를 구성할 필요는 없다. 소비자 경제가 일반적으로 작동하면 예술가의 관점에서 볼 때 대개 상당히 다양한 전형적인 제품들이 생산된다. 다양한 종류의 필기 및 타이핑 용지에 대한 미국의 소비자 수요는 시각 예술가가 일반적으로 콜라주와 구성물에 사용하는 데 필요로 하는 만큼 다양한 색상과 크기와 질의 용지들을 생산하는데, 이것은 가장 신경증적인 소설가나 시인이 문학적 발명을 자극하는 데 필요로 하는 것보다 훨씬 더 다양하다. (시각 예술가들을 위해 특별히 제작된 용지는 또 다른 이야기이다.) 일상적인 활동에 사용할 수 있는 자원 풀은 이러한 예술가들에게 필요한 모든 것을 포함한다.

예술가들이 산업적 또는 상업적 용도로 만들어진 자원들을 사용할 때도 비슷한 일이 발생한다. 다만 여기서는 산업적 응용이 매우 다양한 재료를 요구하지 않거나 예술가들이 재료를 어디서 찾을 수 있는지 알지 못하기 때문에 그 풀이 더 제한적일 수 있다. 사진 산업은 예술 사진작가들을 위한 재료를 일차적으로, 또는 심지어 이차적으로도, 생산하지 않는다. 반대로, 사진 산업은 상용 시장(상업용 사진 시장 또는 다양한 산업 응용 분야 시장)이나 가정용 스냅사진 시장을 위해 주로 생산하는데, 어느 쪽도 예술가들이 쉽게 구할 수 있는 다양함을 필요로 하지 않는다. 그러나 같은 업계에서는 정교한 암실 장비나 절차가 필요 없는 방식으로 이미지에 색을 입히는 데 사용할 수 있는 재료들 — 사진작가들이 최근에야 알게 된 — 을 생산한다. 요컨대, 산업적-상업적 수요는 다양한 자원 풀을 생산하지만, 예술가들은 그것을 일상적으로 구할 수 있는 가정용품처럼 인식하지 않을 수도 있다.

물론 많은 품목이 예술 용도로 특별히 제작된다. 악기와 시각 예술을 위해 만들어진 종이가 그 대표적인 예이다. 이러한 품목들의 제조업체는 음악계와 미술계에서 필수적인 부분이다. 그들은 예술계를 위해 제조하며, 예술계의 구성원들이 원하는 것이 무엇인지에 민감하다. 그리고 예술가들은 자신들의 형성기에 사용 가능한 재료로 무엇을 할 수 있는지 배웠기 때문에 그 제조업체들의 제품에 의존한다. 악기 제작자는 예술계의 영구적인 일원이다. 악기 제작자들은 예술가들이 무엇을 필요로 하는지에 민감하게 반응하지만, 그들은 자신들이 제공하는 것에 따라 예술가들에게 제약을 가하기도 한다. 악기 제작자들이 일상적으로 만드는 것은 한 표현 매체에서 대부분의 작업자들을 만족시킨다. 그 작업자들은 해당 재료로 작업하는 데 익숙하기 때문이다.

동시에 같은 이유로 제조업체들이 전형적으로 만드는 것은 한 표현 매체에서 새로운 어떤 것(또는, 그런 측면에서, 오래된 어떤 것)을 창조하려는 사람들의 필요를 충족시키지 못한다. 재료와 장비가 한 종류의 일에 잘 맞춰질수록 다른 일을 하는 데는 덜 적합해진다. 색소폰과 같은 악기를 반음계의 음조를 연주하기 위해 구성하면, 4분음이나 미분음을 연주하는 데는 적합하지 않으므로 그러한 목적을 위해서는 완전히 새로운 악기를 고안하고 제작해야 한다. 마찬가지로 일부 예술가들은 종이 공급업체가 자신의 작업에 필요한 것을 만들지 않는다는 것을 알게 되어 종이 만드는 기술을 배우기 시작했다. 그 과정에서 예술가들은 종이의 예술적 가능성을 새로운 방식으로 활용하는 법을 배웠고, 종이 표면에 적용했을 법한 것들을 종이 자체에 통합했다.

종래의 재료가 예술가를 얼마나 제약하는지는 부분적으로 시장이 얼마나 독점적인지에 달려 있다. 한 개 또는 몇 개의 제조업체가 시장을 지배할 경우(가장 극단적인 경우는 국가가 제조를 통제해서 모든 생산 결정이 중앙 집중화되는 것이다), 그러한 독점업체들은 예술적인 소수가 원하거나 필요로 하는 것에 상대적으로 둔감할 수 있다. 사진 재료의 제조를 예로 들어보자. 이스트먼 코닥의 창립자인 조지 이스트먼(George Eastman)은 잠재적으로 경쟁력 있는 가공 처리 과정을 발견하고 이를 상업적으로 통제할 수 있는 재능을 가졌다(Jenkins, 1975). 이는 예술 사진작가들에게 심각한 결과를 초래했다. 단 몇 개의 회사만 사진작가들이 인화할 용지를 만들고, 그 회사들은 회사 내부 운영과 관련된 이유로 예술가들이 사용하는 재료를 중단한다. 예를 들어, 많은 사진작가는 따뜻한 톤의 갈색 종이인 레코드 래피드(Record Rapid)로 감정적이고 미학적인 효과를 이용할 수 있는 법을 배웠는데, 몇몇 회사의 손에 제조가 점점 더 집중되는 상황에서는 그런 종이만 살아남았다. 아그파가 생산을 중단하자, 사진작가들은 그 제품을 필요로 하지 않는 새로운 예술적 전략을 개발해야 했다.

한 예술계에서 제조업체와 공급업체에 대한 의존도가 예술가들을 얼마나 제약하는지는 또한 그 세계의 작품들이 얼마나 유사한지에 달려 있다. 예술가들이 어떤 종류의 작업이 좋은지 그리고 어떤 종류의 작업을 해야 하는지에 동의한다면 사용 가능한 재료는 아마도 그러한 종류의 작업을 하는 데 필요한 것으로 제한될 것이다. 예술계의 레퍼토리가 더 다양하다면, 제조업체들은 아마도 그 다양성을 충족시킬 것이다. 경제가 그러한 활동을 허용하고 보상한다면, 일부 기업가들은 소수의 소규모 시장을 대상으로 하는 것도 위험을 감수할 만한 가치가 있다고 여길 것이다. 이러한 공급자들은 종종 더 전통적인 노동자들이 구매할 수 있는 것을 제조하는 데 필요한 기본 재료를 공급하며, 대형 제조업체들이 예술가들을 위해 일반적으로 수행하는 작업 중 일부를 할 준비가 된 사람들에게 판매한다. 시중에서 구할 수 없는 인화 재료를 사용하기 원하는 사진작가들에게 화학물질을 판매하는 한 소규모 회사의 카탈로그에 실린 다음 인용문에는 그러한 기업의 특성이 잘 드러난다.

> 이러한 프로세스를 집에서 자체적으로 준비하여 작업할 수 있는 능력을 통해 더 많은 통제력을 발휘할 수 있으며, **당신의 특별한 작업 방법이 제조사에 의해 중단되지 않도록 할 수 있습니다**. …… 그 이상으로, 당신은 새로운 어떤 것, 아

마도 더 나은 어떤 것을 즉흥적으로 만들 수 있는 사람이 될 것입니다. 특별히 어렵지 않은 이 과정에 창조성, 자기 결정 및 자기 의존의 정신이 구현되어 있습니다.(*Photographer's Formulary: Chemical and Laboratory Resources*, Catalog III, 1979, 강조는 필자)

재료 공급업체가 항상 예술가들의 작업을 제한하는 것은 아니니다. 때때로 발명가들은 예술가들에게 제공되면 새로운 예술적 기회를 창출하는 새로운 종류의 장비와 재료를 만든다. 제록스(Xerox)와 3M 컬러-인-컬러 기계(Color-in-Color machines), 그리고 전화선을 통해 이미지를 전송하도록 설계된 기계는 새로운 종류의 시각 이미지를 가능하게 했다. 예를 들어, 이제 예술가들은 종이에 직접 열을 가해 색상을 생성한 다음 기계의 필터를 조작해 그 색상 이미지를 변형시킬 수 있다. 전신타자기의 수신기와 송신기를 작동하는 속도를 조정해 이미지의 수직적 및 수평적 변형을 창조할 수 있다. 상업용으로 설계된 이러한 전자 이미지 기계들은 "생성 시스템(generative systems)"이라는 새로운 시각 예술 분야를 탄생시켰다. (Thompson[1975]은 이러한 발전을 묘사하고, 생산된 그러한 종류의 작품에 대해 많은 예를 제공한다.) 그래픽 출력을 생산하는 컴퓨터 프로그램도 분명히 이와 유사하게 사용될 것이다.

예술적 용도로만 만들어진 재료이든 다른 용도로 만들어진 후 개조된 재료이든 간에, 예술가는 사회의 상품 유통 메커니즘을 통해 재료와 장비를 얻는다. 시장 경제에서 배분이 이루어지는 경우, 예술가는 돈이 있으면 필요한 것을 사거나 빌릴 수 있다. (돈을 어떻게 구하는지는 또 다른 문제이며, 이 문제는 나중에 다룰 것이다.) 돈이 없는 예술가는 훔칠 수도 있다. 성공한 예술가는 어려웠던 시절에 도둑질을 했다고 인정하거나 자랑하곤 한다. 나의 사진 초급반 선생은 네거티브에서 좋은 인화를 하려고 할 때 종이를 아끼지 말라고 말했다. "다 사용하세요. 그런 다음 더 사서 사용하세요. 그리고 돈이 없으면 훔치세요!" 예술가들은 필요한 것을 물물교환할 수도 있다. 공급업체는 재료에 대한 대가로 예술 작품을 취할 수도 있고 또는, 리옹이 소규모 아방가르드 극장의 사례에서 설명하는 것처럼, 다른 종류의 방안으로 해결할 수도 있다.

> 일부 물적 자원은 협상된 교환을 통해 구할 수 있게 되었다. 소품과 의상은 프로그램에 이름을 올리는 대가로 지역 상점에서 기부받았다. 여름 공연은 학교의 후원을 받았기 때문에 의상은 (지역) 대학교 드라마 학과에서 제공받기도 했다. 그러나 이러한 출처를 통해 구할 수 있는 것은 무대에 올릴 수 있는 것을 제한했다. 예를 들어, 구할 수 있었던 적절한 크기의 의상이 최초의 이미지에 맞지 않아서 일부 장면은 재시각화해야 했다.(Lyon, 1974: 89)

원하는 또는 필요한 재료와 장비가 어떤 목적으로든 다른 사람에 의해 제조되지 않는다면, 우리는 그것들을 직접 만들 수도 있다. 많은 예술가가 그렇게 해왔다. 그러다 보니 그들은 나중에 설명할 이단자들과 고립된 예술가들이 겪는 모든 문제를 겪게 된다. 표준적이지 않은 장비를 고집하는 이들은 예술을 만드는 데 써야 할 시간을 작품 재료를 만드는 데 바쳐야 한다. 또한 그들이 만드는 것은 종종 예술계의 참여자들이 관례적으로 필요로 하지 않는 지식을 요구하기 때문에 작품 구현에 협력하는 다른 사람들은 무엇을 어떻게 해야 할지 모를 것이다. 42음계로 작곡한 해리 파치는 직접 악기를 제작하고 고유한 기보법을 만들어야 했다. 왜냐하면 음악 세계의 어느 누구도 그가 그러한 가능성을 창조하기 전까지는 아무도 할 수 없었던 일을 어떻게 해야 할지 몰랐기 때문이다(그림 11 참조).

그림 11. 해리 파치의 「오이디푸스」를 연주하는 장면. 42음계로 작곡한 해리 파치는 직접 악기를 제작하고 사람들에게 그 악기 연주를 가르쳐야 했다. 이 사진에서는 밀스 대학(Mills College)의 학생들이 1952년 3월 공연에서 파치가 만든 악기 하모닉 캐논 I(Harmonic Canon I), 다이아몬드 마림바(Diamond Marimba), 클라우드-챔버 볼(Cloud-Chamber Bowls)을 연주하고 있다.(사진 제공: 밀스 대학 도서관)

인력

예술 작품 생산에 협력하는 사람들을 "인력" 또는, 더 심하게는, "지원 인력"이라고 부르는 것은 무정해 보이지만, 이는 전통적인 예술계의 관점에서 그들의 중요성을 정확하게 반영한다. 이러한 관점에서 보면 작품에 예술적 중요성과 진정성을 부여하는 선택을 하는 "실제 작업(real work)"을 하는 사람은 작품 생산에 관련된 사람들 중 하나일 수 있는 예술가이며, 다른 모든 사람의 역할은 그 예술가를 보조하는 것이다. 나는 그 용어가 내포하는 관련된 "인력"

이 지닌 상대적 중요성에 대한 견해에 동의하지는 않지만, 그것이 예술계의 일반적인 견해**이다**라는 점을 강조하기 위해 그 용어를 사용한다.

예술적 지원 인력의 비인간화에서 한 걸음 더 나아가 그들을 물적 자원과 같은 자원 풀에 모인 자원으로 생각하는 것, 그리고 그러한 풀이 어떻게 모이고 그 안에 있는 사람들이 어떻게 지원 역할로 특정 예술 프로젝트에 연결되는지를 물어보는 것도 유용하다.

예술 프로젝트를 위한 잠재적인 인력의 풀을 구성하는 사람들은 해당 예술 작품을 제작하는 데 필요한 전문화된 일을 할 수 있고 그 일을 할 수 있게 준비되어 있기 때문에 그 풀에 속한다. 사람들의 수와 종류, 그리고 그들을 사용 가능하게 하는 관례적인 조건은 표현 매체마다 장소마다 다르다. 브로드웨이 극장계에는 다양한 역할과 대본에 적절하게 연기할 수 있는 광범위한 연극 훈련을 받은 사람이 특정 시기에 실제 배우로 활동하는 사람의 10배(또는 그 이상)에 달할 정도로 많이 준비되어 있다. 반면에, 연극 소품을 만드는 데 필요한 기술을 모두 갖춘 사람은 거의 없으며, 연극 작업에 참여할 수 있는 사람은 더욱 적다. 일반적으로 연극에서 극작가, 배우, 그리고 연출가 등 "예술적" 요소를 포함하고 있다고 여겨지는 역할에는 사람들이 과잉 공급되고, 그러한 카리스마를 공유하지 않는 지원 작업을 수행할 수 있는 전문적 기술을 갖춘 사람은 부족하다. 더 많은 사람이 인쇄업자에 뜻을 두기보다 소설을 쓰기 원하고, 악기를 수리하기보다 훌륭한 연주자가 되고 싶어 하며, 석판 인쇄를 하기보다 석판 위에 그림을 그리기를 원한다.

사람들은 한 예술계에서 기능을 수행하는 사람들이 하는 일을 배움으로써, 그 세계의 예술가들이 필요로 하는 지원 업무 중 하나를 수행하는 방법을 배움으로써 인적 자원 풀에 들어간다. 학교에서 공부를 하든, 독학을 하든, 또는 직장에서 기술을 익히든 간에, 그들은 예술계의 활동 관례를 배우며, 실제로 예술을 제작하는 상황에서 이를 적용하는 방법을 배운다. 그러다가 요청을 받으면 그들은 해당 범주의 다른 구성원과 마찬가지로 작업을 수행할 수 있는 어느 정도 교체 가능한 부분으로 투입될 수 있다. 예술계가 그 예술 구성원들에게 제공하는 가장 중요한 것 중 하나는 교체 가능한 인력 부분을 공급하는 것이다. 사람들을 똑같이 훌륭한 다른 사람들로 교체할 수 있어야 일상적인 방식으로 예술 작업을 지속할 수 있다. 그것이 하나의 예술계를 구성하는 협력 네트워크와 관례가 제약뿐만 아니라 기회도 창출하는 이유이다. 사실, 나중에 살펴보겠지만, 예술계 참여자들이 교체 가능하게 수행할 수 있는 능력은 중요한 의미에서 예술계의 경계를 규정한다. 물론 예술가들은 지원 인력이 결과를 산출하는 능력에 상당한 차이가 있다는 것을 알고 있으며, 작업하고 있는 예술가는 표준적인 임무를 맡길 수 있는 사람과 그렇지 못한 사람을 알고 있다. 즉, 어떤 배우가 빠르고 지능적으로 지시를 따르는지, 어떤 댄서가 안무가가 염두에 두고 있는 스텝과 연속 동작을 성공적으로 수행할 수 있는지, 어떤 카메라맨이 감독이 원하는 시각 효과를 창조해 낼 수 있는지, 그리고 누가 이러한 작업들을 수행할 수 없는지 그리하여 원래 아이디어에서 조정과 타협이 필요한지를 알고 있다.

사람들은 이러한 기본적인 스킬을 어떻게 배우는가? 중요한 의미에서 예술계의 구성원들은 독학한다. 어떤 가르침을 받든 간에, 서드노(Sudnow, 1978)가 자신이 피아노 연주를 배운 방법을 분석하면서 기술한 것처럼, 예술계의 구성원들은 정신적인 리허설과 연습을 통해 그 가르침을 내면화해야 한다. 어떤 사람은 이런 방식으로만 배운다. 스티스 베넷(H. Stith Bennett, 1980)은 콜로라도 산맥의 젊은 록 음악가들이 레슨이나 설명서의 도움 없이 레코딩에서 들은 것을 모방하여 스스로 연주를 익힌 방식을 기술한다. 베넷에 따르면, 그것은 어려운 학습 방법이긴 하지만, 그들은 레코딩을 악보로 사용하는 데 매우 능숙해져서, 들은 것을 성공적으로 모방함으로써 하루에 12인치 레코드의 전체 내용을 배울 수 있었다고 한다. 초보자들은 스스로 배워가면서 구할 수 있는 작품들을 가이드로 사용하여 자신이 목표로 삼고 있는 예술계의 관례를 자신의 작업 방법으로 통합한다. 스스로 가르치는 데 성공하면, 자신이 훈련한 지원 활동의 실무자로서 서비스를 제공할 수 있으며, 그 자원 풀에 합류한다.

어떤 사람은 견습생이나 비공식적인 직책에 종사하면서 자격을 갖춘 실무자가 일하는 모습을 관찰함으로써 또는 그 일을 알든 모르든 간에 그저 그 일을 할 수 있는 위치에 놓임으로써 직장에서 배운다. ≪뉴욕타임스≫에 따르면, 음악 카피스트*들 중에서의 "레오나르도 다 빈치"라 할 수 있는 어떤 사람은 이런 방식으로 자신의 일을 배웠다.

> 어느 날 길을 걷다가 파라마운트 퍼블릭스사(Paramount Publix Corporation)의 음악 사서를 우연히 만났어요. [그 사서는 바이올린을 전공했지만, 화학자로 일하고 있었습니다.] 그들은 20세기 파라마운트를 운영하면서, 52주 동안 전국에 음악 명소도 운영했습니다. "이봐요, 당신은 음악 교육을 받았으니 나랑 같이 갑시다"라고 그 사서가 말했어요. 그때가 1925년이었는데, 그는 당시에는 나쁘지 않은 주당 60달러에 일자리를 주었어요. 저는 40명 정도의 사람들이 음악을 카피하고 있는 큰 방에 들어갔어요. 저는 보았습니다. 저는 평생 동안 G 음자리표를 카피하는 데 어려움을 겪고 있었거든요. 하지만 배웠죠. 보스가 "집에 음악 있어요? 가서 카피해 오세요"라고 말했어요. 그래서 조금씩 조금씩 조금씩 더 배웠어요. 주로 나이트클럽 음악과 콤보를 위해 편곡된 부분을 카피했어요. 영화 음악 악보도 많았어요.(Schonberg, 1978)

외전(外傳)에 따르면, 집시 음악가들은 6살짜리 소년들에게 작은 바이올린

---

* 작곡가나 편곡자가 손으로 쓴 악보를 여러 벌의 연주용 악보로 깨끗이 옮겨 적는 사람을 말하는데, 요즘은 주로 컴퓨터로 악보를 생성한다. 연주나 공연을 위해 작곡된 악보를 교정하고 정리하는 일을 하며, 음악가들이 연주하는 완성된 악보를 만드는 일련의 전문가들 중 마지막 단계에 속하는 사람이다._옮긴이

을 주고 잠시 오케스트라가 연주하는 동안 소년을 오케스트라 한가운데 세워 놓았다고 한다. 소년들은 아무런 지시도 받지 않고 나머지 단원들이 연주하는 동안 자신이 좋아하는 것을 연주할 수 있었으며, 이상하고 잘못된 소리를 내더라도 다른 단원들의 연주에 의해 가려질 수 있었다. 소년들은 자신이 듣는 것과 일치시키려고 시도하면서 상대적으로 짧은 시간에 집단적인 음악 작업에서 한 부분을 담당하는 법을 배운다. 필요한 것의 일부분을 수행하는 법을 배웠던 사람은 더 많은 것을 배울 수 있고 유능한 기술자 풀의 일원으로 자원할 수 있다.

많은 사람이 학교에서 지원 인력의 일을 배운다. 실제적 의미에서 이 학교들은 직업학교이지만, 일부 학생들은 "예술가"가 되는 법을 배우기도 한다. 예를 들어, 영화 학교에 감으로써 카메라맨이나 조명 기술자, 또는 감독이나 시나리오 작가가 되는 법을 배울 수도 있는데, 지원 인력은 종종 스스로를 정당하게 예술가라고 생각하고 때로는 그렇게 예술가로 여겨지기도 하기 때문에 영화업계는 누가 예술가이고 누가 지원 인력인지에 대해 혼란스러워 한다. 그러한 혼란은 음악 학교에도 만성적이다. 왜냐하면 바이올린이나 피아노의 거장이 되기를 희망하는 거의 모든 학생은 완전히 그 일을 그만두지 않거나 영화 음악 레코딩과 같은 더 수익성 좋은 직업으로 빠지지 않는다면, 기껏해야 오케스트라의 바이올린 파트 단원이 될 것이며, 대부분 어딘가에서 그 악기를 가르치는 교사가 될 가능성이 높기 때문이다(Faulkner, 1971).

예술 학교마다 강조하는 바가 다양한데, 일부 학교는 예술가만을 양성하기 위해 도전적으로 나선다. (나의 첫 사진 선생은 수업 첫날에 우리에게 이렇게 말했다. "이 학교의 이름은 샌프란시스코 **예술** 학교[San Francisco *Art* Institute]입니다. 예술 이외에 다른 것을 배우러 왔다면 잘못 찾아온 것입니다. 너무 늦기 전에 돈을 돌려받으세요!") 다른 학교들은 사람들이 자신이 기여할 수도 있는 예술계가 필요로 하는 일을 할 수 있도록 의도적으로 훈련시키기 시작했다(Pevsner, 1940).

영국의 시각 예술 학교들은 몇 가지 예외를 제외하고는 학생들이 인쇄업, 광고, 그리고 관련 산업에서 일할 수 있도록 인쇄, 디자인, 그리고 상업용 사진과 같은 일을 전형적으로 가르쳐왔다. 이러한 학교들은 상업적이고 산업적인 작업을 강조하지만, 이 학교들이 강조하는 것은 국가가 지원하는 발레단에서 무용을 할 수 있도록 사람들을 양성하는 국립 학교들의 강조점과 다르지 않으며, 영국, 스칸디나비아 및 기타 지역에서 음악가, 가수 및 다른 공연자들을 양성하는 유사한 학교들의 강조점과도 크게 다르지 않다. 이러한 기관들은 기성 예술계를 위한 인력 풀을 제공하며, 종종 의도치 않게 해당 세계의 기존 방식에 맞지 않는 대안적인 예술 프로젝트를 수행할 수 있는 잘 훈련된 반항아 풀을 제공한다. (앞서 언급했듯이, 발레 학교는 사람들에게 고전적인 발레 테크닉을 가르치는데, 고전 발레의 용어는 발레가 아닌 댄스 스타일의 발전에 기본적이며, 이는 모든 참여자가 알아야 하는 기본 용어로 꼽힌다.)

필요한 작업을 수행할 수 있는 가용 인력의 풀에서 아무도 찾을 수 없을 때 예술가는 어떻게 하는가? 일반적으로 쉽게 구할 수 없는 재료나 장비를 필요한 사람이 직접 만드는 것처럼, 기존의 작업과 크게 다른 작업을 하는 예술가들은 직접 인력을 양성한다. 그들은 학교나 공연 회사를 설립하기도 하고 견습생이나 직원을 고용하여 지원 인력이 알아야 하는 내용을 가르치기도 한다. 그들이 충분히 비관례적인 방식으로 작업하고자 한다면, 그들은 더 관례적인 작업 방식에 조금이라도 노출되었거나 관례적인 학교나 회사에서 훈련받았던 사람들을 고용하지 않을 수도 있다. 그 이유는 그런 사람들은 잊어버리기에는 너무나 많은 것을 알고 있을 것이기 때문이다(그리고 아마도 이 이유는 맞을 것이다). 관례적으로 훈련받은 인력은 직업과 경력을 가질 가능성이 있기 때문에 궁핍을 덜 감수하고, 엄격하고 특별한 전문 훈련을 받아들이며, 관례적인 전문적 성공이 전혀 불가능하다는 생각을 무시한다.

교체 가능한 지원 인력의 풀이 존재한다고 가정할 때, 그 구성원들은 자신들이 서비스를 제공하는 특정한 예술 프로젝트에 어떻게 연결되는가? 일반적으로 모든 종류의 혼합된 형태로 발생하는 대부분의 시스템과 관련된 두 가지 기본 원칙을 생각해 보라. 한 극단에서는, 그 풀의 구성원들이 예술계 프로젝트를 수행하는 조직을 위해 일하며, 그 조직 내에서 그들의 경력은 그들이 특정 작업에 할당되는 메커니즘을 제공한다. 다른 극단에서는, 풀의 구성원들이 프리랜스 시스템이라고 부를 수 있는 각 프로젝트에 개별적으로 계약한다. 어떤 경우이든, 그 풀의 성공적인 구성원들은 한 조직 또는 일련의 조직에서 경력을 쌓거나 안정적인 일자리를 보장하는 인맥 네트워크를 구축하여 경력을 쌓는다. 두 시스템은 지원 인력과 그들을 고용하는 예술가들 사이에 맺는 관계의 영속성에서 차이가 있다.

영구적인 구성원들을 보유한 기성 조직은 많은 예술계에 특징적인 작품들을 생산한다. 사람들은 종종 같은 오케스트라, 발레단, 레퍼토리 극장(repertory theater)*, 또는 석판화 인쇄소에서 오랜 세월을 함께 보낸다. 그들은 자리를 옮길 때, 잘 정의된 경력 경로를 따라 더 많은 세월을 함께 보낼 유사한 조직으로 이동한다. 조직이 이런 방식으로 인력 배치를 좌우할 때, 사람들은 자신이 하는 일을 그 조직의 필요에 맞추고 그 조직이 피고용인들에게 유발하는 여러 가지 경력상의 우발 상황에 맞춘다. 처음에는 단순히 들어가는 것에 대해 다음과 같이 염려한다. 오케스트라에서 호른을 연주하는 자리를 얻을 수 있을까? 메이저 오케스트라에서? 나중에 그들은 같은 종류의 "더 나은" 조직으로 옮기려 시도할 수도 있다. 그들의 직업 문화는 대개 어떤 일은 더 바람직하고 시도할 가치가 있다고 정의한다. 결국 어떤 조직에 소속되느냐에 따라 그들이 무슨 일을 해야 하는지, 즉 어떤 특정 프로젝트에 필요한 것이 무엇인지가 결정된다. 레퍼토리 배우는 해마다 또는 적어도 1~2년 동안 소속 극장의 일부 연극에

* 전속 극단이 여러 가지 극을 정기적으로 번갈아 상연하는 극장._옮긴이

출연하고, 교향곡 연주자들은 지휘자가 그해의 프로그램을 위해 선택한 어떤 곡이든 연주한다. 고용과 해고가 관료적 규칙에 의해 좌우되는 경우, 노조 계약이나 정부 또는 민간단체의 자체 규칙에 의해 부과되는 임기 보호는 그 관계를 더 영구적으로 만든다.

안정적인 조직에서 영구적인 지위를 가진 지원 인력은 함께 일하는 예술가들과는 다른 동기를 갖게 된다. 예술가들은 작품의 미학적 효과뿐만 아니라 그 작품이 자신들의 평판에 미칠 영향에 대해서도 염려하지만, 지원 인력은 작품이 조직의 장기적인 이익에 미치는 전반적인 영향에 비추어 특정 프로젝트에 대한 활동을 고려한다. 한 가지 기능을 수행할 수 있는 능력으로 고용된 지원 인력은 그 한 가지 일에 모든 시간을 할애하고, 전체 작품의 제작과 상충되는 결과를 초래할 수 있는 길드(guild)적 자부심이나 그에 대한 보호주의적 태도를 발전시킨다. 맡은 일을 제대로 수행하는 한, 그들은 나머지 부분에 대해서는 크게 걱정하지 않는다. 반대로 야심 찬 오케스트라 연주자들이 더 표현적이고 창조적인 연주를 할 기회가 없는 파트 연주자로 갇히는 것을 두려워하듯이(Faulkner, 1973a; 1973b), 또는 레퍼토리 배우가 캐릭터 역할에 전형적으로 타입캐스트되는 것을 두려워하듯이, 지원 인력은 그 기능에 갇히는 것을 두려워할 수 있다. 기술자들은 한때 예술적 열망을 가졌던 사람들보다 이러한 덫을 덜 두려워할 것이다. 조직도 마찬가지로 평범한 기술과 능력으로 할 수 있는 일이 제한된 정규직 인력의 존재에 갇혀 있음을 알게 된다.

지원 인력은 종종 조직에서 자신의 지위를 유지하거나 개선하기 위해 계산된 방식으로 행동한다. 출판사의 정규직 직원이 책 편집에 얼마나 많은 시간을 투자할지, 책의 홍보 및 유통에 얼마나 많은 돈을 투자할지 결정할 때, 그들은 개별 작업이 어떻게 잘 제공될 수 있는지뿐만 아니라 출판사의 자원이 현재 진행 중인 여러 유사한 프로젝트에서 어떻게 가장 잘 분배될 수 있는지, 그리고 이러한 질문들에 대한 잘못된 판단이 자신의 경력에 어떤 영향을 미칠 수 있는

지도 생각한다. 그것이 그렇게 많은 소설가의 책들이 출간되는 날 사라지는 이유이다(Hirsch, 1972). 출판사의 홍보 전문가(지원 인력 지위의 고전적인 예)는 책이 이미 인쇄되었지만 실망스러운 사전 판매로 더 이상 돈을 투입할 필요가 없다고 판단하면, 새 책이 리뷰어들과 다른 사람들 — 동시에 출간된 대량의 다른 자료들 사이에서 사라지는 것을 막을 수 있는 사람들 — 의 특별한 관심을 끌 수 있는 광고나 기타 활동 없이 출간되도록 한다.

일반적으로 함께 생겨나는 다른 두 가지 전형적인 동기는 다른 조직에서 더 나은 일자리를 얻고자 하는 욕구와 직업적 자부심이다. 당신은 당신이 맡은 부분이 잘 이루어진 것을 봄으로써 두 가지 목적 모두를 충족시킨다. 규모가 큰 프로젝트의 운명이 어떻게 되든 상관없이 그러하며, 자신이 맡은 부분이 잘 이루어진 것을 보는 것이 그 프로젝트의 성공에 방해가 되더라도 그러하다. 작곡가들은 교향곡 연주자들이 연주 불가능한 파트가 있다거나 복사본에 실수가 너무 많다고 주장하면서 리허설에서 자신의 작품을 고의적으로 (또는 화가 난 작곡가가 그렇게 느끼도록) 잘못 연주할까 봐 두려워한다. 그러면 연주자들은 자신의 재능을 제대로 발휘하지 못할 수도 있는 어려운 파트와 씨름할 필요가 없을 것이다. 이러한 행동을 저지르는 사람들은 잠재적인 다른 고용주에게 잘 보이기를 원할 수도 있고(오케스트라 연주자들의 이러한 열망에 대해 기술하는 Faulkner, 1973a와 1973b를 참조하라) 단순히 다른 직업 구성원들 사이에서 자신들의 평판을 유지하기를 원할 수도 있다.

지원 인력은 필요에 따라 프로젝트별로 인력을 모으는 프리랜스 시스템을 통해 예술가들과 연결되기도 한다. 물질적 재화와 마찬가지로 예술가들은 사람들의 참여를 유도하기 위해 금전적 자원이든 다른 자원이든 자신이 가진 모든 자원을 사용한다. 일반적인 프리랜스 시스템에서, 지원 인력은 계약 기간 동안만 참여하고 그 이상은 참여하지 않는다. 지원 인력은 특별히 흥미를 느끼는 프로젝트에 더 많은 시간을 할애하지 못한 것을 후회할 수도 있지만, 금전

기반의 프리랜스 시스템의 동력은 그들을 다음 프로젝트로 밀어낸다. 릴리안 로스(Lillian Ross, 1969[1952])는 존 휴스턴(John Huston)이 <붉은 무공 훈장(The Red Badge of Courage)>의 감독을 마친 후 <아프리카의 여왕(The African Queen)>의 작업을 위해 떠난 과정을 묘사한다. 다른 사람들이 해야 할 일이 많이 남아 있었다. MGM의 고위층은 그 영화를 크게 바꾸지 않으면 실패할 것이라고 판단하고, 휴스턴의 원래 영상이라고 여겼던 것을 지키려고 했던 프로듀서 고트프리트 라인하르트(Gottfried Reinhardt)의 강한 반대를 무릅쓰고 영화를 상당히 많이 수정했다. (루이스 메이어[Louis B. Mayer]를 대체함으로써 영화계에 충격과 놀라움을 안겨주었던) 스튜디오의 새 수장 도어 섀리(Dore Schary)가 그 영화를 다시 만드는 데 개인적인 관심을 보였을 때, 라인하르트는 그 싸움에서 졌다. (MGM을 소유했던 회사의 회장인 니콜라스 솅크[Nicholas Schenk]가 섀리에게 제작을 담당하는 부사장으로서 스튜디오의 다른 사람들이 너무나도 예술적인 영화라고 생각했던 것에 대해 전적인 책임을 지도록 격려했기 때문에 그랬을 수도 있다.) 그 결과물에 대해 예술적 책임이나 공로를 인정받아야 할 휴스턴은 그 격렬한 싸움 내내 영화 재촬영으로 이어진 사건에 전혀 참여하지 않은 채 아프리카에 있었다(그림 12 참조). 휴스턴이 무슨 일이 일어났는지에 대한 최종 소식을 들었을 때, 그의 유일한 반응은 라인하르트에게 전보를 보내는 것이었다. "친애하는 고트프리트. 방금 편지를 받았어요. 당신이 잘 싸웠다는 것을 알고 있습니다. 내 이야기에 너무 피를 많이 흘리지 않길 바랍니다." 휴스턴은 그 영화를 뒤로하고 떠났지만 그는 운이 좋았다. 비평가들은 적어도 그 영화가 예술적 성공을 거두었다고 생각했다. 그 영화의 반대자들도 옳았다. 그 영화는 돈을 벌지 못했다.

어떻게 진행 중인 실제 프로젝트와 무관한 이유 때문에 의사결정이 내려질 수 있는가 하는 주제로 돌아가서 솅크가 섀리에게 <붉은 무공 훈장>의 제작을 허락한 이유를 생각해 보라. 메이어를 섀리로 교체하려는 의도로, 솅크는 섀리

그림 12. 존 휴스턴 감독의 영화 〈붉은 무공 훈장〉의 한 장면. 프리랜스 시스템에서 지원 인력은 계약 기간 동안만 일한다. 〈붉은 무공 훈장〉의 감독 존 휴스턴은 영화 촬영을 마치고 〈아프리카의 여왕〉 작업을 하기 위해 아프리카로 간 후에 스튜디오 경영진이 자신의 영화를 대폭 수정하도록 허용했다.(사진 제공: 현대미술관[Museum of Modern Art] / 필름 스틸 아카이브)

가 자신의 새 일자리에 만족하도록 만드는 동시에 섀리가 이끌게 될 조직이 그에게 무엇을 요구할지에 대한 교훈을 주고 싶었다.

도어는 젊어요. 그는 이 일을 그리 오래 하지 않았습니다. 나는 그를 격려해야 한다고 생각했고, 그렇지 않으면 그가 답답함을 느낄 것이라고 생각했습니다. 그에게 아니라고 말하는 것은 너무나 쉬웠을 겁니다. 대신 나는 승낙했어요. 경험은 별로 중요하지 않을 거라 생각했죠. 무엇이든 돈으로 살 수 있지만 경험은 살 수 없습니다.

그 외에 도어를 가르칠 방법이 있을까요? 나는 도어를 지지했어요. 그에게 영화를 만들게 했죠. 도어를 돕는 가장 좋은 방법은 그가 실수하게 내버려두는 것이라는 걸 알았습니다. 이제 그는 더 잘 알 것입니다. 젊은이는 실수하면서 배워야 합니다. 나는 그가 다시는 그런 영화를 만들고 싶어 하지 않을 것이라고 생각해요.(Ross, 1969[1952]: 220)

영구 조직의 수장은 재능은 있지만 약간은 다루기 힘든 사람을 길들여서 예술의 유혹에 빠져 다시는 회사의 이익을 잊는 일이 없도록 하려는 동기를 가질 수도 있다. 물론 수장의 동기가 꼭 상업적일 필요는 없다. 다른 환경에서는 누군가에게 예술의 요구를 상업에 굴복시키지 않도록 가르치기를 원할 수도 있다.

프리랜스 시스템에서 사람들은 평판에 따라 일자리를 얻는다. 할리우드 작곡가들이 로버트 포크너(Robert Faulkner, 1983)에게 말했듯이, "당신은 당신의 마지막 작품만큼만 훌륭합니다." 작업자들은 나쁜 일자리의 결과로부터 자신을 보호해 줄 계약서가 없다. 그럼에도 불구하고 어떤 사람들은 하나의 프로젝트에서 다른 프로젝트로 이동하면서 시간을 거의 낭비하지 않고 규칙적으로 일하며 살아간다. 작업자들이 이렇게 할 수 있는 이유는 부분적으로 그들을 고용한 예술가가 원하는 작업의 결과를 산출할 수 있기 때문이다. 영화 작곡가는 감독이나 프로듀서가 원하는 분위기나 효과를 낼 수 있는 악보를 최소한의 비용으로 내놓을 수 있어야 하고 결과를 기다리느라 시간이나 비용을 낭비하지 않을 만큼 신속하게 내놓을 수 있어야 한다. 그러나 핵심 예술 작업은 참여자들이 재능 있는 소수만이 할 수 있다고 생각하는 반면, 지원 작업은 원칙적으로 유능한 기술자라면 누구나 할 수 있다는 것을 기억하라. 지원 인력은 고유한 것이 아니라 교체할 수 있다. 따라서 특정 프로젝트를 위해 누군가를 필요로 하는 예술가들은 자원 풀의 여러 유능한 인력 중에서 선택할 수 있다.

그 인력들은 모두 필요조건을 충족시킨다.

프리랜서로 성공하려면 능력이 필요하지만, 그것만으로는 충분하지 않다. 성공적인 프리랜서는 연결 네트워크도 필요하며, 따라서 프리랜서의 서비스를 필요로 하는 많은 사람은 그를 마음에 기억해 두고, 일이 생기면 연락할 수 있도록 전화번호부에 저장해 두게 된다. 평판은 도움이 된다. 당신이 이전 프로젝트를 성공적으로 수행했다면 다른 사람들도 당신을 사용할 것이다. 그뿐만 아니라 제3자에게 당신을 추천하기도 할 것이다. 인기가 많은 할리우드 작곡가들은 고객들에게 잘 알려지지 않은 작곡가 중에서 일을 유능하게 처리할 수 있다고 확신하는 작곡가를 체계적으로 추천한다. 연결 네트워크는 프로젝트의 결과 가운데 일부를 당신에게 맡길 수 있을 만큼 당신과 당신의 작업을 충분히 잘 알고 있는 많은 사람으로 구성되어 있다. 그 네트워크의 핵심 요소는 신뢰이다. 내가 1940년대에 시카고에서 주말 음악가로 활동하기 시작했을 때, 한 선배 음악가가 나를 하룻밤 일자리에 추천하려고 하면서 내가 그 일을 감당할 능력이 있는지 캐물었다. "정말 할 수 있겠어? 네가 못하면 내가 쪽팔리게 돼. 사실은 내 쪽만 팔리는 게 아니지. 서너 명의 쪽이 팔리는 거야." (그는 여러 연결 고리를 통해 다른 누군가에게 나를 추천했고, 나를 추천받은 사람은 또 다른 사람에게 나를 추천했다[Becker, 1963: 107].) 신뢰와 추천의 맞물림을 통해서 일하는 사람들은 어느 정도 지속적인 일을 제공해 줄 수 있는 안정적인 네트워크를 발전시킨다.

포크너(Faulkner, 1983)는 정상에 있는 사람들을 위한 시스템의 안정성을 보여준다. 할리우드 작곡가의 10퍼센트 미만이 오리지널 음악을 사용하는 영화의 46퍼센트를 작곡하고, 전체 영화 제작자의 8퍼센트 미만이 영화의 36퍼센트를 제작하며, 전체 영화의 30퍼센트가 상위 작곡가와 제작자의 조합에 의해 만들어진다. 아래쪽에서는 많은 수의 제작자와 작곡가가 한 편의 영화를 만들지만 두 번째 크레디트를 얻기는 어렵다. 최상위 그룹의 한 작곡가는 이렇게 설명했다. "전체적인 아이디어는 일을 계속 진행시켜 더 많은 일과 더 좋은 일을 얻는 것입니다. 더 많은 작업에 참여하면 더 많은 사람을 알게 될 것이고, 바라건대 그들의 영화를 위해 무엇을 할 수 있는지 알게 될 것입니다."

지원 인력은 자신을 작업에 참여하도록 고용하는 예술가-고용인을 위해 적절하게 일을 수행함으로써 자신이 신뢰할 만한 사람이라는 증거를 제공한다. 고용인이 기술자에게 원하는 바를 설명할 수 있을 만큼 충분히 정확한 기술적 언어를 사용하지 않으면 그 일을 하는 데 어려움을 겪는다. 고용인은 결과가 자신이 원하는 바가 아닌 것은 알겠지만, 긍정적인 방향을 제시할 수는 없을 것이다. 포크너(Faulkner, 1983)는 영화 음악 작곡가들이 음악에 대해 전혀 모르는 제작자와 일할 때 겪는 심각한 어려움을 기술하면서, 성공적인 작곡가는 일관성 없고 설명이 부정확하더라도 제작자가 진정으로 원하는 것이 무엇인지 이해할 수 있어야 한다고 제안한다. 그는 음악가가 아닌 제작자들과 소통하는 것의 어려움에 대해 일부 작곡가의 이야기를 인용한다.

> "정말, 정말 현대적인 무언가를 보여주세요"라고 말문을 여는 감독들과 부딪히게 될 수 있습니다. 그리고 그 말이 무슨 뜻인지 알아내려고 하는데, 알고 보니 그 사람은 차이코프스키가 현대적이라고 생각하는 거죠. 있잖아요. "뭔가 새로운 것, 뭔가 신선한 것, 다른 것을 갖고 싶어요. 벨라 바르톡(Bela Barstock, 철자 오류)처럼 뭔가 달라야 해요"라는 말하는 제작자 말이에요.

지원 업무가 프로젝트의 성공에 필수적인 것으로 여겨질수록 그 일을 하는 사람들을 교체 가능한 것으로 생각하는 경우가 적어지는 듯하다. 그럼에도 불구하고 그들은 교체 가능한 것으로 취급될 수도 있다. 영화 제작자들은 적임인 배우나 감독을 구할 수 없을 때 프로젝트를 포기할 수 있지만, 원하는 작곡가를 구할 수 없다고 해서 프로젝트를 포기하지는 않는다. 하지만 그들은 대체자를 찾는 데 더 많은 시간을 할애하며, 그들이 원하는 제일 회계사나 조명 기사 조수(영화 크레디트에 등장할 가능성이 가장 낮은 직함 중 두 가지를 선택한 것이다)를 구할 수 없을 때보다 그 문제를 더 심각하게 받아들인다.

프리랜스 시스템의 참여자들, 예술가들과 고용을 담당하는 기타 감독자들, 그리고 그들이 고용하는 지원 인력은 모두 당면한 작품 제작과는 다소 무관한 동기를 가지고 있을 수도 있다. 폴린 카엘(Pauline Kael)* 은 메리 매카시(Mary McCarthy)의 소설 『그룹(The Group)』을 영화화하는 데서 "일괄 거래를 한" 총괄 프로듀서의 특히 터무니없는 예를 제공한다.

> 그 프로젝트에 대한 [그 프로듀서의] 열정은 매카시 양의 작품의 문학적 자질이나 극적 잠재력과는 거의 관련이 없었지만, 다수의 비싸지 않고 육감적인 젊은 무명인들[이야기의 주인공은 여덟 명의 여대생이다]에 대한 선택권을 얻어 그들을 스타로 키운 다음, 자신의 영화에도 출연시키고 후하게 타사에 빌려주기도 하는 멋진 가능성에 관한 것이었다. …… 여덟 명의 여대생이 등장하는 작품을 통해 그는 분명히 카푸치네(Capucine)** 와 [우르줄라] 안드레스(Ursula] Andresse)*** 를 얻을 것이고, 젊은 미녀들에 대한 선택권을 가진 현대 영화 일괄 제작자는 역사상 가장 대단한 매춘업자들보다 더 부자가 될 수 있었다. (심지어 할리우드에는 연출로 번 돈보다 처음으로 기회를 준 소속 스타들이 출연한 작품으로부터 번 돈이 더 많은 감독도 있다.) (Kael, 1968: 68~69)

우리는 지원 인력을 확보하는 시스템을 고용인들의 관심과 흥미를 끄는 방

---

* 미국의 영화비평가로 주로 ≪뉴요커(The New Yorker)≫에 글을 썼다._옮긴이

** 본명은 제르맨 엘렌 이렌 르페브르(Germaine Hélène Irène Lefebvre)이며, 프랑스의 배우 겸 모델이다._옮긴이

*** 스위스의 배우 겸 모델이며, 007 영화의 본드걸로 스타가 되었다._옮긴이

법으로 생각해 볼 수 있다. 조직적인 고용과 프리랜싱이라는 두 가지 시스템은 서로 다른 스타일의 관심을 불러일으킨다. 조직의 피고용인들은 고용인이 중요하다고 판단하는 경우 고용인이 필요하다고 생각하는 기간 동안 해당 작업에 어느 정도 (심지어 전적으로) 관심을 기울일 수 있으며, 피고용인들은 종종 많은 프로젝트를 한꺼번에 진행한다. 프리랜서들은 전형적으로 한 프로젝트에 온전히 집중했다가 좋든 나쁘든 잊어버리는 단발성 작업을 하는 경우가 많다. 브레히트(Brecht)는 몇 달 동안 계속하여 베를린 앙상블을 연습할 수 있었지만, 휴스턴과 <붉은 무공 훈장>의 사례에서 보았듯이, 할리우드는 실제로 돈을 받는 짧은 기간 동안만 사람들이 관심을 기울이도록 지시할 수 있다. 예산은 항상 생각보다 적기 때문에 프로젝트에 직접적으로 기여하지 않은 것에 대해서 돈을 받는 경우는 거의 없다. 폴린 카엘은 항상 영화가 순전히 상업적인 동기로 필요 이상으로 훨씬 더 나쁘게 제작되는 이유에 관심을 갖고 있었으며, 영화 <그룹>의 제작과 관련한 조사를 통해 몇 가지 이유를 제시한다. 예를 들어, 카엘은 영화 제작과 관련된 그 누구도 메리 매카시에 대해, 매카시의 삶에 대해, 또는 매카시의 작품에 대해 알지 못해서 그와 같은 지식을 영화 제작에 활용할 수 없었다는 사실에 충격을 받았다. 프리랜스 시스템의 작동방식은 그러한 부족을 이해할 수 있게 해준다. 영화 제작자는 경력을 쌓는 과정에서 함께 일하게 되는 엄청나게 다양한 작가와 주제에 대해 전문가일 수가 없다. 영화 제작자의 시간은 현재 프로젝트의 가장 시급한 세부사항을 처리하는 데 사용된다. 그들은 시간이 없으며, 설령 시간이 있다 하더라도 카엘이 정상적인 일상 업무에서 습득했던 종류의 일반적인 교양을 몸에 익히는 방식으로 시간을 투자하는 것은 보상받지 못할 것이다. 그들은 영화 제작 방법을 배움으로써 자신들의 작업을 준비한다. 카엘은 메리 매카시의 작품을 읽으면서 자신의 작업을 준비한다. 프리랜싱은 당장 눈앞에 있는 즉각적인 일에 온전히 집중하라고 가르친다.

카엘은 제작을 절반 정도 마친 영화의 사운드 트랙에서 실수가 발생한 것을 들었다. 한 소녀의 원래 대사는 투표하는 것을 잊은 한 명을 제외하고 그녀의 클래스 전원이 루즈벨트에게 투표했다고 말하는 것이었는데, 그 소녀는 클래스 전원이 투표했다고 말해 대사의 의미와 이야기의 중요한 의미를 망가뜨렸다. 카엘은 촬영장에서 이것을 듣고 프로듀서와 감독 모두에게 재녹화 중에 수정해야 할 사항으로 그것을 언급했다. 그런데 수정되지 않았고 카엘은 그것을 다시 지적했다.

> 프로듀서와 감독 둘 다 내가 잘못 들은 것이 틀림없다고 나에게 장담했다. 언론을 위해 영화가 상영되었을 때 그 실수가 또 있었기 때문에 누구도 확인하거나 듣는 수고를 하지 않은 것 같았다. 그 무렵 러멧(Lumet)[감독]은 런던에서 다음 영화를 찍고 있었고, 부크먼(Buchman)[프로듀서]은 리비에라에 돌아와 있었다.
>
> 누군가 그 실수에 대해 관심을 가질지도 모른다는 생각에 주변에 전화를 걸었고, 제작에 관여한 세 사람이 시드니 부부[러멧과 부크먼]가 헬레나에게 "클래스"라고 말하게 했다면 그게 그들이 원했던 것이 틀림없다고 확인해 준 후에야 나는 편집자 랠프 로젠블럼(Ralph Rosenblum)에게 연락했고, 로젠블럼은 그것이 실수임을 즉시 알아차렸다. 그러나 로젠블럼은 걱정해야 할 다른 문제도 많았다. 시드니 부부가 없는 상황에서 로젠블럼은 국립 가톨릭 영화 사무소(National Catholic Office for Motion Pictures)가 원하는 장면들에 대해 논쟁을 벌여야 했다.(Kael, 1968: 96~97)

여기서 원칙은 반대로 작동한다. 아무도 이 프리랜서들에게 이러한 세부 사항에 주의를 기울이라고 요구하지 않았기 때문에 그들은 그렇게 하지 않았다.

만약 예술가에게 돈이 없다면 어떻게 될까? 화폐 경제에서도 돈이 부족한 것은 심각한 제약을 초래하지만 치명적이지는 않다. 리옹(Lyon, 1974)은 자신이 연구한 무일푼의 소규모 극단이 재료뿐만 아니라 인력도 광범위하게 교환한다는 사실을 발견했다. 교환의 한 형태는 사람들을 극단의 "단원"으로 만드는 것이었는데, 어떤 사람들은 공연에 대한 발언권을 갖고 어떤 사람들은 결과에 대한 공로를 공유하는 것이었다. 아마도 더 중요한 것은 "배우들은 연기할 기회를 그들에게 제공하는 '웨스턴 극장(Western Theater)*'을 기대했다"(85)는 것이며, 더 문제가 되는 것은 많은 사람이 결국 연기할 기회로 이어질 것이라는 희망 때문에 기술적인 일이나 기타 덜 선호되는 일을 자원했다는 것이다. 그것은 다음과 같은 의무를 만들어냈다. "감독은 때때로 이러한 암묵적인 기대를 충족시켜야 한다는 강박감을 느꼈다. 불행하게도 몇몇 가난한 배우는 작은 배역을 맡는 데 그쳤고, 극장은 이 배우들의 미래 연기 열망을 좌절시키는 불편한 일을 해야 했다"(88). 게다가 그 그룹이 무대에 올릴 수 있는 연극은 단원이 되겠다고 자원한 배우의 종류에 따라 부분적으로 제한되었다. "그 회사에는 경험 많은 여배우가 단 세 명뿐이었기 때문에 여성 배역을 많이 요구하는 연극은 폐기되어야 했다"(86). 결국 그들은 출연진이 매우 적어서 연극을 할 수 없었다. 한 배우는 이렇게 설명했다. "8주 동안 할 일이 없는 극단에서 어떻게 배우가 되고 싶겠습니까? 아무도 그걸 좋아하지 않죠. 그래서 우리는 모두가 할 수 있는 연극을 찾아야만 해요"(86).

앞서 살펴본 것처럼, 많은 수의 지원 인력은 자신이 하는 일 자체가 예술이라는 생각을 한때 가졌거나 계속해서 가지고 있다. 예술계의 모든 사람이 다른 누군가를 위한 지원 인력이라고 말하는 것은 과장이다. 그리고 모든 사람 또는 거의 모든 사람이 자신을 예술가로 생각한다는 것은 사실이 아니다. 그러나 이러한 과장된 말은 중요한 점을 지적하고 있다. 즉, 예술계의 모든 기능은 예술

* 웨스턴 극장은 1967년에 웨스턴 대학교 연극학과의 대학원생 그룹이 대학의 예술 페스티벌에서 초현실주의 연극 공연을 요청받아 만들어진 극장이다. 페스티벌 관객들의 반응이 매우 좋아서 그 그룹은 감독의 사촌이 소유한 지역의 바에서 주말마다 다시 공연을 했고, 그 공연들이 호응을 얻으면서 결국 소액의 입장료를 받는 극장으로 탄생했다._옮긴이

로서 진지하게 받아들여질 수 있으며, 가장 인정받는 예술가가 하는 모든 것이 다른 누군가를 위한 지원 작업이 될 수 있다는 것이다. 더 나아가 많은 예술에서 누가 예술가이고 누가 지원 인력인지는 전혀 명확하지 않다. 라우센버그(Rauschenberg)가 데쿠닝(DeKooning)을 지웠을 때 또는 뒤샹(Duchamp)이 모나리자에 콧수염을 그렸을 때, 원작의 작가는 단지 지원 인력에 불과했을까? 그렇지 않다면 그 이유는 무엇일까? 자신의 작품이 복제된 형태로 다른 사람의 콜라주의 일부가 된 사람들은 어떤 사람들인가?

존 케이지(John Cage)는 음악은 소리에 대한 도덕적 평가라고 말했다. 우리는 그의 말을 일반화할 수 있다. 예술에 대해 말할 때, 우리는 작품이 다양하게 기여한 상대적 가치를 도덕적으로 평가한다. 많은 참여자들이 보다 관례적인 평가와 달리 자신의 공헌을 관례적으로 정의된 예술가의 공헌보다 더 중요하게 평가하는 것은 놀라운 일이 아니다. (영화 편집자의 관점에 대해서는 Rosenblum and Karen, 1979: 230~231을 참조하라.) 이 질문에 대해 중립적인 입장을 취한다면, 우리는 예술 작품 제작에 참여한 일부 사람들의 "간섭"이 반드시 그 작품이 예술적으로 덜 가치 있다는 것을 의미한다는 생각에 공감하기 어려울 것이다. 어쩌면 개입은 작품에 꼭 필요한 것일 수도 있다. 우리는 <붉은 무공 훈장>에 감독 외의 다른 사람들이 심하게 개입했음에도 불구하고 비평가들이 그 작품을 꽤 훌륭하게 여겼다는 것을 보았다. 마찬가지로 포크너가 인터뷰한 작곡가들은 감독과 프로듀서가 악보와 아이디어에 참견했던 방식에 대해 불평했다. 그러나 영화의 핵심은 음악 악보가 아니다. 음악 악보는 (적어도 장편 영화에서는, 심지어 파격적인 영화에서도) 스크린 위의 이미지에 부수적이어야 한다.

요약하자면, 예술가들은 물적 자원과 인력을 사용한다. 그들은 자신이 활동하는 예술계에서 가용한 것들의 풀로부터 이러한 것들을 선택한다. 세계마다 사용할 수 있는 자원과 그 자원을 사용할 수 있는 형식이 다르다. 한 사회에 특징적인 경제 활동의 유형은 예술가들이 무엇을 가지고 작업할 수 있게 되는지 그리고 누구와 작업할 수 있게 되는지를 형성한다. 생산 재료의 독점 정도, 소수 시장의 수익성, 그리고 예술가들이 자신을 위해 특별히 고안되고 제조된 항목을 필요로 하는 정도와 같은 사실은 모두 무엇이 가용한지에 따라서 예술가들이 무엇을 할 수 있는지에 영향을 미친다. 마찬가지로, 지원 인력이 자신이 작업할 프로젝트를 찾는 통로가 되는 조직은 그들을 고용하는 예술가의 의도와 상반될 수 있는 조직적, 직업적, 경력적 동기를 만들어낸다.

가용한 것 및 가용한 것의 용이성은 예술가들이 작업을 계획할 때 그들의 생각에 영향을 미치며, 실제 세계에서 그 계획을 실행할 때 그들의 행위에도 영향을 미친다. 가용한 자원은 어떤 것은 가능하게 하고, 어떤 것은 용이하게 하며, 다른 것은 더 어렵게 한다. 가용성의 모든 유형은 일종의 사회 조직의 작동을 반영하며, 생산되는 예술을 형성하는 제약과 가능성의 유형을 이루는 일부가 된다.

제4장

예술 작품 유통

> 전문적으로 주변적인 예술가들은 …… 극도로 힘든 문제에 직면한다. 해가 갈수록 스튜디오는 아무도 사려고 하지 않는 그림으로 점점 가득 차고, 그것은 자신의 작품이 인정받지 못한다는(또는 다시 받아들여지지 못한다는) 사실을 그들에게 매일같이 상기시켜 주는 엄연하게 눈에 띄는 증거이다. …… 큰 성공을 거두지 못하는 데 절망해서 또는 자신의 이전 스타일만큼 수요가 많은 새로운 스타일을 찾지 못하는 데 절망해서 그림을 그만두는 경우도 있다. 한 예술가는 그러한 사람들에 대해 이렇게 말했다. "그림을 팔지 못한 채 계속 그림을 그리게 되면, 아주 강한 사람이 아니라면 씁쓸해질 수밖에 없습니다. 대부분의 예술가는 그렇게 강하지 못해요." (Levine, 1972: 306~307)

작품을 만드는 예술가들은 작품을 유통할 필요가 있다. 즉, 작품을 감상할 수 있는 취향을 가진 사람들에게 작품을 접할 수 있도록 하는 동시에 자신이 작품에 투자한 시간, 돈, 재료에 대한 보상을 받을 수 있는 메커니즘을 찾을 필요가 있다. 그래야 더 많은 작품을 만들 수 있는 더 많은 시간, 재료, 협력 활동이 가능해질 것이다. 예술가들은 유통 없이도 작업할 수 있다. 많은 작품은 만들어지고 난 후 제작자들에 의해 숨겨지기도 하고 작품이 전달되었어야 할 대중으로부터 외면당하기도 한다. 많은, 어쩌면 대부분의, 예술가는 자신의 작품으로부터 수익을 전혀 얻지 못하며, 이미 얻은 수익으로는 더 이상의 작업을 지원할 수 없다.

그러나 완전히 발전된 예술계는 예술가들을 그들이 속한 사회의 경제에 통합시키는 유통 시스템을 제공한다. 그리하여 작품을 감상하고 작업이 계속 진행될 수 있도록 충분한 비용을 지불할 대중에게 작품을 제공한다. 이러한 유통 시스템은 예술계를 구성하는 다른 협력 활동과 마찬가지로 예술가들이 직접 운영할 수 있다. 더 일반적으로는 전문 중개인이 그 일을 한다. 유통 시스템을 운영하는 중개인의 이해관계는 그들이 취급하는 작품을 만든 예술가들의 이해관계와 다른 경우가 많다. 유통업자들은 사업을 하고 있기 때문에 상대적으로 불안정하고 별난 "창조적" 작품의 생산을 합리화하고자 한다(Hirsch, 1972). 딜러들은 갤러리에 전시할 작품이 있어야 하고, 프로듀서들은 한 시즌을 채울 연극 이벤트가 필요하다. 또한 딜러들은 예술가들이 필요하다고 여겨지는 종류의 작품이 아니라 시스템에서 감당할 수 없는 다른 종류의 작품을 만들고 싶어 할 때도 이러한 것들을 필요로 한다. 유통업자들은 혼란스러운 과정을 보다 질서정연하게 만들어서, 그들 사업의 안정성을 보장하고 예술 작품이 정기적으로 만들어질 수 있는 안정적인 조건을 만들고 싶어 한다. 이로 인해 그들은 종종, 작품이 어떻게 평가되든 간에, 예술적 가치 이외의 다른 기준으로 작품들을 취급하게 된다(Moulin, 1967).

대부분의 예술가는 유통의 이점을 원하기 때문에 자신의 세계를 특징짓는 시스템이 무엇을 취급하는지에 대한 안목을 가지고 작업한다. 그 시스템은 어떤 종류의 작품을 유통할 것인가? 무엇을 무시할 것인가? 어떤 종류의 작품에 어떤 수익을 가져다 줄 것인가? 유통 시스템은 예술가와 관객 사이에서 일어나는 작품과 돈의 이동을 처리하는 중개자의 종류에 따라 그리고 두 그룹 간의 소통과 영향력의 직접성에 따라 다양하다. 예술 작품에는 항상 그 작품을 유통하는 시스템의 흔적이 남지만 그 방식은 다양하다. 예술가들이 예술이 아닌 자원들로부터 독립적일 때 유통 시스템의 영향은 최소화되며, 예술가들이 후원자를 위해 직접 제작할 때 그 영향은 극대화된다. 예술가들이 미지의 관객을 위해 작품을 만들 때는 필연적으로 더 복잡하고 정교한 유통 시스템을 운영하는 중개자가 부과하는 제약을 통해 그 영향력이 나타난다. 유통업자들이 예술 작품이 어떠해야 하는지에 대해 독자적인 생각을 가질 때 또는 유통업자들이 예술가들은 잘 알고 있는 선택과 요구를 하기에는 예술의 관례에 대한 지식이 부족할 때, 예술가들은 이러한 영향력을 제약으로 경험한다. 반대로 예술가들은 그러한 지식을 가지고 있는 후원자나 중개자를 작품 생산의 파트너로 받아들인다.

그러면 예술 작품은 예술계의 유통 시스템이 감당할 수 있는 것이 된다. 왜냐하면 대부분의 경우 적합하지 않은 작품은 만들어지더라도 유통되지 않게 되며, 자신의 작품이 유통되길 원하는 대부분의 예술가는 그 시스템이 감당하지 않을 것은 만들지 않게 된다. 예술가들이 이러한 문제를 염두에 두고 작업한다고 해서 그들이 시스템에 완전히 얽매여 있다는 의미는 아니다. 예술가들이 시스템에 맞춰 변화하고 적응하는 것처럼 시스템도 예술가들에 맞춰 변화하고 적응한다. 게다가 예술가들은 현재 시스템에서 벗어나서 새로운 시스템을 만들거나 만들려는 시도를 할 수도 있고, 또는 제약하는 유통의 혜택 없이 작업할 수도 있다. 예술계에는 종종 두 개 이상의 유통 시스템이 동시에 작동하는 경우가 있다. 현대 회화에는 후원 관계와 공존하는 딜러-갤러리 시스템의 요소가 있는데, 이는 17세기 이탈리아 회화에서도 마찬가지였다. 현대 시는 자립과 정부와 개인의 후원을 결합한다. 결과적으로 예술가들은 그러한 조합으로부터 자신에게 가장 유리하거나 가장 제약이 적은 유통 시스템을 선택할 수 있다.

유통은 평판에 결정적인 영향을 미친다. 유통되지 않은 것은 알려지지 않은 것이므로 좋은 평가를 받거나 역사적 의의를 가질 수 없다. 그 과정은 순환적이다. 좋은 평판을 얻지 못한 것은 유통되지 않을 것이다. 이것은 우리가 나중에 무엇이 위대하거나 중요한 예술을 구성하는가에 대해 고려할 때 전문적인 편견이 내재된 유통 시스템이 무엇이 위대하거나 중요한 예술의 범주에 속하는지에 대한 의견에 영향을 미치는 방식을 염두에 두어야 한다는 것을 뜻한다.

자활

많은 예술계 — 예를 들어 현대 시와 사진 등에 참여하는 사람 대부분의 경우 — 는 현역 활동가의 수입이 거의 없기 때문에 대부분의 작품이 자활(self-support) 시스템을 통해 생산된다. 상당한 금전적 자원이 부족한 예술가들은 값비싼 재료, 장비, 인력, 또는 공간을 필요로 하는 작업을 할 수 없다. 그래서 상대적으로 적은 투자를 필요로 하는 시와 사진과 같은 표현 매체는 많은 활동가를 끌어들인다. 그것은 예술 작품 자체의 수익금으로 전업 예술 활동을 지원하는 것을 훨씬 더 어렵게 만든다. 따라서 이러한 표현 매체에 종사하는 예술가 대부분은 예술계의 작동 범위 밖에서 또는 실제 예술 작품 창작과 별 관계가 없는 원천을 통해 자활한다. 어떤 예술가는 부유한 배우자 또는 일하는 배우자의 지원을 받기도 한다. 어떤 예술가는 생계를 유지할 수 있을 만큼의 돈을 벌거나 물려받아서 예술 작업에 시간을 할애한다. 어떤 예술가는 단순히 자신의 사회적 지위나 기타 교육 덕분에 할 수 있는 어떤 직업이든 가진다. 많은 시인은 이런 식으로 자신의 작업을 뒷받침한다. T. S. 엘리엇은 은행에서 일하다가 출판사에서 일했고, 월러스 스티븐스(Wallace Stevens)는 보험 회사 임원이었으며, 윌리엄 카를로스 윌리엄스(William Carlos Williams)는 개업 의사였다. 다른 예술가들은 예술가로서의 직업은 아니지만 예술계의 일부인 직업을 가진다. 화가는 액자 제작자로, 작곡가는 오케스트라 편곡자로, 소설가와 시인은 편집자로 일할 수 있다. 일반적으로 그들은 초등 및 중등학교에서, 전문 미술 학교에서, 그리고 개인 교사로 자신이 전공하는 예술을 가르친다.

이러한 직업들은 진지한 예술 작업을 위해 얼마나 많은 시간을 남겨주는가? 예술가들은 종종 "낮 직업"(이 표현은 "예술 작업"이 대개 밤에 이루어지는 공연 예술에서 흔히 사용된다)이 자신의 작업에 방해가 된다고 불평한다. 낮 직업이 시간을 너무 많이 차지해서 예술을 위한 시간이 남지 않거나 콘텐츠가 너무 겹쳐서 독창적인 예술 작품을 만드는 데 방해가 된다는 것이다. (상업적인 일을 하는 사진작가들은 상업적인 태도가 자신의 "개인적인" 작업에 영향을 미쳐서 광고적 마인드의 제약을 받지 않는 방식으로 보는 것과 촬영하는 것을 어렵게 한다고 말하기도 한다.) 예술가들은 교사, 의사, 또는 변호사와 같은 전문 직업을 선호할 수 있는데, 이는 자신만의 시간을 할애할 수 있기 때문이다. 대안적으로, 그들은 육체적으로 더 힘들고 시간이 많이 걸리고 피곤하더라도 주의 집중을 덜 요구하는 덜 존경받는 일을 선호할 수도 있다.

자신의 작품에 자금을 대는 예술가들은 금전적 대가를 목적으로 작품을 유통할 필요 없이 자신의 표현 매체를 위한 기존의 유통 시스템에서 자유로울 수 있다. 예술계로부터 충분히 고립되거나 소외된 예술가들은 이를 박탈감이 아니라 해방감으로 경험할 것이다. 시스템의 제약 내에서 유통을 위해 생산할 필요가 없다면, 그들은 시스템의 요구사항을 무시하고 크거나 작은, 짧거나 긴, 이해 가능하거나 이해 불가능한, 공연가능하거나 불가능한 작품을 원하는 대로 만들 수 있다. 왜냐하면 그러한 제약은 전형적으로 부적절한 사양의 작품을 처리할 수 없는 유통 시스템의 경직성에서 비롯되기 때문이다. (이러한 가능성은 나중에 논의할 이단자와 소박한 예술가의 경우에 가장 잘 드러난다.)

대부분의 예술가는 경제적 지원을 위한 것은 아니더라도 완성된 작품을 관객에게 선보이기 위한 유통 시스템이 필요하기 때문에 예술계에 충분히 적응된 상태를 유지한다. 일부는 전문가들과 같은 장소에서 예술 작업, 출판, 전시, 그리고 공연으로 생계를 유지하는 사람들이 이용할 수 있는 일반 유통 채널을 단순히 이용하는데, 이들이 전문가들과 다른 점은 원하지 않는 경우 시스템의 제약을 감수할 필요가 없다는 점뿐이다. 이러한 이유로, 자활은 예술가들에게 가장 큰 자유를 제공한다. 사실 이들은 충분한 외부 자원을 가지고 있어 자신만의 유통 시스템을 만들 수 있다. 시각 예술가들은 종종 공동 갤러리를 설립하여 비용을 분담하고 매년 전시 기회를 제공하는 대가로 갤러리의 많은 작업을 수행한다. 콘서트 기획자나 음반사 임원들의 관심을 아직 받지 못한 음악가나 가수 지망생들은 자신의 리사이틀에 보조금을 대는 경우도 많다.

기존의 유통 시스템이 그 혜택을 원하는 사람들을 충분히 수용하지 못하면, 자신의 작품을 처리하기 위해 자립적인 대안을 조직하는 사람도 있을 수 있다. 예를 들어, 1860년대 파리에서 "실제" 살롱에서 거절당한 그림들을 전시하기 위해 <낙선전(Salon des Refuses)>이 조직된 바 있으며, 상업 출판사에서 거절당한 작품을 작가가 비용을 대서 출판하는 자비(自費) 전문 출판사도 있다. 이들 사례에서 알 수 있듯이, 기존 유통 시스템에 참여한다는 것은 예술계 참여자들이 진지한 예술가와 아마추어를 구별하는 중요한 표지 중 하나이다. 정규 시스템에서 거부당한 사람들을 위해 만들어진 대안적인 시스템을 이용하는 사람들은 이유가 무엇이든 간에 자신을 진지하지 않은 사람으로 낙인찍을 수 있다.

미컬 매콜(Michal McCall, 1977; 1978)은 지방 예술계인 세인트루이스에서 활동하는 여성 화가들을 연구했는데, 세인트루이스는 지방이라서 그 여성 화가들은 자신들의 예술적 진지함을 입증하기 어려웠다. 그들은 그림보다는 다른 방식으로 예술적 진지함을 보여주어야 했다. 일부는 지역 칼리지와 대학교의 예술 학과에서 가르치는 직업을 얻는 데 성공했는데, 이는 지방에서 진지함을 나타내는 표지였다. 실제로 한 인터뷰 참여자가 매콜에게 설명한 것처럼,

진지함을 드러내기 위해 그러한 직업을 택한 사람들이 있었다.

> 그녀는 그녀의 "취미"를 지원해 주는 것을 너무나 행복해하는 **매우** 부유한 남자와 결혼했어요. 그러나 그녀는 자립을 원하고 있어요. 아니 적어도 자신의 예술 작업을 감당하길 원해요. 그녀는 그렇게 하지 않으면 어른이 된 기분이 들지 않을 거라고 말해요. 자립하지 않는다면, 진지한 작업을 하기 위해서 정말로 정신을 똑바로 차려야 합니다.(McCall, 1978: 307)

매콜은 "작품 판매가 이 문제에 대한 하나의 해결책이다. 그것은 수입을 제공할 뿐만 아니라 예술이 부업이 아니라 직업이라는 것을 자신과 다른 사람들에게 증명해 준다"라고 강조한다. 가르치는 일을 하지 않는 다른 화가는 그녀에게 이렇게 말했다.

> 세인트루이스에서 작품을 팔면서 자립하는 것은 불가능합니다. 하지만 몇 작품을 팔고 싶어요. 내가 예술가라는 일종의 증거로요. 그래야 남편이 놀려도 뭔가 벌었다고 말할 수 있으니까요. 예전에는 아무것도 팔고 싶지 않았지만, 이제는 그려 놓은 게 많으니까 몇 작품은 팔 수 있겠다는 생각이 들어요. …… (McCall, 1978: 307)

이 여성들은 무엇보다도 매콜이 "그림 화가들"이라고 불렀던 사람들, 즉 그림을 그리지만 조직 내에서나 기존의 회화 세계의 이데올로기와 미학의 기반 위에서 그리지 않는 사람들의 세계로부터 자신들을 구별하고 싶어한다. 예를 들어, 그림 화가들은 완성된 그림을 얼마나 빨리 그릴 수 있는지를 강조하면서 한 번에 여러 장의 그림을 그리는 경우가 많다.

먼저 모든 캔버스에 엷은 칠을 합니다. 그런 다음 배경을 모두 그려요. 그러고 나서 각 캔버스에 두 시간 정도 들여서 모든 세부 양식과 전경을 넣습니다.(McCall, 1977: 38)

가장 눈에 띄는 것은, 그들이 속한 아마추어 미술 협회가 주최하는 전시회에서 작품을 전시하고 판매하며, 협회 모임 때 열리는 콘테스트에서 경쟁한다는 것이다.

우리 모두 그림 한 점을 가져옵니다. 1월에는 설경, 봄에는 꽃 같은 주제가 하나씩 있어요. 모두 그 주제에 맞춰 그림을 그려야 합니다. 그런 다음 모임에서 그림들을 심사합니다. 모두가 투표하고 이기면 일정 점수를 얻게 돼요.(McCall, 1977: 39)

그림 화가들은 전문 예술가들의 그림보다 나쁘지 않은 그림을 그릴 수도 있지만(매콜은 그 질문은 다루지 않는다. 그리고 그것은 선험적으로 받아들일 판단이 아니다), "진지한" 예술계의 구성원들이 아마추어적으로 여기는 따라서 피해야 할 것으로 여기는 방식으로 전시를 한다(제10장에 묘사된 카메라 클럽의 세계를 비교해 보라).

따라서 자활은 예술계의 유통 시스템에서 제기되는 문제의 일부를 해결하지만 전부를 해결하지는 못한다. 표현 매체가 많은 지출을 요구하지 않는다면, 높은 비용도 감당할 수 있는 충분한 자원을 갖고 있다면, 또는 교환을 통해 필요한 것을 얻을 수 있다면, 작품을 위한 경제적 지원을 제공하는 시스템을 사용할 필요가 없다. 하지만 여전히 적절한 관객에게 작품을 알리고 싶을 수도 있다. 기존의 유통 시스템을 통해야 주로 또는 유일하게 그 관객에게 도달할 수 있다면, 그 시스템과 거래해야 하고, 동일한 목적을 달성할 대안적인 방법을 고안해야 하고, 또는 그러한 관객의 감상 없이도 작업해야 한다. 예술가들은 관례적인 시스템을 통해 다가갈 수 있는 관객을 원치 않을 수도 있다. 그러한 관객이 그 시스템을 이용하는 이유는 바로 그 시스템이 관객에게 관객이 선호하는 작품과 감상하는 법을 알고 있는 작품을 제공하기 때문이다. 그러한 관객은 그 시스템이 다루지 않는 색다른 작품에는 관심이 없다.

후원

후원(patronage) 시스템에서 어떤 개인이나 조직은 예술가가 특정 작품 또는 특정 수의 작품을 제작하기로 계약하는 기간 동안 심지어 가능하면 몇 작품이라도 제작하기로 계약하는 기간 동안 예술가를 전적으로 지원한다. 이러한 방식으로 예술가를 지원할 수 있는 사람들은 한 사회의 부유한 계층에 속한다. 이들은 고급 예술 작품의 생산을 지배하는 복잡한 관례에 대한 상당한 지식을 습득할 수 있는 여유를 가지고 있으며, 지식이 풍부하기 때문에 원한다면 자신이 제작을 지원하는 작품에 대해 세세한 통제권을 행사할 수 있다. 그러한 후원자는 정부일 수도 있는데, 정부는 특정 공공장소를 위한 그림이나 조각을 의뢰하기도 하고, 계관 시인과 같이 때때로 특정 서비스를 수행하는 대가로 영구 급여를 예술가에게 지급하기도 한다. 교회가 그 후원자일 수도 있다. 교황, 추기경, 르네상스 이후의 이탈리아 수도회들은 예술가들이 주요 그림과 조각을 제작하는 동안 또는 심지어 전체 교회를 장식하는 동안 그들을 지원했다. 교회도 여전히 후원을 제공하고 있지만, 이제는 기업이 이미지를 구축하는 노력의 일환으로 본사 및 기타 건물을 장식하거나 공개적으로 전시할 수 있는 작품에 대한 비용을 지불하는 역할을 하는 것이 더 일반적이다(Haacke, 1976; 1978). 부유한 사람들은 여전히 자신의 컬렉션을 위해 또는 시민 단체나 종교 단체에 기증하기 위해 작품을 의뢰하며, 또는 아무 조건 없이 예술가에게 지급금을 보내기도 한다.

후원자가 있는 예술가는 그 후원자를 만족시키기만 하면 된다. 후원 계약은 완전히 비공개로 이루어질 수 있지만, 일단 예술가가 지원을 받으면 그 결과물은 출판될 수 있고, 전시될 수 있고, 또는 널리 배포될 수 있다. 다른 사람들의 판단이 결국 후원자에게 영향을 미칠 수 있지만, 후원자를 기쁘게 하는 것은 후원자의 취향과 판단에만 달려 있다. 많은 사람이 예술가의 작품이 후원할 가치가 없다고 생각하면, 후원자는 수표를 보내는 것을 중단할 수도 있다. 하지만 반드시 그런 것은 아니다. 자신의 판단을 확신하는 고집스러운 후원자는 종종 대중의 비판을 무시하고 혁신적이고 인기 없는 작품을 지원해 왔다. 어쨌든 정치적, 재정적, 사회적으로 영향력 있는 후원자는 종종 자신이 의뢰한 작품을 전시하거나 공연할 기회를 지배한다. 그런 식으로 그들은 부분적으로 다른 사람들의 취향을 형성한다.

후원자를 산출하는 계층화된 사회는 부, 지식, 취향, 예술가에 대한 지원 유형, 그리고 생산되는 작품의 종류 사이의 복잡한 관계를 보여준다. 후원자들은 자신이 순수 예술의 요소로서 감상하고 평가하는 법을 배웠던 것을 예술가들이 만들어주기 원하기 때문에 부유하고 권력 있는 사람들이 어떻게 교육받았는지는 예술가에게 지불할 작품의 종류를 결정하는 중요한 요소가 된다. 최고의 예술가를 선택하고 최고의 작품을 의뢰하는 능력은 권력과 부를 소유한 사람들이 스스로 소유하고 있다고 생각하는 정신과 인격의 고귀함을 보여준다. 그렇기 때문에 좋은 후원자가 되는 것은 높은 지위를 주장할 자격을 뒷받침한다.

프랜시스 해스켈(Francis Haskell, 1963)이 17세기 이탈리아 회화에 대해 상세히 추적한 이러한 관계는 후원 시스템의 일반적인 차원과 문제점을 시사한다. 이 시기에 주요 후원자는 역대 교황과 그들이 임명한 추기경들(그들은 종종 친척이었으므로 후원이 가족들에게서 나온다고 말할 수도 있다), 그리고 수도회들이었다. 후원자는 자신이나 자신이 대표하는 단체를 영광스럽게 할 의도로 예배당의 천정이나 벽 또는 심지어 큰 교회의 본당을 위한 대규모 장식을 의뢰했으며(아마도 가장 큰 규모의 의뢰는 성 베드로 성당의 장식이었을 것이다), 새 교회의 건축과 조각의 형태로 작업을 의뢰하기도 했다. 후원자는 종종 작품의 기획과 디자인에도 적극적으로 참여했는데, 현대 예술의 관례적 언어를 사용하여 정치적 및 가족적 목적을 증진하기 위해 주제, 테마 및 세부 사항을 제안했다. 따라서 교황 우르바노(Urban) 8세가 베르니니에게 성 베드로 성당의 주요 작업을 의뢰했을 때, 우르바노 8세는

> 아마도 도상학적 체계의 윤곽을 그리는 데 직접적인 역할을 했을 것이다. 확실히 그는 자신이 그것과 밀접하게 동일시되어야 한다고 확신했다. 바르베리니(교황의 이름이 마페오 바르베리니[Maffeo Barberini]였다) 벌들이 기둥을 기어올라 처마 장식의 청동 잎에 매달려 있고, 바르베리니 태양은 부유한 수도 위로 타오르고 있었다. 식물학에 대한 기초적인 지식만 있으면 기둥의 잎이 전통적인 포도나무 잎이 아니라 바르베리니의 또 다른 상징인 월계수 잎이라는 것을 분명히 알 수 있다. 이제부터 그들의 가족사는 위대한 교회의 역사와 지울 수 없는 관계를 맺게 되었다.(Haskell, 1963: 35)

우르바노 8세는 이상적인 후원자였다. 그는 후하게 그리고 제때 비용을 지불했다. 모든 후원자가 그런 것은 아니었다. 그는 교양 있었고 정교하게 코드화된 당시 회화의 의미에 익숙했으므로 위와 같이 세속적이고 정치적이며 왕조적인 의미를 표현하면서 적절한 종교적 주제를 찬미하는 장식 체계의 계획을 세우는 데 참여할 수 있었다. 그것은 재치와 학식을 갖춘 사람임을 상징하는 도상학적 게임이었다. 또한 좋은 후원자는 그림을 그리기에 가장 좋은 장

소, 즉 가장 중요한 교회들과 그 교회들의 가장 중요한 부분, 모든 사람이 작품을 볼 수 있는 장소에 대한 접근권을 갖고 있었다. 덕분에 예술가들은 명성을 쌓을 수 있었고, 귀찮거나 까다로운 후원자로부터 자유로울 수 있었다. 예술가에 대한 평판이 좋으면 다른 사람들도 자신의 궁전과 교회에 그림을 그리도록 그 예술가에게 돈을 지불하기를 열망할 것이다. 가족들과 수도회들은 베르니니의 서비스를 받기 위해 경쟁했으며, 베르니니의 작품은 가장 멋진 장소들에 등장했다.

후원자는 후하게 제때 지불하려면 개인적으로 부자이거나 교회의 재산을 이용할 수 있어야 했다. 교황들은 로마 경제가 쇠퇴했을 때도 계속하여 지출하고 지불할 수 있도록 가족과 바티칸의 재산을 결합한 우수한 후원자였다. 물론 교황이 사망하고 다른 가문 출신의 교황으로 교체되면, 고인이 된 교황의 조카들과 친척들은 종종 교회의 직책과 함께 그토록 많은 돈을 즉시 지불할 수 있는 능력을 상실했다.

후원자의 취향과 학식의 중요성은 그러한 취향과 학식을 갖지 못하고 기존 제도에서 상상되는 방식으로 행동하지 못하는 사람들을 고려할 때 분명해진다. 교황령의 권력과 부가 쇠퇴하면서, 부유한 사업가들이 후원의 특권을 차지했다. "후원은 실제로 귀족적 지위의 필수적인 부속물로 여겨졌으며, 종종 평가나 이해와는 거의 관련 없었을 것이다"(Haskell, 1963: 247~248). 그러나 이 신흥부자들은 이전의 후원자들과는 달랐다. 이전 후원자들의 전통적인 문화를 결여한 새로운 후원자들은 그들이 받지 못했을 수도 있는 교육을 요구하는 신화와 정교한 종교적 상징에 기반한 그림을 원하지 않았다. 새로운 후원자들은 일상을 담은 그림을 선호했으며, 해스켈은 다음과 같이 언급한다.

> 예술에서 "현실"의 더욱 그림 같은 측면에 대한 열망은 많은 다른 문명의 신출내기 전문가들을 연결시켰으며, 숭고한 것에서부터 심연에 이르기까지 다양한 예

술가들에 의해 충족되었다.(Haskell, 1963: 132)

우리 주변의 삶에 대한 사실적인 그림들을 보는 것은 유능한 사회 구성원이라면 누구나 가지고 있는 지식에 의존하기 때문에 특별한 훈련이 필요하지 않다. 우리는 그 삶이 표현되는 기법, 재현의 생동성과 진실성에 감탄할 수 있다. 새로운 후원자들은 운명, 미덕, 교회 학자들, 작은 천사들 대신에 다음과 같은 주제를 선호했다.

> 일하는 사람들, 즉 반지 모양의 빵을 만드는 케이크 판매자, 마을 성벽 밖에서 물을 나르는 사람, 쉬는 병사들의 파이프에 담배를 채우는 담배쟁이, 말에게 먹이를 주는 농부, 대장장이 등. 놀고 있는 사람들, 즉 주막에서 간단히 술을 들이켜고 있지만 시간을 아끼기 위해 여전히 말을 타고 있는 사람, 감탄하는 구경꾼들 앞에서 타란텔라(tarantella) 춤을 추는 사람, 오래된 동굴에서 모라(morra) 놀이를 하는 사람, 카니발 행렬을 위한 화려한 의상을 차려입은 사람 등. 또는 폭풍우가 치는 하늘을 배경으로 화려한 깃털 모자를 쓰고 발사할 권총을 든 멋쟁이 도적이 농장으로 말을 타고 와서 마구간의 남자와 그의 개를 공포에 떨게 하는 갑작스러운 폭력의 모습.(Haskell, 1963: 132)

이러한 대중적인 스타일의 화가는 더 보수적이고 전통적인 귀족 후원자들의 관심을 끌지는 못했다. 그러나 그러한 후원자가 적어지고 그림에 돈을 적게 지출하게 되면서, 귀족 후원자들의 계급 기반의 수양과 학식을 바탕으로 한 그림은 재능 있는 화가들의 관심을 점점 더 끌지 못하게 되었다.

요컨대, 후원 시스템은 후원자가 원하고 이해하는 것과 예술가가 하는 일 사이에 직접적인 연관 관계를 만든다. 후원자들은 돈을 지불하고, 모든 음표나 붓놀림에 대해서는 아니지만 큰 윤곽과 그들의 관심사에 대해 지시를 한다. 후원자들은 자신이 원하는 것을 제공하는 예술가를 선택한다. 효율적인 후원 시스템에서 예술가와 후원자는 관례와 미학을 공유한다. 그리고 이를 통해 후원자는 지원하고 방향을 제시하며, 예술가는 창조성과 실행력을 제공함으로써 협력하여 작품을 제작한다.

이탈리아의 사례는 사회마다 기본적인 차원에서 서로 다른 후원 시스템을 갖고 있음을 보여준다. 많은 부유한 계급은 이탈리아 바로크 양식에 영향을 준 종류의 가치와 전통을 공유하지 않는다. 그 계급의 구성원들은 예술가를 후원함으로써 자신의 "고귀함"을 표현할 수 있지만, 자신들의 지위와 계급을 표현하고 정당화하고 칭송하는 작품의 생산에는 협력할 수 없다. 마르셀 뒤샹을 지원했던 후원자는 일련의 난해한 작품의 제작을 지원했는데, 이는 그 의미가 무엇이든 간에 그 후원자의 사회적 지위와 쉽게 연관 지을 수 없는 지원을 제공한 것이었다. 이를 통해 그 후원자 — 예술 실행자들의, 아마도 그들 중 작은 일부만의 공통된 취향에만 의존하는, 더 큰 사회로부터 독립적인 서열 체계를 가진 — 는 폐쇄적이고 내밀한 현대 예술의 세계에 진입하여 지위를 얻거나 적어도 참여할 수 있었다. 록펠러가(Rockefellers)와 구겐하임가(Guggenheims)는 자신들의 경제적·사회적 자원을 사용하여 현대 아방가르드 예술을 보여주는 주요 미술관 형태로 자신들을 기념하는 기념물을 세운다. 하지만 그 미술관의 예술은 현대 예술 운동의 이데올로기를 구현하고 있으며, 후원자들은 계발된 예술 비전(秘傳)의 지식을 통해 그 체계에서 자신들이 차지하는 지위를 보여준다. (이와는 대조적으로 바로크 이탈리아의 화가들은 사회적 위계의 최상위 계층으로부터 자신들을 후원할 수 있는 여유가 있는 사람들의 이데올로기, 상징, 그리고 미학을 배웠다는 것을 기억하라.)

후원은 공연 예술에 따라 달라지는데, 교향곡, 오페라, 레퍼토리 극장, 발레 등 현대 공연 예술 단체의 비용은 너무 커서 한 명의 후원자가 감당할 수 없기 때문이다. 따라서 개별 화가나 작가를 후원할 수 있는 사람들은 이러한 단체를 후원하기 위해 협력하며, 그러한 협력을 조정하려면 필요한 기금 모금을 계속하기 위한 이사회와 보조 기관이라는 정교한 도구가 필요하다. 이러한 주요 문화 기업의 후원자들은 지속적인 공연의 흐름과 새로운 제작의 준비를 유지하기에 충분한 금액을 기부한다. 그들은 자신의 취향과 진지함을 증명할 수 있는 수집품을 갖고 있지는 않지만, 그들의 이름이 프로그램에 등장하고 때때로 새로운 제작(예를 들어 오페라 또는 발레)에 자금을 지원한 공로를 인정받아서 어느 정도의 지위 명예를 얻는다.

그렇다면 현대의 개인 후원자들은 해스켈이 이상적인 후원자로 묘사한 계몽된 관대함의 모델이 될 수 있다. 그들은 돈이 있고, 그들 중 대부분은 돈을 어떻게 쓰는지에 대한 깨달음을 얻는 데 필요한 현대 예술의 난해한 지식을 획득했다. 그러나 그들은, 현대 예술의 주요 컬렉터로서 중요한 미술관들의 주요 임원이거나 기부자가 아닌 이상, 대중적 효과를 극대화하기 위해 작품을 전시하기에 가장 좋은 장소들을 장악하지 못할 수도 있다. 구겐하임, 휘트니(Whitney), 허숀(Hirshorn) 등의 일부 컬렉터는 자신의 미술관을 직접 개관하기도 했다. (조셉 허숀은 현대 예술에 막대한 돈을 썼지만 그가 관련된 미학에 완전히 참여하고 이해했는지에 대해서는 의구심을 일으켰다. 예를 들어, 그는 한 예술가의 스튜디오를 방문한 지 20분 만에 모든 작품을 구입하기도 했다.)

반면에 정부 후원자들은 중요하고 접근하기 쉬운 장소에 작품을 전시할 수 있다. 정부가 전시나 기념의 목적으로 예술 작품을 의뢰할 때, 예술가들은 때때로 지원의 출처로서 공무원들에게 의존할 수 있다. 그러나 정부에서는 많은 항목이 예술보다 우선순위가 더 높기 때문에 이는 불안정한 출처이다. 게다가 정부 공무원들은 일반적으로 상급자에게 답변해야 하는데, 상급자는 (특히 대중적으로 선출된 경우) 세련된 취향이 없을 수 있으며, 만약 세련된 취향이 있더라도 세련된 취향이 없는 유권자들에게 대답해야 할 수도 있다. 이러한 이유로, 공식적인 의뢰는 확립된 가치와 예술적 스타일을 가장 명확하게 재현하는 현직 예술가들에게 간다(Moulin[1967]: 265~284 참조). 그 결과 정치적으로 급진적이거나 외설적이거나 신성모독적이거나 예술을 구성하는 전통적인 정의와 너무 다른 것으로 정의되는 작품은 어디에서도 정부의 지원을 거의 받지 못한다.

이러한 제약에도 불구하고 많은 정부는 주요한 현대 작품들에 대한 책임을 져왔다. 이러한 경우에, 현대 회화와 조각의 세계에서 예술가들의 관례와 미학을 공유하고 있는 — 해스캘이 말한 의미에서 "계몽된" — 전문 공무원들은 예술에 할당된 자금을 관리하는 관료제의 일상 업무를 인계받는다. 그들은 전부는 아니지만 일부 직접적인 정치적 압력으로부터 예술가들을 보호한다. 프랑스 정부에서 문화부 장관을 지낸 앙드레 말로(Andre Malraux)는 이러한 유형의 대표적인 예이다.

예술에 대한 사업적인 후원에서도 비슷한 일이 발생하지만, 거기서는, 한스 하케(Hans Haacke, 1976; 1978)가 보여주었듯이, 홍보 및 기업 이미지 구축의 일환으로 선택이 이루어지고 정당화되기 때문에 일반적으로 매우 보수적이며, 선택은 가장 많은 사람들에게 긍정적인 영향을 미치도록 설계된다. 기업 후원에 영향을 미치는 생각은 예술과 비즈니스 사이의 관계에 관한 몇몇 중요한 관계자의 발언으로부터 하케가 수집한 아래 인용문들에서 예시된다.

> 내가 예술을 감상하고 즐기는 방식은 지적이기보다는 심미적이다.
>
> 예술가가 무엇을 의미하는지에 대해서는 정말로 관심이 없다. 그것은 지적인 작업이 아니다. 그게 내가 느끼는 바이다.
>
> _넬슨 록펠러(Nelson Rockefeller)
>
> 하지만 중요한 것은 예술이 별개의 것이 아니라 비즈니스를 포함해서 삶의 모든 측면과 관련이 있다는 인식이 비즈니스의 세계에 확산되고 있다는 점이다.

예술은 실제로 비즈니스에 필수적이다.

_프랭크 스탠턴(Frank Stanton)

예술에 대한 엑슨(EXXON)의 지원은 사회적인 윤활유로서 예술을 돕는 역할을 한다.

그리고 대도시에서 비즈니스를 계속하려면 윤활유로 매끄러워진 환경이 필요하다.

_로버트 킹슬리(Robert Kingsley), 공보과, 엑슨사

(Haacke, 1976: 116, 117, 120에서 인용)

현대의 후원자들이 예술에 대해 그러한 생각을 가지고 있을 때, 그들은 정부와 비즈니스와 예술 사이의 올바른 관계를 전형적으로 달리 보는 정치적으로 더 진보적인 예술가들 및 기타 현대 예술계 참여자들과 빈번하게 충돌하게 된다. 뉴욕의 아방가르드 갤러리를 방문하는 사람들을 대상으로 실시한 하케의 여론 조사에 따르면, 그들은 공공 예술에 대한 주요 지원을 제공하는 사람들보다 정치적 성향으로는 더 좌파이며, 취향적으로는 더 모험적이다. 일반적인 현대 미술관 방문객의 70퍼센트는 미술에 전문적인 관심을 갖고 있다. 76퍼센트는 미술관 이사회에 예술가들과 미술관 직원이 포함되어야 한다(미술관 이사회는 강력하게 반발해 왔던 아이디어이다)고 생각한다. 74퍼센트는 1972년 미국 대선에서 맥거번(McGovern)*을 지지했다. 67퍼센트는 이윤 지향적 비즈니스의 이익이 공공선과 양립할 수 없다고 생각한다. 66퍼센트는 연 소득이 2만 달러 미만이며, 81퍼센트는 미국의 조세 정책이 고소득층에 유리하다고 생각

* 1972년 미국 대통령 선거는 베트남 전쟁 이슈 속에 치러졌는데, 민주당의 후보로 지명된 상원의원 조지 스탠리 맥거번(George Stanley McGovern)은 현직 대통령인 리처드 닉슨에 맞서 베트남 전쟁 종식을 내세우며 반전 운동을 전개했지만 압도적인 표차로 패했다._옮긴이

한다. 뉴욕의 미술관이 현 미국 정부에 비판적인 작품을 전시할 것이라고 생각하는 사람은 15퍼센트에 불과하다. 49퍼센트는 스스로를 진보적이라고 생각하고, 19퍼센트는 급진적이라고 생각한다(Haacke, 1976: 14~36). 요컨대, 현대 미술 애호가들은 자신이 가장 관심을 두는 작품이 궁극적으로 자신과 모순되는 예술 기업의 관점을 가진 사람들에 의해 통제되고 있다고 믿는다.

나중에 논의할 정부의 후원은 정권의 성격에 따라 다르다. 여기서는 정부가 작품을 만들고 유통하는 수단에 대해 독점권을 가질 수 있다는 점만 언급하고 싶다. 이 경우에 국가는 더 이상 여러 가능한 자금원 중 하나가 아니다. 국가는 유일한 자금원이며, 국가의 도움 없이는 작품이 완성되지 않는다. 많은 국가에서 문학과 음악은 민간 기업의 손에 있는 반면, 영화 산업은 국가가 직접 통제하거나 재정 지원을 통해 통제한다. 정권은 영화가 인쇄된 문헌보다 더 많은 사람에게 영향을 주기 때문에 영화가 정치적 안정에 더 큰 위협이 된다고 생각할 수도 있고 또는 오직 국가만이 훌륭해 보이는 영화에 재정을 지원할 수 있을 만큼 충분한 자금을 모을 수 있다고 생각할 수도 있다. 물론 일부 국가에서는 모든 형태의 커뮤니케이션과 기업에 대한 독점권을 국가가 당연하게 유지한다. 그러면 예술을 국가의 후원이라고 말하기보다 국가가 통제하는 산업으로 묘사할 수도 있다.

공개 판매

이러한 시스템 아래서 예술가는 공개적으로 판매되거나 유통되는 작품을 만든다. 일반적으로 전문 중개인은 작품이나 공연 티켓을 살 돈이 있는 모든 사람에게 판매하는 조직을 운영한다. 비교적 간단한 설명으로 공개 판매 시스템의 기본적인 작동 원리를 제시할 수 있다. (1) 유효 수요는 예술을 위해 돈을 쓸 사람들에 의해 창출된다. (2) 그들이 요구하는 것은 그들이 즐기고 원하도록 배웠던 것이며, 그것은 그들의 교육과 경험의 결과이다. (3) 가격은 수요와 수량에 따라 달라진다. (4) 시스템이 처리하는 작품들은 시스템이 계속 운영될 수 있을 만큼 효과적으로 유통할 수 있는 것들이다. (5) 충분히 많은 예술가가 시스템이 계속 운영될 수 있도록 효과적으로 유통할 수 있는 작품들을 생산할 것이다. (6) 유통 시스템이 처리할 수 없거나 처리하지 않을 작품을 만드는 예술가는 다른 유통 수단을 찾을 것이다. 그렇지 않으면 그들의 작품은 최소한의 유통만 이루어지거나 전혀 유통되지 않을 것이다.

우리는 후원자에게 적용되는 세 범주의 화가를 공개 판매 시스템에 적용할 수 있다. 이 시스템은 예술 작품을 만드는 사람들에게 어떤 종류의 재정적 지원을 제공하는가? 이 시스템은 작품 제작에 들어가는 관례와 취향을 공유하는 관객들을 어떻게 모으는가? 이 시스템이 예술가의 작품을 공개적으로 전시하여 평판과 경력을 쌓는 데 기여하는 방법은 무엇인가? 이러한 조직을 운영하는 중개자는 제작 및 유통 과정을 어느 정도 질서 있고 예측 가능하게 유지하여 운영을 계속하고 수익을 창출하면서 관객과 예술가 모두에게 계속 기여하려는 의도를 갖고 있음을 기억하라. 운영 중인 공개 판매 시스템은 일부 예술가에게 지원금을 제공하고, 취향을 가진 관객과 접촉할 수 있게 하고, 또한 작품을 효과적으로 공개할 기회를 제공하는 등 좋은 역할을 한다. 하지만 그 시스템에 그다지 적합하지 않은 작품의 작가에게는 시스템의 역할이 신통치 않을 것이며, 전혀 적합하지 않은 작품의 작가에게는 매우 나쁜 영향을 미칠 것이다.

일부 시스템에서는 기업가가 한 명 이상의 예술가의 작품 재고에 투자하고 잠재적 구매자가 그 작품을 살펴보고 구매도 할 수 있는 장소를 제공한다. 갖가지 공연 예술의 경우, 기업가는 일반적으로 공연 준비에 투자함으로써 또는 최소한의 수입을 보장함으로써 공연 생산에 투자한 다음 티켓을 판매한다. 어떤 경우이든 중개자는 다양한 공연을 계속 제공할 수 있을 만큼 충분한 수익을 얻는다. 우리는 비교적 소규모인 이 시스템의 버전을 갤러리-딜러 유형 또는, 공연 예술에 대해 말하자면, 임프레사리오(impresario)* 시스템이라고 부를 수 있다. 이러한 소규모 시스템은 전형적으로 독특하게 여겨지는 작품을 유통한다. 다른 극단에서는 기업가가 음반 산업, 영화, 도서 출판에서 전형적인 방식으로 대량 유통을 목적으로 하는 작품을 대량으로 생산하는 데 투자한다. 우리는 이러한 시스템을 폴 허시(Paul Hirsch, 1972)를 따라 문화 산업이라고 부를 수 있다.

딜러

해스켈(Haskell, 1963), 그리고 해리슨 화이트와 신시아 화이트(Harrison White and Cynthia White, 1965)는 후원 시스템에서 딜러, 갤러리, 비평가에 의해 지배되는 시스템으로의 전환에 대해 기술한다. 18~19세기 이탈리아와 프랑스에서는 많은 부유한 상인과 기타 사업가들이 자신들의 즐거움을 위해 그리고 그들이 열망하는 사회적 지위에 걸맞은 교양과 취향의 표지로서 그림을 구입하는 데 관심을 갖게 되었다. 동시에 많은 사람이 후원을 통해 성공적인 경력을 쌓기를 바라면서 예술가가 되었다. 후원 시스템 아래에서는 공개 전시회가 흔하지 않아, 전시회가 열리면 비교적 짧은 기간 동안 엄청난 수의 그림이 모였다. 그로 인해 잠재적 후원자는 누구를 피후원자로 삼을지 볼 수 있었다. 파리 살롱의 경우에는 국가가 상을 수여하여 후원자들이 선택하는 데 도움

---

* impresario는 이탈리아어로 극장 지배인이나 흥행사를 뜻하는 단어이다. 서양에서는 18세기부터 오페라 극장 등이 등장했는데, 이곳에서 예술가들을 관리하는 매니저나 공연기획자 또는 순회공연 담당자를 가리키는 말로, 오늘날의 예술경영인과 유사한 역할을 담당했다. 그러나 때로 오케스트라 지휘자 같은 예술가의 역할도 겸했다는 점에서 오늘날의 예술경영인과는 차이가 있다._옮긴이

을 주었다.

그러나 시스템이 제공할 수 있는 것보다 더 많은 화가가 후원자를 원했다. 화이트와 화이트(White and White, 1965)의 글의 추정에 따르면, 1863년경 프랑스에서는 파리에서 3,000명, 지방에서 1,000명의 알려진 화가들이 10년마다 약 20만 점의 유화 작품을 제작했다(83).

> 그 시스템은 자체적인 범위 내에서 수익을 낼 수 있도록 이 독특한 작품들의 보고(寶庫)를 전시할 능력을 발전시키지 못했다. 물론 모든 그림이 전시될 필요는 없었고, 모든 그림이 진화하고 있던 딜러 및 비평가의 대체 시스템에 의해 전시되지도 않았다. 그러나 작가가 자신의 중산층의 관점으로 스스로를 바라보는 데 필요한 정기적인 수입을 얻을 수 있을 만큼의 작품이 전시되어야 했다.
>
> 훨씬 더 큰 그림 시장이 필요했고, 동원될 수 있었다. …… 딜러들은 새로운 사회적 시장을 인식하고, 장려하며, 이에 부응했다. …… 개인이 아닌 시장의 관점에서 생각해야 할 정도로 충분한 수의 그리고 충분히 다양한 잠재적 구매자가 있었다.(White and White, 1965: 88, 94)

시각 예술은 이제 거의 전적으로 이러한 딜러들의 국제적 네트워크를 통해 판매된다. (이후의 논의에서 크게 의존하고 있는 예술 시장에 대한 물랭의 고전적인 연구[1967]에 따르면) 딜러는 예술적 가치를 경제적 가치로 전환하여 예술가들이 예술 작품으로 생계를 유지할 수 있게 해줌으로써 예술가를 사회의 경제로 통합한다. 딜러는 일반적으로 "축성(祝聖, consecrated)된" 예술이나 현대 예술을 전문으로 한다. 딜러가 사업을 하는 스타일과 딜러의 운영이 지닌 경제적 우발성은 그에 따라 다르다.

[축성된 예술에서] 이러한 딜러들이 옛 거장들(Old Masters)을 전문으로 하든 근대 회화를 전문으로 하든 간에, 인상파의 거장에서 20세기의 거장에 이르기까지 판매되는 작품들은 문화적 차원에서는 정당성의 지위를 지니게 되며, 경제적 차원에서는 보장된 가치의 지위를 지니게 된다. ……

그 딜러들의 예술적 선택은 역사가 이미 내린 선택을 기초로 한다. 판단의 오류는 작품을 식별하고 진품을 인증하는 수준에서만 일어난다.(Moulin, 1967: 99~100)

이러한 작품이 비평가들의 호평을 받지 못하더라도 예술사에서 그 작품이 지닌 부인할 수 없는 중요성은 그 작품의 지속적인 가치를 보장한다. 그 가치는 영원히 제한된 공급에 의해 더욱 뒷받침된다. 죽은 예술가는 더 이상 캔버스에 그림을 그리지 않는다. 더 많은 작품이 발견될 수도 있고 죽은 예술가가 역사적 중요성을 지닌 작품을 그린 화가의 목록에 추가될 수도 있지만 말이다 (Moulin, 1967: 424~441 참조).

반대로, 현대 회화의 공급에는 제한이 없다. 현대 작품을 거래하는 데에는 위험을 기꺼이 감수하는 기업가가 필요하다. "혁신적인 딜러는 알려지지 않은 작품에 베팅한다. 그의 목표는 작품에 대중적인 존재감을 부여하여 그 작품을 시장에 내놓는 것이다"(Moulin, 1967: 118). 하지만 기업가는 자신이 베팅하고 다른 사람들에게 추천하는 작품과 예술가가 대중에게 받아들여질지 어떻게 알 수 있는가? 그의 판단을 뒷받침하고 작품의 가격을 상승시키는 다른 사람들의 행위를 통해 역사가 말해주기 전까지는 아무도 확실히 알 수 없다. 따라서 혁신적인 딜러는 자신의 미학적이고 금전적인 판단과 활동이 철저히 혼합되어 있다는 것을 발견한다. 또한 혁신적인 딜러는 역사가 말해주기를 기다릴 수도 없고 기다리지도 않는다. 혁신적인 딜러는 앞으로 역사를 만들어낼 행위를 하는 다른 사람들을 적극적으로 설득하려고 노력한다. 혁신적인 딜러는 갤러리를 통해 이를 수행한다.

갤러리는 다음과 같은 것으로 구성된다. 즉, 대개 잠재적 구매자에게 예술 작품을 전시하는 상설 장소를 보유한 딜러, 판매될 작품을 생산하는 (흔히 딜러의 '경주마[stable]'라고 불리는) 예술가 집단, 정기적인 구매를 통해 갤러리를 지원하는 구매자 집단, 공개 발표된 설명이나 평가를 통해 갤러리 예술가들의 작품에 대한 관심과 시장을 형성하는 데 도움을 주는 비평가 또는 비평가들, 오프닝에 참석하고 전시회를 관람하러 오며 일반적으로 갤러리 예술가에 대해 이야기하고 다른 사람들에게 전시회를 추천함으로써 갤러리 예술가에 대한 관심을 확산하는 갤러리 관람객 집단으로 구성된다. 잠재적인 작품 구매자는 예술가들과 미학적 지식 및 관례적 지식을 공유하지 않는다. 왜냐하면 그들은 후원자보다 문화 수준이 낮은 계급 출신이며, 동시에 예술계의 문화는 점점 더 난해해지고 전문화되어 자체 전통에서 비롯된 문제를 탐구하는 데 전념하기 때문이다(Kubler, 1962 참조).

딜러는 일반적으로 어떤 예술 스타일이나 화파를 전문으로 한다. "그 딜러들의" 예술가는 공통점을 갖고 있으며, 따라서 갤러리에 오는 사람들은 동일하거나 관련된 전제 및 관례에 어느 정도 의존하는 작품을 보는 것을 기대한다. 갤러리 전시회에 꾸준히 참석하면 그 스타일을 감상하는 법, 즉 그 스타일의 가능성은 무엇인지, 그 스타일을 보면서 어떤 경험을 할 수 있는지를 배울 수 있으며, 예술가들과 그들의 배경에 대한 사실, (벽면의 작품 이름표와 카탈로그에 포함된) 철학적 또는 미학적 의도와 토대를 배울 수 있다. 자신을 잠재적 구매자라고 밝히는 갤러리 관람객은 갤러리 직원으로부터 맞춤형 소개를 받는다. 이 갤러리 직원은 개별 예술가의 작품 그리고 심지어 개별 그림이나 조각품까지 분석하고, 다른 중요한 또는 유행하는 스타일이나 화파와의 관계를 제시하며, 작품의 미학에 대해 토론한다. 이와 동시에 당신의 집 어디에 어떤 특정한 작품을 놓을지, 그 작품에 대해 어떻게 지불하기를 원하는지, 당신이 이미 소유하고 있는 다른 작품들과 이 작품을 어떻게 조화시킬지를 의논할 수 있다.

갤러리 예술가들의 작품을 감상하는 법에 대한 이러한 가르침은 비평가와 미학자가 마련한 토대를 바탕으로 한다. (다음 장에서 보여주듯이) 미학자들은 이런저런 종류의 작품을 감상에 적합한 정통 예술로서 정당화하는 기본적인 철학적 입장을 다룬다. 비평가들은 보다 일상적인 수준에서 활동하면서, 자신들이 속해 있는 예술계의 매일매일의 문제, 작품의 평판과 가격에 영향을 미치는 이벤트들 — 전시, 주요 작품 인수, 스타일의 변화 —, 그리고 일부 그림이나 화파에 대한 정보를 제공하는 특정 회화 이론을 논의한다. 화이트와 화이트(White and White, 1965)는 프랑스 미술품을 구매하는 대중에게 인상파 회화를 설명한 대표적인 비평의 예를 인용한다.

> 색채 분야에서, 그들은 다른 곳에서는 그 기원을 찾을 수 없는 진정한 발견을 해냈다. …… 이 발견은 당연히 온전한 빛이 색조를 탈색시키고 대상에 반사된 햇빛은 그 선명성 때문에 일곱 개의 스펙트럼 광선을 단일한 무색 광채로 해소시키는 밝은 통일체, 즉 빛으로 되돌리는 경향이 있다는 것을 인식했다는 것과 같은 말이다. 이어지는 직관력에 의해, 그들은 …… 빛을 빛의 광선, 빛의 요소로 나누는 데, 그리고 그들이 캔버스 위에 펼친 색의 스펙트럼의 일반적인 조화를 통해 그 통일성을 재구성하는 데 …… 성공했다.(Edmond Duranty, White and White, 1965: 120에서 인용)

이러한 발언은 학술적인 역사 그림을 여전히 중시하는 사람으로 하여금 유명한 인물이 등장하지 않는 그림, 어떠한 중요한 사건도 기념하지 않은 그림, 중요한 애국적 또는 종교적 가치로 표현하지 않은 그림에서 좋아할 만한 것이 무엇인지 알 수 있도록 도와줄 것이다.

비평적 글은 이전의 기준이 무엇이었는지를 설명할 때 그리고 새로운 작품이 그 기준이 너무 제약적이라는 것과 실제로 즐길 만한 다른 것이 있다는 것을 어떻게 보여주는지를 명확하게 설명할 때 특히 영향력이 있다. 따라서 사진 유행의 선구자인 존 샤르코프스키(John Szarkowski)는 로버트 프랭크의 사진집 『미국인들(The Americans)』이 1958년에 처음 나왔을 때 사람들이 왜 그 책을 싫어했는지 그리고 당시의 관례적인 시각을 포기함으로써 그 책에서 무엇을 볼 수 있었는지를 설명해 준다.

『미국인들』에 대해 가장 분노하는 반응은 사진작가들과 사진 전문가들로부터 나왔는데, 이들은 프랭크의 작품이 철학적 입장이 매우 다른 사진작가들도 대부분 공유하는 사진 스타일의 기준, 사진 수사학(rhetoric)에 얼마나 심오한 도전인지를 인지했다. 이 기준은 표면, 부피, 공간에 대한 정확하고 명확한 묘사를 요청했었다. 사진의 매력, 물리적 아름다움은 바로 이러한 특성에서 비롯되었다.(Szarkowski, 1978: 20)

아이젠하워 시절 동안 미국을 바라보는 프랭크의 혹독한 개인적 시각은 …… 세련된 사회적 지성, 빠른 시선, 작은 카메라의 잠재력에 대한 급진적인 이해를 바탕으로 했으며, 그것은 우아한 색조 묘사보다는 좋은 드로잉(drawing)에 의존했다.(Szarkowski, 1978: 17)

비평가들은 종종 갤러리 소유주들과 동일한 발견을 하며, 비평가와 갤러리 소유주 이 두 집단은 매력적이고 비평적으로 수용 가능한 혁신을 이루었다고 여기는 화가 및 조각가들을 홍보하기 위해 협력한다. 딜러는 작품을 보여주고, 비평가는 그 작품이 수용 가능하고 감상할 만한 가치가 있다고 판단하는 근거를 제공한다. 딜러와 비평가 두 집단은 모두 종종 관심 있는 새로운 작품을 자신의 컬렉션을 위해 구매한다. 그들이 그렇게 하지 않는다면 놀랄 만한 일일 것이다. 왜냐하면 그들이 그 작품을 애초에 선택한 것은 적어도 부분적으로는 그 작품에서 매력을 발견했고 그 작품이 회화의 발전에 중요할 수 있다고 생각했기 때문이며, 그뿐만 아니라 아직 상대적으로 알려지지 않은 예술가들의 작품을 구매함으로써 그들을 돕고 싶었기 때문이다.

딜러는 자신들이 전시하는 작품을 감상할 뿐만 아니라 그 작품을 구매하고 소장하기도 하는 사람, 즉 컬렉터가 필요하다. 현대 미술을 좋아하는 대부분의 사람은 실제로 그 작품을 구매하지 않는다. 갤러리에 자주 가는 사람들을 대상으로 실시한 하케의 설문조사 중 하나에 따르면, 미술품을 구매하는 데 2,000달러 이상을 지출한 사람은 18퍼센트에 불과했다(Haacke, 1976: 46). 딜러는 감상자들을 컬렉터로 훈련시키려고 노력한다. 그것은 자신의 취향을 드러내는 것에 대한 자부심과 자신감, 관련된 지출에 대한 자신감, 다른 사람들에게 자신이 구매한 것을 기꺼이 알리는 것과 같은 요소를 작품 감상에 추가하는 것을 의미한다. 레이몽 물랭(Raymonde Moulin, 1967: 190~225)은 에반 코넬 주니어(Evan S. Connell, Jr., 1974)가 허구적으로 자세히 묘사한 수집광에 대해 서술할 뿐만 아니라 문화적 속물근성과 순전히 금전적인 투기에서부터 그림 자체에 대한 깊은 몰입에 이르기까지 컬렉터들의 다양한 동기에 대해서도 서술한다. 그녀는 심지어 투기꾼의 행동에서도 경제적 가치와 미학적 가치의 혼란이 어떻게 나타나는지 지적한다.

> 투기꾼은 단기적으로 서로 밀접하게 연관된 두 가지 베팅을 하는데, 하나는 미학적 가치에 대한 베팅이고, 다른 하나는 자신이 구매하는 작품의 경제적 가치에 대한 베팅이다. 이 두 가지 베팅은 각각 서로를 보장한다. 이러한 이중 베팅에서 이긴다는 것은 자신이 경제적 행위자이자 동시에 문화적 행위자임을 확인하는 것이다.(Moulin, 1967: 219)

딜러는 이러한 혼합된 동기를 바탕으로 (비평가의 도움을 받아) 자신이 보여주는 작품에 관심이 있는 고객인 관람객을 끌어들인다. 배운 대로 작품을 즐기는 구매자는 딜러들의 말과 딜러들 자신의 구매 사례를 통해 새로운 스타일이나 화파의 가능성을 다른 사람들에게 전하며, 이를 통해 딜러의 주장을 더욱 설득력 있게 만든다.

예술 작품은 이제 보편적으로 중요한 투자 수단으로 인식되고 있다. 현명하게 선택된 예술 작품은 상당히 가치가 오르며, 때로는 기존의 대안들보다 더 나은 성과를 거두기도 한다. 그러나 물랭(Moulin, 1967: 462~476)이 보여주듯이, 1962년 미국 주식 시장이 급락했을 때 미국의 컬렉터들은 자신들이 소유한 그림들을 팔아치웠고, 뉴욕과 파리 모두에서 현대 회화 작품의 가격은 더욱 급격히 하락했다. 역사적으로 정당성을 인정받은 그림의 가격은 훨씬 덜 떨어졌다.

결과적으로, 현대 미술에 대한 투자가 현명하게 이루어지려면 전문가의 조언이 필요하다. 미학적 (따라서 경제적) 가치에 대해 좋은 안목을 가진 것으로 인정받는 성공적인 비평가와 딜러는 고객의 취향을 형성한다. 그리고 그렇게 함으로써 완전히 자리를 잡지 못한 예술가에 대한 자신의 투자가 수익을 거두고 또한 수익성을 유지할 수 있도록 보장한다. 비평가와 딜러가 "자신들의" 예술가가 가진 예술적 장점을 더 많은 사람에게 납득시킬수록, 그들이 보유한 작품의 가치는 더욱 커진다. 따라서 딜러는 이제 막 알려지기 시작한 예술가의 작품을 보유하는 것이 유리하다는 것을 알게 된다. 화가의 명성이 높아질수록 그 작품의 가치는 더 높아질 것이다.

예술 작품은 경제적 가치를 갖기 때문에 유통 시스템의 일부 업무는 예술 작품으로 인해 발생하는 문제를 직접적으로 다룬다. 한 가지 중요한 문제는 판매되는 작품의 진품 여부를 확인하는 것이다. 예술가가 현대 작가이고 무명일 때는 이 문제가 별로 중요하지 않지만 — 누가 무명인 작가의 작품을 위조하겠는가?

— 거액이 걸려 있을 때 또는 예술가가 사망했거나 문제의 작품을 만든 것을 기억할 수 없을 때는 매우 중요해진다. 이러한 상황에서 전문가들은 딜러와 협력하면서, 미술사 연구 방법을 적용하여 특정 작품의 진품성을 입증하고, 미학 방법을 적용하여 예술가, 작품, 전체 화파의 상대적 가치를 결정한다. 전문가들은 스타일 분석 방법을 사용하여 티치아노가 진짜 티치아노인지 여부를 결정한다. 작품의 소유권을 단계별로 추적하여 작품 소유의 계보를 구성하는 것도 이와 동일한 목적에 기여할 수 있다. 버나드 베렌슨(Bernard Berenson)과 같은 전문가들은 조셉 듀빈(Joseph Duveen)과 같은 딜러들과 협력하여 예술에 대해 거의 알지 못했던 부유한 미국인 세대로 하여금 전문가가 진품이라고 보증하는 작품들에 많은 돈을 쓰도록 설득했다. 동시에, 베렌슨은 체계적인 귀속 방법을 믿을 만하고 옹호할 수 있는 토대 위에서 사용하고 있었다. 이러한 학술적 기법들은 지금은 딜러, 비평가, 학자 및 컬렉터의 공동체가 가치를 창출하는 활동의 표준이다.

요컨대, 딜러, 비평가, 그리고 컬렉터는 작품의 가치와 감상 방법에 대한 공감대를 발전시킨다. 그런 일이 발생하면, 우리는 딜러가 자신이 취급하는 작품을 위한 관객을 창조하거나 훈련시킨 것이라고 말할 수 있는데, 그 관객들은 이탈리아 귀족이나 주교가 바로크 회화에 대해 교양을 쌓은 것과 같은 수준으로 그 작품에 대해 교양을 쌓았다. 그 관객들은 작품을 알고 이해한다. 그리고 화가는 관객들이 자신의 직관, 재치 및 기술적 성취를 인정할 것이라는 확신을 가지고 관객들을 위해 그림을 그릴 수 있다.

물론 이러한 딜러는 작품을 창조하는 예술가들도 보유해야 한다. 딜러는 적극적으로 예술가들을 모으고, 예술가들이 갤러리의 꾸준한 고객들 사이에서 관심을 끌 수 있을 만큼 충분한 작품을 제작하도록 장려한다. 마르시아 비스트린(Marcia Bystryn, 1978)은 현대 뉴욕의 회화 세계에 있는 갤러리 간의 분업을 제안했다. 하나의 유형은 상대적으로 알려지지 않은 많은 예술가를 후원하는 것으로, 진지한 비평가들과 컬렉터들이 처음으로 그 예술가들의 작품을 볼 수 있도록 예술가들에게 기회를 제공한다. 두 번째 유형은 이 그룹으로부터 어느 정도 지지를 받은 작가들을 선택하는 것으로, 그 작가들의 작품은 비평적으로 호평을 받고 몇몇 중요한 컬렉터에 의해 구매된다. 딜러들 그리고 전시하고 판매할 작품을 꾸준히 공급해야 한다는 딜러들의 요구는 예술가들에게 몇 가지 중요한 제약을 가한다. 딜러들은 종종 예술가를 위해 적절한 다음 단계가 될 수 있는 작품의 종류를 제안하며, 갤러리(갤러리의 예술가들은 지속적인 전시 일정을 소화할 수 있을 만큼 충분한 양의 작품을 함께 생산해야 한다)와 예술가(작품을 많이 생산하지 않는 예술가는 어떤 의미에서 더 이상 현역 예술가가 아니며, 적어도 갤러리 운영에서 중요한 역할을 할 수 있는 예술가가 아니다)의 경력 모두를 유지하기에 충분한 양의 작품을 생산하도록 예술가에게 압력을 가하는 원천이다. 예술가와 딜러 사이에서 두 유형의 갤러리는 진지하게 받아들여질 수도 있고 그렇지 않을 수도 있는 작품을 만들면서 기꺼이 자신의 시간과 에너지와 명성을 거는 예술가들을 꾸준히 공급하고, 그 예술가들의 작품을 지지하기에 충분한 관객을 계발하며, 예술계의 명성 시스템에서 지위를 인정받는 평판을 만들어낸다. 예술가와 딜러 사이에서 두 유형의 갤러리는 야심 찬 예술가들을 걸러내어, 일부에게는 더 대단한 작품을 제작하고 자신들의 작품에 더 많은 자신감을 갖도록 장려하며, 다른 일부에게는 자신들이 도달할 수 있는 범위까지 갔음을 암시한다. (더 복잡한 갤러리 유형 분류는 Moulin[1967: 89~149]에서 찾을 수 있다.)

딜러들은 예술가 지망생을 영입하는 데는 큰 어려움이 없지만(사실 딜러를 찾는 데 어려움을 겪는 이들이 바로 예술가 지망생들이다), 예술가 지망생들을 유지하는 데는 종종 어려움을 겪는다. 지원 인력과 맺는 모든 관계에서와 마찬가지로 예술가에게 딜러는 축복이자 저주이다. 한편으로, 딜러는 대부분의 예술가가 다른 사람이 해주기를 바라는 일을 한다. 물랭은 한 프랑스 화가의 말을 인용한다.

> 솔직히 말해서, 우리는 컬렉터를 접대하지 않아도 되도록 하기 위해, 나 자신을 보호하기 위해, 딜러가 담당하는 홍보 업무와 같은 행정적인 일에서 벗어나기 위해 항상 딜러를 찾고 있다는 것을 인정해야 할 것 같습니다. 컬렉터가 오는 날에는 불안한 마음에 사전에 3시간을 허비하고 하루를 날리게 됩니다. 컬렉터가 마음에 들어 하지 않으면 짜증이 나고, 컬렉터가 좋아하면 신이 나죠. 화가가 모든 곳에 있을 수는 없어요.(Moulin, 1967: 333)

더 중요한 것은, 젊은 화가는 좋은 투자로 간주될 수 있기 때문에 잘 알려진 딜러는 예술가를 '자신의 것'으로 만들고, 화가가 생활하고 일하고 재료를 구입할 수 있는 월 급료에 대한 대가로 전체 결과물을 계약함으로써 작품 판매에 대한 독점권을 얻는다. 마지막으로, 딜러는 전문화된 사업 수완과 시장에서의 인맥을 통해 예술가는 알지 못하는 예술적 가치를 경제적 가치로 전환하는 방법을 알고 있다. 물랭은 자크 비용(Jacques Villon)의 사례를 인용한다. 비용은 유명하고 존경받는 화가였지만, 그의 작품은 팔리지 않았다. 비용이 거의 70세가 되었을 때, 딜러인 루이 카레(Louis Carre)가 비용의 작품을 다루기 시작했고, 정성들여 조직한 일련의 쇼를 통해 수백 프랑이었던 비용의 그림 가격을 수십만 프랑으로 올려놓았다(Moulin, 1967: 329~333).

반면에 딜러들은 자신들이 갚아야 할 것을 항상 지불하지는 않는다. 딜러들의 사업은 경제 상황의 변동에 민감하며, 상황이 나빠지면 계약을 취소할 수 있다. 제대로 자리를 잡지 못한 딜러는 예술가에게 돈을 지불하는 데 어려움을 겪을 수 있으며, 예술가는 판매되지 않은 작품을 회수하는 데 어려움을 겪을 수 있다(그러한 사건에 대한 자세한 설명은 Haber[1975]를 참조하라). 물랭이 지적하는 것처럼, 더 중요한 것은 예술가와 딜러의 경제적 이해관계가 종종 다르다는 점이다. 딜러는 작품의 가치가 높아지는 동안 작품을 여러 해 소장하기를 원하겠지만, 화가는 자신의 작품을 전시하고 판매하고 배치해서 자신의 작업을 감상하고 유용한 아이디어와 비평을 제공할 수 있는 관객들의 논의로부터 유익을 얻을 수 있기를 원한다. 마지막으로, 예술가는 가능한 한 빨리 자신의 명성을 최대한 높이기를 원하지만, 딜러는 작품이 장기간에 걸쳐 감상되기를 기다리는 것이 더 유리하다고 생각할 수 있다. 평판이 좋은 예술가는 더 좋은 조건을 제시할 다른 딜러를 찾을 수도 있다.

갤러리-딜러 시스템은 미술관 제도와 밀접하게 연결되어 있다. 미술관은 애초에 딜러들을 통해 유통되는 작품의 최종 진열소가 되는데, 두 가지 의미에서 최종적이다. (1) 일반적으로 미술관 컬렉션에 들어온 작품은 미술관에 남아 있게 되는데, 이것은 미술관으로 가져온 선물이나 유증의 요구 때문일 수도 있고, 또는 특정 작품을 취득하는 것에 감정가로서의 명예를 걸고 있는 미술관 관계자가 적어도 책임을 면할 정도로 충분한 시간이 지나기 전까지는 그 작품을 팔아버림으로써 자신의 잘못을 인정하고 싶어 하지 않기 때문일 수도 있다. (2) 미술관이 작품을 전시하고 구매한다는 것은 현대 시각 예술계에서 가능한 가장 높은 수준의 제도적 승인을 부여한다는 것을 의미한다. 즉, 그 작품을 더 중요하게 만들거나 예술가가 이미 가진 명성을 더 높일 수 있는 일은 일어날 수 없다.

미술관의 궁극적인 통제권은 미술관 운영에 필요한 자금의 대부분을 제공하는 재단 이사회에 있다. 사적인 부와 재산의 축적을 허용하는 정치 체제에서 공공 미술관 이사회도 가장 부유한 계층을 대표한다. 왜냐하면 이사회는 돈과 예술품을 기부할 수 있는데, 일반적으로 통제할 지위에 대한 대가로 돈과 예술품을 기부하기 때문이다. 베라 졸버그(Vera Zolberg, 1974)는 시카고 미술관(Chicago Art Institute)의 발전과정에 대한 분석에서 처음부터 부유한 후원자들이 미술관의 업무를 직접적으로 통제하면서 작품 구입, 전시 및 기타 예술적 문제에 관여했음을 보여주었다. 후원자들은 나중에 파트타임 감정가들보다 "정말로" 가치 있고 중요한 것이 무엇인지에 대해 더 나은 정보를 가진 학문적으로 훈련된 예술사가들의 손에 통제권을 두었다. 마지막으로, 미술관들이 점점 더 커지고 복잡해짐에 따라 행정도 하나의 상황에서 다른 상황으로 옮겨갈 수 있는 하나의 예술이라는 개념이 자리를 잡으면서, 후원자들(그리고 그러한 추세를 잘 보여주는 시카고 미술관)은 예술에 대한 경험이 전혀 없었을 수도 있는 훈련된 행정가들의 손에 통제권을 맡겼다.

이러한 미술관 통제권의 변화는 예술가들이 미술관과 아무런 문제가 없다는 것을 의미하지 않는다. 딜러와 마찬가지로, 미술관 관장들 그리고 그들을 고용한 이사회는 예술가와는 다른 이해관계를 가지고 있다. 문제를 더욱 복잡하게 만드는 것은, 미술관 직원들은 자신들이 이사회의 이익이라고 생각하는 대로 행동할 수 있다는 것이다. 심지어 이사회가 그러한 이해관계를 갖고 있지 않더라도 말이다. 따라서 많은 미술관은 예술가들의 정치적 성향이 더욱 노골화되던 시기(특히 베트남 전쟁 시기 및 1960년대에 베트남 전쟁과 관련된 사건들이 벌어지던 시기)에 정치적인 현대 예술을 공개적으로 전시하는 것에 명백한 거부감을 보였다. 한 예로, 구겐하임 미술관 큐레이터의 초청으로 한스 하케는 뉴욕의 로어 이스트 사이드(Lower East Side)에 있는 빈민가의 부동산을 소유하는 패턴을 추적하고 드러내는 작품을 준비했다. 미술관 관장은 그 작품이 "정치적"이라고 주장하면서 전시를 취소했는데, 이로 인해 관여한 큐레이터는 해고되었고, 많은 현대 예술가가 미술관을 보이콧했으며, 하케는 이후 미술관 이사진과 기업 간의 관계 및 활동을 자세히 묘사한 작품을 제작했다(자세한 내용은 Haacke[1976]를 보라). 이 사례는 특이했다. 왜냐하면 이사진 중 어느 누구도 빈민가 부동산이나 그 부동산을 소유한 사람들의 종류에 관심이 없었고, 아마도 그 작품으로 그러한 활동을 폭로하는 데 반대하지 않았을 것이기 때문이다. 이러한 기관을 운영하는 전문가들은 불필요한 위험을 감수하지 않기 위해 이사진의 불쾌감을 유발하는 것을 필요 이상으로 경계하는 것으로 보인다.

부유한 사람들이 미술관을 통제하는 것은, 정확하게 지적하기는 어렵지만, 미술관의 내용에 더 미묘한 영향을 미친다. 『반(反) 카탈로그(Anti-Catalog)』(Catalog Committee, 1977)의 저자들은 휘트니 미술관이 (1976년 미국 건국 200주년 기념행사의 일환으로) 존 록펠러 3세 부부의 개인 소장품을 전시한 것을 분석하면서, 이 컬렉션(그리고 나아가 그와 유사한 많은 미술관 컬렉션)이 얼마나 부와 사업을 미화했는지, 그리고 사회적 갈등과 소수 집단을 무시하고 부유한 후원자들의 이해관계와 취향에 맞지 않는 기타 문제들을 무시했는지를 강조했다.

임프레사리오

공연 예술은 저장하고 전시하고 판매할 수 있는 대상을 생산하지 않기 때문에 갤러리 시스템과는 다른 방식으로 예술을 유통한다. 공연 예술은 기획자가 공연 내용을 모아 잠재적 관객에게 제공한다는 점에서 갤러리 시스템과 유사하다. 공연 예술은 관객에게 대상을 판매하는 것이 아니라 작품을 볼 수 있는 티켓을 판매한다는 점에서 차이가 있다. 대상은 잠재적 구매자에게 그것을 보여준 후에 판매될 수 있지만, 공연은 미리 판매되어야 한다. 임프레사리오(Impresarios)의 목표는 공연 티켓을 충분히 판매하여, 자신에게는 수익을 가져오고, 공연 예술가들에게는 생계를 (또는 적어도 더 많은 작업을 할 수 있을 정도의 수입을) 보장하고, 작품을 감상하는 그리고 예술가들에게 더 높은 명성을 보상하는 관객을 창출하는 것이다.

임프레사리오는 공연이 열릴 적절한 장소에 관객을 모으는 데 필요한 모든 일을 담당한다. 임프레사리오는 공연이 열릴 공간을 임대하고, 필요한 광고를 하고, 티켓을 판매하고, 재정을 처리하고, 필요한 보조 인력(예를 들어 기술자 및 안내원)이 있는지 확인한다. 일반적으로 임프레사리오는 예술가들에게 최소 보수액을 보장하는데, 여기에는 리스크가 있다. 공연이 충분히 많은 관객을 끌어들이지 못하면 기획자는 예술가들의 보수와 자신의 비용을 더한 금액과 그가 실제로 벌어들인 금액의 차액만큼 손해를 본다.

딜러와 갤러리에 대해 언급된 많은 내용이 임프레사리오에게도 적용된다. 임프레사리오는 예술가의 작품에 영향을 미치는 관점과 관례를 공유하는 교양 있고 감상을 즐기는 관객에게 작품을 보여줄 기회를 제공하며, 이를 통해 작업을 지속할 수 있는 충분한 수익을 창출한다. 물론 그들은 다소 다르게 운영한다. 공연 예술 기관을 지원하는 데는 갤러리보다 더 많은 사람이 필요하며, 임프레사리오는 갤러리 소유자처럼 다수가 관람하는 공연비용을 지불하기 위해 소수의 구매자에게 의존할 수 없다. 따라서 임프레사리오는 보여주고자 하는 공연 내용을 즐길 수 있도록 훈련된 더 많은 관객을 창출해야 한다. 이것이 바로 단발성 콘서트나 연극의 티켓이 아니라 일련의 행사에 대한 티켓을 판매하려는 이유 중 하나이다. 시즌 티켓을 구매하는 사람들은 공연을 보기 전에 대금을 지불할 뿐만 아니라 아방가르드 음악이나 무용, 고전 연극, 가벼운 뮤지컬 코미디, 실내악, 교향곡 또는 오페라 공연의 종류와 상관없이 임프레사리오가 제공하는 일련의 훈련을 받을 수 있는 위치에 있게 된다. 관객이 특정 작품을 감상하기 위해 필요한 요소 중 하나는 그 작품이 재현하는 장르에서 얻은 경험이며, 관객은 시즌 티켓을 구매할 때 이를 얻는다.

임프레사리오가 솔 후록(Sol Hurok)*이나 빌 그레이엄(Bill Graham)**일 필요는 없다. 기획 기능은 지역 극장, 오케스트라 협회, 또는 준정부 조직과 같은 조직에 의해 수행될 수도 있다. 특히 소규모로 운영될 때에는 공연자들이

* 러시아에서 태어났으나 미국으로 이주해 미국 시민이 된 전설적인 음악 감독이자 공연 기획자로, 특히 러시아의 클래식 음악가들과 무용수들이 미국으로 진출하는 데 공을 세웠다._옮긴이

** 독일계 미국인 공연제작자이자 록 콘서트 프로모터._옮긴이

직접 임프레사리오 역할을 하는 경우가 많다. 지역 극장은 모든 제작 작업을 자체적으로 수행할 수 있고 모든 재정적 위험을 감수할 수 있다(Lyon[1974; 1975] 참조). 상대적으로 적은 관객을 예상하는 그러한 단체는 그에 상응하는 투자를 한다.

투자 규모가 커지면, 공연은 앞 장에서 묘사한 프리랜스 시스템을 통해 사람들이 다양한 종류의 작업에 다양한 기간 동안 전념하는 프로젝트가 된다. 여기서 협력 당사자들을 모으는 데 필수적인 헌신을 하는 임프레사리오가 필요하다. 그러한 헌신이 이루어지면 그 프로젝트는 일련의 공연을 통해 원래의 투자금을 회수하는 결실을 맺게 된다.

이러한 조직 중 일부는 예를 들어 극단 및 무용단 또는 오케스트라와 오페라 협회와 같이 영구적으로 존재한다. 이미 오래전부터 관객들이 좋아해 온 유명한 작품으로 대부분의 프로그램을 구성하기 때문에 적절한 취향을 가진 관객을 모으는 데는 전혀 문제가 없다. 어려움이 발생하는 것은 그 집단을 구성하거나 레퍼토리를 선택하는 예술가들이 예술계의 변화 흐름에 부응하고 선판매된 관객이 없는 현대적이거나 실험적인 작품을 공연하고자 할 때이다. 이러한 욕구가 생겨나는 이유는 예술가들은 이런 종류의 작품을 공연함으로써 가장 반응이 좋은 동료들과 특별한 지식을 가진 일반인들 사이에서 자신들이 더 나은 평판을 얻을 수 있다고 생각하기 때문이다. 그러나 작품이 알려지지 않고 실험적이기 때문에, 일반적으로 조직을 지지하는 관객은 그 작품이 낯설고 어렵다고 불평할 것이다. 모든 대형 상설 공연 예술 단체는 이러한 문제를 안고 있다. 더 작은 단체들은 더 적은 비용으로 그러한 작품을 특화할 수 있으며, 그에 따라 규모는 작지만 헌신적인 선판매 마니아 그룹을 끌어들일 수 있다.

확고히 자리 잡은 잘 알려진 그룹은 고정 관객이 있기 때문에 작품과 공연을 적절하게 보여주는 기회를 제공할 수 있다. 뉴욕 필하모닉 또는 그와 유사한 오케스트라의 콘서트에서 공연되는 모든 연주는 교향곡 작품을 들을 수 있는 최상의 기회를 제공하는 것일 것이다.

공연을 보거나 듣기 전에 티켓을 구매하는 관객들은 자신이 원했던 종류의 공연을 보지 못했다고, 지불한 만큼의 가치를 얻지 못했다고, 또는 기대했던 만큼 좋은 공연은 아니었다고 느낄 수 있다. 이러한 모든 불만은, 어떤 식으로든, 관례적인 예술적 기준의 가정된 공유 기반에 근거하고 돈의 가치를 구성하는 것이 무엇인지에 대해 유사하게 공유된 가정에 근거한다. 30분만 공연하는 콘서트나 연극에 정가를 다 지불한 관객은 속았다고 불평하고, 대역 배우가 스타를 대체하면 많은 관객은 돈을 돌려달라고 요구하며, 관객에게 너무 전위적인 작품은 문제를 일으킨다. 미국 관객들은 평범한 공연자에게도 예의를 갖추지만, 다른 나라의 관객들은 자신들이 듣거나 보는 것이 기대에 미치지 못하면 매우 소란스러울 수 있다. 이탈리아 오페라 관객들의 무례함은 전설적이다.

임프레사리오가 자신이 공연을 제공하는 관객들과 맺는 개인적인 관계는 딜러가 고객과 맺는 개인적인 관계보다 덜하다. 그러나 임프레사리오는 자신이 유통하는 작품을 감상하기 위해 알아야 할 것들을 자발적인 문하생들에게 가르치기 위해 비슷한 방식으로 노력한다. 임프레사리오는, 이전 시대의 왕실 후원자들처럼, 공연자들을 후원할 뿐만 아니라 공연자들과 함께 공연할 정도로 예술의 관례를 알고 있는 관객을 기대할 수는 없다. 현대의 예술가와 관객은 그러한 계급 문화를 공유하지 않는다. 그러나 갤러리 및 회화와 마찬가지로, 공연 예술을 감상하는 능력은 문화와 교양 — 사회적으로 이동성이 있는 많은 사람이 다른 곳에서는 획득하지 못했지만 이를 배우고자 한다면 예술을 유통하는 사람들로부터 배워야 하는 — 을 의미한다. 그러한 방식으로, 예술품의 공개 판매를 관리하는 중개인들은 자신들이 훈련시킨 취향을 가진 관람객에게 전시할 기회를 제공함으로써 예술가들이 자신의 작품으로 생계를 유지할 수 있도록 사회 경제에 통합시켜 준다. (음악 및 시각 예술에서의 유통 시스템과 그 시스템의 효과를 비교하기 위해서는 Zolberg[1980]를 참조하라.)

문화산업

폴 허시(Paul Hirsch, 1972)는 **문화산업**(culture industries)이라는 용어를 "전국적인['국제적인'을 추가할 수 있다] 유통을 위해 문화 상품을 생산하는 영리 추구 기업"을 지칭하는 데 사용했으며, 또한 "문화산업 시스템은 기술적인 하부시스템의 '창의적인' 인력으로부터 관리적, 제도적, 사회적인 조직의 수준으로 진행되는, 새로운 생산물과 아이디어를 걸러내는 과정에 관여하는 모든 조직으로 구성된다"고 언급했다(642). 허시의 분석을 다른 말로 표현하자면, 이러한 조직들은 ,시장 조사자들이 그 불분명함을 파악하려는 노력에도 불구하고, 시장 조사자들에게 거의 완전히 알려지지 않은 따라서 예측할 수 없는 대규모의 관객을 다룬다. 이러한 대중 관객이 어떠한 관례를 이해하고 받아들이는지, 어떤 계급이나 전문적인 예술 문화적 이해가 관객의 선택에 영향을 미칠 수 있는지는 아무도 확신할 수 없다. 그 결과로, 예술가는 관객의 취향에 맞는 작품을 생산할 수 없으며 중개자는 그러한 작품을 주문할 수 없다. 허시는 문화산업의 고전적 사례인 음반 업계 대표자의 말을 인용한다.

> 우리는 예술가, 노래, 편곡, 프로모션 등 베스트셀러가 될 수 있도록 보장하는 모든 필수 요소를 갖춘 것처럼 보이는 음반을 만들었습니다. …… 하지만 그 음반들은 완전히 실패했어요. 반면에 약간의 성공만을 기대하며 만들었던 음반이 미친 듯이 베스트셀러가 되기도 했어요.(Brief, 1964; Hirsch, 1972: 644에서 인용)

마지막으로 허시는 이러한 산업은 이러한 불확실한 환경에 대처하기 위한 방법으로 소매업체들과 판매에 영향을 미칠 수 있는 대중매체 종사자들에게 생산품을 유통하는 "중개자의 확산", "새로운 품목의 과잉생산과 차별적 유통", 그리고 "대중매체 게이트키퍼의 선임" 등 다양한 전략을 채택하고 있다고 언급한다. 현대 사회에서 가장 특징적인 문화산업은 도서 출판, 음반 사업, 영화 산업, 그리고 라디오와 텔레비전이다.

우리는 이러한 산업을 최신 산업으로, 즉 이 산업 대부분을 가능하게 한 기술적 발명의 결과로 생각하는 경향이 있다. 사실, 이 유형의 모든 주요 특징은 19세기 중후반의 영국 출판 산업에서 찾을 수 있다. (이어지는 내용은 Sutherland [1976]에 많이 의존했다.) 빅토리아 시대의 출판사들은 높은 가격과 적은 부수를 기반으로 유통 시스템을 발전시켰으며, 소설 판매의 대부분은 당시의 거대한 순환 도서관들(circulating libraries)*을 상대로 이루어졌다. (일반적으로 "3부작 소설"로 알려진) 소설들은 세 권으로 출간되어 1.5기니(guinea)의 매우 높은 가격으로 판매되었는데, 이로 인해 출판사는 서적상이나 도매상에게 큰 폭으로 할인해서 최소한의 판매로도 손익 분기점을 넘길 수 있었다. 서덜랜드는 "1856년 블랙우드(Blackwood)에서 출간된 당시에 잘 알려지지 않았고 성공적이지 못했던 소설[올리펀트(Oliphant) 부인이 쓴 『자이디(Zaidee)』라는 소설이다]"의 사례를 인용한다. "이 작품은 358파운드의 비용으로 1,578부가 인쇄되었다. 불과 496부가 팔렸으나 535파운드 10실링을 벌었다. 따라서 3분의 2인 1,031부가 여전히 재고로 남아 있었지만, 출판업자는 비용을 충당했다." 서덜랜드는 계속하여 "영국 소설이 황금기"를 구가할 수 있었던 한 가지 이유는 "그 당시 소설이 말 그대로 엄청나게 풍부했으며, 출판사들이 야심 찬 문학 재능인들을 많이 끌어들일 수 있었기 때문"이라고 말한다(Sutherland, 1976: 17). 즉, 적어도 손익분기점을 맞추는 것이 아주 쉬웠기 때문에 출판사들은 엄청나게 많은 책을 출판할 여유가 있었고 실제로 그렇게 했다. 소설가 지망생들을 격려하는 것은 재능 있는 작가들을 널리 발굴하는 계기가 되었다.

이 시스템은 높아지고 있는 영국 대중의 문해력과 취향을 활용하는 방법을

---

* 18~19세기에 구독자에게 유료로 책을 빌려주었던 대여 도서관._옮긴이

사람들이 발견함에 따라 변화했다. 서덜랜드는 대여 도서관을 발전시키는 것, 작가 작품의 '전집'을 신속하게 재출간하는 것 등의 여러 가지 방법을 언급한다. 잡지 연재와 월간 분책 출판이라는 두 가지 방법은 책이 완전히 쓰이기 전에 인쇄해서 대중에게 유통할 수 있도록 만들었다. 이를 통해 저자와 출판사는 책을 추가적으로 구성할 때 대중의 반응을 고려할 수 있었다. 극단적으로는, 반응이 좋지 않은 책은 출판을 중단할 수 있었고 나머지 부분은 집필되지 않거나 인쇄되지 않거나 유통되지 않았다. 출판사들은 책 판매가 부진한 시기를 알게 되었는데, 책을 읽고도 흥미를 느끼지 못한 독자들이 이탈할 것으로 예상되는 수치보다 연재된 부분의 판매량 또는 해당 부분이 실린 잡지의 판매량이 훨씬 더 급격하게 떨어지는 것을 파악하면 되었기 때문이다. 게다가 책의 부분적 출판이 진전되어 갈 때, 마케팅 담당자들은 자신들의 거래 경험을 바탕으로 그 작업을 어떻게 진행해야 할지 제안할 수 있었다. 이런 식으로 그들은 서덜랜드의 다음과 같은 일반화를 예시했다.

> 창조적 천재의 독립적인 작품으로 보이는 당시의 위대한 소설들 중 상당수는 종종 …… 협업, 타협, 또는 주문의 결과였다.(Sutherland, 1976: 6)

이 세 가지 모두 소설가와 출판업자 사이의 영향력 있는 상호작용을 보여주었다. 앞으로 살펴보겠지만, 이러한 상호작용의 결과는 소설들의 스타일과 구성을 형성했으며, 그러한 스타일과 구성 안에서 확인될 수 있다.

이러한 유통 시스템의 주요 특징 몇 가지를 살펴보자. 관객은 예측 불가능하며, 예술 작품을 제작하고 유통하는 사람들은 관객과 실제로 접촉하지 않는다. 예술 작품을 제작·유통하는 사람들은 책이나 음반처럼 대량으로 작품을 판매하거나 라디오나 텔레비전처럼 기계적인 시스템을 통해 작품을 판매하기 때문에 관객과 개인적으로 만나려고 해도 그럴 수 없다. 따라서 그들은 후원 및 갤러리-딜러 제도를 특징짓는 관객과 직접적인 의사소통을 하지 않는다. 이러한 시스템에서는 때로 제작자와 배급사가 작품이 진행되는 동안 관객 구성원들과 직접 대화한다. 그리고 관객의 생각과 관객의 반응, 그리고 관객이 좋아하는 것과 싫어하는 것을 자세히 알게 된다. 반면, 문화산업의 관객이 무슨 생각을 하는지, 무엇이 어떤 방식으로 관객을 감동시키는지는 어느 누구도 빠르고 직접적인 방식으로 알 수 없다. 사실 관객 조사를 위한 모든 장치에도 불구하고 그것은 어느 누구도 확실하게 알 수 없는 것이다.

관객이 누구인지 모르는 예술가들은 누가 어떤 상황에서 어떤 결과로 작품을 소비할지 모른 채 작품을 제작할 수밖에 없다. 찰스 뉴먼(Charles Newman)이 언급했듯이, "오늘날 미국의 어떠한 진지한 소설가도 자신이 누구를 **위해** 글을 쓰고 있는지 말해줄 수 없다"(Newman, 1973: 6). 대중 시장을 겨냥한 다른 작가나 영화 제작자도 마찬가지이다. 작가는 독자를 염두에 둘 수 있지만, 자신이 염두에 두고 있는 독자가 그 작품을 읽거나 볼 것인지는 알지 못한다. 오히려 예술가들(과 그들의 작품을 취급하는 배급업자들)은 자신이 다양한 방법으로 모은 정보의 파편들로부터 상상의 독자를 구성한다. 소매업체의 고객들은 자신이 좋아하는 것과 싫어하는 것을 소매업체에 말할 수 있다. 소매업체는 판매자에게 정보를 보고할 수 있는데, 그 판매자는 주기적으로 방문하고 나서 그 정보를 자신의 상사에게 보고하고, 그 상사는 다시 제작 담당자에게 보고하고, 그러면 제작 담당자는 작품을 생산하는 예술가에게 일부 버전을 전달할 수 있다. 그렇게 긴 사슬을 따라 전달된 정보는 최종적으로 예술가에게 도달했을 때 그다지 정확하거나 유용할 것 같지 않다. 하지만 그것으로 충분하다. 왜냐하면 그래야 하기 때문이다.

대중 독자나 관객이 어떤 작품을 승인하고 지지할지는 아무도 모르기 때문에, 문화산업은 누구든지 문화산업이 유통할 수 있는 아이디어를 제안하도록 권장한다. 아이디어를 개발하는 데 드는 비용의 대부분은 그 산업이 그 아이디어를 채택하여 유통하기를 희망하는 예술가들이 부담한다. 산업은 수많은 제안 중에 일부를 선택하여 사용한다. 허시가 지적하듯이, "문화 조직들은 소수의 아이템에 대한 대량 판매를 지원하기 위해 홍보 자원을 동원함으로써 이상적으로 이익을 극대화한다"(Hirsch, 1972: 652~653). 그 조직들은 선별적인 광고와 기타 홍보 장치를 통해 아이템들을 홍보하고, 이러한 조치가 판매에 미치는 영향에 주목한다. 그런 정보가 들어오면 그 조직들은 적극적으로 홍보되고 있는 목록에서 유통되는 아이템 일부를 뺌으로써 그 아이템들의 성공 기회를 효과적으로 없앤다. 통용되는 아이템이 너무 많은 경우, 특별한 관심을 받지 못하는 아이템은 해당 아이템을 원할 수도 있는 사람들에게 도달할 만큼 잘 알려지지 않는다. (블리븐[Bliven, 1973]은 출판기업들이 새 책에 대한 계획을 지속적으로 조정하는 방법을 책 판매원의 말로 묘사한다.)

작품들은 다양한 홍보방식과 가용성에 따라 대중에게 도달한다. 따라서 시스템은 다양한 금액(경우에 따라서는 막대한 금액), (작거나 큰) 작품 전시 기회, 그리고 그 작품을 생산한 취향과 관점을 공유하는 관객에게 도달하는 상대적으로 적은 기회를 제공한다. 문화산업을 통해 유통되는 작품을 만드는 예술가들은 관객과 직접 연결되지 않는다. 그렇기 때문에 한편으로는 전문적인 동료집단의 즉각적인 피드백과 판단에, 다른 한편으로는 유통 시스템을 관리하는 사람들의 즉각적인 피드백과 판단에 의존하고 이에 반응하게 된다.

시스템은 문화산업 관리자와 예술가 사이의 상호작용을 통해 예술 작품에 영향을 미친다. 작품의 길이와 같은 간단한 문제를 예로 들어보자. 작가들은 상업적으로 적합한 길이로 생각하고 계획하는 법을 배운다. 3부작의 시대에 글을 쓴 트롤럽(Trollope, 1947[1883]: 198)은 "작가는 곧 자신이 얼마나 많은 쪽수를 채워야 하는지 알게 된다"라고 말했다. 서덜랜드는 더 많은 예를 제시한다. 소설이 연재되는 형식과 연재가 갑자기 중단될 수 있는 가능성 때문에 소설가들은 완성되지 않을지도 모르는 소설을 계획하는 것 또는 책의 후반부까지 완전히 실현될 수 없는 초반의 장에서 정교한 효과를 설정하는 데 많은 시간을 할애하는 것을 회피하게 되었다. 대신 작가들은 『픽윅 보고서(Pickwick Papers)』에서처럼 연속성을 크게 해치지 않으면서 언제든지 중단할 수 있는 피카레스크(picaresque) 형식을 사용했다. 그러나 소설가가 대중에게 충분히 유명해져서 이름만으로도 꽤 많은 판매량이 보장되면, 초기 판매량에 상관없이 작품 전체를 출판하겠다는 보장을 요구하는 등 출판사와 더 어려운 협상을 주도할 수 있었다. 따라서 디킨스(Dickens)는 인지도가 높아지면서 『황폐한 집(Bleak House)』과 같은 더욱 촘촘한 플롯을 가진 소설을 실험하기 시작했다.

서덜랜드는 새커리(Thackeray)의 『헨리 에스몬드(Henry Esmond)』를 대표적인 사례로 꼽는다. 『허영의 시장(Vanity Fair)』은 일련의 스케치로 시작하여 월별로 원고료를 지급 받았지만, 『헨리 에스몬드』의 계약은 작가가 보다 종합적인 시각을 택할 수 있도록 허용했을 뿐만 아니라 보다 종합적인 시각을 강조했다. 그 계약의 몇 가지 특징이 이러한 결과를 낳았다. 새커리는 세 번에 나누어 비용을 지급받았는데, 계약에 서명할 때 첫 번째로, 원고를 완성한 후 두 번째로, 출판 시에 세 번째로 지급받았다. 원고가 완성될 때까지 두 번째 지급이 지연된 것은 새커리가 계약서가 명시한 대로 (서덜랜드는 이것이 당시의 계약에서는 이례적이었다고 지적한다) "연속적인" 서사를 쓸 수 있었다는 것을 의미한다. 소설의 정교한 플롯은 많은 주제와 세부 사항이 함께 엮여서 처음부터 쌓아 올린 긴장을 해소하는 마지막 장면에서 절정에 이른다. 새커리의 초기 소설과 비교해 볼 때 — "마지막 쪽에서 무슨 일이 일어날지 알고 싶어서 [『허영의 시장』과 『펜데니스(Pendennis)』]의 마지막 장을 서둘러 읽는 사람은 아무도 없는 것 같다"(Sutherland, 1976: 114) — 『헨리 에스몬드』의 세심하고 복잡한 플롯은 진정한 긴장감을 만들어낸다. 서덜랜드는 또한 출판될 때까지 마지막 지급을 보류한 것은 이 책이 새커리의 책 중에서 최고의 편집과 교정을 거쳤다는 것을 의미했다고 언급한다. 서덜랜드는 출판업자인 조지 스미스가 "『헨리 에스몬드』

가 받은 찬양에 대해 어느 정도 공로가 있음을 인정할 만하다"라고 결론을 내린다(Sutherland, 1976: 116).

출판 시스템의 효과는 상황에 따라 달랐는데, 이는 시스템이 출판사와 저자 사이에 서로 다른 권한과 상호 신뢰 수준을 갖춘 다양한 계약을 만들어냈고, 이는 다시 저자에게 다양한 압력을 가했기 때문이다. 불워 리튼(Bulwer Lytton)의 『폼페이 최후의 날(The Last Days of Pompeii)』은 판매되고 있던 세 권을 채우는 데 필요한 것보다 50쪽 정도 부족했기 때문에 중복되는 장이 있었고 관계없는 노래들과 가사들도 있었다(Sutherland, 1976: 57). 트롤럽의 언어는 머디(C. E. Mudie)의 종교적 양심을 만족시키기 위해 불온한 부분이 삭제되었는데, 머디는 당시 성공적인 소설의 수익 가운데 대부분을 차지하는 판매가 이루어지는 대규모 순환 도서관을 운영하고 있었다.

바버라 로젠블럼(Barbara Rosenblum, 1978)이 현대 예술 사진에 대해 가진 다소 다른 시각은 다른 종류의 작품에 비해 예술이 유통 채널에 전적으로 제약을 받지 않는다는 것을 상기시켜 준다. 그녀는 예술 사진작가의 작업과 보도 사진작가 및 패션 사진작가의 작업을 비교하면서, 후자의 경우 사진의 내용이 사진의 이동 경로에 따라 결정된다는 것을 보여준다. 뉴스사진은 내용과 이미지에서는 편집장의 전형적인 선택을 반영하고 촬영 및 인쇄 방법의 기술적 세부사항에서는 신문 재현 메커니즘을 반영하는 한편, 패션사진은 사진이 만들어지는 동안 흔히 참여하는 고객이 표현하는 즉각적인 욕구와 비판에 모든 것을 종속시킨다. 이와는 반대로, 예술 사진작가는 훨씬 더 느슨한 시스템을 상대하기 때문에 더욱 다양한 작품을 수용한다. 실제로 현대 예술 사진은 훨씬 다양한 스타일과 주제를 포함하고 있다.

문화산업 유통 시스템의 요구사항은 어느 정도 표준화된 제품을 생산하며, 이러한 표준화는 예술 작품 제작자의 독립적인 선택에서 비롯되기보다는 시스템이 다루기 편하다고 여기는 것으로부터 비롯된다. 이렇게 생산된 작품이 지닌 표준적인 특징은 사람들이 작품을 평가할 때 사용하는 미적 기준이 될 수 있으며, 따라서 그러한 미적 기준을 보여주지 않는 작품은 조잡하게 보이거나 아마추어처럼 보일 수 있다. 네트워크 텔레비전 프로그램은 독립적인 텔레비전 작품을 판단하는 기준이 되는 기술적 세련미를 가지고 있다. 비록 그 세련미가 더 조잡한 독립 작품이 피하고 싶어 하는 제약을 생성하더라도 말이다. 페이지의 오른쪽 끝이 나란히 맞추어지지 않은 책은 값싸게 보이며, 화려하고 사실적인 모습 — 할리우드가 "제작 가치(production values)*" 레이블을 붙이는 — 을 연출하는 데 필요한 돈을 쓰지 않는 영화가 지닌 "저렴함"을 눈치 채지 못할 사람은 아무도 없을 것이다.

예술과 유통

예술가들은 유통 시스템이 취급할 수 있는 것과 취급할 만한 것을 제작한다. 그 외 다른 것을 제작할 수 없다는 것은 아니다. 특정한 예술계의 특징인 지원과 광고의 가능성을 기꺼이 포기하는 다른 예술가들은 다른 종류의 작품을 제작한다. 그러나 시스템은 일반적으로 그러한 작품을 유통하지 않을 것이며, 그러한 예술가는 실패자, 무명 예술가가 되거나, 기존 시스템이 다루지 않는 것을 중심으로 성장하는 새로운 예술계의 핵심이 될 것이다. 새로운 예술계의 발전은 종종 새로운 조직과 작품 유통 방법을 창조하는 데 주력한다.

일부 작품은 어떠한 시스템에도 적합하다. 그리고 모든 작품은 일부 시스템에 적합할 수 있지만, 현재 존재하는 어떠한 시스템에도 적합하지 않을 수도 있다. 찰스 뉴먼은 하나의 형식으로서의 소설은 죽거나 낡았다는 이론에 문제

* 세트, 디자인, 특수 효과, 의상, 소품 등 영화에 주입되는 물리적 양에 비례한 관객 흡인력으로, 대개 스펙터클 영화는 제작 가치가 있기 때문에 시각적인 매력을 갖는다._옮긴이

를 제기하면서 다음과 같이 주장한다.

> 우리가 만드는 [진지한 소설]을 제작하고 판매하는 비용은 단순히 업계의 수익률을 초과했으며, 이 특별한 질병은 죽어가는 형식의 이론과 불치병의 은유에 의해 충분히 오랫동안 가려져 왔다.(Newman, 1973: 7)

따라서 요점은 작품이 유통될 수 없다는 것이 아니라 현대의 제도가 작품을 유통할 수 없거나 유통하지 않을 것이라는 것, 그리고 따라서 그러한 제도는 예술계의 다른 기성 부분들과 마찬가지로 예술가가 자신이 다루는 작품을 생산하고 그에 따른 보상을 받도록 유도하는 보수적인 효과를 발휘한다는 것이다.

다음 장에서 살펴보겠지만, 변화는 일어난다. 왜냐하면 기존 시스템에 적합하지 않은 작업을 하는 그리하여 기존 시스템 밖에 있는 예술가들이 새로운 시스템을 시작하려고 시도하기 때문이기도 하고, 기성 예술가들이 기존 시스템에서 자신들이 가진 매력을 이용하여 기존 시스템에 적합하지 않는 작업을 처리하도록 강요하기 때문이기도 하다.

제5장

미학, 미학자, 그리고 비평가

활동으로서의 미학

미학자들은 사물들과 활동들을 "아름다운", "예술적인", "예술", "비예술", "좋은 예술", "나쁜 예술" 등으로 분류하는 것을 정당화하기 위해 사람들이 사용하는 전제와 논거를 연구한다. 미학자들은 분류와 분류가 적용되는 구체적인 사례들 둘 다를 만들고 정당화하는 체계를 구축한다. 비평가들은 특정 예술 작품에 미학적 체계를 적용하여, 그 작품의 가치에 대한 판단을 내리고 무엇이 그러한 가치를 부여하는지에 대한 설명에 도달한다. 그러한 판단은 작품과 예술가에 대한 평판을 만들어낸다. 유통업자들과 관객 성원들은 작품에 대한 감정적 지원과 재정적 지원을 결정할 때 평판을 고려하며, 이는 예술가들이 자신들의 작업을 계속하는 데 사용할 수 있는 자원에 영향을 미친다.

이런 방식으로 말하는 것은 미학을 하나의 원리가 아닌 활동으로 보는 것이다. 미학자가 이러한 활동에 참여하는 유일한 사람인 것은 아니다. 예술계에 참여하는 대부분의 사람은 자주 미학적 판단을 한다. 미학적 원칙, 주장, 판단은 예술계의 구성원들이 함께 행위하는 수단이 되는 일단의 관례의 중요한 부분을 구성한다. 하나의 명시적인 미학을 창조하는 것은 예술계의 결과물을 구성하는 기법, 형식, 작품을 발전시키는 것에 선행할 수도 있고 뒤따를 수도 있고 동시에 이루어질 수도 있다. 그리고 이는 참여자 누구라도 할 수 있다. 때로 예술가 자신은 그 미학을 명시적으로 공식화하기도 한다. 더 자주, 예술가는 재료와 형식의 일상적인 선택을 통해 공식화되지 않은 미학을 창조한다.

복잡하고 고도로 발전된 예술계에서 비평가와 철학자 등의 특수화된 전문가들은 논리적으로 체계화되고 철학적으로 옹호할 수 있는 미학 체계를 만들어내며, 미학 체계의 창조는 그 자체로 하나의 주요한 산업이 될 수 있다. 나중에 살펴볼 사회학적으로 기반을 둔 체계를 예견하는 언어를 사용하는 한 미학자는 미학과 미학자를 다음과 같이 묘사한다.

> 미학은 …… 우리가 예술 작품에 대해 이야기하고 생각하고 또는 다른 방식으로 "취급할" 때 사용하는 개념을 다루는 철학적 학문이다. 예술 제도 전체에 대한 자신들의 고유한 이해를 바탕으로, 다양한 개인과 집단이 예술 제도의 구성원으로서 말하고 행위하는 방식을 분석하고, 이를 통해 예술 제도의 논리적 틀을 구성하는 실제 규칙이 무엇인지 그리고 예술 제도 내에서 어떤 절차가 진행되는지를 파악하는 것이 미학자의 과제이다. ……
>
> 예술 제도 내에서 한 예술 작품에 대해 정확하게 수행된 설명과 해석과 같은 구체적인 사실 진술은 구체적인 평가를 수반한다. 구성적 규칙은 제도의 구성원들에게 구속력이 있는 구체적인 평가 기준을 규정한다.(Kjørup, 1976: 47~48)

예술계 참여자들이 미학자와 미학의 역할을 이런 식으로 이해하고 있다고 해서 그 규칙이 그토록 깔끔하게 작동한다고 믿을 필요는 없다.

예술계는 명시적인 미학 체계를 많이 사용한다. 그것은 참여자들의 활동을 예술의 전통과 연결시켜서, 그러한 종류의 예술을 생산하는 사람들이 일반적으로 이용할 수 있는 자원과 이점에 대한 참여자들의 요구를 정당화한다. 구체적으로 말하자면, 재즈가 다른 형식의 예술 음악과 마찬가지로 미학적 근거 위에서 진지하게 고려할 가치가 있다고 설득력 있게 주장할 수 있다면, 나는 재즈 연주자로서 국립 예술 기금 위원회(National Endowment for the Arts)의 보조금과 연구비, 음악 학교의 교수직을 놓고 경쟁할 수 있고, 오케스트라와 같은 홀에서 연주할 수 있으며, 가장 진지한 클래식 작곡가나 연주자와 마찬가지로 내 작품의 뉘앙스에 동일한 관심을 가져줄 것을 요구할 수 있다. 한 미학 이론은 성공적으로 타당하다고 주장된 일반적인 근거 위에서 예술계 종사자들이 하는 일은 이미 "예술"이라는 이점을 누리고 있는 다른 활동과 같은 부류에 속한다는 것을 보여준다.

결과적으로 "예술"이라는 타이틀은 해당 작품의 제작자들에게 필수 불가결한 자원인 동시에 불필요한 자원이다. 예술이라는 타이틀이 필수 불가결한 이유는, 예술이 비예술보다 더 좋고 더 아름다우며 더 표현적이라고 믿을지라도, 그래서 당신이 예술을 만들고자 하는 의도를 가지고 있고 당신이 만든 것이 예술로 인정받기를 원해서 예술을 위해 이용할 수 있는 자원과 이점을 요구할 수 있을지라도, 현재의 미학 체계가 그리고 그 미학 체계를 설명하고 적용하는 사람들이 그 타이틀을 거부하면 당신은 계획을 이룰 수 없기 때문이다. 예술이라는 타이틀이 불필요한 이유는, 설령 이 사람들이 당신이 하고 있는 일이 예술이 아니라고 말하더라도 당신은 보통 다른 이름 아래서 다른 협력 세계의 지원을 받아 동일한 작업을 할 수 있기 때문이다.

모든 표현 매체에서 이루어지는 수많은 작업은 예술이 아닌 다른 것으로서 수행된다. 나중에 살펴보겠지만 사람들은 공산품의 생산과 판매를 위한 기획의 일부로 그림을 그리고 사진을 찍으며, 가정에서 가사의 일부로 퀼트와 옷을 만든다. 심지어 사람들은, 철학적으로 옹호할 수 있는 미학은 고사하고, 다른 사람으로부터 최소한의 협력도 받지 못하고 사회적으로 소통할 수 있는 정당화도 없이 전적으로 혼자서 작품을 제작하기도 한다.

예술계를 위한 미학의 사용으로 돌아가서, 우리는 잘 논증되고 성공적으로 옹호된 미학이 특정한 예술 작품의 생산에 참여하는 사람들을 안내한다는 점에 주목할 수 있다. 누적적으로 작품을 형성하는 무수히 많은 작은 결정을 내릴 때 예술 참여자들이 염두에 두는 것들 가운데는 그러한 결정들이 옹호될 수 있는가 하는 질문과 그 결정들을 어떻게 옹호할 수 있는가 하는 질문이 있다. 물론 현업 예술가들은 모든 작은 문제를 처리하는 방법을 결정하기 위해 가장 일반적인 철학적 기반을 참조하지는 않는다. 하지만 그들은 뭔가 잘못되었다는 막연한 감각을 통해서라도 언제 자신들의 결정이 그러한 이론에 위배되는지를 알고 있다. 일반적인 미학은 누군가가 기존 관행에 큰 변화를 제안할 때 더 명시적으로 역할을 하게 된다. 만일 내가 재즈 연주자로서 전통적으로 즉흥연주가 진행되는 관례적인 12마디와 32마디 형식 — 이 형식에서는 악구와 악절의 길이가 즉흥연주의 요소들 중 하나이다 — 을 포기하고 싶다면, 왜 그러한 변화가 이루어져야 하는지에 대해 납득할 만한 설명을 해야 한다.

더 나아가, 일관되고 정당하다고 인정되는 미학은 가치를 안정화하는 데 그리하여 관행을 규칙화하는 데 도움을 준다. 가치를 안정시키는 것은 단지 철학적인 활동인 것만은 아니다. 어떤 작품의 가치에 동의하는 예술계 참여자들은 그 작품에 대해 거의 비슷한 방식으로 행동할 수 있다. 사람들이 믿을 만하고 의존할 만한 방식으로 사물을 판단할 수 있는 근거를 제공하는 미학은 규칙적인 협력 패턴을 가능하게 한다. 가치가 안정적일 때 그리고 안정적으로 신뢰할 수 있을 때, 작품의 금전적 가치와 이에 따라 예술계가 운영되는 비즈니스 방식, 예술가와 수집가의 평판, 기관 및 개인 소장품의 가치 등 다른 것들도 안정화된다(Moulin[1967] 참조). 미학자들이 창조하는 미학은 컬렉터들의 작품 선택에 이론적 근거를 제공한다.

이러한 관점에서, 미적 가치는 예술계 참여자들의 합의에서 비롯된다. 이러한 합의가 존재하지 않는 한, 이러한 의미의 가치는 존재하지 않는다. 예술계 구성원들이 공동으로 지지하지 않는 가치 판단은 그러한 판단을 전제로 한 집합 활동의 기초를 제공하지 않으므로 활동에 큰 영향을 미치지 않는다. 작품은 판단의 근거에 대한 합의를 달성함으로써 그리고 합의된 미학적 원칙을 특정 사례에 적용함으로써 좋은 작품이 되고 따라서 가치 있게 된다.

그러나 많은 스타일과 유파(流派)는 조직화된 예술계 내에서 관심을 끌기 위해 경쟁하는데, 이때 다른 스타일과 유파를 지지하는 사람들이 제작한 작품 대신 자신의 작품을 전시, 출판, 또는 공연할 것을 요구한다. 예술계의 유통 시스템은 수용 능력이 한정되어 있기 때문에 그 유통 시스템을 통해서 모든 작품을 발표하거나 모든 화파가 작품을 내놓을 수 없으며, 그에 따라 작품 발표에 따른 보상과 혜택도 받을 수 없다. 그룹들은 자신들이 왜 작품을 내놓을 만한 자격이 있는지에 대해 여러 방법 중에서 논리적으로 주장함으로써 이러한 보상을 받고자 경쟁한다. 논리적 분석으로 자원의 할당에 대한 논쟁이 해결되는 경우는 거의 없지만, 예술계 참여자들, 특히 유통 채널 접근권을 통제하는 사람들은 자신이 하는 일이 논리적으로 옹호될 수 있어야 한다고 느끼는 경우가 많다. 미학에 대한 논의가 뜨거운 이유는 그 논의를 통해 결정되는 것이 추상적인 철학적 문제와 관련 있을 뿐만 아니라 가치 있는 자원의 할당과도 관련 있기 때문이다. 재즈가 진정으로 음악인지 또는 사진이 진정으로 예술인지, 자유 형식 재즈가 진정으로 재즈이고 따라서 음악인지, 패션 사진이 진정으로 사진이고 따라서 예술인지에 대한 논의는 다른 무엇보다도 자유 형식 재즈를 연주하는 사람들이 기존의 재즈 관객을 위해 재즈 클럽에서 공연할 수 있는지, 그리고 패션사진이 중요한 갤러리와 미술관에서 전시되고 판매될 수 있는지에 대한 논의이다.

따라서 미학자는 특정한 스타일과 유파의 인정 투쟁을 위한 바로 그 요소를 제공하는데, 그 요소는 예술계의 다른 참여자들에게 그 작품이 그 세계와 관련된 모든 범주에 포함될 자격이 있음을 설득하는 논거로 구성되어 있다. 예술계의 보수주의는 관례적인 관행들이 상호 조정된 활동, 재료 및 장소 안에 깔끔하게 맞물려 있는 패키지로 묶여 있는 방식에서 비롯되는데, 이는 변화가 쉽게 수용되지 않음을 의미한다. 예술계 참여자들에게 제안된 대부분의 변화는 사소한 것이어서 대부분의 작업 방식은 그대로 유지된다. 예를 들어, 심포니 음악계의 경우 최근 수년 동안 콘서트 프로그램의 길이가 크게 변하지 않았는데, 그 이유는 노조와의 합의로 인해, 프로그램을 늘리면 비용이 증가하기 때문이고 관객들은 입장권 하나 가격에 80분 또는 90분의 음악을 기대하므로 감히 프로그램을 크게 단축할 수 없기 때문이다. (항상 그런 것은 아니었다. 그림 13에서 볼 수 있듯이, 베토벤 시대 이후 음악가들이 노조화한 결과 다른 무엇보다도 콘서트 프로그램이 눈에 띄게 단축되었다[Forbes, 1967: 255].) 오케스트라의 기본적인 악기 구성은 변하지 않았으며, 사용되는 조성 소재(즉, 기존의 강화된 반음계)나 음악이 공연되는 장소도 변하지 않았다. 이러한 모든 보수적인 압력 때문에 혁신가들은 실질적으로 새로운 관행을 옹호하기 위해서는 강력한 논거를 제시해야 한다.

미학에 대해 글을 쓰는 저자들은 도덕주의적인 어조를 취한다. 그들은 예술이라고 부를 **자격**이 없는 것과 예술이라는 명예로운 칭호를 **획득**한 작품을 구별할 수 있는 완벽한 공식을 찾는 것이 자신들이 임무라고 당연하게 여긴다. 내가 "자격"과 "획득"을 강조하는 이유는 미학적 글쓰기가 예술과 비예술 사이의 진정한 도덕적 차이를 주장하기 때문이다. 미학자들은 우리가 식물의 종을 구별하듯이 사물을 단순히 유용한 범주로 분류하려는 것이 아니라, 자격 있는 것과 자격 없는 것을 구분하고 이를 확정하려는 의도를 가지고 있다. 그들은 예술에 대해 포괄적인 접근 방식을 취하려 하지 않는다. 즉, 흥미롭거나 가치가 있을 법한 모든 것을 예술에 포함시키고 싶어 하지 않는다. 대신 미학자들은 일부의 것을 제외할 수 있는 방어적인 방법을 찾는다. 명예로운 칭호를 부여하는 기획의 논리는 어떤 것을 배제해야 한다. 왜냐하면 상상할 수 있는 모든 대상이나 활동에 특별한 명예를 부여할 수는 없기 때문이다. 미학자들 작오늘, 1800년 4월 2일 수요일, 루트비히 판 베토벤은 부르크(Burg) 옆 왕실 제국 극장(Royal Imperial Court Theatre)에서 성대한 콘서트를 여는 영광을 누리게 되었습니다. 연주할 곡은 다음과 같습니다.

1. 악장(樂長) 고(故) 모차르트의 대교향곡

2. 궁정 악장 하이든(Haydn)의 「천지창조」에 나오는 아리아
노래: 자알(Saal) 양

3. 루트비히 판 베토벤이 작곡하고 연주하는 피아노포르테를 위한 대협주곡

4. 가장 겸손히 순종하며 여왕 폐하에게 바치는 7중주
네 개의 현과 세 개의 관을 위해 루트비히 판 베토벤이 작곡하고, 슈판지흐(Schuppanzigh), 샤이버(Scheiber), 쉰들레커(Schindlecker), 바르(Bar), 닉켈(Nickel), 마타우셰크(Matauschek), 디첼(Dietzel)이 연주

5. 하이든의 「천지창조」에서 이중창
노래: 자알 씨와 자알 양

6. 루트비히 판 베토벤의 피아노포르테 즉흥 연주

7. 루트비히 판 베토벤이 작곡하고 전체 오케스트라가 연주하는 새로운 대교향곡

특별석 및 무대 앞 1등석의 티켓은 베토벤의 숙소인 티펜 그라벤(Tiefen Graben) 241번 3층과 지정석 담당자에게서 구입할 수 있습니다.

* * *

입장료는 평상시와 동일합니다.

* * *

시작은 6시 30분입니다.

그림 13. 1800년 4월 2일 루트비히 판 베토벤이 연 콘서트의 프로그램. 베토벤 시대에는 콘서트 프로그램이 지금보다 길었다. 비엔나에서 열린 이 콘서트를 위한 프로그램은 Forbes[1967]: 255에서 가져온 것이다.

업의 실천적인 결과는 동일한 배타적 접근을 요구한다. 왜냐하면 유통업자들, 관객들, 그리고 예술계의 다른 모든 참여자는, 모호하고 논쟁의 여지가 있는 방식이 아닌 명확하고 옹호 가능한 방식으로, 자원에 대한 어려운 결정을 내리는 방법을 미학자에게 기대하기 때문이다.

미학자들은 평가적 판단을 내릴 의도가 전혀 없으며 단지 예술과 비예술의 범주에 대한 명확한 설명에 도달하기 위한 것이라고 주장할 수도 있다. 미학자들이 이러한 활동에 참여하는 모든 사회는 예술을 명예로운 존칭으로 사용하기 때문에, 그러한 구분을 짓는 일은 예술 작품의 지위를 목표로 하는 잠재적 후보들의 평가에 불가피하게 도움이 될 것이다. 미학자들은 자신의 작업이 이러한 유용성을 갖기 위해 예술계 음모에 참여하는 냉소적인 존재가 될 필요는 없다.

새로운 것을 수용하기 위한 싸움의 과정에서 미학적 입장이 자주 논의된다고 해서 상황이 달라지지는 않는다. 그러한 입장 역시 어떤 것이 예술이라는 것을 정당화하기 위해서 어떤 것은 예술이 아니라는 것을 보여줄 필요가 있다. 모든 것이 예술이라고 선언하는 미학은 한 예술계의 일생에서 그 미학을 창조하거나 사용하는 사람들을 만족시키지 못한다.

미학과 조직

미학자와 비평가가 하는 그 밖의 일은 가치 창출 이론을 계속하여 개정하는 것인데, 이는, 비평의 형식으로, 이론의 전제를 예술가들이 실제로 제작하는 작품에 끊임없이 조화시키는 것이다. 예술가들은 단지 형식 미학에 대한 고려에만 반응하는 작품을 생산하는 것이 아니라 그들이 참여하는 예술계의 전통에 반응하는, 즉 문제 정의(定義)와 해결책의 연속으로서 유익하게 볼 수 있는 전통에 반응하는(Kubler, 1962), 아프리카 예술이 서양화에 미친 영향과 같이 다른 전통들에 내포된 가능성에 반응하는, 새로운 기술적 발전에 포함된 가능성에 반응하는 새로운 작품을 생산한다. 기존의 미학은 최신 상태를 유지해서 관객들이 중요한 예술 작품으로 경험하는 것을 논리적으로 계속 검증하고, 그럼으로써 이미 검증된 것과 현재 제안되고 있는 것 사이의 연결을 생생하고 일관성 있게 유지할 필요가 있다.

미학적 원칙과 체계는 예술계를 구성하는 상호의존적인 관행 패키지의 일부로서 잠재적 예술가와 관객의 훈련, 재정 및 기타 지원 방식, 작품의 유통과 전시 방식과 같은 측면에 영향을 미치기도 하고 영향을 받기도 한다. 특히 그 원칙과 체계는 예술이라는 관념에 함축된 일관성 요구의 압력에 의해 영향을 받을 것이다.

예술은 이러한 상황에서 작동하는 것을 포착하기에는 너무 조잡한 개념이다. 다른 복잡한 개념들과 마찬가지로, 예술은 실재의 본질에 대한 일반화를 위장한다. 예술을 정의하려고 할 때, 우리는 그 개념이 암시하거나 표현하는 범주 중 전부는 아니더라도 일부는 충족하는 많은 예외적인 경우를 발견한다. 우리가 "예술"이라고 말할 때에는 일반적으로 다음과 같은 것을 의미한다. 즉, 어떻게 정의되든 간에 미적 가치가 있는 작품, 일관되고 옹호 가능한 미학에 의해 정당화되는 작품, 적절한 사람들이 미적 가치를 가진다고 인정하는 작품, 적절한 장소에서 보여지는(미술관에 걸리거나 콘서트에서 연주되는) 작품이다. 그러나 많은 경우에, 작품들은 이러한 속성의 전부는 아니더라도 일부는 갖고 있다. 그러한 작품들은 전시되고 평가받지만, 미적 가치는 갖지 못한다. 또는 미적 가치는 갖지만 적합한 사람들에 의해 전시되거나 평가받지 못한다. 예술이라는 개념에 포함된 일반화는 이 모든 것이 현실 세계에서 함께 발생한다는 것을 시사하며, 이 모든 것이 함께 발생하지 않을 때 우리는 그 개념을 항상 괴롭혀 온 정의상의 문제를 겪게 된다.

예술계의 일부 참여자는 이론과 실천을 일치시켜 비정상적인 사례를 줄임으로써 이러한 불일치를 최소화하기 위해 노력한다. 현 상황을 뒤엎고 싶은 사람들은 비정상성을 고집한다. 이 점을 예증하기 위해 이 질문에 대해 생각해 보자. 위대한(또는 탁월한 또는 훌륭한) 예술 작품은 얼마나 많이 있는가? 나는 숫자를 직접 확정하는 데는 관심이 없으며, (어떻게 계산하든) 숫자가 중요하다고 생각하지도 않는다. 그러나 이 질문을 살펴보면 미학 이론들과 예술계 조직의 상호작용을 명확히 알 수 있다.

1975년 빌 아널드(Bill Arnold)는 500대의 뉴욕시 버스에 사진을 전시하는 버스 쇼(The Bus Show)를 조직했다(Arnold and Carlson, 1978). 그는 "공공장소에 탁월한 사진을 전시"함으로써 통상적으로 다가갈 수 있는 것보다 훨씬 더 많은 관객에게 좋은 예술 사진을 소개하고 보통 때보다 더 많은 사진작가의 작품을 보여주려는 의도를 가지고 있었다(그림 14). 사진은 평소 광고에 사용되는 공간에 전시되었고, 버스 한 대의 광고 공간을 채우기 위해서는 높이 9인치에서 16인치까지 다양한 크기의 사진 17장이 필요했다. 따라서 500대의 버스를 채우려면 8,500장의 사진이 필요했으며, 모든 사진은 현대 사진작가들의 최신 작품이어야 했다.

실제로 그렇게 공개적으로 전시할 만한 가치가 있는 탁월한 현대 사진이 8,500장이나 있을까? 이러한 질문을 하려면 사진을 평가해서 어떤 것이 충분히 질 높은 사진인지 아닌지를 판단할 수 있는 미적 기준과 비판적 입장이 전제되어야 한다. 그러한 미학의 내용을 구체화하려고 시도하지 말고 한 가지 단순화된 사례를 상상해 보라. 질이 일차원적인 속성이어서 모든 사진을 그 속성의 많고 적음으로 순위를 매길 수 있다고 가정해 보자. (실제로, 예술 사진계의 유능한 전문가들은 물론, 심지어 많은 경쟁 부문 중 하나에 속해 있는 이들도 사진을 판단할 때 매우 넓고 다양한 범위의 차원을 사용한다.) 그러면 우리는 어떤 사진이 다른 사진보다 더 낫거나 나쁜지 또는 두 사진이 같은지 쉽게 말할 수 있다. 그러나

The Bus Show

There will be an exhibition of photographs in 500 New York City public buses in May of 1975. The purpose of the show is to present excellent photographs in a public space. All prints will appear with the photographer's name and the picture's title.

Photographs accepted for the exhibition will become part of the permanent collection of the Library of Congress. Send duplicate prints of each photograph you wish to submit; one print will go on a bus, the other to the Library of Congress. You must state what rights you grant to the Library of Congress with each photograph: loan, reproduction, or neither without your specific approval.

You may submit photographs to be considered for one person shows or as part of the group exhibit. Since the photographs will be placed in the interior advertising space of the buses there are certain size requirements, and in the case of one person shows, a specific number of photographs are needed to fill the available spaces. If you are submitting for group exhibition, send us any number of photographs in any of the size categories. For one person shows, you must submit the exact number of photographs needed to fill a bus, in each of the size categories. The size requirements and number of photographs for each bus is as follows: 14 photographs with an image height of 9 inches; one horizontal photograph with an image height of 13 inches; two verticals with an image height of 16 inches. Photographs not accepted for one person shows will automatically be juried as part of the group exhibition.

All work must be unmounted and untrimmed. Remember to submit duplicate prints of each photograph. Work not accepted will be returned if postage is included. On the back of each print write your name, the picture's title, and the rights you grant to the Library of Congress. Enclose a 3" x 5" file card with your name, address, and phone number. Mail prints to: Bus Show, Photography Department, Pratt Institute, Brooklyn, New York 11205. For information call (212) 636-3573. The deadline for submission is March 1, 1975.

This exhibition is made possible with support from the New York State Council on the Arts. Poster © 1975 by Pratt Institute. Photograph by Bill Arnold.

그림 14. 버스 쇼 광고 포스터. 1975년 빌 아널드가 조직한 버스 쇼는 뉴욕 시 버스의 광고 공간에 예술적 수준이 높은 현대 사진 8,500장을 전시할 것을 제안했다. 아널드는 예술 사진작가들에게 광고하여 전시를 위한 작품을 모았다.(빌 아널드 제공)

우리는 얼마나 많은 사진이 공개적으로 전시할 가치가 있는지, 얼마나 많은 사진이 "뛰어나다" 또는 "탁월하다" 또는 "아름답다"고 할 만한 가치가 있는지, 얼마나 많은 사진이 미술관 컬렉션에 포함되거나 광범위한 예술 사진의 역사에서 언급될 가치가 있는지는 알 수 없을 것이다.

그러한 판단을 내리려면 반드시 임의적인 컷오프 지점을 설정해야 한다. 고르게 분포되어 있는 어느 지점에 생긴 실질적인 단절이 양쪽에 존재하는 주요한 차이를 쉽게 볼 수 있게 하더라도, 그러한 단절을 컷오프 지점으로 사용하는 것은 실천적으로는 정당화될 수 있겠지만 논리적으로는 자의적일 것이다. 그러나 미학 체계는 항상 기존 예술 작품들에 대한 이러한 판단과 구분을 제안하고 정당화한다. 실제로 버스 쇼는 500대의 버스를 채우기 위해서 관례적으로 선을 긋는 곳에 선을 긋는 것이 아니라 선을 그어야만 하는 곳에 정당하게 선을 그어야 한다는 것을 시사함으로써 사진계에 충격을 주었다(만약 우리가 현대 사진에서 최고의 쇼를 열고자 한다면 현재 미술관 관행을 따라 100장에서 200장 정도의 사진을 포함시킬 수 있을 것이다).

미학 체계가 예술 작품을 전시하거나 공연할 가치가 있는 것과 그렇지 않은 것으로 나누는 것을 정당화한다면, 그러한 정당화는 그러한 전시와 공연이 이루어지는 기관과 조직에 영향을 미칠 것이고 또한 그 기관과 조직에 의해 영향을 받게 될 것이다. 기관들은 대중에게 선보일 수 있는 작품의 양에 어느 정도 여유가 있지만 그렇게 많지는 않다. 기존 시설(콘서트 홀, 미술 갤러리와 미술관, 도서관)의 공간은 한정되어 있고, 기존의 취향 기준은 그 공간이 사용될 수 있는 용도를 제한하며(우리는 파리 살롱처럼 그림을 바닥부터 천장까지 걸어놓는 것을 더 이상 적절하다고 생각하지 않는다), 관객의 기대치와 관례화된 주의력 지속 시간은 추가적인 제약을 가한다(관객이 2시간 대신 6시간 동안 앉아 있을 수 있다면 더 많은 음악을 연주할 수는 있겠지만 현재의 노조 임금 규모를 감안하면 재정 문제로 인해 어차피 불가능할 것이다). 기존 시설은 언제든지 더 짓고 정리하여 확장할 수 있지만, 특정 시점에 가질 수 있는 공간이나 시간에는 한계가 있고 전시할 수 있는 작품도 제한되어 있다.

그러한 시설을 마음대로 사용할 수 있는 세계의 미학은 전시 공간에 맞는 작품의 수만 생산할 수 있도록 우리가 가상으로 설정한 하나의 차원의 품질에 대한 지점을 고정할 수 있다. (시상 위원회가 올해에는 상을 수여할 만한 가치가 있는 작품이 없다고 결정하는 경우처럼) 전시 공간 규모에 비해 전시 또는 시상할 작품의 수가 적도록 기준을 정할 수 있다. 또는 더 많은 작품이 전시 공간에 적절한 것으로 판단되도록 기준을 정할 수도 있다. 후자의 두 상황 중 하나는 예술계가 지닌 제도적 장치의 적절성에, 미학의 타당성에, 또는 둘 다에 의문을 제기한다. 따라서 미적 기준에 대해서는 조직이 수용할 수 있는 양의 작품을 생산할 수 있을 만큼 유연해야 한다는 압력이 존재하고, 반대로 기관에 대해서는 미학적으로 적절한 품질을 가졌다고 인증하는 작품에 필요한 만큼의 전시 기회를 창출해야 한다는 압력이 존재한다.

유통 시스템 자체도 유통할 내용이 필요하기 때문에 지금까지 그다지 높은 평가를 받지 못했던 작품과 예술가를 재발견하는 형식으로 미적 판단에 변화를 가져오는 추가적인 압력을 생성한다. 물랭은 옛 거장들과 의심할 여지가 없는 가치를 지닌 기타 '축성된' 그림들이 점점 더 개인 컬렉션 및 미술관 컬렉션으로 이동하고, 딜러와 갤러리가 만든 시장에서 사라지고 있다고 지적한다. 그녀는 프랑스 딜러의 말을 인용한다.

> 위대한 딜러의 왕조에 속하지 않으면 르누아르를 팔아 돈을 버는 것은 불가능합니다. 여전히 유통되는 그림은 결코 쉽게 찾을 수 없기 때문에 재고를 쌓아놓기에 불가능할 정도로 높은 가격에 도달합니다. 그런 다음 딜러는 두 컬렉터 사이에서나 컬렉터와 미술관 사이에서 중개자가 됩니다. 재발견은 이미 발견된 것은 더 이상 발견될 수 없다는 사실 때문에 발생합니다.(Moulin, 1967: 435)

재발견은 아직 작품이 비교적 많이 남아 있어서 합리적인 가격에 판매할 수 있는 잠재적 구매자인 예술가들의 관심을 끌기 위한 캠페인으로 이루어진다. 물랭은 이 과정에서 미적 판단을 내리는 전문가의 역할을 지적한다.

> 특정 스타일과 특정 장르에 대한 재평가는 전문가, 역사가, 또는 미술관 큐레이터의 노력과 무관하지 않다. …… 과거의 예술적 가치를 재발견하고 증진하는 데 있어 지적 연구와 상업적 계획 사이에는 비자발적인 협력이 [존재한다]. 감정가의 판단은 권위를 부여하지만, 여러 세대의 전문가는 과거의 동일한 부문을 조명하지 않는다. 많은 요인이 그들의 호기심의 방향을 바꾸는 데 기여할 수 있다. …… 상업적 측면은 원인이 아니라 결과의 수준에 위치한다. 역사가들은 현재의 연구 상태에서 연대순과 평가를 뒤집으려는 시도가 실패하도록 운명 지어진 영역, 학문에 의해 이미 잘 지배되고 있는 영역으로부터 눈을 돌린다. 그들은 그림자의 구역에 마음이 끌린다.(Moulin, 1967: 430)

따라서 예술사가들은 딜러가 판매할 작품을 찾는 것처럼 이전에 연구되지 않은 화가들에게서 가치를 발견한다. 물랭은 이미 유명한 예술가들의 친구들에게 헌정된 전시회를 언급하며 다음과 같이 인용한다.

> 1892년 5월 31일 고멜(Gomel)에서 태어난 키콜네(Kikolne)는 즈보로프스키 갤러리(Zborowski Gallery)의 유명한 그룹의 일원이었으며, 당시 그와 크레메뉴(Kremegne)는 그중에서 가장 비쌌다. 그 이후에 그 그룹의 다른 멤버인 모딜리아니(Modigliani), 파신(Pascin), 수틴(Soutine)은 사망했으며, 그들의 작품은 매우 높은 가격으로만 만날 수 있다. 갤러리 로마네(Gallery Romanet)는 두 명의 생존자에게 대규모 전시회를 헌정했는데, 첫 번째는 6월 초에 키콜네에게 헌정되었고 두 번째는 1957~1959년 시즌 동안에 크레메뉴에게 헌정되었다.(Moulin, 1967:

438; *Connaissance des Arts*, no. 64, June 15, 1957: 32에서 인용)

흥미롭거나 가치 있다고 판단되는 작품의 양과 유통 시스템에서 수용할 수 있는 양 사이에 추가적인 대략적 합의가 생겨나는 것은 예술가들이 '포화(飽和)된(filled up)' 표현 매체와 포맷에는 더 이상 노력을 기울이지 않고 수용될 여지가 있는 작품에 전념할 때이다. 예술계의 유통 메커니즘이 수용할 수 있는 인증된 작품의 수를 창출하기 위해 미학 시스템이 기준을 변화시킨다면, 예술과 비예술 사이에 엄격한 경계를 긋는 가장 절대적인 유통 메커니즘조차도 사실상 그 목적을 무력화하는 상대주의를 실천하는 셈이다.

새로운 스타일의 예술이 등장하면, 그 스타일은 자신의 작품이 기존 시설에 전시할 만한 가치가 있다고 판단해 줄 새로운 미적 기준을 제안함으로써 가용한 공간을 놓고 경쟁한다. 또한 버스 쇼의 경우처럼 새로운 시설을 만들기도 한다(그림 15를 보라). (새로운 시설은 사람들이 원하는 모든 일을 수행하지는 않는다. 버스 쇼는 누구의 명성도 쌓는 데에도 거의 도움이 되지 않는다는 큰 단점이 있었다. 특정 사진작가의 작품을 실은 버스가 특정 시간에 어디에 있는지 아무도 알 수 없었기 때문에 비평가들이 우연히 그 작품을 발견하지 않는 한 검토할 수 없었고, 친구나 동료도 그 작품을 볼 수 없었다.) 예술계는 기존 시설에서 대중이 쉽게 열람 가능한 작품의 수를 늘릴 수 있는 유연성 측면에서 상이하다. 근대 사회는 도서관에 방대한 양의 인쇄물을 수용하는 데 비교적 큰 문제가 없다(쉽게 접근할 수 있는 서점은 그렇지 않지만 말이다[Newman, 1973]). 음악도 마찬가지로 녹음된 연주가 대량으로 유통될 수 있다. 그러나 다양한 종류의 음악 작품의 라이브 공연은 발표할 수 있는 통로가 매우 적기 때문에 사람들이 음반만을 위해서 음악을 작곡하는 것이 합리적이게 되었다. 심지어 라이브로는 제작될 수 없고 정교하게 갖추어진 스튜디오의 기제를 요구하는 효과에 의존하는 정도에까지 이르렀다.

그림 15. 설치된 버스 쇼. 특정 사진이 특정 시간에 어디에 있을지 아무도 알 수 없었기 때문에 버스 쇼는 실제로 검토될 수 없었고, 어떤 예술가도 버스 쇼에 참여하여 큰 명성을 얻을 수 없었다.(≪애프터이미지≫ 제공, Visual Studies Workshop)

제도적 미학 이론: 사례

이 책은 사회 조직의 문제에 초점을 맞추고 있지만 사회학 기반의 미학 이론을 발전시키려고 시도하지 않는다. 사실, 방금 스케치한 관점에서 보자면, 사회학의 세계에서 미학을 발전시키는 것은 무익한 일일 것이다. 왜냐하면 예술계의 작동과 관련하여 발전된 미학만이 예술계에 많은 영향을 미칠 가능성이 있기 때문이다. (Gans[1974]는 특히 대중 매체 작품들의 미적 가치 문제와 관련하여 미학을 발전시키는 사회학자의 흥미로운 시도이다.)

아이러니하게도, 많은 철학자는 사회학적이지는 않더라도 사회학적 고려 사항에 충분히 기초하여 그러한 이론이 어떤 모습일지 볼 수 있는 이론을 만들어냈다. 제도적 미학 이론으로 불리게 된 이 이론은 방금 분석한 과정, 즉 예술계가 이미 수용한 작품을 감안하는 새로운 미학이 어떻게 발전하는지 보여주는 역할을 할 수 있다. 아마 똑같이 아이러니하게도, 그 이론이 담고 있는 것보다 더 사회학적인 예술계 개념은 일부 문제에 대한 해결책을 제공하며, 나는 그 해결책을 제안하기 위해 내 주장의 주요 노선으로부터 충분히 멀리 우회했다. (이 이론에 대한 보다 추상적인 사회학적 설명을 위해서는 Donow[1979]를 참조하라.)

앞의 분석은 이전 이론과 경쟁하거나 확장하거나 수정하는 새로운 이론은 옛 이론이 관련 예술계의 식견 있는 성원들이 널리 인정하는 작품의 장점을 제대로 설명하지 못할 때 생겨난다는 것을 시사한다. 기존의 미학이 이미 다른 방식으로 정당한 것을 논리적으로 정당화하지 못할 때 누군가는 정당화하는 이론을 구축할 것이다. (여기서 내가 말하는 것은 내가 말한 대로 생겨났을 수도 있고 그렇지 않았을 수도 있는 어떤 관계를 서사 형식으로 나타내는 의사[疑似] 역사학으로 이해되어야 한다.)

따라서 거칠게 말하면, 오랫동안 시각 예술 작품은 시각 예술의 목적이 자연을 모방하는 것이라는 모방 이론에 근거하여 판단될 수 있었다. 그러나 모방 이론이 빛과 색 사이의 관계를 포착하기 위한 실험으로 합리화될 때도, 어느 순간 그 이론은 모네의 건초더미와 대성당 등 인정받는 새로운 예술 작품을 더 이상 설명하지 못했다. 표현주의 예술 이론은 작품을 만드는 예술가의 감정, 아이디어, 개성을 전달하고 표현하는 능력에서 작품의 미덕을 찾았다. 그 이론은 기하학적 추상, 액션 페인팅* 및 그 이론의 용어로는 이해되지 않는 다른 작품들을 다룰 수 있도록 수정되거나 대체되어야 했다(마찬가지로 이러한 이론

* 제2차 세계대전 후 등장한 미국의 대표적인 표현 양식으로, 비평가인 해럴드 로젠버그(Harold Rosenberg)가 고안한 용어이다. 완성된 작품의 미적 가치보다 작품을 제작하는 과정에서 화가가 표출하는 행위에 더 가치를 두는 미술 표현으로, 잭슨 폴록(Paul Jackson Pollock), 빌럼 데 쿠닝(Willem de Kooning), 프란츠 클라인 등이 대표적인 화가이다._옮긴이

또는 그와 유사한 이론들은 우연성 음악[aleatory music]*에 대해 어떤 유용한 말도 할 수 없었다).

제도 이론은 솜씨나 의도 면에서 예술가의 흔적이 전혀 드러나지 않아 상식과 섬세한 감성을 모두 위반하는 작품들이 제기하는 문제를 해결하는 것을 목표로 한다. 제도 이론가들은 마르셀 뒤샹이 전시한 소변기나 눈삽(snowshovel)과 같이(그림 16) 뒤샹의 서명이 있어야만 예술이라고 주장할 수 있는 작품 또는 앤디 워홀이 전시한 브릴로 상자(그림 17) 같은 작품에 관심을 갖고 있다. 이러한 작품에 대한 상식적인 비판은, 누구나 그런 전시를 할 수 있고, 그 작품들은 솜씨나 통찰력이 필요하지 않으며, 그 작품들은 있는 그대로이기 때문에 자연의 어떤 것도 모방하지 않으며, 그 작품들은 평범한 사물에 불과하기 때문에 어떠한 흥미로운 것도 표현하지 못한다는 것이다. 섬세한 감성을 가진 사람들의 비판도 거의 동일하다.

그럼에도 불구하고, 그 작품들은 현대 시각 예술계에서 큰 명성을 얻었고, 그와 유사한 많은 작품에 영감을 주었다. 이러한 엄연한 사실에 직면한 미학자들은 예술적 특성과 질을 물리적 대상 자체 밖에 두는 이론을 발전시켰다. 대신 그들은 그 대상들과 기존 예술계 및 예술이 생산되고 유통되고 평가되고 논의되는 조직들 간의 관계에서 그러한 특성을 찾았다.

아서 단토(Arthur Danto)와 조지 디키(George Dickie)는 제도 이론의 가장 중요한 명제들을 제시했다. 단토는 예술의 본질, 즉 대상과 예술계 사이의 관계에서 무엇이 그 대상을 예술로 만들었는지를 다루었다. 그 문제에 대한 유명한 명제에서 단토는 다음과 같이 말했다.

---

* 주사위를 뜻하는 라틴어 알레아(Alea)에서 유래한 용어로, 미국의 작곡가 존 케이지와 그의 동조자들이 창안한 전위 음악의 일종이다. 작곡이나 연주에 인위적인 구성을 배제하고 우연성을 가한 음악이라서 불확정성의 음악이라고도 한다._옮긴이

그림 16. 마르셀 뒤샹, 「부러진 팔에 앞서(In Advance of the Broken Arm)」. 이미 존재하는 인공물에 서명을 해서 창조한 뒤샹의 "기성품"은 상식과 비판적 감성 모두를 위반했다.(예일 대학교 미술관, 캐서린 드레이어[Katherine S. Dreier]가 무명 협회[Collection Societe Anonyme]에 기증)

그림 17. 앤디 워홀, 「브릴로」. 팝아트 작품은 누구나 만들 수 있는 작품이고 예술가의 특별한 재능을 필요로 하거나 구현하지 않는다는 비판을 불러일으켰다.(사진 제공: 카스텔리 아카이브[Castelli Archives])

> 어떤 것을 예술로 보기 위해서는 눈으로는 확인할 수 없는 무언가, 즉 예술적 이론의 분위기, 예술의 역사에 대한 지식, 예술계가 필요하다.(Danto, 1964: 580)

브릴로 상자를 예술로 만드는 아이디어를 생성한 이론, 그 아이디어가 예술 작품을 예술로 만드는것에 대한 다른 아이디어와 그 작품이 영감을 준 다른 대상 간의 관계, 이 모든 것은 브릴로 상자의 제작과 그 상자 자체가 예술이 되는 맥락을 만들어낸다. 왜냐하면 그 맥락이 상자의 제작과 상자 자체에 의미를 부여하기 때문이다. 다른 설명에서는 이렇게 말한다.

어떤 것이 예술 작품으로 간주되는 순간, 그것은 해석의 대상이 된다. 예술 작품으로서의 존재는 이러한 해석에 의존하며, 예술 자격에 대한 주장이 무너지면 그 작품에 대한 해석을 상실하며 그 작품은 단순한 사물이 된다. 해석은 어느 정도는 작품의 예술적 맥락의 함수이며, 작품의 예술사적 위치, 선행 작품 등에 따라 다른 의미를 갖는다. 하나의 예술 작품으로서 그것은 그것과 사실적으로 유사한 대상이 실물이라면 유지할 수 없는 구조를 획득한다. 예술은 해석의 분위기 속에서 존재하며, 따라서 예술 작품은 해석의 매개체이다.(Danto, 1973: 15)

디키는 조직 형태와 메커니즘을 다룬다. 그의 정의에 따르면,

분류적 의미에서 예술 작품은 1) 하나의 인공물이고 2) 특정 사회 제도(예술계)를 위해서 활동하는 어떤 사람 또는 사람들에 의해 감상을 위한 후보의 지위를 부여받은 그 인공물의 일련의 측면이다.(Dickie, 1975: 34)

이를 비판하고 확장하는 상당수의 흥미로운 이차 문헌이 이러한 관점을 중심으로 증가해 왔다(Cohen, 1973; Sclafani, 1973a; 1973b; Blizek, 1974; Danto, 1974; Mitias, 1975; Silvers, 1976). (사회학자들은 제도적 예술 이론과 사회적 정의가 실재를 창조하는 방식을 주제로 삼는 다양한 사회학적 이론(예를 들어 이른바 낙인일탈 이론[Becker, 1963 참조]) 사이에 가족 유사성을 발견할 것이다. 왜냐하면 둘 다 연구 주제의 성격은 행위하는 사람들이 예술 작품을 집합적으로 정의하는 방식에 따라 달라진다고 보기 때문이다.)

철학자들은 가상의 예를 들어 논증하는 경향이 있으며, 디키와 단토가 언급한 "예술계"에는 뼈대에 고기는 별로 없이, 자신들이 말하고자 하는 요점을 설명하는 데 필요한 최소한의 것만 있다. 또한 그들의 입장에 대한 비판은 존재하는 예술계 또는 존재했던 예술계의 특성은 언급하지 않고, 대신에 그 이론에

사용된 구성 개념의 논리적 모순을 강조한다. 나의 묘사가 그들의 주장과 양립할 수 없는 것은 아니지만, 이러한 논의에 참여한 사람들 가운데 이 책만큼 예술계가 무엇인지에 대한 개념을 조직적으로 복잡하게 전개한 이는 없다. 예술계에 대한 더 복잡하고 경험에 기반한 개념을 사용한다면, 철학적 논의를 교착 상태에 빠지게 한 일부 문제에서 진전을 이룰 수 있을 것이며, 따라서 아마도 미학자들에게 도움이 되는 동시에 예술계에서의 미학의 역할에 대한 분석을 심화시킬 수 있을 것이다.

누가?

누가 어떤 것에 감상을 위한 후보의 지위를 부여하여 그것을 예술로 승인할 수 있는가? 누가 예술계라는 사회 제도를 대표하여 행위할 수 있는가? 디키는 이 질문을 대담하게 해결한다. 그는 예술계에는 예술계 자체를 대표하여 행위할 수 있는 핵심 인력이 있다고 묘사한다.

> 느슨하게 조직되었지만 그럼에도 불구하고 연관된 사람들의 집합으로 예술가 ……, 프로듀서, 미술관 디렉터, 미술관 관람객, 극장 관람객, 신문 기자, 모든 종류의 출판물을 위한 비평가, 예술 사학자, 예술 이론가, 예술 철학자 등을 포함한다. 이들은 예술계의 조직을 계속 작동시켜 예술계의 지속적인 존재를 가능케 하는 사람들이다.(Dickie, 1975: 35~36)

그러나 그는 또한 다음과 같이 주장한다.

> 나아가서 자신을 예술계의 일원으로 여기는 모든 사람이 예술계의 구성원이다.(Dickie, 1975: 36)

물론 이 마지막 문장은 미학자들에게 디키의 접근 방식이 가치 있는 것과 가치 없는 것을 구별하는 데 도움이 되지 않을 것이라고 경고한다. 이 정의는 너무 광범위하기 때문이다. 미학자들은 디키의 발언의 함의, 즉 대상에 명예로운 예술의 지위를 부여할 예술계의 대표자들이 스스로 임명되었다는 것을 받아들일 수 없다. 그리하여 일련의 우스운 사례를 통해 불만을 표출한다. 만약 동물 사육사가 자신이 예술계의 일원이며, 그 자격으로 자신이 돌보는 코끼리에게 감상을 위한 후보자의 지위, 나아가 예술 작품의 지위를 부여한다면 어떨까? 그렇다고 해서 코끼리가 예술 작품이 될 수는 없을 것이다. 그렇지 않은가? 왜냐하면 결국 동물 사육사가 예술계를 대표하여 행동할 수 없기 때문이다. 그렇지 않은가? 우리 모두는 답을 알고 있다. 코끼리는 예술 작품이 아닐 뿐이다 (Dickie, 1971; Blizek, 1974).

하지만 그것을 어떻게 알 수 있는가? 우리는 예술계의 조직에 대한 상식적인 이해를 갖고 있기 때문에 그것을 안다. 조직된 예술계의 유의미한 특징은 다수에게 또는 대부분의 관련 당사자들에게 어떤 사람들이 정당화 방식에 관계없이 다른 사람들보다 예술계를 대표하여 말할 자격을 더 갖고 있는 것으로 간주된다는 것이다. 그 자격은 그 세계의 작품들이 생산되고 소비되는 협력 활동을 하는 다른 참여자들로부터 그런 일을 할 자격이 있는 사람으로 인정받는 데서 비롯된다. 예술계의 다른 구성원들이 그들을 예술이 무엇인지 판단할 수 있는 사람으로 받아들이는 이유는 그들이 경험이 많기 때문일 수도 있고, 그들이 예술을 알아보는 타고난 재능이 있기 때문일 수도 있고, 또는 단순히 그들이 그런 일을 담당하는 사람이어서 당연히 알아야 하기 때문일 수도 있다. 그 이유가 무엇이든 간에 그들로 하여금 구별하게 하고 그 구별을 고수할 수 있게 만드는 것은 그들이 그것을 하도록 허용되어야 한다는 데 다른 참여자들이 동의한다는 사실이다.

사회학적 분석가들은 누가 어떤 것을 예술이라고 부를 자격이 있는지 (또는 디키의 표현을 빌리자면 누가 감상을 위한 후보의 자격을 부여하는지)를 결정할 필요가 없다. 우리는 예술계의 구성원들이 누가 그런 일을 할 수 있는 사람으로 여기는지, 그 사람들이 어떤 것을 예술이라고 결정하면 다른 사람들이 그것이 예술인 것처럼 행동한다는 의미에서 누가 그런 일을 하도록 허용되는지 관찰하기만 하면 된다.

예술계가 지닌 몇 가지 공통된 특징은 예술과 비예술을 명확히 구분하고자 하는 철학적 욕구가 제도 이론으로는 충족될 수 없다는 것을 보여준다. 우선, 누가 예술계 전체를 대표하여 말할 자격이 있는지에 대해 참여자들이 완전히 동의하는 경우가 거의 없다. 어떤 사람들은 사실상 수용 가능한 것을 결정할 수 있는 제도적 지위를 차지하고 있다. 예를 들어, 미술관 디렉터는 사진이 예술인지 여부를 결정할 수 있다. 왜냐하면 그들은 미술관에 사진을 전시할지 여부를 결정할 수 있기 때문이다. 심지어 사진을 주로 그림이 전시되는 메인 갤러리에 전시할지 또는 사진만 전시되는 명성이 낮은 특별 공간에 한정하여 전시할지 결정함으로써 사진이 어떤 종류의 예술인지(예를 들어, "사소한" 예술인가 또는 그 반대의 어떤 것인가) 결정할 수도 있다. 그러나 다른 참여자들은 미술관 디렉터가 그런 판단을 하기에 무능하며, 미술관 디렉터들은 무지하거나 편견이 있거나 외부 고려사항에 영향을 받기 때문에 더 고급스러운 예술계에서는 그들이 그런 판단을 내리는 것이 허용되지 않을 것이라고 주장한다. 어떤 사람들은 미술관 디렉터들이 너무 전위적이고 기존 스타일과 장르에 적절한 관심을 기울이지 않는다고 생각하지만, 다른 사람들은 정반대라고 생각한다(Haacke[1976] 참조). 많은 참여자는 기관 관계자들이 미적 논리만큼이나 계급적 편견을 반영하는 결정으로 인해 자신들이 봉사하는 공동체의 부유하고 권력 있는 사람들을 대변한다는 것을 보여주는 증거가 상당히 많기 때문에(Catalog Committee, 1977; Haacke, 1976; Becker and Walton, 1976 참조) 기관 관계자들을 중재자로 받아들일 수 없다고 생각한다.

예술계 구성원들은 특정 지위를 맡은 사람의 결정이 실제로 어떤 차이를 가져오는지에 대해서도 동의하지 않는다. 이러한 의견 불일치는 예술계에서 그 사람들의 모호한 지위를 반영한다. 특정 비평가의 결정이 어떤 결과를 가져오는지, 다른 사람들이 그 결정에 근거하여 자신의 활동을 하는지는 명확하지 않은 경우가 많으며, 그것은 예술계 내의 정치적 변화와 투쟁으로 발생하는 다양한 우연적 상황에 따라 달라진다. 예술계 구성원들이 특정 지위를 맡은 사람이 내리는 모든 선언의 지위를 모호하다고 여기는 한, 비평가, 딜러, 상금 및 펠로십 위원회와 같은 사람들의 지위도 마찬가지로 모호하다. 철학적 분석 또는 사회적 분석으로 해결할 수 없는 모호성이 존재하는 것은 그 지위를 비준할 정도로 존중받는 사람들이 산발적으로 그리고 변덕스럽게 미루기 때문이다.

따라서 제도 이론은 작품이 예술인지 아닌지에 대해 미학자들이 원하는 모든 판단을 내릴 수 없다. 무엇이 예술인지를 결정할 수 있는 사람은 누구인가에 대한 합의의 정도가 상황에 따라 매우 다양하기 때문에, 실재론적 견해는 예술됨(art-ness) ― 즉, 어떤 대상이 예술인지 아닌지 ― 을 절대적인 이분법이 아닌 연속 변수로 허용함으로써 이를 반영한다.

마찬가지로 예술계에서 대상이나 이벤트에 예술의 지위를 부여하는 것을 구체화하고 비준하는 구성원들의 활동 종류는 다양하다. 한편으로, 펠로십, 상금, 수수료, 전시 공간, 기타 전시 기회(출판, 제작 등)와 같은 물질적 혜택은 예술가가 작품을 계속 제작하는 데 도움이 되는 즉각적인 결과를 가져온다. 다른 한편으로, 보다 지식이 풍부한 예술계 구성원들에게 진지하게 받아들여지는 것과 같은 무형의 혜택은 예술가 경력에 간접적이지만 중요한 영향을 미치는데, 이는 수혜자를 변화와 발전이 일어나는 아이디어의 흐름 속에 위치시키며 작업 관심사에 대한 그날그날의 확인과 일상적인 문제에 대한 도움을 제공한다. 이런 것은 보다 관례적인 경력의 관점에서만 성공적이었던 사람들에게는 허락되지 않았던 것들이다.

무엇을?

어떤 대상이 예술 작품이 되려면 어떤 특징을 가져야 하는가? 제도 이론에 따르면, 무엇이든 예술 작품이 될 수 있다. 실제로 "평범한 압정, 싸구려 흰 봉투, 일부 드라이브인 레스토랑에서 제공되는 플라스틱 포크"와 같은 대상들은 그냥 가치를 인정받을 수 없다고 말하는 한 비평가를 향하여(Cohen, 1973: 78) 디키는 다음과 같이 말한다.

> 하지만 왜 「**샘(Fountain)**」[뒤샹이 예술 작품으로 전시했던 소변기, 그림 18]의 통상적인 특성, 즉 어스레한 흰색 표면, 그것이 주변 사물의 이미지를 반사할 때 드러나는 깊이, 유려한 타원형 모양은 가치를 인정받을 수 없는 것일까? 샘은 브랑쿠시(Brancusi)와 무어(Moore)의 작품과 유사한 특징을 가지고 있어서 많은 사람이 인정한다고 말하는 데 주저하지 않는다. 마찬가지로 압정, 봉투, 플라스틱 포크도 그것들에 주의를 집중시키는 노력을 한다면 그 가치를 인정받을 수 있다. 사진의 가치 중 하나는 아주 평범한 사물들의 특성에 초점을 맞추고 그 특성들을 끌어내는 능력이다. 그리고 사진의 도움 없이 그저 바라보는 것만으로도 같은 종류의 일이 이루어질 수 있다.(Dickie, 1975: 42)

누군가의 말 한마디로 무엇이든 예술로 변할 수 있을까?

> 그것은 이렇게 간단할 수는 없다. 결국 어떤 사물을 예술로 만드는 것은 성공적인 명명(命名)이라 할지라도 모든 명명 시도가 성공하는 것은 아니다. 이름을 짓는 사람과 이름이 부여되는 사물 모두 충족해야 할 조건이 있을 수밖에 없으며, 그 조건이 완벽하게 충족되지 않는다면 "나는 …… 명명한다"라고 말하는 것은 명명하는 것이 아닐 것이다.(Cohen, 1973: 80)

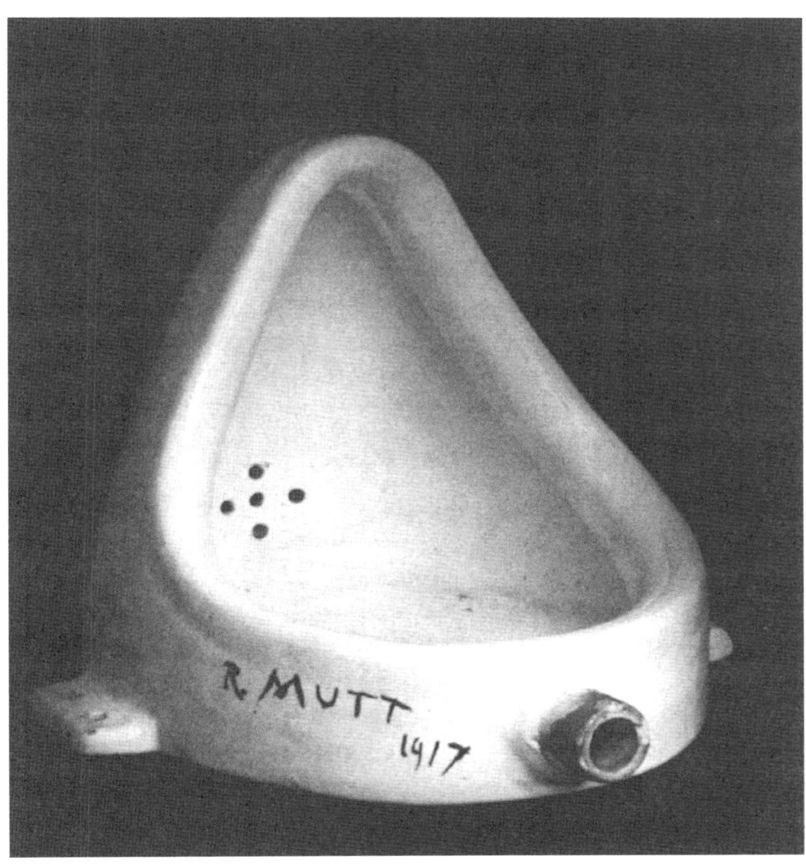

그림 18. 마르셀 뒤샹, 「샘」. 시각 예술 작품이 예술이 되기 위해 어떤 특성을 가져야 하는지에 대해서는 미학자들 사이에 의견이 분분하다. 샘과 같은 작품의 물리적 특성은 예술성을 인정받을 수 있는가?(사진 제공: 뉴욕 시드니 재니스 갤러리[Sidney Janis Gallery])

코언의 말이 옳다. 어떤 것을 예술이라고 이름 붙이는 모든 시도가 성공하는 것은 아니다. 그러나 그렇다고 해서 그 대상이나 사건 자체의 본질에 어떤 제약이 있어서 특정 대상을 예술이 아닌 것으로 만들거나 그런 식으로 재정의할 수 없게 만드는 것은 아니다.

무엇을 예술로 정의할 수 있는가에 대한 제약은 모든 예술계에 의심의 여지 없이 존재하는데, 이는 그러한 판단을 내릴 때 어떤 종류의 기준을 적용할 것인지, 또한 누가 그러한 판단을 내릴 것인지에 대한 사전 합의에서 비롯된다. 예술계 구성원들은 특징적으로 원칙적 차이 및 기타 차이에도 불구하고 어떤 예술가와 어떤 작품이 진지한지에 대해, 따라서 주목할 가치가 있는지에 대해 신뢰할 만한 판단을 내린다. 따라서 선호하는 스타일과 관련해 의견이 다른 재즈 연주자들도 특정 연주자나 공연이 "스윙(swing)*"을 할지에 대해서는 동의할 수 있으며, 연극인들도 특정 장면이 "잘될지" 아닐지에 대해 비슷하게 신뢰할 만한 판단을 내릴 수 있다. 예술가들은 어떤 작품과 그 작품의 제작자가 지원을 받아야 하는지에 대해 격렬하게 반대할 수 있으며, 주변적인 사례들(특히 예술계의 기존 관행에 막 편입된 스타일의 사례 또는 더 이상 진지하게 고려할 가치가 없어 버려지기 직전에 있는 사례들)은 덜 신뢰할 수 있는 판단을 유발할 수 있다. 그러나 대부분의 판단은 신뢰할 만하며, 그 신뢰성은 이미 합의된 판단을 입으로 말하는 것을 반영하는 것이 아니라 훈련되고 경험이 풍부한 예술계 구성원이 유사한 기준을 체계적으로 적용하는 것을 반영한다. 이는 흄이 취향에 대한 에세이에서 묘사한 것으로, 일련의 임상 결과를 접한 대부분의 의사가 비슷한 진단에 도달하는 방식과 유사하다(유사한 관계는 모든 전문화된 직업 영역에서 찾을 수 있다).

그런 의미에서, 모든 것이 현재 인정되는 예술계의 기준에 따라 심사를 통과하는 것은 아니기 때문에 정의를 내리거나 합의를 도출하는 것만으로 모든 것이 예술 작품이 될 수 있는 것은 아니다. 하지만 그렇다고 해서 어떤 것을 예술로 만드는 데 명명하는 것 이상의 일이 있다는 뜻은 아니다. 어떤 작품을 예

---

* 재즈가 연주될 때 특유의 흥겨움을 유발하는 모든 음악적 요소._옮긴이

술로 분류하는 것이 자명해 보이게 만드는 반면 다른 작품은 그렇지 않은 것이 자명해 보이게 만드는 기준에 대해 전체 예술계가 동의한다는 것도 명명의 문제이다. 그러한 합의는 그 세계의 합리적인 구성원들이 그러한 상황에서 작품을 분류하는 데 어려움을 느끼지 않기 때문에 발생한다. 예술로 정의될 수 있는 대상에 대한 제약은 존재하지만, 그 제약은 대상의 특성과 그 대상이 예술 작품으로 제안되는 세계에서 통용되는 분류 규칙이 결합되었기 때문에 가해진다.

게다가 그러한 기준들은 합의의 문제이기 때문에 변화하기도 한다. 예술가와 예술계의 다른 참여자들이 일상적으로 주고받는 대화의 대부분은 판단 기준의 내용과 적용을 매일매일 조정하는 것과 관련이 있다. 1930년대 초 재즈 연주자들, 비평가들, 애호가들은 모두 전자 악기로는 진정한 음악을 만들 수 없다는 데 동의했다. 하지만 찰리 크리스천(Charlie Christian)의 일렉트릭 기타 연주는 많은 사람에게 그의 연주가 비전자 악기로 연주하는 음악과 같은 종류의 경험을 만들어낸다는 것을 확인시켜 주었고, 그 결과 표준은 재빨리 수정되었다.

얼마나 많은 정도로?

미학자들 — 제도주의자들과 그들의 비평가들 모두 — 은 미학의 이론화가 예술가와 예술계에 미치는 영향에 대해 염려한다. 예를 들어, 이들은 지나치게 제한적인 미학 이론은 예술가들을 불필요하게 위축시키고 그들의 창조성을 과도하게 제약할 수 있다고 우려한다. 이는 예술계가 미학의 이론화에서 방향을 취하는 정도를 과대평가한다. 그 영향은 대개 다른 방향으로 흐른다. 그러나 제도주의자들은 자신들의 분석에서 한 가지 중요한 함의를 도출한다. 바로 현역 예술가가 자신의 작품이 예술로 수용되기를 원한다면, 적절한 사람들이 그 작품을 예술로 인증하도록 설득해야 한다는 것이다. (기본적인 제도적 분석은 누구나 그렇게 설득할 수 있다고 시사하지만, 실제로 이 이론가들은 기존 예술계를 그러한 일을 하도록 설득되어야 하는 세계로 받아들인다.) 그러나 예술계가 예술로 승인하는 것이 예술이라면, 대안이 존재하는데 — 여기에 대해서는 다음 장에서 더 자세히 분석할 것이다 —, 그것은 바로 자신이 생산하는 것을 예술로 인증할 예술계를 새롭게 조직하는 전략이다. 실제로 이 전략은 자주 사용되었고 상당한 성공을 거두었다. 더 많은 사람이 이 전략을 시도하고 실패했지만, 그것이 이 전략이 합리적인 가능성이 아니라는 것을 의미하지는 않는다.

기존 예술계에 설 자리가 없는 작품을 비준하기 위해 새로운 예술계를 만드는 데는 몇 가지 어려움이 있다. 자원(특히 재정적 지원)은 이미 기존 예술 활동에 할당되어 있을 것이므로, 새로운 지원 공급원, 인력풀, 재료 공급원 및 (작품을 공연하고 전시할 공간을 포함하여) 기타 시설을 개발할 필요가 있다. 기존의 미학 이론이 그 작품을 승인하지 않았기 때문에 새로운 미학이 발전되어야 하며 새로운 비평 양식과 판단 기준이 분명히 제시되어야 한다. 그러나 이러한 일들이 반드시 이루어져야 한다고 말하는 것은 철학적 분석이 유발하는 종류의 흥미로운 정의의 문제를 제기한다. 그 작품이 새로운 세계를 창조하고자 했던 독창적인 집단보다 더 많은 관객에 의해 진지하게 다루어지려면 조직화된 예술계의 장치가 얼마나 많이 만들어져야 하는가? 사람들을 설득하는 데 필요한 것은 매우 다양하다. 어떤 사람은 정교한 이념적 설명을 요구한다. 극장 매니저, 녹음 스튜디오 운영자, 인쇄업자 등의 사람들은 그저 대금 지불만 요구한다.

그 정의를 충족시키기 위해 얼마나 많은 제도적 장치가 필요한지와 관련한 질문에 대해 어떤 특정 기준이나 연속선상의 정확한 지점을 설정하여 대답할 필요가 없으며 실제로 그래서는 안 된다. 관련된 활동은 다양한 수의 사람들에 의해 수행될 수 있으며, 현대 조각과 회화 또는 교향악과 그랜드 오페라와 같이 잘 갖춰진 세계의 완전한 제도적 장치 없이도 가능하다. 예술계에 대해 말할 때, 우리는 대개 이렇게 잘 갖춰진 세계를 염두에 두지만, 실제로 그림, 책, 음악 및 기타 예술 작품과 공연은 이 세계가 의존하는 모든 지원 인력 없이도, 즉 평론가, 임프레사리오, 재료 및 장비 공급자, 공간 제공자, 관객 없이도 제작될 수 있다. 극단적으로, 기억해야 할 것은 어떠한 예술 활동도 필요한 모든 활동을 수행하는 한 사람에 의해 이루어질 수 있지만, 이는 일반적이지 않으며 많은 예술가가 원하는 조건도 아니라는 것이다(동료 참여자들과 문제가 있을 때는 간혹 갈망하는 것이기는 하지만 말이다). 관련된 사람의 수가 증가함에 따라 활동은 안정적인 핵심 인물들이 동일한 종류의 작품을 제작하기 위해 정기적으로 협력하는 지점에 도달한다. 그 수가 더 많아지면 개별 예술가들은 개인적으로 알지 못하는 많은 사람을 위해 작품을 제작하면서도 자신들이 진지하게 받아들여질 것이라는 합리적인 기대감을 가질 수 있는 지점에 도달할 수도 있다. 첫 번째 구성 지점을 내밀한 세계라 부르고 후자의 구성 지점을 공개된 세계라고 부르자. 이름과 컷오프 지점은 그것들이 임의적이라는 인식보다 덜 중요하다. 실제로는 여러 연속선을 따라 다양한 지점이 존재한다.

얼마나 많은 수의?

디키와 단토 두 사람 모두 얼마나 많은 수의 예술계가 존재하는지에 대해 명확하게 알지 못한다. 디키는 다음과 같이 말한다.

> 예술계는 극장, 회화, 문학, 음악 등의 일단의 시스템들로 이루어져 있으며, 각 시스템은 해당 영역 내의 대상에 지위를 부여하기 위한 제도적 배경을 제공한다. 예술이라는 포괄적 개념에 포함될 수 있는 시스템의 수에는 제한이 없으며, 각 주요 하위 시스템은 더 많은 하위 시스템을 포함한다. 이러한 예술계의 특징은 가장

급진적인 종류의 창조성도 수용할 수 있는 탄력성을 제공한다. 예를 들어, 연극에 비견할 만한 완전히 새로운 시스템이 단번에 추가될 수 있다. 더 가능성이 높은 것은 시스템 내에 새로운 하위 시스템이 추가될 수 있다는 것이다. 예를 들어, 정크(junk) 조각이 조각 내에 추가되거나 즉흥 공연(happenings)이 연극 내에 추가될 수 있다. 그렇게 추가된 것들은 시간이 지나면 완전한 시스템으로 발전할 수도 있다.(Dickie, 1975: 33)

블리젝(Blizek, 1974)은 이것이 경험적 질문이라고 보지만, "예술계"의 정의가 너무 느슨해서 이러한 시스템들이 하위 부분을 이루는 하나의 예술계가 있는지 또는 서로 관련이 없는 여러 예술계가 있는지 불분명하다고 보았다. 그리고 만일 여러 예술계가 있다면 서로 충돌할 수도 있다고 보았다. 이와 관련하여 몇 가지 언급할 필요가 있다.

경험적으로, 다양한 예술 매체의 하위세계는 서로 거의 소통하지 않는 별개의 영역으로 세분화될 수 있다. 나는 화파들과 스타일들이 마치 동일한 보상과 관객을 놓고 경쟁하는 것처럼 이야기했지만(그리고 예술계에서 일어난 변화 과정을 논의할 때 다시 이야기하겠지만), 실제로는 그렇지 않은 경우가 많다. 대신, 한 그룹의 구성원들은 자신들과 경쟁 관계였을 수도 있는 다른 예술계 부문을 지원하지 않았던 사회의 부문으로부터 관객과 지원의 원천을 개발한다. 많은 회화계는 인정받는 현대 미술가들과 동일한 재료 공급업체에 의존하지만, 그들의 작품을 전시하고 유통하고 지원하기 위해 별도의 그리고 종종 매우 성공적인 장치를 가지고 있다. 예를 들어, 미국 카우보이 예술가 협회(The Cowboy Artists of America)는 "실제" 미술관에 전시된 미국 카우보이 서부의 장르 화가인 찰스 러셀(Charles Russell)과 프레더릭 레밍턴(Frederick Remington)의 작품을 구매하길 원하지만 구매 여력이 없거나 구매할 작품을 찾지 못하는 사람들을 위해 그림을 제작한다.

동양 미술 비평가들의 단호한 무관심에도 불구하고 카우보이 그림과 조각은 인기가 높아서 주(州) 내의 천연가스보다 가격이 더 빠르게 상승하고 있다. 카우보이 예술은 고유한 영웅, 자체 갤러리, 그리고 심지어 자체 출판사도 가지고 있다.(Lichtenstein, 1977: 41)

극단적으로, 한 예술계의 장치 대부분은 더 크고 인정받는 그 표현 매체의 세계로부터 상대적으로 고립된 예술가 한 사람의 작품을 중심으로 발전할 수 있다. 필요한 것은 자원을 제공하는 사람뿐이다. 에드나 히벨(Edna Hibel)의 사례를 생각해 보자. 그녀의 작품은 수년 동안 여러 유명 장소에서 전시되었지만, 그녀는 현대 예술가들이나 컬렉터들 사이에서 큰 명성을 얻지는 못했다. 그럼에도 불구하고 한 미술관 전체가 그녀의 작품만을 전시하고 있다.

팜비치에 있는 히벨 미술관(The Hibel Museum of Art)은 에델벨 크레이그(Ethelbelle Craig)와 클레이튼 크레이그(Clayton B. Craig)가 영감을 얻은 산실이다. 오랫동안 에드나 히벨의 최고의 컬렉터였던 크레이그 부부는 히벨 미술관을 세계적으로 유명한 히벨 예술의 컬렉션을 위한 영구 보관소로 구상했다. …… 에델벨과 클레이튼은 1961년 매사추세츠주 록포트에 새로 문을 연 히벨 갤러리에 처음 방문했을 때 에드나의 작품과 사랑에 빠졌고, 이미 광범위했던 예술 컬렉션을 위해 히벨의 그림 다섯 점을 구입했다. …… 크레이그 컬렉션이 늘어나고 수년간의 우정과 상호 존중을 바탕으로 예술가 및 그녀의 작품에 대한 이해와 인식이 깊어가면서, 크레이그 부부의 집은 에드나 히벨 작품의 실질적인 미술관이 되었다. …… 크레이그 부부는 에드나 히벨의 작품이 너무 흩어져 있어서 학생, 학자, 애호가들이 한 곳에서 그녀의 작품의 중요한 단면을 볼 수 있는 기회를 박탈당하는 것을 허용하지 않기로 결심했다. 그 순간부터 그들은 수집 속도를 높이고 히벨의 걸작을 수집하는 범위를 넓혔다. …… 마침내 크레이그 부부의 꿈은 실현되

> 었고 히벨 미술관은 현실이 되었다. 크레이그 컬렉션은 에드나 히벨의 열렬한 추종자들이 기증한 작품들로 이미 늘어나고 있었던 히벨 컬렉션의 핵심이다. 팜비치에 위치한 히벨 미술관은 크레이그 부부의 관대함, 선견지명, 헌신에 대한 살아 있는 헌사로 남아 있다.(Hibel Museum of Art, 1977)

이와 같이 고립되지 않은 지역 부분은 대개 "큰" 예술계의 대도시 중심을 지향한다(McCall, 1977). 그 참여자들은 전시 기회의 부족으로 어려움을 겪으며, 심지어 지역에서 성공하는 것이 그들이 열망하는 더 큰 세계, 즉 자신들을 거의 알지 못하는 세계에서는 거의 또는 전혀 도움이 되지 않을 것이라는 인식으로 어려움을 겪는다.

예술계를 참여자들이 집합적으로 수행하는 활동으로 정의한다면, 모든 관례적인 예술을 포괄하는 일반적인 예술계는 우리가 그것을 하나의 예술계로 지칭하고 싶어 하도록 어떤 활동을 집합적으로 수행하는지 질문할 수 있다. 두 가지를 생각해 볼 수 있다.

첫째, 다양한 미디어 지향적 하위공동체는 동일하거나 유사한 문제를 야기하는 동일한 외부 제약을 많이 겪고 있다. 따라서 불황이 발생하면 모든 예술 형식은 재정적 지원을 확보하기가 더 어려워질 수 있다(하지만 이것이 미국의 대공황 경험은 아니었다). 정부가 모든 예술을 비슷한 방식으로 검열할 수 있었고, 한 지역 사람들의 경험이 다른 지역에서 예상되는 것의 징후로 읽힐 수 있었다. 따라서 연극 기획자는 검열관들이 공연을 허용할지 여부에 기초하여 어떤 프로젝트를 수행할지 결정할 수 있었는데, 인기 가수의 음반, 신작 소설, 또는 새로운 영화에 대해 검열관들이 어떤 평가를 했는지를 듣고 그러한 판단에 도달했다. 이 모든 세계의 참여자들이 검열관에 대한 경험, 해석, 예측을 공유하는 한, 참여자들은 일종의 집합적 활동에 참여하여 하나의 예술계를 구성한다. 참여자들이 검열에 맞서 싸우거나 항의하기 위해 연합한다면 또는 검열을 회피하기 위해 협력한다면, 그들은 그와 같은 방식으로 예술계를 구성하는 집합 행위에 참여하는 것이다.

둘째, 다양한 매체-지향적 세계의 예술가들은 자신들의 작품에서 비슷한 종류의 것을 달성하려고 시도할 수 있으며, 이를 달성하는 방법에 대한 아이디어와 관점을 공유할 수도 있다. 강렬한 민족주의의 시기에 예술가는 자신의 작품에 국가나 국민의 특성과 열망을 상징화하려고 노력할 수 있다. 그러기 위해서는 스스로 아이디어와 느낌 자체를 찾아야 할 뿐만 아니라 자신이 마음에 두고 있는 아이디어와 느낌을 전달할 수 있는 이미지와 기법도 찾아야 한다. 다양한 세계의 참여자들이 표현 매체 경계를 넘나들며 이러한 질문에 대해 토론하는 한, 그들은 하나의 일반적인 예술계에 참여하고 있다고 말할 수 있다.

하나의 표현 매체를 위한 조직은 종종 자신의 분야에서 중심이 되는 작업을 위해 다른 분야의 사람들을 지원 인력으로 활용한다. 시각 예술가는 연극이나 무용 공연을 위한 무대를 만들고, 작가는 오페라를 위한 대본을 작성하며, 음악가는 영화 배경 음악을 작곡하고 연주한다. 그런 방식으로 예술가들이 하위 세계 경계를 넘어 협력할 때 그들이 일반적인 예술계에 참여하고 있다고 말할 수 있다. 게다가 그런 협력의 가능성 때문에 아직 연결되지 않은 세계의 사람들이 새로운 형식의 협업에 흥미를 느끼고 일반적인 예술계에서 더 많은 연결고리를 만들 수 있다. 마지막으로, 특정 예술계의 참여자들은 교육을 받은 중상류층이나 소귀족층과 같이 주변 사회의 제한된 부문 출신인 경우가 많았다. 그들은 함께 학교를 다녔을 수도 있고 친척이나 친구 관계로 연결된 가족 출신일 수도 있다. 그리고 이러한 연결은 일반적인 예술계를 형성하는 데 또는 적어도 앞서 언급한 종류의 활동에서 협력할 수 있는 정기적인 상호작용을 제공하는 데 도움이 될 것이다.

이 문제에 대한 분석은 예술계를 말하는 것이 약칭을 사용하는 것을 의미한다는 것을 명백하게 해준다. **예술계**라는 용어는 예술 작품 제작에 일상적으로 참여하는 사람들에 대해 이야기하는 방식일 뿐이라는 점을 기억하라. 일상적인 상호작용이 예술계의 존재를 구성하는 요소이므로, 정의에 대한 질문은 일반적으로 누가 누구와 실제로 무엇을 하는지를 살펴보면 해소될 수 있다. 이와 같이 (경험적 요소가 강한) 제도적 미학 이론의 논리적·정의적 문제는 특정 사례의 사실에 대한 지식으로 해소될 수 있다.

미학과 예술계

그리고 제도적 미학 이론은 이 장의 첫 번째 부분에서 분석한 과정을 설명하고 있다. 기존의 미학 이론이 예술가들이 하는 일에 대해 그리고 더 중요하게는 예술계의 다른 제도 — 특히 유통 조직과 관객 — 가 예술로, 그리고 뛰어난 예술로, 받아들이는 것에 대해 논리적이고 옹호할 수 있는 정당성을 제공하지 못할 때, 전문적인 미학자들은 필요한 새로운 근거를 제공할 것이다. 그들이 새로운 근거를 제공하지 않는다면, 나머지 참여자들이 자신의 행위에 대해 옹호 가능한 근거 없이 계속 진행할 수도 있지만, 아마도 다른 누군가가 새로운 근거를 제공할 것이다. (근거가 필요한지 여부는 미학자들이 직면한 일을 하는 데 대해 논쟁이 벌어지는 정도에 달려 있다.) 예술과 미에 대한 모방적·표현적 이론은 뛰어나다고 널리 알려진 현대 시각 예술 작품들의 향유와 찬미를 설명하거나 그 근거를 제시하지 못했다. 현대 예술계에서 자원과 명예를 두고 벌어지는 논쟁과 경쟁의 정도 그리고 그 문제에 흥미를 느끼는 전문 철학자들의 수를 고려하면, 제도 이론과 같은 것이 나올 것이라는 것은 거의 확실했다.

정의 문제의 초점을 대상에 내재된 어떤 것에서 대상과 예술계라 불리는 실체 사이의 관계로 옮김으로써, 제도 이론은 현대 예술가들의 활동에 새로운 정당성을 부여하고 그들의 작품에 겨눠진 철학적으로 곤란한 질문들, 즉 뛰어나다고 여겨지는 작품들에서 기법이나 아름다움, 사상 또는 감정의 증명을 요구하는 질문들, 그리고 침팬지, 어린아이, 미친 사람, 또는 특별한 재능이 없는 평범한 사회 구성원도 같은 작품을 만들 수는 없었는지 알고 싶어 하는 질문들에 대한 답을 제공했다. 누구나 할 수 있다는 후자의 제안은 아마도 가장 치명적이었을 것이다. 그것은 예술가에게는 특별한 재능이나 재주가 없으며, 따라서 예술가를 예술계(또는 사회)의 특별한 구성원으로 간주하고 그 재능을 표현한 공로로 특별한 보상을 받을 자격이 있다고 여기는 것은 잘못되었다는 것을 함축하고 있다. 제도 이론은 예술계 참여자들로 하여금 그 특별한 재능을 새로운 방식으로 정의할 수 있게 해준다 — 예를 들면 상상력이 풍부한 새로운 개념들을 발명하는 능력으로 말이다 —. 그리하여 제도 이론은 예술가의 특별한 역할과 보상에 정당성을 부여한다.

제도 이론에 대한 우리의 분석은 예술계에 대한 묘사에 약간의 뉘앙스를 추가한다. 우리는 예술계 관계자들이 작품을 예술로 합법화하는 권력을 가지고 있지만 종종 그 권력이 논란이 되는 것을 본다. 결과적으로, 예술과 비예술을 구분하는 명확한 기준, 즉 예술계 관계자의 행위와 일치하는 기준을 찾고자 하는 미학자의 욕구는 충족될 수 없다. 미학자만이 그러한 욕구를 가진 것은 아니기 때문에 이는 꽤 흥미롭다. 사실, 사회학자들은 종종 예술 사회학이나 종교 사회학이나 과학 사회학 같은 분야에서 자신의 주제에 대한 명확한 정의 기준을 정해야 한다고 주장한다. 만일 그러한 기준이 예술에 대한 대중적 또는 공식적 개념과 일치할 것으로 기대된다면, 결정적인 기준에 대한 사회학적 소망도 마찬가지로 만족시키기 어려울 것이다.

원칙적으로는 어떤 대상이나 행위도 예술로 정당화될 수 있지만, 실제로 모든 예술계에는 정당화를 좌우하는 절차와 규칙이 있다. 이는 명확하거나 완벽하지는 않지만, 그럼에도 불구하고 일부 후보가 예술 지위를 획득할 가능성을 매우 희박하게 만들기도 한다. 이러한 절차와 규칙은 예술계가 일상적인 활동을 수행하는 관례와 협력 패턴에 포함되어 있다.

우리는 모든 예술이 하나의 큰 예술계를 구성한다고 말할 수 있다는 것을 이해한다. 전문화된 하위세계의 구성원들이 자신들의 작업과 관련된 일부 활동에서 협력하는 한, 그러한 협력 활동은 정부의 검열, 민족주의 예술의 발전, 멀티미디어 협업 등과 비교하여 하나의 큰 예술계의 작동으로 볼 수 있다. 그러한 협력은 상대적으로 흔하지 않을 수 있으며, 아마도 어느 사회에서나 대부분 흔하지 않기 때문에 작동하고 있는 예술계들은 특별한 표현 매체의 세계라고 말할 수 있다. 그러나 이 역시 다른 질문과 마찬가지로 경험적인 질문이며, 그 해답은 조사연구를 통해 찾을 수 있을 것이다.

마지막으로, 우리는 미학자(또는 그 일을 하는 모든 사람)가 예술 작품의 존재와 독특성을 정당화하는 근거를 제공한다는 것, 그럼으로써 자신들의 주장을 지지하는 근거를 제공한다는 것을 알고 있다. 예술과 예술가는 그러한 근거 없이도 존재할 수 있지만, 다른 사람들이 그들의 권리에 이의를 제기할 때 더 많은 어려움을 겪는다. 따라서 예술계는 발전해 가면서 대개 이러한 근거를 생산하는데, 그 근거의 가장 전문적인 형태는 미학이고, 가장 전문적인 생산자는 철학자이다.

제6장

예술과 국가

국가와 국가를 작동하게 하는 정부 기관들은 국경 내에서 예술을 생산하고 유통하는 데 관여한다. 입법부와 행정부가 법을 만들고, 법원은 법을 해석하고, 관료들은 법을 집행한다. 예술가, 관객, 공급업자, 유통업자 등 예술 작품의 생산과 소비에 협력하는 모든 다양한 인력은 이러한 법률이 제공하는 틀 안에서 행동한다. 국가는 자국 국경 내에서 법을 만드는 것을 독점하기 때문에(어떤 규칙이 법률을 위반하지 않는 한 소규모 집단들에서 사적으로 합의된 규칙 제정에 대해서까지 독점권을 가지는 것은 아니지만), 예술 작품 제작에 항상 어느 정도 역할을 한다. 물론 이러한 독점을 통해 이용 가능한 통제권을 행사하지 않는 것도 중요한 형태의 국가 행위에 해당한다.

예술 작품 제작에 참여하는 다른 참여자들과 마찬가지로 국가와 그 대리 주체들도 자신의 이익을 추구하기 위해 행위하는데, 그 이익은 작품을 만드는 예술가의 이익과 일치할 수도 있고 일치하지 않을 수도 있다. 많은 국가는 예술을 좋은 것으로 — 적어도 현대식 고속도로 및 국영 항공사와 함께 문화 발전과 국가적 세련미를 상징하는 것으로 — 간주하고, 다양한 방식으로 예술을 우대하는 법과 규정을 만든다. 예술가들이 자신의 작품을 일종의 재산으로 만들어 돈으로 교환함으로써 자신의 활동을 지원할 때, 국가가 재산권과 관련하여 제정하고 시행하는 법률은 예술가들에게 직접적인 영향을 미친다. 국가는 예술가의 권리와 평판을 보호하기 위해 예술적 재산을 처분하는 것과 관련된 특별법을 만드는 것이 편리하다고 생각할 수도 있다.

다른 시민들은 예술가의 활동이 불쾌하거나 놀랍거나 진정으로 해롭다고 생각할 수도 있다. 소음과 공해를 통제하는 또는 모독과 나쁜 취향을 통제하는 국가의 다른 법들은 이러한 예술적 골칫거리로부터 예술가들을 보호할 수 있고 일부 예술 작품의 제작을 제한할 수 있다.

마지막으로, 국가는 항상 집합 행위에 동원하는 또는 동원되는 시민들의 성향에 관심을 가지고 있다. 정치 지도자들은 대개 고급 예술과 대중 예술에 구현된 상징적 재현이 시민들을 동원할 수 있는지 여부와 그 목적에 영향을 미친다고 믿는다. 혁명적인 노래는 혁명적 행위의 기초를 제공할 수 있으며, 애국적인 노래와 영화는 기존의 신념과 계층 체계를 강화할 수 있다. 어떤 예술은 사람들을 불만스럽게 만들고, 사람들의 도덕적 기질을 파괴하며, 사람들을 국가가 원하는 역할과 일을 수행하기에 부적합하게 만든다. 다른 예술 작품은 국가가 국가의 목표에 적합하다고 생각하거나 필요하다고 여기는 습관과 태도를 주입하고 지속시킨다.

정치 및 행정 지도자들도 위에서 시사한 것처럼 계산적일 수 있다. 마찬가지로 자주, 그들은 자신의 미학적 신념에 따라 자신의 정치적 이해관계에 도움이 되는 것은 훌륭한 예술이나 아름다운 것으로 간주하고, 자신의 이해관계를 훼손할 수 있는 것은 나쁜 예술로 또는 심지어 예술이 아니라 쓰레기에 불과한 것으로 간주한다. 따라서 정치와 미학의 결합은 예술로 간주될 수 있는 모든 것, 즉 개별 예술가들에 대한 평판뿐만 아니라 전체 장르와 표현 매체에 대한 평판에도 영향을 미친다. 국가의 이해관계는 다양하며, 그 이해관계에 따라 예술에 대한 국가의 관심도 달라진다. 산업화된 사회의 정부는 불화와 "무정부 상태"보다 질서와 조화를 중시하는 반면, 발전 중인 사회의 지도자들은 예술이 경제

성장에 필수적인 근면과 건실한 습관으로부터 사람들을 멀어지게 할 것을 우려할 수 있다. 한 국가는 인종적 혼합을 보여주는 예술 작품을 금지할 수 있는 반면, 다른 국가는 이를 장려하거나 심지어 요구할 수도 있다.

국가는 자신이 승인하는 것은 지원함으로써 그리고 승인하지 않는 것은 억제하거나 금지함으로써 이러한 이해관계를 추구한다. 승인하지 않는 것을 억제하거나 금지하는 방법으로는 국가의 이익에 반하는 것으로 간주되는 예술의 제작에 개입하기도 하고, 부분적으로 또는 전체적으로 검열하기도 하고, 심지어 그러한 작품을 제작하거나 소비하는 사람들을 투옥하거나 살해하기도 한다.

재산

모든 사회에서 그런 것은 아니지만, 많은 사회에서 예술은 다른 상품처럼 사고 팔 수 있는 상품으로 취급된다. 앞서 살펴본 바와 같이, 예술가와 사업가는 국가가 그러한 활동을 규제하기 위해 제공하는 법률에 따라 마케팅, 판매, 유통될 수 있는 대상과 이벤트를 생산하기 위해, 종종 마지못해 그리고 상호 간에 큰 불신을 가지고, 협력한다. 이러한 법률을 제정하고 집행할 때 국가는 예술 작품 자체에는 특별한 관심을 보이지 않는다. 국가의 관심은 오히려 일상적인 경제 활동을 위한 여건을 조성하는 데 있으며, 예술은 단순히 거래되는 상품 중 하나에 불과하다.

법은 재산을 일단의 권리로 인식하고 취급한다. 재산 소유자의 권리는 재산의 종류에 따라 다르다. 예술 작품도 마찬가지로 예술 작품 생산에 관여한 여러 범주의 사람들에게 법이 권리를 분배하는 방식에 있어서 차이를 보인다.

기본 재산권은 물건의 물리적 소유에 대한 독점권이다. 시각 예술가와 같이 대상을 생산하는 예술가는 그림, 조각, 또는 그 수가 한정된 판화나 사진 중 하나 등 고유하거나 어느 정도 고유한 대상의 물리적 소유권을 판매한다. 구매자(또는 선물 수령자)는 재산을 보유하며, 재산권을 다른 사람이나 기관에 팔거나 양도할 수 있다. 일부 대상은 그런 종류의 고유한 가치를 지니고 있지 않다. 책의 인쇄본은 (원래 소규모 판본의 희귀본이 아닌 한) 가치가 제한적이다. 왜냐하면 작품의 가치는 글에 있는 것이지, 글을 구체화시킨 물리적 대상에 있는 것이 아니기 때문이다. (서예가 작품의 본질적인 부분인 것처럼 작가가 직접 쓴 문학작품이라면 고유한 것일 수 있겠지만, 그러한 작품도 복제될 수 있고 또한 복제되기 때문에 많은 사람이 사본을 소유할 수 있다.) 책을 구입하면 원하는 장소와 시간에 읽을 수 있는 사본에 대한 권리를 얻게 된다. 작가와 출판사가 소유하는 것은 다른 사람들이 읽을 수 있도록 사본을 인쇄하고 판매하는 권리이다.

공연 예술가는 춤, 음악 연주, 연기 등 예술가의 예술적 행위로 구성된 이벤트에 참여할 권리를 판매한다. 공연 예술가들의 재산권은 다른 사람이 대가를 지불하지 않고 자신의 공연을 보거나 듣지 못하도록 막을 수 있는 권리로 구성된다(이는 한 서커스 공연자가 대포에서 맞는 장면이 방송되는 것을 막기 위해 텔레비전 방송국을 상대로 제기한 소송의 근거였다). 공연 예술가는 종종 다른 사람(작곡가, 극작가, 또는 안무가)이 만든 작품을 공연하는데, 이 경우 공연 작품의 창작자는 영리 여부를 불문하고 공연할 수 있는 권리를 공개 또는 비공개로 판매할 수 있고 저작권을 부여할 수도 있다.

대상이나 공연이 판매될 수 있는 재산으로 만들어질 때, 국가가 만든 법률체계는 누가 무엇을 판매할 수 있는지를 그리고 판매가 이루어질 수 있는 조건과 요건을 정의한다.

고유한 대상과 준(準)고유한 대상은 생산자와 소비자 모두에게 복제 가능한 것으로 간주되는 저작물과는 다른 재산권 문제를 제기한다. 국가가 제정하고 시행하는 법률은 이러한 문제를 발생시키고 해결한다(또는 해결하는 데 실패한다). 예를 들어, 위조의 문제는 두 경우에 각기 다른 방식으로 발생한다. 문학적 문헌은 원래 의도된 것이 아닐 수도 있다. 한 예로, 실제로는 하워드 휴즈(Howard Hughes)의 자서전이 아닐 수 있다. 하지만 구입한 책은 하워드 휴즈의 자서전으로 알려진 책의 사본일 것이다. 반면에 정의상 희소한 고유한 대상은 순수하고 단순한 감상의 대상을 넘어서는 가치를 획득한다. 그러면 실제보다 더 가치 있는 것으로 통할 수 있는 작품을 만드는 것이 가치 있게 된다. 그림 위조자들은 서명을 추가하거나 변경할 수도 있고, 미완성 캔버스를 완성할 수도 있고, 제자나 조수의 작품을 더 유명한 대가의 작품으로 속일 수도 있고, 기존의 가치 있는 작품을 복제할 수도 있고, 높은 가치를 가진 누군가의 작품 스타일로 모방 작품을 제작할 수도 있다(Bauman, 1972: 932~934). 한 법학자는 현행 법률이 위작 그림 판매로부터 구매자를 보호하지 못한다고 주장한다.

> 모든 국가에서 위조를 금지하는 형법을 제정해 왔지만, 그러한 법령은 위조 그림의 제작이나 판매에 대해서는 구체적으로 다루지 않고 있다. 캘리포니아주 법령이 대표적인데, 사기 의도로 타인의 이름을 서명한 사람 또는 위조된 문서를 진품으로 양도하려고 시도한 사람은 위조죄에 해당한다. 그 법령은 주로 문헌이나 수표 또는 지폐와 같은 수단의 위조를 다룰 뿐, 위조된 그림에 대해서는 언급하고 있지 않다. 그림을 포함하도록 법령이 개정되더라도 그림 위조의 수많은 다른 방도가 밝혀지지 않은 채로 남아 있다.(Bauman, 1972: 940)

즉, 국가는 예술 작품에 관련된 법률을 충분하게 제정하지 않았으며, 국가가 주로 상업용 문서의 진실성을 보호하는 데 집중하여 제정한 법률은 그러한 일을 하지 못한다.

이에 비해 책, 음반, 영화 등 수많은 사본으로 제작되는 예술 작품은 위조의 문제를 발생시키지 않는다. 누구도 가짜를 제작할 유인이 없기 때문이다. 이미

구할 수 있는 사본의 수가 너무 많기 때문에 진품이 갖는 가치가 너무 작아서 믿을 수 있는 위조품을 만드는 데 에너지를 소비할 가치가 없다. 사본이 너무 많기 때문에 간단한 비교를 통해 원하는 것을 가지고 있는지 알 수 있다. 그러나 사람들이 원본을 복제하는 이유는 제 값을 지불한 소비자를 속이기 위해서가 아니라 복제권의 소유자인 작가, 출판사, 음반 예술가, 또는 음반사로부터 인세를 훔치기 위해서이다. 이런 작품들은 소비자보다 제작사에게 고민을 안겨준다.

국가는 다수의 복제본이 발생하는 작품을 만드는 예술가를 위해 저작권법의 형태로 법적 보호를 제공한다. 저작권은 일반적으로 특허법과 마찬가지로 제한된 기간 동안 저작자에게 독점권을 부여하여 작품으로 인한 수익을 보장해 줌으로써 발명이나 예술적 창작을 촉진하는 방법으로 합리화된다. 법은 그러한 보호가 없다면 아무도 국가가 바람직하다고 판단하고 장려하고자 하는 저작물을 생산하는 데 필요한 노력을 기울이지 않을 것이라고 가정한다. (반드시 그런 것은 아니다. 나중에 살펴보겠지만, 민속 예술가들은 그러한 보호를 요구하거나 바라는 방식으로 시장에 참여하지 않는다.) 저작권법이 저작물의 내용에 미치는 영향은 저작권법이 없을 때의 효과를 살펴보면 알 수 있다. 웬디 그리스월드(Wendy Griswold, 1981)가 보여주었듯이, 19세기 미국 소설가들은 모험 및 거친 서부에 관한 이야기를 전문적으로 다루었다. 왜냐하면 당시에는 저작권에 대한 효과적인 국제 협약이 없었으므로 출판사들이 인세를 지불하지 않았던 영국 소설을 불법 복제하면 다른 대중적인 소설(예를 들어 세태 소설[novels of manners])을 더 저렴하게 구할 수 있었기 때문이다.

예술가들은 앞서 살펴본 것처럼 미적 가치를 경제적 가치로 전환하는 방법을 알고 있고, 이를 위한 조직적 수단을 갖춘 갤러리 소유주, 임프레사리오, 문화 산업 관리자 등 사업자들과 계약함으로써 이러한 권리를 이용한다. 재정적으로 무지한 예술가들은 자주 자신들의 계약이 자신들이 기대했던 만큼의 혜택을 주지 못한다는 사실을 발견한다. 서지 데니소프(R. Serge Denisoff)는 록 음악가의 상황을 다음과 같이 설명한다.

> 대부분의 계약은 음반 판매 수익의 일정 비율뿐만 아니라 계약에 대한 선지급도 포함한다. …… 많은 선지급은 로열티에 반하는 것이며, 이는 워너브라더스(Warner Brothers)나 캐피톨 레코드(Capitol Records)가 예술가에게 주는 2만 달러가 음반이 성공하여 수입이 발생하기 전에 회사에 상환되어야 함을 의미한다. 스튜디오, 제작 및 프로모션 비용과 같은 기타 비용도 자주 로열티에 반하는 선급금으로 계약에 포함된다. 선급금은 회사마다 예술가마다 다르다. MC5는 5만 달러의 선급금에 이어 2만 달러를 받았고, 그들은 그레이트풀 데드(Grateful Dead)처럼 애틀랜틱 레코드에 12만 8,000달러의 빚을 지게 되었다. 제대로 협상되지 않은 계약 행위는 [국내 순매출 100만 달러를 달성하는] 골드 음반을 내고도 수익을 내지 못할 가능성이 매우 높다.(Denisoff, 1975: 68~70)

모든 계약과 마찬가지로 예술가와 유통업자 간 계약도 통상적인 관행에 기반하고 있으며, 이로 인해 계약이 제공하는 이점이 무효화되는 경우가 많다. 물랭은 다음과 같이 지적한다.

> 프랑스 미술품 딜러들은 …… 계약의 법적 가치를 부정하는 경향이 있다. 그들은 도덕적 의무와 관련하여 법적 의무가 지닌 부차적 성격을 주장한다. 그들에 따르면, 계약은 신사의 계약이며, 중요한 것은 사람들 사이의 긴밀한 유대를 왜곡할 뿐인 합의의 법적 중요성이 아니라 개인적인 충실성과 말의 가치이다. …… 그들의 목표는 예술가와 딜러 간의 관계를 자신들의 경제적·법적 맥락에서 확실히 분리하는 것이다.(Moulin, 1967: 322~323)

당연히 예술가들은 이 방식이 자신들에게 불리하다고 생각한다.

> 예술가들은 자신의 입장에서 계약자들 사이에 존재하는 권력의 불평등을 언급한다. …… 예술가들은 한편으로는 딜러가 축적한 재고와 다른 한편으로는 딜러들 사이의 연대가 예술가의 최종적인 구상권으로부터 후자를 보장한다고 추정한다. 단순한 상업적 제품이 아니라 창조적 인격의 표현인 대상의 저작자에게 이익이 되는 법적 보호가 무엇이든 간에 말이다. [한 화가의 말을 인용하면] "그런 다음 소송을 시작하면 당신은 주저앉게 될 거예요. 그 이후에는 다른 딜러를 찾기가 쉽지 않을 겁니다. 딜러들은 그 점에서 서로 뭉칩니다."(Moulin, 1967: 324)

위작의 경우에서처럼, 법에 권리가 명확하게 명시되어 있지 않은 경우가 많으며, 누가 그 작품에 대해 무엇을 할 수 있는지를 확인하려면 법적 절차가 필요하다. 인기 음반을 라디오에서 디스크자키가 틀어주는 방식으로 홍보하는 관행은 법적 해석에 의존했다.

> 방송 시간을 채우는 데 필요한 최소한의 투자로 음반을 방송하는 관행은 특히 소규모 방송국에 매력적이었다. 처음에는 악보 출판사와 프래드 워링(Fred Waring), 빙 크로스비(Bing Crosby) 등의 수많은 연주자의 반대가 축음기 음반을 방송하는 데 걸림돌이 되었지만, 이를 끝내 막지는 못했다. 러니드 핸드(Learned Hand) 판사의 판결에 따라, 저작권의 통제는 음반 판매와 함께 종결되었다. 따라서 라디오 방송국은 "방송에서 음반을 사용하는 것이 제지될 수 없었다." 1909년 저작권법에 대한 이러한 해석은 라디오가 자신들의 노래를 위한 발표장을 제공할 수 있다는 출판업자들의 인식과 맞물렸고 이는 작곡가의 작품을 대중에게 알리는 중심 통로로서의 라디오의 위상을 높였다.(Denisoff, 1975: 219)

제조업자들이 사적 시민에게 영화 및 기타 텔레비전 프로그램을 녹화할 수 있는 기계를 판매할 수 있는지 여부도 유사하게 법원에 의해 결정되어야 했다.

한 국가의 조세 정책은 예술 작품의 생산과 유통에 영향을 미친다. 물랭(Moulin, 1967: 58; Reidinger[1961]에서 인용)의 지적에 따르면, 18세기 영국 회화는 1909년 고전 예술 작품에 대한 20퍼센트의 관세가 폐지된 후 미국에서 수집되기 시작했고, 프랑스 현대 회화는 1913년 현대 작품에 대한 관세가 폐지된 후 수집되기 시작했다. 또한 그녀는 자신이 연구한 예술 시장의 투기적 특성이 프랑스에서는 자본 이익에 대한 세금이 부재한 것에 의해 뒷받침되었고, 미국에서는 공공 미술관에 예술 작품을 기증하는 컬렉터들에게 제공되는 세금 감면 혜택에 의해 뒷받침되었다고 언급한다. 이러한 법률상의 모든 변화는 예술 작품 시장에 즉각적으로 영향을 미치고, 그로 인해 관련 예술계에 관여된 모든 사람의 직업 생활에 영향을 미친다.

물론 내가 말한 많은 내용은 자본주의 시장 경제를 가지고 있지 않은 국가에서 작동하는 예술계와는 무관하다. 예를 들어, 경제 활동이 국가 관료제에 의해 규제될 때, 그 관료제의 규칙은 예술 작품에 대해 누가 어떤 종류의 권리를 가지는지 그리고 그러한 권리가 어떻게 양도될 수 있는지를 정의한다. 나는 이러한 시스템에 대해 또는 이러한 시스템이 예술계에 미치는 영향에 대해 잘 알지 못한다. 예술가들이 국가 공무원이 되는 한, 그들의 상황은 일반적으로 자신의 발명품이 자신이 근무하는 회사의 소유가 되는 미국의 산업 과학자들의 상황과 유사할 수 있다.

정부는 예술계의 일상적인 경제 활동이 지속될 수 있는 재산권의 틀을 만드는 것(그리고 그리하여 유통 조직에 법적 근거를 제공하는 것) 외에, (흔히 그렇지는 않지만) 예술가와 예술가 평판의 기반이 되는 작품 사이의 연결 고리에 안전장치를 마련하여 예술가의 평판을 보호하는 법을 만들 수도 있다. 내가 예술가가 작품에서 의도한 바를 잘 알고 있다고 가정할 때 ― 아는 것이 쉽지는 않지만 ―,

나는 내가 그 작품을 소유하고 있다는 이유만으로 법적으로나 도덕적으로 그 작품을 변경할 수 있을까? 내가 내 그림을 당신에게 판매하면, 당신은 뒤샹이 모나리자 복제품에 그렸던 것처럼 그림 속 인물 중 한 명에게 콧수염을 그릴 수 있을까? 아니면 당신이 그 작품을 구매하고 난 후 나는 당신의 집으로 가서 그 작품을 고칠 권리를 요구할 수 있을까?

예술계는 예술가의 평판에 영향을 미치지 않는다면 예술 작품의 변경을 허용한다. 그리고 작품의 변경이 우리의 판단을 혼란스럽게 하고 예술가에 대한 평가를 의심스럽게 한다면 작품의 변경을 비난한다. 예술계 참여자들은 예술 작품을 기술, 취향, 감성을 매개로 한 개인적 비전의 산물로 정의한다. 예술계는 예술가들이 최선을 다해 표현하여 보여주는 작품에 대한 예술계 구성원들의 평가를 바탕으로 평판을 만들어내고 유지하고 파괴한다. 주어진 작품의 창작 조건 아래서 작품이 예술가의 책임으로 간주될 수 있는 한, 예술가로서의 평판은 작품에 의존한다. 다른 사람이 작품을 변경한다면(경우에 따라 예술가 자신이 작품을 변경한다면), 그 작품은 더 이상 예술가의 예술성(또는 예술성의 부족)을 진정으로 반영하지 않으며, 평판 판단의 근거가 될 수 없다.

작품은 평판에 영향을 미치기 때문에, 예술가들은 대개 작품에 대한 세상의 판단을 받아들일 준비가 될 때까지는 대중의 평가를 받기 위해 작품을 (자신들의 세계에서 어떤 형태로든) 공개하는 것을 거부한다. 이것이 법이 때때로 평판을 형성하는 데 영향을 미치는 몇 안 되는 곳 중 하나이다. 프랑스의 법(물랭의 언급대로 다른 나라들의 법보다 예술가에게 더 정확하고 광범위한 보장을 제공하는)은 "예술가의 도덕적 권리"를 인정하는데, 여기에는 자신의 작품이 변경되지 않게 할 권리와 미완성된 작품이 유통되지 않게 할 권리가 포함되며, 이 두 권리는 모두 창작 행위와 연관되어 있다. 물랭은 화가 조르주 루오(Georges Roualt)가 유명 미술품 딜러였던 앙브루아즈 볼라르(Ambrose Vollard)의 상속인들을 상대로 자신이 딜러에게 넘겨준 서명되지 않은 그림 819점을 되찾기 위해 제기한 소송을 예로 든다. 물랭은 루오가 서명한 계약에도 불구하고 다음과 같은 결론을 내린 법원 판결을 인용한다.

> 미완성 캔버스의 판매는 재산권을 이전하지 않는다. 왜냐하면 화가가 유일하게 판단할 수 있는 완성도에 도달할 때까지 화가는 자신의 천재성에 걸맞지 않다고 여기는 작품에 대해 후회할 수 있고 자신이 창조한 것이 자신의 생각을 구체화한 것이라는 것을 완전히 부인할 수 있기 때문이다.(Moulin, 1967: 326에서 인용)

법원이 발견한 연결 고리는 특히 작품이 독특한 대상인 경우가 많은 시각 예술 분야의 참여자들이 믿고 있는 것 중 하나이다. 이는 사람들이 실제로 작품을 변경할 때 강한 감정을 불러일으키는 이유를 설명해 준다. 클레멘트 그린버그(Clement Greenberg)는 데이비드 스미스(David Smith)의 조각품을 다시 칠하면서 항의의 폭풍을 불러일으켰다. 즉, 다른 사람들의 말에 따르면, 스미스는 그 조각품이 날씨에 따라 변화하기를 의도했었는데 그린버그가 그러한 의도를 방해하고 있었다. 또 다른 종류의 사례로, 로버트 라우센버그(Robert Rauschenberg)가 이러한 느낌을 조작함으로써 아주 간단한 수단으로 강력한 미학적 효과를 만들어낸 것을 들 수 있다. 라우센버그는 빌럼 데쿠닝(Willem DeKooning)의 드로잉을 작가의 동의를 얻어 지워버렸다. 그로 인한 결과는 드로잉의 외형에서보다 드로잉을 기록하는 행위에서 더 큰 효과를 얻는다.

작품은 작가 평판의 근간을 이루기 때문에 예술계 참여자들은 일단 세상에 나온 작품을 예술가가 스스로 바꿔서는 안 된다고 믿는다. 그러한 변경을 가하는 예술가들은 역사에서 명성을 얻기 위한 게임에서 속임수를 쓴 것이나 마찬가지이다. 그것은 열등하다고 판단된 것을 철회하거나 변경함으로써 그 세계의 최종적인 판단이 자신의 가장 좋은 면만 보여주는 수정된 불완전한 작품들에 의존하는 것과도 같은 것이다.

예술계 참여자들은 작품이 변경되었더라도 원본을 조사 및 평가가 가능하도록 남겨두었다면 법적 보호를 요청하지 않는다. 문학예술가들은 시각 예술가들에게는 일반적으로 허용되지 않는 일을 종종 한다. 즉, 작품을 수정하고 나면 판본을 사들이고 저작권을 보유한 항목의 인쇄 허가를 거부함으로써 더 이상 승인하지 않는 이전 버전의 발매를 억제하기 위해 최선을 다할 수도 있다. 헨리 제임스는 전집을 위해 자신의 소설을 광범위하게 다시 썼다. 작곡가들도 마찬가지이다. 스트라빈스키는 작곡한 지 몇 년이 지난 후에 많은 작품을 다시 썼다. 물론 이러한 경우 이전 버전의 인쇄본과 녹음본은 여전히 구할 수 있으므로 예술가의 명성에 새로운 작품이 추가되었을 뿐이다. 이 행위로 인해 고유한 작품이 파괴된 것이 아니라 이미 구할 수 있는 것에 새로운 작품이 추가되었을 뿐이다.

마찬가지로, 공연 예술에서처럼 참여자 중 일부는 작품의 기획에 책임을 지고 다른 일부는 작품의 실행에 책임을 지는 등 책임이 분산될 수 있는 경우에는 누구도 평판에 대한 법적 보호를 요구하지 않는다. 극작가가 자신의 희곡 공연에 대해 책임을 지지 않는 것과 마찬가지로 작곡가는 연주자가 자신의 작품을 연주하는 일에 대해 책임을 지지 않는다. 작품은 그 작품이 어떻게 공연되어야 하는지에 대한 충분한 지침이 될 수 없기 때문에 모든 공연은 가지각색인데, 그 변형은 작가가 의도하지 않았거나 생각하지 못했던 것일 수도 있고 이제는 더 이상 승인하지 않는 것일 수도 있다. 그런 의미에서 모든 공연은 원작자가 의도한 바를 바꾸고 작품을 변경한다. 원작자가 공연 라이선스에 대한 통제권을 갖고 있다면 원작자는 원칙적으로 원작을 '훼손'할 수 있는 공연을 막을 수 있다. 이러한 통제권은 저작권이 유효한 몇 년 동안만 유지될 수 있으며, 이 기간 동안에는 저작물을 형편없게 만들 수 있다고 생각되는 사람의 공연 허가를 거부할 수 있다. 그러나 일단 공연 허가가 나면 작곡가나 작가는 나쁜 공연 또는 (반드시 나쁘지는 않지만) 자신이 구상한 것과는 완전히 다른, 어쩌

그림 19. 오손 웰즈의 현대식 복장을 입은 줄리어스 시저 공연. 극작가는 특히 사후에 자신의 연극이 어떻게 공연되는지에 대해 거의 통제할 수 없다. 오손 웰즈와 머큐리 극장은 1937년에 셰익스피어의 줄리어스 시저를 현대적인 복장으로 무대에 올려 현대 정치 사건과의 유사점을 지적했다.(사진 제공: 뉴욕 공립 도서관)

면 정반대의 결과를 낳는 공연을 막을 수 없다. 셰익스피어가 머큐리 극장에 나타나 현대적 의상을 입은 줄리어스 시저의 공연을 관람한다면(그림 19), 그가 승인하지 않더라도 오손 웰즈(Orson Welles)의 획기적인 공연을 막을 수 없었을 것이다. 왜냐하면 당시에는 셰익스피어의 작품이 이미 공적 영역에 있었기 때문이다.

아마도 셰익스피어는 자신의 작품이 충분히 잘 알려져 있어서 제대로 공연되지 않은 부분에 대해서는 웰즈가 비난을 받을 것이기 때문에 그다지 신경 쓰지 않았을 것이다. 현대 극작가들은 자신의 의도와 다른 공연에 대해 비난을 받을 수도 있기 때문에 이에 대해 더 걱정한다. 일반적으로 '예술가'로 정의되는 사람 그리고 그 칭호에 걸맞은 명성을 부여받은 예술 작품을 만드는 협력 관계의 모든 당사자는 결과에 대한 책임을 나누어진다. 그러면 참여자는 자신이 책임지고 있는 부분에 대해서만 걱정할 수 있다. 따라서 배우들은 수준이 떨어진다고 생각하지만 자신의 재능을 발휘할 수 있는 수단을 제공하는 연극에 출연할 것이고, 극작가는 관객이 자신의 훌륭함과 회사의 무능함을 구별해 줄 것이라 믿으면서 아무 공연도 하지 않는 것보다 차라리 나쁜 공연을 하는 것을 선호할 수 있다. 프랑스의 회화에 관한 법률은 국가가 원할 경우 어떤 보호를 제공할 수 있는지 보여주지만, 예술가들은 일반적으로 자신의 평판에 영향을 미치는 문제에 대해 법적 대응을 하지 않는다.

요컨대, 국가는 사람들이 재산으로 간주되는 예술 작품에 대해 갖는 권리 중 일부를 보호하는 법체계를 만든다. 예술 작품을 제작하는 협력이 시장 경제 내에서 이루어지면 일반 상법 및 예술적 재산과 관련된 특별법이 그 협업을 통제하고 특정 경력과 상업적 전략이 뒤따를 수 있는 상황을 조성한다.

민폐

국가는 또한 예술 작품의 제작에 협력하기도 하는데, 예술가의 작품이 자신의 어떤 권리를 침해한다고 주장하는 비예술가를 위해 개입할 때이다. 이런 경우에, 국가는 재산권을 규제하는 법률을 제정 및 집행할 때처럼 예술 작품 자체에는 직접적인 관심이 없다. 국가의 관심은 시민들 사이의 평화를 유지하는 데, 그리고 게임의 규칙을 집행함으로써 시민들이 자신들에게 보장된 권리를 누릴 수 있도록 하는 데 국한된다.

(내가 말하는 참여자의 협력은 다른 참여자, 특히 예술가에게는 비협력으로 보일

수도 있다는 점을 염두에 두라. 즉, 국가는 예술가가 하는 일을 제한하기 위해 또는 아예 아무것도 하지 못하도록 막기 위해 행동할 수 있으며, 그런 경우에 그것은 최종 형태의 작품을 생산하는 집단 활동 네트워크에 국가가 기여하는 것이 된다. 요점은 국가가 예술가의 목적 달성을 돕는 것이 아니라 여기에 설명된 방식으로 개입하거나 개입하지 않음으로써 작품의 최종 형태에 영향을 미친다는 것이다.)

시민들은 예술가의 행위가 자신들의 재산과 취미 생활을 평화롭고 정당하게 향유하는 것을 방해한다고 불평을 제기할 수 있으며, 예술가가 이러한 행위를 계속하지 못하도록 국가에 요청할 수도 있다. 대부분의 불평은 단순한 신체적 불편함과 불쾌감에 관한 것이다. 영화 제작진은 현장에서 촬영할 때 트럭과 장비로 동네를 혼란스럽게 한다. 음악가는 장시간 연습하거나 큰 소리로 연주하여 주변 지역 주민들, 즉 일반적인 소리만 차단하는 벽을 통해 그 소리를 들을 수 있는 주민들을 방해한다. 시각 예술가는 작업이 진행되고 있는 스튜디오 외부를 어지럽히거나 냄새를 생성한다(예를 들어, 일부 현대 조각에 사용된 플라스틱은 불쾌하고 유독한 냄새를 유발한다).

미국 법에 따르면, 누군가가 불만을 제기하지 않는 한 국가는 이러한 상황에 개입하지 않기 때문에 예술가는 장기간 간섭 없이 이러한 민폐를 유발할 수 있다. 연관된 모든 측면에서, 예술가는 산업 오염원이나 비즈니스 오염원과 크게 다르지 않다고 간주될 수 있다(불쾌감을 느낀 이웃들은 대개 예술가를 그렇게 생각한다). 실제로 예술가는 동일한 법률과 제재의 대상이다. 예술가와 산업 오염원 사이의 차이점은 법에 있는 것이 아니라 법에 맞서 싸울 수 있는 능력에 있다. 시끄러운 기계로 인근 주민들을 괴롭히는 기업은 대부분의 예술가가 감당할 수 없는 법적 조치를 통해 집행을 지연시킬 수 있다.

정부는 공공의 이익에 부합한다고 판단할 경우, 다른 산업에 대해 이러한 제약을 면제하는 것과 마찬가지로 예술가에게도 이러한 제약을 면제할 수 있다. 도시에서는 종종 영화 제작진 거리를 세트로 사용할 수 있도록 허용하여, 장기간 일반인의 사용을 차단한다. 그리고 이 작업자들이 지역 비즈니스에 소비하는 금액으로 이러한 관행을 정당화한다.

그러한 면제가 없다면, 일반적으로 피해를 입은 당사자들이 불평하는 것은 공연 구역의 방음 처리, 작업에서 발생하는 냄새 및 기타 오염 물질에 대한 적절한 환기 시스템 설치, 불만 제기자의 불쾌감에 대한 보상 등 민폐를 최소화하기 위한 조치를 취함으로써 가장 잘 처리될 수 있다(영화사는 불편을 겪는 주민들의 불만을 완화하기 위해 지역 단체에 기부하는 경우가 많다). (공해 규제가 산업 생산의 비용을 높이는 것과 마찬가지로) 그러한 해결책은 예술가의 작업 비용을 높인다. 대부분의 예술은 예술가가 가진 것보다 더 많은 돈을 필요로 하기 때문에(영화사는 예외이다), 민폐에 대한 불만은 예술가로 하여금 작업을 전혀 하지 못하게 하거나 적어도 원하는 방식으로 작품을 제작하지 못하게 할 수 있다. 따라서 그러한 문제가 발생할 가능성으로 인해 대부분의 예술가는 민폐 주장을 유발하지 않는 종류의 작품을 제작하거나 그러한 주장을 유발하지 않는 방식으로 작품을 제작해야 하는, 또는 대안적으로 이웃이 불평하지 않는 곳에서 작업하거나 공연할 장소를 찾아야 하는 제약이 있다. 베넷(Bennett, 1980)이 연구한 록 음악가들은 도시의 성난 이웃을 상대하지 않기 위해 고립된 산속 오두막에서 리허설을 했다.

어떤 것들이 법적인 생활방해에 해당할 만큼 불쾌한 것으로 간주될 수 있을까? 잠을 자고 있는 동안 회전하는 간판의 불빛이 내 창문으로 비친다면 그것은 분명히 민폐이다. 간판이 내가 이해하기 힘든 추상적인 디자인을 포함하고 있는가? 내가 그 디자인을 신이 부재한 무신론의 징후라고 판단한다면? 음란물의 법적 기준에 부합하지는 않지만 나에게는 성차별적이라고 생각되는 사슬에 묶인 여성의 사진을 보고 불쾌감을 느낀다면 법적인 조치를 할 수 있을까? 주먹을 쥐고 거수경례를 하는 다인종 집단의 사진이 정치적으로 불온하다고 생각하는가? 아니면 마음에 들지 않으면 사진을 쳐다볼 필요가 없다는 말을 듣게 될 것인가?

사람들은 때때로 자신을 위해서뿐만 아니라 불쾌한 예술 작품으로 보일 수 있는 것으로부터 일반 대중을 보호하기 위해서도 불만을 제기한다. 그들은 종종 어떤 재료가 사적으로 유포되는 경우에는 허용될 수 있지만 일반 대중이 보거나 듣는 것을 막을 수 없는 방식으로 널리 방송되는 경우에는 허용되지 않는다고 주장한다. 따라서 독자가 'fuck'이라는 단어가 포함되어 있다는 것을 알고 있는 책에서는 그 단어가 허용될 수 있지만, 그 간판을 먼저 읽지 않고는 그 단어가 있다는 것을 알 수 없는 광고판에서는 그 단어가 허용되지 않는다. 어떤 사람은 내용보다는 배포 방식에 불만을 제기한다. 그랜드 센트럴역(Grand Central Station)을 지날 때 음악과 광고를 방송하지 못하도록 소송을 제기한 통근자들은 자신들이 들었던 특정 노래나 광고에 대해 불만을 제기한 것이 아니라 개인적으로 음악과 광고를 들으려고 결정하지도 않았는데 무조건 들어야 하는 것에 대해 불만을 제기한 것이었다.

불쾌한 예술 작품으로부터 대중을 보호하기 위해 개입하려는 의지는 법체계에 따라 상당히 다르다. 데니소프(Denisoff, 1975: 402~418)는 우파의 강력한 압력에 시달렸던 연방통신위원회(Federal Communications Commission)가 라디오 방송국에 대중 음반에 마약에 찬성하는 메시지가 있을 수 있는지 검사하도록 요구함으로써 암묵적으로 라이선스의 정지 또는 취소를 위협했던 과정을 묘사한다. 그는 위원회의 공고를 인용한다.

> 특정 음반이 약물 남용의 위험을 묘사하는지 아니면 반대로 그러한 불법 약물 사용을 조장하는지 여부는 라이선스 소유자가 판단할 문제이다. 이 공고의 핵심은 라이선스 소유자가 이러한 판단을 내려야 하며 책임 있는 위치에 있는 사람이 가사의 내용을 알지 못하면 음반 재생 정책을 제대로 따를 수 없다는 것이다.(Denisoff, 1975: 407)

라디오 방송국은 음반이 판매되는 주요 매개체이기 때문에 방송국은 연방통신위원회가 마약 찬성으로 해석할 수 있는 노래를 재생하여 라이선스를 잃을 위험을 감수하는 것을 거부했다. 그러자 음반 아티스트와 회사는 인기 있는 히트곡을 만드는 데 있어 또 하나의 장애물에 직면했다.

법체계가 미국 수정헌법 제1조에 명시된 언론과 표현의 자유를 보장하는 곳에서 예술가는 헌법적 보호를 주장함으로써 그러한 불만으로부터 자신을 방어할 수 있다. (마약 가사를 금지하는 연방통신위원회의 명령의 경우 방송국이 그러한 권리를 주장했지만 패소했다.) 여기서 문제는 국가 검열과 관련된 문제와 겹치므로 그 제목으로 다루려고 한다.

간단히 말해서, 국가는 예술가가 하는 일의 결과나 과정으로 인해 방해받고 불편을 겪었다고 주장하는 비예술가의 권리를 보호하기 위해 법률 체계를 통해 행동함으로써 예술 작품 제작에 영향을 미칠 수 있다. 이러한 가능성을 알고 있는 예술가는 그러한 문제를 피하도록 작품을 만들거나(의심할 여지없이 대부분의 예술은 이 과정을 따른다) 발생할 수 있는 문제에 대비하여 작품을 계획한다.

개입

결국 국가는 예술가들의 활동에 직접 개입함으로써 예술가들이 하는 것과 제작하는 것에 영향을 미친다. 개입은 공개적인 후원, 검열, 억압 등 다양한 형태로 이루어진다. 이 경우, 국가는 국가의 이해관계를 위해 행동하며, 국가 기관들이 국가 및 국가 기관들의 생존과 복지를 위해 결정적이고 중요하다고 생각하는 대의와 활동을 촉진하기 위해 고안된 조치를 취한다. 확실히 이러한 활동은 모든 정부 활동과 마찬가지로 일반 복지를 기준으로 정당화되는 경우가 많지만, 방금 논의한 활동과 마찬가지로, 자신의 이익을 위해 국가의 권력을 발동하여 게임의 규칙을 집행하는 일부 시민을 위해 수행되는 것은 아니다. 국가는 자신의 이해관계가 걸려 있기 때문에 행동하는 것이다.

국가가 예술에 개입함으로써 추구하는 이익은 공공질서를 보존하는 것(예술은 질서를 강화할 수도 있고 전복할 수도 있는 것으로 간주된다)과 관련이 있으며, 그 자체로 좋은 것으로 그리고 국가 통합("우리의 유산")과 다른 국가들 사이에서 국가의 평판을 증진하는 것으로 간주되는 국가 문화의 발전과 관련이 있다.

국가는 국가의 영향 아래 예술가가 필요로 하고 의존하는 형태의 지원을 제공하거나 보류함으로써 국가의 이익을 추구한다. 예술가는 돈만 있으면 필요한 것을 대부분 구매할 수 있기 때문에 국가는 어떤 종류의 작업에는 자금을 지원하지만 다른 종류의 작업에는 자금을 지원하지 않음으로써 예술가가 하는 작업에 영향을 미칠 수 있다. 국가는 예술가에게 필요한 다른 것에도 영향을 미칠 수 있다. 유통 채널에 대한 접근은 미술품 딜러, 잡지 편집자, 텔레비전 네트워크 임원 등 개인이나 단체에 의해 통제될 수 있지만, 국가는 이러한 사람들이 작품, 작품의 종류, 또는 특정한 예술가의 작품을 유통하지 못하도록 금지함으로써 선택 과정에 개입할 수도 있다. 국가는 예술가가 예술 작품을 생산하는 수단에 접근하는 것을 금지할 수 있는데, 이는 기계와 재료가 너무 비싸서 개인이 감당할 수 없는 표현 매체(예를 들어, 영화 제작)에서 특히 강력한 통제 형태이다. 마지막으로, 예술가는 작품을 만들기 위해 생존을 유지해야 하고 작업 수행에 자유로워야 한다. 국가는 이들에게서 자유나 생명을 박탈함으로써 궁극적인 강압을 행사한다. 따라서 모든 예술가는 아무리 비정치적이라 할지라도 국가가 이러한 권력을 행사하지 않아야 작업을 계속할 수 있다. 예술가들은 작업을 하면서 국가가 자신의 작업을 지원할 수도 있고 경찰력을 사용하여 작업을 억압할 수도 있다는 사실을 기억한다. 예술가들의 작업은 허용 범위 내에 관례적으로 머무름으로써 결과를 보여주기도 하고 주어지는 기회에 따라 그리고 기회가 주어지는 방식에 따라 결과를 보여주기도 한다.

지원

정부는 예술의 일부 또는 전부를, 이탈리아가 오페라로 유명한 것처럼, 국가 정체성의 필수적인 부분으로 간주할 수 있으며, 자립할 수 없는 국가 문화의 중요한 부분에 하듯이 보조금을 지원할 수 있다. 정부는 예술을 국가 생활에 긍정적인 힘으로, 즉 사회 질서를 유지하고 바람직한 국가 목표를 위해 국민을 동원하며 사람들을 사회적으로 바람직하지 않은 활동으로부터 방향 전환하는 힘으로 간주할 수도 있다(많은 정부는 정부에 대한 빵과 서커스 이론*에서 서커스 부분을 분명히 믿는다). 예술에 대한 정부의 지원은 종종 이미 완성된 작품을 미술관에 보존하는 것을 의미하며, 이러한 충동은 새로운 국가들로 하여금 이전 식민지 세력이 빼앗아 간 예술 작품을 반환하여 국가 유산에 통합할 수 있도록 요구하게 만든다. 그러나 여기에는 현직 예술가, 훈련 기관, 공연 단체, 전시 공간, 출판, 제작 비용을 위한 지원은 물론 예술가의 작업 시간을 확보해 줄 수 있는 펠로십 및 기타 보조금도 포함된다.

제인 풀처(Jane Fulcher)는 제2제정 프랑스의 정부가 노동자들의 상태를 '개선'하여 그들을 '진정'시키기 위해 지원하는 노동 계급 대중 합창단인 '오르페옹(Orphéon)'에 대해 다음과 같이 기술한다.

> 프롤레타리아트는 '도덕이 없는' 천한 계급, '위험한 계급(classe Dangereuse)'이다. 노동자들의 카바레(cabarets)는 '방탕의 소굴'이자 은밀한 정치적 선동의 소

* 빵과 서커스는 로마가 시민들에게 제공한 식량과 오락, 여흥을 가리키는 것으로, 우민화 정책 및 인기영합주의 정책의 대명사로 쓰이는 표현이다._옮긴이

굴로 불렸다. 그것들은 오르페옹과 같은 '도덕적인 오락', '안전한' 여흥으로 대체되어야 했다. …… 최근 노동자들의 혁명적 반란이 여전히 그들의 기억 속에 생생하게 각인되어 있는 가운데, 보수주의자들과 관료들은 의심에 사로잡혀 무엇보다도 '조화로운' 예술을 원했다. 오르페옹은 그들이 소중히 여기는 이상을 상징했다. …… 오르페옹은 노동자들을 '교화'하고 노동자들에게 '취향'을 불어 넣고 달래고 부드럽게 하며 '판단력'을 형성하고 '도덕화'하는 데 도움을 주는 수단이었다. …… 오르페옹은 실제적이고 이데올로기적인 측면에서 엄청난 지지를 받았다.(Fulcher, 1979: 51~52)

정부는 예술 활동이 국익에 도움이 된다고 판단되면, 다른 곳에서 조달해야 했거나 전혀 이용할 수 없었던 재정적 지원을 제공한다. 정부는 개별 예술가 또는 예술 단체의 조직자가 적합하다고 판단하는 대로 지출할 수 있는 직접적인 재정 보조금을 제공할 수도 있고, 정부가 제공하지 않는다면 비용을 지불해야 했었을 정부 소유의 전시나 공연 공간을 이용하게 해줄 수도 있고, 또는 특정 인력이나 인력 범주를 위한 재료나 급여를 제공할 수도 있다.

어떤 형태로 지원을 하든 정부 기관은 지원 금액, 지원 목적, 지원 대상에 대해 마음을 바꿀 수 있다. 예술가들과 단체들이 실제로 제작하는 것과 그에 대한 반응이 이러한 결정에 영향을 미친다. 더 정확히 말하면, 정부와 정부 기관들이 대응하는 지지층이 작품에 대해 보이는 반응이 미래의 배분에 영향을 미친다. 의회 민주주의 국가에서 입법자들은 반대자들이 자신을 선출한 지지층에게 그들은 멍청하거나 외설적이거나 이해할 수 없거나 비애국적인 작품에 돈을 쓰기 위해 투표한 것이었다고 말하게 될 것을 두려워한다. 미국 의회의 의원들은 국무부가 해외 전시회에 배포한 예술 작품, 미국 정보 서비스 도서관(U.S. Information Service libraries)에 비치된 책, 또는 미국 국립예술기금(National Endowment for the Arts)의 지원을 받는 프로젝트에 대해 지지층을 대신하여 주기적으로 불만을 제기해 왔다. 국영 예술 기관들은 외설적이거나 비애국적인 작품에 지원한다는 이유로 자주 공격을 받아왔다.

다른 한편, 군사 독재나 다른 형태의 일당 국가처럼 일반 시민들에게 즉각적으로 책임을 지지 않는 소수의 독재 집단이 정부를 운영하는 경우, 예술에 대한 지원을 할당하는 사람들의 선택에 영향을 미치는 지지층은 권력을 휘두르는 소수의 그룹으로 제한될 수 있다. 그들이 승인하는 한 또는 적어도 불만을 제기하지 않는 한, 예술 관료들은 원하는 어떤 과정이든 추구할 수 있다. 예를 들어, 브라질 지식인들의 일반적인 설명에 따르면, 엠브라필름(Embrafilm, 정부 영화 기관)은 투자하기로 선택한 영화들에 대해 집권 군부 집단의 현재 정책을 언급하면서 브라질 역사의 위대한 순간을 기념하는 역사적 로맨스에 중점을 두는데, 이것은 국가적 목적의식과 사명감을 고취하려는 정부의 열망 때문이다. 집권 세력은 예술이 자신들의 더 큰 목적에 미치는 영향을 측정하고 예술 관료들에게 그에 따라 지원을 할당하도록 지시한다. (권력을 견고하게 유지하고 있을 때는 권력자들과 연결된 사람들의 임의적인 의견에 과도한 비중을 둘 수 있다. 장군의 아내가 영화가 너무 선정적이라고 불평하면 그 영화를 만든 사람들은 그 이후부터 영화 제작 자금을 조달하는 데 어려움을 겪을 수 있다.)

예술 관료들은 자신들의 정치적 지지층 외에 그들이 함께 일하는 예술계의 지지층도 가지고 있다. 완전히 권위주의적인 국가에서는 예술계 지지층이 비효과적이지만, 다른 상황에서는 예술계 지지층이 권력의 원천이 될 수 있다. 예술에 개인적으로 관심이 있는 일부 영향력 있는 사람들은 정부의 지원을 늘리거나 지속하기 위해 자신들의 권력과 영향력을 사용한다. 예술가들과 그들의 친구들 및 가족들은 자신들의 예술적 관심사를 증진시키는 사람들을 위해 투표할 수 있는 투표 블록을 구성한다. 일부 입법자들은 예술과 관련된 법안에 대한 전문성을 개발하고, 자신들의 논제를 지지하는 의회 활동의 모든 수단을 동원하며, 그 대가로 예술계 지지층으로부터 재정 및 기타 형태의 지원을 받는다. 국가가 예술 지원에 착수하면, 예술 관료들의 상급자는 관객과 예술가가 그 지원이 진짜라고 믿기를 원할 것이다. 그러므로 관료들은 그러한 지지층을 육성해야 한다. 그리하여 사진작가들에게 펠로십을 제공하는 사람들은 예술 사진계에 이러한 지원금과 그 지원금의 근거를 설명하는 데 상당한 시간을 할애한다.

예술에 대한 지원에서 정부 지원이 차지하는 비중이 커짐에 따라 정부 지원의 중요성도 커진다. 예술 활동이 시장에서 이루어지는 경우, 예술가는 항상 관객이나 고객을 끌어들이기 위해 노력함으로써 재정적 지원을 모색할 수 있다(아마도 그러한 지원을 찾을 것이다). 만약 정부가 내 책의 출판에 보조금을 지원하지 않는다면, 어떤 출판사가 보조금 없이 출판 기회를 잡을 수도 있고, 또는 내가 직접 돈을 마련할 수도 있다(그리하여 자비 출판 전문 출판사가 계속 존재할 수 있다). 반면에 모든 책이 국영 출판사에 의해 출판된다면, 나는 그러한 대안을 가지지 못한다. 정부의 지원 정책은 사실상 검열이 된다.

그러나 정부 지원의 대안이 전혀 없는 경우는 거의 없다. 따라서 대부분의 극장이 국가 보조금을 받는 곳에서도 일부 하위 집단은 정부의 지원금에 구애받지 않는 공들인 연극 생활에 자금을 조달하기 위해 자원을 사용할 수 있다. 폴란드 학생 단체는 수년 동안 국립 극장이 지원하지 않는 연극을 공연하는 전문적인 학생 극장을 지원해 왔다(Goldfarb, 1978). 극단적인 예로, 러시아의 사미즈다트(samizhdat) 단체는 소비에트 정부가 출판하지 않을 원고와 사실상 출판이 금지된 원고를 사적 개인들이 타이핑하고 재타이핑하여 작품을 재생산하는 원시적인 형태의 출판물을 제공한다. 비용이 적게 드는 표현 매체의 경우에는 다른 수단을 찾는 것이 더욱 쉽다. 문학은 연극보다 비용이 적게 든다. 정부 지원이 예술 예산을 지배할 때, 예술가들은 정부가 지원할 것과 지원하지 않을 것을 제약 조건으로 고려해야 한다. 다른 후원자나 오픈 마켓 등 다른 형태의 지원이 가용하다면, 정부는 단순히 여러 지원 출처 중 하나에 불과할 것이며, 예술가들은 정부로부터 얻을 수 있는 지원을 받고 다른 곳에서도 지원을 찾을 것이다.

지원을 제공하는 사람이라면 누구나 지원을 보류할 수 있기 때문에 정부 기관은 불쾌하거나 쓸모없거나 부적절하다고 생각되는 것을 지원하지 않음으로써 예술가들이 하는 일에 영향을 미치기도 한다. 정부 기관은 다른 방식의 지원이 가능할 경우 예술 작품을 제작하지 못하게 할 수는 없다. 하지만 가장 쉽게 지원을 받을 수 있는 방법이 정부를 통하는 것이라면, 예술가들은 기존 방식의 관성으로 인해 정부가 지원하는 한도 내에서 할 수 있는 프로젝트를 찾게 될 것이다. 따라서 지원금으로 조종하는 것은 정부가 예술을 통제하는 가장 덜 강압적인 방법이며 결과적으로 가장 효과적이지 않은 방법이다. 정부가 지원금을 어떻게 사용할지는 정부가 달성하고자 하는 결과에 따라 달라진다. 정부는 예술을 창조하는 협력 네트워크의 필수적인 부분이 됨으로써 그 네트워크의 다른 협력자들이 가진 것과 같은 종류의 영향력을 행사하지만, 명백한 정치적 목적을 가진 몇 안 되는 당사자 중 하나이며 막대한 자원을 가진 유일한 당사자이다(Clark[1976, 1977] 참조).

검열

강압의 다른 극단에서, 정부는 노골적으로 일부 예술 작업을 방해하거나, 이미 완성된 결과물을 파괴하거나, 예술가를 투옥하거나 파멸시키는 행동을 한다. 이러한 경우 덜 과격한 정부 행동 방식인 선의의 방치에 의한 억압이 적극적인 개입으로 바뀐다. 이러한 사례는 정부가 아무리 적게 개입하더라도 정부가 불가피하게 협력적인 예술 생산 네트워크의 중요한 부분이라는 것을 보여준다. 정부는 예술 작품의 생산이나 유통을 막기 위해 개입할 수도 있기 때문에, 정부가 거의 개입하지 않거나 전혀 개입하지 않더라도 행동 불이행은 예술적 활동에서 중요한 협력의 한 형태이다. 예술가들은 검열관 역할을 거의 또는 전혀 수행하지 않는 국가에서는 이러한 불이행이 이루어질 것으로 기대한다. 국가는 언제든지 행동할 수 있고 행동하지 않더라도 행동 가능하기 때문에, 모든 예술 작품에는 정치적 의미가 있다. 정부는 행동하거나 행동하지 않음으로써 특정 작품이 정치적으로 중요하거나 위험하다고 생각한다는 것을 또는 그렇게 생각하지 않는다는 것을 나타낸다. 제작자가 정치적 의도를 갖고 있지 않았던 작품도 정부의 행위에 비추어 정치적 의미를 갖게 된다.

국가는 예술가나 작품을 공격할 수도 있고, 작품을 공격함으로써 예술가를 공격할 수도 있다. 전체주의 사회에서 예술가는 상당한 위험을 안고 있다. 예술가들의 작품이 대중 봉기나 이반을 고조시킬 수 있기 때문에 정권은 정치적으로 위험한 다른 유형을 다루는 것처럼 예술 작품을 다룰 수 있다. 어빙 루이스 호로비츠(Irving Louis Horowitz)는 반체제 요소를 다루는 방식에 따라 정부를 분류했는데, 그 유형은 "국가가 일탈적이거나 반체제적인 행동을 하는 시민들의 생명을 임의로 빼앗는 대량 학살 사회"에서부터 "규범이 질문될 수 있는 그리고 무엇이 규범적 행위를 구성하는지에 대한 국가의 정의보다 공동체의 정의가 의사결정 과정에서 등장하는 허용적 사회"에 이르기까지 다양하다(Horowitz, 1980: 44~45). 예술가 — 정부가 이러한 범위의 방식으로 처리하는 잠재적인 반체제 인사 또는 일탈자 중 하나에 불과한 — 는 일부 사회에서는 가장 극단적인 제재를 받는다.

예술가에게 직접적으로 불리한 조치를 취하지 않는 국가에서 가장 완벽한 검열 형태는 정부가 공격적이라고 판단하는 작품을 완전히 파괴하는 것이다. 그러한 조치의 근대적 원형은, 작품 자체가 아닌 일부 사본만 파괴하는 것이기는 하지만, 책을 불태우는 것이다. 정부가 관할하지 않는 지역, 특히 정치 체제와 목표가 상이한 다른 국가에서는 그 작품이 계속 존재할 것이다. (레이 브래드버리[Ray Bradbury]의 『화씨 451도(Fahrenheit 451)』는 모든 물리적 사본이 무자비하고 유능한 정권에 의해 파괴된 가장 극단적인 사례로 여겨지지만, 그곳에서도 그 작품은 사람들의 기억 속에 기록되어 계속 존재한다.)

고유한 사본으로 존재하는 시각 예술 작품은 완전히 파괴될 수 있다. 이는 외국의 침략이나 내전과 같은 정치적 격변의 부작용으로 종종 발생한다. 영국이 로마 가톨릭과 결별한 후에 수많은 종교 예술 작품이 파괴된 것은, 스페인 정복자들에 의해 아즈텍과 잉카 예술이 파괴된 것과 마찬가지로, 그 과정을 잘 보여준다. 전자의 경우, 왕은 일반 사람들이 계속해서 반응할 수 있는 종교적 권위와 권력의 상징을 파괴하기를 원했고, 후자의 경우 정복자들은 단순히 작품의 재료였던 귀금속을 원했다. (개념 미술 작품은 이런 점에서 문학과 유사하다. 특정 사본은 파괴될 수 있지만 아이디어는 그 아이디어를 아는 사람이 있는 한 존재한다.)

대부분의 검열은 그렇게 무자비하거나 완벽하지 않다. 검열은 작품의 창작이나 지속적인 존재를 방해하는 것이 아니라 유통을 방해한다. 국가는 예술계가 정상적으로 작동할 때라면 판매되고 전시되고 공연이 이루어질 수 있었던 장소와 사람들을 대상으로 판매, 전시, 공연이 이루어지는 것을 금지한다. 즉, 예술계에는 관객에게 작품을 유통하는(중개자 네트워크를 통하든 직접 하든 간에) 표준적인 방법이 있기 때문에 검열은 예술가가 이러한 제도적 장치에 접근하지 못하도록 금지시키고 그리하여 작품은 완성될 수 있지만 통상적인 방식으로 감상되거나 후원받을 수 없게 한다. 따라서 국가는 우편이 시 잡지를 유통하는 통상적인 방법일 때 우편을 통해 문학 작품을 보내는 것을 금지할 수 있고 공공 가판대에서 책이나 잡지를 판매하는 것을 금지할 수 있다. 국가는 시각 예술가가 갤러리와 미술관에 그림을 전시하는 것을 금지할 수 있고 음악가와 극작가가 콘서트홀이나 극장에서 공연하는 것을 금지할 수 있다. 결단력 있는 예술가들은 자신들의 활동을 계속하는 것이 불법이 아닌 장소 또는 아직은 불법이 아닌 다른 장소를 찾는다. 그들은 '클럽'을 조직할 수 있으며, 클럽의 회원들은 공개적으로 보여줄 수 없는 영화나 연극을 '사적인 클럽'의 사적인 공간에서 즐길 수 있다. 정부 검열관들은 이런 종류의 유사 공개는 종종 허용한다. 왜냐하면 바람직하지 않은 대중적 활동을 고조시킬 수 있는 작품의 대량 유통을 막는다는 주요 목적을 달성할 수 있기 때문이다. 아무리 억압적인 정부라도 소수의 교양 있는 엘리트층이 소비하는 예술에는 무관심할 수 있다. 정부는 동일한 자료가 더 많은 청중에게 제공될 때만 걱정한다. (러시아에서 금지된 문학 작품을 타자로 친 원고를 복제하는 사미즈다트 시스템은 이러한 목적을 효과적으로 달성한다.) 이는 국가가 주로 예술이 대중 동원에 영향을 미치는 방식에 관심이 있다는 것을 상기시켜 준다. 국가는 사람들이 올바른 일에 동원될 수 있도록 예술을 지원하며, 사람들이 잘못된 일에 동원될 것을 두려워하여 예술을 금지한다.

거의 모든 정부는 일부 주제와 그 주제를 다루는 방식이 공공 도덕에 공격적이라는 생각을 가지고 있으며, 이 생각은 검열을 통해 실행된다. 검열관들은 대개 특정 활동에 대한 묘사나 논의를 외설적이거나 신성모독적인 것으로 따라서 도덕적으로 혐오스러운 것으로 간주한다. 검열관들은 이러한 묘사가 많은 사람을 불쾌하게 할 수 있고 그로 인해 공공 갈등을 유발할 수 있다고 생각한다. 또한 이러한 묘사는 시민들을 표현된 활동에 참여하도록 유혹하여 타락시킬 것이고, 국가의 도덕적 기질 및 공동의 목표를 추구하기 위해 함께 행동하는 국가의 능력을 파괴할 것이다. 이러한 위험은 아직 도덕적 체질이 완전히 형성되지 않아서 잘못된 길로 인도될 가능성이 가장 높은 어린이들에게 가장 위협적인 것으로 여겨진다. 게다가 사회는 때때로 국가의 목표와 가족의 열망이 융합되는 상황을 만들어낼 수 있다. 그리하여 가족은 자신의 아이들이 정치지도자들이 안정과 발전을 보장하기 위해 원하는 종류의 시민으로, 즉 야심차고 근면한 또는 수동적이고 순종적인 시민으로 성장하기를 바란다. 개인적, 가족적, 국가적 프로젝트가 융합될 때면(Velho, 1976; 1979), 아이들이 잘못된 길로 빠지지 않도록 보호하기 위해 고안된 검열은 모든 사람에게 합리적이고 정상적인 것처럼 보인다. 검열은 정부의 적합한 역할에 대해 전통적으로 받아들여지는 설명을 구현한다. (데니소프는 한 우익 비평가가 비틀즈(Beatles)에 대해 했던 말을 인용한다. "네 명의 멍청한 적그리스도 비트족(beatniks)*이 우리 아이들의 정서적·정신적 안정을 그리고 궁극적으로 우리 국가를 파괴하지 않도록 합시다"[Denisoff, 1975: 385].) 더 극단적인 종류의 검열은 그러한 수용 가능한 논리를 어린이 보호의 필요성만큼 보편적으로 당연하게 여겨지지 않는 영역으로 확장한다.

앞서 시사한 바와 같이, 정부 개입의 가능성은 모든 예술 작품에 정치적 차원을 부여한다. 국가가 작품을 검열하려고 하지 않더라도, 사람들은 예술가의 의도와 상관없이 결국 작품에 위험한 정치적 내용이 포함되어 있다고 판단할 수도 있다. 반대로 국가가 예술 작품을 억압하면, 사람들은 예술 작품 안에서 위험하거나 급진적인 정치적 메시지를 찾으려고 노력할 것이고, 예술가의 의도가 아무리 순수하더라도 대개는 그러한 메시지를 찾는 데 성공할 것이다.

한 가지 예를 들어보겠다. 나는 브라질 리우 데 자네이루(Rio de Janeiro)의 상류층 거주지역인 이파네마(Ipanema)에 살면서 1976년의 가을을 보냈다. 이 지역 주민들의 관례대로 우리는 매주 일요일의 상당 시간을 해변에서 보내면서, 파리 카페의 카리오카(carioca) 버전에서 친구와 지인을 만났다. 우리는 어느 일요일 많은 사람과 함께 해변으로 가는 길에 이 지역의 여러 공사장 주변 울타리에 스프레이 페인트로 시가 쓰여 있는 것을 보았다. 우리 모두는 그 시가 정치적일 것이라고 추정했다. 표면적으로는 순수한 사랑의 시처럼 보였지만, 우리는 사랑의 언어가 권위주의 사회에서 종종 정치적 사상을 공개 위장하

* 1950년대와 1960년대 초 사회의 관례와 원칙을 받아들이지 않고 격식에서 벗어난 옷차림과 행동을 했던 젊은이들을 뜻한다. 비트 세대(the Beat Generation)는 반물질주의적인 생활양식을 지지했다._옮긴이

는 역할을 해왔다는 것을 알고 있었다. 특히 브라질 지식인들은 대중가요와 시에서 정치적 의미를 읽어내는 데 익숙하며, 저자들이 그러한 정치적 의미를 읽어내도록 의도했다고 생각한다(Sant'Anna, 1978). 그 나라는 선거를 앞두고 있었다. 결과가 의심스럽지는 않았지만 — 모든 사람은 정부가 야당이 승리하도록 내버려두지 않을 것이라고 당연하게 여겼다 — 선거는 그 시가 당연히 선거와 관련 있을 거라고 여길 만큼 충분한 관심을 불러일으켰다. 게다가 만약 그 시가 정치적인 것이 아니라면 왜 보다 통상적인 유통 경로를 사용하는 대신 공개적인 벽에 스프레이 페인팅을 했을까? 이 모든 것이 정치적 내용을 짐작할 만한 충분한 이유였고, 우리는 몇 블록 동안 끊임없이 이어진 스탠자(stanza)*를 읽었다. 그러나 우리 친구 중 가장 정치적으로 민감한 해석가도 숨겨진 내용을 발견할 수 없다고 판단했고, 결국 어쩔 수 없이 그 시는 자신의 작품을 출판하지 못한 한 시인의 사례일 뿐이라고 결론을 내렸다. 검열이 일상화된 나라에서 언더그라운드 정치 메시지에 적합한 유통 수단을 사용하는 것은 시에 정치적 잠재력을 부여하는 것이었다. (실제로, 정치적으로 민감한 우리 친구들도 발견하지 못한 정치적 메시지를 정부 관리들은 보았을 수도 있다.)

예술가들은 국가의 잠재적 조치가 자신들에게 어떻게 영향을 미칠지를 염두에 두고 작품을 계획한다. 여기 브라질의 또 다른 예가 있다. 검열은 만연했다. 음반, 영화, 연극은 출시 및 유통 전에 승인을 받아야 했다. 예비 버전이 승인되었더라도, 최종 판매 준비가 완료된 버전이 검열관의 승인 거부로 인해 무기한 보류될 수 있었다. 연극은 개막 당일 밤에 승인을 거부당했다. 어느 날 해변에서 누군가가 연극 기획자인 지인에게 무슨 작업을 하고 있는지 물었다. 그는 여러 가지 프로젝트를 언급했는데, 그중에는 그가 접으려고 생각했던 흥미로운 프로젝트도 있었다. 그는 그 프로젝트를 왜 접으려고 했을까? 그 프로

* 4행 이상의 각운이 있는 시구._옮긴이

젝트는 매우 정치적이었고, 검열관이 결국 그 프로젝트의 완성을 허락하지 않을 것이라는 소문을 들었기 때문이다. 왜 절대 제작되지 않을 것에 자신의 시간을 낭비하겠는가? 사람들은 실제로 검열관들이 제약을 덜 가하고 있는지 확인하기 위해 최근 사건에 대해 논의하기 시작했다. 어떤 이는 일부 가사의 정치적 성격 때문에 몇 달 동안 검열국에 의해 보류되었던 인기 가수 치코 부아르케(Chico Buarque)의 새 음반이 마침내 발매되었다고 언급했다. 또 다른 이는 이미 음반이 발매되었지만 발매 이후 경찰이 지역 레코드 가게에서 음반을 수거하고 있다고 말했다. 나는 전날 현지에서 두 장을 구입했기 때문에 그럴 리 없다고 말했다. 누군가는 경찰들이 아마도 특정 지역에서만 수거하고 있는 것 같다고 추측했다. 세트 디자이너는 흥미롭게 귀를 기울였는데, 이 모든 것이 검열관들이 어느 정도 관대하다는 것을 의미할 수 있으며, 이는 어떤 일을 수락할지에 대한 자신의 결정에 영향을 미칠 수 있었기 때문이다.

검열은 예술 제작 참여자들이 특정 프로젝트에 참여했을 때 발생할 수 있는 결과를 평가하는 계산법에 영향을 미친다. 어떤 결과가 발생할 가능성은 때와 장소에 따라 달라지기 때문에 당국이 어떤 일을 했는지에 대한 최신 뉴스가 결정에 영향을 미칠 수 있다. 따라서 검열관들은 그 계산법에 영향을 미치는 작은 제스처를 통해 반정부 예술에 대한 사람들의 관심을 돌릴 수 있다.

한 사회가 어떤 형태의 검열을 시행하든 간에 — 그 검열이 공공연하게 정치적이든 또는 좋은 취향 및 어린이 보호라는 명목으로 시행되든 간에 — 검열은, 예술계에서 관례화된 다른 모든 정례적인 활동과 마찬가지로, 대부분의 참여자들에게 내면화되는 엄청난 제약이며, 따라서 이들은 검열을 제약으로 경험하지도 못한다. 방금 언급한 브라질 가수 치코 부아르케는 한 대담에서 이러한 결과를 다음과 같이 생생하게 기술했다.

> [검열관들은] 한 시대의 모든 특징을 파괴한다. 오늘 음악을 만들기 시작한 이

아이들. 상상할 수 있는가? 첫 번째 시도에서 모든 것이 이미 금지되어 있다면 그것은 모든 종류의 창조적 활동에 치명적인 자기 검열의 괴물을 낳는 것이다. 그 아이들은 검열 체제 속에서 태어난 세대이며, 그들에게 검열 해제 증명서(검열관의 승인)는 신분증만큼이나 정상적이고 필수적이다. 검열을 거의 받지 않고 자란 세대인 나에게 공개 여부를 결정하기 위해 정부 당국이 심사할 수 있도록 텍스트를 보내야 한다는 것은 충격적이다. 지금 자라는 아이에게는 그렇지 않다. 그토록 많은 사람이 [포르투갈어 대신] 영어로 글을 쓰는 이유는 통과하기가 더 쉽기 때문이다. "내가 뭔가 잘못한 것 같으니 다음에는 제대로 해내야지." 이것이 처음 글을 쓰기 시작하고 검열을 받아야 하는 아이의 생각일 수 있다.(Chrysostomo, 1976: 4)

요약하자면, 국가는 특정 시기에 특정한 표현 매체의 특징적인 작품을 생산하는 협력 네트워크인 예술계에 참여한다. 국가는 예술가들이 경제적 지원을 받고 평판을 얻을 수 있는 재산권의 틀을 만든다. 국가는 작품을 제작하려는 의도를 가진 예술가들에 의해 권리를 침해당한 사람들을 보호하기 위해 예술가들이 할 수 있는 일을 제한한다. 국가는 예술가들이 국가적 목적을 추진하는 것으로 보일 때 예술의 일부 형태에 그리고 그러한 형태를 실천하는 예술가들에게 공개적인 지원을 제공한다. 국가는 국가 권력을 사용하여 승인되지 않은 활동에 시민들을 동원할 가능성이 있는 또는 적절한 목적을 위해 시민들이 동원되는 것을 막을 가능성이 있는 작품을 억압한다.

따라서 국가는 다른 예술계 참여자들과 마찬가지로 국가가 승인한 작품에 대해 직간접적으로 지원함으로써 예술 작품이 완성될 수 있는 기회를 제공하고, 불만족스럽다고 판단되는 작품에 대해서는 모든 참여자가 통상적으로 이용할 수 있는 일부 시설에 접근하지 못하게 함으로써 다른 활동에 제약을 가하는 방식으로 행동한다. 그래서 국가는 작품이 유통되는 것을 막거나(가장 일반적인 형태의 개입이다) 계속 존재하는 것을 막을 수 있다. 또한 바람직하지 않은 작품을 만든 죄를 저지른 사람들을 사형, 징역, 또는 다른 종류의 제재로 처벌할 수 있다. 이런 의미에서 모든 예술가는 국가에 의존하며, 그들의 작품은 그 의존성을 구현한다.

제7장

편집

T. S. 엘리엇의 미망인이 남편의 사망 이후 남편의 유명한 시 「황무지(The Waste Land)」의 사진 복사판을 출판했을 때, 문학계는 이 작품의 최종 버전이 또 다른 두 사람에게 얼마나 많은 빚을 졌는지 알게 되었다. 그 둘은 엘리엇의 첫 번째 부인인 비비안(Vivian)과 그의 친구 에즈라 파운드(Ezra Pound)이다. 두 사람은 다양한 방식으로 이 시를 근본적으로 수정했으며, 그들의 수정은 엘리엇이 특히 찬사를 받았던 몇 가지 특징과 함께 이 시의 독특한 현대적 모습에 상당한 기여를 했다.

그 시의 4부 "수장[水葬, Death by Water]"은 엘리엇의 원작에서는 90줄이 넘는 분량으로 구성되어 있었는데, 이는 매우 전통적인 특성이었다. 파운드는 그것이 마음에 들지 않았고, 원고에서 대부분을 지우고 "죽은 지 보름 지난 '페니키아' 상인 '플레바스'는"으로 시작하는 마지막 열 줄만 남겼다. 훨씬 덜 완성된 그 부분은 자체적인 설명이 적으며, 현대적인 스타일로 독자에게 더 많은 작업을 요구한다. 발레리 엘리엇(Valerie Eliot)은 두 사람 사이의 서신에 기대어 다음과 같이 무슨 일이 있었는지를 설명한다.

주요 구절에 대한 파운드의 반응에 낙담한 엘리엇은 "플레바스도 빼버리는 게 좋을 것 같은데?"라고 썼다. 파운드는 "플레바스는 놔두는 게 좋겠어"라고 대답했다. "사실, 그는 절대적으로 거기 있을 필요가 있어. 계속 있어야 한다구."(Eliot, 1971: 129)

그리고 플레바스는 남게 되었다.

편집 작업은 잘라내기와 사소한 변경을 넘어섰다. 2부 "체스 놀이"는 "앨버트가 혼자 내버려두지 않았기" 때문에 원하는 것보다 많은 아이를 낳았던 서른한 살의 여성으로 밝혀진 사람과의 대화를 포함한다. 엘리엇은 원래 앨버트의 아내의 대화 상대를 위해 원치 않았던 모든 자녀에 대해 설명하는 한 행의 시구를 썼다. "너는 그를 집에 두고 싶었겠지." 비비안 엘리엇은 이 행을 지우고, "아이를 가지기 원치 않는다면 결혼은 왜 했어?(What you get married for if you don't want to have children?)"로 대체했다. 엘리엇은 "가지기(to have)"를 삭제했다. 그러나 엘리엇 부인의 시구는 그 시의 164행과 같이 변경되지 않은 것처럼 보였는데, 이는 그 구절의 어조에 중요한 변화를 만들었다(Eliot, 1971: 14~15, 20, 21, 139).

랜덤 하우스의 오랜 편집자였던 색스 커민스(Saxe Commins)는 시인 로빈슨 제퍼스(Robinson Jeffers)와 수년 동안 긴밀히 작업을 했고, 커민스의 수정(수정이라기보다는 제안으로 이루어진)은 제퍼스가 쓴 많은 작품의 어조와 내용에 영향을 미쳤다. 제퍼스의 장편 시 「양날 도끼」에는 아주 심하게 반(反)루즈벨트적이고 반(反)트루먼적인 시구가 다수 포함되어 있었는데, 커민스는 이를 불쾌하게 여겼고, 다른 사람들도 이 책을 받아들이는 데 방해가 될 정도로 역겨움을 느낄 것이라고 생각했다. 커민스는 제퍼스에게 이 악의에 찬 시구들을 수정할 것을 제안했다. 최종 버전이 도착했을 때, 커민스는 불만족스러워 하며 제퍼스에게 다음과 같이 썼다.

나는 물론 당신이 수정한 모든 것을 확인했으며 거의 모든 경우에 엄청나게 향상되었습니다. 하지만 내 입장에서 볼 때 두 가지 점에서 우려스럽습니다. 당신이 행을 바꾼 25페이지를 보십시오.

To feed the vanity of a paralytic and make
trick fortunes

을 아래와 같이 바꾸었습니다.

To feed the power-hunger of a paralyzed man and
make trick fortunes.

이것은 전혀 수정된 것이 아닙니다. 다음과 같이 읽히도록 추가 수정에 동의하시겠습니까?

To feed the power-hunger and make trick fortunes.
권력에 굶주린 자의 배를 채우고 속임수를 써서 돈을 벌기 위해

(1948년 2월 12일, 커민스가 제퍼스에게 보낸 편지)

제퍼스는 다음과 같이 답장했다.

원하신다면, 그 구절은 "paralyzed man"(마비된 사람) 대신에 "To feed the power-hunger of a politician"(권력에 굶주린 정치인의 배를 채우기 위해)라고 읽으십시오. 그리고 카이사르의 뇌전증이 언급될 때는 항상 이의를 제기해 주기 바랍니다. 또는 도스토예프스키의 경우도 마찬가지입니다. 루즈벨트의 마비가

그의 천재성에 영향을 미치고, 그리고 어느 정도는 변명일 텐데, 그의 성격에도 영향을 미친 것처럼, 도스토예프스키의 뇌전증 역시 그의 천재성에 영향을 주었습니다. 이것이 제가 이 이야기를 하는 이유입니다.

(1948년 2월 19일 제퍼스가 커민스에게 보낸 편지)

제퍼스는 마찬가지로 "리틀 트루먼"을 언급하는 구절을 "해리 트루먼"으로 수정하는 데 동의했다(Commins, 1978: 125~129).

스크리브너스(Scribners)의 편집자 맥스웰 퍼킨스(Maxwell Perkins)는 토머스 울프(Thomas Wolfe)를 유명하게 만든 소설들을 제작했다. 울프는 초고가 담긴 상자를 퍼킨스에게 주었고, 퍼킨스는 초고 내용을 잘라내어 출판된 형태로 재구성했다.

이 모든 사례는 전문 편집자 또는 그러한 역할을 하는 친구, 친지, 동료가 작품의 최종 형태를 결정하는 선택을 하는 (또는 작가가 선택을 하도록 돕는) 가장 명백한 형태의 편집 과정을 예시한다. 그들은 이것은 빼고 저것은 넣고, 문구와 스타일을 바꾸고, 절을 재배열한다. 이러한 모든 변화가 최종적으로 지금의 작품을 만든다. 하지만 편집자만 결과물의 성격에 영향을 미치는 작업과 선택을 하는 것은 아니다. 작품을 창조하는 협력 네트워크의 모든 참여자, 즉 앞의 장에서 묘사했던 모든 구성원이 그러한 결과를 가져온다. 분석을 일반화하여 만일 우리가 편집자가 하는 일을 작품 제작에 협력하는 다양한 사람들이 하나의 작품이 만들어지는 동안 내리는 다양한 선택을 의미하는 것으로 규정한다면, 우리는 예술계가 그 구성원들이 만든 작품의 성격에 어떻게 영향을 미치는지 알 수 있다. 사실 우리는 작품을 만드는 것은 개별 예술가가 아니라 예술계라고 해도 무리가 아니라는 것을 알 수 있다.

선택

나는 예술 작품이 특정한 순간에 특정한 형태를 취하는 것은 그 시점까지 예술가와 다른 사람들이 내린 크고 작은 선택 때문이라고 생각하는 것이 유용하다고 본다. 지금 카메라의 셔터 릴리스 버튼을 눌러야 할까, 아니면 잠시 기다려야 할까? 다음 음을 더 크게 연주해야 할까, 아니면 더 부드럽게 연주해야 할까? 어떤 종류의 어택(attack)* 으로? 주변에 비슷하게 표시된 음보다 더 길게 아니면 더 짧게? 여기에 파란 점을 넣어야 할까, 아니면 아마도 녹색 점을 넣어야 할까, 또는 아무것도 넣지 않아야 할까? 이러한 선택들이 순간순간 이루어지면서 작품을 형성한다. 내가 하나의 사진 프로젝트로 샌프란시스코 노스 비치 지역의 이탈리아 커뮤니티의 삶과 문화에 대한 조사를 수행한다고 가정해보자. 현대 사진작가들의 전형적인 관행을 따라, 그러한 커뮤니티가 그런 종류의 다큐멘터리 프로젝트에 관심이 있든 또는 좀 더 형식적이고 추상적인 예술적 문제의 탐구에 관심이 있든 간에, 나는 정말 많은 수의 사진을 찍을 것이다. 각각의 노출은 수많은 가능성 중에서 선택될 것이다. 나는 얼굴의 클로즈업에 문화의 본질이 담겨 있다고 믿고 노인들의 인물 사진에 집중하기로 결정할 수도 있다. 반대로 콜럼버스의 날 퍼레이드, 지역 어선단의 만선 기원과 같은 동네 행사(Becker[1974]와 그림 20 참조), 또는 선술집, 식료품점, 교회와 같은 동네 시설을 촬영하기로 결정할 수도 있다. 어떤 경우이든, 나는 렌즈, 필름, 하루 중 시간대, 그리고 특정 인물과 장소를 선택한다. 그런 다음 각 인물 피사체를 여러 번 노출시키고, 그 지역의 특징으로 내가 선택하는 사람들과 장소들을 더 많이 노출시킨다. 나는 표정, 분위기, 자세, 구도의 순간적인 변화가 결과물에 중요한 차이를 가져올 것으로 기대하면서 거리와 각도를 바꾸고 본질적으로

* 어떤 악구를 시작하는 것._옮긴이

그림 20. 하워드 베커, 「샌프란시스코의 만선 기원」, 인화와 밀착 인화지. 편집은 사용할 수 있는 선택지 중에서 관객에게 보여줄 것을 고르는 것을 의미한다. (1) 동네 종교 의례를 사진으로 표현하는 데 있어 이 복사(服事, 사제의 미사 집전을 돕는 소년_옮긴이)들을 포함하기로 결정한 후에도, 나는 (2) 내가 만든 다른 여러 프레임보다 이 프레임을 우선적으로 선택해야 했다. 이는 더 많은 선택지 중에서 이 프레임을 찍기로 선택한 방식을 나타낸다(Becker[1974] 참조).

같은 피사체를 반복적으로 촬영한다.

따라서 나는 진지하게 작업하는 하루 동안 36장의 노출 필름을 10~20롤 정도 노출할 수 있으며, 그 프로젝트에 1일에서 100일(또는 그 이상)을 투자할 수도 있다. 하지만 내 작업의 결과를 책이나 전시회 또는 포토 에세이에 발표할 때 그 이미지를 모두 사용하지는 않을 것이다. 결국 위의 일정대로라면 2만~3만 장의 개별 필름 프레임을 제작할 수 있으며, 이 중 대부분은 기술적으로 따지면 사용 가능한 것일 것이다. 그러나 보통의 전시회는 30~40개의 이미지를 포함하며, 책 한 권에는 100개까지 사용할 수 있을 것이다. 나는 모든 프레임을 보여주는 밀착 인화지를 만들어 신중하게 검토하고, 예비적으로 선택한 이미지들을 작업용으로 인화한 다음, 일부는 넣고 일부는 빼는 등 다양한 선택과 배열을 시도할 것이다. 출판이나 전시를 하자는 제안이 오면 최종 선택을 할 것인데, 그 선택은 나중에 변경될 수도 있다. (산업 폐기물로 중독된 일본의 어촌 마을 미나마타[Minamata]에 대한 유진 스미스[W. Eugene Smith]의 사진 조사는 다양한 선택을 비교할 수 있도록 다양한 길이의 여러 버전으로 출판되었다. 즉, 1974년에는 잡지 버전으로, 1975년에는 책으로 출판되어 나왔다.)

이러한 묘사는 그 프로젝트의 진행 과정에서 얼마나 많은 선택이 있었는지에 대해 대략적인 아이디어만 제공한다. 그럼에도 불구하고 최종 결과물(이 경우에는 사진 전시회나 책)이 어떻게 훨씬 더 많은 가능성 중에서 나온 것인지를 보여주기에는 충분하다. 그러한 가능성 중 일부는 사진작가가 촬영을 하기 전에 거부하기 때문에 물리적 형태를 취하지 못한다. 다른 가능성은 필름과 밀착 인화지에는 들어가지만 인화되지는 않는다. 인화된 것 중에서도 대부분은 걸러져서 살아남지 못한다. 하지만 그 가능성들은 선택되기 위해 거기 있는 것이고, 음화(negative)에 남아 있다가 나중에 다시 선택될 수도 있다.

모든 예술 형식에서 유사한 과정이 일어난다. 예술가들은 주제, 재료, 순서와 조합, 길이와 크기 등을 고려하고 그중에서 선택한다. 그들은 이 작품에서는 한 가지 가능성을 선택하고 다음 버전에서는 다른 대안을 선택할 수도 있고, 한 번은 한 가지 방식으로 작업을 수행하고 다음번에는 변형된 방식을 선택할 수도 있다. 어떤 선택은 습관이 되기도 한다. 어떤 것들은 물리적 대상에 구현되어 영구적인 것이 되기도 한다. 다른 것들은 일시적이어서, 작품이 완성되면 사라지고 다른 경우에 다른 버전으로 대체되기도 한다.

예술 작품을 구성하는 선택들에 대한 나의 설명은 믿을 수 없을 만큼 지나치게 단순화되어 있다. 나는 작품을 만드는 예술가를 묘사하면서 마치 그 작업에 한 사람만 관여한 것처럼 묘사했다. 사실 앞서 보여주었듯이, 수많은 사람들이 내가 예술계라고 부르는 조직화된 노동 분업에 관여한다. 작품이 완성되는 동안 이루어지는 그들의 선택은 그리고 그들의 기준과 선택이 무엇인지에 대한 예술가의 지식은 예술계에 참여하는 것이 예술가의 작업과 작품의 성격에 영향을 미치는 메커니즘을 구성한다.

나의 설명은 또 다른 방식으로 단순화되어 있다. 나는 예술가의 아이디어 발상에서 시작하여 예술가가 완성된 결과물 — 루오-볼라르(Roualt-Vollard) 사건에서 프랑스 법원의 말을 빌리자면 예술가가 자신의 '영혼'을 진정으로 표현한 것으로 받아들일 준비가 된 결과물 — 을 유통 시스템의 대리인들에게 전달하는 것으로 끝나기까지 제한된 시간 범위 내에 이루어지는 선택들에 대해 묘사했다. 사실, 이전 장에서 암시했고 이 장에서도 설명하겠지만, 결과적인 선택은 훨씬 더 오랜 기간에 걸쳐 이루어진다. 예술계는 예술가들 이외의 참여자들의 활동을 통해 작품의 원작자의 삶을 넘어 예술 작품에 영향을 미친다.

작품의 생애 전반에 걸쳐 이 모든 참여자가 내린 선택들은 예술가가 아니라 예술계가 예술 작품을 창조한다는 주장에 의미를 부여한다. 이러한 운명적인 선택에 참여하는 대표적인 비예술가 참여자인 문학 편집자는 누구에 의해서이든 그리고 언제이든 이루어지는 선택의 모든 과정을 편집이라고 부를 수 있을 만큼 내가 염두에 두고 있는 것을 충분히 예시한다.

편집의 순간

나는 제1장에서 많은 사람이 예술 작품 제작에 참여하지만 예술계(그리고 그들이 활동하는 사회)는 보통 소수의 사람에게만 예술가라는 명예로운 칭호를 부여하고 이들을 정말로 중요한 선택을 하는 사람, 예술가만이 가진 드문 재능을 드러내는 행위를 하는 사람, 작품의 수용에 따라 평판이 좌우되는 사람으로 취급한다고 언급했다. 이 언급이 타당한 이유는 이러한 사람들은 보통 많은 선택을 하고, 그 결과에 따라 칭찬을 받거나 비난을 받으리라는 것을 알며, 더 익명적이고 덜 책임 있는 행위자들보다 더 신중하게 선택을 하기 때문이다. 따라서 우리는 예술계가 예술가들의 행위와 함께 참여자들의 선택(과 그들의 전형적인 작업의 성격)을 형성하는 방식에 대한 분석을 시작할 수 있으며, 예술가들이 예술계의 제약을 수용하는 것을 통해 그리고 예술계의 다른 구성원들과 나누는 내면화된 대화를 통해 이러한 결과가 나오는 방식을 확인할 수 있다. 우리는, 어쩔 수 없이 추측에 근거한 설명을 통해, 실제 선택의 순간에 초점을 맞출 수 있다. 이를 편집의 순간이라고 부른다.

명백히 사실이 아닌 상황, 즉 궁극적으로 발생하는 작품의 모든 세부 사항이 예술가로 추정할 수 있는 누군가의 의식적인 선택에 따른 결과이고 공식적으로 지정된 예술가 외에 다른 사람들이 내린 많은 선택이 무시되는 상황을 상상해 보라. 예술 작품을 창조하는 사람들이 모든 선택에 대해 심사숙고하지 않는다는 사실도 무시하라. 예를 들어, 음악가가 새로운 작품을 만들기 전에 의식적으로 음계를 고안하고 악기를 제작해야 한다면 그들은 작품을 제작할 시간도 에너지도 없을 것이다. 모든 선택을 의식적으로 하지 않는다 하더라도 적어도 가능한 양만큼의 작품을 만들지는 못할 것이다.

비평가와 역사가들이 때때로 일련의 스케치나 초안을 통해 진행되는 예술 작품의 발전 과정을 자세히 분석할 때, 우리는 예술가가 의식하고 있는 선택의 영역과 그 사이에서 어느 정도 의식적으로 선택된 대안들을 탐구한다. 이러한 발전 과정에는 우리가 조사할 수 있는 무한한 선택이 포함되어 있으며, 이러한 선택의 총합이 바로 작품이다. 예술가는 자신이 일하는 조직과 관련하여 선택한다. 적어도 이것은 이어지는 분석의 전제이다. 이러한 문제를 파악하고 그 전제를 입증하는 것은 쉬운 일이 아니다. 왜냐하면 예술가는 자신이 내린 선택이 근거로 삼는 일반적인 원칙을 말로 표현하기 어렵기 때문이다. 심지어 그 근거를 대는 것조차 어렵다. 예술가는 종종 "그렇게 하는 게 더 좋을 것 같아", "내겐 그게 좋아 보여", 또는 "효과가 있군"과 같은 비의사소통적인 진술에 의존한다.

이러한 불명확성은 연구자에게 좌절감을 준다. 그러나 모든 예술 실행자들은 자신들이 그 의미를 정확하게 정의할 수는 없지만 그럼에도 불구하고 예술계의 모든 식견 있는 구성원이 이해할 수 있는 단어를 사용한다. 재즈 음악가들은 어떤 것이 "스윙하다"거나 "스윙하지 않다"고 말한다.* 연극인들은 어떤 장면이 "잘되어간다(works)" 또는 "잘되지 않는다"고 말한다. 두 경우 모두 아무리 식견 있는 참여자라도 용어의 용법에 익숙하지 않은 사람에게 그 의미를 설명할 수 없다. 그러나 그 용어를 사용하는 모든 사람은, 스윙이나 잘된다는 것이 의미하는 바를 말할 수는 없지만, 그 의미에 대해 동의하면서 그 용어들을 이해하고 매우 신뢰성 있게 적용할 수 있다.

편집의 순간에 예술가가 내리는 대부분의 선택이 "스윙하다" 또는 "잘되어간다"와 같이 정의할 수는 없지만 완벽하게 신뢰할 만한 기준을 참조하여 이루어지는 가능성을 고려해 보라. 예술가들이 이처럼 정의할 수 없는 기준과 미적 원칙에 기초하여 협력할 수 있다는 것은 그들이 일련의 규칙이나 기준을 참조하여 작업하지 않는다는 것을 의미한다. 오히려 그들은 다른 사람들이 어떻

---

* 스윙은 좋은 음악을 들었을 때 느껴지는 흥과 같은 자연스러운 신체적 반응으로, '재즈 음악이 스윙하다'라는 것은 칭찬의 표현이다._옮긴이

게 반응할지 상상하면서 반응하고, 사람들이 구체적인 상황에서 정의할 수 없는 용어들을 구체적인 작업에 적용하는 것을 반복적으로 듣는 경험으로부터 이러한 상상력을 구성한다. 한 음악가가 연주를 하면, 다른 사람들은 그에게 스윙했다거나 스윙하지 않았다고 말한다. 그 음악가는 무언가를 듣고, 그것이 스윙하는지 여부에 대해 의견을 제시하고, 다른 사람들이 자신의 의견에 동의하는지 아닌지를 파악한다. 수많은 유사 경험을 통해 그는 그 표준이 의미하는 바를 배우고 다른 사람들처럼 그 표준을 사용하는 방법을 배운다.

우리는 그러한 신뢰할 수 있는 모호함을 바탕으로 예술가들이 어떻게 협력하는지 이해하기 위해서 조지 허버트 미드(George Herbert Mead)의 "타자의 역할 취하기"에 대한 분석을 참조할 수 있다(Mead, 1934[미드, 2010]; Blumer, 1966). 미드는 사람들은 적절한 자극이 주어지면 조건화된 대로 행동한다는 단순한 자극-반응 심리학에 반대했다.

미드는 대신에 사람들은 자신의 활동을 지향할 대상을 찾으면서 환경 속에서 능동적으로 움직인다고 제안했다. 사람들은 그러한 대상을 만날 때(그리고 미드는 다른 사람들도 대상에 포함시켰다), 자신이 취할 수 있는 행위에 반응하는 다양한 경향을 그 대상에 귀속시킴으로써 대상의 의미를 즉각적으로 해석한다. 따라서 사람들은 자신의 충동만 고려하는 것이 아니라 자신이 취할 수 있는 다양한 행위에 대한 다른 사람들의 상상된 반응까지 고려함으로써 점차적으로 행위 노선을 형성한다. 그들의 평가가 정확한지 여부는 중요하지 않다. 사람들은 종종 그러한 것들에 대해 틀린다. 그러나 대체로 사람들이 다른 사람들의 예상되는 반응을 염두에 두고 행위한다는 것은 중요하다.

이는 예술가들이 적어도 부분적으로는 다른 사람들이 자신의 작품에 감정적으로 그리고 인지적으로 어떻게 반응할지 예상하여 작품을 창조한다는 것을 의미한다. 그것은 예술가들에게 이미 존재하는 관객의 성향을 충족시킴으로써 또는 관객을 새로운 것에 익숙하게 함으로써 작품을 더욱 발전시킬 수 있는 수단을 제공한다. 예를 들어, 사진작가는 다른 사람들이 자신의 사진에 반응하는 것과 같은 방식으로 반응하는 방법과 다른 사람들이 다소 무의식적으로 반응하는 것을 의식적으로 인식하는 방법을 배워야 한다. 이렇게 하면 특정한 감정적 효과를 내기 위해 의도적으로 사진을 구성할 수 있다.

편집의 순간 동안 선택을 내리는 사람의 마음속에 예술계의 모든 요소가 떠오르며, 그는 현재 진행 중인 작업에 대한 잠재적 반응을 상상하고 그에 따라 그다음 선택을 내린다. 작품이 만들어지는 예술계를 구성하는 협력 네트워크와 나누는 지속적인 대화 속에서 수많은 작은 결정이 내려진다. 예술가들은 스스로 "이렇게 하면 어떤 느낌이 들까? 나에게는? 다른 사람들에게는?"이라고 질문한다. 그들은 또한 이런 식으로 하면 자원이 나올지, 협력을 위해 의존하는 다른 사람들이 실제로 협력할지, 국가가 개입할지 등에 대해서도 자신에게 질문한다. 요컨대, 예술가는 작품을 실현시켜 주는 협력 연결 네트워크와 관련된 다른 사람들의 일부 또는 전부의 관점을 취하고, 다른 사람들이 염두에 두고 있는 일에 어느 정도 쉽게 맞출 수 있도록 자신이 하고 있는 일을 수정한다. 또는 어쩌면 치러야 할 대가를 이해하면서 작품을 수정하지 않을 수도 있다.

이 과정은 예술가가 작업할 소재를 선택할 때 매우 명확하게 일어난다. 내가 작곡가라고 가정해 보자. 어떤 악기를 위해 곡을 써야 할까? 원칙적으로 나는 내가 생각할 수 있는 악기들의 조합 가운데 무엇이든지 선택할 수 있다. 예를 들면, 나는 네 개의 구금(jew's harp)*과 빨래통 베이스(washtub bass)**를 선택할 수도 있고 전통적인 네 대의 현악기를 선택할 수 있다. 또는 듀오를 선택할 수도 있고 100명의 오케스트라와 여러 개의 합창단을 선택할 수도 있다.

---

* 입에 물고 손가락으로 연주하는 작은 악기._옮긴이

** 미국 민속 음악에 사용되는 현악기로, 빨래통을 뒤집어서 그 위에 수직으로 나무 막대를 세운 다음 꼭대기에 하나 이상의 줄을 매달아 통에 붙여 만든다. 막대를 기울여 줄을 팽팽하게 당긴 상태로 줄을 뜯으면 통이 울리면서 소리가 난다._옮긴이

나는 무반주 소나타를 작곡할 수 있다. 또한 소나타는, 반주가 있든 없든 간에, 생각할 수 있는 모든 악기를 위해 작곡될 수 있다. 만약 기악 소나타를 작곡한다면, 그것이 일반적으로 독주를 위해 사용되지 않는 악기를 위한 곡일 경우 연주될 가능성이 높다는 것이 알려져 있다. 트롬본 연주자와 더블베이스 연주자는 한정된 솔로 레퍼토리에 자신의 악기를 위한 부분을 추가하기를 갈망하며, 해당 악기의 거장들은 종종 새로운 작품을 의뢰한다. 작곡가들은 자신의 아이디어를 어떤 악기로 악보화할지 결정할 때 두 대의 바이올린, 비올라, 첼로 — 즉, 기존의 현악 4중주 — 를 위해 작곡된 작품이 연주될 가능성이 매우 높다는 것을 알고 있다. 왜냐하면 이미 그 작품을 연주할 수 있는 현악 4중주단이 존재하기 때문이다. 반면에 바순(bassoon)과 하모니카 또는 오르간, 스네어 드럼(snare drum), 그리고 베이스 색소폰을 위한 곡을 쓴다면, 연주자들은 특별히 그 연주를 위해 모여야 할 것이고 그러한 어려움 자체로 인해 그 작품은 자주 연주되지 않을 것이다(그리고 그 작품이 연주될 때에는 그러한 특이한 그룹을 가장 쉽게 모을 수 있는 음악 학교에서 연주될 가능성이 많다). 물론 누군가가 정통적이지 않은 악기 조합을 위한 곡을 의뢰하는 경우 — 이 경우 이미 동원된 일부 고객에게 예약된 작품을 판매하면 그 문제는 해결된다 — 를 제외하고는, 조직화된 음악의 세계는 정통적이지 않은 악기를 조합해야 하는 작품은 필요로 하지 않는 현악 4중주를 요구한다고 말할 수 있다.

예술가들도 마찬가지로 작품을 완성할 때 예술계에서의 경험을 통해 배운 다른 사람들의 상상된 반응을 고려한다. 예술가들은 언제 작품이 완성되었는지, 즉 언제 그림이나 글쓰기를 중단해야 하는지 어떻게 알 수 있을까? 예술가들이 이러한 문제를 결정할 때에는 종종 예술계의 다른 구성원들이 자신이 결정한 것에 대해 어떻게 반응할지를 고려한다. 이에 대해 예술가들과 인터뷰를 해보면, 그들은 작품의 완성 시점을 어떻게 아는지 말하지 못하는 경우가 많다. 그들이 말할 수 있는 것은 작품이 언제 끝났는지가 아니라 언제 끝내야 하는지에 대한 것이다. 예술가들이 언제 작업을 끝내야 한다고 말할 때, 그것은 그들이 작업하는 표현 매체나 형식의 본질에 내재해 있는 어떤 것에 대한 것이 아니라 예술계에 의해 생성되는 의무에 관한 것이다.

따라서 연극 개막이 1월 3일로 발표되면, 연극은 바로 그날 공연되어야 할 것이다. — 그렇지 않으면 우리는 돈을 환불해 주어야 할 것이고, 비평가들에게 굳이 나타나지 말라고 말해야 할 것이고, 관객을 잃을 것이고, 다른 연극을 할 기회를 잃을 것이고, 배우들과 극장주의 신뢰에 심각한 손상을 입힐 것이다. 많은 예술의 제작 및 유통 시스템은 이러한 최종 시한을 설정한다. 나는 특정 날짜까지 석판화 15점을 제작해야 한다는 것을 알고 있다. 왜냐하면 갤러리에서 그 날짜에 전시를 공지했고, 비평가들이 전시회에 참여할 것이며, 작품은 보고 난 후 글이 쓰여야 하기 때문이다. 대부분의 예술은 전문가에게 그러한 날짜를 제공하거나 그러한 날짜를 설정할 수 있는 수단을 제공한다. 예술가는 작업하고 있는 석판을 지켜보기 때문에 15점의 판화가 준비되어야 하는 날짜를 알고 있다. 우리 영화가 크리스마스에 라디오 시티 뮤직홀에서 개봉한다고 가정해 보자. 우리는 언제 영화를 완성해야 하는지 알고 있을 뿐만 아니라 그 날로부터 거꾸로 계산하여 그 작업의 다양한 요소를 언제 완료해야 하는지 구체적으로 명시하는 시간표를 구성할 수도 있다. 그 영화를 크리스마스에 개봉하기로 되어 있다면 우리는 음악이 언제 녹음되어 있어야 하는지 알고 있다. 음악이 언제 녹음되어 있어야 하는지 안다면 우리는 그 음악이 언제 작곡되어 있어야 하는지 알고 있다. 음악이 언제 작곡되어 있어야 하는지 안다면 우리는 음악이 동시화(synchronization)* 될 수 있도록 완성된 장면이 언제 준비되어야 하는지 알고 있다.

색스 커민스는 실제로 릴리안 러셀(Lillian Russell)의 전기를 출판하려다가

---

* 시청각 저작물에 '타이밍을 맞춰' 음악을 이용하는 것, 즉 영상에 음악을 일치시키는 행위를 말한다._옮긴이

실패한 한 작가를 위해 책을 썼는데, 그 전기는 러셀에 관한 영화 개봉에 맞춰 출판할 계획이었다. 출판 예정일 몇 주 전, 그 작가가 원고를 한 페이지도 완성하지 못했을 때, 커민스는 그 작가의 집으로 이사를 해서 쌓여 있던 원 자료 더미로부터 하나의 책을 만들었다(Commins, 1978: 153~169).

숙련된 예술가만큼 자의식적으로 예술 작품에 반응하는 사람은 드물다. 대부분의 사람들은 음악 작품이 슬픈 느낌을 준다는 것은 알지만, 그러한 효과가 어떤 멜로디와 화성학적 장치에 의해 성취되는지는 알지 못한다. 예술가는 그 과정에 대해 자의식을 갖고 있기 때문에 비예술가보다 잘못 추측하는 빈도가 낮다. 예술가들은 있을 법한 다른 사람들의 반응을 정확하게 예측하고 사람들이 원하는 효과를 어느 정도 창조해 낸다.

예술적 과정이 매우 관례화되어 있기 때문에 예술가들은 정확하게 예측할 수 있다. 우리는 통상적으로 단조를 슬프거나 애절한 것으로 경험하기 때문에 작곡가들은 다음과 같은 자신의 반응을 가이드로 삼을 수 있다. “이 곡을 단조로 쓰면 나를 슬프게 하고 내가 추구하는 감정을 만들어낼 것이기 때문에 이 곡은 사람들의 슬픔을 유발할 것이다.” 그러한 공식을 통해 예술가들은 다른 사람의 반응을 매우 정확하게 예측할 수 있다.

관례는 신체적 일상에 체화되어 있기 때문에 예술가는 말 그대로 자신에게 맞는 일이 무엇인지 느낀다. 서드노(Sudnow, 1978)가 재즈 피아노를 배우게 된 과정을 분석한 연구는 기법의 관례가 예술가의 신체적 경험의 아주 작은 세밀한 부분에 어떻게 체화되는지를 보여주며, 예술을 만드는 데 필요한 신체적 행위와 개념적 작업 사이의 불가분의 관계를 분명히 보여준다. 사실 신체적 행위와 개념적 작업을 연결이 필요한 두 가지 다른 것으로 말하는 것은 이 문제를 잘못 설명하는 것이다. 결과적으로, 예술가들이 하는 일의 대부분은 관례적이기 때문에 쉽게 바뀌지 않는다. 그들은 관례적 지식을 매우 원초적인 수준에 깊이 뿌리를 내리고 있는 하나의 자원으로 경험하기 때문에 주저하거나 미리 생각하지 않고 관례적인 용어로 사고하고 행위할 수 있다. 그들은 편집자의 선택을 선택이 아닌 행위로 경험한다. 서드노는 자신이 배운 것이 피아노에서 여러 음을 치는 방법 못지않게 그 음들이 어떻게 결합하여 멜로디를 만드는지 생각하는 방법이었다는 것을 생생하게 보여준다. 그는 동시적인 느낌과 사고의 순간에 생각되고 있는 것은 이루어지고 있는 선택과 관련된 세계와의 끊임없는 대화로 구성된다고 말하지는 않지만, 그것은 사실이기도 하다. 편집과 창조의 순간은 예술계와의 대화 속에서 융합된다.

창조적이면서도 성찰적이고 혁신적이면서도 반복적이고 일상적인 편집의 순간들은 예술가들에게 흥미로우면서도 어려운 딜레마를 안겨준다. 관객의 흥미를 끌 수 있는 독특한 예술 작품을 제작하기 위해 예술가들은 지금까지 배워온 관례적인 작업 방식을 조금씩 잊어야 한다. 완전히 관례적인 작품은 모든 사람을 지루하게 하고 예술가에게 보상을 거의 가져다주지 않는다. 따라서 예술가가 예술을 성공적으로 생산하기 위해서는 어느 정도 깊이 내면화된 표준을 위반해야 한다.

따라서 예술가들은 대개는 예술적 순간 동안 예술계의 다른 구성원들의 상상된 반응을 고려하지만, 때때로 그 반응을 무시하는 법을 배운다. 또한 예술가들은 예술계에 속하지 않은 사람들의 반응도 무시하는 법을 배운다. 그것은 똑같이 어려운데, 왜냐하면 (예술계에서 태어난 소수를 제외한) 예술계의 대부분의 구성원은 한때 비구성원이었고 이들은 비구성원들이 여전히 알고 믿는 모든 것을 배웠기 때문이다. 하지만 예술가들은 일반인들이 하지 않는 많은 일을 해야 한다. 예를 들어, 배우를 위한 많은 연습은 일반인은 사적 공간에서만 하는 행동을 공개적으로 하는 것으로 이루어진다. 상대적으로 낯선 사람들을 만지고, 감정을 폭발시키고, 옷을 벗어야 하는 등 배우가 아닌 사람이라면 다른 사람 앞에서 부끄러워서 하지 못할 행동을 해야 할 수도 있다. 다른 예술에서는 사람들이 페인트, 점토, 또는 기타 재료로 손을 더럽힐 것을 요구한다. 아이들은 대개 더러워지지 않도록 훈련받기 때문에 그러한 훈련을 극복하기 위해서는 약간의 노력이 필요하다. 내 아내는 시내 야간 학교에서 도예 수업을 가르친 적이 있다. 첫날 저녁에 옷을 잘 차려입은 두 명의 여성이 도예실에 들어와서 주위에 젖은 점토 더미를 보고는 겁에 질린 목소리로 "손으로 해야 하는 건가요?"라고 물었다. "네, 손으로 해야 합니다"라는 답을 들은 두 여성은 자리를 박차고 나가 돈을 환불받았다.

예술가가 숙지해야 하는 또 다른 일반인의 반응은 낭비를 싫어한다는 것이다. 제3장에서 언급한 세미나인 촉각 예술 그룹은 예술 사회학의 시뮬레이션 연습으로서 새로운 예술 형식을 발명하려고 시도했다. 우리는 예술적 잠재력이 충분히 활용되지 않았다고 생각했던 영역인 촉각 모드를 선택했고, 매주 촉각에 기반한 작품을 만들려고 시도했다. 우리가 연구하는 동안 제작되었던 가장 많은 사랑을 받은 작품 중 하나인 「쿠키」는 예술가가 금방 깨진 달걀을 비롯한 다양한 음식물을 관객의 손 위에 부어주는 퍼포먼스 작품이었다(그림 21 참조). 그 달걀을 낭비한 것은 우리 그룹을 속상하게 만들었다. 우리는 이런 어리석은 짓으로 얼마나 많은 달걀을 버리려고 했는지, 달걀이 음식인 것을 알고 있는지, 어디선가 굶주리는 사람들에 대해서 생각해 보았는지 경악하며 질문하는 어머니들의 목소리를 들을 수 있었다. 사소한 예이지만, 사실 우리 그룹의 많은 사람이 처음에는 음식을 낭비하는 것을 불쾌하게 여겼다. 우리는 계속해서 음식물을 주요 촉각 재료 중 하나로 작품에 사용하면서, 이내 그 불쾌함을 극복했다. 때로 초보자를 괴롭히는 것은 음식물이나 기타 감정이 담긴 물질을 낭비하는 것이 아니라 단순히 돈이나 시간을 낭비하는 것이다. 신출내기 사진작가들은 모든 사진이 잘 나올 것이라는 일반적인 기대와는 달리 노출하는 대부분의 필름이 낭비되고 인쇄할 가치가 없다는 것을 배우게 된다. 사진을 가르치는 선생들은 학생들에게 모든 시도가 완벽하리라고 기대하지 말 것과 운이 좋으면 한 장의 훌륭한 사진을 인화하기 위해 많은 필름과 인화지를 소모해

그림 21. 촉각 예술 그룹 멤버들의 「쿠키」 공연. 새로운 장르에서 활동하는 많은 예술가가 그러하듯, 이 그룹은 특별한 재료나 도구가 없어서 주변에서 쉽게 구할 수 있는 음식물과 생활용품에 의존했다.

야 한다는 것을 가르치는 데 상당한 시간을 할애한다.

작가들은 사진작가들과 마찬가지로 가장 친근하게 느끼고 가장 철저하게 활용할 수 있는 대상이 자신들의 친구, 동료, 연인, 이웃의 신뢰와 프라이버시를 침해한다는 사실을 종종 발견한다. 사회화가 잘된 사람이라면 누구나 이러한 기본적인 신뢰 관계를 침해하지 말아야 한다는 것을 잘 알지만, 예술가들은 종종 그 관계를 침해해야만 한다는 강박을 느낀다. 예술가라고 해서 자신이 활용하는 사람들의 분노로부터 자신을 보호할 수는 없지만 작품에 관련된 사람을 아무도 알지 못하는 관객은 그러한 침해가 일어난 지 오래되었을수록 더 관대하다. 트루먼 카포테(Truman Capote)는 동양 사회의 인물들에 대한 이야기를 통해 관련된 사람들과 친해지면서 알게 된 다수 잘 알려진 스캔들에 대한 은밀하고 가십적인 세부 정보를 일반 대중에게 제공했다. 래리 클라크(Larry Clark)의 사진집 『털사(Tulsa)』(1971)에는 청소년 시절부터 친구였던 마약 사용자들의 사진이 실렸는데, 그들은 언젠가 사진집에 자신들이 실리게 될 줄은 상상도 하지 못했다(그 책은 누군가의 소송으로 회수되었다). 카포테와 클라크는, 많은 작가와 사진작가들이 그러하듯, 작품을 구성하는 많은 편집적 선택에 영향을 미치는 내부 대화에서 일부 잠재적 참여자를 차단함으로써 혁신적인 작품을 만들어내는 방법을 배웠다.

때때로 예술가들은 일반 관객이 제기할 수 있는 불만을 피할 방법을 생각해낼 수 없어서, 그런 불만을 무릅쓰고 완성할 만큼 자신의 관심을 끄는 작품을 포기한다. 따라서 예술가들이 죽으면 자신이나 다른 사람들을 곤란하게 만들지 않기 위해 생전에 믿을 만한 친구 몇 명만 볼 수 있도록 비밀 작품을 남기는 경우가 많다. 마크 트웨인(Mark Twain)은 아내의 유언을 존중하여 외설적인 작품들을 출판하지 않았고, 포스터(E. M. Forster)는 동성애 소설을 사후에 출판하도록 보류했으며, 툴루즈-로트렉(Toulouse-Lautrec)은 노골적으로 성적인 매춘 업소 그림들을 비공개로 두었다. 다양한 시대의 다양한 예술가가 만들고 버린 작품, 만들고 보관했지만 다른 사람에게 보여주는 것이 안전하거나 정치적이거나 현명하다고 생각하지 않았던 작품(각 선택은 예술가들의 활동에 영향을 주었던 사회적 제약을 반영한다), 그리고 실제로 대중에게 특징적인 작품으로 선보인 작품, 그들의 평판과 직업적 운명을 기꺼이 결정하게 한 작품을 비교해 보는 것은 흥미로운 일이 될 것이다.

예술가가 작품을 만드는 내부 대화에 협력 네트워크의 다른 구성원들을 통합하는 방법을 배우는 것이 얼마나 중요한지는 두 가지 주변적 사례를 고려하면 알 수 있다. 예술학도들은 종종 작업에 어려움을 겪는데, 그 이유는 관련된 다른 사람들을 포함시키지 않고는 최대한의 효율과 최소한의 수고로움으로 일반적인 문제를 해결하는 방법을 모르기 때문이다. 숙련된 예술가의 반(半) 자동적인 작업의 기초가 되는 예술계와의 대화를 발견하는 가장 쉬운 방법은 그 어떤 것도 자동적이지 않은 이들을 지켜보는 것이다. 왜냐하면 그들은 아직 배우는 중이기 때문이다.

챈드라 무케르지(Chandra Mukerji, 1977)는 영화학도들이 다른 사람들의 상상된 반응을 자신의 결정에 반영하는 법을 배우는 것을 영화의 관례에 따라 사고하는 연습을 하기 위한 게임이라고 묘사한다. 영화 학교는 실제 영화 제작에서 학생들의 아이디어를 시험해 볼 수 있는 충분한 장비를 제공하지 않기 때문에 학생들은 연습의 한 형태로 게임을 한다. 대신, 학생들은 자신이 하고 싶은 일을 묘사함으로써 영화 제작을 연습한다. 다른 학생들은 아이디어의 실현 가능성과 있음직한 효과에 대한 의견을 통해 다른 영화계 참여자들의 예상되는 반응을 예측한다. 무케르지는 다음과 같이 설명한다.

> 영화학도들이 게임에서 사용하는 규칙은 영화 제작 관례이므로 학생들은 이 게임을 할 때 이 관례를 사용하는 연습을 하고 있는 것이다. 학생들은 자신의 상상력에서 나온 아이디어에서 시작해서 그 아이디어가 어떻게 영화의 요소로 만들어

질 수 있는지를 설명한다.(Mukerji, 1977: 25)

그녀는 한 학생의 말을 인용한다.

글쎄요, 기본적으로 저는 거기(경매장)에 갔을 때 그 아이디어가 생각났고 그 아이디어는 쉬울 거라고 생각했어요. 저는 주택을 매매하러 오는 세 가지 유형의 사람들과 그들이 어떻게 반응하는지를 보여주고 싶었습니다. 집 밖에 줄을 서 있는 사람들, 집 안에서 멍한 표정으로 자신의 소지품을 살펴보는 가족, 주택 매매를 진행하는 전문가들의 모습을 담고 싶었습니다. 사운드는 사진과 번갈아가며 세 유형의 사람들 모두와 진행한 인터뷰가 될 겁니다. 저는 그냥 거기 가서 모든 주택 매매에서 발생하는 요소들, 즉 사람들의 열, 전문가들과 그들이 일하는 방식, 망연자실해 보이는 가족, 그리고 완전히 엉망이 된 집 등의 사진을 찍을 수 있다고 생각했습니다. 지금 저는 왜 그가 그렇게 어려울 거라고 생각하는지 모르겠어요. ……(Mukerji, 1977: 25~26)

그녀는 인용을 이어간다.

그는 촬영하려면 카메라 두세 대가 필요하다고 말했어요. [장난기 가득한 영화과 학생 모임에] 그 아이디어를 소개한 학생은 그 아이디어가 게임을 하기에도 충분하지 않다는 말을 들었습니다. [그 아이디어를 기술적으로 너무 어렵다고 일축했던] 한 상급생은 경매에 대한 영화를 찍으려면 학생이 학교에서는 구할 수 없는 많은 수의 카메라가 필요할 것이라고 주장했어요.(Mukerji, 1977: 26, 28)

(이러한 활동의 전문가 버전에 대한 설명은 Rosenblum and Karen[1979]을 참조하라.)

예술가의 결정을 위한 예술계 내부 대화의 중요성은 또 다른 주변 사례에서 눈에 띄는데, 그것은 누군가 새로운 예술 형식을 구축하려고 할 때이다. 그러한 기획이 어려운 이유는, 협력 네트워크에서는 다른 사람들의 상상된 반응을 참조해서 통상적으로 대답할 수 있는 질문에 대해 이 방식에서는 그런 식으로 대답할 수 없기 때문이다. 협력 네트워크는 아직 존재하지 않는 상태이다. 어떠한 표준적인 업무 방식도 관객 성원과 같은 지위에 모집된 사람들의 있을 법한 반응을 예측하는 데 사용될 수 없다. 관례의 부재는 편집적으로 선택하는 또는 선택의 결과를 판단할 수 없는 총체적인 무능력으로 나타난다. 특정한 선택이 좋은지 또는 "효과가 있는지" 알지 못한다면, 다음번에 변경할지 여부를 결정할 수 없다. 참고할 만한 관례와 기준을 지니고 보다 확립된 형태로 일하는 사람들이 서로에게 조언할 수 있는 편이성과 대조해 보라. 촉각 예술 그룹의 가장 큰 어려움 중 하나는 그 멤버들이 스스로 가치 있는 일을 하고 있는지 아니면 시간 낭비나 바보짓을 하고 있는지 구분할 수 없다는 것이었다. 불만을 가진 멤버들이 다른 멤버들이 만드는 예술 작품은 예술이 아니라는 이유로 비난할 때, 그러한 비난의 희생자는, 자신이 그 작품을 아무리 좋아하더라도, 그러한 비난에 대응할 비평적 또는 미학적 언어나 논거를 가지고 있지 않았다.

타인에 의한 편집

예술가들, 즉 예술 작품에 대해 인정받거나 비난받는 사람들은 전형적으로 작품의 성격을 형성하는 많은 선택을 한다. 예술계의 다른 참여자들은 그러한 선택들에 선행하고 수반하는 내부 대화에 참여함으로써 결과에 영향을 미친다. 그러나 다른 참여자들도 예술 작품에 더 직접적으로 영향을 미치며, 예술가의 희망이나 의도와 무관하게 자신들의 고유한 선택을 통해 작품을 형성하기도 한다. 때때로 예술가는 그러한 가능성을 인지하고 작업을 하면서 그 가능성에 대해 생각하지만, 다른 사람들이 자신의 작품에 어떤 영향을 미칠지 알지 못하거나 알 수 없는 경우가 많기 때문에 이에 대응할 수 없다. 이러한 타인의 운명적인 행위는 작업이 진행되는 시종일관 일어나며, 종종 예술가 자신이 사망한 후에 일어나기도 한다. 그 영향은 일시적일 수도 있고 영구적일 수도 있다.

제조업체와 유통업체는 일부 재료와 장비를 제공하지 않음으로써 편집 기능을 수행한다. 따라서 제조업체와 유통업체는 예술가들이 특정한 선택을 하지 못하도록 효과적으로 막기도 하고 특정 품목을 작품의 일부로 사용하기로 작정한 사람들을 제외한 모든 예술가에게 시간과 노력이 엄청나게 많이 들도록 만들기도 한다. 주요 공급업체가 사용 가능한 사진 필름과 인화지의 다양성을 줄이면, 나는 구할 수 없게 된 재료로 만들었을 수도 있는 가능한 작품 전부를 편집하도록 강요당한다. 예를 들어 아그파(Agfa)의 레코드 래피드 인화지를 더 이상 구할 수 없을 때처럼, 선호하는 재료가 시장에서 사라지면 예술가들은 이러한 제약을 실감한다. 그러나 예술가들은 재료를 구할 수 없는 경우, 특히 공급업체가 재료를 만드는 방법을 몰랐기 때문에 또는 비실용적이거나 수익성이 없다는 이유로 제작을 거부했기 때문에 재료가 만들어지지 않는 경우, 항상 제약을 받는다. 반대로 공급업체가 사용할 수 있는 새로운 재료를 만들면 예술가들은 선택할 수 있는 가능성이 늘어난다. 즉석 컬러 사진의 폴라로이드 시스템은 새로운 예술적 가능성을 창출했다.

많은 예술 작품은 특정 상황에서 작품을 실현하기 위해 무엇을 해야 하는지 다른 사람에게 지시하는 형태로 존재한다. 악보, 연극 대본, 인쇄할 원고, 건물 설계도 등이 그러한 지시에 해당한다. 어떤 지시 사항도 수행해야 할 작업을 완전히 명시할 수는 없기 때문에 이러한 지시 사항을 해석하는 사람들이 (아무리 "정확하게" 파악하려 노력해도) 예술가의 의도와는 무관한 선택을 할 수밖에 없다. 일부 예술가는 해석자가 잘못 이해할까 봐 두려워서 해석적 선택을 제한하기 위해 아주 세세하게 지시를 내리기도 한다. 현대 악보에는 타악기 연주자가 스틱 헤드로 스네어 드럼의 테두리에서 몇 인치까지 쳐야 하는지 명시되어 있는 반면, 르네상스 작곡가들은 당대의 연주 기준이 지닌 영향을 더 신뢰하여 연주자에게 음의 선택을 맡기는 경우도 많았다(Dart, 1967). 현대 작곡가인 존 케이지는 무작위적인 절차를 사용해서 연주자에게 익숙하지 않은 악보를 창조함으로써 자신이 잘 아는 방식대로 그리고 편안하게 느끼면서 곡을 연주하고자 하는 연주자의 욕구를 굴복시킨다. 혁신적인 건축가는 인부들이 자신의 설계를 관례화하여 공사를 사보타주하는 것을 막기 위해 건축의 세부 사항을 감독하려고 노력한다.

작가가 오래 전에 사망한 뮤지컬 작품과 희곡의 경우 특히 공연자가 광범위하게 재해석하기 쉽다. 셰익스피어의 희곡은 현대적 연관성을 강조하기 위해 잘려 왔고, 재배열되어 왔고, 시대착오적인 의상을 입고 공연되어 왔다. 연출가들은 거의 500년이 지난 희곡들을 연출하면서 100년도 안 된 이론에서 발전한 정치적·심리적 주제들을 강조해 왔다. 지휘자와 음악가는 바로크 작품들을 습관적으로 편집하여 작곡 당시에는 존재하지 않았던 악기로 연주하고, 반복되는 부분을 생략하고, 장식을 재해석한다.

많은 사람들은 단순한 공예 작업처럼 보이는 작업을 실행할 때 유사한 해석적 선택을 하여 최종 작품에 상당한 정도의 영향을 미친다. 바버라 하디(Barbara Hardy)는 이렇게 말한다.

> 조지 엘리엇의 구두법(punctuation)은 매우 가볍고, 비공식적이며, "현대적"이다. 예를 들어, 원고에서 모든 세미콜론[엘리엇은 『대니얼 데론다(Daniel Deronda)』에 나오는 70개 장의 제명(題名)을 언급하고 있다]은 쉼표이다. 인쇄업자는 그녀의 구두법을 형식화했다. 그리고 그녀의 "무거운" 스타일에 대해 말

할 때 그 무거움이 적어도 부분적으로는 부과된 구두점 찍기 스타일의 결과라는 것을 알지 못한 채 말하는 것은 경솔한 일이다.(Eliot, 1967: 903)

(문제의 문장은 다음과 같다. "기복이 심한 인간 경험의 영역에서 황금기처럼 모든 계절이 뒤섞여 있다: 과일과 꽃이 함께 매달려 있고; 낫으로 수확하는 동시에 씨가 뿌려진다; 한 사람은 푸른 열매 송이를 보살피고 다른 한 사람은 와인 프레스를 밟는다.") 에밀리 디킨슨은 지역 인쇄소에서 비슷한 경험을 한 후 그녀의 작품 출판을 포기했다.

예술가들은 자신이 작업한 모든 것을 대중에게 공개하지 않는다. 원고, 스케치, 프로젝트 등 자신의 기대에 미치지 못하거나 자신의 평판에 영향을 주고 싶지 않은 많은 자료는 미완성 상태로 보류한다. 어떤 작품을 공개할지, 어떤 작품을 보류할지는 종종 예술가가 결정하지만, 예술가의 생전에는 친구나 전문 편집자가 결정하기도 하며, 사후에는 유언 집행자가 결정한다. 편집자와 유언 집행자의 선택이 예술가의 선택과 일치하지 않을 수 있으며, 죽은 예술가는 자신의 작품이 자신이 원하지 않는 형태로 공개되는 것을 막을 수 없다. 막스 브로트(Max Brod)는 자신이 죽은 후 출판되지 않은 원고를 불태우라는 카프카의 명령을 무시했다. 비평가와 독자는 그 선택을 환영하지만, 그것은 카프카의 선택이 아니라 브로트의 선택이었다.

브로트는 카프카의 모든 작품을 공개했다. 다른 유언 집행자들은 더 선별적으로 작품을 선택하고 그에 따라 대중에게 한 예술가를 소개하는 작품들에 더 큰 영향을 끼친다. 세기가 바뀔 무렵 40대의 나이에 파리라는 도시를 사진으로 기록하는 데 평생을 바치기로 결심한 외젠 아제(Eugene Atget)를 생각해 보라. 그는 대형 카메라를 구입하여 매일 파리의 곳곳을 다니며 빌딩, 상점 창문, 특징적인 유형의 사람들, 공원, 시장 등을 촬영했다. 30년 동안 그는 수천 장의 사진을 찍었다. 그의 작품을 아는 사람은 거의 없었다. 1927년 그가 죽기 직전

베레니스 애벗(Berenice Abbott)이라는 젊은 미국 사진작가가 그 노인을 만났는데, 애벗은 아제가 사진의 천재이며 그의 작품은 보존되고 대중에게 공개되어야 한다고 판단했다. 그녀는 노인을 설득해서 자신의 카메라 앞에 앉게 했다. 그녀가 인물 사진을 인화하여 그에게 보여주기 위해 가져왔을 때, 그녀는 그가 방금 전 사망했다는 사실을 알게 되었다. 그녀는 아제의 네거티브 사진을 관리하여 그 사진들이 훼손되지 않게 보존했고, 그중에서 공개할 작품들을 선택했다. 그럼으로써 아제의 작품은 아제로부터 사진을 사들였던 소수의 예술가들보다 더 많은 대중에게 알려지게 되었다. 그 작품은 베레니스 애벗(Abbot, 1964)에 의해 선택된 외젠 아제의 작품이라고 설명하는 것이 가장 좋을 것이다. 이후 다른 사람들은 동일한 원재료에서 완전히 다른 선택을 했다. 마찬가지로 존 샤르코프스키(John Szarkowski)와 리처드 애버던(Richard Avedon)은 프랑스 화가 자크 앙리 라르티그(Jacques Henri Lartigue)가 취미로 만든 많은 작품에서 이미지를 골라서 대규모 전시를 하고 책을 출간했으며, 낸시 뉴홀(Nancy Newhall)은 앤설 애덤스(Ansel Adams)가 명성을 얻는 데 바탕이 된 처음 책들을 구성한 사진들을 골라서 요세미티와 서부를 전문으로 촬영한 사진작가로서의 그의 이미지를 창조했다. 라르티그와 애덤스는 생존해 있었지만, 편집자들이 애벗과 거의 같은 수준의 까다로운 선택 작업을 수행했고, 그 결과 마찬가지로 다른 사람의 감성과 기준을 반영한 작품으로 대표되는 작가가 탄생했다.

예술 작품을 유통하는 사람들과 조직들은 다음과 같은 때에 편집적 선택을 하는데, 그것은 바로 일부 작품의 유통을 거부할 때, 유통 전에 다른 것들의 변경을 요구할 때, 또는 (가장 미묘하게는) 장치와 관행의 네트워크를 창조하여 자신들이 유통하는 작품들이 있는 세계의 예술가들이 그 도식에 쉽게 들어맞는 작품을 만들도록 유도할 때이다. 레코딩 업계가 10인치와 12인치 78-RPM 디스크를 표준으로 선택했을 때, 재즈 연주자들은 관련된 시간 제약에 꼭 들어맞게 레코딩할 수 있는 작품을 선택했다. 더 긴 작품은 적절하게 유통될 수 없거나 수익성 있게 유통될 수 없었다. 연주자들이 즉흥적인 코러스를 더 많이 포함했기 때문에 라이브 공연은 녹음된 버전보다 더 오래 진행되는 경우가 많았지만, 실제 작곡은 표준 형식에 맞추었다. 장시간 재생 가능한 레코드를 도입함으로써 이러한 유통적 제약이 완화되었을 때에도, 대부분의 LP는 계속해서 10인치 78-RPM 디스크의 길이에 맞추어 대략적으로 트랙의 수가 정해져서 구성되었다. 재즈 작곡가들이 LP를 통해 가능해진 장점을 활용하는 데에는 여러 해가 걸렸다(한 예로, 색소폰 연주자 스탠 게츠[Stan Getz]와 현악 오케스트라를 위해 작곡된 에디 소터[Eddie Sauter]의 48분짜리 「포커스[Focus]」를 들 수 있다). 큐레이터, 출판사, 지휘자, 연극 및 영화 제작자는 모두 어떤 종류의 작품에는 다른 작품에서보다 더 적합하고 다른 작품에는 완전히 부적합한 유통 채널을 만들고 유지함으로써 편집 기능을 수행한다. 따라서 그들은 이용 가능한 시스템에 잘 맞는 선택을 하기도 하고 작품 제작들이 그러한 선택을 하도록 유도하기도 한다.

관객은 예술계에서 가장 일시적인 참여자에 속하며 전문적인 참여자보다 어떤 특정 작품이나 한 종류의 작품에 더 적은 시간을 할애함에도 불구하고, 그들은 아마도 작품이 일상적으로 재구성되는 데 가장 크게 기여할 것이다. 관객은 이벤트에 참여하거나 참여를 유보함으로써 또는 한 대상에 주의를 기울이거나 무관심함으로써, 그리고 주의를 기울여야 하는 대상에 선택적으로 관심을 보임으로써 하나의 예술 작품에 어떤 일이 일어날지를 선택한다.

우리의 분석 대상이 고립된 대상이나 이벤트로서의 예술 작품이 아니라 누군가가 예술 작품을 경험하거나 감상할 때마다 그 작품이 만들어지고 다시 만들어지는 전체 과정이라는 점을 기억하라. 이는 관객의 기여에 특별한 중요성을 부여한다. 이러한 관점에서 볼 때, 모든 작품에는 그 작품의 관찰자가 특정 상황에서 알아차리고 반응하는 특성만이 존재한다. 작품의 물리적 특성이 무엇이든 간에, 이러한 특성은 그 특성을 모르거나 관심을 두지 않는 사람들의 경험에는 존재하지 않는다. 그 특성은 관객이 그 특성을 인식하는 방법을 알고 있는지 여부에 따라 나타나고 사라진다(Bourdieu, 1968). 따라서 관객이 알고 있는 것이 일시적으로라도 작품을 만든다. 그런 이유로 관객이 어떤 반응을 선택하느냐 하는 것은 예술가와 지원 인력의 선택만큼이나 작품에 영향을 미친다.

말로(Malraux), 엘리엇, 그리고 다른 비평가들은 새로운 예술 작품이 등장하면 그 이전의 작품이 지닌 성격이 바뀐다는 점에 주목했다. 단토의 분석(Danto, 1964: 582~584)에 따르면, 새로운 작품은 모든 작품이 가지고 있었지만 작품마다 다르지 않아서 주목받지 못했던 속성에 주의를 환기시키기 때문에 이런 일이 발생한다. 따라서 우리는 개념 미술 작품들이 일부 관객에게 물리적 대상은 시각 예술의 중요한 요소가 아니었다는 것을 깨닫게 해주었다고 말할 수도 있다. 어떤 작품(예를 들어, 하케[Haacke, 1976]의 작품)의 경우, 물리적 대상은 아이디어를 구현하는 하나의 방법일 뿐이며, 그 아이디어를 구현하는 다른 방식도 마찬가지로 유용할 수 있다. 아이디어는 대상이 공헌한 것이 아니라 예술가가 공헌한 것이다. 그 전제를 받아들이는 관객은 이전의 작품들을 아름다운 대상이자 아이디어의 구현으로 바라보면서, 그 작품이 이전에는 갖지 못했던 특성을 작품에 추가한다. 관객은 무엇에 주목할지 새로운 선택을 하고, 그에 따라 작품도 변화한다.

스미스(Smith, 1979)는 셰익스피어의 소네트 중 한 작품(『소네트 116번』)에서 수년에 걸쳐 자신이 주목한 다양한 가능성에 대해 기술했다. 스미스는 소네트가 쓰인 이후 이 작품이 받은 다양한 반응에 주목하며 설명의 서두에 다음과 같이 언급한다.

> 소네트는 교육받고 차별하는 사람들에 의해서 서툴고, 모호하고, 가식적이고,

"억지스러운 난해함과 연구된 변형"으로 가득 차 있고, "영어와 양립할 수 없는" 운문 형식, 즉 "엉망진창으로 일관성 없고 훌쩍거리며 생기 없는 헛소리"에나 어울리는 형식으로 쓰인 것으로 특징지어져 왔다. 특히 우리는 헨리 할람(Henry Hallam)이 이 소네트에 대해 "셰익스피어가 이 소네트들을 쓰지 않았더라면 하고 기대하지 않기는 불가능하다"라고 말했던 것, 그리고 콜리지(Coleridge), 워즈워스(Wordsworth), 해즐리트(Hazlitt)가 그들의 삶의 어느 시점에서 셰익스피어의 평가나 괴로움을, 약간의 차이는 있지만, 공유했던 것을 상기할 수 있다.

셰익스피어가 그 소네트들을 쓰지 않았으면 좋았을까? 우리는 그 시간의 심연 속으로 다시 외치고 싶을 수도 있겠지만, 정말 당신은 그 소네트들을 읽었는가? 글쎄, 아마도 (내가 여기서 인용하고 있는) 존슨 박사, 콜리지, 워즈워스, 해즐리트, 바이런처럼 할람도 읽었을 것이다. 하지만 그들 중 누가 우리가 읽고 있는 시와 같은 시를 읽었는지 여부는 또 다른 문제이다. 가치는 변화를 만나면 변하는 것이다. 텍스트는 동일했지만, 어떤 의미에서 **시**는 그렇지 않았다는 것이 분명해 보인다.(Smith, 1979: 10)

나는 스미스가 『소네트 116번』에서 발견한 다양한 특성 중에서 몇 가지만 표본으로 추출함으로써 미묘한 분석에 부당한 짓을 해보고자 한다.

안목 있는 젊은 속물로서 나는 어떠한 시의 가치도 선집에 실리는 빈도에 반비례한다고 생각하는 경향이 있었다. 게다가 나는 이 시가 친구들의 결혼식에서 너무나 자주 낭독되는 것을 들어왔다. 첫 구절을 흘끗 보는 것만으로도 당황스러웠으며, 연속적인 두 구절을 회상하는 것은 괴로운 일이었다. 그리고 요약하자면, 내가 매우 높이 평가하는 **의견**을 가진 한 교수가 수업 시간에 116번의 논리가 약하고 그 이미지도 모호한 만큼 그 정서도 공허하다는 것을 매우 재치 있고 대담하게 보여준 적이 있다. …… [10년 전] 나는 전혀 다른 116번을 발견했다. 그것은 내가 이전에 생각했던 것처럼 동떨어진 미덕들의 미덕에 대해 감상적인 경구를 읊조리는 폴로니우스(Polonius)와 같은 시인의 표현이 아니라, 절망의 분노 속에서 자신의 고유한 경험 속에 있는 모든 것이 부정하는 어떤 것의 존재를 순진한 주장으로 유지하려고 시도하는 트로일러스(Troilus)나 햄릿(Hamlet)이나 리어(Lear)와 같은 시인의 표현이었다. 그래서 나는 확실히 주장은 약하고 정서는 거짓되고 부자연스럽다고 말할 수도 있지만, 그럼에도 불구하고 이 시는 강력한 소네트이다. 왜냐하면 다른 무엇보다도 바로 그 연약함과 긴장감 그리고 거짓됨이 강하고 진실한 것의 표현, 즉 우리가 알고 있는 것 그리고 그렇지 않기를 바라는 것을 알지 **않으려고** 하고 인정하지 **않으려고** 하고 "시인"하지 않으려고 하는 충동의 표현이기 때문이다.

내가 그 시를 믿는다면 내 생각에 이 시를 사랑스럽게 읽을 수 있다. 그리고 그것은 나에게 한 편의 소네트의 가치를 구원하는 미덕을 가지고 있다. 다시 말해, 그렇지 않았다면 나쁜 것이 될 수 있는 것을 좋은 것으로 내가 가질 수 있게 해주는 미덕, 즉 우주의 전체 경제에서 이익으로 간주되어야 하는 것을 내게 허락하는 미덕이다. 그러나 소네트를 평가하는 것은 내가 할 수 있는 일이 아니다. 나에게 있어서, 소네트의 가치는 내가 상호 양립할 수 없는 두 가지 해석 중 어떤 해석을 하느냐에 따라 달라질 뿐만 아니라(물론 나는 어느 쪽이든 해석할 수 있지만), 나는 또한 때로는 약한 해석을 할 때도 그 소네트를 즐기고 때로는 전혀 해석을 하지 않을 때도 그 소네트의 요소들을 즐긴다는 사실 또한 알고 있다. 예를 들어, 구문과 소리 패턴의 반(半)추상적인 대칭, 즉 대담하게 균형을 이룬 장황한 다음과 같은 구절들을 다시 경험하는 것만으로도 때로는 기분이 좋다.

사랑은 사랑이 아닙니다
변화가 생겼을 때 변하는 것은
또는 그것을 없애려는 이에게 굴복하는 것은

이렇게 말하는 것은 즐겁다. 또는 B 교수처럼 나도 때때로 "과장된 말"을 즐기며, 시의 순전한 과잉 자체에서 쾌락을 취할 수 있다. 꼼꼼하게 자격을 갖춘 전문가적 정확성을 일상적인 배경으로 경험하면서, 동료나 자신이 다음과 같이 말하는 것을 충분히 자주 들어본 적이 있다. "글쎄요, 어떤 의미에서 특정한 상황에서는 흔히 '사랑'이라고 불리는 것의 일부 형식이 상대적으로 오래 지속되는 것이 가능할 수도 있을 것 같아요." 멋지고 강하며 조건 없는 절대적인 표현을 한두 가지 듣는 것은 정말 **좋은** 일이다.

오! 그것은 영원히 변치 않는 표지입니다
사나운 폭풍우 속에서도 흔들릴 줄 모르는……
사랑은 변하지 않습니다……
심지어 최후 심판의 날까지도 견뎌낼 것입니다

그것은 시의 한 요소일 뿐이지만 다른 요소들 사이에 존재한다. 그리고 때로는 그 자리에 딱 들어맞기도 한다. 하지만 그 자리는 항상 다르기 때문에 언제나 그 자리에 맞는 것은 없다.(Smith, 1979: 12~14)

관객은 때와 장소에 따라 관심을 두는 작품이 달라진다. 관객의 반응은 일반적으로 예술계의 다른 참여자들과 마찬가지로 관례화되어 있기 때문에, 핵심 전문가 집단에 대한 근접성에 따라 계층화되어 있더라도 관객 성원들은 일반적으로 해당 부문의 다른 구성원들과 마찬가지로 반응하며 작품의 여러 가능성 중에서 다른 사람들과 거의 동일한 것을 선택한다. 제2장에서 살펴본 것처럼, 관객은 새로운 요소를 경험하는 법을 배우기도 하고, 우리가 특별한 훈련 없이도 15세기 이탈리아 회화의 종교적·기하학적 요소들에 직접 반응할 수 있는 능력을 상실한 것처럼, 작품의 오래된 요소를 경험하는 법을 잊어버리기도 한다(Baxandall, 1972).

관객과 지원 인력의 선택에 따라 작품이 획기적으로 달라질 수 있다면, 우리는 당연히 예술 작품이 안정적인 성격을 갖지 못한다고 생각할 수 있다. 작품이 물리적으로 안정적이고 예술가가 선택한 특성을 유지하더라도, 사람들의 경험에 작품이 나타나는 방식에는 차이가 있다. 이것은 단지 작품이 다르게 평가받는다는 것을 뜻하는 것이 아니다. 사람들이 작품에 다르게 관심을 기울임에 따라 실제로 다른 특성이 나타났다가 사라지기도 한다. 특정 예술가의 작품 모음에서 편집자가 어떤 것을 추가하거나 빼면 그 작품들의 성격은 훨씬 더 많이 변화한다.

소멸과 보존

어떤 편집적 선택은 물리적 대상 자체를 변화시키는 더 심오한 효과를 가져온다. 그러한 효과는 계속되지만, 스미스가 『소네트 116번』의 이러저러한 특성에 다양하게 관심을 보인 결과 그 작품은 다른 사람들이 그 밖의 다른 것을 활용할 수 있도록 그대로 남겨지게 되었다. 예술 작품은 훼손되거나 사라진다고 말할 수 있을 것이다. 누군가가 작품을 경험할 때마다 작품이 새롭게 창조되듯이, 아무도 그 작품을 다시는 직접 경험하지 않는다면 또는 직접 경험한 사람의 묘사를 듣고 간접적으로도 경험하지 않는다면 그 작품은 죽는다. 예술 작품도 소멸할 수 있기 때문에, 그러한 가능성에 민감한 그리고 작품이 살아남을 수 있는 평판을 원하는 일부 예술가는 작품을 창조하는 선택을 할 때 어떤 선택은 다른 선택보다 사망률이 더 낮다는 점을 고려한다.

예술 작품이 사라지는 것은, 앞서 살펴본 정치적 동기에 의한 파괴처럼, 누군가가 없애버리기 때문이기도 하고, 아무도 그 작품을 보존할 만큼 충분히 관심을 두지 않기 때문이기도 하다. 16세기와 17세기 영국의 종교적인 조각품과 건물의 파괴에 대해 논의한 존 필립스(John Phillips, 1973)는 이후 영국의 낭만주의 회화와 시에서 "그림같이 아름다운 폐허"가 중요한 역할을 했다고 언급하면서, 한때 종교적인 건물로 기능했던 그러한 폐허가 "영국 중세 교회의 파괴된 구조물"이었다고 지적한다(Phillips, 1973: x). 이러한 폐허를 만들어낸 의도적인 파괴와 방치가 결합된 데 대한 그의 묘사는 예술 작품이 사라지는 방식을 예시한다.

> 글래스톤베리(Glastonbury)의 웅대한 수도원은 1539년에 탄압을 받고 개혁이라는 이름으로 약탈과 파괴의 대상이 되었다. 그 수도원이 호국경(護國卿) 서머셋(Somerset)의 소유가 되었을 때, 그는 납으로 된 지붕을 벗겨내고 200여 명의 플랑드르 직조공에게 버려진 건물을 인수하도록 주선했다. 여섯 채의 집이 새롭게 단장되었지만, 대부분의 건물은 여전히 수리가 절실히 필요한 상태였다. 메리 여왕 치하에서 직조공들은 나라를 떠났고 수도원을 복원하려는 희망이 있었지만 그 희망은 거의 이루어지지 않았다.
>
> 17세기 초 글래스톤베리는 채석하는 곳이 되었다. 종종 화약을 사용하여 파괴를 재촉했고, 수도원의 네모난 암석과 벽의 잔해에 있는 암심(岩心), 기초가 되는 무거운 돌은 주변 건축업자들에게 매력적인 상품이었다. 습지대를 가로질러 웰즈(Wells)로 가는 둑길을 지탱하는 역할을 하는 단단한 기초는 글래스톤베리의 돌들로 만들어졌을 가능성이 있다.
>
> 18세기 초, 이 수도원에는 많은 파괴를 저지른 한 장로교인이 거주했던 것으로 보인다. 그는 매주 기둥, 받침대, 창문 연결부위, 또는 잘 다듬어진 각진 돌을 최고 입찰자에게 팔았다. 18세기와 19세기에 걸쳐 계속된 파괴로 인해 남아 있는 대부분의 건축물이 사라졌다. 오늘날 글래스톤베리의 기초는 거의 완전히 사라졌다. 그러나 이 기이하고 황량한 돌무더기는 여전히 우리에게 깊은 감동을 선사한다. …… (Phillips, 1973: ix)

특히 작품이 여러 사본으로 존재하는 경우(그림이 아니라 책인 경우) 또는 작품의 고유성이 작품을 정의하는 않는 경우(대상이 아니라 공연인 경우), 집행인들은 예술 작품이 다시는 나타나지 않을 정도로 철저히 파괴하는 데 어려움을 겪는다. 작품에 담긴 아이디어가 지속되는 한, 작품은 계속 존재한다. 따라서 금지되어 정부 인쇄소에서 더 이상 인쇄되지 않는 시라고 할지라도 사람들이 외우고 있다면 그 시는 존재할 수 있다. 파괴된 대상도 복제품, 사진, 그림, 또는 기타 기억에 도움이 되는 형태로 계속 존재할 수 있다. 개념적인 예술 작품은 아이디어만 살아남으면 되기 때문에 결코 물리적으로 파괴될 수 없다. 극단적인 경우, 작품은 제목으로만 존재한다. 학자들은 소포클레스(Sophocles)의 작품이 111편이라고 추정하지만, 그의 작품 중 7편의 비극과 사티로스 극(satyr play)*의 일부만이 남아 있다. 아이스킬로스(Aeschylus)는 프로메테우스에 관하여 3부작을 썼지만, 「결박된 프로메테우스」만 남아 있고, 「불의 운반자 프로메테우스」와 「사슬에서 풀린 프로메테우스」는 사라졌다(Hooper, 1967: 267, 190).

그럼에도 불구하고 작품은 소멸한다. 논리적으로 볼 때, 어떤 이유로든 정말로 죽임을 당한 작품은 우리에게 알려질 수 없다. 작품에 대한 기억이 남아서 우리가 알 수 있다면 작품은 여전히 살아 있는 것이다. 사실, 예술 작품을 죽이려는 그리고 때로는 그 창작자를 죽이려는 정치적 노력은 실패할 수 있는데, 그 이유는 바로 소멸시킬 가치가 있는 대상과 아이디어는 단지 이미 많은 사람이 관심을 가졌던 것이거나 그럴 가능성이 있는 것이기 때문이다. 정부가 작품을 소멸시키려고 하면, 그 작품은 더 많은 관심을 불러일으키고 실제로 존재하는 사본의 수는 물리적으로뿐만 아니라 사람들의 마음속에서도 더 많아진다.

예술 작품은 다른 파괴적 행위의 결과로 인해 다소 의도하지 않게 파괴될 수 있다. 유럽의 제2차 세계대전과 베트남 전쟁 중에 발생했던 것처럼 전쟁은 폭

---

* 고대 그리스의 디오니소스의 제례에서 4부작으로 이루어진 비극 중 마지막으로 상연되었던 일종의 희극. 여러 신의 업적을 우스꽝스럽게 재현한 극이다._옮긴이

격이나 기타 공격을 받은 지역의 예술 작품을 파괴한다. 예술 작품은 고의적으로 파괴되는 경우보다 방치되어 소실되는 경우가 더 많다. 사회적·물리적 엔트로피는 필연적으로 예술 작품들을 흩어지게 하고 소실되게 한다. 예술 작품이 존속하려면 물리적으로 파괴되지 않도록 보존되어야 한다. 예술계가 존재하는 동안 예술 작품이 존속하려면 감상할 수 있도록 작품이 계속 존재해야 할 뿐만 아니라 잠재적 관객이 쉽게 접근할 수 있어야 한다. 미술관, 도서관, 모든 종류의 아카이브 및 기타 공공 기관은 예술 작품을 보호하고 그 작품들이 사라지는 것을 방지한다. 미술관과 도서관은 일반적으로 대중이 쉽게 이용할 수 있는 활성 컬렉션과 특별한 노력을 기울여야만 접근할 수 있는 곳에 보관된 비활성 컬렉션을 구별한다. 따라서 어떤 대상은 벽에 전시되거나 도서관 서고에 진열되어 생생하게 살아 있는 반면, 다른 대상은 학자나 그곳에 있다는 것을 알고 특별 접근을 요청하는 사람만 도달할 수 있는 저장고에 보관되어 있다. 두 경우 모두 작품들은 물리적으로 계속 존재하지만 흩어진 다락방이나 중고품 가게, 또는 잘 알려지지 않은 교회에서만 찾을 수 있는 작품과는 다른 방식으로 예술계의 삶에 존재한다. 이러한 잃어버린 작품들은 도서관 목록, 유명 예술가의 작품의 카탈로그 레조네(Catalogues raisonnés)*, 또는 미술관 소장품 목록에 등재되어 있지 않기 때문에 관심 있는 사람들이 흥미로워하는 자료를 찾는 통상적인 방법으로는 찾을 수 없다. 학술적 이유나 기타 이유로 이러한 작품을 경험하고 싶어 하는 사람들은 그 작품이 그곳에 있다는 것을 알지 못할 것이다.

미술관과 기타 보관 기관들은 컬렉션에 포함시킬 작품과 그러한 관심을 받을 가치가 없는 작품을 어떻게 결정하는가? 그들은 대개 자신들의 임무가 국가나 전 인류의 문화적 유산을 보존하는 것이라고 설명한다. 하지만 그것만으로는 많은 것을 설명할 수 없다. 그러한 설명에 근거하여 그러한 기관들이 소

* 단일 작가의 모든 작품과 관련 자료를 분류 및 정리해서 목록화한 자료._옮긴이

장하고 있는 컬렉션을 창출하기 위해 적용하는 공식을 구성하기는 어려울 것이다. 미술관은 큐레이터, 미술관 이사회, 후원자, 딜러, 비평가, 미학자로 구성된 네트워크에 의해 선택된 작품들을 소장한다. 미술관은 이러한 사람들 중 일부 또는 전부의 미적 기준을 충족시키는 작품을 소장하며, 이러한 기준은 미술관과 같은 기관의 요구에 응하여 발전한다.

예술로 정의되지 않은 작품은 지배적인 미학이 공식적으로 예술로 규정하지 않기 때문에 다락방이나 중고 가게와 같은 비공식적인 컬렉션 및 보관 장소에 남아 있다. 보관에 필요한 자원에 의해 뒷받침된 누군가의 미학이 작품을 예술로 명명할 때라야 작품은 쉽게 접근할 수 있는 미술관 시스템에 들어간다. 그러나 부유한 사람, 왕, 인민위원 등 별스럽고 개인주의적인 사람들이 그러한 자원을 통제한다. 종종 부유한 사람들은 흥미롭지만 이전에는 보존할 가치가 없다고 생각했던 자료를 보존하기 위해 작은 박물관을 설립해 왔다. 뉴욕의 미국민속박물관(Museum of American Folk Art)은 회전목마, 퀼트, 풍향계, 선술집 간판 등 과거에는 박물관에 항상 소장되지는 않았던 — 그렇지만 지금은 일반적으로 보관되고 있는 — 물건들을 보존한다. 최근에야 원래 13개 미국 식민지의 민속 예술에 국한되었던 이러한 컬렉션에 이후에 미국으로 이민 온 사람들의 작품이 포함되었다. 이는 미국이 본질적으로 영국적인 과거를 기념하는 것에서 이전에는 원시적이고 예술적 가치가 부족하며 미국적이지 않은 문화를 가지고 있다고 여겨졌던 미국 흑인과 히스패닉계 집단들의 예술을 민주적으로 포용하는 것으로 이데올로기적으로 전환했음을 반영한다.

마찬가지로, 기존의 표현 매체로 작업하지 않고 조직화된 예술계에 속하지 않는 소박한 예술가들(naive artists)의 작품은, 다음 장에서 그들에 대해 다룰 때 살펴보겠지만, 종종 생존에 실패한다. 기존의 예술 창작 및 유통 시스템에 통합되지 않은 작품들은 자연적인 부식, 이웃들의 불쾌한 감정, 그로 인한 시와 카운티의 건축 부서 및 구역 설정 위원회의 조치, 동네 아이들의 파괴 행위로 인해 어려움을 겪는다. 예술가, 딜러, 컬렉터가 작품에 관심을 갖고 지금까지 주목받지 못했던 장점을 발견하지 않는 한, 그러한 공격을 견뎌낼 수 있는 작품은 거의 없다. 이들이 함께 행동하면 작품을 예술계의 보존 시스템에 포함하는 데 성공할 수 있고 따라서 작품을 보존할 수 있다.

따라서 자의식이 강한 예술계는 그 안에서 이루어진 작품 일부를 보존하기 위해 조직을 구성한다. 그 세계의 미학이 예술적으로나 역사적으로 충분히 중요하다고 인정하는 것은 무엇이든 적절한 저장소에 보관되어 (적어도 유보된 생명을 유지하면서) 생존하게 될 것이다. 미학적 결정은 작품의 생사를 결정한다. 더 나아가 미학적 결정은 장르의 생사를 정한다. 예술이 아닌 것으로 정의된 표현 매체나 스타일로 만들어진 작품은 예술로 정의된 작품보다 기대 수명이 훨씬 짧다. 조직적 원칙은 결코 아무 작품이나 보존할 가치가 있게 만들어 주지 않는다.

가용한 수집-보관 시스템의 작동을 통해 살아남는 작품이 어떤 종류의 작품인지는 차치하고, 특정 시기에 창작된 예술 작품의 몇 퍼센트가 우리가 말하는 생존의 의미에서 아주 짧은 시간 이상 살아남는지는 아무도 모른다. 대부분의 아마추어 작품(나는 이 단어를 경멸적으로 사용하지 않으며, 특정 예술계가 정의하는 것처럼 전문가가 아닌 사람이 만든 작품을 지칭하는 의미로만 사용한다)은 아마도 그 작품을 만든 사람의 기념물로 가족 체계에 간직되어 생존하다가 그 가족이 해체되고 그 유품이 흩어지면 사라질 것이다. 가족이 소장한 사진 컬렉션이 대표적인 예이다(학술적이고 미학적인 목적으로 인해 그러한 컬렉션에 대한 전문적인 관심이 증가하면서 수집 가치가 높아져 사라질 뻔한 작품을 보존할 수 있게 되었지만 말이다[예를 들어 Talbot(1976)과 Seiberling(시기미상)을 참조하라]). 과학 아카이브나 상업적인 사진작가들의 컬렉션에 포함된 작품은 살아남아 후대에 미학적으로 흥미로운 것으로 발견될 수 있다(루이빌[Louisville]에 있는 상업적 사진작가들의 회사인 콜필드와 슈크[Caulfield and Shook]의 컬렉션을 사용한 레지

[Lesy, 1976]가 이에 대해 다루고 있다).

어떤 종류의 전문적인 작품이 생존하는지는 좀 더 연구할 만한 질문이다. 원칙적으로 (화이트와 화이트[White and White, 1965]가 19세기 프랑스 회화를 대상으로 시도한 것처럼) 특정 시기에 특정 표현매체로 수행된 모든 전문적인 작업을 모니터링할 수 있다. 그런 다음 표본을 추적하여 작품의 수명과 결정적인 시기들을 발견할 수 있다.

물리적으로 살아남은 작품은 재발견되어 미디어의 역사에 통합될 수 있으며(그리스월드[Griswold, 1980]의 르네상스 영어 연극의 부흥에 대한 분석을 참조하라), 예술가가 작업할 때 마음에 두는 그리고 관객도 그 결과를 경험하면서 마음에 두는 작품집의 일부가 될 수 있다. 우리는 이미 역사가들이 잊힌 회화, 문학, 또는 음악의 거장들을 재발견하여 한 분야의 역사를 재구성하는 방법을 살펴본 바 있다. 그 과정은 특히 예술적 가치가 새롭게 발견된 분야에서 두드러지게 나타난다. 따라서 사진 역사가들은 작품을 발견하고 그 작품을 묘사하며 자신들이 발견한 것을 (새로운 잡지인 ≪사진의 역사(History of Photography)≫에) 출판하여 알려지지 않았던 생존 작품을 사진계의 '알려지고 목록화된' 범주로 이동시킴으로써 그 표현 매체의 역사를 재구성해 왔다. 물론 이 과정에서 그들은 작업이 진행됨에 따라 집합적으로 창조되는 미학, 즉 그 표현 매체의 선조를 창조하는 미학의 요구를 따른다.

예술 작품은 소멸할 수 있기 때문에, 일부 예술가는 자신의 작품을 보존하기 위해 최선을 다하며, 때로는 예술계의 상당 부분이 이러한 노력에 동참한다. 물리적 변질의 문제를 생각해 보자. 시각 예술 작품은 재료의 특성과 날씨, 온도 및 화학적 오염의 영향으로 인해 심하게 변질될 수 있다. 그림은 갈라지고, 조각은 깨진다. 화학적으로 만들어진 사진도 화학적 변질의 문제를 겪는다. 사진작가들과 사진을 수집하는 미술관들은 인화지로부터 가장 위험한 화학 물질을 제거하는 절차를 규정하여 이러한 위험을 방지하기 위해 고안된 보관 처리 기준을 공동으로 개발했다. 마찬가지로 많은 사진작가는 화학적으로 안정성이 떨어지고 흑백보다 수명이 짧은 컬러 사진의 제작을 꺼리며, 미술관들도 컬러 사진은 소장하기를 꺼린다. 개인 화가들, 더 중요하게는 미술관들, 심지어 베네치아와 피렌체와 같은 도시들도 눈에 보이는 피해 없이 수세기 동안 존속했던 작품들이 산업 및 자동차 공해로 인해 비교적 짧은 기간에 심각한 손상을 입자 시각 예술 작품에 대한 위험이 증가하는 것과 관련해 무언가를 시도하고 있다.

예술가들은 또한 위험한 의미를 숨기고 위험한 주제를 피하면서 사회적·정치적 사형으로부터 자신들의 작품을 보호하기 위해 예방 조치를 취할 수도 있다. 필립스는 영국의 무덤 조각 제작자들이 로마 교회와 단절한 이후 이미지가 파괴되는 것을 어떻게 피했는지를 묘사한다.

> 부유층의 종교적 감정은 더 이상 교회를 장식하고 세우는 것으로 표현될 수 없었고, 심지어 그들의 무덤도 복되신 동정 마리아나 성인들의 이미지를 통해 그들의 헌신을 반영할 수 없었다. 16세기 후반에 세워진 새로운 무덤들은 고인의 지위와 신분을 웅장하고 화려하게 드러내며, 신념, 지혜, 자선, 희망 등 고인의 의인화된 추상적인 덕목들로 장식되었다. 무덤에는 온갖 종류의 상징적인 장식품이 새겨지게 되었다. 인디언, 해골과 대퇴골(skull and crossbones)*, 큰 낫, 항아리, 횃불을 들고 있는 우는 천사 등이 매일 파괴되고 있는 기독교 상징을 대신했다. 이러한 개념적 성격의 변화는 종교적 표상에서 세속적 표상으로 진보한 것을 시사하기보다는 전통적인 가톨릭 이미지의 특성이 전통적인 정체성이 없는 그래서 안전한 새로운 종교적 이미지로 대체되었다는 것을 의미한다.(Phillips, 1973: 118~119)

* 해골 밑에 대퇴골을 엇갈리게 배치해서 죽음을 상징한다. 이 디자인은 중세 후기에 묘비의 기념물로 시작되었다. 오늘날에는 독성 물질에 대해 위험을 상징하는 것으로 사용된다._옮긴이

예술 작품에 영향을 미치는 가장 중요한 선택은 작품을 파괴하거나 보존하는 선택이다. 이러한 선택을 하는 사람들은 사서나 미술관 큐레이터에서부터 동네 기물 파손자와 정치 검열관에 이르기까지 다양하다. 이러한 선택을 통해 살아남은 작품은 예술가나 장르 또는 표현 매체를 알리는 작품집을 구성한다. 잃어버린 것은 아무런 평판을 얻지 못한다. 시각 예술 작품은 대개 고유한 물리적 대상으로 존재하기 때문에 나는 시각 예술에 집중해 왔는데, 이 분석은 책과 같이 복수의 대상이나 공연의 형식을 취하는 예술로 쉽게 확장될 수 있다.

작품의 존재에 즉각적인 영향을 미치는 이러한 선택들은 작품의 성격에 영향을 미치는 예술가 외의 사람들의 수많은 선택을 의미한다. 앞서 말했듯이, 예술가는 대부분의 중요한 결정을 내리지만 모든 결정을 내리는 것은 아니다. 다른 사람들도 예술가의 내부 대화에 참여함으로써 또는 (어쩌면 예술가가 죽은 후에도) 예술가와 무관하게 직접 무언가를 함으로써 작품에 영향을 미친다. 티치아노나 모차르트 또는 라블레의 작품에 대해 이야기할 때, 우리는 관례적으로 그들에게 귀속된 작품들이 그 예술가들이 한 모든 작업의 구성 요소가 된다고 여기며, 그들이 그 모든 것을 스스로 했다고 가정한다. 일반적으로 두 가지 가정 모두 사실이 아니다. 그러한 이유로 예술적 평판을 부여하고 평가하는 것은 아이러니한 성격을 띠고 있다. 우리는 사람들이 전적으로 하지 않은 일에 대해서는 칭찬하고 비난하지만, 그들이 한 많은 일에 대해서는 고려하지 않는다. 마찬가지로, 우리는 우리가 거의 또는 전혀 알지 못하는 모든 종류의 사람들이 내린 선택을 바탕으로 전체 장르, 스타일, 시대 및 나라의 평판을 평가하는데, 이때 우리가 전혀 모르는 — 의도적으로 파괴되었기 때문에 또는 대부분의 작품과 달리 보존되지 않았기 때문에 — 작품은 고려에서 제외한다. 이 문제는 마지막 장에서 다시 다루겠다.

제8장

통합된 전문가, 이단자, 민속 예술가, 소박한 예술가

이고르 스트라빈스키(Igor Stravinsky)는 자신의 혁신적인 작품을 연주할 사람을 찾는 데 큰 어려움이 없었지만, 스트라빈스키와 경력이 일부 겹치는 미국 작곡가 찰스 아이브스는 자신의 작품 중 일부가 연주되는 것을 들어본 적이 없다. 미국의 공원들은(대개 유명하지 않은 조각가에 의해 만들어진) 유명인의 동상으로 가득하지만, 캘빈 트릴린(Calvin Trillin, 1965: 75)이 로스앤젤레스 건축 감독관이 사이먼 로디아(Simon Rodia)의 「와츠 타워(Watts Towers)」를 철거하려고 했던 이유를 설명하면서 언급했듯이, "대부분의 예술 작품을, 항상 지지하지는 않더라도, 신중하게 취급하는 시 건축 관리들은 분류되지 않은 대형 구조물을 사무실 빌딩, 집과 같은 방식으로, 또는 가장 심각한 경우에는 어떠한 범주에도 전혀 속하지 않은 구조물과 같은 방식으로 취급하는 경향이 있다." 현대 미술관들은 부드러운 조각(soft sculpture) 전문가에 의해 만들어진 직물 작품에는 상을 주지만, 퀼트를 만드는 시골 여성은 카운티 박람회(county fairs)에서 상을 받는다.

예술계는 존재하는 곳 어디에서든 — 예술계는 수용 가능한 예술의 경계를 정의한다 — 예술계에 동화될 수 있는 작품을 제작한 사람들에 대해서는 완전한 성원의 자격을 갖춘 예술가로 인정하는 반면, 동화될 수 없는 작품을 만든 사람들에 대해서는 성원의 자격과 그에 따른 혜택을 거부한다. 상식적인 관점에서 살펴보면, 우리는 예술계의 조직들에 의해 이루어진 그러한 대규모의 편집적 선택으로 인해 예술로 인정되는 작품과 매우 유사한 작품을 제작하는 많은 사람이 배제된다는 것을 알 수 있다. 우리는 또한 예술계가 원래 거부했던 작품들이 나중에 흔히 예술계에 통합되는 것을 보기도 한다. 따라서 그 같은 구별은 작품에 달려 있는 것이 아니라 예술계가 작품을 받아들이는 능력과 그 제작자에게 달려 있음이 틀림없다.

특정 표현 매체에서 작업하는 모든 사람을 고려하면, 예술계가 그들을 어떻게 정의하고 판단하든지 간에 상관없이, 예술계의 도구에 전적으로 관여하고 완전히 의존하는 사람에서부터 자신의 작업이 예술계의 방식에 맞지 않아 예술계와 미미한 관련만 있는 사람에 이르기까지 사람들의 범위가 다양하다는 것을 알 수 있다. 어떤 사람들은 예술과 같거나 때때로 예술처럼 보이는 작품을 만들지만, 그러한 작품을 예술계와 완전히 분리된 세계의 맥락에서, 예를 들어 공예나 가정생활의 맥락에서, 만든다. 또 다른 사람들은 조직화된 예술계나 다른 조직화된 사회활동 영역의 지원을 받지 않고 홀로 활동을 이어간다.

이러한 작업 방식을 비교해 보면, 표준적이지 않은 형태를 지닌 활동의 독특성은 표준적인 방식으로 작업할 때 어떤 일이 벌어지는지를 보여준다. 분석적으로, 우리는 예술계의 맥락에서 예술을 만드는 것을 예술을 만드는 표준적인 방식으로 받아들인다. 물론 반드시 그럴 필요는 없지만, 그것을 표준으로 취급하는 것이 편리하다. 왜냐하면 일반적인 사용법은, 누구나 알고 있어서 알 가치가 없는 것과 마찬가지로, 예술계의 평범한 작동을 감추어주기 때문이다. 이 같은 비교는 전문 예술을 만드는 데 있어 평범해 보이는 것들이 어떻게 전혀 그런 방식으로 될 필요가 없는지, 예술이 어떻게 다르게 만들어질 수 있는지, 그리고 다르게 수행하면 어떤 결과가 나올 수 있는지를 보여준다. 우리는 예술계에 참여하는 장점과 제약을 경험하지 못한 사람들이 어떻게 다르게 일을 수행하는지 살펴봄으로써 예술계와 연결되는 것이 사람들이 하는 일에 어떤 영향을 미치는지를 알 수 있다.

사람들이 하는 작업은 그들이 예술계에 참여하는 성격에 따라 다르다. 하지만 그렇다고 해서 참여의 성격이 작품 자체에서 직접적으로 드러나는 것은 아니다. 나는 통합된 전문가(integrated professionals), 이단자(mavericks), 민속 예술가(folk artists), 그리고 소박한 예술가(naive artists)에 대해서 말할 것이다. 이 관계적 용어들은 사람들을 묘사하는 것이 아니라, 사람들이 조직화된 예술계와의 관계에서 어떻게 위치하는지를 묘사한다. 마찬가지로 작품은 동시대 예술계 구성원들의 작업과 관련해서만 그 작품이 예술계와 맺은 관계의 흔적을 보여주는데, 왜냐하면 동일한 작품은 서로 다른 시기에서도 어떤 예술계에서 수행된 작업과 상당한 유사성을 보일 수 있고 그리하여 결국 크게 다르지 않을 수 있기 때문이다.

이러한 용어들이 관계적인 용어라는 점을 명심하는 것이 중요하다. 왜냐하면 사람들은 종종 우리가 논의할 작품들을 만든 예술가들에 대해 괴상한 사람 또는 미친 사람 또는 단순한 시골 사람이라고 말하기 때문이다. 그들이 실제로 그럴 수도 있다. 하지만 많은 전문 예술가가 단순한 시골 사람은 아닐지라도 괴상하거나 미쳤기 때문에 자신들의 작품에 흥미로운 특징을 제공하는 것은 아니다. 이러한 성격 중 일부가 지닌 더 화려한 측면을 무시하기는 어렵지만 그 측면들은 중요한 것이 아니다.

통합된 전문가

어떤 특정한 조직화된 예술계에서 그 세계에서 통용되는 관례에 따라 정확하게 이루어진 작품, 즉 표준적인 예술 작품을 상상해 보라. 표준적인 예술 작품은 작업을 위해 모든 재료와 도구와 시설이 준비되어 있고 훈련된 협력자들 — 공연자, 공급업체, 모든 종류의 지원 인력, 그리고 특별히 관객 — 이 만든 작품일 것이다. 관련된 모든 사람이 무엇을 해야 하는지 정확히 알 것이기 때문에 그러한 작품은 최소한의 어려움으로 만들어질 수 있다. 공급업체는 적절한 재료를 제공할 수 있고, 공연자는 주어진 지시를 어떻게 해석해야 하는지 알고 있으며, 미술관은 작품이 전시될 정확한 공간과 조명을 갖추고 있고, 관객은 예술 작품이 창조하는 감정적 경험에 어려움 없이 반응할 수 있다. 그러한 작품은 관련된 모든 사람을 지겹게 만들 수도 있다. 의심할 여지없이, 그러한 작품은 참신하거나 독특하거나 관심을 끄는 어떤 것도 담고 있지 않을 것이며, 기대를 위반하는 어떤 것도 담고 있지 않을 것이다. 긴장을 조성하지도 않을 것이며 감정을 불러일으키지도 않을 것이다. 모텔 벽에 걸린 그림이 바로 그런 정본에 속하는 작품이다.

또한 표준적인 예술 작품을 제작할 준비가 완벽하게 되어 있고 제작할 능력을 완전히 갖추고 있는 표준적인 예술가를 상상해 보라. 그런 예술가는 기존 예술계에 완전히 통합되어 있을 것이다. 그는 자신과 협력해야 하는 누구와도 문제를 일으키지 않을 것이며, 그의 작품은 좋은 반응을 보이는 많은 관객을 확보할 것이다. 그러한 예술가를 통합된 전문가라고 부른다.

통합된 전문가는 예술 작품을 쉽게 만드는 데 필요한 기술적 능력, 사회적 기술, 개념적 장치를 갖추고 있다. 이들은 자신들의 세계가 작동하는 관례를 알고, 이해하고, 습관적으로 사용하기 때문에, 모든 표준적인 활동에 쉽게 적응한다. 작곡가라면 연주자가 읽고 가용한 악기로 연주할 수 있는 음악을 작곡하고, 화가라면 가용한 재료를 사용하여 크기, 형식, 디자인, 색 및 내용 면에서 가용한 공간과 적절하게 반응할 수 있는 사람들의 능력에 잘 들어맞는 작품을 만든다. 그 작품들은 잠재적 관객과 국가가 존중할 만한 수준이라고 생각하는 범위 내에 머물러야 한다. 통합된 전문가는 재료, 형식, 내용, 표현 양식, 크기,

모양, 기간 및 자금 조달 방식을 통제하는 관례를 사용하고 준수함으로써 예술 작품이 효율적이고 쉽게 생겨날 수 있게 한다. 대다수의 사람들은 단순히 모든 사람이 따라야 할 관례를 식별함으로써 최소한의 시간과 에너지를 투자하여 자신들의 활동을 조율할 수 있다.

통합된 전문가들이 작업을 상대적으로 쉽게 한다는 점을 강조하는 것은 그들이 전혀 문제를 겪지 않는다는 것을 의미하는 것이 아니다. 예술계 참여자들은 작업을 완수해야 한다는 공통된 관심사를 가지고 있지만, 잠재적으로 상충되는 사적인 이해관계도 가지고 있다. 사실 다양한 종류의 참여자들 사이에 존재하는 많은 갈등은 만성적이고 인습적이다. 극작가와 작곡가는 자신이 구상한 대로 작품이 공연되기를 원하지만, 배우와 음악가는 자신을 가장 잘 드러낼 수 있도록 작품을 공연하기를 원한다. 작가는 페이지 교정 단계를 거쳐 소설을 수정하고 싶어 하지만, 그것은 출판사가 원하는 것보다 비용이 더 많이 든다.

마찬가지로, 가장 통합된 전문가에게도 작업 조건은 까다롭고 어려울 수 있다. 브로드웨이의 스타는 2년간 일주일에 여덟 번의 고된 공연을 해야 하는 상황에 처할 수 있다. 영화 음악 작곡가는 복잡한 기술 사양을 충족시키는 동시에 막연하지만 중요한 분위기도 조성하는 80분 또는 90분 분량의 음악을 6주 만에 생산해야 할 수 있다. 사실 예술계는 조직화되어 있을수록 잘 훈련된 전문가가 아니면 충족하기 어려운 기준을 만들 가능성이 더 높다. 따라서 예술계에 잘 적응된 통합된 전문가가 된다고 해서 편하거나 조화로운 삶이 보장되는 것은 아니다.

통합된 전문가는 문제 및 해결책과 관련해 공유된 전통 안에서 활동한다 (Kubler, 1962). 이들은 자신들의 예술이 지닌 문제를 유사하게 정의하고 수용 가능한 해결책의 기준에 동의한다. 이들은 이러한 문제들을, 또는 이러한 문제의 일부를, 해결하려 했던 이전 시도의 역사를 알고 그러한 시도로 인해 발생한 새로운 문제들도 안다. 통합된 전문가들은 자신의 것과 같은 작업의 역사를 알고 있기 때문에 그들과 그들의 지원 인력 그리고 그들의 관객은 그들이 시도해 온 것과 그 시도가 어떻게 어느 정도로 효과가 있었는지를 이해할 수 있다. 이 모든 것이 예술 작품을 창조하는 데 필수적인 연합 행위를 더 쉽게 만든다.

이렇게 공유된 문제 및 해결책의 역사를 바탕으로 통합된 전문가는 다른 사람들이 너무나 쉽게 인식하고 이해할 수 있어서 시시하게 여길 정도는 아니면서도 인식 가능하고 이해 가능한 작품을 만들 수 있다. 작업이 의례적인 동작을 단순하게 반복하는 것일 필요는 없기 때문에 통합된 전문가들은 정보를 가진 관객에게 정확히 어떻게 진행될 것인지에 대한 불확실성을 유발할 수 있다. 그들은 감정적이고 예술적인 효과를 창조하기 위해 표준적인 재료를 조작하는 다양한 방법을 알고 있다.

조직화된 예술계에서 일하는 대부분의 사람들은 정의상 통합된 전문가이다. 왜냐하면 예술계는 특징적인 작품을 만들어낼 수 있는 사람들을 즉각적으로 공급하지 않고는 계속 존재할 수 없기 때문이다. 갤러리, 콘서트홀, 극장, 출판사 등 예술계가 구축한 유통 조직 네트워크는 유통될 작품이 지속적으로 창작되도록 요구한다. 이러한 기관들은 운영을 중단할 수 있으며, 운영이 중단되면 작품이 덜 필요하게 된다. 그러나 이러한 기관들은 자신들이 존재하는 동안에는 전시할 작품을 찾을 것이고, 통합된 전문가를 꿈꾸는 많은 사람이 그 작품을 제공할 것이다. 더욱이 한 세계의 미학적 풍조는 전시 기회를 채우는 데 요구되는 양을 전시할 수 있을 만큼 충분히 우수하다는 것을 증명할 것이다.

이는 예술계가 예술계에 참여하는 통합된 전문가들과 그들의 작품을 마치 그들의 독특한 차이와 고유한 능력에 어떤 지장을 주지 않고서도 서로 대체할 수 있는 것처럼 상호 교환 가능한 것으로 취급한다는 것을 시사한다. 만약 내가 나의 미술관에서 피카소(Picasso) 전시회를 열 수 없다면 나는 마티스(Matisse) 전시회를 열 수 있다. 그리고 그 전시회는, 물론 다르지만, 마찬가지로 좋을 것이고, 더 나쁘지는 않을 것이다. 호로비츠(Horowitz)가 우리 오케스트라와 함께 공연할 수 없다면 루벤스타인(Rubenstein)을 데려와도 괜찮을 것이다. 이것은 명성이 덜한 경우에도 마찬가지이다. 예를 들어 "20인의 새로운 미국 사진작가"를 전시하려는 또는 "10인의 새로운 영국 시인"을 출판하려는 누군가가 항상 그 자리를 채울 수 있을 것이다.

그러나 예술가들과 그들의 작품에 대해 상호 교환 가능한 것으로 이야기하는 것은 예술가들과 그들의 작품 사이의 차이, 특히 질적인 차이를 결코 무시할 수 없다는 예술계의 믿음을 왜곡하는 것이다. 이러한 관점에서 지식이 풍부한 사람이라면 언제나 특정 분야의 예술가들과 작품들에 순위를 매겨서 관심을 가질 만한 것들과 그렇지 않은 것들을 구분할 수 있다. 그러나 실제로 예술계 참여자들은 단지 최고인 사람을 생각하는 것이 아니라 신경 쓸 가치가 있는 다수의 사람을 생각한다. 왜냐하면 소수를 찾기 위해서는 다수를 고무해야 한다는, 그리고 신경 쓸 가치가 없는 사람이 언제 갑자기 가치 있는 사람이 될지 모른다는 현실적인 이유 때문이다. 만약 최고만을 고집한다면 우리는 일 년 중 11개월은 갤러리 문을 닫을 것이고, 카네기 홀은 가끔씩 열게 될 것이며, 책도 훨씬 적게 출판하게 될 것이다. 그러나 그렇게 한다면 우리는 가치 있는 작품이 나타났을 때 그 작품을 위해 준비된 시설들을 결코 가질 수 없을 것이다. 왜냐하면 그처럼 산발적으로 이용해서는 그 기관들을 유지할 수 없기 때문이다.

예술계는 위대한 예술가 — 위대한 예술가를 어떻게 정의하든 그리고 그들을 어떤 단어로 표현하든 간에 — 와 유능한 사람을 구별함으로써 관심을 가질 만한 가치가 있는 소수의 예술가만 생각하는 것과 실제로 더 많은 예술가에게 관심을 기울이는 것 사이의 모순을 처리한다. 사람들은 현대적인 기준을 사용하여 이러한 구별을 쉽게 할 수 있다. 기준은 변하며, 예술계에서 내려지는 판단은 나중에 다른 사람들이 내린 판단과 그리고 역사의 판단으로 보이게 되는 것 — 즉, 동일한 예술계의 후배 구성원들이 내린 판단 — 과 일치하는 경우가 드물다.

어느 예술계에서든 대부분의 실무자에 대해 말하는 덜 중립적이고 덜 너그러운 방식은 실무자들 대부분이 그들의 동료에게 고용된 전문인(hacks) — 그 세계의 조직을 계속 유지하는 데 필수적인 작업을 대량으로 처리하는 유능하지만 독창적이지는 않은 노동자 — 으로 보인다고 말하는 것일 것이다. 통합된 전문가를 배출하는 조직화된 예술계만이 고용된 전문인을 가질 수 있다. 전시할 작품에 대한 조직적 필요성이 없고 통상적인 작품이 이해될 수 있고 흥미를 끌 수 있는 전통이라는 배경이 없다면 고용된 전문인은 존재할 수 없다. 이러한 배경이 있어야만 수많은 작품을 진지하게 받아들일 수 있고 그 작품의 제작자가 예술가로서 계속 존재할 수 있는 수단을 제공할 수 있다.

예술계를 움직이는 통합된 전문가는 많은 양의 작품을 생산한다. 화이트와 화이트(White and White, 1965)는 1860년대에 프랑스 회화의 "예술 기계"가 5,000명의 화가를 동원하여 10년마다 약 20만 점의 훌륭한 그림을 생산해 냈다고 추정했다. 이와 유사한 수치들이 있다면, 아마도 그 수치들이 많은 상업 잡지 매장이 존재하고 (필요한 투자 금액을 조정한) 브로드웨이 극장이 전성기를 구가하던 시절 미국의 단편 소설 세계를 특징지을 것이다. 동시대적 판단에 의해 예외적으로 훌륭하다고 선정된 이들의 작품, 즉 대다수의 작업자를 구성하는 장인이나 고용된 전문인과는 구별되는 동시대 스타들의 작품은 합의에 따라 그 세계가 만들어낸 최고의 작품으로 인정받기 때문에 오래 존속하여 후대에도 평가될 가능성이 더 크다. 예술 작품을 보존하는 도서관, 미술관 컬렉션 및 이와 유사한 저장소는 자연스럽게 동시대의 여론이 가장 좋다고 생각하는 것을 선택하기 때문에 이런 작품들은 이러한 기회를 더 많이 얻게 된다. 보존 메커니즘은 충분히 비선별적이기 때문에 훨씬 더 많은 작품이 살아남을 수 있다.

이 책의 대부분은 당연히 통합된 전문가에 대한 것이다. 그들이 하는 일은 어느 사회에서나 예술이라는 이름으로 진행되는 일의 대부분을 차지한다. 이 장의 나머지 부분에서는 예술이 만들어지는 몇 가지 다른 방식을 고려하는데,

이는 그 같은 다른 방식이 통합된 전문가의 상황을 조명하기 때문이기도 하고, 이러한 다른 방식으로 만들어진 일부 작품이 평판의 변화를 겪으면서 결국에는 일부 예술계의 전통에 합류하기 때문이기도 하다.

이단자

모든 조직화된 예술계는 이단자들을 배출한다. 이 이단자들은 시대와 장소, 표현 매체를 막론하고 전통적인 예술계의 일부였지만 전통적인 예술계를 받아들일 수 없는 제약으로 여기는 예술가이다. 이단자들은 기존 예술계가 통상적으로 생산하는 것의 한계 내에서 수용하기를 거부하는 혁신을 제안한다. 관객, 지원 인력, 지원의 원천, 또는 유통업자 등 예술계의 다른 참여자들은 그러한 혁신의 생산에 협력하기를 거부한다. 이단자들은 포기하고 더 수용 가능한 재료와 스타일로 돌아가기는커녕 다른 예술계 관계자들의 지원 없이 혁신을 계속 추구한다. 통합된 전문가들이 자신들 세계의 관례를 거의 완벽하게 받아들이는 반면, 이단자들은 예술계와 느슨한 관계를 유지할 뿐 더 이상 예술계 활동에 직접적으로 참여하지 않는다.

이단자들은 통상적인 초보자로 자신의 경력을 시작한다. 이단자들은 다른 젊은 지망생들이 배우는 것을 배운다. 그리하여 전형적인 이단자인 찰스 아이브스는 예일 대학교에서 당시 유행하던 독일 전통의 작곡가이자 교사였던 호레이쇼 파커(Horatio Parker)와 함께 작곡을 공부했다(그림 22). 아이브스는 전통적인 화성과 대위법을 배웠고, 공인된 음악 형식을 연구했으며, 교실에서의 연습을 통해 이러한 표준 작업을 감당할 수 있는 능력을 확인했다. 아이브스는 코네티컷주 댄버리(Danbury)에서 전문 음악가였던 아버지로부터 유사한 훈련을 받았었다. 그러나 파커만큼 성공하지는 못했지만 더 모험적이었

그림 22. 전형적인 음악의 이단자 찰스 아이브스. 전문 연주자들이 그에게 그의 음악은 연주 불가능하다고 말하자, 그는 그들이 연주할 수 있는 음악을 작곡하려는 시도를 중단했다.(프랭크 게라타나[Frank Gerratana] 촬영, 예일대학교 음악 도서관 제공)

던 아이브스의 아버지도 아들에게 흔치 않은 방식으로 실험(예를 들면, 다조성[polytonality])을 하도록 가르쳤다. 그래서 아이브스는 자신의 스승이 용납하지 않는 음악을 작곡했는데, 이는 그가 뉴욕의 거대한 전문 음악계에서 자신의 운을 시험했을 때 일어날 일을 예고하는 것이었다(Rossiter, 1975: 54~64).

이단자가 자신의 혁신을 다른 예술계 구성원들에게 선보일 때 그들이 적대적인 반응을 보이는 것은 놀랍지 않은 일이다. 그러한 작품은 예술계의 관례를 노골적으로 위반하기 때문에, 그 작품은 다른 사람들에게 그 작품을 만든 사람과 협력하는 데 어려움을 겪을 것이라는 점을 암시한다. 기존의 관행을 노골적으로 무시하는 것은 그 작품을 만든 사람이 무엇이 옳은지 모르거나 옳은 일을 할 생각이 없다는 것을 시사한다(같은 논리로 사람들은 다른 삶의 영역에서 일탈적이라고 주장되는 활동에 대해 과잉 반응한다[예를 들어 Becker, 1963]). 뉴욕의 기존 오케스트라 음악가들은 아이브스의 음악이 고의적으로 무지하거나 조잡하고, 불협화음으로 가득 차 있으며, 형식이 없고, 대중음악이든 종교 음악이든 당시의 토속 음악에 천박하게 의존하여 원재료를 얻는다고 생각했다. 아이브스의 사적인 글에는 음악 친구들과 지인들을 위해 자신의 작품을 연주했다가 그들이 공포와 혐오감을 느끼며 방을 나가버렸다는 이야기가 기록되어 있다. 한 전기 작가는 아이브스가 당대의 유명한 바이올린 연주자와 겪은 일을 다음과 같이 요약한다. 인용문은 아이브스가 자신의 메모에 기록한 내용에서 가져온 것이다(Ives, 1972).

> 1914년, "훌륭한 연주자 중 한 명에게 자신의 음악을 시연하도록 하는 것이 좋은 계획일 것"이라고 생각한 아이브스는 아이브스 부인이 하트포드(Hartford)에서 알고 지냈던 프란츠 밀케(Franz Milcke)를 웨스트 레딩(West Redding)으로 초대했다. "안톤 세이들(Anton Seidl)과 함께 이 나라에 왔기 때문에 명성을 얻은 이 이 전형적인 완고하고 편협하며 자만심 강한 프리마돈나 솔로 바이올리니스트"는 아이브스의 작곡을 즉석에서 일축했다. "그는 뱃속에 지독하게 소화가 안 되는 음식이 들어와 괴로우면 없애면" 되지만 "내 귀에서 그 끔찍한 소리를 제거할 수는 없었다"라고 불평하면서, "손으로 귀를 막은 채 작은 뒤쪽 음악실에서 나왔다."(Rossiter, 1975: 150~151)

20년이 넘는 기간 동안 아이브스의 음악은 대중 앞에서 공연되지 않았고 전문 음악가나 진지한 청중에게 진지하게 받아들여지지도 않았다.

이단자는 일반적으로 자신의 작품을 실현하는 데 어려움을 겪거나, 실현하기는 쉽지만 유통하기는 어려운 표현 매체(예를 들어 저술)에서 관객과 비평가에게 작품을 알리는 데 어려움을 겪는다. 이들은 예술계의 제도적 필요를 우회하는 방법으로 성공을 거두기도 한다. 예를 들어, 이단자는 자신과 맞지 않는 조직을 대체하기 위해 자신만의 조직을 만들 수도 있다. 작가는 자신의 작품을 직접 출판하고 유통한다. 극작가와 연출가는 새로운 극단을 설립하여 전문 연극계 외부에서 연극 경험이 없는 사람들(전문가들이 이전에 거부한 관계로 대부분 연극 경험이 없는 사람들)을 모집하여 공연한다. 시각 예술가는 자신만의 전시 공간을 만듦으로써, 더 포괄적으로는 미술관이나 갤러리에서는 전시할 수 없는 작품, 즉 대지 예술(earth-work)*이나 개념 미술을 창안함으로써 자신이 미술관 관장, 큐레이터, 재정 지원자의 스타일상의 폭압이라고 느끼는 것에서 벗어난다. 극예술가는 극장을 사용하지 않고 대중이 이용할 수 있는 공간을 활용하여 거리 연극을 한다. 일반적으로 이단자는 종종 그럴 만한 이유로 훈련받지 않고 전문적이지 않은 지위로부터 추종자, 제자, 조력자를 모집하여 협력 인력으로 이루어진, 특히 새로운 관객들로 이루어진 자체 네트워크를 구축한다.

조직화된 예술계에서 거부당했을 때 가장 극단적으로 적응하는 방법은 작품 활동을 중단하는 것, 즉 아마도 작품에 대한 생각만 하고 아무것도 하지 않는 것이다. 아이브스는 자신의 음악이 결코 연주되지 않을 것이라고 판단하고 그 가능성에 완전히 적응한 것 같았다. 실제로 그는 음악 연주를 작곡에 방해

---

* 1960년대 말부터 영국, 독일, 미국 등지에서 성행했던 예술의 한 경향으로, 지구 표면 위나 표면 자체 또는 표면 내부의 형상을 디자인해서 자연 경관 속에 작품을 만들어내는 예술이다. 주로 땅, 암석, 토양 위 자연 등을 소재로 예술화시킨 장르이다._옮긴이

가 되는 것으로 간주하게 되었다.

> 세상에, 소리가 음악과 무슨 상관이 있는가! …… 왜 음악은 사람에게 다가오는 것과 동일한 방식으로 나갈 수 없는가? 음악이 반드시 소리, 흉강, 장선(catguts)*, 현, 목관, 금관의 장애물을 기어 넘어가야 할 필요는 없지 않은가? 음악이 들려야만 한다는 것은 본질적이지 않다. 들리는 것은 실제와 다를 수도 있다.(Rossiter, 1975: 58에서 인용)

작곡한 곡을 의도한 대로 연주하지 않는 연주자 때문에 어려움을 겪은 작곡가라면 누구나 이런 생각에 공감할 것이다. 하지만 음악계에서 생계를 유지하는 실제의 사람들은 그것이 단지 느낌일 뿐 행동으로 옮길 수 있는 것이 아니라는 것을 알고 있다. 아이브스는 이를 행동으로 옮겼고, 이는 이단자의 특징인 예술계로부터의 독립성을 보여주었다.

그럼에도 불구하고 이단자는 자신의 표현 매체가 지닌 세계와 완전히 단절되지는 않는다. 그들은 직접 참여하지는 않더라도 대중 매체를 통해 레코딩을 듣고, 영화를 보고, 전문 분야 잡지를 읽음으로써 그곳에서 무슨 일이 일어나고 있는지 파악한다. 하지만 이러한 미디어가 보고하지 않는 내용, 특히 통상적인 작업을 좌우하는 작업 관례가 매일 수정되는 내용에 대해서는 접하지 못한다. 음악의 경우, 그들은 연주 관행, 즉 연주자들이 작곡된 악보를 연주되는 음표로 전환하는 관례의 지속적인 수정 내용과는 접촉하지 않는다. 따라서 예술계의 일반적인 변화의 흐름에는 계속 동조하지만, 더 이상 그 흐름에 온전히 참여할 수는 없다.

따라서 이단자는 통합된 전문가가 어느 정도 자동으로 누리는 모든 유익을

---

* 동물의 창자로 만든 선으로, 현악기의 현을 만드는 데 사용된다._옮긴이

잃거나 포기한다. 그러나 그들은 또한 그러한 유익과 관련된 제약에서 벗어나기도 한다. 예술계에 참여하면 예술 작품을 제작하기가 비교적 쉬워지지만, 창작될 수 있는 작품이 실질적으로 제한된다. 아이브스가 실제 음악 제작의 세계와 완전히 결별한 것은 이단자의 자유를 발견하기 위한 실험실의 실험과도 같다. 결국 자신의 음악이 연주되는 것을 듣는 희망을 포기했기 때문에 우리는 그의 이후의 실천에서 예술계의 관행적인 고려 사항과 분리된 음악 작곡이 어떤 것일 수 있는지 알 수 있다.

예를 들어, 아이브스는 자신의 작곡을 연주할 일이 없었기 때문에 작곡을 끝낼 필요가 없었다. 「콩코드 소나타(Concord Sonata)」를 처음으로 공개 공연을 한 피아니스트 존 커크패트릭(John Kirkpatrick)은 다음과 같이 말한다.

> 콩코드와 같은 일부 곡의 경우 아이브스는 결코 같은 방식을 두 번 반복한 적이 없다. 그리고 그는 즉흥적으로 연주하는 것을 좋아했기 때문에 정확하게 연주해야 한다는 생각이나 몽상적인 의무에 대해 거의 항상 불쾌하게 여겼다.(Perlis, 1974: 220)

모든 예술 작품에는 해결해야 할 아이디어가 포함되어 있으며, 그러한 해결을 통해 예술 작품은 그 작품이 제작되는 동시대 세계의 관례에 의해 좌우되는 최종적인 형태로 구현된다고 말할 수 있다. 최종 형태가 완성되면, 사람들 — 최종 형태를 내놓지 않았다면 아직 완성되지 않았고 주목할 가치도 없다고 여겼을 사람들 — 에게도 내놓을 수 있게 된다. 내놓을 수 있는(presentable) 형태는 일반적인 의미에서 평판의 저울에 올려(따라서 "진행 중인 작업"과는 다르게) 자신의 작업이 진지하게 받아들여지기를 원한다는 신호이다. 음악에서 내놓을 수 있는 형태는 완성된 악보(또는 적어도 아이브스가 작곡했던 형태)이다. 훗날 아이브스의 음악을 연주하기 위한 운동을 주도했던 사람들은 큰 어려움을 겪었다. 왜냐하면 아이브스는 완성된 악보를 만들지 않았기 때문이다. 그들은 아이브스의 음악을 사랑했지만 그들도 그의 비전문적인 방식에 대해서는 짜증을 거의 감추지 못했다. 아이브스가 만든 오케스트라 작품의 일부 초연을 지휘한 작곡가 겸 지휘자 버나드 허먼(Bernard Herrmann)은 이렇게 말했다.

> 그는 그저 자신의 작품을 쓰는 데 더 관심이 있었던 것 같다. 그렇기 때문에 그 작품들은 모두 그렇게 끔찍한 상태로 존재한다. 그는 시간을 내어 교정을 하는 데는 충분히 관심을 두지 않았다. …… 파트들 때문에 초창기에는 아이브스 연주를 완성하려고 시도하는 것이 끔찍했다. …… 파트들은 카피되지 않았고, 대조되거나 수정되지도 않았다. 그래서 항상 매우 어려웠다. …… 결국 아이브스는 음악 연주에 관해서는 매우 비현실적이었다. 음악으로 생계를 유지할 필요가 없다는 의미에서 전문 음악가가 아니었기 때문에 그는 음악의 추상성에 들어갔다. 그것은 추상성이었기 때문에 현실적인 문제는 전혀 다루지 않았다.(Perlis, 1974: 159~160)

아이브스의 악보 일부를 출판할 수 있도록 도와준 카피스트(copyist)* 조지 로버츠(George Roberts)는 출판 관례에 대한 아이브스의 무관심을 다음과 같이 묘사했다.

> 나는 「콩코드 소나타」 일부를 카피했다. 거기 갈 때마다 그 곡은 새로웠다. 인쇄업자들은 항상 아이브스에게 목을 매고 있었다. 아이브스는 그것에 대해 웃곤 했다. 그는 신경 쓰지 않았다. 전혀 서두르지 않았고, 항상 새로운 무언가를 집어넣었다.(Perlis, 1974: 186)

---

* 원고 또는 악보의 서면 사본을 만드는 사람._옮긴이

기존 작곡가들은 일반 연주자가 이해할 수 있는 기보법을 사용한다. 결국 작곡가가 연주자에게 자신의 의도를 알리기 위해 사용하는 기보 장치들, 즉 속기(速記)는 연주자가 즉시(또는 약간의 설명만 있으면) 이해할 수 있을 때만 효과가 있다. 아이브스의 기보 장치들은 기존 오케스트라 연주자들에게 혼란을 주었다. 예를 들어, 설명하기 어려운 음표의 철자를 자주 사용했다. (이것은 기술적인 사항이다. 모든 음표는 한 가지 이상의 방식으로 표기될 수 있다. 즉, A#을 B♭으로 표기할 수 있을 뿐만 아니라 A를 B♭♭으로 표기하는 경우도 있다. 어느 철자를 사용하든 표준 규칙이 적용되는 것이다.) 아이브스 음악의 초기 지휘자 중 하나로 아이브스에게 공감하며 해석했던 니콜라스 슬로님스키(Nicholas Slonimsky)는, 만약에 당신이 아이브스로 하여금 그것에 대해 설명하게 한다면, 그러한 장치에는 의미가 있다고 설명했다.

> 예를 들어, 「뉴잉글랜드의 세 장소」의 비올라 파트에서 일어난 매우 이상한 상황이 기억난다. A#이 곧바로 B♭으로 바뀌었는데, 그 A#의 사용에 대한 어떠한 정당성도 찾을 수 없었고, 나는 연주자가 자신의 파트에서 혼란을 느끼지 않게 하기 위해 B♭으로 바꾸고 싶었다. 하지만 아이브스는 안 된다고 했다. 그는 A#은 일종의 미완성 반음계로서 A로부터 진행되기 때문에 중요하며, B로 갔을 수도 있지만 그렇지 않았기 때문에 B♭은 틀린 것이라고 말했다.(Perlis, 1974: 150)

지휘자 군터 슐러(Gunther Schuller)는 아이브스의 기보 장치들 중 일부가 실제로 어떤 영향을 미치는지 다음과 같이 설명한다.

> 그러나 이러한 리듬 중 일부는 문자 그대로 읽을 수 없기 때문에 그 개념을 가져와서 실제적이거나 실용적인 것으로 번역해야 하며, 이를 위해서는 여러 번 다시 써야 할 수도 있다. 그런 다음 정확하게 표현하기 위해 그런 식으로 연습해야 하지

만, 물론 그것만으로는 충분하지 않다. 그런 다음 다시 그 개념으로 재번역해야 한다. 그러한 작업은 시간이 걸리고 때로는 네 번의 리허설로는 불가능할 때도 있다. 때로는 다섯 번의 콘서트에서 그것을 할 수 없을 때도 있다. 특정 음악가와는 그것을 전혀 할 수 없을 수도 있다. 그것은 엄청난 문제가 된다.(Hitchcock and Perlis, 1977: 121)

아이브스는 가치 있는 평판을 쌓아가는 조직화된 예술계의 일원이 아니었기 때문에 표준적인 방식으로 자신의 작품을 처리하는 데는 별 관심이 없었다. 그는 이미 쓰인 악보 위에 그 악보를 거의 알아볼 수 없을 때까지 계속해서 썼다. 예를 들어, 「크로마티멜로드튠(Chromatimelodtune)」의 원본 악보에는 연주자들을 위한 파트들을 연필과 펜으로 번갈아 가며 쓴 부분이 있는데, 단지 그 파트들을 복사하는 것도 본질적으로 작곡상의 결정을 요구한다. 그는 악보를 보존하지 않았고, 많은 악보를 잃어버렸다가 나중에 예상치 못한 곳에서 발견하기도 했다. 허먼(Herrmann)과 협력하여 교향곡 4번의 연주를 준비했던 제롬 모로스(Jerome Moross)의 설명에 비춰보면 놀라울 것이 없었다.

아이브스는 우리에게 이 믿기 힘든 원본 사진을 주었고, 우리는 처음에 그저 놀라움을 금치 못했다. 우리는 그에게 전화하고 다시 가서 그와 함께 메모를 확인하는 데 몇 주가 걸렸다. …… 우리는 그 끔찍한 원본을 해독할 수 없었고, 아이브스는 자신이 의미한 바에 대해 최종 결정을 내려야 했다. 그런데 당시에는 그가 찾을 수 없었던 하나의 악장[네 번째]이 있었다. 원본은 벽장 속에 어지럽게 놓여 있었다.(Perlis, 1974: 165)

더 관례적인 작곡가들은 자신의 작품을 더 잘 관리한다. 그들은 나중에 그 작품이 필요할 수도 있다. 예를 들어, 스트라빈스키는 저작권이 만료된 작품을 다시 편곡하여 새로운 버전에 대한 로열티를 계속 받았는데, 이는 아이브스에게는 부족한 전문가적인 성향을 보여준다. 아이브스는 직업적으로 작품을 완성해야 할 필요가 없었기 때문에 곡을 다시 썼다.

아이브스는 다른 작곡가들이 자신의 작품을 완성하는 대가로 받아들였던 완결성, 정돈됨, 관례적 장치들을 사용하여 작업할 필요가 없다는 사실을 즐겼다 — 허먼과 다른 작곡가들의 의견에서 암시된 것처럼, 다른 작곡가들은 이러한 관례적 장치를 불합리한 제약으로 받아들였던 것이 아니라 음악가들이 자신의 관심을 위해 취할 수 있는 합리적인 조치로 받아들였다 —. 아이브스는 이러한 모든 관례적 요구사항에 신경 쓸 필요가 없었기 때문에 자신이 핵심적인 활동으로 여겼던 음악 구상에 더 많은 시간을 할애할 수 있었고, 다른 작곡가들이 생각한 작품을 쓰거나 생각하는 것조차 방해하는 실제 현실에서 벗어날 수 있었다. 어떠한 분별 있는 작곡가도 의뢰를 받지 않고는 세 개의 서로 다른 오케스트라를 사용하는 그리고 그 오케스트라들을 이끄는 지휘자를 돕기 위해 두 명의 부지휘자를 필요로 하는 교향곡(아이브스의 네 번째 교향곡)을 작곡하지 않을 것이다. 이러한 곡을 구상할 수 있는 작곡가라 하더라도 한 파트에만 5명에서 14명의 관현악단과 합창단이 산과 계곡에 흩어져 있어야 하는 아이브스의 「우주 교향곡(Universe Symphony)」을 작곡하는 데 시간을 소모하지는 않을 것이다(Rossiter, 1975: 109). (포스트-우드스톡[Post-Woodstock], 그것은 한때 그랬던 것처럼 그렇게 공상적이지 않은 것 같다.) 당시 실제적인 것의 제약에서 벗어난 아이브스는 자신이 상상할 수 있는 것은 무엇이든 쓸 수 있었고, 전문가들이 상상할 수 없는 것을 상상할 수 있었다.

작곡가 벳시 졸라스(Betsy Jolas)는 아이브스에 관하여 동일한 이론을 제안했다.

> 사실, 인정하면 어떨까? 아이브스는 명백히 아마추어이다. 확실히 기법이 부족

하다는 의미는 아니다. 예일에서 그는 지루한 호레이쇼 파커로부터 화음, 대위법, 푸가 등 모든 필수적인 것과 함께 가장 전통적인 훈련을 받았지만, 오히려 음악을 직업으로 삼는 것을 거부할 정도로까지 음악을 **사랑했기** 때문에. …… 가장 고귀한 의미에서 아마추어라고 하는 것이다. ……

…… 그는 일요일 음악가**였고**, 실제적이거나 경제적인 고려를 떠나서 원하는 곳 어디에서나 자신의 당당한 비전을 자유로이 추구한 자유로운 음악가였다.

…… 본질적으로 고립된 상태에서 작업하면서 당시의 전문 음악계와 전혀 또는 거의 접촉하지 않고 유행에 무관심하고 공연을 추구하지도 않았던 아이브스는 직업 작곡가보다 적은 위험을 무릅쓰고 "위험한" 실험에 빠져들 수 있었으며, 때때로 그가 실제로 성취할 수 있는 한계를 뛰어넘는 대담한 생각을 할 수도 있었다.(Hitchcock and Perlis, 1977: 251)

이단자는 통합된 전문가들의 작업을 방해하는 제약을 무시할 수 있기 때문에 그리고 예술계의 일상적인 상호작용에 참여하지 않기 때문에 통합된 전문가들과는 다른 동기를 가지고 있다. 전문가들이 일을 하는 이유는 예술계라는 조직 안에 내재되어 있기 때문이다. 즉, 그 세계에 참여하지 않는 사람은 어떤 일을 할 때 그 이유를 제시할 수 없다. 구체적으로 말해서, 아이브스가 분노이든 무관심이든 또는 체념이든 간에 자신의 작품이 공연되는지 여부에 더 이상 관심이 없다면, 그는 자신의 작품이 공연되는 데 도움이 되기 위해서 어떤 일을 하고 싶어 하지는 않을 것이다. 사람들이 특정 세계에서 표준이 아닌 이유로 일을 한다면, (그 세계의 활동적인 구성원들에게) 비사회적이고 꽤 미친 것처럼 보일 것이다. 우리가 신뢰할 수 있고 사회화가 잘된 사람을 인식하는 방법 중 하나는 그 사람의 행동에 대한 이유를 즉시 이해하는 것이다(Mills, 1940). 아이브스는 전형적으로 자신의 음악 작업에 대해 특유의 이유를 제공했는데, 때로는 정치적인 이유였고 때로는 향수어린 이유였다. 예를 들어, 그는 종종 500명이 같은 찬송가를 부르는 종교 부흥회의 소리를 재창조하기 위해 가장 독특하고 불협화음적인 효과를 의도했다고 말했는데, 그중 다수는 음정이 맞지 않았고 일부는 아예 엉뚱한 노래를 부르곤 했다. 이는 비슷한 혁신가인 스트라빈스키나 쇤베르크가 내세우는 기술적인 이유와 매우 다르다(Rossiter, 1975: 여러 곳 참조).

이단자는 자신이 만든 작품에 대해 해독할 수 없는 이유를 제시하기 때문에, 조직화된 예술계가 때때로 그렇듯이(아래에서 이 과정을 살펴볼 것이다), 그 작품을 받아들일 때 전문가들은 이단자들이 한 일에 대해 동의하지 않는다. 이제 전문가들은 아이브스가 자신이 하고 있는 일을 정말로 알고 있었는지에 대해 동의하지 않는다.

지휘자 리먼 엥겔(Lehman Engel)은 다음과 같이 시사한다(Hitchcock and Perlis, 1977: 115). 아이브스는

> 자신이 쓴 것을 거의 들어본 적이 없다. …… 그는 음악에 대한 실제 경험이 없었다. …… 그가 쓴 모든 것은 음악과는 전혀 상관없는 것에 대한 그의 느낌을 나타내는 것처럼 보였다.

반면 합창 지휘자 그레그 스미스(Gregg Smith)는 아이브스의 기보법은 정확했고 그가 쓴 것은 바로 그가 원했던 것이라고 생각한다.

> 미스터리였거나 이상해 보였던 거의 모든 기보법이 마침내 끝내주게 좋은 해결책인 것으로 밝혀졌다. ……「시편 90편」에는 4분의 4박자 8분음표 9개로 이루어진 종(bell) 음형(figure)이 나온다. 글쎄, 내가 보기에 그것의 진짜 요점은 비록 그 음형이 각 소절에서 8분음표 하나만큼 늦게 시작하지만 그 음형을 가지고 자유롭게 연주할 수 있다는 것이다. …… 그는 아마추어가 아니라 자신이 무엇을 기보

> 하고 있는지 알고 있는 환상적인 천재였고, 그것이 무엇인지 알아내는 것이 우리가 해야 할 일이다.(Hitchcock and Perlis, 1977: 118)

일부 전문가들은 아이브스가 비록 그렇지 않아 보일지라도 그들과 같은 동기에 의해 자극을 받았음에 틀림없다고 생각한다. 미국의 유명한 작곡가 엘리엇 카터(Elliott Carter)는 자신의 악보를 끊임없이 수정하는 아이브스의 습관을 고려할 때 그가 인정받은 모든 혁신을 정말로 그가 발명했는지 궁금해 했다. 진지한 예술계 전문가에게는 누가 먼저 했는지에 대한 질문이 평판에 중요한 영향을 미칠 수 있다. 아이브스는 재수정을 통해 자신의 평판을 만들어낸 것일까?

> 내 생각에, 아이브스는 「뉴잉글랜드의 세 장소」를 작업하면서 연주를 위한 악보를 준비하고 있었다. 그는 이전 악보에 옥타브들을 7도와 9도로 바꾸고 불협화음을 추가하는 등 여러 가지를 추가하고 변경하여 새로운 악보를 만들고 있었다. 그 이후로 나는 종종 그가 초기에 작곡한 많은 음악에서 불협화음과 다성리듬이 마지막으로 적용된 날짜가 정확히 언제인지 궁금해 했다. 이 경우에 그는 나에게 자신이 어떻게 악보를 향상시키고 있는지 아주 간단하게 보여주었다. 나는 그의 취향이 바뀌면서 많은 작품의 불협화음의 수준을 자주 높였을지도 모른다는 인상을 받았다. 그 질문은 더 이상 중요해 보이지 않지만, 때때로 주장되는 것처럼 그가 초기의 "현대" 음악의 선구자였는지 궁금해 할 수는 있다.(Perlis, 1974: 138)

이단자는 자신의 작품과 관련된 예술계의 전통과 관행 안에서 훈련을 받기 때문에 그리고 예술계와 약화된 연결을 유지하기 때문에, 현역 예술가들 사이에 충분한 공감대가 형성되면, 예술계는 이단자의 작품을 흡수할 수 있다. 이단자는 예술계 관행의 전통을 위반하지만, 선택적으로 위반하며 실제로는 대부분의 전통을 준수한다. 제임스 조이스(James Joyce)는 당대의 문학적 형식을 무시했으며, 심지어는 언어적 형식을 무시하고도 완성된 책을 썼다. 예를 들어, 조이스는 조 굴드(Joe Gould)*의 『세계의 역사(History of the World)』와 같은 책을 쓰지는 않았는데, 이 작품은 결코 완성되지 않았을 것이며, 아마도 이 작품의 대부분은 결코 쓰이지도 않았을 것이다(Mitchell, 1965). 또한 조이스는 인쇄되는 대신 노래로 부를 수 있는 문학 형식이나 자신의 서체(calligraphy)가 작품의 중요한 요소가 되는 문학 형식을 고안하지도 않았다. 조이스는 완벽하게 알아볼 수 있는 유럽의 책을 썼다. 마찬가지로 대지 예술 창작자들은 결국 조각품을 만든다. 그들 작품의 재료, 규모, 장소는 파격적이지만, 그들은 형태 및 부피에 대한 관심을 정통 조각가들과 공유한다. 달리 말하면, 이단자들은 예술계가 지닌 전통적인 일련의 문제와 해결책을 관통함으로써 약간 다른 길을 택한 것이다. 그러나 통합된 전문가들은 이단자가 전통이 된 것으로부터 갈라진 지점까지 추적할 수 있고 그리하여 이단자의 혁신을 정통 안에 통합시킬 수 있다.

작품이 얼마나 동화되기 어려운가 하는 정도에는 차이가 있다. 아이브스의 작품은 그 작품을 뒤따랐던 많은 작품에 비해 이제는 상대적으로 쉬워 보인다. 그의 기보법이 아무리 이상하고, 소리가 아무리 낯설고, 그가 요구하는 오케스트라 규모가 아무리 비현실적이라 할지라도 그는 전통적인 악기들을 사용하도록 작곡했고, 일반적인 악기 조합(심포니 오케스트라, 4중주, 합창)과 친숙한 음악 형식(교향곡, 소나타, 예술 가곡)을 사용했다. 다른 현대 작곡가들은 훨씬 더 나아갔다. 예를 들어, 존 케이지는 해머(hammer)와 현 사이에 압정이나 기

* 조 굴드(1889~1957)는 미국의 괴짜 작가로, 하버드 대학교를 중퇴하고 주로 그린위치 빌리지에서 홈리스로 살았다. 그는 해변의 새들이 내는 울음소리를 이해한다고 주장해 갈매기 교수(Professor Sea Gull)로 불렸는데, 『현대 세계의 구전 역사(An Oral History of the Contemporary World)』라는 제목의 역대 가장 길이가 긴 책을 썼다고 주장했다. 굴드를 취재하고 그에 대한 기사와 책을 썼던 조셉 미첼은 굴드가 쓴 글이 일부 있긴 하나 그가 주장하는 역대 가장 긴 책은 존재하지 않았다고 밝혔다._옮긴이

타 재료를 삽입하여 피아노를 "준비"시키거나 관악기의 마우스피스를 몸통 없이 사용하는 등 연주자들에게 그들의 악기를 개조하도록 요구했다. 케이지의 일부 작품을 연주하는 연주자들은 무작위화하는 장치를 사용하여 케이지가 준비한 편곡을 조작함으로써 연주되는 파트가 구성될 수 있도록 자신만의 파트를 작성한다. 따라서 동일한 작품의 두 악보나 두 연주가 서로 같지 않으며, 연주자는 쇤베르크나 아이브스의 곡을 이해하듯이 케이지의 곡을 이해할 수 없다.

해리 파치의 작곡 역시 기존의 관행을 거의 용인하지 않았다. 그는 서양 음악의 기본인 반음계의 관례를 깨고 옥타브들 사이에 42개의 음을 포함하는 음계를 고안했다(기존 음계는 같은 간격에 12개의 음을 포함한다). 제1장에서 살펴본 것처럼, 이는 악기의 제작, 연주자의 훈련, 그리고 기보법 등 수많은 다른 변화를 요구했다.

그렇기는 하지만 파치와 케이지 둘 다, 자신들의 모든 혁신에도 불구하고, 음악계의 많은 관례를 유지하고 있다. 그들의 작품은 통상적인 길이의 콘서트에 포함될 수 있는 지속 시간으로 이루어져 있으며, 둘 다 자신의 작품을 관객에게 선보이는 방법으로 콘서트와 녹음에 의존했다. 사람들은 여전히 티켓을 구입하고 정해진 시간에 공연장을 채우며 연주자들이 연주하는 동안 조용히 앉아 있다.

따라서 이단자는 스스로 정통적이고 관례적인 예술의 세계를 지향한다. 그들은 일부 관례는 바꾸고 나머지 관례는 어느 정도 무의식적으로 수용한다. 이러한 혁신가들의 작품은 종종 기성 예술계의 역사적 자료 전체에 통합되며, 기성 예술계의 구성원들은 이러한 혁신이 예술을 의례에서 구출하기 위해 필요한 변형을 만들어내는 데 유용하다고 생각한다. 혁신은 친숙함과 연관성을 통해 더 쉽게 받아들여지게 된다. 다른 모든 관례와의 본질적인 적합성은 혁신을 비교적 쉽게 동화시킬 수 있게 한다. 이단자는 보다 전통적인 예술가들이 사용하는 재료를 제조하는 사람들을 상대하지만, 다른 사람들이 의존하는 지원 인력에게 하는 것처럼 그 재료 제조자들에게도 새로운 것을 요구한다. 새롭고 낯선 작품은 관객에게 더 많은 노력을 요구하지만, 이단자는 보다 전통적인 예술가들이 연주 대상으로 삼는 동일한 관객에게 지지와 인정을 받기를 원한다.

이단적인 작품은 전통적인 작품과 많은 부분을 공유하기 때문에, 우리는 이단성이 작품에 내재된 것이 아니라 작품과 기존 예술계와의 관계에 내재되어 있다는 것을 알 수 있다. 이단적인 작품은 동화되기 어려운 것을 선택하므로 예술계는 도전을 거부한다. 만약 현대 예술계가 적응한다면, 예술가와 작품은 이단적인 특성을 잃게 된다. 왜냐하면 예술계의 관례가 한때 이질적이었던 것을 이제는 포용하기 때문이다. 우리는 혁신하는 통합된 전문가와 이단자 사이에 확고한 경계를 그을 수 없는데, 이것은 이단자가 관례적인 것이 되기 때문이지, 단지 삶이 우리에게 수많은 중간 사례를 제공하기 때문만이 아니다.

통합된 전문가들의 작품이 모두 수준 높은 것으로 여겨지는 것은 아니듯이, 매우 적은 수의 이단자만 자신이 대결하고 있는 예술계로부터 존중을 받는다. 사실 대부분의 예술계 참여자는 아마도 대다수의 이단자에 대해 들어본 적이 없을 것이며, 알려진 이단자 중에서도 좋은 평가를 받는 사람은 극소수에 불과하다. 대신 이단자는 관심 있는 골동품 수집가들에 의해 작품이 때때로 부활하기도 하고 아니면 혁신적인 전문가들의 상상력을 자극할 수 있는 호기심의 대상으로 남아 있기도 한다. 흥미로운 음악적 사례로는 피아노 롤에 직접 구멍을 뚫는 파격적인 방법으로 자동 피아노를 위한 음악을 만든 콘론 낸캐로(Conlon Nancarrow, 1979)의 작품이 있다(그림 23). 이렇게 하여 그는 다른 주법으로는 피아노에서 얻을 수 없는 반음계 글리산도(glissando)*와 같은 효과를 낼 수 있었고, 이러한 가능성을 활용하여 음악 애호가들에게 흥미와 감동을 주는 음악

---

* 높이가 다른 두 음을 계속해서 연주할 때 두 음 사이를 미끄러지듯 빠르게 올리거나 내려서 연주하는 주법._옮긴이

그림 23. 콘론 낸캐로와 자동 피아노(player piano) 작품을 만들기 위한 장치. 낸캐로는 자동 피아노 롤에 직접 구멍을 뚫어 음악을 만듦으로써 인간 연주자에게서는 불가능한 효과를 구현한다.(사진 제공: 1750 아크 스트리트 레코드[1750 Arch Street Records])

을 만들었다. 하지만 낸캐로의 혁신은 연주자와 작곡가 간의 관계를 실질적으로 재편할 것을 요구하고, 작곡가에게 완전히 새로운 차원의 기술을 요구한다. 그리고 그의 혁신은 음악가와 작곡가가 자신의 작품을 유통하고 지원하는 기존 관행에 적합하지 않다. 그래서 그것은 결코 인기를 끌지 못했고, 그의 작품을 알고 있는 전통적인 음악가들은 그 작품을 실용적인 관련성은 없는 흥미로운 호기심의 대상 정도로 여긴다.(다른 이단자들은 이를 매우 중요하게 생각한다.)

이단자의 사례를 설명하기 위해 음악적 사례에 의존한 이유는 협력적인 음악 기획의 복잡성이 그 현상의 역학 관계를 더욱 분명하게 보여주기 때문이다. 하지만 이단적 예술가와 전통적 예술계 사이에서 나타나는 동일한 종류의 절반-절반 관계는 모든 예술 분야에서 발견될 수 있다. 대부분의 이단자의 작품은 예술계의 정전(正典)으로 흡수되지 않는다는 것을 기억할 필요가 있다. 이 단자는 무명으로 남아 있으며, 그들의 작품은 보존되지 않고 그들의 이름과 함께 사라진다.

민속 예술

누군가의 생일 파티에 참석할 때 우리는 관례적으로 「생일 축하합니다(Happy Birthday)」 노래를 부른다. 우리는 그러한 이벤트를 위해 전문 공연자를 고용하지 않는다. 그 노래를 부르기만 하면 음정이나 박자가 어긋나도 상관없다. 모든 사람이 그 노래를 알고 있고 수용 가능성의 기준이 매우 낮기 때문에 그 문화의 유능한 참여자라면 누구나 수용 가능한 버전을 감당할 수 있다.

「생일 축하합니다」는 내가 민속 예술에 대해 말할 때 의미하는 종류의 것이다. 이것은 다소 기이한 용어 사용일 수 있지만(글래시의 논의[Glassie, 1972] 참조), 나는 시골 사람들이 만든 작품이나 한때 널리 퍼져 있던 관습의 잔재를 특별히 가리키는 것은 아니다. 오히려 나는 완전히 전문 예술계 밖에서 이루어진 작품, 평범한 사람들이 일상생활을 하는 중에 만든 작품, 비록 작품이 만들어지는 공동체 외부의 다른 사람들이 그 작품의 예술적 가치를 발견하는 경우가 종종 있기는 하지만 그것을 만들거나 사용하는 사람들이 전혀 예술이라고 생각하지 않는 작품에 대해 이야기하고 싶다.

이러한 의미에서 민속 예술은 자기 일을 하는 사람들에 의해 이루어진 예술이다. 왜냐하면 민속 예술은 공동체의 구성원 또는 적어도 특정 연령과 성별의 구성원 대부분이 일상적으로 하는 일 중 하나이기 때문이다. 사람들은 어떤 사람들이 다른 사람들보다 이러한 일을 더 잘하는지 알고 있지만, 그것은 사소한 문제이다. 중요한 것은 이러한 일이 어떤 최소한의 기준에 따라 이루어져야 하고 당면한 목적에 충분히 적합해야 한다는 것이다. 주부들은 요리를 하는데, 그 요리를 먹는 사람들은 주부들이 요리를 못하기보다는 잘하기를 더 바라겠지만, 더 중요한 것은 음식이 식탁에 정기적으로 올라와서 다른 가족 구성원이 다른 일을 할 수 있을 만큼 충분한 영양을 공급하는 것이다. 이는 적어도 전통적인 가정에서는 그러하다. 사회적으로 유능한 고등학생들은 최신 춤을 배우는데, 일부는 멋지게 추고 일부는 형편없다. 하지만 중요한 것은 최소한의 사회적 기술로서 춤을 필요로 하는 사회 활동에서 다른 아이들과 함께하기에 충분한 정도로만 잘 추는 것이다. (예술계 영역 밖에서 이루어지는 또 다른 종류의 작품은 다음 장에서 논의할 공예 작품이다.)

나는 분석적 목적을 위해 퀼트를 주요 사례로 사용하겠다. 미국 여성들은 다양한 시대와 장소에서 퀼트 침구를 만들었다. 퀼트는 보온을 위한 용도로 사용되었지만(때때로 일부 여성에게는 가정에 전시할 품목을 만들기 위해 고안된 취미에 가까웠지만), 이러한 유용성 외에도 오늘날의 관찰자들에게 현대 회화의 여러 특징을 떠올리게 하는 세련된 디자인과 색채 감각을 보여주곤 했다. 조너선 홀스타인(Jonathan Holstein)은 이러한 일련의 비교를 제안한다.

- 추상주의가 출현한 이후 많은 화가의 작품을 특징지었던 기하학적 형태의 조작
- 베이비 블록(Baby Blocks)과 같은 퀼트와 색과 형태의 관계, 착시, 선형 효과의 조작을 통해 다양한 양식의 망막 자극의 가능성을 탐구한 바사렐리(Vasarely)의 작품과 같은 퀼트의 광학적 효과
- 커피 컵 퀼트에서처럼 주변 환경에서 가져온 반복된 이미지의 사용과 앤디 워홀(Andy Warhol)과 같은 예술가의 작품에서 나타나는 이미지의 순차적 사용
- 고도로 축소된 기하학적 형태의 반복적 사용과 체계적인 화가들의 작품
- 아미시(Amish) 퀼트에서와 같은 단일한 포맷 위의 색상 변이와 앨버스(Albers)의 「사각형의 찬미(Homage to the Square)」 시리즈와 같은 그림들

- 무지개 퀼트와 같은 퀼트처럼 기하학적 틀에서 색채 가능성의 시각적 효과를 위한 조작과 케네스 놀런드(Kenneth Noland)와 같은 화가의 작품(Holstein, 1973: 113)

민속 예술가들은 잘 조직된 공동체에 소속되어 작품을 생산한다는 한 가지 점에서는 정통 예술계 예술가들과 공통점이 있다. 그러나 퀼터는 예술에 전념하는 전문 공동체나 작업 공동체에 속해 있는 것이 아니라 정반대로 가정 단위로 구성된 지역 공동체에 속해 있다. 퀼터들은 가족 구성원이자 이웃으로서 예술 작품을 만든다. 따라서 그들의 작품은 우리가 지금까지 고려했던 예술계의 제약과 기회를 반영하는 것이 아니라 그 공동체의 제약과 기회를 반영한다. 마찬가지로 고등학교 댄스는 십대 사회 세계의 맥락에서 발생하며 그 기회와 제약을 반영한다.

여성들은 자기 가족들의 보온을 위해 필요했기 때문에 퀼트를 만들었다. 홀스타인에 따르면,

> 초기에는 침대를 덮기 위해 부득이하게 가죽을 사용하지 않을 경우, 거의 모든 미국 가정은 집에서 직접 짠 담요와 함께 일부 퀼트를 사용했다. 아주 오랜 기간 동안 마찬가지로 거의 모든 미국 여성이 퀼트를 만들었을 가능성이 있다.
>
> 미국의 많은 지역에서는 어린 소녀가 약혼하기 전 13개의 퀼트 톱(quilt tops)* 을 만드는 관습이 있었는데, 확실하게 조각을 꿰매서 만든 12개의 실용적인 퀼트와 신부의 침대를 위해 조각을 꿰매거나 아플리케를 한 큰 퀼트 1개였다. 약혼 후 그녀는 톱을 완성된 퀼트로 바꾸는 마지막 단계를 밟았으며, 자신의 혼숫감의 필

---

* 아플리케, 피스워크 등의 기법으로 만든 앞면의 천. 아플리케(applique)는 프랑스어 apploquer에서 유래된 말로 '덧붙이다' 또는 '얹는다'는 의미를 가지고 있는데, 바탕천 위에 여러 가지 형태로 자른 천을 올려놓고 감침질이나 자수를 놓아 입체감을 살리는 기법을 말한다. 피스워크(piece work)는 삼각, 사각, 마름모 모양의 천 조각을 꿰매어 만든 퀼트를 가리킨다._옮긴이

수적인 부분으로 이런 것들을 가져갔다.(Holstein, 1973: 81)

여성들이 자신을 위해 퀼트를 만들지 않을 때는 도움이 필요한 다른 사람들을 위해 퀼트를 만들었다. (다음 인용문과 이 절에서 달리 출처를 명시하지 않은 다른 모든 인용문은 패트리시아 쿠퍼(Patricia Cooper)와 노마 부퍼드(Norma Buferd)가 수행한 미국 남서부의 퀼팅에 관한 연구에서 발췌한 것이다[Patricia Cooper and Norma Buferd, 1977[1)]. 이 책은 거의 전적으로 퀼터들과의 인터뷰로 구성되어 있으며, 내가 인용한 내용은 다음과 같다.)

> 한번은 어려운 형편에 남자도 없는 미망인을 위해 퀼트를 만든 적이 있습니다. 또는 마을에 새로 이사 온 사람이 살림을 꾸리고 있으면, 마을 여성들이 그들을 위해 우정의 퀼트를 만들어주기도 했어요.(105)

당시 사람들은 퀼트가 필요했기 때문에 퀼트를 만들었다. 관습에 따라 그 책임은 여성의 몫이었다.

퀼팅은 공동체를 기반으로 하기 때문에 사람들은 일상적으로 공동체에 참여하는 과정에서 퀼트를 배운다. 83세의 한 여성은 어떻게 퀼트를 배우게 되었는지를 다음과 같이 이야기했다.

> 엄마는 아름다운 퀼터였어요. 그녀는 카운티에서 최고의 솜씨를 발휘했지요. 모두가 알고 있었죠. ……
>
> 나는 항상 엄마와 함께 일하고 싶었고, 엄마가 "새라, 원한다면 나랑 지금 같이

---

1) Patricia Cooper and Norma Bradley Buferd, *The Quilters: Women and Domestic Art*에서 발췌. 저작권은 패트리시아 쿠퍼와 노마 부퍼드에게 있으며, Doubleday & Company, Inc.의 허가를 받아 재인쇄되었다.

가자"라고 말했던 날을 얼마나 분명하게 기억하는지 말해줄 수 있어요.

나는 의자에 앉아서 손을 뻗기에는 키가 너무 작아서 바늘과 실을 들고 엄마 옆에 서 있었어요. 바늘을 통과시켜서 다시 위로 당겼다가 아래로 당겼더니 내 바늘자리가 3인치 정도 되었어요. 그 즈음에 아빠가 들어와서 한 걸음 물러나시더니 "플로렌스, 저 애가 당신의 퀼트를 망치고 있어"라고 말씀하셨죠.

아빠는 "저런, 오늘 밤에 다 찢어버려야 할 거야"라고 말했어요. 엄마는 웃으시면서, "그 바늘자리는 퀼트가 닳아져도 거기 있을 거예요"라고 말했어요. 그들이 이야기하는 동안, 내 바늘자리는 점점 짧아지고 있었어요.(52)

대부분의 여성은 분명히 자신의 어머니로부터 자연스럽게 배웠지만, 일부는 이러한 방식을 피하고 나중에 불완전한 작품에 대해 덜 관용적인 자기 친구들에게서 배웠다.

한 여성이 기억납니다. 그녀는 갓 결혼을 했어요. 그녀는 아기가 있었고, 우리 클럽에 들어왔어요. 전에 퀼트를 해본 적도 없고 퀼트 하는 사람을 본 적도 없었던 것 같아요. 우리 클럽에 들어오고, 2주나 3주, 아니면 한 달 정도 얼마나 되었는지는 모르겠지만 그녀는 우리가 위에서부터 아래로 한 땀 한 땀 안감을 꿰매고 있는 것을 알게 되었어요. 그거 알아요? 그녀는 모든 바느질을 너무 열심히 해서 윗부분을 관통하고 있었어요. …… 윗부분을 따라 퀼트를 하고 있었던 거죠. 누군가가 그렇게 멍청할 수 있다고 생각해 본 적 있나요? 그녀는 약간 나이가 있는 사랑스러운 아가씨였지만 그보다 더 나은 것을 알지 못했을 뿐이에요. 그녀는 "이런, 저는 당신이 끝까지 해낼 줄은 몰랐어요"라고 말했어요. 방에 있는 모든 사람이 농담을 했던 이유가 사라졌죠. 나도 웃었고 모두가 다 웃었어요. 웃기긴 했지만, 그녀가 너무 싫어해서 나는 그녀에게 미안함을 느꼈어요.(102~103)

고통스럽든 아니든 간에, 퀼트를 배우는 것은 가족이나 공동체 조직에 소속되는 자연스러운 결과이다. 퀼팅이 이루어지는 공동체에서 퀼팅은 전통적으로 여성의 일이지만, 가끔 남성도 퀼트를 배운다.

> 남편이 자기가 홍역에 걸렸을 때를 이야기하더군요. 시어머니는 남편에게 그가 맞추어놓은 퀼트 조각과 다른 블록 모두를 물방울무늬로 꿰매도록 시켰어요. 그게 그의 홍역 이불이라고 했어요. 그 사람은 지금 내가 아는 것에 대해 말하는 걸 좋아하지 않을 거예요. 하지만 수많은 추운 날 내가 벽난로 한쪽에서 퀼트 틀에 앉아 있으면, 그는 다른 쪽에서 크고 낡은 의자를 끌어당겨 나를 위해 조각을 잘라주었어요. 그는 때때로 약간의 조각을 꿰매는 일도 했어요.
>
> 크고 늙은 긴 다리의 남자가 부츠 발가락 부분을 모아 앉아서 조각을 꿰매는 모습은 볼만한 광경이에요.(39)

초보 퀼터는 기술뿐만 아니라 표준도 배운다. 일부 표준, 즉 공예 표준은 공개되어 공유된다.

> 엄마의 바늘땀은 전국에서 가장 작았고 피트(feet)도 가장 작았어요. 엄마는 자신이 하는 모든 일에 대해 까다로웠어요. 저도 엄마에게서 물려받았죠. 모든 게 순서가 있었고, 퀼트 하나가 완성되면 나머지 퀼트와 마찬가지로 모든 조각이 하나처럼 올바르게 마무리되었어요. 모서리는 T자로 바뀌고, 침대를 만드는 것처럼 모든 솔기가 화살처럼 곧게 뻗어 있었어요. 바느질을 잘하는 것이 어렵지 않았고, 모든 걸 표준에 맞추는 것이 정말 만족스러웠어요.(97)

퀼트를 평가하는 데 사용되는 다른 기준은 널리 공유되지 않을 수도 있다. 퀼터와 그들의 가족은 어떤 퀼트를 다른 퀼트보다 더 좋아한다. 한 남편은 쿠퍼와 부퍼드에게 다음과 같이 말했다.

> 몰리가 당신에게 그 퀼트를 보여줘서 기쁘지만, 그것을 팔게 놔두지는 않을 거예요. 그건 우리가 이 집에서 가진 것 중 가장 훌륭한 것입니다. 그 퀼트는 몰리가 만든 것 중 최고의 작품이에요. 제가 몰리에게 안전하게 보관하라고 말할 때까지 우리는 처음부터 그것을 침대 위에 두었었어요. 금색 삼각형이 조금씩 닳기 시작했죠.(20)

한 퀼터는 이렇게 말한다.

> 나는 특별한 일이 있을 때 걸어놓거나 가끔씩 침대 위에 꺼내놓고 보기 위해서 가장 좋은 퀼트를 보관합니다. 물론 가장 좋은 퀼트를 아이들에게 물려주려고 해요.(108)

퀼터들이 이러한 판단과 선택의 근간이 되는 미적인 기준을 명확하게 드러내는 경우는 거의 없다. 그들은 결국 전문적인 예술가나 비평가가 아니다. 그러나 (홀스타인이 언급한 종류의) 현대 회화에 익숙한 사람의 감성을 활용하여 조각 퀼트를 살펴보면 일부 퀼트는 흥미롭게도 화가의 발전과 유사한 발전을 분명히 보여준다. 퀼터들은 쿠퍼와 부퍼드에게 자신들의 작업 방법을 설명했는데, 이는 전통적인 퀼트 디자인의 틀 안에서 (조지 쿠블러[George Kubler]가 말하는 종류의) 자신만의 문제와 해결책을 순차적으로 발전시킨다는 것을 암시하는 방식이다.

퀼트 디자인은 전통적이기는 하지만 결코 제한적이지 않으며, 변형과 선택 그리고 개인적인 기술 및 취향을 발휘할 수 있는 충분한 여지를 허용한다(그림 24 참조). 많은 퀼트는 단순한 정사각형 모듈로 구성되어 있는데, 그 모듈은 표

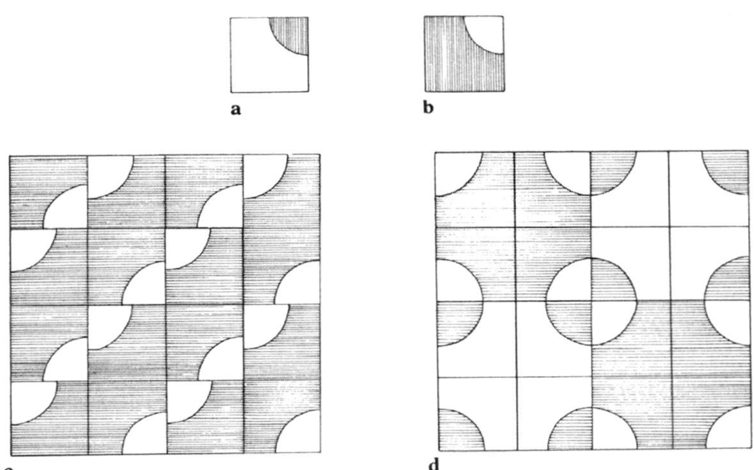

그림 24. 퀼트 디자인들. 이 디자인들은 때때로 단순한 모듈로 만들어지는데, 특히 그 모듈이 만들어지는 천의 색조 값과 패턴이 다양할 때 그 모듈을 조합하여 매우 다양한 전체 패턴을 만들 수 있다. "술주정꾼의 길" 블록은 (a)처럼 어두운 1/4원과 밝은 정사각형의 보충 공간으로 만들 수도 있고, (b)처럼 그 값들을 반대로 하여 만들 수도 있다. 블록 (b)를 사용하면 (c)와 같은 고전적인 "술주정꾼의 길" 전체 패턴을 만들 수 있다. (a)와 (b)를 결합하면 좀 더 복잡한 (d) "물레방아 바퀴"를 만들 수 있다.(낸 베커[Nan Becker]의 그림)

면적으로 무한히 다양한 방식으로 조합되어 전체적으로 상당히 다른 패턴을 만들 수 있다. 예를 들어, "술주정꾼의 길(Drunkard's Path)"은 1/4원과 그 주위를 둘러싼 음의 공간(negative space)*을 결합하여, 그 자체로 "술주정꾼의 길" 자체 또는 "물레방아 바퀴(Millwheel)"와 같은 전체적인 패턴을 만든다. 중앙의 사각형을 중심으로 여러 개의 줄무늬가 서로 맞닿아 있는 "통나무집" 사각형(사각형이 대각선을 따라 절반은 밝고 절반은 어두워지도록 배열되었다)은 다양한 방식으로 배열되어 ("직선 고랑[Straight Furrow]"이라고 불리는) 전체 퀼트에 걸쳐 대각선의 밝고 어두운 줄무늬 패턴을 만들거나, ("헛간 짓기[Barn

* 물체에 의해 둘러싸여 생기는 내부 공간 또는 피사체와 그 주변 사이의 공간, 즉 피사체가 차지한 부분 이외의 공간을 말한다. 여백이라고도 할 수 있다._옮긴이

Raising]”라고 불리는) 명암이 번갈아 나타나는 동심원의 사각형 패턴을 만든다. 또는 놀라울 정도로 많은 다른 변형이 있다. 그중에는 전통적인 이름이 있는 것도 있고 그렇지 않은 것도 있다. 이러한 가능성에 색상, 색조, 프린트 패턴이 이 같은 배열에 들어갈 수 있는 무한한 방식이 더해지면, 퀼트 제작자가 작업할 수 있는 예술적 자원이 엄청나게 많다는 것을 알 수 있다. 내가 인용했던 책들의 삽화를 보면 일부 퀼트 제작자는, 홀스타인의 주장처럼, 현대 화가들의 작품과 유사한 작품을 만드는 데 그러한 예술적 자원을 사용한다는 것을 확인할 수 있다. 하지만 퀼트 제작자들이 그 그림을 진지한 예술로 간주하지 않으리라는 것은 분명하다.

예술계의 전통 안에서 작업하는 예술가들과 마찬가지로, 퀼트 제작자들은 이러한 자원을 다르게 사용하여, 단순히 전통적인 패턴을 재현한 결과가 아니라, 전통적인 예술적 표현 매체와 장르의 작품만큼이나 독특하고 차별화된 결과를 만들어낸다. 우리는 그들이 자신들의 작업 방식을 묘사한 것으로부터 어떻게 이런 일이 일어나는지 유추할 수 있다. 우리는 먼저 퀼트 톱에 들어가는 재료의 출처를 이해할 필요가 있다. 가족과 공동체 생활에서의 퀼트의 기초와 어울리게, 퀼트는 대부분 다른 실용적인 바느질 프로젝트에서 남은 자투리 천으로 만들어진다.

> 어머니는 나를 위해 만드셨던 모든 드레스에서 조각들을 모아두었다가, 내가 나이가 들었을 때 퀼트를 만들라고 내게 그 조각들을 주셨어요. 그 당시에는 바느질된 톱은 모두 여성의 스크랩 백으로 만들어졌고, 안감은 낡고 오래된 퀼트나 낡은 담요를 사용하는 경우가 많았어요. 우리는 천을 조금도 낭비하지 않고…… 천이 다 닳을 때까지 반복해서 사용했어요. 낭비가 없으면 부족함도 없는 거죠.(100)

퀼터들은 스크랩(천 조각)을 범주별로 분류한다.

지금은 여기 뒷방에 모든 재료를 보관하고 있습니다. 언젠가 사용할 수 있다고 생각하는 모든 재료의 조각을 분류할 수 있을 때까지 조각 가방에 넣어놓아요. 그런 다음 저 상자들에 넣습니다. 파일에 넣는 것처럼 말이죠. …… 각 상자는 안에 있는 조각들의 색상으로 이름표를 붙여놓아요. 그러고 나서 이미 자른 경우에는 격자무늬와 줄무늬 그리고 패턴의 종류별로 이름표를 붙여놓아요. ……

이제 이 조각들은 "통나무집"의 햇빛과 그림자[즉, 밝은 부분과 어두운 부분]를 위한 것입니다. 밝은 부분은 바닥나고 있는데, 어두운 부분은 충분히 많아요. 눈에 불을 켜고 밝은 부분을 찾아야 해요. 나는 어떤 그림자가 내가 생각한 것과 어울릴지 항상 알고 있죠. 조각 가방은 절대로 사지 않아요. 빌리는 것도 싫어해요. 나는 나 혼자서 처리할 수 있다고 생각하고 싶어요.(100)

퀼터들의 언어는 그들이 성취한 복잡한 효과를 거의 제대로 평가하지 못하며, 퀼트의 시각적 증거를 보면 그들은 면접 조사자에게 설명할 수 있는 것보다 색상과 디자인에 대해 더 복잡한 이해를 갖고 있다고 가정해야 한다. 퀼터들은 이러한 디자인과 능력의 다양성을 인식하고 있지만 이를 논의할 수 있는 일반화된 비평적 또는 분석적 언어는 없는 것으로 보인다. 그들은 재료를 분류하는 방법에 대해 말할 수 있다. 그들은 시각적 효과에 대해 언급하고 — "지금 여기 있는 것은 퍼즐과 같습니다" —, 그러한 시각적 효과가 어떻게 만들어질 수 있는지에 대해 언급한다 — "어두운 삼각형을 이 다이아몬드 옆에 놓으면 눈에 띌 겁니다" —. 그들은 독창성을 알고 있으며, 이를 자랑스럽게 여긴다. "이제 나는 이전에 누구도 본 적이 없는 방식으로 조각들을 색상별로 놓고 싶어요."

그러나 퀼터들의 언어는 비평적이고 미학적인 정식화를 통해 통합된 전문가들이 시공간을 초월해 서로의 작업에 대해 쉽게 소통할 수 있도록 돕는 일반화되고 추상적인 방식으로 자신들의 작업에 대해 서로 논의하는 것을 허용하지 않는다. (이단자들은 예술계의 기준을 부정하면서도 예술계의 비판적이고 미학적인 어휘를 공유하므로 그 세계의 구성원들과 소통할 수 있을 뿐만 아니라 서로 소통할 수도 있다는 것에 주목하라.)

판단과 관련된 일반화된 언어가 없다면, 표준은 지역적이고 일시적이어야 한다. 카운티 또는 주 품평회에서 평가할 때 일련의 표준이 적용될 수 있지만 거기까지가 한계이며, 그마저도 명시적인 비평적 범주를 사리에 맞게 공개적으로 적용한 것이라기보다는 그저 판단을 내린 것에 불과할 것이다. 여기서는 더 큰 세계가 발전할 수 없다. 그렇다면 복잡한 블록 디자인들은 어떻게 발명되고 전달되었을까? 홀스타인(Holstein, 1973: 55~56)은 그것이 여성 잡지를 통한 것은 아니었다고 말한다. 그는 ≪고디의 레이디 북(Godey's Lady's Book)≫을 조사한 결과, 이 잡지가 발행된 68년 동안 퀼트 블록 디자인을 5개만 게재했으며, 더 많은 시골 독자들을 위한 잡지에는 하나도 게재하지 않았다는 것을 발견했다. 그는 여성들 "그리고 아마도 그들의 남편들은 일상적인 일에 사용한 디자인에 대한 실제적인 지식을 가지고 있었을 것"이라고 추측한다(이는 르네상스 회화를 감상하는 데 실제적인 경험을 활용했던 피렌체 상인들을 떠올리게 한다[Baxandall, 1972]). 포괄적인 조직과 커뮤니케이션 매체가 없는 상황에서 디자인이 어떻게 전수되었는지에 대한 가장 유력한 설명은 어머니가 딸을 가르치고 이웃이 이웃을 가르쳤으며, 사람들이 전국을 돌아다니면서 자기 아이디어를 가져가 다른 사람들이 관찰하고 모방하고 함께 작업할 수 있도록 했다는 것이다. 달리 말하면, 이러한 종류의 작업에 대한 커뮤니케이션은 가족과 공동체 내부에 존재하는 그리고 가족과 공동체 사이에 존재하는 기존 채널을 사용했다. 이것이 퀼팅을 공동체 및 가족 기반 예술이라고 부르는 이유 중 하나이며, 이는 예술계가 전문 예술가들에게 제공하는 자원이 어떻게 다른 방식으로 비전문가들을 위해 생산될 수 있는지를 보여준다. 홀스타인은 다음과 같이 말한다.

품평회와 기타 공동체 모임이 퀼트 디자인의 전파를 담당했다. 특별하게 흥미로운 새 패턴, 특정 여성의 발명품, 또는 특정 지역에서 인기가 있는 패턴은 여성들에 의해 발견될 것이고, 당연히 주목될 것이며, 자신의 집이나 다른 지역으로 옮겨질 것이다. 새로운 디자인은 기억에 남을 것이고, 바느질하는 여성들이 집으로 돌아왔을 때 그 블록은 꿰매어져서 나중에 재현할 수 있도록 "스케치"로 저장될 것이다.(Holstein, 1973: 85)

퀼터들이 퀼트를 만드는 이유는 그들이 가족과 공동체에 참여한 데서 비롯되었으며, 그것은 가족 구성원과 이웃이 가질 수 있는 적절하고 합리적인 동기였다. 그들은 가족을 따뜻하게 하기 위해, 결혼하고 가정을 꾸리는 자녀에게 선물하기 위해, 어려운 환경에 처한 사람들을 돕기 위해, 무료한 시간이나 노년기에 바쁘게 지내기 위해 퀼트를 만들었다.

옛날에는 퀼트를 아주 두껍게 만들어야 했어요. 오래된 대피호에서는 바람이 너무 심하게 들어와서 잠을 자려면 정말로 무언가를 덮어야 했거든요.(45)

이제 내가 가진 퀼트는 모두 다섯 아이와 손주들을 위한 것입니다. 그리고 이제 아이들은 자신들만의 퀼트를 원하고 있어요.(140)

저는 불에 타서 모든 침구류와 다른 물건들을 잃어버리는 불운을 겪은 사람들을 위해 퀼트를 여러 개 만들었어요. 우리 클럽은 어려운 시기에 있는 사람들을 위해 퀼트를 만들어요.(142)

그래서 저녁에 집에 들어오면 그는 작은 TV를 켜고 그냥 소파에 누워서 영화를 봅니다. 그리고 나는 바로 여기 내 퀼트에 앉았어요. 아마도 별것 아닌 것처럼 들리겠지만 외롭지는 않아요.(130)

퀼터들은 대개 완성된 퀼트 톱을 안감과 뒷면까지 꿰매는 등 일부 작업을 다른 사람들과 협력하여 수행했다. 그리고 퀼트를 하는 하나의 동기는 교제를 통해 사회성의 재미를 즐기는 것이었다.

> 여름에는 퀼트 프레임을 스크린 베란다에 걸어놓고 작업이 끝나면 엄마가 "좋아, 애들아 거기로 가자"라고 말하곤 했어요. 우리는 그 틀 주위에 의자를 가져다 놓았는데, 잠깐 들른 사람도, 비록 똑바로 바느질할 수 없더라도, 똑같이 했어요. 물론 정말 제대로 꿰매지 못하면 나중에 그 바늘땀을 제거하기도 했죠. 하지만 여름에 퀼트를 걸어놓은 것은 대화와 방문을 위한 것이었어요. 여름에 사람들이 집안일을 마치고 나오면 우리가 그 틀을 걸었다는 소문이 퍼지곤 했죠. 때로는 램프 불빛 아래서 벌레들이 차단막에 부딪치는 가운데 자정까지 퀼트를 하거나 다른 집을 방문하곤 했기 때문에 스크린이 있는 베란다가 있어야 했어요.(76)

관련된 모든 사람이, 한계 내에서, 다른 모든 사람과 마찬가지로 수행 중인 작업에 대해 많이 알고 있고 관련된 여러 활동 중 마쳐야 하는 작업을 모두가 할 수 있기 때문에, 인간 상호작용의 일반적인 마찰 외에는 거의 마찰 없이 협력이 쉽게 이루어진다. 잠시 아주 다른 예를 들자면, 브루스 잭슨(Bruce Jackson, 1972)은 텍사스 교도소의 흑인 죄수들이 노동요를 활용하여 어떻게 자신들의 노력을 조율하는지를 묘사한다. 그 노동요는 나무를 베는 등의 활동을 안전하게 수행할 수 있도록 리듬을 제공한다(그림 25). 어떤 남성들은 다른 남성들보다 노래를 더 잘 이끄는데, 모든 사람은 노래를 더 잘 이끄는 사람들이 인도하는 것을 선호한다. 그렇지만 리더가 노래를 잘 이끌지 못하더라도 시간을 지킬 수 있고 작업 소음 너머로 들릴 수 있게만 한다면 그는 목적에 부합할 것이다. 모두가 이미 노래를 알고 있기 때문에 누구나 인도할 수 있다. 리더의 주요 기능은 단순히 노래를 부를 때 사용해야 할 구절을 크게 노래하는 것이다. 리더는 해당 노래의 일부로 알려진 많은 구절 가운데서 사용할 구절을 가져온다.

그림 25. 노래하는 죄수들. 민속 예술은 공동체 구성원의 일상 활동의 일부로서 발생한다. 텍사스 죄수들은 리드미컬한 노래를 부름으로써 나무를 베는 등 잠재적으로 위험한 활동을 조율한다.(브루스 잭슨의 사진)

왜냐하면 모든 사람이 모든 부분을 알고 있으며, 그 부분은 특정한 순서로 불러야 할 필요도 없고, 특정한 경우에 특정한 수의 구절로 또는 그 구절들의 조합으로 불러야 할 필요도 없기 때문이다.

다시 그 예로 돌아가서, 퀼트는 예술계에서 생산된 예술 작품이 아니라 공동체 내의 가족 체계의 산물이었기 때문에, 최근까지 퀼트는 부모에게서 자식에게로 또 손주에게로 전해져서 가족 내에서 보존되었고, 퀼트의 가치는 부분적으로는 그 아름다움에 있었지만, 가치의 더 큰 비중은 침구로서의 유용성을 지속하는 데 그리고 가족의 지속성과 연대를 정서적으로 구현하는 데 있었다. 퀼트는 예술적 가치가 없었고, 비평적으로 평가받는 — 작품에 가치를 더하고 바로 그 더해진 가치로부터 명성을 얻는 — 이름 있는 예술가의 작품도 아니었다. 사실 퀼트에는 서명이 거의 없었고, 기억과 가족의 구전에 근거해서만 그 제작자를 알 수 있었다. 일부 가족 구성원이 특별히 마음에 드는 퀼트를 발견하고 고쳐서 보존하려고 시도할 수도 있지만 퀼트는 닳을 때까지 사용되었다. 어떤 조직도 모범적인 작품을 발견하거나 구입하거나 나중에 연구와 전시를 위해 보존하는 데 전념하지 않았다. 아무도 퀼트를 예술로 취급하지 않았기 때문에 퀼트는 예술이 아니었다. 퀼트는 가족과 공동체를 물리적으로 구현한 것이었지만 보존해야 할 이유는 없었다. 보존되지 않으면 높은 평가를 받을 수 없었고, 결국에는 — 가질 수도 있고 가지지 않을 수도 있는 — 예술적 특성을 가지고 있다고 여겨질 수도 없었다. 예술 작품이 살아남아 사회에서 인정받는 진지한 예술 작품에 포함되려면 보존이 필수적이기 때문에 퀼트는 그러한 지위를 얻을 수 없었다.

가족 및 공동체 산업의 다른 많은 생산품과 마찬가지로, 미술관들이 민속 공예품을 보존하는 데 노력을 기울이거나 그러한 작품이 지닌 예술적 가치를 인정함에 따라 상황이 바뀌었다. 현재 많은 미술관에는 이전에는 없었던 퀼트 및 이와 유사한 소재를 위한 모든 작업을 수행하는 섬유 예술 부서, 장식 예술 부서, 또는 마이너 예술 부서(이름은 다양하다)가 있으며, 일부 미술관은 한동안 이 부서를 유지해 왔다. 당연히 일부 현대 예술가들도 퀼트 제작의 미학적 가능성을 활용하기 시작했는데, 특히 퀼트는 이제 여성의 예술로서 특별한 관심을 받고 있다.

나는 이렇게 민속 예술을 분석하면서 거의 전적으로 퀼팅의 세계에 의존해 왔다. 시골 가정에서 퀼팅과 유사한 기능적 역할을 하는 남성의 활동인 목공, 아이들의 게임, 십대들의 볼룸 댄스 등 현대의 다른 많은 미국적 활동은 퀼팅이 제시하는 모델에 적합하다. 아마도 남성의 활동보다 여성과 아이들의 활동이 더 이 같은 형태를 취할 것이다. 왜냐하면 남성의 활동은 작업 조직을 중심으로 발전되어 전문 예술은 아니더라도 특정 직업의 공예로 보이기 때문이다.

소박한 예술가들

마지막 종류의 예술가는 원시적인 예술가, 소박한 예술가라고 불리거나, 풀뿌리 예술가라고 불린다. 모지스 할머니(Grandma Moses)가 그 원형이다. 그녀는 결국(때때로 그런 사람들에게 일어나듯이) 예술계에 의해 발견되어 예술계에 포함되었지만 말이다. 이러한 예술가들은 일반적으로 어떤 예술계와도 전혀 연관이 없다. 그들은 자신들의 작품(만약 존재한다면)과 같은 작품이 생산되는 일반 예술계의 구성원들을 알지 못한다. 그들은 일반적으로 그러한 작품을 제작하는 사람들이 받은 훈련을 받지 않았으며, 자신이 작업하는 표현 매체의 역사와 관례, 또는 그 표현 매체에서 일반적으로 제작되는 작품의 종류에 대해 거의 알지 못한다. 자신이 하는 일을 관례적인 용어로 설명할 수 없는 소박한 예술가들은 전형적으로 혼자서 작업하는데, 이는 그들이 필요로 하는 도움이나 협력을 제공하는 방법을 아는 사람도 없고 설명할 수 있는 언어도 없기 때문이다. 만약 도움을 받는다면, 그것은 그들이 필요한 일과 그 일을 수행하는 방법을 점차적으로 배우는 사람들을 모집하고 훈련하고 유지 관리하는 자신들만의 협력 네트워크를 만들기 때문이다. 대부분의 경우, 그들은 기껏해야 작품의 감상자 역할을 하는 몇 명의 사람을 모집하는 데 성공할 뿐이다.

이러한 묘사는 소박한 예술을 회화와 같은 표준적인 범주에 들어맞는다고 시사함으로써 실제보다 더 전통적인 것처럼 보이게 만든다. 많은 부분이 그러하다. 모지스 할머니는 수많은 원시 화가 중 한 명일 뿐이며, 가장 유명한 화가는 앙리 루소(Henri Rousseau)이다. 이러한 화가들은 이젤 페인팅의 관례를 알고 준수하며, 다소 통상적인 재료로 관례적인 크기의 캔버스와 판에 그림을 그린다. 이들은 전문적인 훈련을 받지 않았기 때문에 이들의 작품은 말 그대로 소박하고 순진해 보이는 것이 특징이며, 아이들이 좀 더 정교한 기술을 배울 때까지 또는 그림 그리기를 중단할 때까지 그림을 그리는 방식과 비슷하다. 오토 비할지-메린(Otto Bihalji-Merin, 1971)은 200명이 넘는 소박한 화가들의 그림 목록을 편집했는데, 이는 그 세계의 아주 작은 부분, 즉 예술계의 기준에서 미적 가치를 지닌 작품을 찾는 누군가의 관심을 끄는 극히 일부에 불과하다. (또한 Lipman and Armstrong[1980] 참조.)

회화와 같은 전통적인 표현 매체의 소박한 작품은 비교적 이해하기가 쉽다. 소박한 화가들은 서구 사회의 잘 사회화된 구성원처럼 어떤 것이 회화인지 또한 회화는 어떻게 그려지는지 잘 알고 있다. 그림을 그리기 위한 재료는 널리 구할 수 있다. 최소한의 그림 기술만 있으면 누구나 쉽게 그림을 시작하여 기존의 스테레오타입, 전통적인 주제, 또는 사적인 집착에서 상상한 것을 그릴 수 있다. 소박한 화가들의 작품은 아마추어 화가들의 작품과 조금 다를 뿐이다. 아마추어 화가는 회화 수업을 들었을 수도 있고 비슷한 아마추어들의 클럽에 소속되어 있을 수도 있고 일요일 화가들의 세계에 참여했을 수도 있지만, 소박한 화가와 아마추어 화가는 둘 다 전문적인 회화의 세계와 아무런 관련 없이 작업한다. (McCall[1977, 1978]의 묘사; Cincinnati Art Museum[1976]과 California State University, Fullerton[1977: 113~153]의 유사한 도자기 그림 세계에 대한 묘사 참조.)

소박한 회화는 전통적인 회화와 유사하기 때문에 바깥 세계는 소박한 회화를 더 잘 흡수하며, 따라서 소박한 회화는 묘사하기 훨씬 더 어려운 다른 종류의 작품만큼 분석적으로 흥미롭지는 않다. 소박한 회화를 묘사하는 데 어려움이 생기는 이유는 정확하게 말해서 그 회화가 그린 사람의 개인적인 삶을 벗어난 어떠한 세계의 기준도 참조하지 않고 그려졌기 때문이다. 소박한 회화의 제작자는 예술계 참여자들을 억제하는 협력의 제약에서 벗어나 전통적인 예술 작품의 범주를 무시하고 고립된 상태에서 작업하여 어떤 표준 장르에도 맞지 않고 어떤 부류의 예시로 묘사될 수도 없는 것들을 만든다. 그들의 작품은 그저 작품일 뿐이며, 그 특징을 열거하는 것만이 그 작품을 묘사하는 유일한 방법이다. 그러한 작품들은 일단 묘사되어도 어떤 부류에 할당될 수 없다. 다른 어떤 것도 참조하지 않고 만들어졌고 그 작품을 참조하여 만들어진 것도 없기 때문에 각 작품은 그 자체로 고유한 부류이다.

유명한 작품으로는 사이먼 로디아(Simon Rodia)가 1921년에서 1954년 사이에 로스앤젤레스에 건설한 「와츠 타워(Watts Towers)」가 있다(Trillin, 1965). 조각품이라고 부르기에는 너무 거대한 이 타워는 정확하게 건축물이 아니며, 기념비라고 부르는 것도 오해의 소지가 있다. 이 타워는 여러 개의 개방형 철근 콘크리트 탑으로 구성되어 있으며, 그중 가장 높은 탑은 100피트가 넘는다(그림 26 참조). 로디아는 이 타워를 유리병과 싸구려 자기 조각 같은 쉽게 구할 수 있는 재료로 장식했다. 그는 주방용품과 공예 도구로 시멘트에 자국을 남겼다. 그는 타일공으로 일하면서 배웠던 기술에 의존했으며, 그의 형상화는 매우 독특하다. 사람들은 처음에는 이 타워가 모호하게 종교적이라고 생각했다. 하지만 몇 년 동안 사라졌던 로디아가 북부 캘리포니아에 다시 나타났을 때 그는 지독하게 반종교적인 것으로 판명되었다. 비록 그가 타워의 비문과 상징에 대해 어떤 다른 설명도 제공하지 않았지만 말이다.

워싱턴 D.C.의 정부 청소부였던 제임스 햄튼(James Hampton)은 차고를 제단, 설교단, 성물함, 벽패, 그리고 금박과 은박으로 덮인 기타 종교적인 물품들로 가득 채운 「전국 밀레니엄 총회의 셋째 하늘의 보좌(The Throne of the Third Heaven of the National Millenium General Assembly)」라는, 마찬가지로 분류 불가능한 작품을 만들었다(워커 아트 센터[Walker Art Center, 1974]에는 이 작품과 앞으로 언급할 다른 여러 작품에 대한 설명과 삽화가 들어 있다). 클래런스 슈미트

그림 26. 사이먼 로디아, 「와츠 타워」. 소박한 예술가들은 예술계의 경계 밖에서 작업하며, 다른 사람들의 도움 없이 자신의 작업을 완성한다. 로디아는 굳이 설명해야 했을 때 다른 사람들에게 "모든 것을 혼자서" 했다고 말함으로써 자신의 작품에 대해 설명했다.(사진 제공: 시모어 로젠[Seymour Rosen])

(Clarence Schmidt)는 뉴욕 우드스톡 근처의 5에이커에 걸쳐 많은 건물을 짓고, 주위의 나무들과 그 나무들이 서 있는 땅을 은박지, 분홍색 플라스틱 아기 인형들, 그리고 이와 유사한 재료들로 장식했다. 트레사 프리스브리 할머니(Tressa "Grandma" Prisbrey)는 캘리포니아 산타 수자나(Santa Susana)의 넓은 부지를 콘크리트와 병으로 만든 작은 건물들로 덮고, 인형, 색연필, 그리고 다른 흔한 물건들로 채웠으며, 나머지 공간에는 자동차 헤드라이트와 기타 주워 온 물건으로 장식한 화분들로 조경했다. 제시 "아웃로" 하워드(Jesse "Outlaw" Howard)는 미주리주 풀턴 근처에 있는 자신의 소유지에 종교적·정치적 메시

그림 27. 제임스 햄튼, 「전국 밀레니엄 총회의 셋째 하늘의 보좌」. 소박한 예술가들은 조직화된 예술계 밖에서 작업하기 때문에 그들의 작품은 독특한 외관을 가지고 있다. 워싱턴 D.C.의 정부 청소부였던 햄튼은 1950년과 1964년 사이에 차고에서 집기를 은박으로 씌워 이 작품을 만들었다.(사진 제공: 스미소니언 박물관[Smithsonian Institution] 국립 미술 컬렉션)

지를 담은 손그림 간판들을 게시했다. 샌프란시스코에 있는 스태니언 스트리트(Stanyan Street) 위쪽에는 유사한 "간판 정원"이 수년 동안 존재했다.

현대 시각 예술계는 이러한 작품이 더 이상 전혀 낯설지 않다고 생각한다. 그리고 그 작품들은 "환경" 또는 "어셈블리지"라는 제목 아래 통합될 수 있는데, 이 범주에는 에드 킨홀츠(Ed Kienholtz)와 조지 시걸(George Segal)과 같은 조각가들이 선술집, 레스토랑, 기타 서민적인 장소를 세밀하게 재구성한 것들이 포함될 수 있다. 하지만 예술계 참여자들이 이러한 분류 불가능한 작품들을 발견하고 모방했기 때문에 시각 예술계에서 그러한 범주가 발전했을 수 있다. 몇 년 전 나는 한 대학 타운에서 강의를 하면서, 로디아, 슈미트 등을 언급하고 그들의 작품 슬라이드를 보여준 적이 있다. 그곳에 사는 한 친구는 그 타운에도 비슷한 건축이 진행되고 있다고 말했다. 그것은 나에게 놀라운 일이 아니었다. 왜냐하면 작은 타운에는 그런 기이한 작품이 흔하기 때문이다. 우리는 그 작품을 보러 차를 몰고 나갔다. 그 작품은 클래런스 슈미트의 스타일과 매우 유사하게 문과 창문 그리고 기타 물건들로 덮인 일종의 2층짜리 집이었고, 우리는 바쁘게 벽에 폐물들을 더 붙이고 있는 제작자를 볼 수 있었다. 내 친구는 그에게 손을 흔들고 나서 그 작품이 곧 완성될 것이라고 아무렇지 않게 말했다. 왜냐하면 그 작품은 미술 석사 학위를 위한 제작자의 프로젝트였고 그는 그해 봄에 졸업을 앞두고 있었기 때문이다!

소박한 예술가들은 대개 우연히 또는 무계획적으로 작업을 시작한다. 또는 어쩌면 나는 그들이 실질적인 "시작"을 하게 하는 조직을 갖춘 전문적인 세계에서 의도적으로 의미 있는 활동을 시작하는 것은 아니라고 말하는 편이 더 나을 것이다. 세기가 바뀔 무렵 프랑스의 시골 우체부였던 페르디낭 슈발(Ferdinand Cheval)은 건물, 부조, 조각이 복합된 「꿈의 궁전(Palais Ideal)」을 지었는데, 이 작업은 30년 이상 걸렸다. 슈발은 말년에 자신이 한 일에 대해 묘사하면서, 자신은 우편물을 배달하면서 "아름답고 그림 같은 모습으로 10년 동안 내 마음 속에 가장 우선적으로 남아 있었던 하나의 구조에 결합된, 동화 속의 성 …… 정원, 미술관, 조각, 복잡한 미로로 가득 찬 건물 …… 고대 먼 나라의 건축물"을 짓는 몽상을 꾸었었다고 설명했다. 그런 다음 이렇게 말했다.

> 어느 날 돌멩이에 걸려 넘어질 뻔했습니다. 그리고 그 돌을 더 자세히 살펴보니 모양이 너무 신기해서 주워서 가져갔어요. 다음 날 같은 장소에 다시 갔는데, 훨씬 더 아름다운 돌들을 발견하고 열심히 줍기 시작했습니다.
>
> 나는 이 우연을 징조로 받아들였어요. 자연 자체가 조각품을 제공했기 때문에 나는 건축가나 석공이 될 수 있었어요!. ……

그래서 그 후 25년 동안 나는 돌을 옮겼습니다.(Cheval, 1968: 9)

위스콘신주 코크레인(Cochrane)의 농부 허먼 러시(Herman Rusch)는 「프레이리 문 박물관과 정원(Prairie Moon Museum and Garden)」 — "장소를 꾸미기 위해" 시멘트로 만든 아치, 기둥, 탑, 그리고 다른 것들로 이루어진 2에이커 규모의 구조물 — 을 시작했다(Hoos, 1974: 71). 프리스브리 할머니가 작품을 시작한 이유는 그녀가 살던 트레일러가 그녀의 가족과 2,000개의 연필 컬렉션을 수용할 만큼 크지 않았기 때문이었다. (캔자스주 루커스[Lucas]에 있는 0.5에이커 규모의 정치종교적인 건축 및 조각 구조물인 S. P. 딘스무어[S. P. Dinsmoor]의 「에덴동산」처럼) 의도적으로 작품을 구상하고 실행한 경우, 그 이유는 개인적인 것이어서 항상 이해할 수 있는 것은 아니다. 이 점에 대해서는 다시 설명할 것이다.

예술적으로 정의된 문제와 해결책의 전통 어디에도 속하지 않는 이 작품들은 갑자기 튀어나온 것처럼 보인다. 아무도 이 작품들에 어떻게 반응해야 할지 모른다. 관객들(그 작품을 보게 된 사람 누구든지)은 이 작품들을 어떻게 해석해야 할지 모르며, 그 제작자들은 그 작품을 구축하는 데서 어떠한 확립된 협력 네트워크도 활용할 수 없다. 그들은 혼자 작업한다. 로디아는 다음과 같이 말했다.

나는 그것을 모두 혼자서 했어요. 나는 한 번도 도움을 받은 적이 없습니다. 한 가지 이유는, 난 돈이 없어서 어떤 조력자도 고용할 수 없었어요. 한 가지가 아니군요. 사람을 고용하더라도 그 사람은 무엇을 해야 할지 모를 거예요. 나 스스로 무엇을 해야 할지 몰랐던 게 100만 번이 넘어요. 이건 내 아이디어였기 때문에 밤새 깨어 있곤 했어요.(Trillin, 1965: 72)

(조력자를 사용하지 않을 기술적인 이유는 없다. 카탈루냐 출신으로 아르누보[art

nouveau] 스타일의 건축가인 안토니 가우디[Antoni Gaudi]는 로디아와 다른 소박한 예술가들의 작품과 동일한 특징을 많이 가진 건축물을 만들었다. 그러나 가우디는, 다소 괴짜이기는 했지만, 인정받는 전문 건축가로서 부유한 후원자와 고객을 보유하고 있었기 때문에 자신의 설계에 따라 작업할 석공과 다른 장인들을 고용하고 훈련시킬 여유가 있었다[Collins, 1960; Bergós, 1954].)

소박한 예술가들은 전문 예술가들이 훈련 과정에서 필수적으로 습득하는 시각과 사고의 습관을 획득하고 내면화하지 않았기 때문에 고유한 스타일을 성취하며 독특하고 특이한 형식과 장르를 창조한다. 이단자는 전문적인 훈련이 남긴 습관을 극복해야 하지만, 소박한 예술가는 그런 습관을 가진 적이 없다. 「와츠 타워」와 같은 건축물을 만드는 예술가 중 상당수는 로디아처럼 건축업에 종사하면서 기술을 익혔다. 다른 사람들은 농부이거나 일반 잡역부였다. 좀 더 일반적으로 말하자면, 사회는 많은 사람에게 예술적으로 활용될 수 있는 기술을 가르치지만, 예술적이지 않은 환경에서 공리적인 목적으로 기술을 가르친다. 이러한 기술을 배운 사람들은 기존 예술계와 접촉하지 않고도 고유한 예술적 기획을 시작할 수 있다. (이것은 시각적 사례와 비슷한 음악적 사례를 찾기 어려운 이유일 수 있다. 음악적 기술은 매우 전문화되어 있어서 비예술적 기획에서는 유용하지 않기 때문에 사람들이 그러한 우연적이고 비전문적인 방식으로 음악적 기술을 습득하는 것은 비교적 드문 일이다.)

예술계의 작업 조직에 소속되지 않은 소박한 예술가는 전문적으로 표준화된 소재를 정기적으로 공급받을 수 없다. 수완이 비상한 사람들은 주변에서 찾을 수 있는 것을 활용한다. 로디아는 철근 콘크리트 건축에 필요한 표준 재료를 사용했지만, 장식에는 타일, 도자기, 가정용 식기, 조개껍질, 유리병을 사용했을 뿐만 아니라 가정용품과 자신이 쓰던 도구들의 자국도 사용했다. 트릴린이 지적했듯이, 그 작품은 로디아가 구할 수 있는 것의 한계를 반영한다.

> 그 타워가 취한 형태는 로디아가 가진 장비의 한계에 의해 결정된 것이 분명하다. 예를 들어, 로디아는 비계(scaffolding)가 없었기 때문에 작업을 진행하면서 비계를 직접 마련해야 했다. 비계는 가장 높은 첨탑을 감싸는 수평적인 바퀴살과 원의 형태를 취했는데, 촘촘한 거미줄 효과는 부분적으로 고리가 키 작은 사람이 닿을 수 있는 것보다 아래에 있는 고리에서 더 멀리 떨어져 있지 않다는 사실에서 비롯된다.(Trillin, 1965: 80)

미네소타주 소크 래피즈(Sauk Rapids)에 있는 「몰힐(Molehill)」 — 이것은 거대한 바위 정원과 유사하다(가장 높은 탑은 45피트이다) — 을 만든 루이스 C. 위피치(Louis C. Wippich)는 지역의 산업을 이용했다.

> 정원 건설에 바쳤던 24년 동안 위피치는 채석장과 기념비 회사들을 샅샅이 뒤져서 버려진 블록, 손상된 무덤 표식, 그리고 기념비 "하자품"들을 찾아냈다. 그는 그레이트 노던 레일로드(Great Northern Railroad)의 차량 작업장에 있는 폐차된 화물차에서 철도 레일, 강철 케이블, 목재 벽판자를 얻었다. 콘크리트 다리와 플랫폼은 철도 레일로 보강되었다.(Sherarts and Sherarts, 1974: 90)

프리스브리 할머니는 도시 쓰레기장에서 콘크리트, 목재, 타르 종이를 제외한 모든 것을 찾아냈는데, 여기에는 약 100만 개의 병, 자동차 헤드라이트, TV 브라운관, 버려진 인형, 기계 금형과 부품, 실험실 유리제품, 연필, 안경테, 맥주병 뚜껑 등이 포함되었다……(McCoy, 1974: 82). 제임스 햄튼은 직장에서 자신이 비운 쓰레기통에서 재료를 구했고, "동네 빈민들에게 돈을 주고 알루미늄 포장지를 수집했을 뿐만 아니라, 직접 주운 물건들로 가득 찬 마대를 들고 거리를 직접 샅샅이 뒤지며 다녔다"(Roscoe, 1974: 15).

전문적인 훈련을 받지 않고 기존 예술계와의 접촉이 없는 소박한 예술가들은 자신들의 작업에 대한 동기를 밝히고 설명할 수 있는 전통적인 어휘를 배우지 못한다. 자신이 하는 일을 기존의 예술 용어로 설명할 수 없기 때문에, 그리고 예술이 아닌 다른 것으로 설명할 수 있는 경우도 거의 없기 때문에, 소박한 예술가들은 설명을 요구하는 사람들과 자주 어려움을 겪는다. 「와츠 타워」, 슈발의 「꿈의 궁전」, 또는 현재 관심 있는 비평가에 의해 발견되고 있는 수백 개의 유사한 작품과 같이 어떠한 관례적인 범주에도 속하지 않고 기존 예술계와의 진지한 연관을 통해 정당화되지도 않는 작품들은 설명을 요구한다. 이러한 예술가 중 상당수는 어떠한 설명도 제공하지 않는데, 이들은 자신이 하는 작업이 그들 자신의 일이거나 자신과 신 사이의 일이라고 ― 왜냐하면 많은 작품이 일정한 종교적인 의도를 갖고 있기 때문이다 ― 믿는 것처럼 보인다. 그들이 스스로에 대해 설명을 할 때, 동기에 대한 공유된 어휘에 근거하지 않는 고유한 설명은 극도로 기이하게 들린다. 여기 몇 가지 사례가 있다.

[캔자스주 웰링턴(Wellington)에 병으로 집을 지은 트레이시 씨. 그의 설명은 다음과 같다.] "캘리포니아에서 병으로 만든 집 하나를 봤는데, 그들은 한 종류의 병만 사용했어요. 그래서 저는 더 잘해보려고 모든 종류의 병을 사용했답니다."(Blasdell, 1968: 32)

[허먼 러시(Herman Rusch)는 위에서 묘사했던 작품에 대해 다음과 같이 설명한다.] "선생님, 말 그대로 사람은 여러 발자국을 남겨야 합니다. 복지 수당을 취소하기만 해서는 안 됩니다."(Blasdell, 1968: 41)

[캔자스주 루카스의 S. P. D. 딘스무어는 다음과 같이 말한다.] "「에덴동산」[그가 만든 예술 작품의 이름]이 옳지 않다면, 모세가 책임을 져야 합니다. 모세는 그것을 기록했고, 저는 「에덴동산」을 만들었습니다."(Blasdell, 1968: 30)

[프레드 스미스는 이렇게 말했다.] "나는 166살이고, 175살이 되면 더 좋아질 겁니다. 그것은 사람 안에 있어야 해요. 내가 한 일을 하려면 당신도 재능이 있어야 합니다."(Blasdell, 1968: 33)

당연히, 그런 작품들을 만들고 이와 같은 설명을 하는 사람들은 이웃과 다른 사람들로부터 미친 사람으로 여겨지는 경우가 많다. 그 작품이 과연 무엇**인가** 하는 문제는 다른 사람들의 반응에 핵심적이다. 일반적으로 눈에 보이는 쓰임새가 없는 그러한 작품들은 예를 들어 창고나 주거 공간과 같은 실용적인 용도로 설명할 수 없다. 쓰임새가 없다면 그 작품들은 과연 무엇인가? 그 작품들이 이웃들이 본 적 있거나 들어본 적 있는 어떠한 예술과도 같지 않다는 점, 그 작품의 제작자들이 예술가의 지위를 주장하지 않고 단순히 종종 괴상하거나 기이하다는 독자적인 평판을 받는 마을의 동료라는 점을 제외하면, 그 작품들은 예술로 인정될 수도 있을 것이다. 제작자는 조롱, 욕설, 비공식적 또는 공식적 괴롭힘의 대상이 된다. 슈발(Cheval, 1968: 11)은 자신의 건축물 「꿈의 궁전」을 준비하면서 자신이 돌을 수집한 것에 대한 반응을 다음과 같이 묘사한다.

얼마 지나지 않아, 동네 사람들이 수군거리기 시작했고, 곧 여론은 굳어졌다. "정원을 돌로 가득 채우는 저 불쌍한 바보 좀 봐!" 사람들은 실제로 내가 정신병자라고 생각했다. 어떤 사람은 나를 비웃었고, 어떤 사람은 나를 책망하거나 비난했다. 하지만 그들은 이런 광기가 위험하지도 않고 전염되지도 않는다는 걸 알았기 때문에, 아무도 정신과 의사를 부르지는 않았다. 시간이 지나면서, 나는 그들의 놀림에 신경 쓰지 않게 되었다. 나는 사람들은 항상 자신이 이해할 수 없는 사람을 조롱하고 박해한다는 것을 깨달았다.

제2차 세계대전 시기에 사이먼 로디아와 같은 괴짜를 놀림감으로 여겼던 동네 아이들은 그가 「와츠 타워」를 이용해 해안에 있는 이탈리아 잠수함에 무전 메시지를 보내고 있다고 판단하고 작품을 대대적으로 훼손하면서 본격적으로 그를 괴롭히기 시작했다. 1954년에 로디아는 더 이상 타워나 타워에 일어날 일에 대해 관심이 없어진 것으로 보였으며, 그 땅을 이웃에게 주고 사라졌다. 1959년 로스앤젤레스시의 건축부서는 그 건축물이 안전하지 않다고 판단하고 철거하기로 결정했다.

이는 그러한 작품들이 보존된다면 과연 어떻게 보존되는지, 어떻게 그러한 괴롭힘으로부터 보호받는지에 대한 의문을 제기한다. 기존의 예술 작품에 제공되는 통상적인 방어 및 보호 장치는 부족하다. 프리스브리 할머니의 아들은 지역의 건축 감독관이었는데, 그 때문에 그녀는 분명 끝없이 문제가 될 수 있는 상황에서 벗어날 수 있었을 것이다. 위피치의 작품은 먼 친척이 온전하게 보존하려는 의도로 구입하지 않았다면 아마도 사라졌을 것이다. 지역의 미술상들은 때때로 작품이 관광객을 끄는 가치가 있을 수 있다고 판단하고 그러한 이유로 작품을 보존하기도 한다. 그러나 얼마나 많은 작품이 그러한지는 알 수 없지만 많은 작품이 후대의 관객에게 감상의 대상이 되지 못했다는 것은 의심의 여지가 없다.

그러한 작품을 보존하는 가장 중요한 방법은, 틀림없이 흔치 않은 방법이긴 하지만, 분명 일부 예술계의 구성원들로 하여금 해당 작품에 관심을 갖게 하는 것이다. 그들은 소박한 예술가들이 도달한 해결책과 현재 자신의 직업 세계에서 흥미를 느끼는 문제 사이의 연관성을 본다. 그것이 「와츠 타워」를 구했다. 로스앤젤레스에 있는 (와츠에 있는 '사이먼 로디아의 타워를 위한 위원회'로 조직된) 예술가들과 미술관 사람들은 (한때 로스앤젤레스에서 운행되던 도시 간 트롤리에서 볼 수 있는 관광 명소였던) 그 타워를 발견하고 법적으로 타워의 파괴를 막기 위해 움직였다. 트릴린(Trillin, 1965)은 시의 건축부서가 특정 압력을 견딜 수 있다면 전체 건축물을 살릴 수 있다는 합의하에 타워 중 하나를 철거하려고 시도한 흥미진진한 이야기를 들려준다. 드라마의 엔딩에서, 그 타워는 너무 튼튼해서 타워를 끌어내리려던 트럭의 차축이 찢어질 정도였다. 그럼에도 불구하고 타워는 현지의 파손범들에 의해 심각한 손상을 입었다. 좀 더 이동성이 좋은 햄튼의 「전국 밀레니엄 총회의 셋째 하늘의 보좌」는 워싱턴 D.C.의 국립미술관(National Collection of Fine Arts)으로 옮겨져 살아남았다.

소박한 예술가의 작품은 예술계 참여자들의 개입을 통해 보존되더라도 그 세계에 쉽게 동화되지 않는다. 예를 들어, 그 작품들은 전통적인 작품의 기준을 이단자의 작품보다 훨씬 더 많이 위반하는데, 그 기준을 더 포괄적으로 위반하기도 한다. 소박한 예술가의 작품들은 사용 가능한 공간에 맞지 않으며, 실제로 아예 옮길 수 없는 경우가 많다. 그 작품들은 기존 형식의 주류 전통과 분리되어 있기 때문에 어떤 형식의 역사에서 중요한 위치를 차지하는 것으로 해석될 가능성은 낮다. 그 작품들은 그저 진기한 것일 뿐이다.

소박한 예술이 지닌 원시적인 특성은, 이단적 예술이 지닌 이단적 특성과 마찬가지로, 제작자와 기존 예술계 간의 관계에 있다. 소박한 예술을 구별 짓는 것은 작품 자체의 특성이 아니라 그것이 당대의 관례의 제약과 상관없이 만들어졌다는 점이다. 이는 또한 달리 풀기 어려운 문제를 해결한다. 모지스 할머니의 작품은 발견된 뒤 미술관과 갤러리에 전시되어 비평적 찬사를 받은 후에도 소박한 작품으로 남아 있는가? 그녀 또는 원시적이라고 여겨진 누군가가 자신이 편입된 세계의 제약을 계속 무시하는 한, 그 작품은 소박한 것으로 남아 있게 된다. 예술가가 새로운 동료들이 자신에게 기대하는 바를 고려하고 그들과 협력할 준비가 되어 있을 때, 비록 그가 자신이 창조한 변형을 수용하기 위해 자체적으로 다소 변화된 세계에 통합되더라도, 그 예술가는 통합된 전문가가 된다.

결론

이단자들과 소박한 예술가들이 작품을 만들고 유통하는 데 겪는 어려움, 그들이 관객 및 당국과 겪는 갈등은 통합된 전문가들이 사회의 합법적인 부분으로 인정받는 예술계에 참여해야 성가신 일을 피할 수 있다는 것을 보여준다. 민속 예술가들은 레이블을 제외한 모든 면에서 예술과 같은 작품이 어떻게 다른 후원하에서 만들어질 수 있는지 그리고 그 후원이 작업에 어떻게 영향을 미치는지를 보여준다.

통합된 전문가, 이단자, 민속 예술가, 소박한 예술가의 작품 사이의 차이점은 표면적인 외관이나 소리에 있는 것이 아니라 그 작품과 어떤 예술계에 어느 정도 관여하는 다른 사람들의 작품 간 관계에 있다. 소박한 예술가의 작품이 항상 유치해 보이는 것은 아니겠지만, 예술계와 맺은 다른 방식의 관계에서 유사한 표현 매체로 작업한 작품과는 다르게 보일 것이다. 이단적인 작품은, 아이브스가 그랬던 것처럼, 협력 관계가 부과하는 제약에서 자유로울 수 있지만, (아이브스가 자신이 쓴 곡이 연주되는 것을 듣지 못해 방해를 받을 수도 있었듯이) 다른 사람들의 협력 부족으로 인해 방해를 받을 것이다. 공동체의 탄탄한 지원을 받는 민속 예술은 그 작품이 만들어지는 공동체에서 그런 종류의 작품에 가용한 시간과 재료에 의해 제한을 받을 것이다. 이때 가용한 지원은 작품 제작이 공동체의 주요 관심사에 이어 두 번째 자리를 차지할 필요가 없는 인정된 예술계의 참여자들에게 제공되는 지원보다 아마도 항상 적을 것이다. 소박한 예술은 동료들의 여론이나 사례에 의해 변하지 않는 독특한 거친 면을 가질 것이다.

따라서 예술계는 참여자들이 다른 사람들의 물질적 지원과 진지한 반응을 얻을 수 있는 작품을 제작하도록 돕고, 예술가들이 작품을 작품의 의미가 통하는 전통과 연결되도록 지원하며, 예술 활동을 위한 상당한 양의 시간과 기타 자원을 제공한다.

이러한 여러 종류의 예술을 구분하는 것은 질적인 구분이 아니다. 모든 수준에서 관심을 받는 작품은 모든 범주에서 만들어질 수 있으며 또한 만들어져 왔다. 그러나 우리는 항상 어떤 예술계 — 아마도 우리가 참여하는 예술계 — 에 기반을 둔 어떤 미학의 관점에서 비정전적인 작품, 즉 예술계의 합법적인 후원 아래 이루어지지 않은 작품을 바라본다. 그 미학은 우리로 하여금 통합된 전문가가 아닌 사람들이 생산한 수많은 작품 중에서 특정 작품을 선택하게 하고, 결국 주목할 만한 가치가 있는 작품 — 주변부에서 중심부로 승격할 만한 자격이 있는 작품 — 을 선택하게 한다. 또 다른 시기에는 어떤 다른 예술계의 사람들이 다른 선택을 할 것이다. 보존 메커니즘이 작품을 온전하게 유지하여 그 작품이 선택될 수 있도록 하기만 한다면 말이다. (Moulin[1978: 244~247]의 논의 참조.)

제9장

예술과 공예

예술계의 구성원들은 종종 예술과 공예를 구별한다. 그들은 예술 작품을 만드는 데 공예 스킬(craft skills)로 보일 수도 있는 기술적인 스킬이 필요하다는 것은 인정한다. 하지만 그들은 또한 예술가는 작품에 공예 스킬 이상의 무언가를, 즉 각 대상이나 공연에 독특하고 표현적인 개성을 부여하는 창의적인 능력과 재능에서 비롯되는 무언가를 쏟아 부어야 한다고 일반적으로 주장한다. 예술가의 작업을 지원하는 숙련된 사람들을 "공예가(craftmen)"라고 부르며, 그들이 하는 작업을 "공예(craft)"라고 부른다. 유사한 방식으로 보이는 동일한 재료와 스킬을 사용하는 동일한 활동은 그 활동에 참여하는 사람들에 따라 두 가지 명칭으로 불릴 수 있다. 다양한 예술 형식의 역사는 종사자들과 대중에 의해 일반적으로 공예로 이해되고 정의되었던 것이 예술로 재정의되는 또는 거꾸로 예술이 공예로 재정의되는 전형적인 일련의 변화를 포함한다. 전자의 경우, 예술계의 참여자들은 공예의 세계에서 빌려오거나 공예의 세계를 접수한다. 후자의 경우, 성숙한 예술계는 공예 세계의 특징적인 속성의 일부를 보이기 시작한다. 평판의 변화와 조직의 변화는 함께 일어난다. 이전 장에서 수행한 비교 분석과 같이, 예술과 공예 사이의 복잡한 관계에 대한 분석과 하나가 다른 하나로 변화하는 일련의 과정에 대한 분석은 예술계가 작동하는 방식을 이해하는 데 도움이 된다.

지난 장에서는 예술을 만드는 비표준적인 방법(조직화된 예술계와 연결되지 않는 방법)을 고려하면서, 예술계를 어느 정도 변하지 않는 것으로 논의했다. 이 장은 몇 가지 변화의 순서를 고려함으로써 그 문제점을 보완하고자 한다. 이어지는 장에서는 한 걸음 더 나아가 예술계의 변화를 중심 주제로 삼는다.

(민속 용어로서, 예술과 공예는 조직적 특성과 양식적(stylistic) 특성의 모호한 결합을 의미한다. 그러므로 과학적 개념이나 비판적 개념을 사용하듯이 명확한 방식으로는 사용할 수 없다. 그럼에도 불구하고 나는 예술계와 공예계, 조직, 작품의 양식에 대해 이야기할 것이므로, 이 과정에서 내가 일부 민속적 정의의 이런저런 측면을 언급하고 있다는 점이 이해되어야 할 것이다. 나는 종종 민속 용어가 암시하는 이상적인 조합을 실현하는 데 근접하는 특정 조직을 언급할 것이다. 하지만 그 조직들조차도 그 이상에 구체화된 기대에 부응하지 않으며, 그렇지 않다는 것이 분석적으로 중요하지도 않다.)

예술이 되는 공예

작업 이념, 미학, 작업 조직의 형태로서, 공예는 예술계, 예술계 종사자, 예술계의 정의(定意)와 별개로 존재할 수 있고 그리고 실제로 존재한다. 순수한 민속적 정의에서 공예는 먹는 데 사용하는 접시, 앉을 수 있는 의자, 쓸모 있는 옷을 만드는 천, 작동하는 배관, 전류를 전달하는 배선 등 유용한 물건을 만드는 데 사용할 수 있는 지식과 기술의 집합체로 구성된다. 약간 다른 관점에서, 공예는 유용한 방식 — 춤을 출 수 있는 음악을 연주하는, 손님에게 효율적으로 식사를 제공하는, 최소한의 소동으로 범죄자를 체포하는, 집에 사는 사람들이 만족할 수 있도록 집을 청소하는 등의 — 으로 수행하는 능력으로 구성된다.

유용성에 대해 말한다는 것은 사물이나 활동이 유용하게 쓰일 목적을 정의하는 누군가가 존재한다는 것을 의미한다. 그러한 목적은 어떤 집합 행위의 세계에서 발생하는데, 이러한 집합 행위는 그 세계가 어떤 종류의 세계인지에 대한 정의의 특징적인 부분을 이룬다. 손님에게 효율적으로 식사를 제공하는 것은 이윤을 남길 수 있는 안정적인 고객을 확보하는 것이 목표인 상업적인 케이터링 세계의 일부일 수도 있고, 가정 세계의 일부일 수도 있다. 이 경우에는 가족, 친구, 지인이 지닌 음식에 대한 욕구와 우아한 사회적 교류에 대한 욕구를 충족하는 것이 목표이다. 두 경우 모두 효용은 그 활동 자체를 중심으로 구성된 세계의 또는 그렇게 구성되었을 수도 있는 세계의 외부에 있는 표준에 의해 측정된다. 왜냐하면 거기에는 음식과 음식 서비스의 즐거움 자체를 목적으로 삼는, 즉 그 세계에 정통한 참여자들에 의해 발전되고 수용되는 표준을 참조하여 효용이 측정되는 고급 요리와 에티켓의 세계가 있기 때문이다. (그 활동 자체를 중심으로 구성되는 세계에서 발생하는 효용과 다른 세계에서 가져온 표준에 의해 측정되는 효용 — 이러한 효용을 내재적 및 외재적 효용, 또는 실제적 효용이라고 부른다 — 을 구별하는 것은 분석에서 반복된다.)

공예를 유용한 물건과 활동을 생산하는 지식과 스킬이라고 정의하는 것은 특정 작업 유형에 대한 판단의 근거가 되는 기준인 미학을 의미하고, 그 판단 기준의 기원과 논리적 정당성을 찾을 수 있는 조직적 형태를 의미한다. 조직적 형태는 작업자가 수행해야 할 작업은 무엇이고 그 결과는 어떠해야 하는지를 정의하는 다른 사람 — 클라이언트, 고객, 또는 고용주 — 을 위해 자신의 작업을 수행하는 형태이다. 고용주는 작업자가 특별한 스킬과 지식을 보유하고 있다는 것을 이해하지만 결과에 대한 최종적인 판단은 고용주가 하는 것이 적절하다고 여긴다. 작업자는 외부인에게는 알려지지 않은 더 나은 작업 방법을 알고 있을 수 있지만, 고용주의 최종 결정권을 인정한다. 고용주와 작업자 모두 활동의 목표는 고용주가, 고용주의 목적이 무엇이든지 간에, 자신의 목적에 맞게 사용할 수 있는 무언가를 만드는 것임을 인정한다. 작업자가 때때로 자신이 쓸 용도로 물건을 만드는 경우도 있지만, 그 물건은 여전히 유용한 물건을 바라는 누군가의 필요를 충족시키기 위해 만들어진다.

만약 당신이 당신의 작업을 다른 사람의 실용적인 필요를 충족시키기 위해 행해진 것으로 정의한다면, 그 작업의 본질적인 성격에 외적인 것으로 정의되는 기능은 중요한 이데올로기적·미학적 고려 사항이다. 그 작품이 명백한 용도나 가능한 실제적 용도가 없는 경우 또는 표면적인 용도에 전혀 적합하지 않은 경우, 그 작품을 만든 공예가(공예 이데올로기를 받아들이는 공예가)는 아마도 자기 동료들에게서 혹독한 비판을 받을 것이고 그러한 비판에 상처를 받을 것이다.

공예가는 기능 외에 두 번째 미학적 기준인 거장의 스킬(virtuoso skill)도 수용한다. 대부분의 공예는 어렵기 때문에 일류 장인의 신체적 스킬과 정신적 훈련을 습득하는 데 수년이 걸린다. 그러한 스킬을 숙달한 전문가는 공예의 재료에 대한 탁월한 통제력을 가지고 있고, 재료들로 무엇이든 할 수 있으며, 빠르고 민첩하게 작업할 수 있고, 일반적이고 덜 전문적인 공예가들은 어렵거나 불가능하다고 생각하는 일들도 쉽게 해낼 수 있다. 예를 들어, 어떤 도공은 다른 도공이 빚었다면 분명 무너져 내렸을 정도로 얇은 내벽을 가진 자기를 빚을 수 있을 것이다. 반대로 그 도공은 다른 도공이라면 제어가 불가능했을 정도로 엄청난 양의 점토를 빚을 수도 있을 것이다. 탁월한 기교(virtuosity)의 구체적인 목표는 분야마다 다르지만, 항상 재료와 테크닉에 대한 탁월한 통제력을 수반한다. 때로는 매우 다양한 테크닉을 습득하여 대부분의 다른 사람들보다 더 잘할 수 있을 뿐만 아니라 더 많은 일을 할 수 있는 것 또한 탁월한 기교에 포함된다. 거장 공예가는 자신의 스킬에 자부심을 가지고 있으며, 공예계 내부에서 그리고 때로는 외부인으로부터 그 스킬로 인해 존경을 받는다.

어떤 물건이 유용하다는 것, 그 물건을 만드는 데 거장의 스킬이 요구된다는 것, 이 중 어느 것도 그 물건이 아름답다고 여겨지는 것을 막지 못한다. 일부 공예는 고유의 전통 내부로부터 아름다움의 느낌을 만들어내고 그에 따른 적절한 미적 기준 및 취향의 전범(典範)을 만들어낸다. 제작자와 사용자 모두 어떤 가구는 유용함에 더해 아름다우며 자신들은 그 차이를 구별할 수 있다고 생각한다. 생활 공예품을 이렇게 세밀하게 구별하는 사람은 많지 않지만, 그런 사람들(예를 들어 일본인들)은 자신의 일상적인 활동에 영향을 미치는 세 번째 판단 범주로 유용성과 탁월한 기교에 아름다움을 추가한다. 아름다움은 감정가들이 판단을 내릴 때 사용하는 추가적인 범주가 되고 작업자들은 이를 충족시키기 위해 노력한다.

공예 활동에 참여하는 사람들은 아름다움을 하나의 범주로 받아들임으로써 예술에 대한 민속적 정의가 지닌 특징에 관심을 갖게 된다. 그 정의에는 특정 예술의 전통에서 전형화된 아름다움, 가치의 원천으로서의 예술계 자체가 지닌 전통과 관심사, 누군가의 생각과 감정의 표현, 작품에 대한 외부의 간섭으로부터 예술가가 지닌 상대적 자유에 대한 강조가 포함된다. (마지막 요소와 관련하여, 민속적 정의는 예술계의 다른 참여자들 — 예를 들어 후원자, 딜러, 큐레이터, 비평가 등 — 이 이론적으로는 아니더라도 실제로는 예술가의 표현적 자유를 상당히 제약할 수 있음을, 일반적으로 명시적으로는 아니지만 암묵적으로, 인정한다.)

일부 공예가는 아름다움을 하나의 범주로 수용하기 때문에, 공예계의 조직 형태는 그렇지 않은 경우보다 더 복잡해지고 분화된다. 공예는 통상적으로 괜찮은 작품을 만들어 생계를 유지하려는 일반 공예가와 보다 야심 찬 목표 및 이데올로기를 가진 예술가-장인으로 나뉜다. 일반 공예가는 대개 예술가-장인을 존경하고, 그들을 혁신과 독창적인 아이디어의 원천으로 여긴다. 이 두 유형은 각자 특유의 방식으로 공예를 이어갈 뿐만 아니라 별개의 집단도 이룬다. 왜냐하면 작업자들은 자신을 이 둘 중 하나로 규정하고 둘 중 하나의 활동 방식을 상당히 배타적으로 채택하는 경향이 있기 때문이다.

일반 공예가는 아마도 아름다움의 범주를 그다지 중요하게 생각하지 않을 것이다. 다양한 책임과 고객의 요구를 충족시키느라 바쁜 일반 공예가는 자신이 설치한 파이프로 물이 잘 흐르는지, 자신이 만든 책장이 튼튼하고 측정한 공간에 맞는지, 식사가 신속하게 제공되는지를 확인하는 것으로 만족한다. 물론 나는 의도적으로 아름다움에 대한 관념이 어느 누구의 고려에도 들어가지 않는, 적어도 회화나 조각과 같은 고급 예술과 관련된 전통적인 의미에서, 공예로부터 사례들을 선택했다.

일부 공예가(가장 명백한 사례를 인용하자면, 현재 목록에는 도공, 직공, 유리공예가, 가구 제작자 등이 포함된다)는 스스로를 예술가-장인이라고 말한다(Sinha, 1979). 그 구분은 이들 공예계에서 중요한 의미를 가진다. 미국공예협회(The American Crafts Council)는 스스로를 예술가-장인의 조직화된 목소리라고 규정한다. 그 협회가 발간했던 영향력 있는 잡지 ≪공예 지평(Craft Horizons)≫은 ≪월간 세라믹(Ceramic Monthly)≫과 같은 순전히 공예 중심의 잡지와는 대조적으로 아름다움과 예술적 가치에 대한 질문을 강조했다. 순수하게 공예에 초점을 맞춘 유사한 잡지들은 대부분의 공예를 다룬다.

예술가-장인의 작품은 전통적인 예술의 수호자, 즉 수집가, 큐레이터, 갤러리 소유주에 의해 예술로 간주될 수 있다는 일부 주장에 따라 새로운 조직 환경을 발견하며, 이 새로운 조직 환경은 예술가-장인을 순수한 공예가 지위가 지닌 특징인 고용주-피고용인 관계에 담겨 있는 제약으로부터 부분적으로 해방시켜 준다. 아름다운 공예품들은 "마이너 아트(minor arts)"라는 이름 아래 전시회와 미술관에 전시되고, 그 아름다움으로 상을 받고, 그 공예품을 만든 공예가의 평판에 기여하고, 책의 주제가 되고, "어떻게 제작하는지"를 시연하는 기회가 되고, 심지어 가르치는 일이 주어지고 유지되는 기반을 제공한다. 간단히 말해서, 어떤 사람들은 아름다운 공예품과 평범한 공예품을 구분하는 데 관심을 가질 뿐만 아니라 공예의 기준을 준수하면서 더 아름다운 물건을 만드는 일은 상당한 보상이 따르기도 하다.

예술가-장인은 일반 공예가보다 더 높은 야망을 가지고 있다. 이들은 관객, 기관, 보상을 일반 공예가와 공유할 수도 있지만, 순수 미술 기관과도 어느 정도 동질감을 느낄 수 있다. 그들은 비록 자신들이 보다 제한된 무대에서 순수 예술가와 공유한 아름다움의 이상을 추구하기로 선택했음을 인지하고 있지만, 자신들이 하는 일과 순수 예술가들이 하는 일 사이에 연속선이 있다고 여긴다. 아름다움을 구성하는 요소는 물론 상당한 논쟁의 주제일 수 있지만, 그것은 사람들이 작품을 판단하고 자신의 활동을 지향하는 세 번째 주요 범주이다.

우리는 공예가와 예술가-장인의 분화를 전형적인 역사적 순서로 상상할 수 있다. 공예계 — 유용성과 거장의 스킬을 강조하는 미학을 가지고 있으며 공예 밖의 세계에서 활동하는 고객이나 고용인의 지시에 따라 작품을 생산하는 구성원을 가진 — 는 새로운 부문을 발전시킨다(Bucher, 1962; Bucher and Strauss, 1961). 새로운 부문의 구성원들은 기본 미학에 아름다움에 대한 강조를 추가하고, 고용인을 완벽하게 만족시켜야 할 필요로부터 그들을 자유롭게 해줄 어떤 부가적인 조직을 발전시킨다. 이러한 예술가-장인들은 자신의 활동을 중심으로 일종의 예술계, 즉 "마이너 아트"의 세계를 발전시킨다. 그 세계에는 전시, 상(賞), 컬렉터들에게 판매하기, 교수직 등 완전히 발달한 메이저 아트의 장치가 포함되어 있다. 모든 공예계가 그러한 예술적이고 아름다움을 지향하는 부문을 발전시키는 것은 아니다(배관 분야는 그렇지 않다). 그러나 예술 부문이 발전하는 곳에서 예술 부문은 일반적으로 더 순전히 실용적인 공예 부문과 평화롭게 공존한다.

또 다른 순차적 변화는 이미 예술로 정의된 기존 세계의 구성원들 — 현대 예술계의 전형적인 활동과 이데올로기에 깊이 관련된 사람들 — 이 기존 공예계를 침범할 때, 특히 그 공예계의 예술 부문을 침범할 때(군사적 은유가 적절하다) 발생한다. 그 순차적 변화는 일부 순수 예술가들이 현재의 표현적 문제를 탐구할 새로운 표현 매체를 찾을 때 시작된다. 이러한 예술가들은 공예 중 하나를 발견하고 그 재료와 테크닉에서 예술적으로 활용할 수 있는 가능성을 본다. 그들은 자신이 지향하고 반응하는 예술계의 관심을 끌 만한 일을 할 수 있는 방법을 찾는다. 그들은 관례적인 실용적 유용성의 기준에 대해서는 관심이 없다. 그들이 아름다움에 대해 가지고 있는 개념은 그들이 침범하고 있는 공예의 아름다움에 대한 개념과 매우 다르고 더 발전된 것일 가능성이 높으며, 그들의 흥미를 끄는 스킬과 통제력의 종류는 더 전통적인 종사자가 높이 평가하는 것과는 상당히 다를 것이다.

공예 분야에서 새로운 유형의 예술가들은 새로운 그리고 적극적으로 비실용적인 표준을 고안한다. 그들은 자신이 참여하는 예술계에서 정의하는 실용성에만 관심을 갖는다. 일반적으로 예술의 효용에는 미적 관조의 대상으로서, 수집 및 화려한 전시의 대상으로서, 투자 및 금전적 이득의 대상으로서 가지는 유용성이 포함되지만, 다른 세계의 목적 및 조직에 의해 정의되는 실용적 효용은 포함되지 않는다. 공예를 침범하는 예술가들은 자신이 제작한 작품이 사람들이 익숙하게 사용하던 방식대로 사용될 수 없도록 하고 싶어 한다. 예를 들어, 도예를 순수 예술 분야로 주장한 운동의 주역 중 한 명(Zack, 1970)인 로버트 아네슨(Robert Arneson)은 기술적으로 충분히 사용 가능한 일련의 대형 접시를 만들었다. 그 접시들의 효용성은 각 접시의 중앙에 놓인 커다란 벽돌에 의해서 파괴되었는데, 그 벽돌은 연속된 접시를 따라 서서히 표면으로 가라앉고 있었다(그림 28 참조). 또 하나의 사례에서는, 한 예술가 그룹이 예술 학교의 도예학과를 장악했다. 새 학과장은 이제부터 그 학과에서 어느 누구도 고온 도자기를 만들지 않을 것이라고 단호하게 선언했다. 그가 의미하는 바는 더 이상 실용성이 있는 도자기를 만들지 않겠다는 뜻이었다. 왜냐하면 고온 도자기만이 물을 담을 수 있어서 컵, 유리잔, 접시, 꽃병 등 가정용으로 유용하기 때문이

그림 28. 로버트 아네슨, 「가라앉는 벽돌 접시(Sinking Brick Plates)」. 예술가가 공예 매체를 침범할 때, 그 매체가 공예와 관련이 있지만 그 작품이 예술이라는 것을 보여주는 방법으로서 의도적으로 비기능적인 작품을 만든다. 세라믹, 1969.(사진 제공: 한센 풀러 골딘 갤러리[Hansen Fuller Goldeen Gallery])

다. 그는 저온 도자기만 만들 것이라고 주장함으로써 사실상 그 이후에는 그들의 작업이 현대 조각의 일부 버전이 될 것이라고 선언한 셈이었다. 새 학과장은 아무도 그 점을 놓치지 않도록 다음과 같이 설명했다. "우리는 어떤 그릇도 만들지 않을 것입니다."

유용성의 기준이 평가 절하되는 것처럼 오래된 공예의 스킬 기준도 마찬가지이다. 나이 든 예술가-장인이 평생 배웠던 것이 갑자기 가치 없는 것이 된다. 사람들은 그 예술가-장인의 작업을 가장 엉성한 방식으로 하고 있으며, 단지 그것 때문에 그 예술가-장인보다 더 우월하다고 생각되고 있다.

공예 분야에 진출한 예술가들은, 당연히 다소 다른 형태로 나타나는 기존의 공예 기준을 고수하는 대신, 고급 예술로 정의되는 세계의 특징적인 범주에 따라 작업을 제안하고 의존하며 조직한다. 예를 들어, 이러한 표현 매체의 예술 버전에서는 대상의 고유성이 높이 평가된다. 예술가들과 그들의 대중은 한 예술가가 만든 두 작품은 결코 서로 똑같지 않아야 한다고 생각한다. 하지만 훌륭한 공예가에게 이는 고려 대상이 아니다. 반대로 예술가-장인의 통제력은 자신이 만든 것과 똑같은 것을 만드는 능력에서 드러난다. 작고 아름답게 다듬어진 그릇에 200달러를 지불한 사람들은 그것과 다소 비슷한 다른 그릇을 발견한다고 해도 자신이 속았다고 느끼지 않을 것이다. 그들이 구매한 것은 그들이 지불한 장인 정신을 보여준다. 그들이 독특한 예술 작품이라는 가정하에 동일한 그릇을 샀다면, 그들은 그 그릇이 두 개가 있다는 사실을 발견하고는 속았다고 느낄 **수 있을** 것이다. 따라서 이러한 표현 매체에서 작업하는 예술가들은 그 표현 매체에서 자신의 구상과 실행을 판매하는 데 그리고 각 작품이 다른 모든 작품과 어떻게 다른지를 명확히 하는 데 신경을 쓴다. 아무도 예술가에게서 복사본을 구매하고 싶어 하지 않으며, 오직 공예가에게서만 복사본을 구매하고 싶어 한다.

예술가들이 창조한 새로운 기준은 작품의 유일한 효용이 예술임을, 즉 존중받는 것, 감상되는 것, 경험되는 것임을 보장한다. 예술가들은 구식의 공예가들이 가진 순전한 기교를 매도한다. 그들은 다른 예술 분야에서, 특히 전통적인 회화와 조각 분야에서, 작품과 의식적인 연속성을 발견하고 창조한다. 그들은 자신의 작품이 무엇으로 구성되어야 하는지에 대한 다른 사람들의 생각으로부터 독립성을 표명하고, 실용성이라는 요구 사항으로 자신에게 부담을 지우려는 모든 시도를 비난한다. 그들이 하는 일은 대개 상당한 스킬과 통제력을 필요로 하지만, 요구되는 기술은 보통 일반 공예가나 예술가-장인이 소중히 여기는 것과는 의도적으로 다르며 종종 감춰져 있기도 한다. 매릴린 레빈(Marilyn Levine)은 신발, 부츠 및 기타 가죽 제품으로 보이는 도자기 작품을 만듦으로써 상당한 명성을 얻었는데, 실제 가죽과 너무 흡사해서 두드려보고 울림을 들어야만 점토라는 것을 확인할 수 있었다(그림 29 참조). 이를 위해서는 상당한 스킬이 필요하지만 보통 도예가들이 인정하는 종류의 스킬은 아니다. 전통적인 공예의 기교를 드러내지 않는 것이 미덕이 되고, 예술가들은 충격 가치(shock value)*를 위해 또는 전통적인 공예의 제약으로부터 자신이 자유롭다는 것을 보여주기 위해 일부러 조잡한 것을 만든다(조잡한 것을 만드는 것 자체는, 비록 공예가의 기교와 같지는 않지만, 상당한 기교를 필요로 할 수 있다).

자신의 작품을 예술로 정의하면서 공예 재료와 테크닉을 채택하는 예술가들은 공예를 중심으로 성장하는 사회 조직과는 다른 사회 조직을 만들고 거기에 자신을 적응시킨다. 공예 조직은 공예가를 고용주에게 종속시키고, 고용주의 요구와 목적에 따라 작업을 수행한다. 그러나 예술에 대한 현대의 민속적 정의는 예술가는 누구를 위해서도 일하지 않으며 작품은 예술의 발전에 내재되어 있고 예술가가 자유롭게 선택한 문제들에 대한 반응으로 제작된다고 전

* 충격 가치 또는 충격 요인(shock factor)은 자극적이거나 공격적인 이미지, 텍스트, 행동, 또는 공개 처형과 같은 형태의 커뮤니케이션을 통해 급격한 혐오감, 충격, 분노, 공포, 또는 이와 유사한 부정적인 감정을 유발할 수 있는 잠재력을 말한다._옮긴이

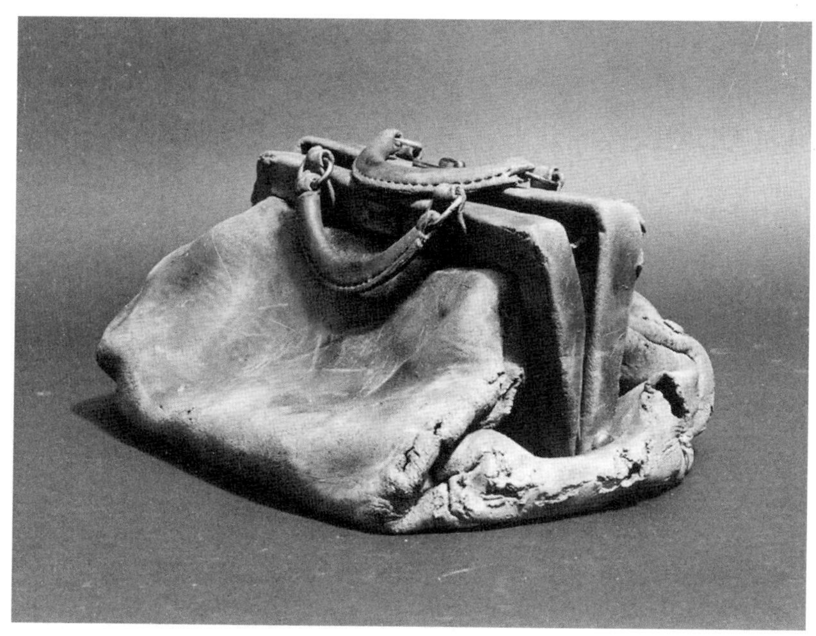

그림 29. 매릴린 레빈, 「갈색 책가방(Brown Satchel)」. 공예 매체를 이어받은 예술가들은 공예가들의 기술과는 다른 기술, 예를 들어 가죽의 표면 모양을 모방하는 능력을 연마한다. 세라믹, 6×9×13-1/2인치, 1976.(사진 제공: 한센 풀러 골딘 갤러리)

제한다. 물론 조직적으로 예술가는 그런 영웅적인 개인주의자가 아니라 때와 장소에 따라 달라지는 제도적 제약의 조건 속에서 활동한다. 교회와 왕실의 후원 시스템을 통해 유통되었던 작품을 만든 예술가들은, 4장에서 본 것처럼, 때로는 후원자를 합당하게 협력자로 간주할 정도로 후원자의 취향과 욕구를 고려하는 것이 편리하다고 생각했다. 컬렉터, 갤러리, 미술관의 세계에 매여 있는 현대 예술가들은 일반적으로 특정 구매자를 염두에 두지 않고 작품을 제작하며, 구매자가 구매 또는 구매 거부를 통해 통제력을 행사하는 딜러와 미술관이라는 전통적인 장치를 통해 자신의 작품이 판매되기를 기대한다. 조직 형태가 어떠하든 간에, 민속적 정의는 이러한 구매자와 중개인이 예술계가 정의하는 효용성에 대해 예술가만큼 관심이 있으며 그러므로 현재 예술계 외부보다는 내부에서 정의되는 문제와 주제에 관심이 있다고 가정한다. 이러한 가정은 종종 위반되지만 예술가들은 그 모델을 지향한다.

예를 들어, 순수 예술 사진작가는 광고, 패션 사진, 또는 포토저널리즘과 같은 숙련지향적 분야에서 일하는 사진작가들보다 자신이 일하는 조직의 요구사항에 제약을 덜 받으면서 더 다양한 작업을 수행한다(Rosenblum, 1978). 마찬가지로 전통적인 공예 매체에서 일하는 예술가들은 같은 매체에서 작업하는 예술가-장인보다 그들이 만드는 작품의 다양성과 그들의 작품을 설명하는 이야기의 다양성 및 기발함에서 상대적으로 더 자유롭다. 그 작품들은 회화와 조각과 같은 현대 고급 예술계의 최신 작품과 유사하며, 그 이야기는 유사성을 환기시키는 동시에 적어도 이해 가능하거나 이성적인 것에 대한 피상적인 무관심을 드러낸다. 후자의 특성은 많은 현대 예술가의 특징인 대중의 수용에 대한 무관심을 표현한다.

여기 몇 가지 예가 있다. 아네슨은 모양이 다소 처지고 가장자리는 거칠며 붉은 색이 칠해진 손톱 모양 자판의 타자기(다른 예는 Zack[1970]을 보라. 그리고 그림 30 참조), 시가를 피우거나 두개골을 열어 다양한 내용물을 드러낸 일련의 자화상, 요리사 모자를 쓴 예술가의 실물 크기 초상화 앞에 서 있는 음식 접시로 덮인 거대한 테이블 등 모두 순수한 단조로운 흰색으로 유약을 칠한 사실상 조각이라 할 수 있는 많은 작품을 만들었다. 현대 조각과 도자기의 관례에 익숙한 관찰자에게 이 작품들은 조각이라기보다 도자기에 더 가깝게 보일 것이다. 지나치게 실용적이지 않은 이 도자기들은 점토의 거친 조형과 화려한 유약을 통해 도자기로서 관심을 끌 수 있다. 그러한 효과 중 일부는 그렇게 창조된 모호성에 있다. 다른 작품들은 원칙적으로는 실용적이지만 실제로는 그렇지 않다. 주둥이를 사실적으로 남성 성기 모양으로 빚은 아네슨의 주전자가 그

그림 30. 로버트 아네슨, 「타자기」. 공예 매체를 이어받은 예술가들은 더 전통적인 매체에서 제작된 작품과 자신의 작품 간의 연속성을 강조한다. 이 작품은 팝아트 조각에 대한 관심사를 반영한다. 세라믹, 6-1/8×11-3/8×12-1/2 인치, 1965.(캘리포니아 대학교 버클리 캠퍼스 대학 미술관 소장, 작가 기증)

예이다. 그 주전자로 차를 따를 수는 있지만 모든 사람이 사용할 수 있는 것은 아니다(그림 31).

그러한 작품에 덧붙이는 이야기로 넘어가서 아네슨이 직접 설명하는 내용을 살펴보자.

> 나의 최근 작품인 '청자의 모든 차가움으로 빛나는 자기 예술 작품'은 9세기 중국 남부 송나라의 도자기와 같다. 이 도자기는 예술, 비예술(non-art), 예술이 아닌 것(not-art)의 진실을 그리고 그것들의 중요성을 귀중하고 자유로운 감각으로 설

그림 31. 로버트 아네슨, 「거대한 찻주전자」. 예술가는 기술적으로나 사회적으로 비기능적인 작품을 만들 수 있다. 이 찻주전자는 차를 따르는 데 사용할 수 있지만 모든 사람이 사용할 수는 없다. 광택 있는 도기. 받침을 포함하여 높이 8인치, 1969.(사진 제공: 한센 풀러 골딘 갤러리)

명하면서, 덧붙여 던컨 몰드 컴퍼니(the Duncan Mold Company)의 스티브 칼텐프론트(Steve Kaltenfront)와 같은 사람들에게서 발췌한 각주 및 상식과, 별이 별자리 깊은 곳에서 진실을 비출 때까지 자신의 전갈자리가 떠오르고 있다고 생각했던 처녀자리 예술가를 위한 나만의 점성술의 별자리도 함께 설명한다. 그러나 그것은 불이 꺼지고 가마가 식은 지 오랜 시간이 지나서였다. 그래서 나는 제시된 증거와 당신이 서 있는 위치에 따라 달라질 수는 있지만 모든 것이 어차피 큰 차이를 가져오지 않는 것 같다고 판단했다. 그것은 그저 예술이라고 부르는, 하얀 진흙으로 된 많은 작품일 뿐이다.(Slivka[1971: 42]에서 인용)

아네슨은 예술에 대한 아이디어와 이제는 "고급" 예술가들 사이에서 흔히 볼 수 있는 방식으로 자신의 작품을 설명하는 전통적인 예술가들을 조롱한다. 그만 그렇게 한 것이 아니다. 로저 랭(Roger Lang)은 접시 위의 파이 조각 작품을 유사하게 설명했다.

파이는 무엇보다 음식으로서 나에게 흥미로웠다. 그런 다음 나는 파이의 쐐기 모양을 접시 장식의 기초로 사용하여 측지선적인 것과 수학적인 것, 그리고 성적인 것의 어떤 삼각 연관성을 발견했다. 나중에는 하늘 높이 있는 치킨 팟 파이, 애플파이, 체리 파이, 그리고 파이 아이(pie-eye)* 생각이 나를 3차원적으로 활용하도록 이끌었다. 어쨌든 과일 파이는 매우 미국적인 음식이다. 점차 이런 것들이 쌓이면서 나는 파이를 연합의 매개체, 자유롭게 무료로 어울릴 수 있는 것들로 생각하게 되었다. 게다가 내가 시도한 시각적 변화도 있다. 그리고 나는 아직 원크러스트 파이(one-crust pies)에 대한 탐구는 시작하지도 않았다. 모든 것을 고려할 때, 파이는 매우 풍부하다.(Slivka[1971: 43]에서 인용)

직조, 유리공예, 가구 제작, 의류 디자인에서도 시각적 및 언어적으로 유사한 사례를 모을 수 있다.

나는 공예계를 침범하고 접수하여 이전에 공예가와 예술가-장인에 의해 지배되던 활동에 새로운 기준, 범주, 스타일을 도입하는 예술가들에 대해 이야기

* 눈동자가 파이 조각처럼 두 가지 색으로 나뉜 경우를 뜻한다._옮긴이

해 왔다. 모든 전통 공예품에는 전시 및 쇼를 위한 기구가 있으며, 전시 및 쇼는 대개 전문 공예 갤러리와 소규모 미술관에서 열리거나(가장 큰 연례 도자기 쇼는 뉴욕주 시라큐스의 에버슨 미술관[Everson Museum]에서 열린다) 또는 더 중요한 미술관의 외진 구석에서 열린다. 예술가-장인은 보통 자신의 공예품을 더 좋은 미술관에서 더 넓은 전시 공간에 전시하기 위해 분주하게 움직이며, "우리들 것 중의 하나"가 더 명성 있는 공간에 들어가면 기뻐한다(Christopherson, 1974a 참조). 미술관은 특히 이데올로기적이고 미학적인 유행에 민감한 경향이 있다. 이로 인해 때로는 그 침입자들이 공예품 전시회의 심사위원으로 초대되기도 한다. 그들은 자신들의 기준에 따라 높은 순위에 있는 작품을 선택하고 오래된 기준에 따라 만들어진 작품은 무시한다. 곧 예술적인 방향의 새로운 작품들이 전시되고 상을 받고 잡지에 실리고 심지어 판매되기도 한다. (판매량은 단순히 새로운 시장을 개척하는 것 또는 다른 형태의 고급 예술로 갔을지도 모르는 돈의 일부를 흡수하는 것에 달려 있는 것이 아니라, 새로운 스타일의 작품이 이미 형성된 공예 시장에 얼마나 비집고 들어갈 수 있는지에 달려 있다.) 나이가 든 공예가들은 분노하고 종종 경제적으로 타격을 받는다. 그들은 새로 온 사람들에게 가르치는 자리를 빼앗기고, 그에 따라 완전히 새로운 세대의 학생들과 잠재적 소비자들은 작품의 생산자와 구매자로서 그러한 변화의 기준을 채택한다.

그러면 부분적으로 하나의 그룹, 즉 새로운 예술가들이 기존의 예술가-장인 그룹을 대체한다. 이 과정에서 많은 갈등이 발생한다. 공예가들은 무능한 야만인들이 그들에게 권리가 없는 일을 장악하고 있다고 느낀다. 예술가들은 자신들이 예술적 진보를 방해하는 일부 고루한 사람을 제거하고 있다고 느낀다. ≪공예 지평≫에서 인용한 두 인용문은 그 논쟁의 감정적인 어조와 이데올로기적인 내용을 보여준다. 1960년에 유명한 전통 직조공이었던 메리 버스커크(Mary Buskirk)는 다음과 같이 말했다.

너무나 자주 작품은 그 작품이 기획된 목적을 무색하게 만든다. 예를 들어, 배경 역할을 하는 커튼은 방의 모든 물건을 하나로 모으는 배경이어야만 한다. 깔개는 당신이 그 깔개를 밟도록 유도해야 한다. 깔개 주위를 걷는 사람들을 매우 자주 보게 되는데, 이런 경우 디자인과 기능이 초점에서 벗어났다고 해도 과언이 아니다. 그렇다고 해서 색상과 패턴을 사용할 수 없다는 의미는 아니지만, 밟을 수 있도록 유도하는 무언가를 만들기 위해 이러한 요소를 사용해야 한다는 것을 의미한다.(Halverstadt[1960: 10]에서 인용)

10년 후, 그 예술가 그룹을 대표하는 버지니아 호프먼(Virginia Hoffman)은 "직조는 언제 예술 형식이 될 것인가?"라는 질문에 대해 이야기하면서, 새로운 그룹이 등장하면서 발생하는 개념적 변화의 종류뿐만 아니라 그러한 운동이 다른 운동의 모델로 역할을 할 수 있는 정도도 명확히 했다.

예술 형식으로서 직조의 지위에 관한 논란, 신성시되는 표현 매체들 사이에서 직조의 자리를 정당화하기 위한 노력, 자수, 아플리케(appliqué), 매듭, 직조, 부직(nonwoven, 不織), 짜이지 않은(unwoven), 베틀 없이, 붙박이 베틀, 무한정(ad infinitum)과 같은 표지들은 사고의 전환이 일어나지 않았음을 나타낼 수 있다.

……도예가들이 비기능적인 도자기에 대한 존재 이유를 찾던 때처럼 과거의 메아리가 들린다. ……

만일 누군가가 표현 매체와 과정을 세세하게 분류할 필요가 없다는 사실을 받아들인다면, 개념을 구체화시키는 다양한 방법을 어떻게 언급할 수 있을까? "영 아메리칸 69(Young Americans 69)"에 있는 론 굿맨(Ron Goodman)의 "제네시스"는 부드러운 조각이라는 명백한 명칭을 가리켰다. 그러한 큰 범주는 논리적으로 유연한 접합에 의해 만들어진 3차원 형태, 섬유질 재료, 시작과 끝이 고정되지 않은 모듈, 단단하게 만들어지는 부드러운 재료와 부드럽게 만들어지는 단단한 재료, 장력을 통한 강도, 균형 잡기, 공간두기, 무중력과 중력과 같은 보이지 않는 힘을 사용하여 만든 형태를 포함할 수 있다. 케네스 스넬슨(Kenneth Snelson)의 금속 튜브와 케이블 구조, 가보(Gabo)의 일부 작품, 멕시코시티의 스포츠 팰리스(Sports Palace)와 풀러의 지오데식 돔(Geodesic Domes)과 같은 건축 구조물, 에바 헤세(Eva Hesse), 앨런 새럿(Alan Saret), 로버트 모리스(Robert Morris), 앨리스 애덤스(Alice Adams)와 성장하는 그룹의 작품을 떠올리면 된다.(Hoffman, 1970: 19)

이 진술은 또한 공예의 기준을 바꾸고 심지어 이름을 바꾸며 다른 분야의 진지한 예술가들의 작품과 연속성을 확립하기 위한 노력을 보여준다.

하지만 이러한 변화는 단순히 하나의 그룹이 다른 그룹을 대체하는 문제가 아니다. 공예가들은 계속 존재하고, 생산하고, 판매하고, 평판을 얻고, 경력을 쌓고, 공예 중심의 세계를 구성하기 때문에 예술가들이 공예가들을 완전히 대체하지 않는다. 대신 공예 부문, 예술가-장인 부문, 예술 부문이 공존하는 새롭고 더 복잡한 세계가 생겨난다. 이러한 부문 중 하나에만 국한하여 활동할 수도 있고 여러 부문의 조합을 지향할 수도 있다. 공예계에 존재했던 방향성, 행위 양식, 경력의 가능성은 대부분 다양한 새로운 조합과 함께 여전히 존재한다.

공예가 되는 예술

세월이 흐르면서, 이러한 세계들은 정착되고 그리고 자체적인 분할, 분화, 분열을 경험하기 시작한다. 내부자와 외부자 모두 적절한 이데올로기, 미학, 사회 조직의 형태를 갖춘 하나의 예술계로 정의하는 이미 발전된 세계는 종종 (또 다른 특징적인 순서로) 반대 방향으로 변화한다. 독창적으로 표현적인 예술 작품과 스타일은 점점 더 조직화되고, 제약을 받고, 의례화된다. 조직적 형태는 점점 예술가를 부분적으로 또는 전체적으로 외부의 통제에 종속시키고, 그 세계와 그 세계의 활동은 전통적인 공예계를 닮아가기 시작한다. 이런 의미에서, 예술은 공예로 변한다. 이 과정은 두 가지 형태를 취한다. 하나는 통상적으로 "아카데믹" 예술이라고 불리는 것이 되고, 다른 하나는 통상적으로 "상업적" 예술이라고 불리는 것이 된다.

아카데믹 예술

아카데미즘은 작품이 구현하고 표현하는 아이디어와 감정에 대한 관심이 높아지는 것으로 구성되기보다는 예술가나 공연자가 보여주는 스킬에 대한 관심, 작품이 어떻게 완성되었는지에 대한 관심이 높아지는 것으로 구성된다. 모든 예술에는 상당한 수준의 스킬이 필요하기 때문에, 아카데믹 예술은 상업적 예술에서 본격적으로 나타나는 경향의 중간적이고 모호한 사례임이 분명하다. 어떤 예술계이든 대부분의 참여자는 표현적이거나 창의적인 것에 대해 고민하지 않는다. 그들은 관례화된 형식 안에서 작업하는 것에 만족한다. 그러나 그들은, 그리고 후원자 또는 고객으로서 그들의 예술계를 지지하는 사람들은, 일반적으로 예술 작품의 가치 있는 요소로서 표현력과 창의성을 지향한다.

우리는 아카데믹 예술을 예술가와 다른 사람들이 표현력과 창의성에서 탁월한 기교로 관심을 옮기는 세계에서 만들어진 예술이라고 말할 수 있다. 스킬에 대한 공예적 관심과 유사한 그러한 관심은 예술의 역사에서 발전해 온 것으로서, 전통적으로 받아들여지는 표준에서 벗어나 공예의 특징적인 표준을 향한 발걸음이다. 하지만 그것은 단지 한 걸음일 뿐, 완전한 여행은 아니다. 왜냐하면 작품이 지향하는 효용은 여전히 감상, 수집, 전시와 같은 예술계의 효용이기 때문이다. 16세기 판화는 그러한 아카데미즘의 발전을 잘 보여준다.

따라서 판화에는 유리와 반짝이는 금속, 실크와 모피, 나뭇잎과 수염을 표현하는 데 전문성을 가진 예술가들이 있었다. 뒤러(Dürer)처럼 위대한 예술가도 이런 종류의 기교에 오염되지 않았다고 생각하는 것은 불가능하다. 탁월한 기교를 가진 판화가들은 자신이 만들거나 재현할 그림을 그 그림의 가치 때문에 선택한 것이 아니라 자신의 특별한 스킬을 보이기 위한 수단으로 선택했다. 선의 겹치기, 부풀리기와 가라앉히기, 교차하는 선들의 망 만들기, 가운데에 작은 튕김과 점으로 마름모꼴 만들기, 평행하게 또는 이리저리 이어지는 선으로 판화 만들기 — 한 판화가는 고양이의 털을 표현하는 방식으로 큰 명성을 얻었고, 또 다른 판화가는 선 하나만으로 코끝에서 시작하여 바깥쪽 여백에서 최종적으로 사라질 때까지 계속 이어지게 해서 유명한 그리스도의 머리를 만들었다 — 등과 같은 묘기는 과시욕이 강한 사람들에게 흥미롭거나 중요한 것을 말하기 위한 수단이 된 것이 아니라 대중 앞에서 과시하는 방법이 되었다. 당연히 위대한 쇼맨은 재능이 떨어지지만 똑같이 멍청한 일상적인 공연자들의 모델이 되었는데, 이는 이러한 모든 묘기 공연이 안목이나 솜씨보다는 고된 방법을 포함하기 때문이다.(Ivins, 1953: 69~70)

클래식 발레와 콘서트 악기 연주자의 고도의 기교를 보여주는 연주도 예로 들 수 있는데, 오랜 기간 동안 두 분야에서의 비평은 주로 어떤 실수가 있었는지, 연주자가 다른 연주자보다 더 빠르거나 더 안정되었는지를 다루었고, 다른 공예에 대한 문제들을 다루었다.

예술이 공예로 변하는 것을 나타내는 관례적인 양식이 바로 "아카데믹 예술"이 의미하는 바이다(Pevsner, 1940). 아카데믹하다고 해서 아름답거나 효과적일 수 없다는 의미는 아니지만, 따라야 할 좋은 절차와 형식의 규칙이 너무 많기 때문에 유효성과 아름다움을 달성하기가 더 어려워진다. 모든 고급 예술은 이러한 경향의 예를 보여준다. 작곡가들이 때때로 푸가와 캐논과 같은 제약적인 형식을 알고 사용해야 했던 것처럼, 특정 시대에 시인들은 매우 다양한 형식을 알아야 했는데, 그중 다수는 소네트처럼 까다롭거나 제약적인 형식이었다. 극단적으로, 모든 일에는, 예를 들어 나무를 그리는 것, 테마를 조화시키는 것, 리어왕을 묘사하는 것에는 올바른 방법이 있다. 표면적으로 작품이 무엇에 관한 것이든 간에, 주제는 점점 더 예술가의 스킬과 기교가 된다. 이러한 작품은 예술가만큼이나 관례, 규칙, 스킬을 잘 이해하는 진지한 관객 성원에게만 호소력이 있다.

혁신은 관례적인 어휘에 빠르게 동화되어 비평과 불만의 기초가 되는데, 심지어 혁신을 개척한 사람들에 대해서도 비평과 불만이 제기된다. 스트라빈스키는 희극 오페라 「마브라(Mavra)」를 초연했을 때 바로 이런 문제를 겪었다. 이 작품은 그를 유명하게 만든 초기 발레 작품인 「페트루슈카(Petrushka)」와 「봄의 제전(Rite of Spring)」보다 훨씬 더 단순한 음악 언어를 사용했다. 「마브라」의 초연을 직접 본 그의 아들은 다음과 같이 말했다.

> 「마브라」의 겸손하고 친밀한 캐릭터는 집시 노래와 이탈리아 벨 칸토(bel canto)와 관련된 멜로디 관용구와 함께 오랜 기간 동안 스트라빈스키를 반항아로 보는 데 익숙해졌던 대중을 화나게 할 수밖에 없었다. 각각의 곡은 "센세이셔널"하다는 것 외에 다른 것은 기대할 수도 없었고 기대하지도 않을 것이었다. 그런 대중은 당혹감을 느낄 수밖에 없었고 스트라빈스키가 자신의 의무를 다하지 못했다고 생각할 수밖에 없었다. 실망은 컸고, 가장 짜증나는 부분은 그런 소동을 정당화할 만한 내용이 「마브라」에 전혀 없었다는 것이다.(White[1966: 59~60]에서 인용)

미국의 사진작가 에드워드 웨스턴(Edward Weston)은 그가 자신의 초기 사진에 구현했던 것과 같은 자신의 구성적 및 기술적 기준을 충족하는 데 실패했다는 비슷한 불만으로 고통을 받았다. 그의 정물과 풍경에 감탄했던 사람들은 그가 제2차 세계대전 중에 일련의 씁쓸하고 특이한 사진을 제작하자 — 그중 대표적인 것이 방독면을 쓰고 소파에 누워 있는 누드 여성의 이미지를 담은 「민간 방위(Civilian Defense)」이다 — 분개했다. 웨스턴은 이 사진들에 대해 불만을 품었던 한 친구에게 이렇게 썼다.

> 너의 반응은 지금쯤이면 익숙해졌을 패턴을 따르고 있어. 내가 주제나 관점을 바꿀 때마다 몇몇 웨스턴 팬은 야단법석을 떨지. 예를 들어, E. W. [바이헤(Weyhe)]에 있는 책에는 「셸 앤 록-어레인지먼트(Shell and Rock-Arrangement)」의 복사본이 실려 있는데, 내 **가장 친한** 친구인 라미엘(Ramiel)은 그 사진이 "웨스턴이 아니었다"라는 이유로 그 사진을 책에 수록한 나를 용서하지 않았어. 또 다른 예를 들자면, 내가 당시에 새로 찍은 조개와 채소 사진 몇몇을 멕시코로 보냈을 때, 디에고 리베라(Diego Rivera)는 "에드워드가 아픈지" 물었어. 그리고 마지막으로 (나는 몇 페이지이고 계속해서 예를 들 수도 있어) 내가 조개, 고추, 바위 등 이른바 추상적인 형태에서 벗어났을 때, 멀 아미타지(Merle Armitage)는 내가 취한 새로운 방향을 "마음과 꽃" 시리즈라고 불렀어.
>
> 그래서 나는 네가 역사에 길이 남을 작품을 비난하는 것이 그리 놀랍지 않아.(Maddow[1973: 269]에서 인용)

상업적 예술

관객과 고용주의 요구사항에 종속되는 것은 상업화된 예술에서 더 강압적이고 완벽한 방식으로 발생한다(Becker[1963]: 79~119; Griff[1960]; Sanders[1974]; Lyon[1975] 참조). 고용주는 공예계에서와 마찬가지로 용도를 선택하고, 예술가는 고용주의 요구사항을 충족시키기 위해 자신의 거장다운 기술을 사용한다. 개인적인 아이디어나 감정을 표현하는 것보다 탁월한 기교를 발휘하는 데 더 관심이 있는 예술가는 제안, 영향, 또는 강제에 더 개방적이며, 다른 사람이 제안하는 다양한 과제를 수행할 준비가 더 잘되어 있다. 유용성에 대한 공예적 관심은 다소 다른 형태로 나타나는데, 예술가는 자신이 요청받는 어떤 일이라도 할 수 있다는 자부심을 갖기 시작한다. 따라서 상업적 연기자는 서로 다른 연령, 계층, 국적, 캐릭터 유형 등 다양한 역할을 연기할 수 있는 자신의 능력을 자랑스러워 할 수 있다. 음악가는 폴카(polka)와 같은 민족적 전문 음악에서부터 재즈, 교향곡, 아방가르드 음악, 심지어 낯선 악기를 사용하는 문화권의 음악까지 매우 다양한 종류의 음악을 연주할 수 있는 자신의 능력을 자랑스러워 할 수 있다. 이렇게 고도로 발달된 스킬 덕분에 그러한 예술가들은 다양한 능력을 유용하게 생각하는 다양한 고용주에게 매력적인 존재가 된다.

이러한 기술적 스킬을 습득한 예술가들은 대개 공예가들처럼 생각하고, 말하고, 행동하기 시작한다. 이들은 자신이 제작하게 된 예술의 내용보다 자신의 탁월한 기교와 통제력을 훨씬 더 자랑스러워하며, 어떤 일이 닥쳐도 처리할 수 있는 자신의 능력을 자랑스러워 한다. 영화와 텔레비전 프로그램의 사운드트랙을 녹음하는 음악가들은 예술적 작업에 대한 이러한 태도를 전형적으로 보여준다(Faulkner, 1971). 이 작업은 보수가 높고 뛰어난 스킬을 요구한다. 이러한 음악가들이 연주하는 곡은 대부분 매우 단순하다. 하지만 그들은 즉석에서 엄청나게 어려운 곡을 연주할 준비가 되어 있어야 한다. 포크너(Faulkner)는 한 첼리스트의 말을 인용한다.

> 98퍼센트의 시간은 단조롭고 지루합니다. 하지만 1~2퍼센트는 …… 요구가 많고, 그 일을 해야 합니다. …… 이제 내일 9시에 전화가 올 텐데, 나는 내가 누구를 위해 일하고 있는지, 또는 그게 무슨 일인지, 오케스트라가 얼마나 큰지, 또는 누가 그 섹션에 나와 함께 있는지 전혀 알 수가 없어요. 9시에 …… X 스튜디오일 수도 있고, Y 스튜디오 또는 Z 스튜디오일 수도 있습니다. 지금 첼로 협주곡에서 역

할이 나올 수 있는데, 레너드 로즈(Leonard Rose)나 파블로 카잘스(Pablo Casals)가 콘서트를 한다면 그들은 두 달 동안 그 곡을 연구해야 할 것입니다. 그리고 우리는 하던 일을 멈추고…… 바로 그 자리에서 그렇게 해야 합니다. — 두 번 연주하고 바로 녹음을 합니다. …… 그게 바로 그들이 저에게 더 많은 돈을 지불하는 이유이고, 당신이 업계에서 독주자로 알려지게 되는 이유이고, 당신에게 수요가 많은 이유입니다. 그리고 더 잘해야죠. 그래서 내가 말씀드린 것처럼, 그런 종류의 시간, 즉 2퍼센트의 시간을…… 얻게 됩니다. …… 당신이 가진 모든 재능과 요령 그리고 과거의 경험에서 배운 모든 것을 총동원해야 하는 그런 순간은 아주 드물게 그냥 여기저기서 찾아옵니다.(Faulkner, 1971: 120)

이들이 연주해야 하는 음악은 어렵기도 하지만 이들은 가장 힘든 조건에서 연주해야 한다. 즉, 사전 연구의 이점 없이, 이전 사운드트랙에 이미 녹음된 엄격한 리듬에 따라, 그리고 최종 녹음을 하기 전에 두 번 이상 리허설을 하지 않고 연주해야 하는데, 이것은 모두 경제적 압박 때문이다. 이러한 악보를 연주하고 녹음하는 음악가들은 뛰어난 기술적 능력을 갖추고 있다. 그들은 그것을 알고 있으며, 큰 자부심을 느낀다. 포크너는 한 "원로 실력자"를 인용한다. "저는 상업 음악을 연주하는 것이 필요하다고 믿습니다. 좋은 아이디어에 비해 영화 음악이 아무리 형편없더라도, 아무리 서툴게 작곡되었더라도, 또는 아무리 부족하더라도, 저는 연주에 대한 저의 개인적인 자부심을 위해서라도 최선을 다할 가치가 있다고 생각합니다. 저는 결코 그것에 대해 타협하지 않습니다"(Faulkner, 1971: 129). 몇몇 음악가는 자신의 다재다능함을 다음과 같이 자랑했다.

많은 리드(reed) 연주자는 굽히지 않고, 유연하지 않습니다. 일부는 스튜디오에서는 제대로 된 소리를 내지 않기도 하고 다르게 연주하는 것을 거부하기도 합

a

b

그림 32. 미국 예술 사진 발전의 두 단계.
(a) 거투르드 카세비어(Gertrude Kasebier), 「무제」. 세기 전환기에 포토-세션(Photo-Secession) 회원들은 낭만적이고 회화적인 사진을 만들었다. 날짜 미상, 고무 인화(gum print).(시카고 미술관 제공)
(b) 로버트 프랭크(Robert Frank), 「덮개를 씌운 자동차. 롱비치, 캘리포니아」. 로버트 프랭크의 작품은 보다 현대적인 언어와 소재를 사용했지만 어떤 면에서는 이전 시대의 회화적이고 상징주의적인 관심사로 돌아갔다. 이 사진들은 기술적 표준이 공고화되는 그리고 그 표준들에 반항하는 지속적인 과정을 보여준다. 날짜 미상, 흑백 사진.(*The Americans* [1959]에서, 시카고 미술관 제공)

니다. 예를 들어, [한 작곡가]는 오보에에 밝은 프랑스풍의 사운드를 원하고, [다른 작곡가]는 어둡고 평평한 독일풍의 사운드를 선호하는데, 그것들을 모두 연주할 수 있기 위해서는 몸을 굽힐 줄 알아야 합니다. ……

심포니 연주자나 다른 사람들이 정말 모든 것을 다 갖추고 있는지, 모든 스타일을 알고 힘든 과정을 거친 경험을 가지고 있는지 의심스럽습니다. …… 나는 웃겨야 하고, 광대가 되어야 하고, 진지해야 하고, 재즈를 연주해야 합니다. 모든 유형의 음악과 모든 유형의 도전이 있습니다. 당신은 즉흥적으로 연주해야 하고, 작곡가는 당신이 원하는 것은 무엇이든 하라고 말할 것입니다. ……

당신은 지난주에 우리가 몇 시간 동안 그랬던 것처럼 고음을 내고 있습니다. 그러다가 입술에서 피가 다 빠져 나가면, 그들은 당신에게 뒤돌아서서 고음부에서 부드럽고 섬세하게 연주하게 하거나 리틀 재즈나 집합 나팔을 연주하게 합니다. 그렇게 할 수 있는 사람은 많지 않습니다. …… (Faulkner, 1971: 140)

사람들은 일반적으로 시각 예술, 음악, 또는 연극에서 이루어지는 이러한 작업 방식을 '상업적'이라고 부른다. 상업 예술은 순수 예술과 거의 동일한 스킬과 재료를 사용하지만, 의도적으로 아무도 예술적이라고 생각하지 않는 용도로 사용하며, 그 용도는 예술 이외의 활동을 중심으로 조직된 세계에서 의미와 정당성을 찾는다. 시각 예술가가 광고나 사용 설명서를 위한 그림을 그릴 때는 사업이나 산업에서 정의한 목적에 기여하는 것으로, 이는 음악가가 텔레비전 광고 음악을 녹음하는 것과 마찬가지이다. 음악가는 결혼식 축하 공연을 할 때 민족 문화와 가족 시연에 의해 정의된 목적을 위해 일한다. 작업자들과 소비자들은 예술계가 정의한 것과는 다른 형태의 집합 행위와 관련하여 예술계 이외의 다른 세계에서 정의한 효용성에 따라 그 산물을 판단한다. 예술 아카데미(Pevsner, 1940)는 그러한 작업을 잘 수행하는 데 필요한 다양한 기술을 가르친다.

물론 모든 예술계가 이런 식으로 공예로 바뀌는 것은 아니다. 대신, 주로 공예-상업 활동에 전념하는 사람들로 구성된 부문이 점차적으로 분리된다. 이 사람들은 숙련된 장인이기 때문에 때때로 순수 예술 창작에도 전념할 수 있으며 종종 그렇게 전념하기도 한다. 포크너가 인터뷰한 연주자들은 녹음을 하지 않을 때는 로스앤젤레스 아방가르드 콘서트와 재즈 그룹을 위해 인원을 공급한다.

반항

예술이 관례화될수록 기준은 점점 더 엄격해진다. 대부분의 예술가는 전통적으로 받아들여지는 형식의 표현적 가능성에 만족하는 그러한 엄격함을 수용한다. 그들은 비혁명 시기에 "정상과학"을 생산하는 과학자들과 유사한 통합된 전문가이다(Kuhn, 1962). 그러나 다른 사람들은 그 엄격함을 제약적이고 억압적이라고 생각한다. 그들은 자신의 역량을 입증하기 위해서는 기존의 지혜와 스킬을 습득하는 데 너무 많은 시간을 소비해야 하기 때문에 자신이 관심 있는 예술을 생산하는 데 결코 도달할 수 없다고 느낀다. 또한 현재 칭송받는 사람들의 전통적인 지식과 테크닉을 결코 뛰어넘을 수 없을 것이라고 생각하기도 한다.

게다가 그들은 혁신을 시도할 때마다 현재의 능력 기준에 부합하지 못하다는 비판을 받는다. 올바른 작업 방식을 알고 있다는 증거를 제시하지 못하는 예술가들은 비평가, 관객 및 다른 예술가로부터 서툴고 무능한 사람으로 여겨진다. 비록 그들이 의도적으로 표준 형식에서 벗어났다고 하더라도 말이다. 이러한 적절한 예술적 작업 모델의 횡포는 모든 분야에서 찾아볼 수 있다. 소프트 포커스 렌즈와 같은 구식 장비를 사용하여 실험하는 사진작가는 사진의 초점을 맞추지 못한다는 이유로 비난을 받을 수 있다. 많은 댄스 및 재즈 음악가는 비틀즈가 현대 대중음악의 엄격한 형식, 즉 자신들에게 익숙한 8마디 섹션으로 노래를 작곡하고 연주할 수 없다는 것 때문에 비틀즈를 무능하다고 생각했다. 그들은 레논(Lennon)과 매카트니(McCartney)와 같은 작곡가가 의도적으로 9마디 악구를 만들고 있었다는 생각을 하지 못했던 것이다. (이것은 특별히 나에게는 뼈아픈 사례인데, 나도 여덟 박자까지 맞추지 못하는 비틀즈의 무능함에 대해 반감을 가졌던 반동 중 한 명이었기 때문이다.)

관례의 제약을 견딜 수 없다고 생각하는 비평가, 후원자, 예술가는 다양한 악의적인 설명 문구를 사용하여 반격한다. 그들은 제약을 받아들이는 작업을 "아카데믹"하다고 말하거나 "단순한" 기술적 기교 또는 "단순한" 공예라고 말한다.

따라서 예술이 공예로 변하는 순차적 변화의 종착점은 젊고 새롭고 반항적인 예술가들이 낡은 게임을 거부하고 그 한계를 벗어나는 것으로 구성된다. 그들은 다른 목표를 가지고 다른 규칙에 따라 플레이하는 새로운 게임을 제안하는데, 이 새로운 게임에서 낡은 지식과 테크닉은 부적절하고 불필요해서, 새로운 기획 속에서 이루어져야 하는 일을 수행하는 데 전혀 도움이 되지 않는다. 그들은 새로운 모범을, 새로운 아름다움 및 탁월성의 기준을 제공하는 새로운 위대한 작품을, 다른 스킬 세트와 다른 종류의 비전을 필요로 하는 작품을 생산하거나 발견한다. 요컨대, 그들은 이 장 앞에서 논의한 것과 같은 종류의 혁명을 일으킨다.

사진은 그 짧은 역사 동안 그러한 혁명을 많이 겪었다(Corn, 1972; Newhall, 1964; Taft, 1938 참조). 한때 사진의 목적은 촬영하고 기록할 대상이 무엇이든 간에 선명하고 또렷하게 표현하는 것이었으며, 아마도 그 당시 사진은 그림 형식으로 정보를 필요로 하는 사람들의 목적에 부합하는 것을 목표로 하는 공예였을 것이다. 이후에는 좀 더 예술을 지향하는 사진작가들이 낭만적이고 회화적인 사진을 만들었는데, 에드워드 스타이켄(Edward Steichen), 앨빈 코번(Alvin Coburn), 그리고 클래런스 화이트(Clarence White)가 경력 초기에 이러한 방식을 취했다. 이들은 선명한 초점과 명백한 빛의 표준을 고집했던 f64그룹으로 대체되었고, 이후에 카르티에-브레송(Cartier-Bresson)과 로버트 프랭크 등 실제 삶의 순간을 포착하는 데 관심을 가진 다양한 사진작가들이 차례로 그 자리를 대신했다. 그러나 실제 삶에 대한 프랭크의 관념은 그 무엇보다 더 상징적이었고, 어떤 면에서는 초기 색조주의자들(Tonalists)의 회화적 관심으로 돌아간 것으로 볼 수도 있다(그림 32 참조). 기술적 표준을 공고히 하고 이에 반기를 드는 게임은 끝없이 계속된다.

표준의 공고화와 새로운 접근 방식의 발전 사이를 오가는 과정을 논의함에 있어, 나는 잘난 척하는 예술 조직에 맞서 싸우는 외롭고 창의력 풍부한 천재의 그림을 제시할 의도는 없다(물론 그런 경우도 있긴 하지만). 예술에서 공예로 전환하는 것 그리고 공예에서 예술로 전환하는 것은 독립적으로 행위하는 개인들에 의해 이루어지는 것이 아니다. 그러한 전환은 기존 예술계를 장악하거나 새로운 예술계를 창조할 수 있을 만큼 많은 사람이 참여하는 경우에만 성공할 수 있다. 그러한 변화에 참여하는 대부분의 사람들은 이러한 변화를 독창적이고 창조적인 도약으로 경험하기보다는 대안적인 제도적 장치와 작업 동반자들 사이의 선택으로 경험한다.

몇 가지 마지막 생각

대부분의 현대 고급 예술은 아마도 일종의 공예로 시작되었을 것이다(Baxandall, 1972; Harris, 1966; Martindale, 1972 참조). 유럽에서는 예술 음악의 작곡과 연주가 (미사곡과 단선율 성가의 작곡과 연주에서와 같이) 교회의 요구에 종속된 활동으로, 또는 왕실 후원자와 그의 궁정이 지닌 오락과 댄스 음악에 대한 욕구 또는 공동체의 일반 구성원들이 지닌 어떤 종류의 오락에 대한 욕구에 종속된 활동으로 시작되었다. 지금 우리가 향유하는 모든 순수 예술은 직조와 도예의 경우에서 설명한 것처럼 그러한 변화를 거치는 바로 이런 방식으로 시작되었을 수 있다.

앞서 살펴본 변화와 다음 장에서 다룰 변화와 마찬가지로, 이러한 일련의 변화에서 변화 그 자체는 그다지 중요하지 않다. 예술가, 관객, 지원 인력, 예술 분석가에게 그러한 변화를 중요하게 만드는 것은 그들이 조직의 변화에 관여하는 방식, 조직의 변화를 생성하는 방식, 그리고 다시 그 변화에 의존하는 방식이다. 이러한 모든 종류의 사람들이 상호작용하는 관례적 기반을 변화시키면 표현 매체에서 그리고 그 매체가 생산되는 세계에서 실제적이고 지속적인 변화가 일어난다.

제10장

예술계의 변화

이 책의 초반부에서는 예술계의 활동들이 서로 조화를 이루는 방식을 강조하면서 사람들이 예술계의 특징적인 산물을 만들어내는 방식에 초점을 맞추었다. 이단자에 대한 논의를 통해 예술계가 변화를 거부하는 능력, 즉 예술계 참여자들이 새로운 형태의 관행을 고안하도록 강요하는 혁신적인 아이디어를 가진 사람들을 문제를 일으킬 수 없는 외부에 붙들어 두는 능력에 대해 지적했다. 이 때문에 일부 독자는 내가 변화하지 않는 또는 내부의 변화를 최소화하기 위해 외부의 변화에 자동적으로 반응하는 균형 상태에 있는 시스템 개념을 의도했다고 생각했을 수도 있다.

나는 전혀 그런 제안을 하고 싶지 않다. 예술계는, 때로는 점진적으로 때로는 꽤 극적으로, 지속적인 변화를 겪는다. 새로운 세계가 생겨나고, 오래된 세계는 사라진다. 어떤 예술계도 모든 변화의 충동으로부터 완전히 또는 오랫동안 스스로를 보호할 수는 없다. 그러한 충동이 외부 근원에서 비롯되었든 내부 긴장에서 비롯되었든 간에 말이다.

하지만 나는 예술적 변화에 있어 조직적 발전이 매우 중요하다는 점을 강조하고 싶다. 예술적 이단자는 적절한 조직적 지원 시스템을 발전시키지 못한 혁신가들에게 어떤 일이 일어나는지를 보여준다. 그들은 300개의 예술 작품을 만들 수 있지만, 관객이나 제자를 끌어들이지 못하며, 유파나 전통도 세우지 못한다. 그들은 자신의 표현 매체의 역사에서 자리를 찾더라도(대부분은 그러지 못한다), 그 자리는 장의 제목이 아닌 각주에 있다. 대부분의 역사는 승자를 다룬다. 예술의 역사는 조직적 승리를 거둔 혁신가들과 혁신을 다루는데, 이들은 자신을 중심으로 예술계의 장치를 창조하는 데 그리고 자신의 아이디어를 지속하고 발전시키는 정규적인 방식으로 협력하기에 충분히 많은 사람을 동원하는 데 성공한 사람들이다. 기존의 협력 네트워크를 포착하는 데 성공하거나 새로운 네트워크를 발전시키는 데 성공한 변화만이 존속한다.

이 장의 분석은 이러한 관점에서 예술의 변화를 고찰하여, 예술계가 어떻게 변화하는지 그리고 어떻게 탄생하고 소멸하는지 살펴본다. 특히 변화가 어떻게 조직적 기반을 찾아서 지속되는지를 살펴본다. 지속성은 사람들이 위대한 예술을 인정하는 주요 범주라는 점을 염두에 두라. 평판(이 경우에는 탁월함에 대한 평판)과 조직 사이의 연관성은 마지막 제11장에서 다룰 것이다.

지속적인 변화와 혁명적인 변화

예술계에서 제작하는 예술 작품, 작품을 제작하는 협력 활동, 그리고 사람들이 협력을 조정하는 관례는 모두 어느 정도 지속적으로 변화한다. 다른 이유 없이 관행과 결과물이 변화한다면 그것은 어느 누구도 정확히 같은 방식으로 작업을 두 번 수행할 수 없기 때문이고, 재료와 주변 환경이 결코 정확하게 똑같지 않기 때문이며, 협력하는 사람들이 일을 다르게 하기 때문이다.

예술가들과 예술 이념가들은 종종 그러한 고유성이 예술 작품의 중요한 특징 중 하나이고 이 고유성은 예술가의 생각과 분위기를 정확하게 표현하기 때문에 필연적으로 다양하다고 주장한다. 따라서 그들은 예술 작품이 비예술가,

산업 노동자, 공예 종사자, 민속 예술가 등 (주장에 따르면) 모두 동일한 사물이나 공연을 눈에 띄는 변화 없이 반복해서 생산하는 이들의 작품과 어떻게 다른지 보여주려고 한다. 그러나 이 모든 사람이 생산하는 작품도 다양하다. 차이점은 아무도 그들이 생산하는 것의 다양성에는 관심을 두지 않고 유사성에만 관심을 둔다는 것이다. 차이점과 변화는 두드러지지 않는다. 산업 노동자들이 생산하는 사물들이 정말 모두 비슷하다면, 공장에서는 품질 관리가 필요하지 않을 것이고, 어떤 자동차는 "레몬*"인 반면 다른 자동차는 광고대로 잘 작동하는 그러한 일도 일어나지 않을 것이다. 마찬가지로 공예와 민속 예술을 주의 깊게 연구하는 학자들은 같은 제작자가 만든 또는 같은 전통 안에서 작업하는 다른 사람이 만든 동일한 대상의 다른 버전을 구별하는 데 아무런 문제가 없다(Glassie[1972]는 몇 가지 예를 제시한다). 통나무집 퀼트들은 자세히 보지 않으면 그 차이를 알기 어렵다.

이와 같은 방식으로, 관객, 비평가, 역사가, 작품 제작자를 포함한 "우리"는 유사한 예술 작품 간의 차이에 주목할 수도 있고 그 차이를 무시할 수도 있다. 중요한 혁신의 기초가 될 수 있는 차이점은 눈에 띄지 않을 수 있고, 눈에 띄더라도 실수, 오류, 최종 버전에서 수정되어야 할 사항으로 또는 아무런 차이를 만들지 않는 무작위적인 변형으로 해석될 수도 있다. 뉴먼(K. O. Newman, 1943)[1]은 친구가 연기하는 런던 연극의 모든 공연을 자신이 관람했던 일과 그 연극을 80회 정도 연속으로 본 것에 대한 자신의 반응을 묘사한다. 처음에 뉴먼은 여느 평범한 연극 관람객처럼 믿을 수 없을 정도로 지루했다. 하지만 시간이 지나면서 그는 똑같은 공연이 하나도 없다는 것을 알게 되었다. 때로는 배우들이 "흥분"하여 공연이 더 흥미진진해지기도 했고, 때로는 연극의 의미

* 달콤한 오렌지인 줄 알고 샀는데 오렌지를 닮은 신 레몬이었다는 비유에서 유래한 말로, 불량품, 즉 결함이 있는 자동차를 가리키는 표현이다._옮긴이

1) 필립 에니스(Philip Ennis)가 이 책을 나에게 알려주었다.

와 느낌을 바꾸는 실수를 저지르기도 했고, 때로는 다양한 성공을 거두면서 순간적으로 해석을 달리하기도 했다. 마침내 연극이 막을 내렸을 때, 그는 매일 밤 새롭게 연극을 발견하는 모험을 그만두는 것이 아쉬웠다.

뉴먼처럼, 사람들은 처음에는 의도적이든 그렇지 않든 간에 예술 작품을 만들고 다시 만드는 과정에서 발생하는 대부분의 도전을 무시한다. 새로운 춤을 배우는 무용수가 미끄러지거나 휘청거리면 안무가는 아마도 매끄럽지 못한 부분이 없어질 때까지 그 연속 동작을 거듭 점검할 것이다. 변화를 무시한다고 해서 그 변화가 지속되지 않는다는 의미는 아니다. 언어는 발음과 용법에서 거의 전적으로 눈에 띄지 않는 일련의 작은 변화들이 축적되어 변화한다. 지금부터 동명사의 종결어미 g를 모두 뺄 것이라고 또는 어떤 행위의 결과(results)를 "최종 결과(the bottom line)"라고 말할 것이라고 의식적으로 판단하는 사람은 아무도 없다. 대신 소수의 사람이 변화를 실험하고, 다른 사람들이 그 변화를 모방하고, 그러한 변화가 다른 새로운 발음과 상투어로 이어지면, 얼마 후 언어는 일련의 거의 눈에 띄지 않는 변화를 통해 — "드리프트(drift, 완만한 흐름)"라는 은유가 전적으로 적절하다 — 눈에 띄게 달라진다.

어떤 드리프트는 생각보다 더 의식적이다. 예술 전통을 일반적으로 정의된 문제에 대한 일련의 연결된 해결책이라고 생각하면(Kubler, 1962), 우리는 해결책과 그 해결책이 해결하고자 하는 문제가 이와 같이 점진적으로 변화할 수 있다는 것을 알 수 있다. 의식적으로 추구하는 각각의 해결책은 그러한 종류의 문제에 대한 가능한 해결책의 범위를 변경함으로써만 문제를 다소 바꾼다. 시간이 지나면, 문제와 해결책 모두 크게 변화하지만, 그 과정에 참여한 사람들은 아마도 이러한 움직임을 전통의 논리적 발전으로 생각할 것이다. 관행과 예술적 결과물은 변화하지만 아무도 특별한 일이 일어났다고 생각하지 않는다. 안무가는 무용수가 휘청거리는 것을 보면서 무용수가 할 수 있는 표현 동작 중 하나로 휘청거림을 포함시킴으로써 무용 용어 목록을 확대하기로 결정할 수 있다(폴 테일러[Paul Taylor]와 그 이후의 다른 안무가들이 바로 그렇게 했다). 처음에는 공연자와 관객 모두에게 상당히 놀라웠던 그러한 변화는 곧 전통적인 관행에서 자리를 잡게 된다. 로젠블럼과 캐런(Rosenblum and Karen, 1979)은 영화 편집 기술에서 유사한 일련의 연결된 변화를 묘사한다.

레너드 마이어(Leonard Meyer, 1956: 66)는 현악기 연주자들의 비브라토(vibrato) 사용에 대한 묘사에서 드리프트의 좋은 예를 제시한다. 한때 현악기 연주자들은 비브라토를 사용하지 않았고, 아주 가끔 비브라토를 관례에서의 일탈로 삽입했는데, 이는 그 희귀성으로 인해 긴장을 고조시키고 감정적 반응을 일으켰다. 그러한 감정적 반응을 원했던 현악기 연주자들은 비브라토를 점점 더 자주 사용하기 시작했다. 그때까지 줄곧 비브라토가 만들어냈던 감정적 반응을 자극하는 가장 좋은 방법은 비브라토 없이 연주하는 것이었다(이것은 바르토크[Bartok]와 다른 작곡가들이 활용했던 장치이다). 마이어는 관례에서의 일탈이 그 자체로 관례로 받아들여지는 과정을 일반적인 것으로 기술한다.

예술계에서는 드리프트를 변화라고 정의하지 않는데, 그 이유는 예술계의 협력 활동을 번거롭게 재구성할 필요가 없기 때문이다. 다른 사람이 일을 다르게 하려고 한다고 해서 불편을 겪는 사람은 없다. 지원 인력은 새로운 종류의 재료를 생산할 필요가 없으며 완전히 새롭고 불편한 방식으로 업무를 수행할 필요도 없다. 관객도 작품을 즐기기 위해 더 많은 비용을 지불하거나, 더 오래 머물거나, 익숙하지 않은 방식으로 노력할 필요가 없다. 어느 누구도 평판의 체계나 권력의 체계에서 지위를 잃지 않는다. 어느 누구도 생계를 위협받지도 않는다. 작품을 생산하기 위해 협력하는 사람들은, 비록 자신이 생산하는 작품이 다르더라도, 계속해서 그렇게 협력할 것이다.

다른 혁신은 일부 참여자에게 다른 것들을 배우고 수행할 것을 요구하므로 그들을 불편하게 하고 그들의 이해관계를 위협한다. 이러한 드리프트와 사소한 변화로부터 스스로를 격리시킨 일부 예술계 부문의 구성원들은 현재의 관행에 뒤처지게 되고, 자신과 같은 참여자에게 요구되는 것을 자신이 할 수 없다는 것을 갑자기 알게 된다. 음악가들은 젊은 연주자들이 일상적으로 연주하는 파트를 쉽게 연주할 수 없다는 것을 알게 된다. 예술계의 많은 부문이 이런 식으로 뒤처지면, 협력 활동의 패턴이 일부 재조정될 것이다. 이런 종류의 변화는 보통 (일부 뒤처진 사람들을 제외한) 모든 사람에 의해 정상적이고 예상되었던 것으로 여겨진다.

다른 혁신은 일상적인 협력 패턴을 파괴하는데, 이는, 토머스 쿤(Thomas Kuhn, 1962)의 용어를 확장하여, "혁명"이라고 부를 수 있는 것을 포함한다. 사람들은 더 이상 익숙한 방식으로 다른 사람들과 협력할 수 없으며, 자신이 만드는 방법을 알고 있는 종류의 작품을 평소처럼 생산할 수 없다. 전통적인 예술 언어에 의도적인 변화를 수반하는 혁명적 혁신은 불가피하게 누구와 무엇을 함께할 수 있는지를 변화시킨다. 예술계 참여자들은 그러한 변화가 중대하며 협력 네트워크에 영향을 미치기 위해 의도된 것이라고 이해한다. 이 점에서 혁명은 방금 논의한 이해관계, 관심, 관례의 점진적인 변화와 다르다. 혁명은 당시 그 예술계의 표준 활동을 이데올로기적으로 그리고 조직적으로 공격한다. 이데올로기적 공격은 선언문, 비평 에세이, 미학적 및 철학적 재구성, 표현 매체의 수정주의적 역사 등의 형식을 취하며, 오래된 우상과 모범을 비난하고 새로운 작품을 보편적인 미적 가치의 구현으로 찬양한다. 조직적 공격은 지원의 원천, 관객, 유통 기관을 장악하는 것을 목표로 한다.

예술적 혁명은 제작되는 작품의 성격과 작품을 생산하는 데 사용되는 관례에 큰 변화를 가져온다. 따라서 인상파와 입체파는 기존의 시각적 언어, 즉 캔버스에 물감을 칠하는 방식을 무언가의 재현으로 읽을 수 있도록 변화시켰다. 쇤베르크(Schoenberg), 베르그(Berg), 베베른(Webern)은 12음 체계의 구성을 도입하여 음악적 음조 간의 관계 논리를 근본적으로 바꾸어놓았다. 무엇이 근본적인가 하는 것은 공격받는 예술계가 무엇을 받아들이고 포섭할 수 있는가에 달려 있다. 입체파와 음렬 작곡법(serial composition)*은 사람들에게 아무도 작업 방식을 알지 못하는 일을 하도록 요구했다는 점에서 근본적인 변화였다. 따라서 입체파와 음렬 작곡법은 새로운 재료와 작업 방식을 배우려는 상당한 노력 없이는 집합 행위에서 자신의 역할을 수행할 수 없었다. 관객은 낯선 언어에 반응하고 미학적으로 경험하는 법을 배워야 했다.

모든 관례에는 관례적인 것을 아름다움과 효과성의 표준으로 삼는 미학이 내포되어 있다. 고전적 통일성을 위반하는 연극은 단순히 다르기만 한 것이 아니다. 고전적 통일성이 극적 가치라는 고정된 범주를 나타내는 사람들에게는 그 연극이 불쾌하고, 야만적이며, 추한 것이다. 관례에 대한 공격은 그 관례와 관련된 미학을 공격하는 것이다. 사람들은 자신의 미적 신념을 자연스럽고 적절하며 도덕적인 것으로 경험하기 때문에 관례와 그 관례의 미학에 대한 공격은 도덕성에 대한 공격이기도 한다. 관객이 극적, 음악적, 시각적 관례의 주요 변화를 격렬한 적대감으로 맞이하는 규칙적인 패턴은 미학적 신념과 도덕적 신념 사이에 밀접한 관계가 있음을 나타낸다(Kubler, 1962).

특정한 관례에 구체화된 미적 신념을 공격하는 것은 결국 기존의 계층 체계를 공격하는 것이다. 휴즈(Hughes, n.d.)는 윌리엄 섬너(William G. Sumner, 1906)를 따라 습속(folkways)과 도덕적 관습(mores)이 지위를 만든다고 주장한다. 종교적, 정치적, 또는 미학적 분파는 풍습과 갈등을 빚는다. 따라서 풍습(이 경우에는 관례로 이해되는)을 공격하는 것은 사회구조(예술계의 조직으로 이해되는)를 공격하는 것이며, 예술계의 분파나 혁신가들은 자신들이 공격하고 대체하려는 관례가 내재되어 있는 세계에 존재하는 지위 체계와 갈등을

---

* 음렬주의(serialism)는 곡을 쓰거나 분석하는 기법 중 하나이다. 음의 높낮이, 음의 세기, 리듬과 같은 음악적 속성을 일종의 오브제(object)화해서 이 음악적 속성들이 어떤 음렬에 따라 반복될 때까지 한 번씩 순서대로 쓰는 음악 기법이다. 예를 들어 쇤베르크는 음고를 순열화했고 베베른은 리듬까지 순열화했다._옮긴이

빚는다.

모든 예술의 전통적인 작업 방식은 기존의 협력 네트워크를 활용하며, 이는 관련 미학에 비추어 기존 관례를 적절하게 조종하는 사람들에게 보상을 제공한다는 것을 기억하라. 무용계가 클래식 발레에 구현된 관례와 스킬을 중심으로 조직되어 있다고 가정해 보자. 그러한 관례와 스킬을 배움으로써 나는 최고의 발레단에서 자리를 보장받는다. 최고의 안무가들이 나를 위해 내가 방식을 알고 있고 나에게 잘 어울리는 발레를 창작할 것이다. 최고의 작곡가들이 나를 위해 악보를 써줄 것이고, 극장은 이용 가능할 것이다. 나는 무용수로서 벌 수 있는 만큼의 돈을 벌 것이고, 관객들은 나를 사랑해 줄 것이고, 나는 유명해질 것이다. 누군가가 그는 가지고 있지만 나는 가지고 있지 않은 스킬 — 예를 들어, 휘청거리기 — 을 요구하는 새로운 관례를 성공적으로 증진하면 그는 나의 미학을 공격할 뿐만 아니라 무용계에서의 나의 지위도 위태롭게 한다. 나는 새로운 것이 미학적으로 혐오스럽고 도덕적으로 터무니없다고 생각하기 때문에 그리고 새로운 것이 옛것을 대체할 경우 나는 실패할 것이기 때문에 새로운 것에 저항한다.

예술가 외의 다른 사람들은 현상태(status quo)에 투자된 무언가를 갖고 있는데, 이것은 널리 인정된 관례의 변화로 인해 잃을 수 있는 것이다. 한 평방마일의 목초지에 불도저로 만든 대지 예술 조각을 생각해 보자. 이 조각품은 수집할 수도 없고(후원자가 건축 비용을 지불하고 나서 서명한 설계도나 사진을 후원 증빙 자료로 받을 수는 있겠지만), 미술관에 전시할 수도 없다(수집가가 받은 기념품을 전시할 수는 있겠지만). 대지 예술이 중요한 예술 형식이 된다고 가정해 보자. 미술관 직원들 — 이들은 미술관에서 수집 가능한 예술품을 평가함으로써 예술가의 경력과 예술 운동에 중요한 영향을 미친다 — 은 어떤 작품이 전시될 것인지 선택할 수 있는 권한을 잃을 것이다. 어느 누구도 그러한 작품을 전시하기 위해 미술관을 필요로 하지 않는다. 미술관이 소장하는 예술 작품과 관련된 모든 사람(컬렉터, 미술관 큐레이터, 갤러리, 딜러, 예술가)은 무언가를 잃게 된다. 모든 예술계는 무엇이 가치 있는지에 대한 구성원들의 합의에 의해 가치를 창출하기 때문에(Moulin, 1967; Levine, 1972; Christopherson, 1974a), 누군가가 다른 관례의 숙달을 예술적 가치의 표시로 정의하는 새로운 세계를 성공적으로 창조할 때, 새로운 세계에 자리를 잡을 수 없는 옛 세계의 모든 참여자는 손실을 입게 된다.

혁명은 관례가 매개하는 협력 활동의 모든 패턴을 변화시키지는 않는다. 만약 그러한 변화가 있다면 우리는 그것을 혁명이라고 부르기보다는 완전히 새로운 예술계의 발전으로 간주할 것이다. 정치 혁명과 마찬가지로 아무리 많은 것이 변하더라도(이단자에 대한 논의에서 보았듯이) 많은 것이 변하지 않는 채로 있기 마련이다. 작곡가는 새로운 소리와 기보법을 사용할 수도 있으며, 음악가는 자신의 악기를 익숙하지 않은 방식으로 연주할 수도 있고 새로운 종류의 장비를 사용할 수도 있다. 하지만 작곡가는 여전히 악보를 만드는데, 그 악보는 아무리 관례를 따르지 않는다 할지라도 연주자가 연주를 위한 지침으로 읽고 사용하는 부분으로 기능한다. 연주자는 콘서트 또는 리사이틀이라고 불리는 공개 이벤트에서 보통 2시간 정도 지속하는 연주를 한다. 관객은 정해진 시간에 참석해서 연주자가 연주하는 동안 조용히 앉아 있는데, 주로 홍보와 신문기사를 통해 그 이벤트를 알게 된 후 티켓을 구매하는 경우가 많다. 그래서 작곡가, 연주자, 관객, 티켓 판매자, 공연장 대관자, 그리고 홍보 담당자 등은, 이벤트의 성격이 바뀌었더라도, 여전히 그러한 이벤트를 만들기 위해 협력한다. 우리는 하나 또는 그 이상의 중요한 참여자 집단이 변화에 의해 대체되었다는 것을 발견했을 때, 비록 나머지는 거의 동일하게 유지되더라도, 그러한 변화를 혁명이라고 여긴다. 따라서 대지 예술은 큐레이터와 딜러 — 이전에 예술가와 예술가의 작품을 합법화하는 공개 전시를 실질적으로 통제해 온 — 의 지위를 위협할 때 혁명을 일으킨다. 대지 예술은 과거의 미학을 바꾸지 않는 그리고 새로운 작품을 경험하기 위한 공간을 만들지 않는 비평가와 관객 성원을 위협한다. 그러나 변화를 만듦으로써 협력 네트워크에서 자신의 위치를 보존하는 참여자들에게 그러한 변화는 결국 그다지 혁명적이지 않다.

우리는 변화 자체만으로는 지속적인 변화와 혁명적인 변화를 구별할 수 없다. 음악 작곡에 사용되는 음조의 변화 또는 시각 예술에서 사실적 재현이 지닌 관례의 변화는 현대 예술계가 중요한 구성원의 지위와 필수조건을 상실하지 않고서는 그러한 변화를 흡수할 수 없는 경우에만 혁명적이라고 할 수 있다. 게다가 변화는 기존 시스템과 관련된 일부 사람에게는 혁명적일 수 있지만 다른 사람들에게는 혁명적이지 않을 수도 있다. 모든 변화에 대해 파악하고 어느 정도 이상의 변화가 혁명적인지 판단할 수 있는 단순한 방법은 없다. 또한 그렇게 명확하게 구분해야 할 이유도 없다. 이해해야 할 중요한 점은 참여자들이 변화를 무시하거나 흡수하는 과정 또는 변화에 투쟁하는 과정이다. 왜냐하면 그러한 반응이 변화의 중대성과 정도를 결정하며 변화를 혁명으로 만들기도 하고 덜 극적인 것으로 만들기도 하기 때문이다.

혁명적 변화는 그 주창자들이 관련 예술계 구성원의 일부 또는 전부를 동원하여 그 표현매체에 대한 그들의 비전이 요구하는 새로운 활동에 협력할 때 성공한다. 배우가 연출가를 위해 새로운 방식으로 연기하는 경우(예를 들어, 누드로 출현하는 경우), 피아니스트가 작곡가의 지시에 따라 직접 현을 뜯어 소리를 내기 위해 피아노 안으로 손을 뻗는 경우, 인쇄업자와 출판업자가 기존 책보다 더 길거나 더 짧게 또는 파격적으로 조판된 책을 만드는 경우처럼, 혁신가들이 이런 방식으로 사람들을 동원하는 데 성공할 때 해당 예술계의 협력 방식이 바뀌게 된다. 그때부터 유능한 참여자들은 이전에 자신에게 요구되었던 것에 더하여 혁신이 관례적인 것으로 만드는 것이 무엇인지를 알아야 하며 그 혁신을 수행할 수 있어야 한다. 참여자들이 더 이상 사용하지 않는다는 이유로 이전에 알고 있던 것의 일부를 동시에 잊을 수 있다면, 혁신이 이전의 형식을 대체했다고 말할 수 있다. 그러나 혁신은 일반적으로 유능한 참여자들이 알고 있어야 하고 해야 하는 것에 추가된다. 오케스트라가 존 케이지의 작품을 연주할 예정이라서 당신이 새로운 방식으로 바이올린 연주하는 법을 배운다고 하더라도, 이것이 당신이 바흐, 모차르트, 또는 코플랜드(Copland)에 필요한 테크닉을 잊어도 된다는 것을 뜻하지는 않는다. 시즌 중에는 이들의 작품도 연주하게 된다.

나이가 많은 일부 참여자가 너무 뒤처져서 더 이상 필요한 것을 몰라서 또는 할 수 없어서 참여할 수 없는 것처럼, 어떤 혁신가들은 기존 예술계에서 요구하는 대부분의 것을 뒤로하고 혁신을 통해 가능해진 것을 전문화할 수 있다. 미술품 딜러는 개념 미술을, 출판업자는 아방가르드 시를, 피아니스트는 우연성 음악 작품의 연주를 전문적으로 다룰 수 있다. 참여자들은 새로운 활동을 지원해 줄 수 있을 만큼 충분히 많은 사람이 합류할 때만 이것을 할 수 있다. 20주에서 30주 동안 공연하는 전통적인 무용수들과 비교해서, 현대 무용을 전문적으로 하는 무용수들의 시즌은 4주에서 6주 정도에 불과할 수 있다. 현대 무용 관객은 그 이상의 공연을 지원하지 않을 것이다. 모든 무대가 그런 전문성을 지원할 수 있는 것은 아니다. 뉴욕이나 런던의 악기 연주자는 르네상스 음악이나 바로크 음악을 전문적으로 다룰 수 있지만, 캔자스시티에 사는 똑같이 숙련된 연주자는 생계를 위해 모든 종류의 클래식 음악을 연주할 뿐만 아니라 아마도 무용 오케스트라에서 부업도 할 것이다.

혁신이 요구하는 활동에 필요한 모든 사람의 협력을 이끌어내는 혁신가들은, 기존의 기관을 장악하든 이전에 기존 기관을 사용하던 사람들을 대체하든 그 시설들을 공유하든 단순히 완전히 새로운 네트워크를 만들든 간에 상관없이, 예술계를 마음대로 사용할 수 있다. 로큰롤 음악가들은 이러한 모든 가능성을 보여준다. 그들은 십대 댄스를 거의 독점하다시피 하여 전통적인 댄스 밴드를 일부 작업에서 밀어냈고, 인기 있는 음반 사업에서 점유율을 확보했고,

실내외 록 콘서트와 로큰롤 나이트클럽에서 새로운 공연 시설 네트워크를 창출했다. 그들은 전통적인 악기들을 사용하지만, 그들이 필요로 하는 새로운 악기와 액세서리를 제공하는 전체 산업은 성장했다. 예술계에서 일어나는 대부분의 큰 변화는 이러한 복합적인 성격을 띠고 있다.

요컨대, 예술의 변화는 세계의 변화를 통해 일어난다. 혁신은 참여자들이 혁신을 새로운 협력 방식의 기초로 삼거나 진행 중인 협력 활동에 변화를 통합할 때 지속된다. 변화는 거의 눈에 띄지 않게 단편적이고 평화롭게 일어날 수도 있고, 변화로 인해 이익을 얻고 대중의 존경을 받는 사람들과 존경을 잃어버릴 사람들 사이에 상당한 갈등을 야기할 수도 있다. 혁신은 예술적 비전이나 아이디어의 변화로 시작해서 그러한 변화들을 계속 통합한다. 그러나 혁신의 성공 여부는 혁신을 지지하는 사람들이 다른 사람들의 지원을 얼마나 동원할 수 있느냐에 달려 있다. 아이디어와 비전은 중요하지만, 혁신의 성공과 영속성은 혁신의 본질적인 가치에 달려 있는 것이 아니라 조직에 달려 있다.

탄생과 소멸

때때로 새로운 예술계는 등장하고, 성장하고, 번영해서, 결국은 우리가 이미 고려했던 순차적인 내부 변화를 거칠 수 있을 만큼 충분한 안정성을 확보한다. 예술계가 탄생하는 것은 이전에는 협력하지 않았던 사람들이 함께 모여 이전에는 알려지지 않았거나 그런 방식으로 활용되지 않았던 관례를 사용하고 그러한 관례에 기반하여 예술을 생산할 때이다. 마찬가지로, 예술계가 소멸하는 것은 더 이상 예술계 특유의 관례를 기반으로 그 관례를 활용하여 예술을 생산하기 위해 예술계에 특징적인 방식으로 협력하는 사람이 없을 때이다. 우리는 예술 혁명으로 인해 크게 변화한 세계와 새로운 예술계를 명확하게 구분할 수 없으며, 새로운 사람들에 의해 변화되거나 장악되는 것과는 반대로 언제 예술계가 소멸했는지 쉽게 판단할 수도 없다. 우리의 관심은 논리적 유형학의 발전보다는 집합 행위 형태의 성장과 쇠퇴에 있기 때문에 이러한 구분을 명확히 할 필요가 없다. 우리는 예술계가 작동하는 데 도움이 되는 그리고 없으면 예술계의 작동을 방해하는 메커니즘을 찾을 것이다.

우리는 혁신을 예술계의 발전과 혼동해서는 안 된다. 새로운 세계는 혁신 — 즉, 기술적 변화, 개념적 변화, 또는 조직적 변화 — 을 중심으로 발전하지만, 대부분의 혁신은 새로운 세계를 만들지 못한다. 우리는 이단자가 어떻게 하면 흥미로운 혁신을 만들어내고 그 혁신이 막다른 골목과 침체 상태에 빠지게 되는지를 보아왔다. 이는 혁신이 실험과 발전을 지속할 수 없어서가 아니라 혁신가가 그러한 발전에 참여할 충분한 수의 사람을 찾지 못해서이다. 예술계가 될 수도 있었던 것은 미개척 가능성으로 남는다. 누군가가 의도적으로 다른 사람들이 자신의 개척에 동참하도록 설득하고자 하면서 시도했던 대부분의 실질적인 혁신은 그러한 운명을 공유한다. 따라서 새로운 예술계의 탄생을 이해하려면 혁신의 생성을 이해하는 것이 아니라 사람들이 정기적으로 협력 활동에 참여하도록 동원하는 과정을 이해할 필요가 있다.

새로운 예술계는 이전에는 예술가들에게 특징적인 관행이 아니었던 것을 중심으로 성장한다. 예술계는 작품을 만드는 관례에서부터 전시 방법, 기술적 및 물질적 구성 요소에 이르기까지 다양한 특징적인 실천 방식을 가지고 있기 때문에 이를 수행하는 새로운 방식이 새로운 세계의 기반이 될 수 있다.

일부 예술계는 특정한 새로운 예술 작품을 가능하게 만드는 기술의 발명과 확산으로 시작한다. 기술적 발전은 비예술적인 목적을 위해 비롯되었을 가능성이 높다. 왜냐하면 예술은 진지한 발명가를 예술의 문제로 끌어들일 만큼 중요하지는 않기 때문이다. 서투른 장인은 많지만, 새로운 기술적 가능성을 실용적으로 발전시키는 데 필요한 시간, 돈, 기타 자원을 지속적으로 투자하는 경우는 드물다. 스틸 사진과 영화를 가능하게 만든 발명과 발전은 예술을 만들고자 하는 누군가의 열망에서 비롯된 것이 아니라, 이러한 표현매체가 지닌 과학적, 상업적, 오락적 가능성에서 비롯된 것이었다. 훨씬 더 일찍 사람들은 금속으로 작업하는 방법을 발명했고, 우연히도 이것은 조각과 예술적 장신구를 가능하게 만들었지만, 이것이 그러한 발명의 목적은 아니었다(Smith[1970] 참조).

이러한 기술적 발전은 현대 예술에서 가장 두드러지게 나타나는데, 현대 예술에서 기술적 발전은 새로운 예술계가 발전하는 것인지 아니면 오래된 예술계 가운데 새로운 부문만 발전하는 것인지에 대한 심각한 모호성을 야기한다. 테이프 레코더와 기타 전자 장치(발진기[oscillator]에서 신디사이저에 이르기까지)의 발명은 인간 연주자 없이 음악을 만들 수 있는 방법을 창조했다. 그럼에도 불구하고 많은 전자 음악은 음악 훈련을 받은 사람들에 의해 만들어지며, 이들은 기계를 인간 연주의 보조 장치로 사용하고, 다소 전통적인 콘서트 음악을 듣고 자란 관객에게 들려주며, 다른 진지한 작곡 음악에 적용하는 것과 동일한 기준을 사용하는 비평가의 평가를 받는다. 이 모든 것은 이러한 전자 발명을 중심으로 새로운 예술계가 생겨난 것이 아님을 시사한다.

그러나 다른 전자 음악의 창작자들은 컴퓨터 전자공학과 수학의 세계에서 나왔다. 음악보다는 컴퓨팅과 기계를 지향하는 이들은 인간 연주자를 배제하고 기계만으로 음악을 만들기 시작했다. 그러한 음악은 다양한 방식에서 다를 뿐만 아니라 — 예를 들어, 무작위 잡음을 사용하기도 하고, 기계가 생성하는 순수한 음색을 원재료로 사용하기도 한다 —, 작곡가들도 공연 지향성이 떨어진다. 즉, 작곡가들은 공연보다는 테이프를 서로에게 우편으로 보내 다른 사람들이 들을 수 있도록 하는 데 더 관심이 있다. 그들은 대중 공연이 음악을 듣는 올바른 방법이며 다른 모든 것은 단지 그 공개 이벤트를 녹음하는 것일 뿐이라고 생각하도록 훈련받지 않았다. 그렇기 때문에 그들은 작가가 책을 대하는 것처럼 테이

프를 작품 자체를 담은 대상으로 취급하며, 어떤 사본이든 다른 사본과 마찬가지로 좋은 것이라고 여긴다. 그리고 그들은 작품이 공개적으로 공연된다고 해서 조금이라도 개선된다고 생각하지 않는다. 이것은 문학 작품의 본질적인 장점이 저자가 소리 내어 읽을 때 어떻게 들리는지에 있지 않은 것과 마찬가지이다. 이러한 버전의 전자 음악은 새로운 예술계의 발전 가능성을 높인다.

일부 예술계는 새로운 개념, 새로운 사고방식의 발전과 함께 시작되며, 그 가능성은 기술 발전과 마찬가지로 탐색되고 활용될 수 있다. 이언 와트(Ian Watt)는 소설의 발전이 부분적으로는 적절한 소설 담론으로서의 "형식적 사실주의"라는 새로운 아이디어에 기인한다고 기술한다. 디포(Defoe), 리처드슨(Richardson), 필딩(Fielding)과 같은 소설의 창안자들은 초기 소설의 양식화된 플롯과 캐릭터 대신에 현실적으로 복잡하고 독창적이며 완전히 설계되지 않은 플롯에 충실했고, 캐릭터와 환경이 그려지는 (보편성과 반대되는) 특수성에 충실했으며, 이야기가 전달되는 평범한 일상 언어에 나타나는 평범한 경험의 세부 사항에 충실했다(Watt, 1957: 13~30). 그렇게 전해진 이야기는 인위적인 플롯, 자신의 이름이 (가르강튀아[Gargantua]같이) 보편적인 유형이라고 주장하는 캐릭터들, 등장인물 중 누구도 실제 삶에서는 구사할 수 없는 언어를 가진 로맨스와 적지 않은 차이가 있다. 그러한 이야기는 소설 작품이 추구해야 할 것과 성취할 수 있는 것에 대한 개념이 다르다. 그 새로운 개념을 중심으로 새로운 작가와 독자의 세계가 점진적으로 생겨났던 것이다.

일부 예술계는 새로운 관객의 성장으로 시작한다. 그 예술계가 만들어내는 작품은 그 이전의 유사한 장르의 작품과 크게 다르지 않을 수 있지만, 새로운 유통 방식을 통해 새로운 관객에게 다가간다. 1960년대의 "새로운" 록 음악은 흑인 블루스와 로큰롤을 모방한 백인 음악에 컨트리와 웨스턴 음악을 섞어 그 이전의 음악과 비슷했다. 그러나 록 음악은 우드스톡(Woodstock)처럼 몇 시간 또는 며칠 동안 계속되는 야외 콘서트, "30세 이상"인 관중이 떠난 필모어 오디토리움(Fillmore Auditorium)과 같은 노동 계급의 무도회장 등 젊은 사람들에게 다가가기 위해 새로운 조직을 고용했다. 록 음악은 이미 존재하는 애호가들을 관객으로 끌어들이는 대신에 라이브 음악이나 녹음된 음악을 많이 소비하지 않았던 연령층을 공략했다. 라디오와 음반 산업의 주요 요소들도 곧 음악을 유통하기 시작했기 때문에(Denisoff, 1975) 록 음악이 완전히 새로운 제도를 발전시켰다고 말할 수는 없다. 그럼에도 불구하고 수많은 새로운 그룹과 새로운 종류의 사람들이 로큰롤의 생산과 소비에 협력하고 있었기 때문에 새로운 세계가 도래했다고는 합리적으로 얘기할 수 있다.

와트(Watt, 1957)는 소설의 발전과 관련하여 비슷한 지적을 한다. 소설에 대한 새로운 개념과 함께 새로운 독자가 생겨났고, 이를 통해 사실적인 소설을 지속적으로 생산하는 것이 가능해졌다. 18세기 영국에서는 읽고 쓰는 능력이 확산되면서 더 많은 독자가 생겨났고, 이들은 적절한 소설이 무엇인가에 대한 이전의 귀족적 개념을 공유하지 않은 새로운 계층이었다. 상업과 제조업에 종사하는 중간계층 사람들이 (많은 경우 그들의 견습생과 하인도 포함하여) 추가되면서 늘어난 새로운 독자들은 그러한 소설에 선행했던 보다 형식적이고 암시적인 스타일을 감상하는 데 필요한 고전 교육을 받지 못했다. 도덕적 교화에는 관심이 없었던 그들은 대신 소설이 제공하는 쉽게 흡수할 수 있는 오락을 찾았다. 새로운 독자를 위한 새로운 작품은 새로운 제도를 통해 유통되었다. 그것은 바로 잡지와 새로운 형태의 책을 출판하는 것이었는데, 이것은 이전에 출판사가 했던 편집적 선택을 인쇄업자가 하는 것이었다.

새로운 예술계를 발전시키는 이런 종류의 혁신은 대개 여러 곳에서 동시에 일어난다. 앞서 살펴본 소박한 예술가들처럼 상대적으로 독특한 비전과 방법을 가진 고립된 사람들을 제외하고, 새로운 예술계를 발전시키는 사람들은 잔존하는 전통과 관행에서 비롯된 광범위한 지적 및 표현적 관심의 흐름에 참여한다. 로큰롤을 발전시킨 음악가들과 기획자들은 흑백의 대중음악을 결합하여 록을 만들 수 있다는 것을 알고 있었다. 사진 및 영화 장비의 발명이 가져온 가능성에 관심을 가진 사람들은 풍경을 녹화하거나 판매용 초상화를 제작하는 등 다른 많은 관심사를 공유할 것이다. 이들은 전통과 관심사를 공유하기 때문에 혁신의 가능성으로 무엇을 하는지는, 차이를 보이기는 하지만, 비교적 작은 범위 내에서 차이를 보인다.

새로운 기술, 개념, 또는 관객은 새로운 가능성을 시사하지만 새로운 가능성을 완전히 규정할 수는 없다. 따라서 처음 참여한 사람들은 그 가능성을 실험하면서 새로운 가능성이 무엇을 할 수 있는지, 자신들이 새로운 가능성으로 무엇을 하고 싶은지 살펴본다. 사람들이 실제로 혁신으로 무엇을 하는가 하는 것은 혁신이 무엇을 가능하게 하는지, 그들은 어떤 현대적인 전통과 관심사의 버전을 가지고 있는지, 그들이 어떤 사람과 자원을 끌어들일 수 있는지에 따라 달라진다. 종종 혁신은 혁신과 연관된 가능성과 함께 빠르게 확산된다. 혁신을 실험하는 사람들이 서로를 찾고 소통을 확립하는 데는 더 오랜 시간이 걸린다. 예를 들어, 기술은 여러 곳에서 동시에 나타날 수 있다. 사람들은 카탈로그에서 장비와 소모품을 주문하고 사용법을 스스로 배울 수 있지만, 그 카탈로그에서 주문한 다른 사람들이 무엇을 하고 있는지는 알 수 없다. 각 실험자는 경험을 통해 사람들이 만족할 만한 결과를 만들어내는 테크닉을 발전시킨다. 각 실험자의 결과는 혁신을 가능하게 하는 한도 내에서 다른 실험자들의 결과와 다르다. 실험자들은, 전적으로 혼자서 작업하든 소규모의 전문가 또는 아마추어 지역 동료들과 함께 작업하든 간에, 지역 예술계라고 할 수 있는 것을 만들어내는데, 그들의 협력 범위는 지역 공동체의 대면적 상호작용을 넘어서지 않는다.

이 과정을 보여주는 두 가지 확장된 예를 고려해 보자. 첫째, 처음에는 성공적인 예술계를 만들었지만 오래 지속되지는 못했던 입체 사진(stereograph), 즉 3차원 사진이다. 둘째는 국제적인 규모로 성공을 거둔 음악을 만들어낸 미국 재즈의 발전이다.

입체 사진의 원리와 기술은 성공을 거두었던 2차원 사진과 거의 동시에 발전했기 때문에, 이 둘을 시각 이미지를 생산하는 경쟁적인 방법으로 생각하는 것이 유용하며, 둘 중 하나 또는 둘 다 예술계를 성공적으로 만들어냈었을 수도 있다. 그 경쟁에서 2차원이 승리했다.

처음에는 손으로 그린 이미지로 입체 효과를 표현했지만, 나중에는 은판 사진(daguerreotypes)과 다양한 버전의 네거티브-포지티브 프로세스가 사용되었다. 그 기술은 단순했고, 초기 사진의 번거로운 장비와 복잡한 테크닉을 제어할 수 있는 사람이라면 누구나 입체 사진을 만들 수 있었다. 그러나 그 프로세스의 초기 버전은 대량 생산이 다소 어려웠다. 이로 인해 유통에 한계가 있었다. 이미지는 대개 이미지가 만들어지는 곳에서 지역 이벤트, 장소, 사람에 관심이 있는 지역 관객에게 유포된다. 지역의 실행자들은 아마도 지역 소비를 위해 어느 정도 독점적으로 초상화, 좋은 풍경, 지역 재난 사진을 제작했을 것이다.

초기의 입체 사진작가들의 관행에 대해서는 알려진 바가 많지 않다. 예를 들어, 그들은 지역적 관심사를 소량으로 제작한 다음 주로 지역 공동체에 유통했는가? "로스(Ross)의 입체 이중 렌즈"와 함께 "필라델피아 윌슨식 입체 상자 카메라"를 구입한 일리노이의 한 사진작가가 ≪포토그래픽 타임스(Photographic Times)≫(1871)에 보낸 이 편지와 같은 단편적 증거들은 다음과 같이 시사한다.

> 나는 입체 사진 제작의 필요성을 깨달았습니다. 몇 번의 좋은 주문을 포기했던 경험을 통해 성장하는 우리 예술 분야에 조금만 관심을 기울이면 도움이 될 것이라고 믿게 되었습니다. …… 나는 내 스튜디오에서 일이 계속 밀려드는 복을 받지는 못했기 때문에 항상 약간의 여유를 가졌습니다. 처음으로 여유 시간이 생겼을 때, 나는 교외에 있는 가장 예쁜 주택을 몇 군데 둘러보았습니다. 집에 돌아와서 바

로 우리의 새 은행 건물에 불빛이 비치는 것을 발견하고는 바로 사진을 찍었습니다. 좋은 인화 사진을 몇 장 만들어서 마을에 이런 놀라움을 줄 수 있는 장비가 있다는 사실을 몰랐던 사람들에게 보여줬는데, 짧은 하루아침에 만든 네거티브에 대한 정보 비용은 정확히 40달러였습니다. 그 사진들 덕분에 몇 건의 주문이 더 들어왔고, 다음 여유 시간에는 그 주문들을 충족시킬 것입니다. 우리 주민들은 종종 자신의 고장의 이런 풍경을 보고 싶다고 말했고, 5×8 크기의 상자를 도입한 것은 조용한 우리 마을의 3,000명의 주민에게 당신이 생각하는 것보다 더 큰 흥분을 불러일으켰습니다. 나는 입체경의 가격이 오르지 않기를 바랄 뿐입니다.("Southern Illinois", 1871: 91)

윌리엄 컬프 다라(William Culp Darrah)는 초기 입체 사진을 제작한 다양한 사진작가를 열거한다.

1. 입체 사진 제작을 전문으로 했지만 지역적 주제에 국한하여 작업한 사진작가
2. 실제로 자신의 작업을 관광업에 국한시킨 리조트 사진작가(나이아가라 폭포, 사라토가, 화이트 마운틴, 캣스킬 등에 수백 명이 있다)
3. 부업으로 때때로 소규모 지역 마을 풍경을 포함하여 입체 인물 사진, 포즈, 교회 및 공공건물의 내부 사진을 제작한 스튜디오 사진작가
4. 홍수, 화재, 기차 사고, 퍼레이드 등 통상적이지 않은 사건이 기억을 위한 일시적인 시장을 창출했을 때 사진을 제작한 기회주의자(Darrah, 1977: 44)

이러한 변형은 가구와 음식에서뿐만 아니라 공동체 생활에 대한 입체적인 기록 부문에서도 외부 세계와 큰 사업을 했던 셰이커(Shaker) 종교 공동체에서 발생했다.

> 레바논산 셰이커 공동체 근처에 있는 뉴욕주의 레바논 스프링스, 안식일 호수 마을(Sabbathday Lake village) 근처에 있는 메인주의 폴란드 스프링스와 같은 세련된 휴양지를 찾는 관광객들의 주요한 오락 중 하나는 셰이커 상점을 방문하여 여행 기념품을 구입하는 것이었다. 관광객들이 흥미와 정보를 동시에 얻을 수 있는 아이템이 필요하다고 인식한 이 지역의 셰이커들은 셰이커 공동체의 입체 사진 세트를 판매했다. 그들은 또한 다른 셰이커 마을에도 도매가격으로 기념품을 제공했다.(Rubin, 1978: 56~57)

관객들은 또한 입체 사진을 보는 기술적 스킬을 습득해야 했다. 최근에야 입체 사진을 볼 기회를 가졌던 사람은 누구나 두 이미지를 하나로 합쳐서 깊이의 "입체" 경험을 하는 것이 얼마나 어려웠는지(이 어려움은 일시적일 수도 있고 더 길 수도 있다) 기억할 수 있다. 그 방법을 배우는 데 오래 걸리지는 않지만, 반드시 그 능력을 습득해야 한다. 한 논문(올리버 웬델 홈즈가 초기 논문 중 하나를 썼다)은 이 현상에 눈을 적응시키는 연습을 제안하고 새로운 스킬을 사용함으로써 얻을 수 있는 특별한 즐거움에 대해 설명했다. 사람들이 이러한 스킬을 어떻게 배웠는지 그리고 사람들에게 어떤 어려움이 있었는지 아는 것은 흥미로울 것이다. 누가 누구에게 그 스킬을 가르쳤는가? 일부 사람은 단순히 그 요령을 터득할 수 없었는가? 1890년대의 특별히 비판적인 한 논문은 그러한 가능성을 시사한다.

> 현재 입체경의 인기가 제한적인 것은 몇 가지 원인 때문인 것 같다. 그중 첫 번째는 아마도 구매자에게 제공된 값싸고 형편없이 만들어진 수많은 사진과 입체경 때문일 것이다. 이런 제품은 그 입체경을 사용하려는 사람들에게 실망감을 주고 사람들의 눈을 피로하게 할 뿐이다.(Luders, 1892: 227)

그림 33. 제임스 M. 데이비스(James M. Davis), 「철도, 인생과도 같이(The Railroad, 'Tis Like Life')」. 입체 사진은 깊은 공간으로 이어지는 대각선을 포함함으로써 이미지의 3차원성을 강조했다.(비주얼 스튜디오 워크숍[Visual Studies Workshop] 제공)

뷰어들은 입체 이미지를 읽는 법 외에 그 독특한 즐거움에 대한 취향도 배웠음에 틀림없다. 초기의 안목 있는 논문들은 입체감에 대해, 즉 자신이 실제로 현장에 있고 그 장면에 몰입된 것 같은 환상에 대해 설명한다. 입체 사진의 일부 양식적 특징은 3차원이 지닌 그러한 환상을 강조하기 위해 고안된 것임에 틀림없다. 3D 영화에 비행기가 관객을 향해 날아가는 장면이나 공중 곡예사가 관객의 머리 위에서 앞뒤로 흔들리는 장면이 항상 있는 것처럼, 입체 사진도 입체감을 강조하는 장치를 사용했다. (동일한 구도적 특징은 당시 2차원 사진의 특징이기도 했는데, 예를 들어 입체 사진은 멀리 뒤로 비스듬히 뻗은 선을 사용하거나 인물을 전경에 배치하여 전경과 멀리 있는 산이나 기타 경이로운 장면 사이의 거리를 강조하기도 했다[그림 33 참조].) 만화나 장례식 사진에서도 그러한 입체감을 분명하게 표현하는 기법을 사용했다(고인의 초상화는 꽃 화환으로 둘러싸여 뚜렷하게 돋보였다). 제작자들은 3차원 사진에 돈을 지불한 고객의 불만을 예상했고, 이미지를 2차원으로 보는 편이 나았을 수도 있다는 것을 발견했다. 따라서 앞서 인용한 비평가는 "…… 부적합한 피사체를 선택한, 즉 적합한 피사체를 선택하지 않은…… 직선으로 구성된 피사체는 단일 관점으로 거의 잘 표현될 수 있다"라고 말한다(Luders, 1892: 227).

토머스 헤네시(Thomas Hennessey, 1973)도 1917년부터 1935년까지의 기간에 재즈의 성공적인 발전에 대해 비슷한 분석을 내놓았다. 그는 재즈가 발생한 모든 곳에서 재즈는 누군가의 작품에 덧붙이거나 민속 공동체 내에서 만들어지기보다는 관객을 위해 연주되는 음악에 아프리카계 미국의 요소와 유럽계 미국의 요소를 결합했다고 언급한다. 그의 분석은 재즈가 발생한 여러 중심지에서 음악적 전통, 공연 상황, 공연 공간과 모집된 음악가들의 종류 간에 지닌 연관성을 보여주는데, 이것은 다음과 같이 길게 인용할 만한 가치가 있다.

> 재즈는 뉴올리언스나 다른 곳에서 단일한 음악 전통으로 시작된 것이 아니다. 초기 재즈 역사의 실제 상황은 미국 여러 지역에서 독립적인 대중음악 스타일들이 모두 유럽계 미국 음악 계보와 아프리카계 미국 음악 계보의 공통된 결합과 공연 지향에 의해 연결되어 등장했다는 것이다. 이 음악들은 특정 상황에 대응하여 발전했기 때문에 각 유형마다 개별 요소들이 특이하게 혼합되어 있었다. 남서부에서는 블루스와 피아노 래그타임(ragtime)이 스타일에 강한 영향을 미쳤다. 중서부와 남동부에서는 서커스와 텐트 쇼 음악가들의 브라스 밴드 전통이 기악 래그타임 스타일로 발전했다. 시카고와 뉴욕에서는 기존의 흑인 공동체가 유럽계 미국 요소가 비중 있게 가미된 스타일로 정통성을 추구했다. 북서부와 서부 해안에서는 흑인 민속 전통의 강력한 영향이 없었기 때문에 브라스 밴드와 댄스 음악 전통에 밀접하게 연관된 매우 약한 음악적 스타일이 발전했다. 뉴올리언스에서는 (a) 클래식에서 영향을 받은 크리올(Creole) 음악과 (b) 블루스와 교회 음악이라는 두 가지 강력한 전통이 업타운 전통을 형성하여 발전하고 혼합되었다.
>
> 각 지역마다 공연 상황도 달랐다. 남동부와 중서부에 흩어져 있는 흑인 거주지

에서는 순회공연이, 남서부에서는 뱀 댄스(bam dance)와 행키탱크(hanky-tanks)가, 시카고에서는 극장과 나이트클럽이, 뉴욕에서는 프라이빗 댄스와 카바레가, 뉴올리언스에서는 거리 퍼레이드와 스포츠 하우스, 야외 콘서트, 개인 무도회가 주를 이루었다. 한 공연 상황은 미국 전역에서 유행했다. 바로 지역 브라스 밴드였고, 종종 어린이 밴드가 보조로 참여했다. 엄격한 의미에서 재즈를 연주하지는 않았지만 이 그룹들은 재즈 스타일에 크게 기여했으며 미래의 많은 재즈 음악가를 훈련하는 훈련장 역할을 했다.(Hennessey, 1973: 470~471)

1917년 이전의 많은 음악가는 아마추어였지만 상황이 바뀌었다. (특히 뉴욕과 시카고에서) 더 잘 훈련된 풀타임 전문 흑인 음악가들은 유럽의 영향을 받은 음악을 더 많이 연주했다. 그 비중은 또한 흑인 음악가들이 사교 파티, 카바레, 그리고 가끔씩 보드빌(vaudeville)과 정통 극장에 출현하여 백인 관객에게 다가갈 수 있는 기회가 더 많아졌다는 것을 반영했다. 예를 들어, 1917년까지 뉴욕의 지배적인 흑인 음악은 "전통적인 무도회 음악과 기악 래그타임이 혼합된 대규모 앙상블 스타일이었다. 이것은 백인 오리지널 딕시랜드 재즈 밴드(Original Dixieland Jazz Band)가 그해 뉴욕에 도입한 5인조 대위법 스타일과는 거리가 멀었다"(Hennessey, 1973: 473). 시카고에서도 "킹 올리버(King Oliver), 젤리 롤 모턴(Jelly Roll Morton), 키드 오리(Kid Ory), 자니 도즈와 베이비 도즈(Johnny and Baby Dodds)와 같은 뉴올리언스 출신으로부터 영향을 받은 시카고 흑인 카바레의 느슨하고 즉흥적인 재즈(흑인 민속 전통에 강한 유대감을 가지고 확립된 틀 안에서 집단적으로 즉흥 연주하는 소규모 5인조 그룹)"와 어스킨 테이트(Erskine Tate) 등의 오케스트라로 대표되는 "뉴욕의 것과 유사한 클래식으로부터 영향을 받은 스타일의 대규모 앙상블" 사이에 유사한 조우가 일어났다(Hennessey, 1973: 473).

헤네시는 더 큰 중심지에서 이러한 음악이 성공할 수 있었던 것은 다수 흑인 부르주아지의 존재 덕분이라고 강조한다.

> 그 음악은 정교했고 클래식에 뿌리를 두고 있었다. 백인의 귀에 낯설지 않았고 클래식 용어로 평가받을 수 있었다. 그 분명한 음악적 장점은 뉴올리언스 남성들의 "시끄러운 소음"을 뛰어넘는 것처럼 보였다. 이 음악의 주창자들은, 뉴올리언스파의 술에 취하고 방탕하고 신뢰할 수 없는 "에이스 음악가"들과 달리, 잘 훈련된 음악가이자 예의 바른 신사였다.(Hennessey, 1973: 473~474)

흑인 중산층이 더 적은 중심지는 지역적인 그리하여 덜 세련된 아프리카-유럽 혼합 버전에 반응하고 지지했다.

두 사례에서 알 수 있듯이, 다양한 규모(입체 사진의 경우에는 규모가 작지만 재즈의 경우에는 규모가 더 큰)의 지역화된 그룹은 다양한 지역 버전의 새로운 가능성을 만들어낸다. 실험 그룹들은 주로 서로의 작품을 듣거나 보면서 대면적으로 소통하기 때문에 지역적으로 모여 있다. 이것은 동료 관계를, 서로를 알고 있는 분산된 실험자들에게 다른 소통 수단이 제공되지 않는 한, 바로 근처에 있는 사람들로 제한한다.

개척자들은 새로운 가능성을 실험하는 것 외에 예술계의 기초, 즉 미학적 문제를 논증하고 표준을 제안하고 작품을 평가할 수 있는 공급업자, 유통 기관, 합의 그룹의 네트워크의 기초를 구축하기 시작한다. 성공적인 공급업자는 빠르게 지역을 벗어나 지역적 실험 과정이 일어날 수 있는 다른 지역으로 제품을 수출한다. 악기, 카메라 및 다른 종류의 장비는 예술계의 다른 요소보다 더 쉽게 이곳저곳으로 운송될 수 있다. 경제가 이를 가능하게 하는 곳에서 제조업체는 곧 광범위한 시장을 개발한다. (이스트먼 코닥의 창업자인) 조지 이스트먼(George Eastman)과 비교적 소수의 다른 제조업자들은 전국적인 사진계가 형성되기 훨씬 전부터 상당한 규모의 국내 시장을 갖고 있었으며, 사진의 국제적인 발전도 마찬가지였다(Taft, 1938; Jenkins, 1975).

특히 동료들이 오랫동안 한 지역에 머물러 있는 것 같다. 동료들은 필요한 장비 근처에 모이곤 한다. 마치 전자음악 작곡가들이 최신 장비를 잘 갖춘 스튜디오, 라디오 방송국, 대학 근처에 모여 있는 것처럼 말이다. 그들은 재료 공급업체 주변에서, 그리고 공급업체의 중재를 통해, 서로를 발견하기도 하고 서로 연락을 취하기도 한다. 그들은 종종 같은 생각을 가진 사람들로 구성된 소규모 조직을 설립한다. 사진의 초창기에는 같은 장비를 실험하던 사람들이 모여 전시회를 열고 서로의 작품을 비평하는 지역 카메라 클럽이 도처에 있었다(Taft, 1938: 376; Newhall, 1964: 103~104; Tice, 1977). (비슷한 조직이 오늘날에도 도자기 회화와 같이 대부분의 사람이 진지한 예술로 생각하지 않는 분야에 존재한다.)

관객도 한동안 지역에 머물러 있다. 동료관계의 지리적 확산을 막는 소통의 장벽은 지역에서 생산된 작품에 대한 관객의 관심을 제한한다. 사람들은 접근할 수 없는 곳에서 연주되는 음악은 한 번도 들어본 적이 없기 때문에 그 음악을 감상할 수 없다. (일반적으로 접근 불가능성도 사회적일 수 있다. 1920년대의 많은 백인 미국인은 재즈를 들으려면 대부분의 백인은 가지 않는 곳에 가야 했기 때문에 재즈를 감상하는 법을 배울 수 없었다. 록 음악은 성인들에게는 생소한 장소와 라디오 방송국에서 연주되었기 때문에 성인들은 록 음악에 대한 관심을 늦게 가졌다.) 그러나 지역 관객들은 기본적인 유통 조직을 중심으로 모여들어 젊은 예술계 일원들을 지원하며, 그 관객들의 (지역 신문에 실린 단순한 비판과 같은 비공식적인) 반응은 작품에 적합한 미학을 만들어내는 데 도움을 준다.

일부 예술계는 지역 수준을 넘어 발전했다. 그들은 그 세계가 포함하고 있는 모든 역할에 더 많은 참여자를 끌어들이고, 더 먼 곳에서 참여자들을 끌어들이며, 우리가 전체 예술계라고 생각할 수 있는 — 많은 다른 지역 부문에서 발전했지만 이제는 전국적으로 또는 심지어 국제적으로 알려지고 이해되는 관례를 모두가 사용하는 — 확장된 협력 네트워크를 만든다. 여러 가지 과정이 얽혀서 이러한 결과를 만들어내지만, 그 결과가 필연적인 것은 아니다. 지역 수준에서 발전하기 시작한 대부분의 혁신은 더 이상 나아가지 않는다. 대부분의 혁신은 지역 수준에서 지속될 수 있지만, 전국적으로 확산되거나 국제적으로 확산되지는 않는다.

생산

작품이 더 넓은 지역에 알려지면서 사람들은 더 많은 작품을 생산하는데, 이것은 더 많은 사람들이 생산에 참여하기 때문이기도 하고 산업화된 방법을 도입하기 때문이기도 하다. 축음기 음반의 산업화된 생산과 유통으로 재즈가 더 빠르게 확산되자 지역의 연주자들은 다른 지역 음악가의 연주를 듣고 모방할 수 있게 되었다.

입체 사진 생산의 산업화는 상대적으로 짧은 기간에 이루어졌다. 전국적 시장이 입체 사진(stereo views)이라는 새로운 예술을 보급하려면 제조업자는 수요를 충족할 만큼 충분한 양을 생산해야 했다(그림 34 참조). 초기 생산자들이 작업했던 수공예 방식으로는 불가능했다.

> 카드 입체 사진의 제작에는 다섯 가지 단계가 포함된다.
>
> 1. 네거티브로부터 포지티브 인화 사진 만들기, 세척 및 건조(보통 하룻밤) 포함
> 2. 가위나 절단기로 다듬기
> 3. 카드에 사진 붙이기
> 4. 부드러운 압력으로 건조시키기
> 5. 라벨 및 상표 붙이기

전체 작업은 2박 3일에 걸쳐 진행되었지만 일부 대형 시설에서는 건조 오븐이

그림 34. 1910년경 언더우드와 언더우드(Underwood and Underwood)에서 입체 사진을 생산하는 장면. 시장의 성장과 함께 생산 시설도 산업화되었다.(해이스팅스 갤러리[Hastings Gallery] 제공)

> 나 보온 테이블을 사용하여 과정을 단축할 수 있었다. 숙련된 작업자 한 명이 하루에 50~60개, 일주일에 최대 350개의 카드 판을 생산할 수 있다. 이 과정을 분업화하여 수행하면, 다섯 명의 작업자가 주당 3,000개 이상을 생산할 수 있다.(Darrah, 1977: 7)

이 과정의 산업화는 1860년대에 곧바로 시작되었으며, 조립 라인 테크닉으로 생산량이 크게 증가했다(사진 35 참조). 다라(Darrah)는 이러한 여러 작업 중 하나를 다음과 같이 기술한다.

그림 35. 1905년경 언더우드와 언드우드 재고실. 입체 사진의 인기가 절정에 달했을 때 제조업체들은 연간 100만 장에 달하는 카드를 발행했다.(해이스팅스 갤러리 제공)

뉴햄프셔주 리틀턴(Littleton)의 킬번 브라더스(Kilburn Brothers)는 인쇄, 조색, 세척, 건조, 장착을 위한 특수실을 갖춘 3층 규모의 대형 공장을 세웠다. 분업은 이미 확립된 관행과 전혀 다르지 않았다. 향상이 이루어진 것은 한 작업에서 다른 작업으로 넘어갈 때 효율성이 높아졌기 때문이었다. 유일한 기계화는 무한 벨트 노출 기계였는데, 이 기계는 각 노출을 일일이 처리할 필요를 제거하여 인화 사진의 생산 속도를 두 배로 높였다. 킬번사는 52명의 직원을 고용하여(그중 일부는 유지보수 직원과 사무원이었다), 하루 평균 3,000장의 완성된 입체 사진을 생산했다. 다시 말해, 킬번 공장은 연간 100만 장의 카드를 쉽게 발행할 수 있었다.(Darrah, 1977: 45)

약 40년 후, 추가적인 기계화로 생산량이 다시 증가하여 그 과정의 산업화가 완성되었다. 버몬트주 노스 베닝턴(North Bennington)의 화이트사(H. C. White Company)에 대한 다라의 설명은 다음과 같다.

> 1907년 화이트는 벽돌과 철근 콘크리트로 3층짜리 공장을 세웠는데, 이 공장은 짧은 기간 동안 세계에서 가장 훌륭하고 기계화된 입체 사진 출판 시설이었다. 전체 사진 인화 과정은 자동화되었다. 네거티브 유리 건판을 램프 앞에 고정하고, 그 아래로 끝없는 벨트가 인화지를 운반한 다음 설정한 시간 동안 멈추고 나서 다음 노출을 위해 인화지를 전진시켰다. 이러한 기계들은 1866년부터 사용되었다. 그러나 화이트사의 작업은 현상, 고정, 세척 기계를 자동화하여 균일한 품질 표준을 유지할 수 있었다. 인화 사진들은 고속 절단기로 다듬어졌다. 타이틀은 시간당 1만 매의 속도로 자동으로 인쇄되었다. 하루 10시간당 5,000장의 인화지를 처리할 수 있는 세 대의 세척 기계가 있었다. 배관을 통해 증기를 사용하는 자동 건조기는 하루에 1만 5,000매의 인화 사진을 처리할 수 있는 용량을 가지고 있었다. 특수 기계는 인쇄된 타이틀과 상표를 화이트 입체사진의 디럭스 포맷 위에 입혔다.(Darrah, 1977: 51)

유통

새로운 사업과 유통 제도는 성장하는 예술계가 더 넓은 영역으로 확산하는 데 도움이 된다. 여기에는 대상을 제작하는 예술의 경우 완성된 작품의 판매가 포함되고 공연의 경우 안정적인 계약 방식의 발전이 포함된다.

초기 입체 사진 운영자들의 소규모 사업은 대부분 자신의 지역에 국한되어 있었다. 여러 다른 지역은 소속된 아마추어 회원들이 정기적으로 작품을 거래하는 "교환 클럽"을 통해 이미지를 거래했다. 사람들이 여행 기념품으로 입체 사진을 가져오면서 이미지도 이동했지만, 이미지의 대규모 이동은 산업화된 생산자들의 생산물을 이동하기 위해 고안된 고도로 조직화된 상품화 기획에서 시작되었다.

초기 사진작가들은 안경점 및 미술품 상점과 같은 대리점을 통해 그리고 우편을 통해 자신의 스튜디오에서 나온 사진을 판매했다. 그들을 대체한 대형 제작사들은 대규모 방문 판매 인력을 만들었다. 키스톤 뷰 컴퍼니(Keystone View Company)의 사장은 세기 전환기의 마케팅 기법을 다음과 같이 기술했다.

> 판매원은 주로 칼리지와 대학교에서 채용되었다. 이들 대부분은 여름방학 3개월 동안만 일했고, 그 기간 동안에 그 해의 대학 학비를 모두 지불할 수 있을 만큼 충분한 돈을 벌 수 있는 경우가 많았다. 언더우드와 언더우드는 자기 회사에서만 한 여름에 최대 3,000명의 대학생을 파견했다고 주장했다. 각각 1,000명 이상을 고용한 다른 큰 회사들과 더불어, 전국의 시골이 여름철 내내 말 그대로 입체 사진 판매원들로 붐볐다는 것을 이해하기는 어렵지 않다! …… 판매 방법은 독특하고 효과적이었다. 첫 번째 통화에서 판매원은 입체경과 "일부 보기" 주문을 예약하려고 노력했으며, 잠재 고객이 입체경을 가지고 있는 경우 가능하다면 "한 번 보기"만을 위한 주문이 예약될 것이다. 주문 예약에 약 3주가 소요되었고, 그 후 배송되는 데 3주가 걸렸다. 배송할 때 판매원은 때로는 수천 개의 피사체를 포함한 대량의 입체 사진집을 가져갔다. 그는 입체경을 잠재 고객의 머리에 대고, 하나의 사진을 준비된 사진 뒤로 밀어 넣은 다음, 앞의 사진을 들어 올려 그 뒤에 있는 사진을 노출시키는 방식으로 능숙하게 연속적으로 사진을 보여주었다. 잠재 고객은 때때로 "저걸로 할게요"라고 말하곤 했다. 판매가 성사된다는 것은 판매원이 처음에 보여주었던 모든 피사체에 대해 잠재 고객이 비용을 지불할 가능성이 최대한 높아졌다는 것을 의미했다.(Hamilton, 1949: 17~18)

그림 36. 시어스 로벅 카탈로그에 실린 입체 사진 광고. 시어스 로벅은 수천 장의 입체 사진을 광고하여 전국에 유통했다.(시각 연구 워크숍[Visual Studies Workshop] 제공)

입체 사진은 우편으로도 판매되었다. 주요 공급업체의 카탈로그에는 풍경, 역사, 교육, 예술, 코믹 등 수천 장의 사진이 실려 있었으며, 시어스 로벅(Sears, Roebuck)과 같은 우편 주문 업체도 카탈로그에 유사한 모음을 광고했다(그림 36 참조). 예를 들어, 1908년 시어스 카탈로그에서는 러일 전쟁 중 "뤼순항 포위전(The Siege of Port Arthur)", "성지(The Holy Land)", "세인트루이스 박람회(The St. Louis World's Fair)", "사냥, 낚시, 캠핑, 인디언 생활"과 같은 주제에 대해 각각 100장의 카드 세트를 제공했다. 주요 공급업체인 언더우드와 언더우드는 이집트, 덴마크, 그랜드 캐년과 같은 장소에 대한 입체 사진, 지도, 서면 가이드 모음인 "여행 시스템"을 제공했다.

헤네시는 흑인 밴드들이 자신들의 비즈니스 업무를 처리하는 방식에서 유사한 변화를 겪으면서 전국적인 관객층을 형성할 수 있었다고 설명했다. 처음에는 밴드가 리더에 의해 운영되든, 파트너십에 의해 운영되든, 또는 어떤 협력적인 방식으로 운영되든 간에,

> 책임 있는 밴드 멤버는 무도장, 나이트클럽, 카바레의 소유주나 댄스 프로모터와 접촉하여 출연을 주선한다. 계약은 대개 비공식적이고 유연하게 이루어졌다. 음악가 노조는 흑인 밴드에게 계약 체결 시 노조의 기준을 따르도록 요구하는 데 번번이 실패했다. 이러한 비공식적인 계약은 일반적으로 단지 한 장소에서 오래 연주할 수 있는 연주대와 정해진 지역 투어 패턴을 포함하는 단순한 방식이었다.(Hennessey, 1973: 484)

이러한 종류의 비공식적인 계약은 불가피하게 밴드가 상대하는 사람들을 개인적으로 알 수 있을 정도로 작은 영역에서만 활동하도록 제한했다.

1929년에서 1935년 사이에 아래에서 살펴볼 교통 및 통신의 변화와 함께 비즈니스 절차가 바뀌면서 흑인 밴드가 전국적인 명성을 얻고 전국적 규모의 계약을 체결하는 것이 가능해졌다.

> 밴드는 한 장소를 거점으로 삼아 음반과 라디오 출연을 통해 전국적인 명성을 쌓았다. 그런 다음 이 명성은 미디어를 통해 그 밴드의 스타일을 좋아하게 된 대중

이 그룹 라이브를 보기 위해 기꺼이 비싼 가격을 지불할 수 있는 곳이라면 어디이든, 무도장, 호텔, 극장 등으로 찾아가는 전국 투어를 통해 금전적 이익을 얻기 위해 이용되었다.(Hennessey, 1973: 487)

제작 및 판매 방식이 바뀌거나 공연 계약 방식이 바뀌면 한 지역을 특징짓는 작품이 전파될 수 있게 된다. 그것이 충분해지면, 유통업체 등은 협력하는 것이 유리하다고 확신하게 되며, 그러면 다른 지역의 관객과 실무자들이 그 작품에 익숙해질 수 있다. 한 지역이 지배적인 위치를 차지하게 되어 다른 지역 세계에서 그 사례를 모델로 삼을 수도 있고, 여러 지역의 작품이 동시에 전파 가능해질 수도 있다.

입체 사진이 발전하는 과정에서 앞서 기술한 제조와 판매 활동이 결합한 것은 입체 사진의 생생한 이미지에 대한 엄청난 수요를 창출했다. 어떤 지역 사진작가나 지역 사진작가 그룹도 그렇게 많은 이미지를 공급할 수는 없었다. 대형 출판업체는 그 활동을 지원하기 위해 온갖 곳에서 만들어진 이미지를 사용했다. 지역의 사진작가들로부터 네거티브를 구입했고, 사용 가능한 재료로 네거티브 복사본을 만들었고(흔히 저작권료는 지불하지 않았다), 일련의 코믹 이미지 또는 서사 이미지를 제작했고, 자체 직원 사진작가를 임무에 파견했다.

그래서 숙련된 입체 사진작가들이 파견되어 역사와 문학에서 유명한 장소, 기념물, 성지(聖地)의 고급 네거티브를 가져왔다. 메인주 바 하버(Bar Harbor)에서 태평양 연안의 골든게이트에 이르는 미국의 아름다운 풍경도 소홀히 다루지 않았다. 필라델피아에서 열린 100주년 엑스포, 시카고에서 열린 세계 콜롬비아 박람회, 세인트루이스에서 열린 세계 박람회와 같은 대규모 박람회들이 사진에 담겼다. 독점적 권리를 위해 막대한 돈이 지불되었는데, 경쟁하는 사진작가들은 이를 항상 존중하지는 않았다. 어쨌든 미국의 농가에는 문화가 제공되고 있었다. ……

그들은 사진작가들에게 항상 교육적으로 매우 중요한 장면을 찾으라고 지시했다. 산업현장을 촬영했고, 과학 실험실의 표본에 주목했으며, 역사적 가능성이 있는 장면을 간과하지 않았다. 라이트 형제의 초기 실험용 비행기의 비행을 촬영한 최초의 사진작가 중에는 입체 사진작가도 있었는데, 이들은 비행하는 초기 비행기의 세부 사항에 대해 값을 매길 수 없이 귀중한 연구를 역사에 남겼다.(Hamilton, 1949: 19~21)

빅 밴드 재즈의 경우, 전국적으로 알려진 밴드가 지역 음악계까지 장악하게 되었다. 그러나 클럽, 레코딩, 보드빌, 무도회, 라디오 등 발전하는 재즈 세계에서는 많은 음악적 인물이 필요했고, 어디서든 그런 인물을 찾을 수 있었다. 워싱턴 D.C.의 엘링턴(Ellington), 캔자스 시티의 카운트 베이시(Count Basie)와 앤디 커크(Andy Kirk), 시카고와 뉴욕 등 여러 곳에서 음악적 인물들이 나타났다.

일반적으로 아무리 대도시적이라고 해도 하나의 작은 지역은 전국적 시장 또는 국제적 시장에 필요한 충분하고 다양한 작품을 제공할 수는 없었다. 그런 이유로, 입체 사진과 재즈에서 일어난 다음과 같은 일은 아마도 일반적인 일일 것이다. 즉, 작품을 유통하는 조직이 사방에서 인물을 찾기 시작하면서 지역과 지방의 예술계를 둘러싼 벽을 무너뜨리기 시작했던 것이다.

소통

지역 예술가들을 다른 버전의 혁신을 만들어내는 다른 지역 예술가들의 영향력으로부터 차단하는 장벽은 지역 예술계들 사이의 소통이 증가하면서 이미 무너지기 시작했을 것이다. 예술가들과 관객이 이동하기 때문에 소통은 기술적으로 또는 단순히 증가할 수 있다.

르네상스 유럽의 지체 높은 후원자들은 자국이 아닌 다른 나라의 예술가들을 끌어들였고, 화가들도 들어본 적 있는 다른 사람들의 작품을 보기 위해 여행을 떠났다(Haskell, 1963). 마찬가지로, 작곡가들과 음악가들은 교회 또는 부유하거나 고귀한 후원자를 위해 유럽의 여러 나라를 여행했다(Reese, 1959). 이러한 여행을 통해 예술가들은 다른 지역에서 발전한 것을 직접 배울 수 있었고 자신의 지역에서 알고 있던 것을 전수할 수 있었다. 마찬가지로 여행을 하는 관객 성원들 역시 자신의 고국에서 익숙했던 것과는 다른 작품을 이해하고 감상하는 법을 배웠다.

좀 더 소박한 규모에서는, 새로운 예술적 가능성을 가진 실험자들이 비슷한 실험을 통해 다른 결과를 얻는 곳으로 이동하여 다른 실무자들에게 자신이 알고 있는 것을 보여줄 수 있었고 동시에 그들로부터 배울 수 있다. 그 과정에서 새로운 것을 습득한 두 당사자는 이전에는 불가능했던 방식으로 아이디어를 교환할 수 있다. 정치적으로 개방된 국경, 이용 가능한 여행 경로와 운송 수단, 충분한 자금, 코즈모폴리턴적인 태도 등 여행의 용이성과 가능성을 높이는 요인은 무엇이든 그러한 교류를 촉진한다. 새로운 기차 노선, 전화, 비행기 할인 요금, 호황을 누리는 경제도 모두 이 과정에 도움이 된다.

기술 발전도 동일한 효과를 가져온다. 인쇄 기술을 통해 "정확히 복제 가능한 사본"(Ivins, 1953)이 가능해지자, 모든 곳의 예술가들은 (그리고 관객 성원들도) 이전에는 말로만 들었던 작품을 볼 수 있게 되었다. 물론 에칭, 판화, 석판화 등 그래픽 아트 작품인 경우에만 작품 자체를 볼 수 있었다. 그러한 기법들을 사용하여 그림이나 드로잉을 재현할 때, 원본 작품은 유화나 목탄에서부터 조각 도구와 잉크에 이르기까지 전통적인 변형을 통과했고, 그 결과는 원본과 동일하지 않았다. 이것은 사진(현재 예술계에서 이러한 서비스를 수행하고 있는)이 원본이 묘사하는 바와 동일하지 않은 것과 마찬가지이다(Ivins, 1953). 그러나 원본에 충실하든 그렇지 않든 간에, 복제본은 이전에는 예술가들이 다른 곳에서 무엇을 하고 있는지 이해하기 위해 입소문에만 의존했던 사람들에게 어느 정도 그 모습을 보여주었다. 따라서 더 넓은 지역에 소문이 퍼지는 데 도움이 되었다.

축음기 음반도 재즈의 발전에 동일한 역할을 했다.

> 재즈는 표준 기보법으로 쉽게 포착할 수 없는 또는 악보를 통해 전파할 수 없는 즉흥적이고 유연한 형식이었다. 음반은 이 일시적인 스타일을 고정하고 보존할 수 있게 해주었다. 덕분에 배우기가 훨씬 쉬워졌다. 또한 이것은 연주자와 직접 대면하지 않고도 스타일을 배울 수 있다는 의미이기도 했다. 따라서 특정 지역 또는 개인적인 스타일이 지닌 영향력은 이 표현 매체를 통해 상당히 확장될 수 있었다.(Hennessey, 1973: 477)

라디오는 많은 음반을 소장할 여유가 없는 사람들에게도 훨씬 더 다양한 공연을 제공할 수 있었다. 1920년대 후반부터 지역 라디오 방송국에서는 지역 나이트클럽과 무도회장에서 연주하는 빅밴드의 방송으로 늦은 밤 시간을 채웠는데, 그중 일부는 여러 유명한 재즈 연주자로 구성된 대형 재즈 밴드였다. 늦은 밤 소규모 방송국이 방송을 중단할 때, 일부 출력이 센 방송국의 방송은 수천 마일 떨어진 곳에서도 들을 수 있었다. 그로 인해 십대의 재즈 음악가 지망생으로서 너무 어려서 재즈가 연주되는 장소에 갈 여유도 입장할 기회도 없었던 나는 유명한 밴드와 솔로 연주자들의 라이브 공연을 모두 들을 수 있었다. 매일 밤 같은 곡들을 들으면서 침실 라디오에서 흘러나오는 같은 테마에 대한 즉흥 연주들의 차이점을 공부할 수 있었다. 1930~1940년대에 성장한 많은 음악가는 자신이 알고 있는 것 중 일부를 이런 식으로 배웠다. 음반과 달리 라디오는 연주 연습에서 허용되는 재량이 어느 정도인지 배울 수 있게 해주었다. 즉, 다른 사람이 녹음한 솔로를 한 음씩 배우는 대신 어떤 종류의 솔로가 가능한지 배웠다.

예술계의 국제화에 대한 흥미로운 사례는 제2차 세계대전의 결과로서 발생했다. 미군 병사들은 유럽과 아시아의 많은 국가에 장기간 머물렀는데, 그들 중 일부는 음악가였다. 음반을 통해서만 음악을 공부했던 현지 음악가들은 이제 미국 연주자들의 연주를 듣고 함께 연주할 수 있게 되었다. 미국인들이 특별히 뛰어난 연주자일 필요는 없었고, 사실 뛰어난 연주자도 없었다. 하지만 그들은 의심의 여지없이 정통이었고, 유럽인들은 음반과 자국에 머물렀던 소수의 미국인에게서는 배울 수 없었던 재즈 연주 관행의 전통을 배웠다. 그 레슨은 놀라운 변화를 가져왔다. 전쟁 전에 유럽인에 의해 이루어진 녹음은 확실히 비미국인에 의한 것이다. 전쟁 후에는 미국의 것을 유럽의 것이나 일본의 것과 구분할 수 없다.

음반과 라디오는 새로운 음악계의 발전에서 이러한 중요성을 계속 가지고 있었다. 젊은 록 음악가들이 악기 연주를 배우고 힘을 합하여 록음악을 만드는 방식에 대한 베넷의 연구(Bennett, 1980)는 그들이 기록된 악보를 대신하는 기능적 수단으로 음반에 의존한다는 사실을 강조한다. 사실 대부분의 록 음악가들은 악보를 읽는 법을 배우지 않을 정도로 음반에 의존한다. 하지만 음반은 그들에게 자신들의 분야에서 무엇이 이루어졌고 무엇이 이루어질 수 있는지에 대해 계속해서 알려준다.

교환 가능한 인력

이러한 모든 변화의 결과로, 한 예술계의 인력은 모두 그 예술계의 기본 관례에 대한 지식을 공유한다. 혁신을 실험하는 사람들의 작업은 너무 지역적이어서 해당 지역 외부의 사람들은 그 작품의 생산이나 소비에 협력할 수 없다. 소통이 증가함에 따라 다양한 작품을 연구할 수 있게 되고, 다른 사람들의 작품을 보거나 들은 거의 모든 곳의 실무자들은 다른 곳의 실무자들과 큰 어려움 없이 협업할 수 있게 된다. 관객들 역시 더 이상 현지 출신이 아니어도 수행되고 있는 것을 이해할 수 있게 된다. 관객들 또한 더 다양한 작품을 접할 수 있게 되며, 새로운 작품이 만들어지는 장소 어디에서든 예술에 반응할 수 있다.

일단 한 예술계의 중요한 활동에 참여하는 데 필요한 스킬이 더 이상 특정 지역과 연관되지 않게 되면, 해당 예술계는 무한히 자체 재생산할 수 있고, 어느 곳에서나 인력을 채용할 수 있으며, 더 이상 한 지역에 영향을 미칠 수도 있는 우연한 불행에 의존하지 않게 된다. 작품 제작에 참여하는 사람들이 출신 지역에 상관없이 서로 교류할 수 있게 되면 그 세계는 반(半)독립적인 상태가 된다. 여기서 할 수 없는 것을 저기서 할 수 있게 된다. 그 예술계의 구성원이 이동할 때 그들은 예술계의 작업이 계속될 수 있게 필요한 일을 할 줄 아는 사람들을 찾을 수 있다는 것을 알고 있다.

헤네시는 재즈가 전국화되면서 한때 서로 분리되었던 지역의 연주자들이 이제 같은 밴드에서 어려움 없이 함께 연주할 수 있게 되었다고 말한다(그림 37과 그림 38 참조). 그들은 여러 가지 스타일, 특히 편곡된 악보를 사용하는 유럽 기반 스타일을 알고 있었기 때문에 악보를 읽을 수 있는 음악가들이 필요했다. 밴드의 규모가 커지자,

> 이 추가된 연주자들은 새로운 솔로 보컬이기보다는 솔로이스트를 위한 배경음악을 제공하는 섹션 연주자인 경우가 더 많았다. 이 섹션맨들의 주요 장점은 즉흥적인 능력이 아니라 기술적 능력과 의존 가능성이었다. …… 1920년대에는 미디어를 통해 음악가들이 지역 경계를 넘어 스타일을 배울 수 있게 되면서 지역 스타일들이 점차 혼합되었고, 1930년대 초반에는 남서부와 좀 더 적은 정도로 남동부만이 뉴욕 기반의 전국적인 밴드와는 확연히 다른 스타일을 여전히 유지했다. 따라서 전국적인 밴드가 지역을 침범했을 때, 그들의 스타일은 대부분의 지역 밴드

그림 37. 뉴올리언스의 버디 프티(Buddy Petit) 재즈 밴드. 초기 재즈 그룹은 지역을 기반으로 했으며, 해당 지역의 흑인 인구의 특성과 공연하는 행사의 종류를 반영했다. 이 밴드는 거리 퍼레이드, 야외 콘서트 등에서 공연했을 수도 있다.(사진 제공: 럿거스 대학교[Rutgers University] 재즈 연구소)

> 가 연주하던 스타일과 크게 다르지 않았다. 게다가 전국 각지에서 음악가들이 모였기 때문에 전국적인 밴드는 어디에서 연주하든 지역의 자부심에 호소하기 위해 종종 지역의 작품을 선보일 수 있었다.(Hennessey, 1973: 486~489)

재즈 연주자와 관객은 일단의 관례와 관행을 공유하게 되었으며, 이를 통해 재즈계의 특징적인 작품을 생산하기 위해 협력할 수 있었다. 이러한 지식을 공유함으로써 이러한 협력 활동의 패턴이 확산될 수 있었다.

관례적 지식이 확산됨으로써 인력의 상호교환이 가능해지는데, 그러한 확산의 주요 구성요소는 새로운 형식이 활용하는 기본적인 이미지를 확산하는

그림 38. 1936년경 지미 런스퍼드(Jimmie Lunceford) 오케스트라. 빅밴드 재즈의 세계가 전국화되면서 연주자들은 더 나은 교육을 받고 더 좋은 옷을 입고 더 많은 훈련을 받게 되었다.(사진 제공: 럿거스 대학교 재즈 연구소)

것이다. 우리가 본 것처럼, 예술 작업은 그 작품을 경험하고 감상하는 사람들에게 어느 정도 알려진 재료를 다루는데, 한 작업이 사용하는 재료 중 일부는 사회 구성원 대부분에게 잘 알려져 있고, 일부는 특별한 훈련을 받은 사람에게만 알려져 있으며, 일부는 작품을 감상하기 위해서는 제작자 이외의 거의 모든 사람이 배워야 한다. 한 예술계가 확산되어 전국적 또는 국제적 범위에 도달하면, 많은 사람은 새로운 관례를 배워야 하고 낯선 광경, 소리, 아이디어를 미학적 경험으로 구성하는 법을 배워야 한다. 입체 사진의 급속한 확산은 지금까지 상대적으로 소수에게만 관심의 대상이었던 이미지에 대한 광범위한 친밀성과 반응성을 낳았고 이것이 성공을 좌우했다. 앞서 살펴본 바와 같이, 대부분의 이미지는 순전히 지역적인 관심만 끌었다.

이 사례에 대해 계속 얘기해 보면, 입체 카드와 뷰어를 전국적으로 확산시킨 판매 노력은 전국적 취향의 동질화를 가져왔음에 틀림없는데, 이것은 원래 지역적 특색이었던 것이 익숙해지면서 생산자와 관객 모두가 알고 반응하는 일단의 관례로 통합된 결과였다. 이러한 이미지 제작 방식이 익숙해지고 표준화되면서, 제작자들이 사진작가들이 촬영하기를 원하는 구도와 주제를 묘사하는 간단한 전달법을 개발했다고 상상해 보라. 이러한 지침은, 우리가 만약 볼 수 있다면, 비록 그렇게 상세하거나 이론 지향적이지는 않겠지만, 로이 스트라이커(Roy Stryker)가 자신의 농업안정국(Farm Security Administration) 사진사들을 위해 준비했던 "촬영 대본"과 유사했을 것이다(Hurley, 1972: 56, 58). 그 지침은 간단한 설명에 적합한 성문화된 관례가 사진작가들에게 어떻게 제약이 되는지를 보여준다. 입체 사진의 산업화와 함께 사용 가능한 이미지의 다양성은, 비록 입증되지는 않았지만, 증가했음에 틀림없다(Earle[1979]; Darrah[1977] 참조). 제조업체 기반의 관례가 확산되면서 개인적이고 독특한 표현 스타일이 드물어졌다고 생각할 수도 있지만, 대형 제조업체가 흡수한 스타일에는 지역의 입체 사진작가나 그룹이 사용했던 것보다 훨씬 더 다양한 스타일이 포함되어 있었을 것이다.

따라서 업계는 소비자들에게 매우 다양한 주제를 다루는 엄청난 양의 자료를 제공했다. 그 결과 소비자들은 이전에는 갖지 못했던 다양성에 대한 관심을 획득했다. 처음에는 주로 지역적 주제에 관심을 가졌던 관객은 제작자들이 그랬던 것처럼 코즈모폴리턴적인 존재가 되었다. 경건한 농부들은 당연히 성지의 경치를 즐기는 법을 배웠지만, 그들은 또한 카이로의 엘-바투크(El-Bartouk) 무덤(1880년경 시카고 멜란더와 브라더스[L. M. Melander and Brothers]의 카탈로그에 광고된)의 경관에 대한 취향도 터득했다. 그들이 3차원 그림을 보는 기법을 익히고 그 그림이 주는 입체감의 환상을 가치 있게 여기는 테크닉을 배운 것과 마찬가지로, 그들은 즉각적인 경험의 일부도 아니고 자신의 삶에 거의 영향을 미치지도 않는 주제에까지 관심을 갖게 되었다. 그들은 (물론 입체 사진을 통해서뿐만 아니라 잡지, 포스터, 환등 슬라이드와 같은 다른 매체를 통해서도) 이집트의 이국적인 풍경뿐만 아니라 자국의 다른 지역에도 관심을 갖게 되었다. 당신은 위스콘신주 헐리(Hurley)의 사진이나 애틀랜타 세관의 사진도 살 수 있게 되었다.

입체 카드 공급업체가 관객이 모든 종류의 이미지를 즐길 수 있도록 훈련시킬 수 있었다고 주장하는 것은 합리적이지만, 19세기 후반 미국에서는 사람들이 다른 주제보다 특정 주제에 더 관심을 갖도록 하는 것이 더 쉬웠을 것이다. '검둥이(darkies)'와 다른 인종 집단에 대한 농담은 자신의 나라와 문화가 이민자와 소수 민족에 의해 휩쓸리고 있다고 본 백인 앵글로 색슨 사이에서 준비된 관객을 찾았을 것이며, 약간 장난스러운 농담은 그 시대의 예절을 존중했을 것이다(그림 39 참조). 자연과 대륙을 지배하는 것에 대한 미국인의 관념은 장엄한 광경에 대한 관심으로 표현되었다. 미국이 철도와 전신으로 통합된 하나의 국가가 되면서, 사람들은 먼 곳에서 일어나는 사건들을 자신의 삶과 관련지어 보는 법을 배웠다. 사람들은 시카고의 화재와 샌프란시스코의 지진에 대해 (심지어 국제적으로 뤼순항 포위에 대해서도) 자신의 고향에서 일어난 재난만큼이나 관심을 갖는 법을 배웠다.

또한 입체 사진 감상을 즐기는 법을 배우는 것은 아마도 쉬웠을 것이다. 왜냐하면 그 활동이 이미 익숙한 여러 미국인의 관심사와 잘 맞물렸기 때문이다. 입체 사진이 가장 인기를 끌던 시절에는 대부분의 오락이 가정에서 이루어졌고, 입체 카드를 보는 것은 가족, 연인, 또는 친구 집단이 함께 즐길 수 있는 하나의 방법이었다. (오늘날 우리는 그런 식으로 가족 앨범을 들여다보거나 친구들의 휴가 슬라이드를 본다.) 입체 사진은 또한 과시적 소비를 상징하기도 했는데, 그것은 입체 사진을 소유하고 있다는 측면에서, 그리고 입체 사진의 사용은 세련미와 교양이 있음을 나타낸다는 주장을 함축한다는 측면에서 그러했다. 중요

그림 39. 사진작가 미상, 「이슬 맺힌 아침: 농부의 놀람」. 다리를 살짝 드러낸 다소 선정적인 이미지는 국민적 취향에 부합했다.(시각 연구 워크숍 제공)

한 것은, 교육이 점점 더 사회 이동의 중요한 경로가 되고 있던 시기에 입체 사진이 교육의 수단을 제공했다는 점이다(그림 40 참조). (예를 들어, 언더우드와 언더우드는 입체 사진을 교육 도구로 사용한 학교와 대학을 언급하고 저명한 교육자들의 추천을 인용하여 자신들의 "여행 시스템"을 홍보했다.)

예술계 제도들

혁신이 전국적으로, 어쩌면 심지어 국제적으로, 협력할 수 있는 사람들의 네트워크를 발전시킬 때, 예술계를 창조하기 위해 남은 일은 그 세계의 나머지 사람들에게 지금 하고 있는 일이 예술이라는 것 그리고 예술이라는 지위와 연관된 권리와 특권을 누릴 자격이 있다는 것을 설득하는 것이다. 특정 시간과 장소에서 작품을 전시하는 특정 방식은 "예술"을 함축하지만, 다른 방식은 그렇지 않다. 예술로 인정받고자 하는 작품은 일반적으로 비평적 논의가 이루어

그림 40. 교실의 입체경. 입체 사진이 널리 보급된 이유 중 하나는 입체 사진이 미국인의 표준적인 활동에 잘 맞았기 때문이다. 예를 들어, 입체 사진은 교육 시설들이 급속히 확장되는 동안 교육 목적으로 널리 사용되었다.(시각 연구 워크숍 제공)

질 수 있는 발전된 미학적 장치와 표현 매체를 보여주어야 한다. 마찬가지로, 예술의 지위를 열망하는 사람들은 관련된 공예나 상업적 기업으로부터 자신을 분리해야 한다. 마지막으로, 그러한 열망을 가진 사람들은 자신의 세계가 생산하는 작품을 이미 받아들여진 예술과 연결하는 역사를 구성하고, 가장 분명하게 예술적인 과거의 요소들은 강조하는 동시에 덜 바람직한 과거의 부분들은 숨긴다. 이러한 과정은 미국 사진의 역사에서 명확하게 볼 수 있다(Taft, 1938; Newhall, 1964).

다게르(Daguerre)가 사진 이미지를 금속판에 고정하는 방법을 발표하고 나서 몇 년 지나지 않아 미국은 사진 활동의 온상이 되었다. 전문가들은 경치, 초상화, 그리고 고객이 돈을 지불할 의사가 있는 것은 무엇이든지 판매하면서 서비스를 제공했다. 은판사진법(daguerrotype)이 광택인화법(tintype)에 의해 대체되고 그런 다음 여러 버전의 네거티브-포지티브 프로세스에 의해 대체되면서, 사람들이 사진을 찾는 용도가 배가되었다. 어떤 사람들은 새로운 프로세스가 예술을 생산할 수 있다고 생각했고 그 시도에 전념했다. 이후 예술 사진작가들은 예술가로서 인정받기 위해 끊임없이 싸웠다. 그들은 예술계의 장치 일부를 갖추었지만 최근까지 인정을 받지 못했고, 그들이 자격이 있다고 다른 사람들을 설득할 수 있는 조직적 요소를 만들기 위해 열심히 노력했다. 시각적 인공물을 만드는 것은 그들에게 예술을 만든다는 명분을 주었다. 하지만 "기계로 예술을 만들 수 있는가?"(Christopherson, 1974a; 1974b)와 같은 이데올로기적 문제로 인해 그리고 더 중요하게는 사진이 비예술적 사업과 지닌 명백하고 지속적인 연관성으로 인해 그 명분은 손상되었다. 사진은 이 분야의 선구자들의 노력을 통해 국내외 예술계를 발전시켰는데, 이들은 이러한 덫에서 벗어나기 위해 싸웠고 그런 과정에서 기본적인 예술계 제도를 창조했다.

예술 사진은 처음에는 상업 사진계와의 관계를 끊어야 했다. 왜냐하면 상업 사진계는 사진작가들로 하여금 기업을 돕는 공예가로 일하도록 압박했기 때문이다. 사진작가들이 공예가로 일하도록 본질적으로 압박하는 또 다른 원인 — 사진작가들이 깊은 인상을 남기고 싶어 했던 보다 진지한 예술가들에 의해 일반적으로 그렇게 여겨진 — 은 지역 카메라 클럽에 수많은 아마추어 사진작가들이 조직되어 있다는 점이었다. 그 클럽들은 "자신의 작품을 보여줄 기회를 갖지 못했던 수많은 사진작가를 위해 설립된"(Doty, 1978: 36) 살롱에서 회원들의 작품을 전시했다. 그 클럽들은 공예 중심의 경쟁을 장려했는데, 당시 클럽 세계의 한 참여자는 이를 다음과 같이 설명했다(Tice[1977]에 기록되어 있다).

> 매달 우리는 흑백 인화 사진 경연대회를 펼쳤다. '이달의 사진'을 획득하려고 애쓰는 것 그리고 연말에 트로피를 받는 것은 항상 도전이었다. 그게 나를 그 경연대회에 계속 참여하게 한 동기였다. …… 나는 클럽 경연대회보다는 살롱에서 더 잘했다. 나는 별 하나짜리 전시자였고, 그만두었을 때는 별 두 개짜리를 위해 작업하고 있었다. 국제 살롱에서 그렇게 많은 인화 사진이 받아들여진 후에는 P.S.A.에서 별을 받는데, 5개까지 받을 수 있다. 그게 최대치이다.(Tice, 1977: 41, 50)

지역 클럽에서 이루어지는 대면적 비판에 의해 강요된 그러한 견해는 예술가들이 평소 주장하던 자유를 제약한다.

> 내 사진들은 나를 만족시키기 위해 만든 것이 아니다. 그 사진들은 심사위원들을 위해 맞춤 제작된 것이다. 유일한 문제는 최근에 심사위원들이 내 작품을 좋아하지 않는 것 같다는 것이다. 내가 인화 사진을 출품할 때마다 심사위원들이 뒤에서 속삭이는 소리가 들린다. "오, 아티(Artie)가 재기하려고 하나 봐요." 나는 더 이상 클럽에서는 경쟁을 많이 하지 않는다.(Tice, 1977: 47)

미국 사진의 선구자 앨프리드 스티글리츠(Alfred Stieglitz)(Norman, 1973)

는 예술 사진을 카메라 클럽과 혼동하지 않게 하는 결정적인 조직적 움직임을 보였다. 그가 시작할 당시에는 광고와 연계된 상업 사진이 거의 등장하지 않았고, 사진과 저널리즘은 아직 긴밀하게 연결되어 있지 않았다. 그러나 본질적으로 아마추어 사진작가들의 살롱, 경연대회, 조직은 국내적 및 국제적으로 수없이 많았고 강력했다. 스티글리츠 자신도 전시자, ≪아메리칸 아마추어 포토그래퍼(American Amateur Photographer)≫의 편집자, 뉴욕 카메라 클럽의 부회장으로 깊이 관여하면서, 보다 진지하고 예술적인 접근 방식을 추구했다. 그의 초기 사진들은 아마추어 전통을 따르고 있었지만, 그는 곧 그 클럽과 결별했다. 이것은 한편으로는 그의 비전이 그들의 관례적인 표준을 능가했기 때문이고(Doty, 1978: 26), 다른 한편으로는 그가 선의의 아마추어들의 간섭 없이 일을 진행하는 것을 좋아했기 때문이다. 카메라 클럽의 정치로부터 자유로워진 스티글리츠는 사진분리파(Photo-Secession)를 조직하고(1902), ≪카메라 워크(Camera Work)≫를 발행하기 시작했으며(1903), 사진을 예술 작품으로 전시하는 갤러리를 열었다(1905). 그는 이미 10년 전에 뉴욕의 빌딩, 기계, 사람들의 모습을 담은 사진을 찍기 시작했는데, 이는 그를 유명하게 만들었다.

짧은 시간 동안, 스티글리츠는 (확실히 소규모로) 사진이 예술이라는 주장을 정당화하는 많은 제도적 장치, 즉 작품을 전시할 수 있는 갤러리, 커뮤니케이션과 홍보의 수단을 제공하는 정밀한 재현과 비판적 논평이 담긴 저널, 서로를 지지하는 동료 그룹, 그리고 당시 인기 있는 회화의 모방에서 확실히 벗어난 주제와 스타일 등을 만들어냈다(그림 41 참조). 까다로운 성격의 스티글리츠는 곧 사진분리파의 동료들과 멀어졌다. 이는 사진의 예술적 지위를 공고히 하는 또 다른 중요한 단계, 즉 사진작가와 화가 및 조각가들로 구성된 예술 공동체 사이의 관계를 결속시키는 계기가 되었다. 이미 로댕과 긴밀히 접촉하여 자신의 스튜디오에서 로댕을 촬영했던 에드워드 스타이켄은 처음에는 로댕이, 다음에는 마티스(Matisse), 세잔(Cezanne), 피카소(Picasso) 및 다른 프랑스 예술

그림 41. 앨프리드 스티글리츠, 「야망의 도시(The City of Ambition)」. 스티글리츠는 도시를 촬영하는 기술적이고 상징적인 문제에 대해 독특하고 새로운 접근방식을 개발했다. 흑백 사진, 1910.(시카고 미술관 제공)

가들이 작품을 보내 5번가 291번지에 있는 스티글리츠의 갤러리에 전시하는 통로가 되었다. 스타이켄은 또한 스티글리츠가 존 마린(John Marin)을 전시하는 데, 그리하여 마스덴 하틀리(Marsden Hartley), 아서 도브(Arthur Dove)와 같은 다른 미국의 중요한 젊은 화가들과 접촉하는 데에도 기여했다. 스티글리츠는 사진만 전시하는 것을 중단하고, 현대 드로잉, 회화, 조각 작품으로 갤러리를 채웠다. 스티글리츠는 화가와 사진작가를 서로 소개했고, 이전의 "회화적인" 사진작가들이 지녔던 모방적인 스타일이 아닌 상호보완적인 방식으로 서로의 작품을 진지하게 받아들이도록 가르쳤다. 그러한 연결 — 스티글리츠와 조지아 오키프(Georgia O'Keeffe)의 만남과 결혼으로 가정이 꾸려지기도 했던 — 은 스티글리츠의 오랜 경력 내내 지속되었다.

스티글리츠는 예술계의 한 가지 주요 문제를 해결하지 못했는데, 그것은 사람들이 생계를 유지할 수 있도록 예술 작업을 조직화하는 문제였다. 그의 동시대 작가들과 후계자들은 전업으로 사진 작업을 하려면 그리고 카메라 클럽 아마추어 이상이 되려면 예술 작업을 조직화했어야 했다. 스티글리츠가 인화 사진을 그림인 것처럼 팔아 생계를 유지할 수 없었다면 그 누구도 사진으로 생계를 유지할 수 없었고, 사진작가들은 다른 사람들이 기꺼이 돈을 지불하는 일, 즉 아이디어나 감정을 사진술로 직접적으로 표현할 수 없는 숙련 작업을 해야 했다. 예를 들어, 스타이켄(Steichen, 1963)은 일찍이 상업용 초상 사진을 배웠고, 이후에는 ≪보그(Vogue)≫를 위해 유행하는 옷을 입는 세련된 여성과 연극 및 영화배우를 촬영했으며, 나중에는 정부를 위해 일했다(Sekula, 1975). 이러한 모든 활동에서 최종 결과물은 외부적인(즉, 발전하는 예술 전통 및 역사와는 거리가 먼) 기준 — 초상 사진의 인물이나 의상을 멋지게 보이게 하는 것 또는 관료나 군인의 홍보 필요를 충족시키는 것 — 을 충족시켜야 했다. 어떤 사람은 그러한 제약 조건 아래에서 작업하는 데 매우 능숙해졌다(스타이켄은 확실히 그러했다). 그러나 이러한 조직적 제약으로 인해 사진은 마이너 예술 형식 — 생계를 위해 다른 사람의 사업을 해야 하는 필요성과 관련된 작업 기준에 갇힌 — 이상으로 발전하는 것이 사실상 불가능했다. 예나 지금이나(비교적 최근의 경우, 가르치는 것으로 생계를 유지하는 사람들을 제외하면[Adler, 1978]) 예술 사진작가들(Rosenblum, 1978)은 남을 위해 하는 일과 자신을 위해 하는 일 사이에서 불안한 균형을 유지해 왔다.

많은 사진작가는 인물 사진 작업이 가장 손해를 덜 보는 그리고 그다지 집중하지 않아도 되는 일자리라고 생각했다. 에드워드 웨스턴(Edward Weston)은 (Maddow, 1973) 거의 한 시간 동안 앉아서 (자신이 아니라) 상대를 만족시키는 사진 작업을 해야 하는 것이 싫었지만 평생 동안 그 일에 의존했다. 그것들은 그가 벗어나야만 했던 기교의 표준, 즉 서비스당 요금을 받는 느슨한 전문적 작업 조직에서 강제되는 표준이었다. 웨스턴은 예술가-사진작가들이 생계를 유지할 수 있도록 예술계의 제도적 장치를 개선하기 위해 중요한 일을 했지만, 그가 이룬 성취는 스티글리츠보다 덜 인상적이었다. 웨스턴은 샌프란시스코에 f64그룹 — 그 이름이 시사하듯이 소프트 포커스의 "예술적인" 사진이라는 이상보다 선명하고 깨끗한 사진이라는 이상을 추구하는 — 을 설립했다. 조직 형태와 미학적 목표 모두 스티글리츠를 연상시킨다. 웨스턴은 구겐하임 펠로십을 받은 최초의 미국 사진작가였는데, 이 펠로십은 모든 사진작가의 경력을 지속시키지는 못했지만 많은 사진작가들이 중요한 사진 프로젝트를 수행하는 데 도움을 주었다. 웨스턴의 친구, 아들, 제자, 모방자들을 통해 전달된 그의 영향력은 서부 해안 지역에서만 엄청났던 것이 아니다.

스티글리츠와 마찬가지로 웨스턴은 예술 사진이라는 야심찬 세계를 기존 회화와 연결하는 데 도움을 주었다. 웨스턴의 경우 이를 연결해 준 것은 멕시코 벽화가들이었다. 1923년, 웨스턴은 아내와 가족을 캘리포니아에 남겨 두고, 또 다른 사진작가인 티나 모도티(Tina Modotti)와 함께 멕시코로 이주했다. 멕시코 예술 공동체는 웨스턴을 형제로 받아들였다. 웨스턴은 특히 디에고

리베라와 가까웠고, 웨스턴의 전시회는 판매로 이어졌을 뿐만 아니라 비평가들의 찬사도 받았다.

벽화가들의 본보기와 영향 때문일 수도 있고 사진 비용을 지불하는 의뢰인들의 허영심을 만족시킬 필요가 없었기 때문일 수도 있는데, 웨스턴은 인물 사진의 관례에서 벗어났으며, 일련의 포즈를 취하지 않은 혁신적인 인물 사진을 만들 수 있었다(최고의 작품 중 두 개가 오로스코[Orozco]와 리베라의 사진이었다). 그는 다른 많은 사진의 관례를 무시하고 정물, 경관, 장르 사진에도 활력을 불어넣었다. 모든 경우에 웨스턴은 초상 사진 모델이나 출판업자보다 자신을 위해 일하면서, 진부해지고 정형화되었던 주제로부터 기성 예술가들의 관심을 끄는 사진을 만들었다. 그는 고급 시각 예술 세계에서 더 일반적인 표준을 선호하여 당연하게 여겨지던 기술 표준을 무시하면서, 엄격한 사실주의와 사진 색조의 상징적 효과를 결합한 스타일을 발전시켰다. 그는 평생 동안 친구와 연인, 모래 언덕과 바위, 평범한 가정의 장면, 심지어 채소까지 촬영하여 사람들의 존경을 얻어냈고 시각 예술 분야의 단체(institution)를 설립했다.

다큐멘터리 사진작가들은 그들이 사진을 찍어주는 기관 — 좌파 정치 단체(대개 개혁적인 성향의)이든 정부 기관(때로는 개혁적이지만 어떤 홍보 가치가 있는 작품에 더 관심이 많은)이든 간에 — 이 만들어낸 제약에 맞서 싸워야 했다(이런 점에서 다른 사진작가들이 일하는 광고 대행사와 거의 차이가 없었다). 그러한 조직 형태의 제약을 극복한 가장 흥미로운 사례는 1930년대에 로이 스트라이커가 렉스 터그웰(Rex Tugwell)의 농장보안국을 위해 만든 사진 부서였다(Hurley, 1972). 그러한 제약은 정부 기관 홍보 캠페인의 표준 포맷에 구현되었는데, 이 표준 포맷에는 기자 회견 자료집, 가공된 뉴스 기사, 기관이 얼마나 훌륭한 일을 했는지 보여주는 동반 사진이 포함되었다. 렉스 터그웰의 제자이자 준사회과학자였던 스트라이커는 자신의 사진사들을 위해 귀찮은 일을 감당함으로써 사진사들이 아무런 간섭 없이 그리고 미리 정해진 관점의 이미지를 떠올릴 필요 없이 오랫동안 소재를 탐색할 수 있도록 했다. 동시에 그는 사진사들에게 촬영 대상에 대한 사회과학적 사고를 상당히 심어주어, 그들을 예술, 정치 또는 선전에 대한 기존의 고정관념 속에서 일을 처리하는 경향으로부터 차단시켰고, 그 부서의 특징적인 다큐멘터리 스타일을 생성하는 데 도움을 주었다.

농장보안국의 작업은 정치적인 것 또는 과학적인 것 또는 사실을 기록하는 것이 본래 의도였지만, 워커 에반스(Walker Evans)와 다른 대부분의 사진사들은 예술작품도 만들려고 했다. 에반스는 (짧은 기간 동안 사진작가로 그 부서에 합류했던) 화가 벤 샨(Ben Shahn), 시인 하트 크레인(Hart Crane), (에반스가 『이제 유명인을 찬양하자(Let Us Now Praise Famous Men)』에서 공동 작업했던) 작가 제임스 애지(James Agee) 등 다양한 분야의 예술가들과 친분이 있었다. 에반스의 마음과 시각, 그리고 비판적인 작업 기준은 그가 그 예술 공동체의 일원임을 반영했기 때문에 스트라이커가 강요하는 규율에 최소한의 양보도 하지 않으려고 했고, 당연히 에반스는 곧 그 부서를 떠났다. 그러나 에반스는 그 부서가 자신의 작품에 깊이 영향을 미칠 만큼 그리고 화가와 다른 기성 예술가들이 다큐멘터리 사진을 진지하게 받아들이도록 만든 스타일을 창조할 만큼 그 부서에 충분히 오래 머물렀다(그림 42 참조).

예술계는 그 시작부터 예술적 가치가 있는 작품을 어떻게 생산해 왔는지 그리고 처음부터 의심의 여지가 없는 고급 예술 지위를 달성한 현재 상황에 이르기까지 꾸준한 발전 과정이 어떻게 이어져왔는지를 보여주는 역사를 종국에는 창조한다. 모든 예술계의 초기에는 수많은 지역 실험가들에 의해 엄청나게 다양한 작품이 생산된다는 점을 기억하라. 역사가들은 현재 상황을 입증하는 역사를 만들어내기 위해 그 엄청난 유산 가운데 남겨진 것들에서 선별적으로 선택할 수 있다. (쿤[Kuhn, 1962]은 과학사에서 유사한 상황을 기술해 왔다.) 예술계 발전의 어떤 시점에서 그러한 역사가들이 등장하여 과거에 제작된 대부분의 작품을 무시하고 현재 그러한 표현 매체에 적합하다고 여겨지는 미학을 구

그림 42. 워커 에반스, 「주택과 옥외 광고판, 애틀랜타, 조지아, 1936년」. 정부 기관의 제약 속에서 작업하던 워커 에반스는 화가와 다른 기성 예술가들이 다큐멘터리 사진을 진지하게 받아들이도록 만든 스타일을 창조했다. 흑백 사진.(미국 의회 도서관 제공)

현하는 소수의 작업자와 작품에 집중하면서 그 표현 매체에 대해 다소 공식적인 버전의 역사를 구성하기 시작한다. 미국 사진의 역사가는 뉴욕 현대 미술관(Museum of Modern Art)의 사진 큐레이터인 버몬트 뉴홀(Beaumont Newhall)이었는데, 표현 매체에 대한 뉴홀의 역사(Newhall, 1964)는 앞서 설명한 과정에 참여한 수천 명의 실험가 중 몇 명을 뽑아서 정전화했다. (뉴홀의 선집과 화학자 로버트 태프트[Robert Taft, 1938]가 제시한 사진의 역사에 대한 훨씬 더 보편적인 관점을 비교하는 것은 흥미롭다.)

실험되는 혁신에서 완전히 발전된 예술계로 전환하는 다른 예술도 비슷한 변화를 거친다. 새로운 예술계의 참여자들은 대규모의 작품 — 즉, 그 작품을 탄생시킨 지역 문화 외부의 사람들에 의해 만들어지고 감상되는 작품 — 이 등장할 수 있는 조건을 조성한 후, 그 작품을 다른 어떤 것 중 일부로 규정하는 것이 아니라 예술로 규정하는 조직과 제도를 발전시킨다. 그런 다음 그 참여자들은 다른 예술계의 구성원들에게 자신이 하고 있는 일이 예술이라고 주장할 수 있으며, 전체 장치는 그 사회가 공개적으로 예술로 받아들이는 것에 통합될 수 있다.

한계와 쇠퇴

예술계의 성장은 모을 수 있는 자원과 참여에 관심이 있는 사람들의 수가 최대치에 도달하면 결국에는 정체된다. 어떤 예술계는 이 정점에 도달하여 오랫동안 유지되기도 한다. 단기적으로는, 소설이나 영화 또는 클래식 발레의 세계가 지금 우리에게 보이는 것처럼 영원해 보이기도 한다. 하지만 예술계를 포함해 어떤 것도 영원히 지속되지 않는다. 많은 것들이 우리가 이미 논의한 방식으로 점진적으로 변화한다. 많은 것들이 소멸했다고 말할 수 있는 지점까지 쇠퇴한다. 비록 완전히 사라지는 것은 거의 없지만 말이다(앞서 살펴본 바와 같이, 제도는 어떤 특정 시점에 제작자도 관객도 없는 수많은 예술 작품을 보존한다).

예술계는 조직과 관례의 확산을 통해 성장하기 때문에 어느 한쪽의 성장을 방해하는 어떤 것이라도 예술계의 성장을 제한한다. 예를 들어, 계급 문화, 민족 문화, 지역 문화, 성문화 및 국가 문화는 예술계가 자신의 작품들을 전달할 수 있는 집단을 제한한다. 예술 작품이 의존하는 관례를 모르는 사람들은 작품 제작에 협력할 수 없다. 영화는 어떤 국가 특유의 캐릭터와 줄거리 요소를 사용할 수도 있으므로 다른 곳의 관객들은 자막의 도움을 받더라도 미묘한 부분과 암시를 이해하지 못할 것이며, 심지어는 줄거리를 전혀 이해하지 못할 수도 있다. 예를 들어, 미국인들은 대부분의 미국인이 전혀 모르는 사회 조직과 사회적 문제 및 개인적 문제에 대한 지식을 언급하고 그 지식을 당연하게 여기는 인도에서 제작된 영화를 이해하기 어렵다고 생각한다. 마찬가지로 브라질 영화는 다른 나라 사람들에게는 의미가 없는 귀신 들림에 대해 자연스럽게 언급하기 때문에 줄거리의 중요한 요소를 놓칠 수 있다.

사회가 하위그룹으로 분화 — 적어도 인종, 연령, 성별, 계급에 따라 — 하면 각 그룹은 다른 그룹을 대상으로 한 예술 작품을 이해하는 데 필요한 관례적 지식이 부족할 가능성이 높다. (이 주제는 Gans[1974]; Bourdieu et al.[1965]; Bourdieu and Darbell[1966]; DiMaggio and Useem[1978]에서 자세히 다루어졌다.) 작품에 영향을 미치는 관례에 대해 상당한 규모의 사회집단이 무지하면 해당 집단에 대한 작품의 확산이 제한되고(Bourdieu, 1968), 이는 작품을 생산하는 세계의 성장을 제한한다.

국가적 문화 차이 그리고 사회 내 문화적 차이는 그 문화들이 확산될 때 예술 작품의 생산을 제한하지 않는다. 예술계의 전문적인 참여자들은 서로 다른 언어를 공유하지 않더라도 국경을 넘어 자신의 기술에 대한 관례적 지식을 공유하고 전문 언어를 사용하는 경우가 많다. 따라서 음악가와 가수는 국제적으로 협력하여 오페라를 제작할 수 있고, 배우와 기술자는 영화를 제작할 수 있다.

예술계는 그 예술계를 특징짓는 작품에 영향을 주는 관례를 알고 사용하던 일부 그룹이 그 지식을 잃을 때 또는 그 세계의 활동을 유지할 새로운 인력을 영입할 수 없을 때 쇠퇴한다. 입체 사진은 그러한 쇠퇴를 잘 보여준다. 1950년대까지만 해도 일부 미국의 가정은 입체 사진 카드와 뷰어를 가지고 있었지만, 당시 대부분의 사람에게 입체 사진은 시대착오적인 것이었다. 1927년 시어스 카탈로그는 이전의 카탈로그처럼 입체 상품에 여러 페이지를 할애하지 않았다. 재미있는 분장, 드리블 안경(dribble glasses), 금속 벌레, "댄디 리틀 스팀 엔진(Dandy Little Steam Engines)"이 소개된 페이지에 3인치의 한 열로 나열한 목록이 전부였다.

무슨 일이 있었던 걸까? 대중은 시각적 이미지에 대한 취향을 잃지 않았다. 이 시기는 사진 잡지, 영화, 그리고 결국에는 텔레비전이 대중 커뮤니케이션의 주요한 형태가 되었던 시대였다. 그러한 취향을 만족시키는 새로운 방식이 오래된 형태를 배제할 필요는 없다. 잡지, 영화, 텔레비전이 공존한다면, 왜 입체 사진은 그 대열에 합류하지 않았을까? 입체 사진이 그렇게 극적으로 실패한 이유가 사람들이 입체 사진을 사용하던 목적이 더 이상 흥미롭지 않았기 때문일 수는 없다. 교육용 영화와 텔레비전 산업의 성장, 그리고 학교 교과서에 실린 풍부한 사진이 증명하듯, 우리는 그 어느 때보다 교육 목적으로 시각 이미지를 많이 사용하고 있다. 우리는 여전히 더 큰 세계의 사건들을 알기 위해 그리고 가정오락을 위해 (가족 앨범을 부분적으로 대체한 프로젝션 슬라이드의 형태로) 시각 자료를 사용한다.

이러한 상식적인 이유가 입체 사진의 쇠퇴를 설명하지 못한다면, 무엇이 설명할 수 있을까? 내 생각에는, 입체 사진이 스타일을 중시하는 사회에서 치명적으로 시대에 뒤떨어졌다는 오명을 피할 만큼 이미지와 기계를 빠르게 바꾸지 못했기 때문인 것 같다. 이러한 변화로 인해 해체 과정의 상호 강화가 시작되었고, 입체 사진계의 제도는 그 제도가 성장했던 것과 동일한 연동 방식으로 분리되기 시작했다. 판매가 감소함에 따라 제조업체가 제품 개발에 투자하고 장비를 현대화할 유인이 줄어들었다. 사진작가들에게 새로운 시리즈의 사진을 의뢰할 명분이 줄어들었고, 기존 재고를 최대한 활용해야 할 이유가 증가했다. 사진작가들은 죽어가는 이 시장에서 더 많은 기회를 제공하는 다른 시장으로 관심과 에너지를 돌렸다. 고객들은 이제 명백히 시대에 뒤떨어진 활동에 대해 흥미를 잃었다.

쇠퇴가 완전한 죽음으로 이어지는 경우는 드물다. 입체 사진은 컬렉션에 남아 있고, 음악은 악보와 음반에 남아 있으며, 심지어 (가장 순간적인 예술인) 무용도 추억과 새로운 무대에 남아 있다. 마찬가지로 중요한 것은, 쇠퇴하는 많은 예술과 장르가 그 발전 과정에 한때 참여했던 사람들의 충성도를 유지하고 있다는 점이다. 예를 들어, 딕시랜드에서부터 재즈, 빅밴드 스윙, 록에 이르기까지 미국의 대중음악은 자주 바뀌고 있다. 이러한 각 유형과 수많은 하위 유형은 오늘날에도 그 유형들과 함께 자란 사람들에 의해 여전히 연주되고 있고 향유되고 있다. 각 혁신의 물결은 그 분야를 점령한 새로운 물결로 자신의 충성심을 바꿀 수 없는 또는 바꾸지 않을 예술 제작자들과 예술 감상자들로 구성된 퇴적층을 남긴다.

예술계는 태어나고, 성장하고, 변화하고, 소멸한다. 그 안에서 작업하는 예술가들은 그 세계의 상태에 따라 상이한 문제를 안고 있다. 만들 수 있는 작품의 종류도 다르고, 그 작품이 마주하게 될 운명도 다르다. 예술적 작품은 그 작품을 보존하고 보호할 수 있는 조직적 기반이 있을 때 존속한다. 상식과 이론적 미학 모두 지속성을 예술적 위대함, 즉 평판의 중요한 범주로 만든다. 따라서 마지막 장에서는 평판의 문제와 관련된 이전의 모든 분석을 가져와서 그 결과를 사용하여 예술과 사회에 관한 몇 가지 공통된 이론을 평가한다.

제11장

평판

나는 지금까지 예술계를 나의 핵심 관심사로 삼아, 예술계를 예술 작품의 생산자로 취급했으며, 개별 예술가들의 이력, 작업, 결과보다는 예술계의 이력, 작업, 결과를 살펴보았다. 이는 예술 작품을 개별 예술가의 생산물로 취급하는 상식에 어긋나는 것이며 대부분의 교양 있고 학식 있는 의견에도 어긋나는 것이다. 우리가 이러한 관점을 선택한 이유는 어느 한쪽이 옳고 그것이 문제를 바라보는 유일하게 올바른 방법이기 때문이 아니라, 한 가지 관점에서 문제를 바라봄으로써 다른 관점에서는 숨겨진 무언가를 볼 수 있기 때문이다. 나는 어쩌면 그 이점을 통해 볼 수 있는 것을 살펴보기 위해서 예술을 만들고 소비하는 집합적 성격을 지나치게 강조했다.

이 마지막 장에서는 그러한 뒤틀기에서 한 걸음 더 나아가, 일반인 및 전문적 사고의 특징을 이루는 개별 예술가의 평판에 초점을 맞춰 탐구한다. 예술계는 개인들에게 그리고 개인들이 해왔고 할 수 있는 일에 관심이 있기 때문에 평판을 일상적으로 만들어내고 사용한다. 평판을 분석함으로써 나는 앞서 제안한 다양한 분석을 요약할 수 있을 것이다. 예술계 활동과 조직의 모든 측면이 평판 형성 및 그 결과에 기여하고 영향을 주기 때문에, 평판을 하나의 사회적 과정으로 논의하는 것은 그 일을 하는 데 분명 적합하다.

평판을 분석함으로써 나는 예술 사회학에서 전통적으로 학생들을 사로잡았던 몇 가지 미학적 질문에 대해서도 논의할 수 있을 것이다. 서문에서 말했듯이, 그러한 관심사를 폄하하지는 않지만, 나는 예술에 종사하는 사람들과 예술에 반응하는 관객의 사회 조직을 살펴봄으로써 보다 전통적인 사회학적 방식으로 예술에 접근하고자 한다. 나는 사회학적 분석을 통해 상대적인 예술적 가치에 대한 질문을 해결하려고 하지 않을 것이다. 또한 사회적 힘과 영향력이 특정 예술 작품에 작용하고 영향을 미치는 방식을 평가하여 사회학을 일종의 비평으로 바꾸려고 하지도 않을 것이다. 그러나 이전 장들의 질문, 답변, 접근 방식은 (예를 들어 미학에 관한 앞 장에서 분명히 알 수 있듯이) 반드시 이런 문제와 어느 정도 관련성이 있다. 따라서 나는 무엇이 존속하는지, 어떤 작품이 지속되는지(그 작품이 무엇을 의미하든), 지속성에 대한 이해(나는 이것을 평판의 문제로 해석할 것이다)가 이러한 미학적 및 비평적 관심사에 대한 우리의 이해에 어떻게 영향을 미치는지 고려하면서 그 관련성을 논의하는 것으로 결론을 내리고자 한다.

과정으로서의 평판

예술계에서는 서로 얽힌 다양한 활동을 통해 작품, 예술가, 화파, 장르, 미디어에 대한 평판이 일상적으로 만들어지고 사라진다. 예술계는 다소 교체할 수 있는 사람들이 만든 어느 정도 유사한 수많은 작품 가운데서 특별한 가치를 가진 소수의 작품과 소수의 제작자를 선별한다. 그리고 그 특별한 가치에 대해 존경심으로 보상하며, 반드시 그렇지는 않지만 종종, 보다 물질적인 방법으로도 보상한다. 예술계는 특별한 평판을 가진 사물 및 사람을 다른 사물 및 사람과 다르게 취급하면서, 한번 형성된 평판을 다른 활동을 조직하기 위해 사용한다.

평판 이론

만일 당신이 예술과 예술이 만들어지는 방식에 대한 특별하고 극도로 개인주의적 이론을 믿는다면 평판을 평가하고 평판에 대해 소통하는 데 시간과 에너지를 투자하는 것이 이해가 될 것이지만, 그 이론을 믿지 않는다면 그것을 이해하기 어려울 것이다. 그 이론은 다음과 같다. (1) 특별한 재능을 가진 사람들이 (2) 특별한 아름다움과 깊이가 있는 작품을 창조하고, 그 작품은 (3) 심오한 인간 감정과 문화 가치를 표현한다. (4) 작품의 특별한 우수성은 제작자의 특별한 재능을 증명하고, 이미 알려진 제작자의 재능은 작품의 특별한 우수성을 증명한다. (5) 작품은 제작자의 본질적인 자질과 가치를 드러내기 때문에, 다른 사람이 아니라 바로 그 사람이 만든 모든 작품은 그의 평판의 기반이 되는 작품 전체에 포함되어야 한다.

이 이론이 역사적으로 또한 문화적으로 우연적인 성격을 가진다는 점에 주목하라. 많은 사회에서는 그러한 이론이 존재한 적이 없다(그리고 그 결과 우리는 그러한 사회의 예술가에 대해 아무것도 알지 못한다).

> 중세 시대에 개별 예술가는 교회와 길드라는 조직적 외관 뒤에 가려져 보이지 않았다. 그리스 로마사와 중국사만 해도 개별 예술가들의 삶의 상황이 자세히 기록되어 있다. 이집트 왕조의 예술가들에 대한 정보는 이름 몇 개와 몇 줄의 텍스트가 전부이다. 아메리카, 아프리카, 인도 등 다른 고대 문명에 대한 기록은 예술가들의 삶에 대해 아무것도 알려주지 않는다. 그러나 고고학적 기록은 도시에서는 빠르게 변화하는 일련의 제조업이, 지방과 시골에서는 느리게 변화하는 제조업이 서로 연결되어 있음을 반복적으로 보여주는데, 이 모든 것은 우리가 예술가라고

부를 수 있는 사람들의 존재를 드러내고 있다.(Kubler, 1962: 92)

우리가 그곳에 있었다면 아마도 이 예술가들에 대해 알았을 것이다. 왜냐하면 우리의 예술 이론은 그들이 누구인지 아는 것을 중요하게 여기기 때문이다. 하지만 서양 사회들이 항상 그러한 구분을 하는 것은 아니다.

우리 사회가 예술과 예술가에 대해 부여하는, 논쟁적이기는 하지만, 지배적인 정의는 인간 활동 — 르네상스에서 그 기원을 찾을 수 있는 — 이 분화되어 오는 과정에서 거둔 결실이다. 15세기 말 이탈리아에서 시작된 화가, 조각가, 건축가의 활동은 수공업과는 근본적으로 다른 것으로 간주되어 학예("liberal" arts)* 의 존엄성을 획득했다. 예술가는 더 이상 장인이 아니라 창조자이자 일반적인 규범으로부터 자유로운 일종의 또 하나의 신(alter deus)이다. 예술가의 카리스마적 재현은 독특하고 대체 불가능한 예술 작품의 귀족적 이미지와 합쳐진다. 우리는 창조자와 피조물에 대한 근대적 관념의 출발점에 있다.

두 번째 단계는 18세기의 첫 번째 산업 혁명과 일치한다. 이 혁명을 기점으로 예술적 산물은 산업 생산물과 대립되는 것으로 정의되는 경향이 있었다. 기계는 인간의 손과 대립되고, 분화된 노동은 분화되지 않은 노동과 대립되고, 일련의 동일한 대상의 생산은 독특한 대상의 단일성과 대립된다. 인본주의 도덕 철학에서 조립라인의 소외로 번역되는 산업 현실은 경제 질서에서 희소성의 본질인 독특성을 부정하는 결과를 낳았다. 예술가들은 장인의 생산물과 산업의 생산물 간의 관계에서 자신들의 작품이 지닌 특이성을 보여주기 위해 다른 두 가지에 공통된 요소인 공리주의적 계획에 대한 인식 — 즉, 그들의 생존을 정당화하는 어떠한 목적도 없는 궁극성으로서의 예술 철학 이론 — 을 자신들의 고유한 실천에서 제거하려고

* 중세에는 문법, 논리, 수사, 산술, 기하, 음악, 천문의 자유 7과를 의미했으며, 현대에는 어학, 문학, 자연과학, 철학, 역사 등의 교양 과목을 가리킨다._옮긴이

노력했다. 19세기 예술가들은 숭고한 무목적성의 생산의 독점권 그리고 본질적 차이(산업적 계열의 대상들이 지닌 유사성에 반대되는 또는 동일한 장인 계열의 대상들 사이에서 구별할 수 있는 작은 차이들에 반대되는)의 독점권을 스스로에게 부여함으로써 희귀성을 보장했으며, 이를 통해 자신들이 생산하는 상징적 재화에 사회적, 경제적 가치를 부여할 가능성을 보장했다.(Moulin, 1978: 241~242)

요컨대, 평판 창출을 가능하게 하고 가치 있게 만드는 예술 이론은 시대를 초월하는 것이 아니다. 오히려 그러한 이론은 집단보다 개인을 강조하는 더 일반적인 이론을 지지하는 사회에서 그리고 특별한 사회적 조건 아래에서 생겨난다. 일단 그러한 이론이 생겨나면 이전에는 그런 것에 대해 신경 쓰지 않았던 사회들로 전파될 수 있고 그 사회들에 의해 채택될 수 있다.

평판 이론의 첫 번째 전제는 예술가들은 매우 드문 특별한 재능을 가지고 있다는 것이다. 스토파드(Stoppard)가 『트래비스티스(Travesties)』에서 헨리 카(Henry Carr)의 입을 빌려 말한 정의를 떠올려 보라. "예술가는 재능이 없는 사람은 형편없이 하거나 전혀 할 수 없는 일을 어느 정도 잘할 수 있는 어떤 방식으로 재능을 부여받은 사람이다"(Stoppard, 1975: 38). 이 정의는 훌륭한 작품을 만드는 사람의 특성을 강조한다. 이 정의는 그러한 작품은 우연히 만들어지는 것이 아니고, 위대한 작품을 만든다는 것은 아무나 어떤 좋은 날에 할 수 있는 일이 아니며, 그 작품은 그 수가 많지 않은 비범한 사람들이 만들 때 가치를 얻는다고 주장한다. 이 비범한 사람들이 중요한 일을 한다면, 우리는 그들이 누구인지 알아야 한다. 그래야 그들이 그 일을 할 수 있도록 도울 수 있고, 그들에게 적절한 환경을 제공할 수 있으며, 그들을 방해하지 않을 수 있다. 물랭(Moulin, 1978)과 다른 많은 사람은 마르셀 뒤샹이 주도한 것을 뒤따르는 현대 시각 예술이 작품보다 예술가를 점점 더 강조하고 있으며 사실상 예술가가 하는 모든 일이 예술이 된다고 주장한다.

그러나 이 이론을 지지하는 대부분의 사람은 예술가가 하는 모든 일이 예술이라고는 생각하지 않는다. 반대로 그들은 예술가는 특별히 아름답거나 심오한 작품 ─ 대상이나 이벤트 ─ 을 창조한다고, 즉 표면적으로 비슷한 무수한 작품들 사이에서 눈에 띄는 작품을 창조한다고 생각한다. 이 이론은 많은 사람이, 예술 작품의 제작을 좌우하는 규칙을 따름으로써, 훌륭한 음악 공연, 읽을 만한 소설, 전혀 시시하지 않은 그림을 생산한다는 것을 인정한다. 그러한 제작자들은 관례를 따름으로써 다른 사람들이 만족스럽다고 인정할 작품을 만들 것이다. 따라서 우리는 아리스토텔레스의 『시학(Poetics)』을 지침으로 삼아 비극을 쓸 수도 있다. 물론 그렇다고 해서 반드시 중요한 작품이 되는 것은 아니며 그럴 가능성도 낮다. 하지만 그 이론은 특별한 재능을 가진 사람들은 기존의 관례를 조작할 수도 있고 기존의 관례를 바꾸거나 새로운 관례를 발명하여 그저 그런 작품만이 아니라 특별한 작품을 만들 수도 있다고 주장한다. 이러한 작품들은, 19세기 영국에서 생산된 수천 개의 비슷한 작품들 사이에서 디킨스의 소설이 돋보이듯이, 루이 암스트롱의 음반이 초기 재즈 트럼펫 연주자들의 수천 개의 유사한 공연가운데서 돋보이듯이, 수많은 작품 사이에서 돋보일 것이다. 그러한 작품들은 대부분의 작품보다 아름답거나 심오한 작품의 특징을 더 많이, 훨씬 더 많이 가지고 있다.

이 이론의 지지자들은 이러한 특별한 작품의 특징이 무엇인지에 대해서는 동의하지 않는다. 예술 작품, 특히 위대한 예술 작품을 특징짓는 "무엇"에 대한 이 질문은 미학자, 관객, 그리고 다른 예술계의 참여자들을 분열시킨다. 하나의 공통된 갈등 속에서, 어떤 사람들은 예술 작품이 그 세계에 충실하기를, 쉽게 알아볼 수 있으면서도 새로운 방식으로 우리에게 해석하여 보여주기를, 삶의 의미와 인간이 어떻게 살아야 하는가에 대한 중요한 철학적 고민의 힘을 설명하고 느끼게 해주기를 기대한다. 윤리적 문제, 감정적 문제, 또는 사회적 문제를 탐구하는 사실주의 소설과 회화, 드라마, 영화(예를 들어, 다큐멘터리 사진)가 그러한 요구를 충족시킨다. 다른 사람들은 예술 작품이 새로운, 예상치 못한, 또는 자극적인 방식으로 뛰어난 관심사의 내적 질서를 보여주기를, 한 표현 매체의 전통 안에서 창안된 문제들을 다루기를 기대한다. 2차원 캔버스에 빛이나 양감을 묘사하는 방법의 문제를 다루는 회화, 시각적 재현의 역설을 다루는 사진, 형식적 대칭에 의존하여 효과를 내는 소설, 특히 작품 구성의 불가피성을 감탄하게 만드는 방식으로 허용되는 규칙에 따라 제한된 음향 재료를 조작하는 음악 모두 이 두 번째 요구를 충족시킨다.

대부분은 아니더라도 많은 예술 애호가는 자신들이 감탄하는 작품에서 두 종류의 미덕을 찾을 수 있다. 이들은 시대를 초월한 인간 유형을 탐구하는 그리고 빛과 기하학의 문제를 실험하는 르네상스 초상화를 좋아한다. 이들은 사회 분석, 도덕적 분노, 잊을 수 없는 캐릭터를 창조하는 능력, 형식적 구성 기술을 모두 갖춘 디킨스를 존경한다. 더 엄격한 신념을 가진 일부 사람들은 한 가지 미덕 또는 다른 미덕에만 관심을 갖는다. 예술적 탁월함의 "무엇"은 때와 장소에 따라 분명히 다르다. 일반적으로 우리는 특별한 재능을 가진 예술가들이 제작한 특별한 작품이 관객들에게서 심오한 인간적 감정을 표현하고 창조해 내기를 기대한다고, 그리고 그 예술가들이 근본적인(아마도 보편적인) 인간 가치 및 감정과 연결됨으로써(덜 자명할 수 있는) 그 일을 할 수 있기를 기대한다고 말할 수 있다.

작품과 제작자는 서로 상호적인 관계에 있다. 예술가에게 특별한 재능이 있다는 것을 우리는 어떻게 아는가? 특별한 감정 경험을 불러일으키고 그들의 뛰어난 기량을 드러내는 그들의 작품을 통해 알 수 있다. 그러나 첫 장에서 소개한 트롤럽의 실험을 기억해 보라. 트롤럽은 자신의 경력이 절정에 달했을 때 가명으로 이야기를 출판하기 시작하기로 결심했고, 트롤럽이라는 이름이 다른 방법으로는 명백하게 식별할 수 없는 문학적 특성을 창조했다는 것을 발견했다. 이에 대해 냉소적일 필요는 없다. 뛰어난 능력을 가진 사람이 작품을 만들었다는 것을 안다면 우리는 그 작품에 더 주의를 기울이게 되고, 그리하여 특별한 것을 기대하지 않는 작품을 무심결에 검토할 때 놓치는 것이 무엇인지 알 수 있다. 그래서 우리는 작품 제작자에 의해 만들어진 작품을 알고 있으며, 다른 무엇이 아닌 바로 제작자의 능력이 그 작품을 보증한다. (실제로는 이보다 더 복잡하다. 작품은 제작자의 다른 작품이 만들어낸 맥락 때문에 의미를 가질 수 있다. 우리는 디킨스 후기 소설의 정교하고 복잡한 플롯 구성을 악한을 소재로 한 그의 초기 작품의 플롯에 비해 더 잘 이해할 수 있다.)

우리는 예술가가 생산하는 관찰 가능한 작품에서 예술가의 근본적이지만 관찰할 수 없는 재능을 추론하기 때문에, 그리고 그 추론 능력은 어떠한 예술계 참여자에게도 중요한 기술이기 때문에, 우리는 그것을 신중하게 추론할 필요가 있다. 우리는 특히 적절한 증거를 바탕으로 추론하기를 원한다. 적절한 증거 찾기에는 여러 가지 형태가 있다. 우리는 판단에 도움이 될 수 있는 모든 것을 고려할 수 있도록 예술가의 작품에 대한 완벽하고 믿을 만한 정본을 확립하고자 한다. 우리는 표절을 밝혀냄으로써 다른 사람의 작품을 어떤 예술가의 것으로 인정하는 일이 없도록 하고자 한다. 저작자 표시와 진위 문제도 여기서 발생한다.

예술가들은 다른 예술계 참여자들이 자신의 작품으로부터 평판을 추론해 낸다는 것을 알고 있기 때문에 그러한 추론의 대상이 될 수 있는 작품을 통제하려고 한다. 예술가들은 고려되기를 원치 않는 작품을 폐기하거나 '미완성'이라고 표시한다. 운이 좋으면, 그들이 자신에게 귀속되기를 원치 않는 작품의 유통을 법원이 (프랑스 법원이 한 것처럼) 공개적으로 막을 수도 있다. 그들은 작품의 범주를, 현대 사진작가들이 때때로 작품을 제작하는 의도의 심각성에 따라 "상업적" 작품(그들을 예술가로 평가할 때 고려하지 않는 작품)과 "개인적" 작품(그들을 예술가로 평가할 때 고려하는 작품)을 구분하듯이, 구분한다. 그들은, 스트라빈스키와 헨리 제임스가 그랬던 것처럼, 가능할 때마다 작품을 수정한다.

이 다섯 가지 전제는 합쳐져서 특징적인 예술계 활동으로서의 평판을 만들고 유지하고 상실하는 기반이 된다.

평판의 수준

예술가만 평판을 얻는 것은 아니다. 작품에도 평판이 있다. "지난 10년간 최고의 소설", "남미 소설 중 가장 위대한 작품", "20세기 10대 명화 중 하나" 등 예술계 구성원들은 매일같이 이런 말을 한다. 그들은 작품을 만든 사람들을 평가하는 것이 아니라 작품이 장르 — 조지 쿠블러(George Kubler, 1962)가 "형식-부류(form-class)"라고 부르는 것 — 의 문제, 가능성, 제약을 얼마나 잘 다루는지를 판단한다. 그들은 작품을, 누가 만들었는지에 대한 언급 없이, 그 작품과 비슷한 다른 작품들과 비교한다. 예술가의 평판에 대한 이론과 반대로, 그다지 재능이 없는 예술가가 유명해져서 하나의 위대한 작품을 만들 수도 있다. 그 작품의 평판은 제작자의 평판을 무색하게 할 것이다. 마찬가지로, 위대한 작품은 만들어질 수 있지만 그 제작자에 대한 정보는 사라지거나 기록되지 않을 수도 있다. 쿠블러는 이것이 많은 위대한 예술 문화의 특징이라고 언급한다.

유파는 평판을 발전시키는데, 이 평판은 부분적으로 그 유파에 속한 개별 예술가들과 그 구성원들이 만든 작품의 평판으로 구성된다. 예를 들어, 메소드 연기와 음렬 작곡법은 작품과 제작자의 개별적인 평판을 기반으로 하지만 이와 동일하지는 않은 평판 — 반드시 보편적으로 동의할 필요는 없는 — 을 가진다. 화파의 평판은 그 화파의 특징적인 관례를 사용하여 중요한 작품을 창조할 수 있는 가능성에 대한 더 큰 예술계의 평가에 따라 달라진다. 12음계의 복잡한 제약을 받아들인다면 감정적으로 의미 있는 음악을 작곡할 수 있을까? 연주할 곡의 많은 부분을 연주할 때마다 연주자에 의해 수행되는 우연성에 맡기고 자신의 재능과 감성을 담은 음악을 작곡할 수 있을까? 이러한 질문들에 "아니오"

라고 대답하는 예술계 구성원들은 그 유파에 속한 모든 예술가와 그들의 이론에 기반한 모든 작품의 평판을 자동적으로 결정한다.

장르는 유파와 마찬가지로 평판을 발전시키며, 이는 그 장르에서 중요한 작품을 어느 정도까지 만들 수 있는지에 대한 관련 예술계의 합의를 반영한다. 화이트와 화이트는 진지한 회화에 적합한 장르에 대한 파리 왕립 아카데미의 원칙을 다음과 같이 요약한다.

1. 클래식 및 기독교적인 테마만이 적절한 주제이다.
2. 그러한 주제를 묘사하기 위해서는 (고전 조각과 라파엘의 그림에서 볼 수 있는 것과 같은) 가장 "완벽한" 형식만을 선택해야 한다.
3. (거기에다가 고전 또는 르네상스 시대에서 유래한) "고상하게" 표현적인 자세와 제스처의 특정한 집합만이 인물을 재현하는 데 적합하다.
4. 인간의 형상은 최고의 형식이며 완벽한 "절대적" 미를 표현한다.
5. 그림 구성은 고전적인 균형, 조화, 통일성을 유지해야 하며, 형식이나 표현 중 어느 것도 방해하는 요소가 없어야 한다.
6. 그림은 예술의 온전성이다.(White and White, 1965: 6~7)

다른 장르들 — 정물화나 보통 사람들의 일상을 담은 장면 — 은 이러한 관점에서 볼 때 보는 사람들에게 단독으로 적절한 예술적 경험을 불러일으킬 수 있는 고귀한 정서를 표현할 수 없다.

마지막으로, 표현 매체는 평판을 가지고 있다. 이젤(easel) 위에 그리는 유화와 같은 일부 표현 매체는 예술이라는 점에서 의심의 여지가 전혀 없는 최고의 평판을 가지고 있다. 직조나 유리공예와 같은 다른 표현 매체는 마이너 예술이나 장식 예술로 낮은 평판을 가지고 있다. 또 다른 것들(퀼트 또는 나무공예)은 민속예술이나 (드라마 또는 록음악) 대중 예술의 평판을 가지고 있으며, 완전히 특이한 작품(「와츠 타워」 같은)을 생산하는 표현 매체는 평판은커녕 이름조차 없다. 각각의 경우에, 표현 매체에 대한 평판은 그 표현 매체에서 진지하고 중요하고 위대한 예술을 할 수 있는 가능성에 대한 판단이다.

어떤 수준에서든, 평판은 관련 예술계에서 합의를 형성하는 과정을 통해 발전한다. 모든 형태의 합의와 마찬가지로 평판에 대한 합의는 모든 수준에서 수시로 변화한다. 기본 표현 매체는 고귀한 표현 매체가 되고, (이전 세기의 위대한 작품들이 그랬던 것처럼) 20세기 최고의 작품은 새로운 발견에 의해 대체되고, 장르는 인기를 잃고, 스타가 몰락하면서 2류로 여겨지는 예술가들의 인기는 상승한다.

평판과 예술계

평판 이론에 따르면, 평판은 작품에 기반한다. 하지만 사실 예술가, 작품 등의 평판은 예술계의 집합적 활동에서 비롯된 것이다. 이러한 관점에서 예술계의 주요 활동을 살펴보면, 모든 활동이 어떻게 평판 형성에 기여하는지 그리고 그 평판에 의존하는지 알 수 있다.

평판이 생겨나고 유지되기 위해서는 비평가들과 미학자들이 예술, 좋은 예술, 위대한 예술을 구별하고 식별할 수 있는 예술 이론과 기준을 정립해야 한다. 그러한 기준이 없다면 아무도 예술가의 판단에 의존하는 작품, 장르, 또는 표현 매체에 대한 판단을 내릴 수 없을 것이다. 단토의 다음과 같은 경구를 기억하라. "어떤 것을 예술로 보기 위해서는 눈으로 볼 수 없는 것 — 예술적 이론의 분위기, 예술의 역사에 대한 지식, 즉 예술계가 필요하다"(Danto, 1964: 580). 마찬가지로, 역사가와 학자가 예술가에게 귀속될 수 있는 인증된 작품의 정전을 확립해야 나머지 사람들이 적절한 증거에 근거하여 판단할 수 있다. 유통 시스템은 이러한 학문적 판단에 의존하여 무엇을(얼마에) 유통할지에 대한 선택을 승인한다.

> [고전 회화의] 공급 수준에서 희귀성과 질을 보장하는 두 가지 주요 사실은 다음과 같다. 판매되는 각 작품은 유일무이하고 대체 불가능하다는 것이다. 즉, 그것은 한 독특한 창작자의 헌신적인 노동이 만들어낸 고유한 산물이다. 작품의 질뿐만 아니라 작품의 진품성과 독창성도 전문가 집단, 예술사가들에 의해 보장된다.(Moulin, 1978: 242~243)

유통 시스템에 참여하는 것들은 유통 가능한 작품이 충족시켜야 하는 조건을 설정하여 작품 형성을 돕는다. 즉, 조각품은 미술관 바닥이 감당하기에 너무 무겁지 않아야 하고, 음악 작품은 관객이 앉아서 감상하기에 너무 길지 않아야 한다. 일부는 그보다 더 나아가(이탈리아 르네상스 화가들의 후원자들처럼) 작품의 기획에서부터 적극적인 역할을 한다. 국가는 작품의 발표 또는 유통을 통제할 권리를 보장하며, 이를 통해 예술가는 자신의 전(全) 작품으로 간주되는 것의 총체를 통제할 수 있다.

평판은, 비록 예술계 구성원들의 협력 활동에 의해 만들어지지만, 예술가들에 의해 만들어진 작품에 따라 달라지기 때문에, 작품 제작에 기여하는 모든 것이 직간접적으로 평판에 영향을 미친다. 동료 예술가들은 전통, 관례적 담론의 세계, 모방하거나 대화를 나누거나 반발할 수 있는 모범 사례의 갤러리, 특정 작품의 이해와 의미를 부여하는 다른 작품들의 맥락을 창조한다.

> 모든 중요한 예술 작품은 역사적 사건이자 어떤 문제에 대해 어렵게 얻은 해결책으로 간주될 수 있다. …… 어떠한 해결책이든지 다른 해결책이 있었던 어떤 문제의 존재를 암시한다. …… 이 문제에 대한 다른 해결책은 현재 고려 중인 해결책

을 따르기 위해 발명될 가능성이 높다. 해결책들이 쌓이면 문제는 변한다.(Kubler, 1962: 33)

특히 편집 일을 하는 사람들뿐만 아니라 다른 많은 사람도 예술가가 작품을 형성하는 수많은 선택을 하는 데 도움을 주며, 그러한 도움 중 일부는 예술가가 도움을 원하든 원하지 않든 간에 이루어진다. 평판은 예술계가 예술가가 한 일과 그 예술가와 유사한 작업을 하는 다른 사람들이 한 일 사이의 관계를 평가하는 방식에서 비롯되며, 평판 과정은 평판 이론을 받아들임으로써 평판의 기반이 되는 작품에 대한 다른 사람들의 기여를 체계적으로 무시한다.

마지막으로 전통적인 수단의 능숙한 사용을 인식하고 있으며 그러한 능숙한 사용에 기인한 감정과 통찰을 경험하는 관객은 이론을 실행에 옮기고 자신이 작품에 대해 알고 있는 것을 바탕으로 제작자에 대한 추론과 결론을 받아들인다.

이 모든 예술계 참여자는 예술가가 해결하기 위해 애쓰는 문제를 정의하고 그 해결책을 찾는 상황을 만들어내며, 그 문제와 해결책은 작품에 구현되어, 좋건 나쁘건 간에, 작품의 평판에 기여한다. 쿠블러의 지적에 따르면, 예술적 문제의 발전 단계와 주변 사회의 조직화는 예술가가 이런저런 종류의 예술적 노력에 참여할 수 있는 기회를 정의한다. 예를 들어, 그는 다음과 같이 기술한다.

클로드 로랭(Claude Lorrain)과 폴 세잔(Paul Cezanne)과 같은 느리고 참을성 있는 화가들의 삶에는 단 하나의 진정한 문제만 있다. 두 사람은 풍경 묘사에 전념했다는 점에서 유사했다. …… 이 유형은 특별한 직업이 우세해서 반추적 성향의 사람들이 탁월성이라는 난해한 다양성을 성취할 수 있도록 여유를 제공하는 세련된 시기에만 꽃을 피운다.(Kubler, 1962: 87)

반면에 다른 시기에는 다재다능한 사람들을 위한 무대가 제공된다.

> 그들의 출현은 사회적 혁신 또는 기술적 혁신, 이 두 가지 국면 중 하나에서 일어날 수 있다. …… 사물(things)의 역사에서 그러한 순간은 새로운 테크닉이 갑자기 그 틀을 갖추기 위해 모든 경험을 요구할 때 발생한다. 그렇게 하여 영화, 라디오, 텔레비전의 감독들이 금세기에 우리의 세상을 변화시켜 왔다. …… 다재다능한 사람들이 등장하는 또 다른 순간은 전체 사회가 큰 격변을 겪은 후 새로운 힘의 노선을 따라 재정착했을 때, 한두 세기 동안 출현한 새로운 실존적 가정들의 무한히 복잡한 결과와 함의와 파생이 정리되고 활용되어야 할 때 찾아온다.(Kubler, 1962: 87~88)

예술계 참여자들 — 여기서는 한 사회의 모든 성원을 포함하는 가장 큰 규모로 구상되었다 — 은 한두 가지 종류의 경력과 성취에 유리한 환경을 조성함으로써 평판을 얻을 가능성을 한정한다.

그렇다면 예술 작품을 생산하는 모든 협력은 작품, 제작자, 유파, 장르와 미디어에 대한 평판도 생산한다. 즉, 개별 작품이 그 작품 종류의 하나로서 얼마나 좋은지, 예술가가 얼마나 재능이 있는지, 한 유파가 생산적인 궤도에 있는지 아닌지, 장르와 표현 매체가 예술인지를 축약적으로 나타내는 평판을 생산한다.

앞서 살펴본 바와 같이, 예술계는 소규모의 지역적인 비밀 집단에서부터 대규모의 포괄적인 국제적 집단에 이르기까지 그 규모가 다양하다. 이렇게 다양한 조직에서 동일한 종류의 평판을 가질 수는 없으며, 일부 조직은 평판 이론을 실행에 옮기기 어렵게 만든다. 일부 유통 시스템의 특성으로 인해 발생하는 어려움을 생각해 보라. 이 이론은 완전한 경제적 경쟁을 정의하면서 완전한 정보의 조건과 같은 것을 가정한다. 즉, 평판 형성에 영향을 미치는 의견을 가진 모든 사람이 자신의 판단과 관련된 모든 작업에 대한 접근 권한과 지식을 가지고 있다고 가정한다. 그 사람은 모든 음악을 들었고, 모든 소설이나 시를 읽었고, 모든 연극이나 영화를 보았다는 것이다. 그랜드 오페라나 장편 영화의 세계와 같은 일부 대규모 국제 예술계는 이에 가깝다. 관심 있는 사람은 누구나 관심 있는 모든 것(실제 공연이든 녹음이든 간에)을 듣거나 보고, 모든 제작자의 모든 작품을 안다. 그리고 진정으로 정보에 입각한 판단을 내릴 수 있다.

그러나 많은 예술계에서는 정보에 밝은 사람들이 진정으로 자신에게 중요한 것에만 신경 쓸 수 있도록 잡다한 것들을 제거하는 메커니즘이 잘 작동하지 않는다. 고려해야 할 자료, 작업, 사람이 너무 많다. 완벽한 정보라는 가정은 말이 되지 않는다. 미국 문학잡지에 정통한 한 관찰자(Anania, 1978: 8~9)는 1978년 미국에서 소설, 시, 비평이 포함된 그러한 잡지가 적어도 1,500종 이상 발행되었다고 추정한다. 그중 "불과 두세 가지가 약 1만 부 정도 발행되었고 …… 대부분은 2,000부 미만으로 인쇄되었으며, 독자가 100명 미만인 경우도 많았다." 누구도 그 모든 것을 다 읽을 수는 없다. 아무도 읽지 못한다. 그 결과, 문학과 시가 명백히 국제적인 규모의 주요 예술임에도 불구하고, 소규모 잡지에 출판되는 현대 작가들은 널리 유행하여 주요 예술계의 합의를 대표하는 평판을 얻을 수 없다. 작가들이 주요 평판을 얻지 못한다는 것은, 그 세계의 기준에 따라 그러한 평판을 얻을 만한 작품을 쓰지 못하고 있다는 것을 의미하는 것이 아니라, 그 세계의 유통 시스템이 신뢰할 만한 판단을 내리는 데 필요한 비교를 하기 위해 알아야 할 정보를 참여자들에게 제공하지 못한다는 것을 의미할 뿐이다. 이는 작가들에게 고통스러운 딜레마를 야기한다. 잡지들의 확산으로 인해 달리 공개적으로 이용할 수 없었던 자료를 이전보다 훨씬 더 많이 출판할 수 있게 되었으나, 그것은 작가가 원하는 주요한 평판을 얻는 것을 방해한다. 비록 아무런 평판도 받을 수 없는 것보다 현재 상황이 그들에게 주는 작은 평판이 더 낫긴 하지만 말이다.

유통 시스템에서 발생하는 또 다른 어려움은 언어에 관한 것이다. 음악과 시각 예술은 어떤 의미에서 국제적이라고 할 수 있는 언어를 사용한다. 그러나 문학은 전 세계 언어 중 하나를 사용하며, 그중 상호이해가 가능한 언어는 거의 없다. 실제로 소수의 인도유럽어족 언어만이 충분히 많은 나라에 알려져 있으며, 그 언어로 쓰인 문학은 국제적인 문학적 평판을 창출하는 세계적인 평가에서 고려될 수 있는 기회를 가진다. 프랑스어나 스페인어로 글을 쓰는 소설가는 포르투갈어로 글을 쓰는 작가보다, 힌디어, 타밀어, 스와힐리어로 쓰는 작가는 말할 것도 없고, 더 널리 읽힐 것이고 국제적인 명성을 얻을 수 있는 기회가 더 많을 것이다. 힌디어, 타밀어, 스와힐리어는 수백만 명의 사람들에 의해 읽히고 있지만, 국제적인 문학적 평판을 내리는 사람들에 의해 읽히는 것은 아니다. 노벨 문학상 위원회는 소수 언어로 글을 쓰고 유럽 언어 중 하나로 번역되어 널리 알려지지 않은 작가에게 정기적으로 상을 수여하지만, 그렇다고 해서 상황이 크게 바뀌지는 않는다. 아이슬란드어 소설가에게 상을 수여할 수는 있지만 대부분의 전 세계 독자들은 아이슬란드어를 읽지 않으며 아마 앞으로도 읽지 않을 것이므로 그 상은 문학계에서 별 의미 없는 제스처에 불과하다. 언어 공동체가 작거나 중요하지 않은 경우 큰 명성을 얻을 수 없다.

따라서 다양한 규모의 예술계 참여자들의 협력 활동에서 비롯되는 평판은 그 참여자들이 인식하고 판단하는 예술 작품의 질에 따라 달라지지만, 그 질을 자동으로 반영하지는 않는다. 그것은 예술계가 그러한 특질을 완벽하게 감지하고 실수를 하지 않으며 가치 있는 경쟁자를 간과하지 않는다고 가정할 때만 사실일 것이다. 그것이 사실이 아니라는 증거는 풍부한데, 이전 장들의 많은 논의에서 이 점을 다루었다. 아주 간략하게 요약하자면, 동일한 증거는 평판 이론의 중요한 구성 요소들이 실제로는 부정확하다는 것을 분명히 보여준다. 특히 결과에 대한 전적인 책임과 찬사 또는 비난을 홀로 활동하는 예술가에게 돌리는 부분— 내가 많은 지면을 할애해 자세히 설명한 다른 모든 사람의 기여를 무시한 채 — 은 사실과 다르다. 우리는 피카소의 "불가능한" 아이디어를 인쇄한 투탱을 칭송하는 것이 아니라 피카소를 칭송하고, 5시 30분에 뜨거운 커피를 들고 트롤럽의 잠을 깨워준 늙은 하인을 칭송하는 것이 아니라 트롤럽을 칭송한다. 반대로 했다면 우리는 어리석다고 느낄 것이다. 우리는 이 모든 예술계에 어떤 식으로든 참여하는 사람으로서 예술계 내 집합 행위의 기반이 되는 신념을 반드시 공유한다. 그러나 분석적으로 우리는 이것이 다양한 가능성 중에서 선택된 것이며, 그 선택의 의미는 예술계 참여자들이 그들의 기반이 되는 전제를 고수함으로써 확정된다는 것을 알고 있다.

무엇이 지속되는가?

대부분의 미학이론과 보다 전통적인 버전의 예술 사회학은 예술 작품의 질에 대해 판단을 내릴 가능성과 필요성을 주장한다. 이들은 탁월한 가치를 가진 작품을 평범한 작품과 어떻게 구별할 수 있는지에 대해 합리적인 주장을 펼치며, 그러한 구별이 인간 활동으로서의 예술에 대한 합리적인 또는 진지한 탐구의 초석이 되어야 한다고 주장한다. 예술이 기본적인 문화적 가치나 인간의 감정을 표현한다면, 어떤 예술은 다른 예술보다 그것을 더 잘 표현할 것이고 따라서 그 예술은 현상의 일반적인 진실이 무엇인지 이해하기 위해 연구되어야 하는 대상이 될 것이다. 그러한 연구는 아리스토텔레스의 『시학』을 모델로 삼아, 한 장르의 가장 좋은 표본들을 취해 그 표본들의 공통점이 무엇인지 조사할 수 있다. 전통적인 예술 사회학자들(예를 들어 Lowenthal, 1957; Lukacs, 1964; Goldmann, 1964; 1967)은 일반적으로 "문학 창작과 사회역사적 실재 사이의 밀접한 관계를" 연구하기 위해서는 "평균적인 작품들에 더하여 문학 창작의 정점에 있는 작품들이 연구될 수 있을 뿐만 아니라 심지어 특별히 적합하다고 여겨지기도 한다"고 믿는다(Goldmann, 1967: 495).

하지만 어떤 작품이 더 좋은 것일까? 작품을 설명하는 이론과 일치하느냐에 따라 작품을 식별하는 것은 의문을 낳는다. 이론과의 일치를 인정하면서 무엇이 최고인지 식별하는 문제에 대한 일반적인 해결책은 상식과 집합적 경험, 즉 "모두가 알고 있는" 것에 호소하는 것이다. 모두가 알고 있는 것 — 이것은 일반적으로 관찰되는 사실이다 —은 일부 작품이 수년, 수세기, 심지어 수천 년 동안 지속되었다는 것이다. 지속됨이 무엇을 의미하는지는 그다지 명확하지 않다. 그것은 단순한 물리적 존속을 의미하는 것이 아니라 많은 사람이 지속적으로 감상하고 있다는 것을 의미한다. 지속성을 평판의 현상으로 보는 것은 불합리하지 않다. 즉, 오래 지속하는 작품은 오랫동안 좋은 평판을 받는 작품이다.

위대한 작품을 식별하는 방법으로서 존속하는 것에 호소하는 것은 예술 작품의 평가에 상대주의를 적용하는 것에 반대하는 주장이다. 이것은 우리가 관심을 가져온 평판의 과정을 인정한다. 그리고 이것은 지속되는 평판은 합의의 산물이고 그 합의는 역사적 과정을 통해 발생한다고 본다. 이것은 모든 것을 인정하는데, 왜냐하면 이것이, 만약 사실이라면, 모든 것을 무의미하게 만드는 평판 이론의 버전을 주장하기 때문이다.

무엇이 지속하는지를 설명하는 이론은 보편적인 것에 대한 이론이다. 미학자들과 예술 분석가들은 종종 문화적 보편성을, 즉 특정 문화를 초월하는 예술 작품에 대한 반응 양식과 언제 어디서나 동일한 반응을 불러일으키는 예술 형식을 찾고자 한다. 셰익스피어가 그의 희곡이 공연되는 모든 나라에서 감탄을 자아낸다면, 그 이유는 그 희곡이 인간 경험의 깊은 곳을 건드려서 모든 사람이 공감할 수 있기 때문이라는 주장이 있다. 이러한 관점에서는, 예술계의 작동과 평판 형성 과정의 모든 변덕과 우연성에도 불구하고, 어떤 작품은 항상 최고의 작품으로 평판이 쌓이기 때문에 그 작품은 지속적인 평판을 얻게 된다. 평판 형성 과정은 각기 다르지만 모든 곳에서 동일한 결과를 낳는다. 만약 그것이 사실이라면, 그것은 작품에 내재된 어떤 특질이 인간의 심리와 경험의 근본적이고 문화적으로 영향 받지 않은 어떤 특성과 상호작용하기 때문임에 틀림없다. 그렇다면, 어떤 방식으로 형성되었든 간에, 평판은 미학에 관심 있는 사람에게는 진정한 가치를 지닌 작품을 식별하게 하며, 전통적인 예술 사회학자에게는 예외적인 방식으로 역사적·사회적 실재를 탐구하는 작품을 식별하게 한다.

우리는 이 이론이 부정확하다고 그리고 거짓으로 판명될 수 있다고 말할 수는 없다. 그러나 누구도 이 이론이 사실이라고 증명할 수 없다. 그리고 앞서 제시된 많은 자료는 이 이론에 의문을 제기하며 그 전제를 기반으로 한 분석을 의심스럽게 만든다. 다음의 주장은 의구심을 불러일으키지만 반증하지는 않는다. 만일 당신이 거짓으로 입증될 때까지 이론이 정확하다고 생각한다면, 그 이론은 여전히 유효할 것이다. 만약 이론이 거짓이라고 생각한다면, 그 이론을 거부할 이유를 갖게 되는 것이다. 나는 미학에 대한 이러한 주장들이 지닌 관련성에 관심이 있기보다 예술 작품이 한 문화의 근본적인 가치나 강조점을 구현하고 반영한다고 보는 사회학적 분석에 더 관심이 있다. 이러한 분석은 문화를 드러낼 수 있으며 동시에 가장 큰 의미에서 사회가 예술 작품의 근본적인 강조점과 성격에 영향을 미친다는 것을 보여줄 수 있다.

예술 작품은 보편적으로 감상되는 것 외에 다른 이유로도 지속되기 때문에 한 가지 의문이 생긴다. 많은 작품이 계속해서 높은 평판을 누리는 이유는 누군가가 적극적으로 감상하기 때문도 아니고 확실히 많은 사람이 적극적으로 감상하기 때문도 아니다. 그 작품이 역사적으로 중요하기 때문이다. 바흐친은 "세계 문학의 위대한 작가들 중에서 라블레(Rabelais)는 제일 인기를 누리지 못했고, 이해되지도 평가받지도 못했다"(Bakhtin, 1968: 1)고 지적한다. 즉, 아무도 라블레를 즐기지 않기 때문에 그를 읽지 않으며, 독자들은 그가 무엇에 대해 말하는지 — 다른 방법으로는 말할 수 없는 것을 말하기 위해 웃음과 시장이라는 비공식적인 언어를 사용해서 르네상스 이전의 권위주의를 퇴출하는 것 — 이해하기 못하기 때문에 그리고 그들이 의미를 이해할지라도 자신들의 문화와 경험에 이질적인 것을 즐기지 않을 것이기 때문에 아무도 그를 즐기지 않는다는 점을 지적한다. 물랭은 마찬가지로 옛 거장들의 많은 그림이 오늘날 좋은 평판을 받는 이유는, 사람들이 그 그림들을 특별히 좋다고 생각하기 때문이 아니라 — 사실 비평적 사고가 주기적으로 변경된다는 사실은 그러한 평판이 주기적으로 오르내릴 것이라는 점을 확인해 준다 — , 그 그림들이 취향이 변해도 그 중요성을 잃지 않는 "역사적으로 중요한" 그림이기 때문이라고 지적한다. 역사는 여전히 역사이다(Moulin, 1967: 431~432).

더 큰 문제는 평판 형성과정에서 무엇을 선택하느냐가 아니라 무엇을 배제하느냐와 관련이 있다. 앞서 살펴본 바와 같이, 예술계는 끊임없는 선택의 과정을 거치면서, 가능성을 검토하고, 그중 일부를 통합하고, 이전에는 좋게 생각했지만 더 이상 그렇지 않은 사람과 작품을 제거한다. 그러나 이러한 평판의 변화는 주로 예술계의 표준 관행에 어느 정도 근접한 작품들에서 일어난다. 훨씬 더 중요한 선택은 예술계가 통합된 전문가 외의 다른 사람들이 만든 작품을 알아채지 못할 때 일어난다. 이단자는 예술계의 관행에 충분히 근접해 있고, 자신이 하는 일에 예술계의 주목을 끄는 데 충분히 관심이 있다. 그렇기 때문에 때때로 예술계는 결국 이단자가 작품을 제작하는 동안이 아니라 작업이 끝난 후에 그 작품을 흡수하여 통합하기도 한다. 그러나 예술계가 소박한 예술가나 민속 예술가를 예술계의 지위체계 안으로 포함시키는 경우는 거의 없다. 그들이 하는 일은 구상이나 형식 면에서 예술계의 표준 관행과 너무 달라서 동화될 수 없는 경우가 많다. 또한 정상이 아니거나 괴상해서 진지하게 받아들이기 어렵기도 하고, 일반인의 일상생활과 너무 밀접하게 연관되어 있어서 평판 이론이 요구하는 재능 있는 사람들의 특별한 작품으로 취급하기 어렵다는 낙인이 찍히기도 한다. 소박한 예술가의 작품은 특별한 재능을 보여줄 수 있지만,

너무 사적이기 때문에 일반적으로 많은 사람에게 호소하지 않는다. 민속 예술가의 작품은 많은 사람에게 호소하지만 너무 평범해서 그다지 특별할 게 없다.

결과적으로, 예술계가 작동하고 예술 평판이 만들어지는 선택 과정은 대부분의 작품을, 즉 다른 정의 및 선택의 절차를 따랐다면 예술로, 훌륭한 또는 만족할 만한 예술로, 그리고 위대한 예술로 인정되는 작품 목록에 포함될 수 있었을 작품을 제외한다. 다른 시대에 이루어지는 또는 다른 곳에서 온 사람들의 노력을 통해 이루어지는 작품에 대한 재평가는 "예술" 범주의 내용이 사실상 우연적이라는 것을 보여준다. 이는 셰익스피어에 대한 평판이 변하기 때문이 아니라 페르디낭 슈발(Ferdinand Cheval)과 사이먼 로디아와 같은 이들, 콘론 낸캐로와 다른 이름 없는 작곡가들, 퀼트 제작자와 농민 카트 장식가들이 제외되기 때문이다. 결국 우리가 듣게 되는 모든 이에 비해 수백 명의 사람들은 누군가의 관심을 받지도 못하고 누군가의 관심에 포함되지도 못한다.

예술에서 한 사회의 가치와 문화적 강조점의 증거를 찾는 이론들은 복잡한 그리고 역사적으로 가변적인 선택 및 평판 형성 과정에서 생존한 예술에서 실제로 그 증거를 찾는다. 만일 그러한 이론들이 한 사회에서 만들어진 모든 예술을 고려한다면 과연 동일한 결과를 찾을 수 있을까? 아마도 그럴 것이다. 하지만 그 명제는 믿음에 근거해 받아들여지기보다는 탐구될 필요가 있다.

예술과 사회

예술과 사회의 관계에 대해 생각하는 또 다른 방식이 있다. 여기서 내가 예술계에 대해 말한 것은 사회 연구를 향한 보다 일반적인 이론적 방향에서 비롯된 것이며, 동시에 그러한 방향의 발전에 기여하는 것이다. 내가 예술계에 대해 말한 내용은, 더 일반적으로 말하면, 모든 종류의 사회 세계에 대해 적용할 수 있는 것들이다. 예술계에 대해 말하는 방식은 일반적으로 사회와 사회적 과정에 대해 말하는 방식이다. 나는 그 유사점과 교훈을 명확히 하는 것으로 마무리 짓고자 한다.

만일 우리가 특정 예술 작품에 초점을 맞춘다면, 우리는 사회 조직을 그 작품 제작을 위해 협력하는 사람들의 네트워크라고 유용하게 생각할 수 있다. 우리는 종종 같은 사람들이 비슷한 작품을 제작하기 위해 비슷한 방식으로 반복적으로, 심지어 일상적으로 협력하는 것을 볼 수 있다. 그들은 그러한 작품의 생산과 소비에 참여하는 사람들 사이에서 통용되는 관례를 참조하여 협력을 조직한다. 같은 사람들이 실제로 모든 경우에 함께 행동하지 않는다 하더라도, 그들의 대체자들 또한 동일한 관례를 알고 있고 그 관례을 사용하는 데 능숙하기 때문에, 협력은 어려움 없이 진행될 수 있다. 관례는 집합 행위를 더 쉽게 만들고, 시간, 에너지 및 기타 자원의 낭비를 줄여준다. 그렇다고 관례가 파격적인 작업을 불가능하게 만드는 것은 아니다. 단지 더 많은 비용과 더 큰 어려움을 초래할 뿐이다. 누군가 필요한 더 많은 자원을 모을 수 있는 방법을 고안해 낼 때마다 변화는 일어날 수 있으며, 종종 일어난다. 따라서 관례적인 협력 및 집합 행위 양식은 지속될 필요가 없다. 왜냐하면 사람들은 새로운 행위 양식을 끊임없이 고안하고 이를 실천하는 데 필요한 자원을 발견하기 때문이다.

이 모든 것은 예술이 사회적이라고 주장하는 것과 사회 조직의 형태와 예술적 스타일 또는 주제 사이의 일치성을 보여주는 것을 넘어선다. 그것은 예술은 함께 행동하는 사람들의 네트워크에 의해 창조된다는 점에서 사회적이라는 것을 보여주며, 기존에 통용된 또는 새롭게 발전된 관례에 의해 매개되는 다양한 집합 행위 양식을 연구할 수 있는 틀을 제안한다. 그리고 그것은 다른 형태의 집합 행위와의 유사성이 비교 이론적 연구에 활용될 수 있는 맥락에서 몇몇 전통적인 질문을 그 분야에 던진다.

집합 행위로서의 예술에 대한 논의는 사회 조직 분석에 대한 일반적인 접근 방식을 반영한다. 우리는 어떤 사건(예술 작품의 생산을 특수한 사례로서 포괄하는 일반적인 용어)에 초점을 맞출 수 있고, 집합적 활동을 통해 그 사건이 일어날 수 있게 만드는 사람들의 네트워크를, 규모가 아무리 크거나 확장되더라도, 찾을 수 있다. 우리는 협력 활동이 반복되는 또는 일상화된 네트워크를 찾을 수 있고, 그 구성원들이 각자의 행위 노선을 조율하는 관례를 명시할 수 있다.

우리는 그러한 반복적인 네트워크와 그 활동을 가리키는 은유적인 방식으로 **사회 조직** 또는 **사회 구조**라는 용어를 사용할 수 있다. 그러나 그러한 용어를 사용할 때 우리는 그 용어들이 은유라는 것을 잊지 말아야 하며, 조사연구를 통해서만 발견할 수 있는 것을 은유에 내포된 사실로 무심코 주장해서는 안 된다. 사회학자들이 사회 구조나 사회 체계에 대해 말할 때, 그 은유가 의미하는 바는(그 은유의 사용자가 그 점을 증명하거나 주장하지는 않지만), 관련된 집합 행위가 정기적으로 또는 자주 일어난다는 것(내포된 한정사는 비특정적이다), 나아가 관련된 사람들이 매우 다양한 사건을 생산하기 위해 함께 행동한다는 것이다. 그러나 우리는 일반적으로, 예술 연구에서 경험적 자료가 요구하는 것처럼, 집합 행위 방식이 그러한 묘사를 보증할 만큼 반복적인지 또는 일상적인지는 정의가 아니라 조사에 의해 결정되어야 한다는 것을 인정해야 한다. 어떤 집합 행위 형태는 자주 반복되고, 어떤 형태는 가끔 반복되며, 대부분은 거의 반복되지 않는다. 마찬가지로 한 사건 또는 한 종류의 사건을 생산하는 네트워크에 참여하는 사람들이 다른 이벤트나 예술 작품을 생산하기 위해서는 함께 행동하지 못할 수도 있다. 그 문제 역시 조사를 통해 결정되어야 한다.

집합 행위와 그로 인해 생산되는 사건은 사회학적 조사의 기본 단위이다. 사회 조직은 같은 사람들이 함께 행동하여 반복적인 방식으로 다양한 사건을 만들어내는 특수한 경우로 구성된다. 따라서 사회 조직(과 그와 유사한 개념들)은 개념일 뿐만 아니라 경험적 연구 결과이기도 하다. 소수의 사람(가족이나 친구)의 집합 행위에 대해 말하든 훨씬 더 많은 수(직업이나 계급 체계)의 사람의 집합 행위에 대해 말하든 간에, 우리는 항상 누가 어떤 사건을 생산하기 위해 함께 행위하는지를 정확하게 질문해야 한다. 예술 활동을 위해 발전된 일반적인 형식의 이론을 추구하기 위해, 우리는 구체적인 사건을 생산하는 데 책임 있는 네트워크를 찾음으로써, 그러한 협력 네트워크들 사이의 중첩을 찾음으로써, 참여자들이 자신들의 활동을 조정하기 위해 관례를 사용하는 방식을 찾음으로써, 기존 관례가 어떻게 조정된 행위를 가능하게 하고 동시에 그 행위가 취할 수 있는 형태를 제한할 수 있는지를 찾음으로써, 그리고 자원을 획득하는 새로운 형태의 발전이 어떻게 변화를 가능하게 하는지를 찾음으로써 모든 종류의 사회 조직을 연구할 수 있다. (이러한 관점에 대한 다른 진술은 무엇보다도 Simmel[1898]; Park[1950; 1952; 1955]; Blumer[1966]; 그리고 Hughes[1971], 특히 pp.5~13과 52~64에서 찾을 수 있다.])

마찬가지로, 예술계를 지향하는 네 가지 방식 — 통합된 전문가, 이단자, 민속 예술가, 소박한 예술가 — 은 사람들이 어떤 종류의 사회 세계를 지향하는 방식을 그 초점이나 관례적인 집합 활동의 과정이 무엇이든 상관없이 해석하는 일반적인 도식을 제시한다. 그 세계가 구성원들이 통상적으로 참여하는 활동을 수행하는 일상적이고 관례적인 방식을 구축하는 한, 사람들은 무엇이든지 해야 할 일을 쉽게 그리고 잘 수행할 줄 아는 완전히 능숙한 구성원으로서 그 세계에 참여할 수 있다. 그 세계에서 이루어지는 일의 대부분은 그와 같은 사람들, 즉 일반적으로 통합된 전문가와 유사한 사람들에 의해 이루어질 것이다. 만약 그 활동이 사회의 모든 구성원 또는 일부 큰 하위 범주의 모든 구성원이 참여하는 것이라면, 민속 예술가가 그에 가까운 사람들일 것이다. 그럼에도 불구하고 무엇이 관례적인지 알고 있는 일부 사람들은 예측 가능한 어려움을 겪으면서도 다르게 행동하기로 선택할 것이다. 그런 사람들이 제안하는 혁신 중 일부는 그들이 차별화해 왔던 더 큰 세계에 의해 채택되어, 괴짜가 아닌 영예로운 혁신가로(적어도 소급적으로) 바뀔 수 있을 것이다. 어떤 사람들은 그 세계의 존재를 모르거나 크게 신경 쓰지 않을 것이고, 모든 것을 스스로 만들어낼 것이다 ― 이것은 소박한 예술가의 일반화된 버전일 것이다 ―.

이런 방식으로, 우리는 예술의 세계가 사회 전반을 반영한다고 (일반적으로 말하는 것보다 더 많은 근거를 가지고) 말할 수 있을 것이다.

'세계'와 '장' 개념에 대한 대화

알랭 페싱과 함께

알랭 페싱 하워드 베커, 당신이 『예술계』(1982)에서 충분히 탐구했던 "세계"라는 개념은 세계의 다른 곳과 마찬가지로 프랑스의 예술 사회학자들 사이에서도 큰 관심을 불러일으켰다. 그 개념은 많은 저작에 등장하지만, 그럼에도 불구하고 그 개념이 사용되는 용도가 항상 명확하지 않고 의도대로 사용되지 않고 있다는 느낌을 받는다. 협력이라는 하나의 긍정적인 미덕으로 그 범위와 중요성이 최소화되고 축소되는 경우가 종종 있다. 결국 피에르 부르디외(Pierre Bourdieu)가 "장(場, field, champ)"이라고 불렀던 것의 보다 낙관적인 변종으로 바뀔 때면 때때로 그 개념의 특수성이 순전히 그리고 단순히 부정되기도 한다. 그래서 많은 저자들, 대학원생들뿐만 아니라 전문가들도 장과 세계라는 개념이, 하나는 갈등을 강조하고 다른 하나는 행위자와 행위의 상호보완성을 강조하는, 동일한 연구 프로젝트에서 동등하게 유용한 두 가지 상호교환 가능한 접근법이라고 생각한다. 이런 관점에서 보면, 부르디외에 베커를 약간만 섞으면 세계가 다소 덜 절망적인 곳으로 보일 수 있기 때문에 좋은 사회학을 만들어낼 것이다. 하지만 내가 보기에 이것은 너무 단순한 생각이고, 세계라는 개념을 충분히 엄밀하게 사용하지 않는 것이다. 이것이 내가 이 개념을 명확히 할 때라고 생각한, 그리고 당신과 함께 이 개념이 장 개념과 어떻게 다르고 어떻게 반대되는지 살펴볼 때라고 생각한 이유이다.

후자의 개념부터 시작해 보자. 장이라는 개념은 당신에게 어떤 것을 떠올리게 하는가?

하워드 베커 얼마 전 피에르 부르디외 사후에 출간된 그의 자서전(Bourdieu, 2004)을 읽었기에 그가 그 개념을 실제로 어떻게 사용하는지 볼 기회가 있었다. 그 책은 1950년대 후반 그가 대학에 들어갔을 때 존재했던 대학장(champ universitaire)에 대한 묘사로 시작한다. 그는 대학장이 사르트르와 그의 추종자들에 의해 지배되고 있는 것으로 묘사한다. 부르디외는 철학이 중요한 학문이었으며, 사회학과 사회과학은 억압되어야 할 위험한 경향으로 간주되는 것 외에는 진지하게 받아들여지지 않았다고 말한다. 특히 사회학은 사르트르와 그의 추종자들에게 너무 미국적이었고, 너무 실증주의적이었으며, 내 친구가 늘 말했듯이, "생각과 생각으로만(thought and thought alone)" 위대한 업적을 이룬 고독한 지식인이라는 지배적인 신화에 너무 반대되는 것이었다.

부르디외는 이러한 묘사를 "장"의 언어로 표현한다. 그가 사용하는 이미지를 요약해 보겠다. 먼저, 그 개념은 매우 은유적인데, 아마도 물리학에서 유래한 은유인 것 같다. 경계가 뚜렷하고 한정된 공간이 있는데 그것이 장이다. 그 안에는 한정된 양의 수용력이 있어서 이 장에서 일어나는 모든 일은 제로섬 게임이다. 내가 무언가를 가지면 당신은 그것을 가질 수 없다. 그렇다면 사람들이 한정된 공간을 두고 투쟁하고 싸우는 것이 당연하다. 한정된 공간을 통제하는 사람들은 자신과 자신의 동지를 위해 모든 것을 유지하려고 하고 신참자들이 그 공간을 차지하지 못하도록 막으려고 한다.

"공간"은 사람들이 원하지만 공급이 제한되어 있는 모든 것에 대한 은유이다. 부르디외에게 이것은 종종 존경이나 인정이지만, 돈이나 출판 매체에 대한 접근과 같은 보다 물질적인 것, 즉 "실재하는" 것이라고 말할 수 있는 것일 수도 있다.

그 장은 다양한 종류의 "힘(forces)"으로 조직되어 있는데, 하나의 큰 힘은 권력, 즉 자원 통제의 문제인 것 같다. 대학장의 경우, 위에서 말했듯이, 이것은 학부와 연구 센터의 직위(영구직), 연구 지원 자금, 출판 매체에 대한 접근, 그리고 일반적인 방식으로, 존경, 명예, 인정 등과 같은 것일 것이다.

권력을 가진 사람들은 신참자들을 판단하여 신참자들이, 처음에는 아마도 종속적인 역할이겠지만, 힘 있는 자들의 집단에 받아들여질 수 있는지 아니면 거부되어야 하는지를 결정한다. 부르디외는 이러한 결정이 사람들이 하는 일에 따라 이루어질 뿐만 아니라 그들의 행동, 옷차림, 억양, 정치적인 생각, 친구, 연인 등 보다 개인적인 범주에 따라서도 이루어진다고 말한다. (그는 후자가 불합리한 범주라고 확실하게 말하지 않지만 — 어딘가에서 그렇게 말한 것 같기는 한데 — 그는 당신이 이런 방식으로 그를 이해해야 한다는 것을 분명하게 의미한다.) 비록 이 아이디어가 완전히 일반적이라고 의도되었겠지만, 그 사례들은 (당연하게도 그 개념이 자전적이기 때문에) 1950년대의 프랑스 대학 시스템에서 나온 것이다.

알랭 페싱 장 개념은 우리가 직접적으로 관심을 갖고 있는 예술 활동을 포함해서 사회적 삶의 모든 영역에 일반화할 수 있어야 한다. 당신은 세계라는 개념으로 매우 다른 접근 방식을 제안했는데, 부르디외의 접근 방식과 가장 명확하게 구분되는 점이 있다면 그것이 무엇이라고 말할 것인가?

하워드 베커 나는 장 개념이 단순히 기술(記述)적 용어라기보다는 은유에 훨씬 더 가깝다고 생각한다. 부르디외는 예술이 이루어지는 사회적 배열 — 그가 장이라고 부르는 것 — 을 마치 많은 사람이 함께 무언가를 하는 것으로 묘사하기보다는 물리학의 힘의 장처럼 묘사했다. 장의 주요 실체는 힘, 공간, 관계, 그리고 각자가 가진 상이한 양의 권력을 사용하여 전략을 발전시키는 행위자들(상대적인 권력에 의해 특징지어진) 이다. 장에서 행위하는 사람들은 모든 복잡성을 내포하는 살아 있는 사람들이 아니라 그 이론이 시사하는 대로 행동하기 위해 가져야 하는 최소한의 능력만 부여받은 경제학자들의 경제적 인간(homo economicus) 스타일의 캐리커처이다. 그들의 관계는 경쟁과 갈등에 기반한 지배의 관계로만 보인다. 그러한 장을 상상하려고 하면 나는 하나의 도형이 떠오른다. 그것은 단위들을 연결하는 화살표들을 담고 있는 공간을 둘러쌈으로써 보이지 않는 구조를 창조하는 사각형이다. 아니면 더 나쁘게, 공상과학 영화에서 볼 수 있는 것과 같은, 온갖 종류의 광선이 안으로 방사되고 있는 커다란 플라스틱 상자이다.

『예술의 규칙(The Rules of Art)』에서 물리적 은유를 반복하는 것은 매우 인상적이다. 예를 들어, 그 책의 서두에 "상속의 문제"를 다루는 절에서 부르디외는 이렇게 말한다.

> 플로베르는 권력 장의 두 극단 ― 뉴턴적 의미에서의 진정한 환경(사회적 힘, 인력 또는 척력이 존재하는)이 행사되는 그리고 사랑이나 야심과 같은 심리적 동기의 형태로 그 환경이 현상적으로 현시되는 것을 발견하는 ― 을 배치하면서, 일종의 사회학적 실험의 조건을 설정한다. 학생이라는 공통된 상황에 따라 잠정적으로 모인 주인공 프레데릭을 포함한 다섯 명의 청소년은 어떤 힘의 장 속에 들어간 미립자들처럼 이 공간으로 던져질 것이고, 그들의 궤적은 장의 힘과 장의 고유한 관성 사이의 관계에 의해 결정될 것이다. 이 관성은 한편으로는 그들의 출신과 궤적에서 비롯되는 성향에 새겨져 있는데, 그 성향은 존재 방식에서 집요하게 유지되는 경향, 따라서 가능한 궤적을 의미한다. 그리고 이 관성은 다른 한편으로는 그들이 상속받은 자본에 새겨져 있는데, 그 자본은 장이 그들에게 할당하는 가능성과 불가능성을 정의하는 데 기여한다.(Bourdieu, 1996: 9~10)

알랭 페싱 그러한 이미지를 떠올리게 하는 것은 어떤 의미에서 사회적인 것의 "압축 상태(compression)"이다. 공간의 근본적인 희소성과 그 결과 누구든지 차지할 수 있는 지위의 희소성 때문에 대립의 격렬함은 불가피하다. 세계 개념은 우리를 확장 가능하고 열린 공간에 놓이게 하며, 게다가, 그 개념이 공간적 은유와 관련되는 한, 그 개념에 한계를 부여하기는 어렵다.

하워드 베커 내가 생각하는 세계 개념은 매우 다르다. 물론, 그것은 여전히 은유이다. 하지만 장 은유와는 전혀 다른 것처럼 보이는 세계 은유는 서로에게 주의를 기울여야 하고, 다른 사람의 존재를 의식적으로 고려해야 하고, 다른 사람들이 하는 것에 비추어 자신이 하는 일을 형성해야 하는, 무언가를 하는 중에 있는 모든 종류의 사람들을 포함한다. 이러한 세계에서 사람들은 자신을 둘러싼 신비한 외부의 힘에 자동적으로 반응하지 않는다. 대신, 그들은 다른 사람들이 자신이 하는 일에 어떻게 반응하는지 보면서 그리고 다른 사람들이 해왔고 필시 앞으로 하게 될 일에 적응하면서 점진적으로 자신의 활동 노선을 발전시킨다.

무엇보다도, 이 은유는 공간적인 것이 아니다. 분석은 사람들이 함께하는 일종의 집합 활동을 중심으로 이루어진다. 그 활동과 결과에 어떤 식으로든 기여하는 사람은 그 세계의 일부이다. 세계와 그 세계의 일부가 아닌 것을 구분하기 위해 그어진 선은 분석적 편의에 따른 것이지 자연에 존재하는 것이 아니며, 과학적 조사를 통해 발견할 수 있는 것도 아니다.

따라서 세계는 폐쇄적인 단위가 아니다. 물론 대학 세계처럼 특정 조직과 사람들이 해당 활동을 독점하는 경계 지어진 활동 영역이 실제로 존재하기도 한다. 일부 집합 행위 형태는 주위에 벽이 존재하는데, 여기에는 고프먼이 묘사했던 전체주의적 기관(total institutions)뿐만 아니라 배지가 있어야만 리셉션 구역을 넘어갈 수 있는 모든 회사, 그리고 부르디외가 주목한 사례에서 물리적 접근은 제한되지 않지만 지위와 활동에 대한 접근은 제한되는 장소도 포함된다.

이런 경우에 당신은 외부인을 배제하는 규칙과 관행에 의해 제한되는 장은 이미 그 장의 일부인 사람들에 의해 선택되지 않으면 어떤 집합 활동의 일부가 되는 것을 불가능하게 만든다고 말할 수도 있다. 만약 당신이 사람들이 함께 그런 종류의 작업을 하는 장소에 접근하는 것이 거부되면 당신은 사회학을 하거나 지적인 작업을 할 수 없다. 당신은 사회학과나 연구소에서 일자리를 얻지 않는 한 그리고 사회학이 출판되는 공인된 곳에서 자신의 연구를 발표하지 않는 한 사회학자가 될 수 없다.

그렇게 말하는 것은 명백한 문제를 제기한다. 그런 경우에도 독점은 거의 완벽할 수 없으며 결코 영구적이지 않다. 따라서 부르디외가 자신의 경력을 시작한 배경이었던 세계를 묘사한 것처럼, 사회학을 하는 것은 부르디외가 가장 관심을 갖는 곳에만 국한되지 않았다. 하지만 소르본이나 콜레주 드 프랑스(College de France)에서만 사회학적 연구가 이루어진 것은 아니다. 예를 들어, 부르디외는 나의 멘토인 에버렛 휴즈의 친구이자 공장과 산업계를 연구한 조지 프리드먼에 대해서는 전혀 언급하지 않는다.

나는 부르디외주의자들이 이렇게 말할 수도 있다고 생각한다. 당신은 사회학처럼 보이는 일을 할 수 있고, 어떤 관점에서는(어쩌면 프리드먼의 경우처럼 방문 중인 미국인 산업사회학자의 관점에서는) 사회학일 수도 있는 일을 할 수도 있을 것이다. 하지만 사실을 직시해 보면 트레이드마크를 소유한 사람들이 당신이 현실적인 일을 하는 것으로 인정하지 않을 것이므로 그것은 실제로 사회학이 아닐 것이다. "축하해요, 프리드먼, 흥미로워 보이는데, 아무도 당신을 모르거나 당신에게 관심이 없다는 게 안타깝네요." 여기서 "아무도"라는 모호한 표현을 쓴 이유는 사람들이 물론 프리드먼을 알고 있었지만, 중요한 사람들 — 부르디외의 관점에서 볼 때 — 은 그를 인정하기 않았기 때문이다.

이 지점에서 우리가 말하고 싶은 것은 한 가지 경험적 질문이 있다는 것이다. 누군가가 그런 식으로 중요한 모든 것에 대한 접근을 통제할 수 있다는 것이 사실일까? "중요한 사람들"이 당신의 이단적 아이디어를 무시하면 일부 대중에게 그 아이디어가 도달하지 못하게 막을 수 있을까? 그것은 상황에 따라 다르다. 사람들은 흔히 자신과 자신의 아이디어에 이런 일이 일어나고 있다고 느끼지만, 나는 아마도 실제로는 이런 일이 그다지 흔하지 않을 것이라고 생각한다.

이 지점에서 나는 미국과 프랑스 사이에 존재하는 제도화된 학문적 및 지적 생활의 차이를 고려하고 그러한 차이의 근원에 대해 어느 정도 숙고해 보는 것이 유용할 수 있다고 생각한다. 나는 수년 동안 프랑스 사람들에게 미국 사회학을 이해하려면 먼저 미국에는 약 2만 명의 사회학자가 있고 약 2,000개의 사회학과가 있다는 사실을 이해해야 한다고 말해왔다(그리고 많은 사회학자가 교육, 사회사업, 간호 등 다른 분야에서 일하고 있으므로 그 수는 더 많다). 이는 프랑스에 존재하는 인원과 학과 수의 최소 10배, 많게는 20배에 달한다.

그 한 가지 결과는 다양한 사회학적 활동을 지원하는 것이 상대적으로 쉽다는 것이다. 어디서도 받아들여지지 않을 정도로 지나치게 무분별한 또는 인정하기 힘든 아이디어는 없다. 어쨌든 그러한 아이디어나 관점을 전파하는 데 전념하는 학과나 학과의 일부가 어딘가에 있을 것이다. 당신은 "장의 리더들"에게는, 그들이 누구든지 간에, 받아들여질 수 없지만 당신의 아이디어가 정말 훌륭하다고 생각하는 그리고 당신의 깃발 아래 행진할 준비가 되어 있는 다른 사람들을 언제든지 찾을 수 있다. 그런 사람들을 200~300명 정도 찾을 수 있다면(그렇게 쉽지는 않지만 2만 명 가운데서 후보를 찾는다면 확실히 불가능하지는 않다), 미국 사회학회의 한 섹션을 조직할 수 있다. 그 숫자를 확보할 수 없다면, 자체 조직(예를 들어, 국제시각사회학회)을 설립하여 자체 저널을 출판하고, 자체 회장을 선출하고, 자체 상을 수여할 수 있다.

이러한 환경에서는 "세계"라는 개념이 조직적인 활동에 대해 생각하는 "자연스러운" 방식처럼 보인다.

알랭 페싱 이 모든 것을 당신이 가장 좋아하는 아이디어 중 하나로 요약할 수 있다. "당신은 언제든지 다른 일을 할 수 있다." 그러나 이 아이디어는 일반적으로 적용할 수 있어야 한다. 미국에서만 당신이 다른 일을 할 수 있는 것이 아니다. 이러한 공식은 사회생활의 어떤 상황에 적용하더라도 가능성의 사회학으로 가는 길을 열어준다. 그 가능성은 제한된 행위 가능성이라는 아이디어의 반대편에 그리고 사회 체계의 차단된 측면의 반대편에 선다. 한 곳에서 당신을 원하지 않는다면, 당신은 언제든지 다른 곳으로 가서 거기서 하고 싶은 일을 할 수 있다.

하워드 베커 당신이 일하고 싶은 장을 누군가가 독점하고 있는가? 다른 곳으로 옮겨서 당신만의 장을 시작하라. 당신은 다른 사람들과 경쟁할 필요도 없다. 당신은 당신을 따르는 사람들에게 다른 사람들을 비판할 수도 있고, 다른 사람들을 무시할 수도 있다. 하지만 그들은 충분히 강력하지도 않고 당신이 어떤 일을 하는 것을 막을 만큼 충분한 독점력을 갖고 있지도 않다.

전체주의 정권에서도 그러한 종류의 작업에 있어 합법적인 장을 지배했던 사람들에 의해 금지된 일을 하는 반체제 지식인 운동이 거의 항상 있었다는 것을 기억하라. 브라질 군사정권이 학술적 사회학을 금지했을 때, 사람들은 연구소를 조직했고 — 물론 외부의 도움을 받았다 — 금지되지 않은 "도시 인류학"을 실행하기 시작했다. (물론 장의 리더들의 권력에서 벗어날 수 없는 극단적인 경우도 있지만, 나는 경험적으로 볼 때 그런 경우는 빈번하지 않으며 대부분의 현대 사회에서 예술 활동의 경우에는 전혀 그렇지 않다고 생각한다).

따라서 이런저런 결과를 생산하기 위해 협력하는 사람들의 세계, 자신의 분야에서 더 강력한 사람들이 자신이 하는 일을 승인하거나 인정하지 않더라도 협력할 다른 사람들을 찾을 수 있는 세계, 무엇이 중요한지 또는 받아들일 만한지 정의할 권력이 일단의 행위자에게 안정적으로 주어지지 않은 세계 — 그런 종류의 상황에서 세계라는 개념은 의미가 있고 분석적으로 유용하다. 왜냐하면 그 개념은 발견되어야 할 것이 무엇인지, 설명되어야 할 사건이 무엇인지를 고려하기 때문이다.

"장" 개념과 반대로, "세계" 개념은 내가 보기에 좀 더 경험적으로 근거가 있는 것 같다. 세계 개념은, 우리가 관찰할 수 있는 것들, 즉 사람들이 하는 일들에 대해 이야기하는 것이지, (물리학에서 사용되는 기술적 의미로 이해할 수 있는 용어들인) "힘", "궤적", "관성" 등 — 사회생활에서는 관찰할 수 없는 것들 — 에 대해 이야기하는 것이 아니다. 물론 우리는 이러한 것들을 완벽하게 관찰할 수는 없지만, 그것들에 대해 논쟁할 만큼 충분히 잘 관찰할 수 있으며, 경험과학의 절차는 우리에게 과학이 제공하는 종류의 잠정적인 해답을 줄 수 있다.

알랭 페싱 그래서 "세계"는 함께 무언가를 하는 사람들의 총체(ensemble)이다. 각자의 행위는 해당 세계의 "포괄적 구조"와 같은 어떤 것에 의해 결정되는 것이 아니라 각 참여자의 구체적인 동기에 의해 결정되며, 어떤 참여자이든 "무언가 다른 행위"를 할 수 있고, 새로운 상황에 대해 새로운 반응을 만들어낼 수 있다. 이러한 조건에서 그들이 함께 행하는 것은 결코 완벽하게 예측할 수 없다고 말할 수밖에 없는 배열의 결과이다.

하워드 베커 내가 이해하는 "세계"는 — 내 언어가 다른 곳에서 이를 명확하게 전달하지 못한다면 그것은 내가 명확하게 하지 못한 것이다 — 대개 자신의 프로젝트에 도움이 되는 일을 다른 사람에게 하도록 함으로써 일을 완수하려는 사람들로 구성되어 있다. 모든 사람이 프로젝트를 가지고 있기 때문에 그리고 그들 사이의 협상 결과는 그것이 무엇이든 간에 결국 그들이 동의하는 것이기 때문에, 그러한 활동에 참여하는 모든 사람은 자신의 행위에 대해 다른 사람들이 어떻게 반응할지 고려해야 한다. 극작가 데이비드 매밋(David Mamet)은 어딘가에서 나는 이제 연극의 한 장면에서 그 장면에 등장하는 모든 사람이 자신이 원했던 무언가를 가지고 있다고 생각할 수 없다고 말했다. 그들이 무언가를 원하지 않는다면 그들은 거기 있지 않을 것이고, 원하는 것을 추구할 수 있는 다른 곳으로 떠났을 것이다. 그 장면은 각자가 자신이 원하는 것을 얻기 위해 노력하고 있으며, 그로 인한 집합 활동은 어쩌면 아무도 원하지는 않았지만 모두가 이 상황에서 얻을 수 있는 최선이기 때문에 사실상 그들 모두 동의하는 것으로 구성된다.

이것은 사람들이 자유롭게 다른 가능성을 찾기 위해 노력할 수 있지만 그 가능성은 사람들이 다른 사람들에게 무엇을 하도록 강요하거나 설득할 수 있는지에 따라 제한된다는 것을 뜻한다.

이러한 접근은 어쩌면 사회생활이 지속적인 변화와 즉각적인 행위에 실제보다 더 열려 있는 것처럼 보이게 한다. 사회생활은 결국 상당한 규칙성을 나타낸다. 사람들은 아무 때나 머릿속에 떠오르는 대로 행동하지 않는다. 반대로 대부분의 경우 이전에 해왔던 대로 일을 처리한다. 개방성과 가능성을 강조하는 도식에서 그러한 규칙성은 설명을 요구한다.

나는 그러한 설명을 주로 "관례"라는 개념에서 찾는다. 사람들은 항상은 아니지만 종종 과거에 일이 어떻게 처리되어 왔고 일반적으로 어떻게 처리되는지 알고 있으며, 다른 사람들도 이 모든 것을 알고 있다는 것을 알고 있다. 따라서 만일 내가 모든 사람은 통상적으로 일이 처리되는 방식을 알고 있으며 그 일을 할 준비가 되어 있다는 것을 알고 일을 한다면, 나는 나의 행위가 그들의 행위와 잘 맞을 것이라는 확신을 얻을 수 있고, 우리는 최소한의 어려움과 오해 속에 우리가 하고자 하는 일을 완수할 수 있을 것이다. 이것은 갈등이 없다거나 전혀 없었다는 것이 아니라 대부분의 경우에 갈등이 해결되어 왔다는 것을 뜻하며, 활동 참여자들이 가능한 다른 방식 중 하나로가 아니라 이런 방식으로 그 일을 하기로 합의했다는 것을 뜻한다.

이는 매우 추상적이므로 내가 가장 좋아하는 사례 영역인 음악에서 한 예를 들어보겠다. 음악가와 작곡가는 때때로 한 옥타브의 두 음 사이에 몇 개의 음을 포함할 것인지를 놓고 서로 의견이 다르다. 신은 서양 음계가 12음이어야 한다고 명하지 않았다. 다른 전통의 음악가들은 종종 다른 선택을 해왔고, 위대한 음악적 전통들이 그러한 선택 위에 세워졌다. 그러나 서양 음악가들은 매우 오랜 시간 동안 12음 체계를 음악의 기초로 받아들였다. 이제 우리가 연주하는 악기에는 그 음계가 내장되어 있고, 음악 재생을 위한 악보를 쓰기 위해 사용하는 기보법 ― 그리고 서양 음악과 관련된 그 밖의 모든 것 ― 은, 공유된 관례적 이해의 바탕 위에서, 모든 사람이 그 음들을 연주하도록 만들어진 악기로 그 형식으로 쓰인 음악을 연주하게 될 것이라는 것을 당연하게 받아들인다. 따라서 다른 시스템에서 창조된 음악보다 그 관례에 기반한 음악을 연주하는 것이 항상 더 쉽다. 이러한 관례를 받아들이지 않으면 시간과 에너지 비용이 훨씬 더 커진다. 따라서 ― 유감스럽지만 여기서 물리적 은유로 말하자면 ― 일종의 관성은 사람들이 과거에 해왔던 대로 일을 하려는 성향을 갖게 하며, 이는 사회생활의 규칙성을 상당 부분 설명해 준다.

물론 이러한 규칙성을 만들어내는 관례적 이해 가운데서 우리는 강압과 강제, 공개되거나 위장된 요소들을 종종 발견할 수 있으며, 그것은 우리가 부정의라고 느낄 수 있는 불평등을 낳는다. 사람들은 종종 더 나은 대안이 없기 때문에 불공정한 일에 동의한다.

알랭 페싱 세계의 기능을 이해하는 데 필수적인 경력과 과정이라는 개념은, 개인적인 궤적은 집합적 상황에 직면하면서 여러 단계를 거친다는 사실 그리고 각 행위자들은 각 단계에서 선택을 해야 한다는 사실을 우리에게 상기시켜 준다. 따라서 누구에게도 확정적으로 약속된 것은 없다. 장 개념을 사용하면서 과정의 관점에서 생각하는 것은 성공할 수 없다. 모든 것이 이미 미리 정해져 있는 것처럼 보인다. 투쟁은 정상적인 활동의 틀로 미리 정의되어 있다. 그리고 아비투스의 무게는 아비투스로부터 영향을 받는 사람들의 행동을 본질적으로 예측 가능하게 만든다.

하워드 베커 사건과 결과는 그런 식으로 결정되지 않는다. 사회과학자들이 이런저런 경우에 어떤 일이 일어날지 예측하려는 시도의 역사는 우리로 하여금 이러한 꿈을 포기하게 만들기에 충분하다. 이것은 단순히 데이터가 충분하지 않거나 컴퓨팅 성능이 부족하다는 문제만이 아니다. 남미에서 날갯짓 하는 나비가 세계 어딘가에서 허리케인을 일으킬 수 있다는 것은 가능한 일일 수도 있지만, 그것은 카오스 이론의 가설일 뿐 입증된 것은 아니라는 점을 기억해야 한다. 하지만 사회생활에서는 이와 같은 현상이 입증된 적은 없으며, 나는 그것이 우리가 목표로 삼아야 할 결과도 아니라고 생각한다.

우리가 아비투스나 훨씬 더 명확하고 더 구체적인 것, 즉 양적 사회학자들이 즐겨 사용하는 종류의 "변수"를 기반으로, 존스 씨에게 내일 자동차 사고가 일어날 것이라는 결과를 예측할 정도로 충분히 알고 있다고 상상해 보라. 그는 술에 취해 있을 것이고, 브레이크 상태가 좋지 않을 것이며, 비가 내릴 것이다. 이 모든 것이 사고를 일으킬 가능성이 있다. 하지만 사고가 일어나기 위해서는 스미스 씨(또는 누군가)와 "협력"하는 것도 필수적일 것이다. 즉, 스미스는 술 취한 존스가 자신을 칠 수 있는 바로 그 장소에 있어야 할 것이다. 그리고 이 두 사건을 예측할 가능성은 그에 따라 낮아진다. 확률을 곱하면 그 확률은 감소한다. 그리고 사고에는 존스와 스미스뿐만 아니라 수백 명의 다른 사람들도 연루될 것이다. 따라서 필수적인 복수의 구체적인 사건들과 체감(遞減)하는 곱셈

확률을 고려할 때, 어떤 사건이든지 그 사건을 예측할 실질적인 가능성은 0에 가까워진다. 여기에는 사람들이 아비투스나 유사한 개인적 특성을 바탕으로 어떤 행동을 할지에 대한 예측도 포함된다. 이런 것들이 무의미한 것은 아니지만, 이것들은 사람과 조직이 하는 일과 연관된 수백 가지 요소 중 하나에 불과하다.

당신은 질문에서 다른 중요한 사항을 지적했다. 일이나 사건은 갑자기 일어나지 않으며, 사람들은 느닷없이 선택하지 않는다. 오히려 이러한 일들은 한 걸음씩 단계적으로 일어나며, 이는 모든 단계가 한 가지 이상의 방향으로 나아갈 수 있는 가능성을 제공한다는 것을 의미한다. 모든 단계에서 하나 이상의 가능성이 존재한다. 그것이 의미하는 바는, 가능한 결과는 항상 많고 다양하며 공식적으로 쉽게 포착할 수 없다는 것이다.

알랭 페싱 이제 협력이라는 개념에 얽힌 오해를 완전히 해소해야 할 때이다. 우리는 때때로 당신이 갈등을 잊은 사회학자라고 말하는 것을 듣는다. 그러나 함께 무언가를 하려고 노력한다는 것은 절대적으로 평화로운 사회관계 개념을 의미하는 것이 아니다.

하워드 베커 이 관점을 이해하려고 매우 열심히 애쓰지 않는 사람은 단순히 "협력"에 초점을 맞춘 것이라고 규정할 수도 있을 것이다. 하지만 그것은 정확하지 않다. 그것은 오직 당신이 "협력"을 매우 확장된 방식으로, 즉 관련된 다른 사람들이 하는 일을 고려하고 이에 반응하는 사람들이 함께하는 모든 일을 포함하는 것으로 이해하는 경우에만 사실일 수 있다. 두 명 이상의(보통은 훨씬 더 많은) 사람들이 함께 무언가를 하는 집합 행위는 평화로움, 서로 사이좋게 지내기, 선의를 함축하는 그 낱말에 대한 보다 관례적이고 최소한의 이해에서 협력하는 것과 동일하지 않다. 반대로 집합 행위에 참여하는 사람들은 싸울 수도 있고 상대에 대해 음모를 꾸밀 수도 있고, 부르디외의 사회적 장에 대한 묘사에서 두드러지게 나타나는 다른 것들을 할 수도 있다.

그러나 그들은 (그날 밤 열릴 콘서트를 위해 리허설을 하는 경우처럼) 무언가를 하기 위해 함께 일하거나, (악기 수리공이 음악가의 저녁 공연에 필요한 고장 난 색소폰을 고치는 경우처럼) 서로를 모르더라도 한 사람이 다른 사람이 하는 일에 필요한 무언가를 하는 등 간접적으로 연결될 수도 있다. 다른 경우라면 부족한 의뢰와 자리를 놓고 서로 경쟁했어야 할 작곡가들이 현대 음악 콘서트를 열기 위해 협력하는 것처럼, 그들은 이 한 번의 행사를 위해 힘을 합쳤을 수도 있다 (Gilmore, 1987 참조). 또는 긴 시즌을 보내는 오케스트라의 연주자들처럼 그들을 하나로 묶는 특별한 일을 위해 정기적으로 함께 작업할 수도 있다.

사람들 사이의 이러한 관계는 선험적으로 주어지는 것, 즉 정의를 내림으로써 확립할 수 있는 어떤 것이 아니다. 그것은 행위 중에 있는 그들을 관찰하고 그들이 무엇을 하는지 봄으로써 발견할 수 있는 것이다. 만약 그들이 갈등을 겪고 있다면 그것을 보게 될 것이다. 그들이 프로젝트를 함께 진행하고 있다면 그 사실을 알 수 있을 것이다. 그리고 그들이 프로젝트에서 서로 싸우기도 **하고** 함께 일하기도 한다면 그것도 알 수 있을 것이다.

알랭 페싱 따라서 갈등을 선험적 과잉 결정이 아닌 하나의 상황으로 통합한다면, 갈등을 세계라는 개념으로 쉽게 통합할 수 있다. 이러한 관점에서 볼 때, 상황은 상황을 압도하는 어떤 역학으로 절대 환원될 수 없다. 반면에 장 개념은 갈등의 편재성에 의해서뿐만 아니라 갈등들의 갈등, 모든 사회관계를 과잉 결정하는 사회 계급의 갈등의 존재에 의해서도 특징지어진다. 이러한 개념적 구상에서 갈등은 사회생활의 생성 원리이다. 당신은 사회생활의 생성 원리라는 바로 그 아이디어로 시작하는 이러한 관점을 공유하지 않는 것 같다.

하워드 베커 그렇다. 나는 어떤 하나의 생성 원리가 있다고 생각하지 않는다. 많은 원리가 이런저런 방식으로 함께 작용해서 뒤범벅의 일상적 삶을 만들어낼 가능성이 더 높다. 하지만 그것은 단지 내 취향의 문제가 아니다. 사태를 바라보는 이러한 방식이 사회생활의 세부 사항에 세심한 주의를 기울일 때 제시될 수 있는 생각하지 못했던 가능성에 더 열려 있기 때문에 연구에 더욱 유익한 지침이 된다는 것도 사실이다. 시작하기 전에 "중요한 것"이 무엇인지 결정하지 않는 것이 더 좋다.

알랭 페싱 이 두 관점의 독자들은 때때로 이것이 사진과 같은 문제라고 말하고 싶은 유혹을 받는다. 베커는 미시 관계에 초점을 두지만, 부르디외는 광각 렌즈를 사용하고 있다. 한 사람은 포괄적인 총체적 관점을 가지고 있고, 다른 사람은 사례 연구를 하고 있다. 그러고 나서 사람들은 당연히 사례 연구는 불가피하게 부분적이고, 사회생활에서 실제로 결정적인 것을 파악할 수 없다고 말한다. 당신이 이미 제공한 답변은 그것이 지배적 관점으로서 환원적이라는 것을 보여준다. 왜냐하면 그것은 그럼에도 불구하고 특정한 사회적 배치의 결과를 결정하는 데 필수적이고 결정적인 역할을 하는 특정 측면과 특정 행위자들을 체계적으로 무시하기 때문이다.

하워드 베커 "세계"라는 언어는 예술 작품에 대한 분석에 어떤 행위자들이 속해 있는지에 대한 포괄적인 개념으로 우리를 안내하며, 최종적인 작품에 무엇이든 기여하는 모든 사람이 제작에 어떤 식으로든 참여한다는 것을 인식하게 한다. 그것은 동어반복적이다. 즉, 작품의 제작에 참여하는 모든 사람은 그 작품의 제작에 참여한다. 이 동어반복의 이점은 그것이 기술자, 자금 담당자, 내가 "지원 인력"이라고 불렀던 모든 사람 등 관례적으로 이러한 분석에서 제외되는 사람들을 우리의 예술 제작 개념에 포함시키는 방식을 보여준다는 것이다. 이들의 작품 제작 참여는 약간의 사고 실험을 통해 잘 드러난다. 이들 중 아무나 행위에서 배제하고(당신이 생각하기에, 실제 삶에서는 아무도 그렇게 하도록 놔두지 않을 것이다) 어떤 일이 일어나는지 살펴보라. 케이터링 업체가 영화 제작진에게 식사를 제공하지 않더라도 제작진은 먹어야 한다. 그렇지 않은가? 세트장이나 촬영지에서 바로 식사를 할 수 없다면 다른 곳으로 가야 하므로 시간이 더 걸릴 것이고, 제작비용이 상승할 것이다. 이는 더 많은 돈을 마련해야 하거나 다른 비용은 지불할 수 없게 되어 어떤 경우이든 영화의 최종 형태에 심각한 영향을 미치게 된다는 것을 뜻한다.

"세계"를 중심으로 수행한 분석의 기본 질문은 누가 누구와 무엇을 하고 있으며 그것이 결과물인 예술 작품에 어떤 영향을 미치는가 하는 것이다. 장을 중심으로 한 분석의 기본 질문은 내가 보기에 누가 어떤 전략과 자원을 사용하여 누구를 지배하는지, 그 결과는 무엇인지 하는 것이다. 이러한 질문은 세계 개념에 기반한 분석에서 제기될 수 있는 더 큰 질문의 하위 집합으로 제기될 수 있으며 종종 (예술계에서는 반복적으로) 제기된다. 그러나 부르디외의 장 개념에 기반한 분석에서는 훨씬 더 큰 질문들이 쉽게 제기될 수 없다. 내가 보기에 대부분의 질문은 선험적으로 지배와 힘이라는 "큰 질문"에 비해 사소한 것으로 밀려 있다.

이 모든 것이 사실이라면, 갈등에 대한 취향이나 관용에 따라 부르디외와 베커를 원하는 비율로 섞을 수 있다는 기존의 생각은 정확하지 않다고 말하고 싶다. 사실 부르디외와 베커는 서로 다른 종류의 질문을 던지고, 서로 다른 종류의 답을 찾으며, 하나를 다른 하나로 환원할 수 없다.

알랭 페싱 두 사람은 서로 다른 의도를 가지고 출발한다. 이것은 부르디외의 의도는 상식으로부터 스스로 빠져나와서 사회적인 것에 대한 진실을 이론적으로 구성하기 위해 상식과 맞서야 한다는 것인 반면에, 당신의 의도는 사회 행위자들이 당신이 "공유된 이해" ― 사회 세계가 생산할 수 있는 유일한 진리이고 실제 사람들 사이의 상징적 연결을 창조하는 진리 ― 라고 부르는 것을 구성하는 절차를 관찰하고 진지하게 받아들이면서 생생한 실천(관행)에 몰두해야 한다는 것이라는 사실에서 쉽게 알 수 있다.

하워드 베커 이것은 중요한 차이이다. 많은 사회 이론은 실재가 평범한 인간에게는 숨겨져 있으며, 이러한 장애물을 뚫고 **진실**(The Truth)을 발견하려면 특별한 능력, 어쩌면 심지어 마법적 재능이 필요하다는 전제에서 출발한다. 나는 그러한 전제를 믿어본 적이 없다. 내 선생이었던 휴즈의 말을 다시 인용하자면, 그는 사회학자들은 아무도 몰랐던 것이라면 어떤 것도 알지 못했다고 자주 말했다. 사회학자들이 사회생활에 대해 아는 것이 무엇이든 간에 그들은 그것을 그 삶의 영역의 부분인 그리고 그 삶의 영역에 완전히 참여하는 누군가로부터 배워왔다. 그러나 짐멜(Simmel)이 비밀에 관한 자신의 에세이(1950)에서 분명히 밝혔듯이 지식은 균등하게 배분되지 않기 때문에 모든 사람이 모든 것을 알지는 못한다. 이것은 사람들이 환상으로 인해 현실에 눈이 멀었기 때문이 아니라, 제도적 장치에 의해 사물들이 그들로부터 차단되었기 때문이다(이 장치는 그러한 목적을 달성하기 위해 마련되었을 수도 있고 그렇지 않을 수도 있다). 사회학자들은 이 사람이 아는 것과 그 사람이 아는 것을 알아내어, 결국 참여자들의 부분적 지식을 모아 보다 포괄적인 이해로 만들 수 있다. "허위의식"이라는 개념은 나의 고유한 실천에 반대되는 사회적 지식 이론의 전형적인 예이다.

알랭 페싱 구조의 사회학에 반대되는 상황의 사회학, 과정 대 아비투스, 경력 대 성향, 개방성 대 폐쇄성, 선택 대 결정 ― 우리가 살펴보았던 분석 활동은 세계 개념이 결코 장 이론의 "부드러운 버전"이 아니라는 것을 매우 분명하게 보여준다. 게다가 그 분석은 관찰을 통해 진행한다고 그리고 이론에 대해서는 매우 의심스러워한다고 덧붙일 수 있다. 이 두 가지는 본질적으로 같은 것을 가리키는 한 접근 방식의 미묘한 차이가 있는 두 가지 다른 버전이 아니다. 이 둘은 그 의도에 있어서 그리고 필연적으로 그 결과에 있어서 반대되는 두 가지 사고방식이다. 하나는 사회적인 것의 본질을 탐색하는 것이 장 이론으로 이어지는 철학적-사회학적 접근이고, 다른 하나는 사회적 상황이 행위자들 사이의 연결을 창조하는 상황 — 즉, 세계 개념 — 을 명시하려는 사회학적-문화기술지적 접근이다.

하워드 베커 당신은 여기서 두 접근 방식의 본질적인 차이를 포착했다. 접근 방식 중 하나는 사회생활에 몰입하는 과정에서 발견되는 다양한 가능성에 열려 있고, 다른 하나는 선험적 고려를 바탕으로 이미 확립된 추상적인 철학적 입장의 진리를 입증하는 데 초점을 둔다. 덧붙일 말이 없다.

참고문헌

Abbott, Berenice. *The World of Atget*. New York: Horizon Press, 1964.

Abrahams, Roger. *Deep Down in the Jungle*. Chicago: Aldine, 1970.

Adler, Judith. *Artists in Offices*. New Brunswick, N.J.: Transaction, Inc., 1978.

Anania, Michale. "Of Living Belfry and Rampart: On American Literary Magazines since 1950." *TriQuarterly* 43 (Fall 1978): 6-23.

Arnold, Bill, and Carlson, Kate. "The Bus Show." *The Massachusetts Review* 19 (Winter 1978): 710-716.

Ashley, Robert. "Interview with Philip Glass." *Music with Roots in the Ether*. Videotape, 1978.

Bakhtin, Mikail. *Rabelais and His World*. Cambridge: MIT Press, 1968. [미하일 바흐친[미하일 바흐찐], 『프랑수아 라블레의 작품과 중세 및 르네상스의 민중문화』, 이덕형·최건영 옮김(서울: 아카넷, 2001)]

Bauman, Lawrence S. "Legal Control of the Fabrication and Marketing of Fake Paintings." *Stanford Law Review* 24 (May 1972): 930-946.

Baxandall, Michael. *Painting and Experience in Fifteenth Century Italy*. Oxford: Oxford University Press, 1972.

Becker, Howard S. "Blessing San Francisco's Fishing Fleet." *Society* 11 (May-June 1974): 83-85.

______. *Outsiders: Studies in the Sociology of Deviance*. New York: The Free Press, 1963.

Becker, Howard S. and Walton, John. "Social Science and the Work of Hans Haacke." In *Framing and Being Framed*, by Hans Haacke, pp. 145-52. New York: New York University Press, 1976.

Bennett, H. Stith. *On Becoming a Rock Musician*. Amherst: University of Massachusetts Press, 1980.

Bergós, Joan. *Antoni Gaudí: L'home i l'obra*. Barcelona: Ariel, 1954.

Bihalji-Merin, Otto. *Masters of Naive Art*. New York: McGraw-Hill, 1971.

Blasdell, Gregg N. "The Grass-Roots Artist." *Art and America* 56 (September-October 1968): 25-41.

Bliven, Bruce, Jr. "Profile: George Fabian Scheer." *The New Yorker* (November 12, 1973): 51-56ff.

Blizek, William. "An Institutional Theory of Art." *British Journal of Aesthetics* 14 (Spring 1974): 142-150.

Blumer, Herbert. "Sociological Implications of the Thought of George Herbert Mead." *American Journal of Sociology* 71 (1966): 535-544.

Bollinger, Dwight L. "Rime, Assonance, and Morpheme Analysis." *Word* 6 (August 1950): 117-136.

Borges, Jorge Luis. "Pierre Menard, Author of Don Quixote." In *Ficciones*, pp. 45-55. New York: Grove Press, 1962.

Bourdieu, Pierre. "Outline of a Sociological Theory of Art Perception." *International Social*

Science Journal 20 (1968): 589-612.
Bourdieu, Pierre, and Darbel, Alain. *L'Amour de l'art: Les Musées et leur public*. Paris: Les Editions de Minuit, 1966.
Bourdieu, Pierre, et al. *Un Art moyen: Essai sur les usages sociaux de La photographie*. Paris: Les Editions de Minuit, 1965.
Brief, Henry. *Radio and Records: A Presentation by the Record Industry Association of America at the 1964 Regional Meetings of the National Association of Broadcasters*. New York: Record Industry Association of America, 1964.
Bucher, Rue. "Pathology: A Study of Social Movements within a Profession." *Social Problems* 10 (Summer 1962): 40-51.
Bucher, Rue, and Strauss, Anselm. "Professions in Process." *American Journal of Sociology* 66 (January 1961): 325-334.
Bystryn, Marcia. "Art Galleries as Gatekeepers: The Case of the Abstract Expressionists." *Social Research* 45 (Summer 1978): 390-408.
California State University, Fullerton. *Overglaze Imagery: Cone 019-016*. Fullerton, Calif.: Visual Arts Center, California State University, 1977.
Catalog Committee, The. *An Anti-Catalog*. New York: The Catalog Committee of Artists Meeting for Cultural Change, 1977.
Cheval, Ferdinand. "The Fantastic Palace of Ferdinand Cheval." *Craft Horizons* 28, no. 1 (1968): 8-15.
Christopherson, Richard. "Making Art with Machines: Photography's Institutional Inadequacies." *Urban Life and Culture* 3 (1974a): 3-34.
______. "From Folk Art to Fine Art: A Transformation in the Meaning of Photographic Work." *Urban Life and Culture* 3 (1974b): 123-157.
Chrysôstomo, Antonio. "Entrevista: Chico Buarque de Holanda." *Veja*, Rio de Janeiro (October 27, 1976): 3-6.
Cincinnati Art Museum. *The Ladies, God Bless 'Em: The Women's Art Movement in Cincinnati in the Nineteenth Century*. Cincinnati: Cincinnati Art Museum, 1976.
Clark, Larry. *Tulsa*. New York: Lustrum Press, 1971.
Clark, Priscilla P. "Deux Types de subventions: L'Assistance aux écrivains en France et aux Etats-Unis." *Bibliographie de la France* 24 (June 1976): 1232-1242.
______. "Styles of Subsidy: Support for Writers in France and the United States." *French Review* 50 (March 1977): 543-549.
Cohen, Ted. "The Possibility of Art: Remarks on a Proposal by Dickie." *Philosophical Review* 82 (January 1973): 69-82.
Coleman, James S., Elihu Katz, and Herbert Menzel. *Medical Innovation: A Diffusion Study*. Indianapolis: Hobbs-Merrill, 1966.
Collins, George R. *Antonio Gaudi*. New York: George Brazilleir, Inc., 1960.
Commins, Dorothy. *What Is an Editor? Saxe Commins at Work*. Chicago: University of Chicago Press, 1978.
Connell, Evan S., Jr. *The Connoisseur*. New York: Knopf, 1974.
Corn, Wanda M. *The Color of Mood: American Tonalism, 1880-1910*. San Francisco: de

Young Museum, 1972.
Cooper, Grosvenor, and Meyer, Leonard B. *The Rhythmic Structure of Music*. Chicago: University of Chicago Press, 1960.
Cooper, Patricia, and Buferd, Norma Bradley. *The Quitters: Women and Domestic Art*. Garden City: Doubleday, 1977.
Cowell, Henry, and Cowell, Sidney. *Charles Ives and His Music*. New York: Oxford University Press, 1954.
Danto, Arthur C. "Artworks and Real Things." *Theoria* 34 (1973): 1-17.
______. "The Artworld." *Journal of Philosophy* 61 (1964): 571-584.
______. "The Transfiguration of the Commonplace." *Journal of Aesthetics and Art Criticism* 33 (1974): 139-148.
______. "Munakata in New York: A Memory of the '50s." *The Print Collector's Newsletter* 10 (January-February, 1980): 184-89.
Darrah, William Culp. *The World of Stereographs*. Gettysburg, Pa.: William C. Darrah, 1977.
Dart, Thurston. *The Interpretation of Music*. 4th ed. London: Hutchinson, 1967.
Denisoff, R. Serge. *Solid Gold: The Popular Record Industry*. New Brunswick, N.J.: Transaction Books, 1975.
Dickie, George. *Aesthetics: An Introduction*. New York: Pegasus, 1971. [조지 디키[죠지 딕키], 『미학입문: 분석철학과 미학』, 오병남·황유경 옮김(서울: 서광사, 1980)]
______. *Art and the Aesthetic: An Institutional Analysis*. Ithaca: Cornell University Press, 1975.
______. "A Response to Cohen: The Actuality of Art." In *Aesthetics: A Critical Anthology*, edited by George Dickie and Richard J. Sclafani, pp. 196-200. New York: St. Martin's Press, 1977.
DiMaggio, Paul, and Useem, Michael. "Cultural Property and Public Policy: Emerging Tensions in Government Support for the Arts." *Social Research* 45 (1978): 356-389.
Donow, Kenneth. "The Structure of Art: A Sociological Analysis." Ph.D. dissertation, University of California, San Diego, 1979.
Doty, Robert. *Photo-Secession: Steiglitz and the Fine-Art Movement in Photography*. New York: Dover, 1978 [1960].
Earle, Edward W., editor. *Points of View: The Stereograph in America-A Cultural History*. Rochester, N.Y.: Visual Studies Workshop Press, 1979.
Eliot, George. *Daniel Deronda. Notes by Barbara Hardy*. London: Penguin, 1967.
Eliot, Valerie, editor. *T. S. Eliot, The Waste Land: A Facsimile and Transcript of the Original Drafts Including the Annotations of Ezra Pound*. New York: Harcourt Brace Jovanovich, 1971.
Faulkner, Robert. *Music on Demand: Composers and Careers in the Hollywood Film Industry*. New Brunswick, N.J.: Transaction Books, 1983.
______. "Orchestra Interaction: Some Features of Communication and Authority in an Artistic Organization." *Sociological Quarterly* 14 (1973a): 147-157.
______. "Career Concerns and Mobility Motivations of Orchestra Musicians." *Sociological Quarterly* 14 (1973b): 334-349.

______. *Hollywood Studio Musicians*. Chicago: Aldine Publishing Co., 1971.
Forbes, Elliot, editor. *Thayer's Life of Beethoven*. Princeton: Princeton University Press, 1967.
Freidson, Eliot. *Profession of Medicine*. New York: Dodd, Mead, and Co., 1970.
______. "The Division of Labor as Social Interaction." *Social Problems* 23 (February 1976): 304-313.
Fulcher, Jane. "The Orpheon Societies: Music for the Workers in Second-Empire France." *International Review of the Aesthetics and Sociology of Music* 10 (1979): 47-56.
Gans, Herbert. *Popular Culture and High Culture*. New York: Basic Books, 1974. [허버트 갠스, 『고급문화와 대중문화: 취향의 분석과 평가』, 이은호 옮김(서울: 현대미학사, 1996)]
Gilot, Françoise, and Lake, Carlton. *Life with Picasso*. New York: McGraw-Hill, 1964.
Glassie, Henry. "Folk Art." In *Folklore and Folklife*, edited by Richard M. Dorson, pp. 253-280. Chicago: University of Chicago Press, 1972.
Goldfarb, Jeffrey C. "Social Bases of Independent Public Expression in Communist Societies." *American Journal of Sociology* 83 (January 1978): 920-939.
Goldmann, Lucien. *Pour une sociologie du roman*. Paris: Gallimard, 1965.
______. "The Sociology of Literature: Status and Problems of Method." *International Social Science Journal* 19 (1967): 493-516.
Gombrich, E. H. *Art and Illusion: A Study in the Psychology of Pictorial Representation*. Princeton: Princeton University Press, 1960.
Griff, Mason. "The Commercial Artist: A Study in Changing and Consistent Identities." In *Identity and Anxiety*, edited by Maurice Stein, A. Vidich, and D. White. New York: The Free Press, 1960.
Griswold, Wendy. "Renaissance Revivals: The Continuing Interaction between Culture and Society." Ph.D. dissertation, Harvard University, 1980.
______. "American Character and the American Novel: An Expansion of Reflection Theory." *American Journal of Sociology* 86 (January 1981): 740-765.
Haacke, Hans. *Framing and Being Framed: 7 Works 1970-75*. New York: New York University Press, 1976.
______. "The Good Will Umbrella." *Qualitative Sociology* 1 (May 1978): 108-121.
Haber, Ira Joel. "The M. E. Thelen Piece." *TriQuarterly* 32 (1975): unpaginated.
Halverstadt, Hal. "Mary Buskirk: '...a sense of freedom'." *Craft Horizons* 20 (March-April 1960): 9-11.
Hamilton, George E. *Oliver Wendell Holmes: His Pioneer Stereoscope and Later Industry*. New York: Newcomen Society in America, 1949.
Harmetz, Aljean. *The Making of the Wizard of Oz*. New York: Alfred A. Knopf, 1977.
Harris, Neil. *The Artist in American Society: The Formative Years 1790-1869*. New York: Simon and Schuster, 1966.
Haskell, Francis. *Patrons and Painters: A Study in the Relations between Italian Art and Society in the Age of the Baroque*. New York: Alfred A. Knopf, 1963.
Hennessey, Thomas. "From Jazz to Swing: Black Jazz Musicians and Their Music, 1917-1935." Ph.D. dissertation, Northwestern University, 1973.
Hibel Museum of Art. *Catalogue*. Palm Beach, Florida: Hibel Museum of Art, 1977.

Hirsch, E. D., Jr. "Carnal Knowledge." *New York Review of Books* 26, no. 10 (June 14, 1979): 18-20.

Hirsch, Paul M. "Processing Fads and Fashions: An Organization-Set Analysis of Cultural Industry Systems." *American Journal of Sociology* 77 (1972): 639-659.

Hitchcock, H. Wiley, and Perlis, Vivian, editors. *An Ives Celebration*. Urbana: University of Illinois Press, 1977.

Hoffman, Theodore. "The Bluestocking Theater and the Actor from Mars." *Columbia Forum* 11 (Fall 1973): 33-38.

Hoffman, Virginia. "When Will Weaving Be an Art Form?" *Craft Horizons* 30 (August 1970): 18-23.

Holstein, Jonathan. *The Pieced Quilt: An American Design Tradition*. Boston: New York Graphic Society, 1973.

Hooper, Finley. *Greek Realities: Life and Thought in Ancient Greece*. New York: Charles Scribner's Sons, 1967.

Hoos, Judith. "Herman Rusch: Prairie Moon Museum and Garden." In *Naives and Visionaries: An Exhibition by the Walker Art Center*, pp. 71-75. Minneapolis: E. P. Dutton, 1974.

Horowitz, Irving Louis. *Taking Lives: Genocide and State Power*. New Brunswick, N.J.: Transaction Books, 1980.

Hughes, Everett C. "Action Catholique and Nationalism: A Mem-orandum on Church and Society in French Canada." Unpublished, n.d.

_______. *The Sociological Eye*. Chicago: Aldine, 1971.

Hume, David. "Of the Standard of Taste." *Philosophical Works*, vol. 5, part 3. Boston: Little Brown, 1854 [1752].

Hurley, F. Jack. *Portrait of a Decade*. Baton Rouge: Louisiana State University Press, 1972.

Ives, Charles E. *Memos*. edited by John Kirkpatrick. New York: W. W. Norton and Co., 1972.

Ivins, William, Jr. *Prints and Visual Communication*. Cambridge: MIT Press, 1953.

Jackson, Bruce. *Get Your Ass in the Water and Swim Like Me: Narrative Poetry from Black Oral Tradition*. Cambridge: Harvard University Press, 1974.

_______. *Wake Up Dead Man: Afro-American Worksongs from Texas Prisons*. Cambridge: Harvard University Press, 1972.

Jenkins, Reese V. *Images and Enterprise: Technology and the American Photographic Industry, 1839-1925*. Baltimore: Johns Hopkins University Press, 1975.

Johnson, Thomas. *Emily Dickinson*. Cambridge: Harvard University Press, 1955.

Kael, Pauline. "The Making of the Group." In *Kiss Kiss Bang Bang*, pp. 67-100. Boston: Little Brown and Co., 1968.

Kase, Thelma. "The Artist, the Printer and the Publisher." M.A. thesis, University of Missouri, Kansas City, 1973.

Katz, Elihu, and Lazarsfeld, Paul. *Personal Influence*. New York: The Free Press, 1955. [엘리후 카츠·폴 F. 라자스펠드, 『퍼스널 인플루언스』, 백영민·김현석 옮김(서울: 한나래, 2020)]

Kealy, Edward R. "From Craft to Art: The Case of Sound Mixers and Popular Music." *Sociology of Work and Occupations* 6 (February 1979): 3-29.

Kjørup, Søren. "Art Broadly and Wholly Conceived." In *Culture and Art: An Anthology*, edited by Lars Aagard-Mogensen, pp. 45-53. Atlantic Highlands, N.J.: Humanities Press, 1976.

Kubler, George. *The Shape of Time: Remarks on the History of Things*. New Haven: Yale University Press, 1962.

Kuhn, Thomas. *The Structure of Scientific Revolutions*. Chicago: University of Chicago Press, 1962. [토머스 새뮤얼 쿤, 『과학혁명의 구조』, 김명자·홍성욱 옮김(서울: 까치, 2013)]

Lerner, Robert E. "Literacy and Learning." In *One Thousand Years: Western Europe in the Middle Ages*, edited by Richard L. DeMolen, pp. 165-233. Boston: Houghton Mifflin, 1974.

Lesy, Michael. *Real Life: Louisville in the Twenties*. New York: Pantheon, 1976.

Levine, Edward M. "Chicago's Art World." *Urban Life and Culture* 1 (1972): 292-322.

Lewis, David K. *Convention: A Philosophical Study*. Cambridge: Harvard University Press, 1969.

Lichtenstein, Grace. "Cowboy Art Finds Home on the Range." *The New York Times* (February 10, 1977): 41, 45.

Lipman, Jean, and Armstrong, Tom, editors. *American Folk Painters of Three Centuries*. New York: Hudson Hills Press, Inc., 1980.

Lowenthal, Leo. *Literature and the Image of Man*. Boston: Beacon Press, 1957.

Luders, Theodore H. "A Plea for the Stereoscope." *American Annual of Photography* (1892): 227.

Lukacs, Georg. *Studies in European Realism*. New York: Grosset and Dunlap, 1964.

Lyon, Eleanor. "Behind the Scenes: The Organization of Theatrical Production." Ph.D. dissertation, Northwestern University, 1975.

______. "Work and Play: Resource Constraints in a Small Theater." *Urban Life* 3 (1974): 71-97.

Maddow, Ben. *Edward Weston: Fifty Years*. Millerton, New York: Aperture, 1973.

Martindale, Andrew. *The Rise of the Artist in the Middle Ages and Early Renaissance*. London: Thames and Hudson, 1972.

McCall, Michal M. "Art without a Market: Creating Artistic Value in a Provincial Art World." *Symbolic Interaction* I (Fall 1977): 32-43.

______. "The Sociology of Female Artists." *Studies in Symbolic Interaction* I (1978): 289-318.

McCoy, Esther. "Grandma Prisbrey's Bottle Village." In *Naives and Visionaries: An Exhibition Organized by the Walker Art Center*, pp. 77-85. Minneapolis: E. P. Dutton, 1974.

Mead, George Herbert. *Mind, Self and Society*. Chicago: University of Chicago Press, 1934. [조지 허버트 미드, 『정신·자아·사회-사회적 행동주의자가 분석하는 개인과 사회』, 나은영 옮김(서울: 한길사, 2010)]

Meyer, Leonard B. *Emotion and Meaning in Music*. Chicago: University of Chicago Press, 1956.

______. *Explaining Music: Essays and Explorations*. Berkeley and Los Angeles: University of California Press, 1973.

Mills, C. Wright. "Situated Actions and Vocabularies of Motive." *American Sociological*

Review 5 (1940): 904-913.
Mitchell, Joseph. *Joe Gould's Secret*. New York: Viking Press, 1965.
Mitias, M. H. "Art as a Social Institution." *The Personalist* 56 (1975): 330-335.
Moulin, Raymonde. "La Genèse de Ia rareté artistique." *Revue d'ethnologie Française* 8 (1978): 241-258.
______. *Le Marché de la peinture en France*. Paris: Les Editions de Minuit, 1967.
Mukerji, Chandra. "Film Games." *Symbolic Interaction* 1 (December 1977): 20-31.
Nancarrow, Conlon. *Complete Studies for Player Piano*. Vol. 2. 1750 Arch Street Records S-1777. Berkeley: 1750 Arch Street Records, 1979.
Newhall, Beaumont. *The History of Photography*. New York: Museum of Modem Art, 1964. [보먼트 뉴홀, 『사진의 역사』, 정진국 옮김(서울: 열화당, 2003)]
Newman, Charles. "The Uses and Abuses of Death: A Little Rum-ble through the Remnants of Literary Culture." *TriQuarterly* 26 (1973): 3-41.
Newman, K. O. *Two Hundred and Fifty Times I Saw a Play, or Authors, Actors and Audiences*. Oxford: Pelagos Press, 1943.
Norman, Charles. *The Magic-Maker: E. E. Cummings*. New York: Macmillan, 1958.
Norman, Dorothy. *Alfred Stieglitz: An American Seer*. New York: Random House, 1973.
Park, Robert E. *Human Communities*. New York: Free Press, 1952.
______. *Race and Culture*. New York: Free Press, 1950.
______. *Society*. New York: Free Press, 1955.
Partch, Harry. *Genesis of a Music*. Madison: University of Wisconsin Press, 1949.
Perlis, Vivian. *Charles Ives Remembered: An Oral History*. New Haven: Yale University Press, 1974.
Peterson, Richard A. "The Unnatural History of Rock Festivals: An Instance of Media Facilitation." *Popular Music and Society* 2 (Winter 1973): 98-123.
Pevsner, Nicholas. *Academies of Art: Past and Present*. Cambridge: Cambridge University Press, 1940.
Phillips, John. *The Reformation of Images: Destruction of Art in England, 1535-1660*. Berkeley and Los Angeles: University of California Press, 1973.
Photographers' Formulary: Chemical and Laboratory Resources. Catalogue 3. Missoula, Mont.: Photographer's Formulary, Inc., n.d.
Reese, Gustave. *Music in the Renaissance*. Revised edition. New York: W. W. Norton, 1959.
Rehfeldt, Phillip. *New Directions for the Clarinet*. Berkeley and Los Angeles: University of California Press, 1977.
Reidinger, Gerald. *The Economics of Taste: The Rise and Fall of Picture Prices, 1760-1960*. London: Barrie and Rockliff, 1961.
Roscoe, Lynda. "James Hampton's Throne." In *Naives and Visionaries: An Exhibition Organized by the Walker Art Center*, pp. 13-19. Minneapolis: E. P. Dutton, 1974.
Rosenblum, Barbara. *Photographers at Work*. New York: Holmes and Meiers, Publishers, Inc., 1978.
Rosenblum, Ralph, and Karen, Robert. *When the Shooting Stops...the Cutting Begins: A Film Editor's Story*. New York: Penguin Books, 1980.

Ross, Lillian. *Picture*. New York: Avon, 1969 [1952].
Rossiter, Frank R. *Charles lves and His America*. New York: Liveright, 1975.
Rubin, Cynthia Elyce. "Shaker Stereo Views/Shaker Stereo Views." *Clarion* (Winter 1978): 56-57.
Sanders, Clinton. "Psyching Out the Audience: Folk Performers and Their Audiences." *Urban Life and Culture* 3 (October 1974): 264-282.
Sant'Anna, Affonso Romano de. "Chico Buarque: A musica contra o silencio." In *Musica popular e moderna poesia brasileira*, pp. 99-104. Petrópolis, Brazil: Vozes, 1978.
Schonberg, Harold C. "He Is the Dean and Da Vinci of the Copyists." *The New York Times* (June 4, 1978): D15.
Sclafani, Richard. "Art as a Social Institution: Dickie's New Definition." *Journal of Aesthetics and Art Criticism* 32 (1973a): 111-114.
______. "Art Works, Art Theory and the Artworld." *Theoria* 34 (1973b): 18-34.
Seiberling, Grace. "'Joyful to Receive the Impressions Thereof': An Iconological Study of Victorian Albums." Unpublished, n.d.
Sekula, Allen. "The Instrumental Image: Steichen at War." *Artforum* (December 1975): 26-35.
Sherarts, Ted, and Sherarts, Sharon. "Louis C. Wippich: Clown of Molehill." In *Naives and Visionaries: An Exhibition Organized by the Walker Art Center*, pp. 87-93. Minneapolis: E. P. Dutton, 1974.
Silvers, Anita. "The Artworld Discarded." *Journal of Aesthetics and Art Criticism* 34 (1976): 441-454.
Simmel, Georg. "The Persistence of Social Groups." *American Journal of Sociology* 3 (1898): 662-669.
Sinha, Anita. "Control in Craft Work: The Case of Production Potters." *Qualitative Sociology* 2 (September 1979): 3-25.
Slivka, Rose. "Laugh-in in Clay." *Craft Horizons* 31 (October 1971): 39-47, 63.
Smith, Barbara Herrnstein. "Fixed Marks and Variable Constancies: A Parable of Literary Value." *Poetic Inquiry* 1 (Autumn 1979): 7-22.
______. *Poetic Closure: A Study of How Poems End*. Chicago: University of Chicago Press, 1968.
Smith, Cyril Stanley. "Art, Technology, and Science: Notes on Their Historical Interaction." *Technology and Culture* 11 (October 1970): 493-549.
Smith, W. Eugene, and Smith, Aileen M. "Minamata, Japan: Life-Sacred and Profane." *Camera* 35 18 (April 1974): 26-51.
______. *Minamata*. New York: Holt, Rinehart and Winston, 1975.
"Southern Illinois: Letter." *Photographic Times* 6 (June 1871): 91.
Steichen, Edward. *A Life in Photography*. Garden City, N.Y.: Doubleday, 1963.
Stoppard, Tom. *Travesties*. London: Faber and Faber, 1975.
Sudnow, David. *Ways of the Hand*. Cambridge: Harvard University Press, 1978.
Sumner, William G. *Folkways*. Boston: Ginn and Co., 1906. [윌리엄 그레이엄 섬너, 『습속』, 김성한·정창호 옮김(서울: 한국문화사, 2019)]
Sutherland, J. A. *Victorian Novelists and Publishers*. Chicago: University of Chicago Press,

1976.
Szarkowski, John. *Mirrors and Windows*. New York: Museum of Modem Art, 1978.
Taft, Robert. *Photography and the American Scene*. New York: Macmillan, 1938.
Talbot, George. *At Home: Domestic Life in the Postcentennial Era*. Madison: The State Historical Society of Wisconsin, 1976.
Thompson, Peter Hunt. "In Time." In *Untitled 9*, edited by Peter Hunt Thompson. Carmel, Calif.: Friends of Photography, 1975.
Tice, George. *Artie Van Blarcum: An Extended Portrait*. Danbury, Vt.: Addison House, 1977.
Trillin, Calvin. "I Know I Want to Do Something." *The New Yorker* (May 29, 1965): 72-120.
Trollope, Anthony. *An Autobiography*. Berkeley and Los Angeles: University of California Press, 1947 [1883].
Velho, Gilberta. "Accusations, Family Mobility and Deviant Behavior." *Social Problems* 23 (February 1976): 268-275.
______. "Projeto, emoção e orientação em sociedades complexas." *Boletim do Museu Nacional* (Antropologia) 31 (January 1979): 1-28.
Walker Art Center. *Naives and Visionaries: An Exhibition Organized by the Walker Art Center*. Minneapolis: E. P. Dutton, 1974.
Watt, Ian. *The Rise of the Novel: Studies in Defoe, Richardson and Fielding*. Berkeley and Los Angeles: University of California Press, 1957. [이언 와트, 『소설의 발생』, 전철민 옮김 (서울: 열린책들, 1988)]
White, Eric Walter. *Stravinsky: The Composer and His Works*. Berkeley and Los Angeles: University of California Press, 1966.
White, Harrison, and White, Cynthia. *Canvasses and Careers*. New York: John Wiley, 1965.
Wilder, Alec. *American Popular Song: 1900-1950*. New York: Oxford University Press, 1972.
Wollheim, Richard. "Art and Life with the Very Rich." *New York Review of Books* 22 (May 1, 1975): 29-31.
Wörmer, Karl H. *Stockhausen: Life and Work*. Berkeley and Los Angeles: University of California Press, 1973.
Zack, David. "Ceramics of Robert Arneson." *Craft Horizons* 29 (January 1970): 36-41, 60-61.
Zolberg, Vera. "The Art Institute of Chicago: The Sociology of a Cultural Organization." Ph.D. dissertation, University of Chicago, 1974.
______. "Displayed Art and Performed Music: Selective Innovation and the Structure of Artistic Media." *Sociological Quarterly* 21 (Spring 1980): 219-231.

25주년 기념판을 위한 추가 참고문헌

Becker, Howard S. 1972. "A School Is a Lousy Place to Learn Anything In." *American Behavioral Scientist* 16: 85-105.
______. 1982. *Art Worlds*. Berkeley: University of California Press.
______. 1998. *Tricks of the Trade: How to Think about Your Research While You're Doing It*. Chicago: University of Chicago Press. [하워드 S. 베커, 『학계의 술책: 연구자의 기초 생

각 다지기』, 이성용 옮김(서울: 함께읽는책, 2005)]
Becker, Howard S., Robert R. Faulkner, and Barbara Kirshenblatt-Gimblett, editors. 2005. *Art from Start to Finish*. Chicago: University of Chicago Press.
Becker, Howard S., Blanche Geer, and Everett C. Hughes. 1968. *Making the Grade: The Academic Side of College Life*. New York: John Wiley and Sons.
Becker, Howard S., Blanche Geer, Everett C. Hughes, and Anslem L. Strauss. 1961. *Boys in White: Student Culture in Medical School*. Chicago: University of Chicago Press.
Blumer, Herbert. 1969. *Symbolic Interactionism*. Englewood Cliffs, N.J.: Prentice-Hall.
Bourdieu, Pierre. 1996. *The Rules of Art: Genesis and Structure of the Literary Field*. Stanford: Stanford University Press.
_______. 2004. Esquisse pour une auto-analyse. Paris: Raisons d'Agir Editions. [피에르 부르디외, 『자기 분석에 대한 초고』, 유민희 옮김(서울: 동문선, 2008)]
Faulkner, Robert R. 1983. *Music on Demand: Composers and Careers in the Hollywood Film Industry*. New Brunswick, N.J.: Transaction Inc.
Gilmore, Samuel. 1987. "Coordination and Convention: The Organization of the Concert World." *Symbolic Interaction* 10: 209-228.
Ivins, William Mills. 1953. *How Prints Look: Photographs with a Commentary*. Boston: Beacon Press.
Latour, Bruno. 1987. *Science in Action*. Cambridge: Harvard University Press. [브뤼노 라투르, 『젊은 과학의 전선: 테크노사이언스와 행위자』, 황희숙 옮김(파주: 아카넷, 2016)]
Majastre, Jean-Olivier, and Alain Pessin, editors. 2001. *Vers une sociologie des oeuvres*. Paris: L'Harmattan.
Mueller, John Henry. 1951. *The American Symphony Orchestra: A Social History of Musical Taste*. Bloomington: Indiana University Press.
Simmel, Georg. 1950. "The Secret and the Secret Society." In *The Sociology of Georg Simmel*, edited by Kurt H. Wolff, pp. 307-378. New York: Macmillan.

찾아보기

옮긴이 후기

하워드 베커의 『예술계』는 한울아카데미에서 펴내는 한울모던클래식스 시리즈의 셋째 책이다. 이 시리즈의 첫 책은 로널드 잉글하트의 『조용한 혁명』이고, 둘째 책은 마셜 살린스의 『석기시대 경제학』이다. 나는 박형신 선생과 함께 이 시리즈를 기획하는 단계에서부터 하워드 베커의 『예술계』가 마땅히 모던클래식스 시리즈에 포함되어야 한다고 생각했었다. 그래서 시리즈의 기획과 함께 『예술계』의 번역을 시작했지만, 이렇게 출판되기까지 내가 예상했던 것보다 훨씬 더 많은 시간을 소비해야 했다. 분량이 많았던 것도 장시간의 소비에 기여했지만, 무엇보다 베커의 글은 그 의미를 파악하고 우리말로 옮기기가 쉽지 않았기에 옮긴 문장들을 가독성 높게 만드는 작업을 하는 데에도 많은 시간을 써야 했다. 어쨌든 번역이 진행되는 긴 여정 가운데서 나의 『예술계』 번역 소식을 들은 주위의 많은 이들이 기대감을 보여주었고, 격려도 해주었고, 또한 기다려주었다. 드디어 『예술계』를 출판하게 되어 격려하고 기다려준 이들의 기대에 부응할 수 있게 된 것이 매우 기쁘다.

이 책은 1982년에 출판된 초판이 아니라 2008년 25주년 기념 확대 개정판을 우리말로 옮긴 것이다. 25주년 기념판에는 프랑스 사회학자로서 『하워드 베커의 사회학(The Sociology of Howard S. Becker: Theory with a Wide Horizon)』

이라는 책을 저술하기도 한 알랭 페싱(Alain Pessin)이 베커와 진행한 대담이 후기로 실려 있다. 나는 『예술계』에 관심을 가지고 읽고자 하는 이라면 분명 페싱과 베커의 대담을 먼저 읽을 것이라고 생각한다. 이렇게 생각하는 이유는 내가 25주년 기념판을 구입했을 때 가장 궁금했던 것도 이 후기의 내용이었기 때문이다.

"'세계'와 '장' 개념에 대한 대화"라는 대담의 제목이 시사하듯이, 페싱이 묻고 베커가 답하는 방식으로 진행된 이 대담은 주로 하워드 베커가 피에르 부르디외(Pierre Bourdieu)의 예술장(field of art) 이론에 대해 어떻게 생각하는지를 논쟁적으로 보여준다. 예술을 '세계'라는 은유를 통해 바라보는 것과 예술을 '장'이라는 은유를 통해 바라보는 것은 과연 어떻게 다를까? 예술 사회학 분야에서 부르디외의 이론이 차지하는 엄청난 비중을 고려할 때, 베커가 부르디외를 어떻게 이해하고 있으며 자신의 이론과 부르디외의 이론이 어떤 점에서 중요한 차이가 나는지 비교하여 우리에게 들려주는 이야기는 예술에 대한 사회학적 연구를 시도하는 모든 이에게 경험 연구를 위한 시금석을 제공한다고 확신한다.

페싱은 베커의 이야기를 통해 위대한 두 학자의 차이를 파악하여 다음과 같이 정리한다. "두 사람은 서로 다른 의도를 가지고 출발한다. 이것은 부르디외의 의도는 상식으로부터 스스로 빠져나와서 사회적인 것에 대한 진실을 이론적으로 구성하기 위해 상식과 맞서야 한다는 것인 반면에, 당신의 의도는 사회 행위자들이 당신이 '공유된 이해' ― 사회 세계가 생산할 수 있는 유일한 진리이고 실제 사람들 사이의 상징적 연결을 창조하는 진리 ― 라고 부르는 것을 구성하는 절차를 관찰하고 진지하게 받아들이면서 생생한 실천(관행)에 몰두해야 한다는 것인 사실에서 쉽게 알 수 있다." 페싱의 정리를 듣고 난 후 베커가 언급한 내용을 보면, 베커는 페싱이 부르디외의 이론과 자신의 이론 사이의 중요한 차이를 제대로 짚어낸 것에 대해 만족스러워하는 것으로 보인다. 부르디외는 폴 리쾨르(Paul Ricoeur)의 용어로 환상을 까발리고, 탈신화하고, 가면을 벗기는 '의심의 해석학(hermeneutics of suspicion)'을 수행하고 있다. 반면에, 베커는 사회학자는 평범한 인간에게는 숨겨져 있는 실재에 침투해 들어가서 진실을 발견하는 재능을 가져야 한다는 전제를 오히려 불신하면서, 사회적 상황에서 행위자들이 연결되어 협력을 창조하는 방식을 추적하는 사회학적 문화기술지적 접근을 수행하고 있다. 예술을 사회학적으로 연구하는 이라면 누구든지 이러한 차이를 반드시 고려해야 하지 않겠는가?

후기를 읽고 나서 베커의 방식에 더 끌리게 된다면 누구든지 이제 이 책의 처음부터 차근차근 읽어가야 할 것이다. 베커의 방식은 분명 부르디외의 방식과 많이 다르다. 베커의 방식은 부르디외의 방식보다 훨씬 더 경험적인 연구를 지향하고 있다. 그래서 베커는 『예술계』에서 보편적이거나 일반적인 진술은 최대한 피하고 있다. 베커는 허버트 블루머(Herbert Blumer)가 '감지적 개념(sensitizing concepts)'이라고 명명한 작업 개념의 도움을 받아 예술계에 대한 경험적 연구를 진행했으며, 긴 과정을 거쳐 결론을 내릴 때까지 항상 무거운 이론화를 멀리하라고 했던 그의 멘토 에버렛 휴즈(Everett C. Hughes)의 경고를 잊지 않고 있다. 베커에게 '이론'이란 자신이 예술 작품이 어떻게 만들어지는지에 대해 배운 것과 이러한 관찰이 의미하는 바에 대해 갖게 된 생각들에 불과하다. 베커는 끊임없이 이론과 조사 데이터 사이를 오간다. 베커가 책의 마지막에 제시하는 가장 일반적인 주장은 우리가 어떤 사건(예를 들어 예술)에 초점을 맞추고자 할 때 우리는 집합적 활동을 통해 그 사건이 일어날 수 있게 만드는 사람들의 크고 작은 네트워크를 찾을 수 있고, 그 네트워크의 구성원들이 각자의 행위 노선을 조율하는 관례를 명시할 수 있다는 것이다. 그러나 사건을 발생시키는 협력 네트워크가 얼마나 큰지, 그 네트워크의 성격이 조화로운지 갈등적인지, 구성원들은 어떤 관례를 통해 자신들의 행위 노선을 조율하는지 등의 문제는 경험적으로 확인되어야 할 뿐이다. 이러한 문제들에 대해 이론이 선험적으로 대답할 수는 없다.

부르디외의 방식보다 베커의 방식에 더 끌리는 연구자라면 부르디외가 예술장에 대해 어떤 개념들을 동원하여 어떻게 설명하는지 이해하는 데 많은 시간을 보내려 하지는 않을 것이다(부르디외의 『예술의 규칙』은 읽고 이해하기 매우 어려운 책이어서 어떠한 독자든지 특정한 수준의 이해에 도달했다고 판단될 때면 분명 큰 희열을 느낄 수 있을 것이다). 대신 실제 예술의 세계에 뛰어들어 그 세계에서 활동하는 행위자들을 추적하여 관찰하고, 그 구성원들의 이야기에 귀를 기울이고, 여러 사례를 비교해 보고, 잠정적으로만 이론을 만들어보고, 다시 경험적으로 검증하는, 그리고 끊임없는 과정 가운데서 스스로 멈추고자 할 때만 멈출 수 있는 현재 진행형의 작업 과정에서 희열을 느낄 것이다. 베커의 『예술계』는 예술을 사회학적으로 경험 연구하는 사람들을 위한 가이드이다.

하워드 베커는 많은 저서를 남겼다. 다행스럽게도 베커의 책은 이미 여러 권 번역 출판되어 있다. 다만 한 가지 안타까운 것은 그의 대표작으로서 일탈 사회학에서 가장 중요한 이론인 '낙인 이론'의 기초를 제공한 『아웃사이더(Outsiders: Studies in the Sociology of Deviance)』가 아직 번역 출판되지 않은 것이다. 만약 한울모던클래식스 시리즈에 베커의 책을 한 권 더 포함시킬 수 있다면 그 후보는 당연히 『아웃사이더』여야 할 것이다. 이 책의 번역 출판은 아직 예견할 수 없지만 미래를 위해 그저 남겨두기로 한다.

마지막으로 틀린 부분들을 바로잡아 주고 매끄럽지 못한 부분을 이해하기 쉽게 다듬어준 한울엠플러스의 신순남 팀장에게 고마운 마음을 전한다. 여러 차례의 교정 과정을 거치면서 편집자는 그저 자신의 일을 한 것이었을 수 있겠지만, 옮긴이인 나로서는 편집자에게 그 어느 때보다 큰 부채 의식을 가지고 있다. 그 이유는 『예술계』가 나에게 번역하기 힘든 과제였던 만큼 번역 원고를 교정하는 과정에서 편집자가 어떠한 곤란을 겪었을지도 쉽게 감지할 수 있기 때문이다. 편집자의 노력에도 불구하고 있을 수밖에 없는 번역의 오류는 오로지 나의 책임이다. 스스로 짊어진 짐이긴 하나 이렇게 내려놓게 되어 마음 편하다.

하홍규

지은이 하워드 베커(Howard S. Becker; 1928~2023)

사회학 분야의 최고 권위자. 1928년 시카고에서 태어난 그는 23세의 나이에 시카고 대학에서 박사학위를 받았으며, 그곳에서 사회학과 사회과학 강사로 활동했다. 이후 25년간 노스웨스턴 대학교 사회학과 교수로 재직했고, 워싱턴 대학교로 적을 옮겨 사회학과 교수 겸 음악학 부교수로 활동하다가 은퇴했다.
그의 학문적 성과는 주로 일탈 사회학, 예술 사회학, 음악 사회학에서 나타난다. 특히 1963년에 출판된 『아웃사이더(Outsiders)』를 통해 유명한 낙인 이론(labelling theory)의 기초를 제공했고, 1982년 출판된 『예술계(Art Worlds)』에서는 예술이 집합 행위의 산물이라는 아이디어를 전개했다. 그 외에도 『학자의 글쓰기(Writing for Social Scientists)』, 『사회에 대해 말하기(Talking About Society)』, 『학계의 술책(Tricks of Trade)』, 『모차르트와 살인은 일탈일까?(What About Mozart? What About Murder?)』 10여 권이 넘는 저작을 집필했다. 그는 사회과학 방법론, 학생 문화, 조직 문화, 상징적 상호작용론의 발전에 크게 기여했으며, 이런 공로를 인정받아 학계의 대표적인 상들을 수상했다.

옮긴이 하홍규

연세대학교 사회학과에서 학사 및 석사학위를 받고, 미국 보스턴 대학교 사회학과에서 박사학위를 받았다. 현재 숙명여자대학교 인문학연구소 HK 연구교수로 일하고 있다. 주 전공 분야는 사회이론과 종교사회학이며, 현재는 문화사회학과 감정사회학을 바탕으로 혐오와 공감 연구에 전념하고 있다. 주요 저서로 『피터 버거』(2019), 『감정의 세계, 정치』(2018, 공저), 『공간에 대한 사회인문학적 이해』(2017, 공저), 『현대사회학 이론: 패러다임적 구도와 전환』(2013, 공저) 등이 있으며, 주요 논문으로 「냄새와 혐오」(2021), 「탈사회적 사회의 종교: 자기만의 신, 신으로서의 개인」(2021), 「종교 갈등과 감정 정치」(2021) 등이 있다. 주요 역서로는 『조지 허버트 미드의 사회이론』(2024), 『혐오의 현상학』(2022), 『혐오의 해부』(2022), 『사회과학의 방법론: 사회적 설명의 다양성』(2021), 『종교와 테러리즘』(2020), 『모바일 장의 발자취』(2019), 『실재의 사회적 구성』(2013)이 있다.

한울모던클래식스 003

예술계

지은이 **하워드 베커** | 옮긴이 **하홍규** | 펴낸이 **김종수** | 펴낸곳 **한울엠플러스(주)** | 편집 **신순남**

초판 1쇄 인쇄 **2025년 3월 10일** | 초판 1쇄 발행 **2025년 3월 25일**

주소 **10881 경기도 파주시 광인사길 153 한울시소빌딩 3층** | 전화 **031-955-0655** | 팩스 **031-955-0656**
홈페이지 **www.hanulmplus.kr** | 등록번호 **제406-2015-000143호**

Printed in Korea.
ISBN 978-89-460-8372-1 93300
※ 책값은 겉표지에 표시되어 있습니다.